SERVICIO DE INVESTIGACIÓN PREHISTÓRICA
DEL MUSEO DE PREHISTORIA DE VALENCIA

SERIE DE TRABAJOS VARIOS
Núm. 113

La Vital
(Gandia, Valencia)

Vida y muerte en la desembocadura del Serpis
durante el III y el I milenio a.C.

G. Pérez Jordà, J. Bernabeu Aubán, Y. Carrión Marco, O. García Puchol,
Ll. Molina Balaguer y M. Gómez Puche (Eds.)

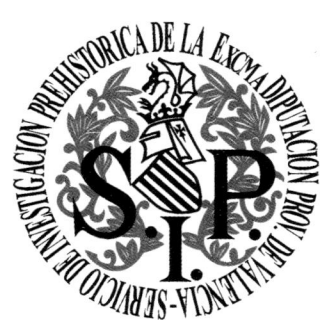

DIPUTACIÓN DE VALENCIA

2011

DIPUTACIÓN DE VALENCIA
SERVICIO DE INVESTIGACIÓN PREHISTÓRICA
DEL MUSEO DE PREHISTORIA DE VALENCIA

SERIE DE TRABAJOS VARIOS
Núm. 113

La Serie de Trabajos Varios del SIP se intercambia con cualquier publicación dedicada a la Prehistoria, Arqueología en general y ciencias o disciplinas relacionadas (Etnología, Paleoantropología, Paleolingüística, Numismática, etc.), a fin de incrementar los fondos de la Biblioteca del Museu de Prehistòria de València.

We exchange Trabajos Varios del SIP with any publication concerning Prehistory, Archaeology in general, and related sciences (Ethnology, Human Palaeontology, Palaeolinguistics, Numismatics, etc.) in order to increase the batch of the Library of the Prehistory Museum of Valencia.

INTERCAMBIOS
Biblioteca del Museu de Prehistòria de València
C/ Corona, 36 - 46003 València
Tel.: 96 388 35 99; Fax: 96 388 35 36
E-mail: bibliotecasip@dival.es

Los Trabajos Varios SIP se encuentran accesibles en versión electrónica en la dirección de internet:
http://www.museuprehistoriavalencia.es/trabajos_varios.html

El resto de publicaciones del Museu de Prehistòria de València se halla también disponible electrónicamente en la dirección:
http://www.museuprehistoriavalencia.es/pdf.html

Edita: MUSEU DE PREHISTÒRIA DE VALÈNCIA. DIPUTACIÓ DE VALÈNCIA.

I.S.B.N.: 978-84-7795-613-6

Depósito Legal: V-4287-2011

Maquetación e impresión: Artegraf Impressors
www.artegraf-impressors.com

ÍNDICE

INTRODUCCIÓN

La intervención arqueológica en La Vital se llevó a cabo en el marco de las obras de urbanización del Centro Comercial y de Ocio La Vital (Gandia, Valencia) y de su entorno. Con anterioridad se publicó un primer trabajo sobre uno de los sectores excavados en el Congreso de Neolítico de Alacant, en el que se utilizó como nombre del yacimiento el de una antigua alquería que se encontraba ubicada cerca de esta área, Sant Andreu. Nosotros hemos optado por utilizar el nombre de La Vital, denominación que desde los años 30 viene recibiendo la fábrica que ocupaba este espacio. Conservera en una primera fase y con posterioridad dedicada a la elaboración de zumos y concentrados y que ha sido, durante todo el siglo XX y hasta su desaparición, uno de los emblemas de la ciudad de Gandia. De hecho, esta misma denominación ha sido trasladada al Centro Comercial que se ha construido en el solar.

Hasta ese momento, las noticias sobre la existencia de evidencias de interés arqueológico y/o etnológico en el lugar referían únicamente la localización de una alquería denominada Rafalcaid. Las recientes intervenciones han puesto de manifiesto la existencia de toda una serie de ocupaciones prehistóricas e históricas.

Los trabajos arqueológicos fueron llevados a cabo de forma intermitente entre los años 2004 y 2006, en función del avance de las obras de construcción. A tal efecto se realizaron dos encargos de actuación al Grup de Recerques Prehistòriques de la Universitat de València y un segundo bajo la dirección de Josep Pascual Beneyto. Se atendió de este modo a una serie de sectores diferenciados en función de las directrices marcadas por el avance del proyecto.

El área de la intervención se extiende sobre una terraza inmediata a la margen derecha del Riu Serpis, a su paso por el término municipal de Gandia y muy cerca de su desembocadura en el mar. Las coordenadas UTM correspondientes a un punto central del espacio de afectación son 745267.059N y 4317344.673E (base 6002), mientras que la cota sobre el nivel del mar se sitúa en torno a los 17 m. Se trata de un espacio que muestra una acción antrópica continuada y de marcado calado, aspecto que, como tendremos ocasión de comprobar, ha afectado en mayor o menor medida a las diferentes estructuras históricas y prehistóricas localizadas. Al mismo tiempo se trata de un área en la que se prevé el desarrollo de una actividad urbanística importante en torno al Centro Comercial y al nuevo Hospital de la Safor. Trabajos que hemos de esperar vayan precedidos de las intervenciones arqueológicas pertinentes.

Desde el inicio de la actuación por parte del equipo integrante del Grup de Recerques Prehistòriques se planteó el objetivo de coordinar una publicación de los resultados, refrendado por la excepcionalidad de algunos de los hallazgos (necrópolis ibérica, tumbas calcolíticas). De este modo, tras la documentación sistemática de los restos arqueológicos se inició un estudio pormenorizado del registro recuperado. Para ello se conformó un amplio equipo formado fundamentalmente por especialistas

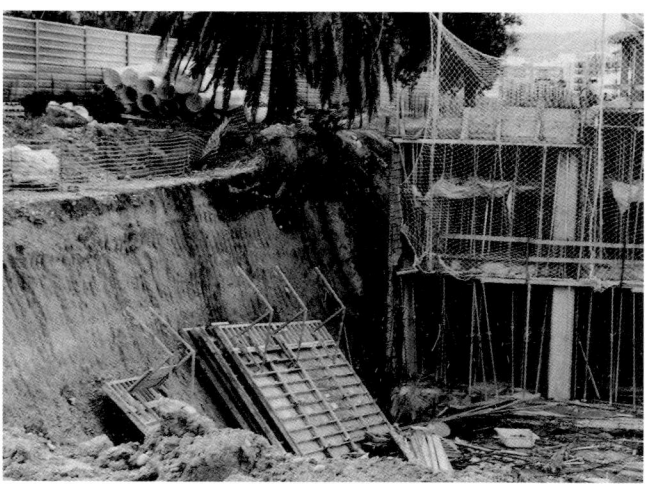

Vista del corte en el que se detectó la existencia del yacimiento.

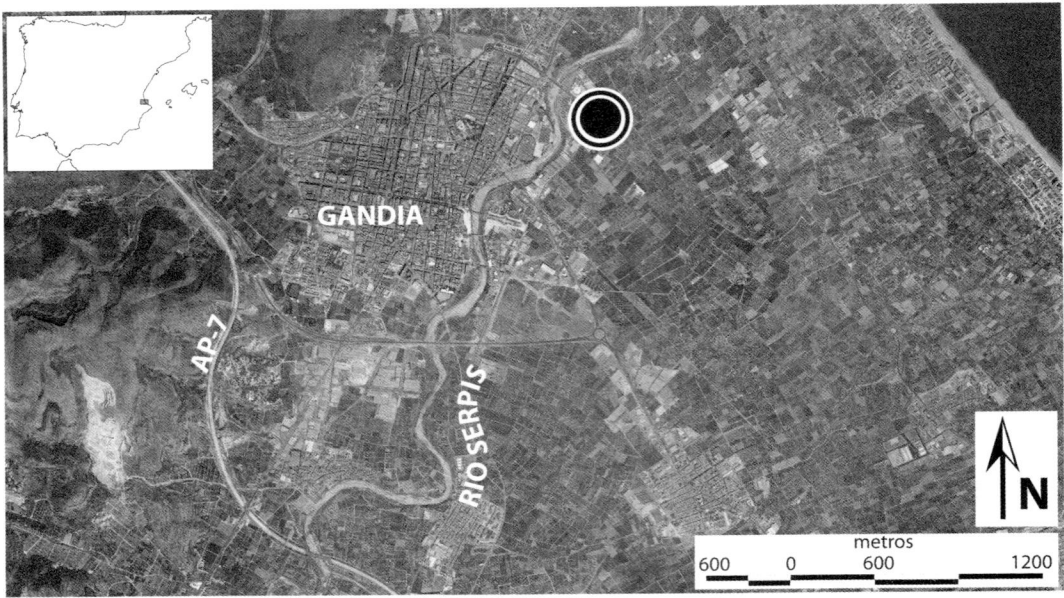

Localización del yacimiento.

del Departament de Prehistòria i Arqueologia de la Universitat de València, al que se incorporó un nutrido número de investigadores que cubrían las distintas disciplinas consideradas de interés. Es el caso de los análisis metalúrgicos desarrollados desde el CSIC y desde el Museo Arqueológico de Madrid, del examen de pastas realizado en la Universitat Autònoma de Barcelona, de los estudios de elementos traza desarrollados desde esta última universidad y desde la Universitat de Barcelona, del estudio antropológico realizado a través del MARQ y de traceología lítica en el CSIC de Barcelona.

Partimos de un modelo de trabajo que combina el desarrollo de una intervención de urgencia y el análisis interdisciplinar, simbiosis necesaria para ir más allá de cubrir el expediente administrativo estricto: la labor de difusión de la arqueología debe ser contemplada además como una prioridad para avanzar en la lectura histórica de las sociedades que nos precedieron.

La publicación de esta monografía incluye fundamentalmente la descripción e interpretación de los vestigios que corresponden a las ocupaciones de la Edad del Hierro y del Calcolítico, etapas que han aportado una documentación más amplia. Por lo que respecta a las fases más modernas (romano, islámico y moderno), con un registro más limitado, nos hemos ceñido a presentar las estructuras documentadas.

En el primer bloque abordamos una introducción al medio físico del yacimiento y su entorno: la desembocadura del Serpis. En un segundo bloque detallamos los aspectos metodológicos y descriptivos de la excavación. Un tercer bloque de información refiere el estudio e interpretación de los restos ibéricos y de la Edad del Hierro. A partir de este punto, el cuarto bloque se centra en la descripción de las numerosas evidencias atribuidas al poblado y las tumbas de la fase Calcolítica. Los diferentes análisis presentados permiten estructurar el siguiente bloque en una serie de capítulos de evaluación que contemplan aspectos tales como la definición cronológica del fenómeno Campaniforme, la introducción de la metalurgia, los ritos de enterramiento y la organización social y económica de este poblado datado entre el 2º y el 3er cuarto del III milenio cal. a.C. Todo ello imbricado en una lectura que remite al contexto regional y extrarregional, especialmente desarrollada en el bloque final.

La implicación de todos los autores en el avance de las investigaciones ha resultado clave para acometer con éxito este proyecto de publicación y divulgación patrimonial. De igual modo, queremos agradecer la asunción del mismo por el Servei d'Investigació Prehistòrica de la Diputació de València en la serie monográfica de Trabajos Varios del SIP, un ejemplo más de la labor ejercida por este organismo en la difusión de la realidad arqueológica de este país.

Capítulo 1

EL MARCO GEOGRÁFICO DE LA VITAL: LA DESEMBOCADURA DEL SERPIS DURANTE EL HOLOCENO

Y. Carrión Marco, P. Carmona y J.M. Ruiz

EL MEDIO FÍSICO

Introducción

El yacimiento arqueológico de La Vital se ubica en la llanura litoral de Gandia, en la orilla del río Serpis a escasos kilómetros de su desembocadura en el mar Mediterráneo (Fig. 1.1). El litoral del río Serpis se puede definir desde el punto de vista geomorfológico como un abanico aluvial pleistoceno que en su parte distal y marina constituye un abanico deltaico. La línea de costa está regularizada por una barrera de arenas que aísla del mar humedales costeros a ambos lados de la desembocadura del río. El abanico pleistoceno del Serpis se ubica en una fosa litoral de forma triangular en el extremo nororiental del dominio estructural del Prebético externo, próximo a la transición hacia las estructuras del Sistema Ibérico. Se trata de una estructura de hundimiento rellenada por sedimentos cuaternarios aluviales del río y diversos afluentes. La llanura está enmarcada por relieves calcáreos próximos a la costa (Mondúver, 841 m; Serra de la Safor, 1011 m; Serra Falconera; Serra d'Ador) (Fig. 1.2). Los materiales que componen estos relieves son fundamentalmente calizas y dolomías cretácicas. Dichos materiales están plegados y fracturados, destacando entre dichas estructuras el anticlinal La Cuta-Oliva, en cuyo núcleo aflora el jurásico a lo largo del congosto fluvial entre Lorxa y Vilallonga. Una estrecha zona de extrusión triásica aparece en la zona de Palma de Gandia-Ràfol de Salem.

Rasgos climáticos e hidrológicos

Desde el punto de vista climático, la llanura de Gandia se incluye dentro del área sur de Valencia y norte de Alicante, donde la orientación de la costa y los factores orográficos determinan unos rasgos especiales que lo diferencian de otras comarcas valencianas. El clima es subhúmedo seco (Pérez Cueva, 1994),

con una elevada temperatura media anual (18 °C en Gandia), un invierno benigno (mínima media de enero 6,3 °C) y un vera-

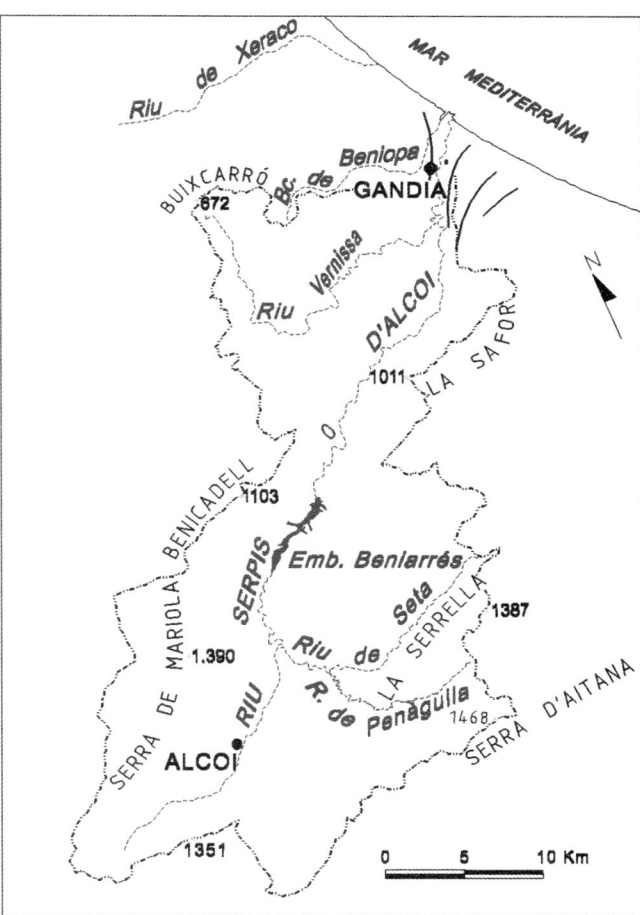

Figura 1.1.- Cuenca de drenaje del río Serpis.

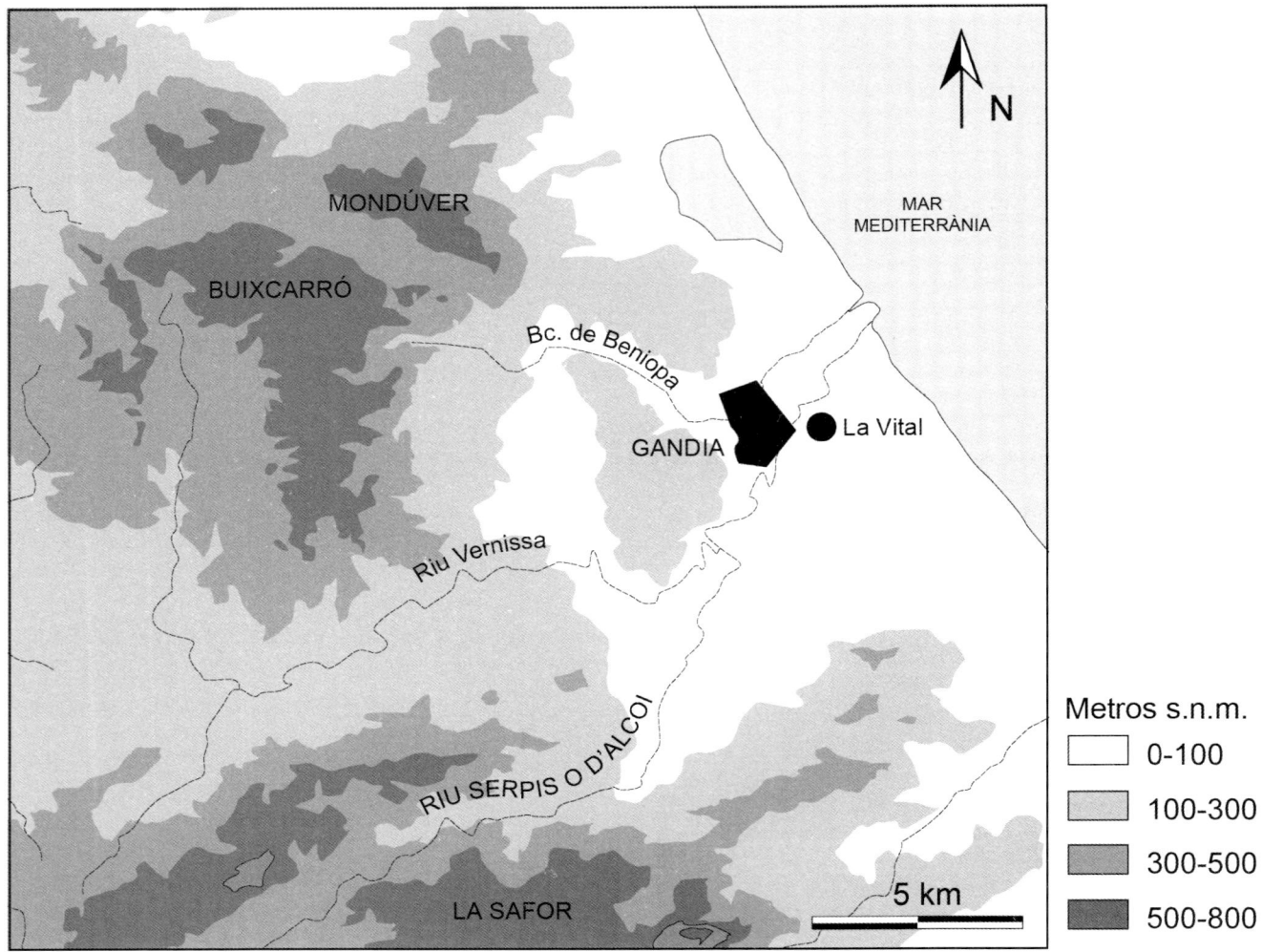

Metros s.n.m.

- ☐ 0-100
- ▨ 100-300
- ▨ 300-500
- ▨ 500-800

Figura 1.2.- Relieve del sector próximo a la llanura litoral del Serpis.

no caluroso (26,5 °C de media). La pluviometría relativamente elevada (658 mm anuales en el sector de La Vital) se debe a la orientación NW-SE de la costa, la disposición del relieve de directriz SSW-NNE y su cercanía al mar, así como a la orientación del valle del Serpis, abierto a los vientos de componente E y NE. Estos factores hacen que toda el área esté expuesta a los temporales de levante. En el sector montañoso del Mondúver y la Safor pueden alcanzarse valores anuales de precipitación entre los 800-900 mm (776 mm en Vilallonga). Las lluvias máximas en 24 h superan con facilidad los 100 mm, cada dos años se alcanzan los 120 mm, cada 10 se miden 260 mm y en 20 años se pueden sobrepasar los 280 mm (Martín Vide, 1994). En episodios extraordinarios como el temporal de 2-5 de noviembre de 1987 se recogieron en Oliva 856 mm (817 mm en pocas horas del día 3). Durante el temporal de los días 3-10 de septiembre de 1989, con lluvias continuadas entre los días 4 y 5, se recogieron 527 mm en Oliva, 633 mm en Rafelcofer y 539 mm en Simat de la Valldigna.

La cuenca de drenaje del río Serpis o Riu d'Alcoi (Fig. 1.1) tiene 752,8 km^2 y 74,5 km de longitud. La aportación anual en Beniarrés es de 83 Hm^3 o 2,63 m^3 seg^{-1}, a los que habría que aña-

dir la descarga del Riu Vernissa. Su régimen natural se caracteriza por estiajes que suelen producirse en los meses centrales del verano (caudales inferiores a 1,3 m^3 seg^{-1}), aunque hay años en los que dichos estiajes son poco marcados. La irregularidad interanual es muy fuerte, puede fluctuar entre 227 Hm^3 y 19 Hm^3 (Fontavella, 1952). Según las series de caudales mensuales de la estación de aforo de Lorxa (Confederación Hidrográfica del Júcar), con datos entre 1911-1953 y 1998-2006, se observan períodos con caudales muy inferiores a la media: mayo-octubre 1931 / junio 1934-diciembre 1939 / abril 1940-noviembre 1941-enero de 1943. También se observan períodos de años más húmedos con caudales sostenidos por encima de la media (noviembre 1917-mayo 1922 / diciembre 1922-diciembre 1925 / noviembre 1946-julio 1951). La regulación artificial del régimen se produce a partir de la década de 1940 con la construcción de la presa de Beniarrés, recrecida posteriormente en diversas fases. Anteriormente, ya había diversas pequeñas presas con fines hidroeléctricos, lo que indica cierta regularidad del caudal. El embalse de Beniarrés (27 Hm^3 de capacidad) regula la cuenca media-alta del Serpis (474 km^2) y retiene buena parte de los sedimentos de cabecera. Se trata de una presa de gravedad con una altura de 53 metros y una lámina de agua de 260 hectáreas.

Las crecidas fluviales del Serpis se generan unas veces en la cuenca alta (valles de Alcoi) y otras veces en la cuenca baja (1987 y 1989). Respecto a las crecidas históricas existen noticias de la de 1422 que destruye el azud de En Carròs o la avenida de 1508 que destruye el azud de En Marc (Castillo, 1997). Diversos autores (Fontavella, 1952; Segura y Carmona, 1999) hacen referencia a crecidas, especialmente en la primera mitad del siglo XX. Se menciona que durante las crecidas el agua corre con violencia, muy turbia y coloreada por el tono rojo de las arcillas que lleva en suspensión. La mayor observada alcanzó un caudal de unos 800 m^3 seg^{-1} el 15 de diciembre de 1922 (Segura y Carmona, 1999). En las tres últimas (1987, 1989 y 1997) el río sólo se desbordó en el ámbito de la desembocadura, su parte más baja. El gran encajamiento del cauce en el abanico pleistoceno le proporciona una gran capacidad hidráulica, de manera que a su paso por la población de Gandia puede soportar caudales entre 800-1000 m^3 seg^{-1}.

Rasgos geomorfológicos

La geomorfología del área litoral del Serpis en el sector cercano al yacimiento arqueológico de La Vital, está determinada por las variables geológicas y tectónicas, las características de la cuenca de drenaje del río (tamaño, descarga) y la dinámica litoral. Respecto a la cuenca de drenaje del río hay que destacar el aporte de carga sólida del cauce hacia la llanura litoral. En la cuenca alta del Serpis y en la del Vernissa abundan los materiales impermeables terciarios (margas), si bien los relieves de la cuenca baja aportan gran cantidad de material muy grueso. Las recurrentes crecidas del orden de varios cientos de m^{3}s^{-1} transportan gravas, cantos y bloques hasta la desembocadura debido al encajamiento y al confinamiento del cauce en la superficie del abanico. Por lo que respecta a la evolución del litoral, hay que considerar que la transgresión marina holocena (fechada hacia el 6000 BP) afectó a las costas bajas del litoral valenciano entre las que se encuentra el litoral del Serpis, creando una serie de espacios lagunares y ensenadas marinas, que posteriormente fueron colmatados por la sedimentación fluvial y la acción antrópica (Ruiz y Carmona, 2005). Entre las variables de la dinámica litoral actual, es importante resaltar la existencia de una deriva litoral del norte hacia el sur y la ausencia de mareas. Finalmente cabe destacar que la morfología del espacio litoral en el que se ubica el abanico del Serpis tiene un importante control estructural; este control se identifica en la fractura con orientación NNO-SSE que diseña el trazado y la orientación de la costa.

El yacimiento de La Vital está ubicado a orillas del Serpis sobre el abanico pleistoceno. Entre las unidades geomorfológicas del entorno del yacimiento distinguimos: el abanico aluvial, el cauce, el delta reciente del río y los humedales litorales.

El abanico pleistoceno

El abanico pleistoceno es una formación sedimentaria fluvial de moderada pendiente (Fig. 1.3-1), con valores entre 8-10 m por kilómetro en el sector apical entre Vilallonga, Potries y Beniarjó y entre 6-7 m por kilómetro en sus sectores distales entre Rafelcofer-Almoines y las poblaciones más cercanas a la costa como Daimús, Miramar y Piles. El edificio aluvial se

dispone de forma triangular y, en el sector costero al sur de la desembocadura del Serpis, presenta un microacantilado rectilíneo cuyo borde está muy transformado por la actividad agraria y la urbanización. Hacia el norte del río el abanico describe una amplia prominencia en la costa, sobre la cual discurre el cauce apenas encajado del Barranc de Beniopa (Fig. 1.4). Según el mapa geológico (IGME, 1975), el abanico se conformó durante el Pleistoceno superior y en él se diferencian dos niveles de terraza (a 5 y 10 m) con esta cronología, mientras la terraza baja (de 2 m) sería holocena. El abanico está formado por una serie de unidades aluviales pleistocenas (gravas, arenas y arcillas) de tonos rojizos-anaranjados y en ocasiones blanquecinos, con niveles de costra calcárea. Las estructuras arqueológicas negativas (fosas) del yacimiento están excavadas en estos niveles del abanico aluvial pleistoceno. Un nivel de limos arcillosos extensivo de color marrón anaranjado, depositado durante la fase final del Holoceno cubre los restos arqueológicos del yacimiento.

Durante los trabajos de campo se han analizado los cortes sedimentarios del abanico pleistoceno próximos al yacimiento de La Vital, en las orillas del Serpis (en cortes naturales) y se han distinguido las siguientes facies sedimentarias consolidadas o algo consolidadas:
- Rellenos de materiales gruesos de cauce (paquetes de cantos, grava y arena, tamaño medio de pocos centímetros de diámetro).
- Capas horizontales y lenticulares de grava fina y arenas blanquecinas (*sand sheets*).
- Capas horizontales de limo, arena y arcilla masivas de espesor métrico y color anaranjado o blanquecino.
- Paleosuelos rojos (horizontes argílicos con estructura poliédrica, sobre horizontes carbonatados con abundantes nódulos y costras).

La morfología superficial del abanico es suavemente ondulada, aunque está totalmente modificada por el parcelamiento agrícola, el regadío y, recientemente, por la urbanización. La interpretación de la fotografía aérea y los datos de la morfometría nos permiten distinguir el trazado de una serie de vaguadas o paleocauces con disposición radial que discurren por el abanico, denominados Barranc de Palmera y Barranc de Barranquets (Fig. 1.4). El primero recoge las escorrentías de diversos barrancos que descienden de las sierras meridionales de Font d'En Carròs y que se concentran a la altura de Rafelcofer. La vaguada que desde este punto discurre aguas abajo es un cauce funcional encajado en el abanico pleistoceno del Serpis. El Barranc de Barranquets discurre por una vaguada entre Beniarjó y Miramar y se pierde cerca del litoral en la partida de Els Fondos. Al igual que el anterior puede recibir escorrentías de las vertientes situadas en la parte sur de los términos de La Font y Potries. La escorrentía que pudiera ser vehiculada por estos barrancos ha sido canalizada hacia la red de acequias históricas.

El cauce del río Serpis

El cauce del Serpis discurre encajado y con trazado meandrizante en los niveles sedimentarios del abanico pleistoceno hasta muy cerca de la costa (Rafalcaid). El lecho actual está revestido de materiales muy gruesos, barras de grava, cantos y bloques de diámetro máximo superior a 20-30 cm (Fig. 1.3-2).

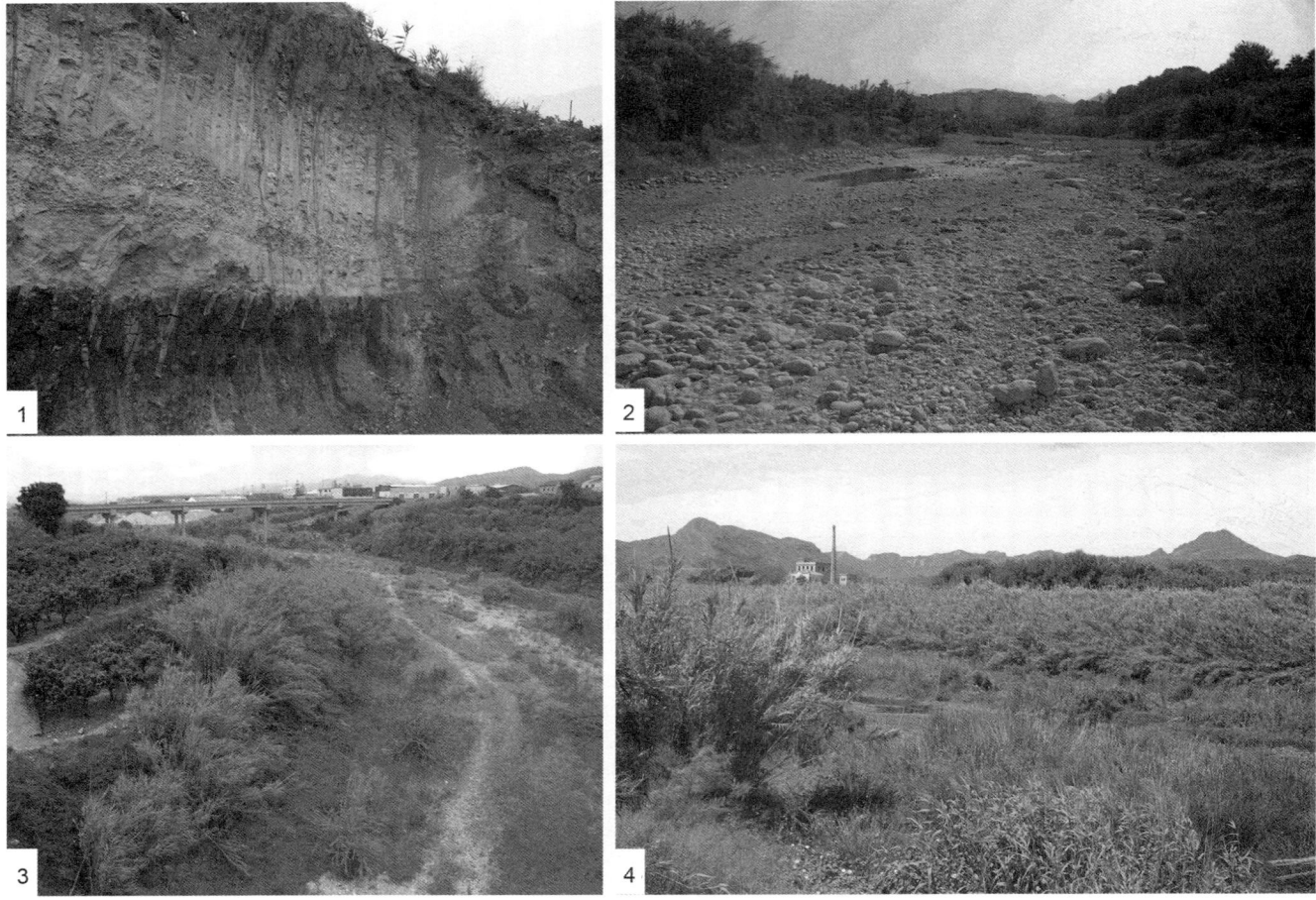

Figura 1.3.- Unidades geomorfológicas del entorno del yacimiento. 1: Estratigrafía del abanico pleistoceno del Serpis a la altura de La Vital; 2: Cauce del Serpis con carga muy gruesa, vista aguas arriba de Rafalcaid hacia Gandía; 3: Terrazas holocenas del cauce del Serpis; 4: Vegetación de ribera en el tramo próximo a Rafalcaid.

Las orillas están excavadas en los sedimentos aluviales pleistocenos del abanico y, en ocasiones y de forma discontinua, afloran costras pleistocenas en el lecho. Sobre la parte convexa de los meandros se reconocen pequeñas terrazas o *point bars* a cota más baja que la superficie del abanico (Fig. 1.3-3). La textura de estas barras o terrazas no ha podido ser identificada debido al abancalamiento y cultivo. Por lo que respecta a los procesos actuales del cauce se observa un encajamiento y sobreexcavación (*scouring*) reciente en el material de solera del cauce que incluso llega a socavar los pilares de algunos puentes y muros de defensa antiguos.

El lecho del río Serpis mantiene una pendiente longitudinal relativamente elevada, aunque inferior a la de las superficies del abanico pleistoceno. Este ajuste morfológico del cauce para reducir su pendiente se ha producido a través de un fuerte encajamiento del lecho y meandrización del trazado. Las pendientes longitudinales del lecho del Serpis superan los 5,6 m por kilómetro en el tramo comprendido entre el azud d'En Carròs y la confluencia con el Riu Vernissa, se mantienen hacia 4,5 m por kilómetro en el tramo que discurre entre la confluencia del Vernissa y el yacimiento arqueológico de La Vital. A partir del yacimiento arqueológico se produce una ruptura de pendiente, de manera que su valor queda reducido considerablemente aguas abajo, siendo de 2,1 m por kilómetro entre La Vital y el puente de Rafalcaid y de 1,65 m por kilómetro entre dicho puente y el punto hasta el que penetra el agua marina, a unos 460 m de la desembocadura (Fig. 1.5).

El fuerte encajamiento del lecho en la superficie pleistocena del abanico se puede ver en la Figura 1.5. Se observa que a la altura del yacimiento de La Vital el fondo del cauce se mantiene a una cota entre 5 y 6 m snm, encajado unos 10 m con respecto a la superficie del abanico aluvial. Aguas abajo, a la altura del puente de Rafalcaid todavía existe un desnivel del orden de 6-7 m desde el edificio pleistoceno.

La capacidad hidráulica actual del cauce del Serpis es, en principio, suficiente para la mayor parte de las crecidas que se generan actualmente en la cuenca debido a la sección profunda y la fuerte pendiente. La profundidad del lecho actual respecto a las orillas (> 10 m) permite que las crecidas circulen confinadas dentro del cauce sin desbordarse hasta cerca de la desembocadura. No se han observado depósitos de desbordamiento tipo *overbank* en las orillas del río, ni tampoco procesos o depósitos de rotura de orilla (*crevasse splay*). El confinamiento del flujo dentro de dicha sección impide que la carga gruesa o carga de solera pueda derramarse sobre las superficies aluviales adyacentes. Esto explica que se encuentren materiales de gran calibre

6

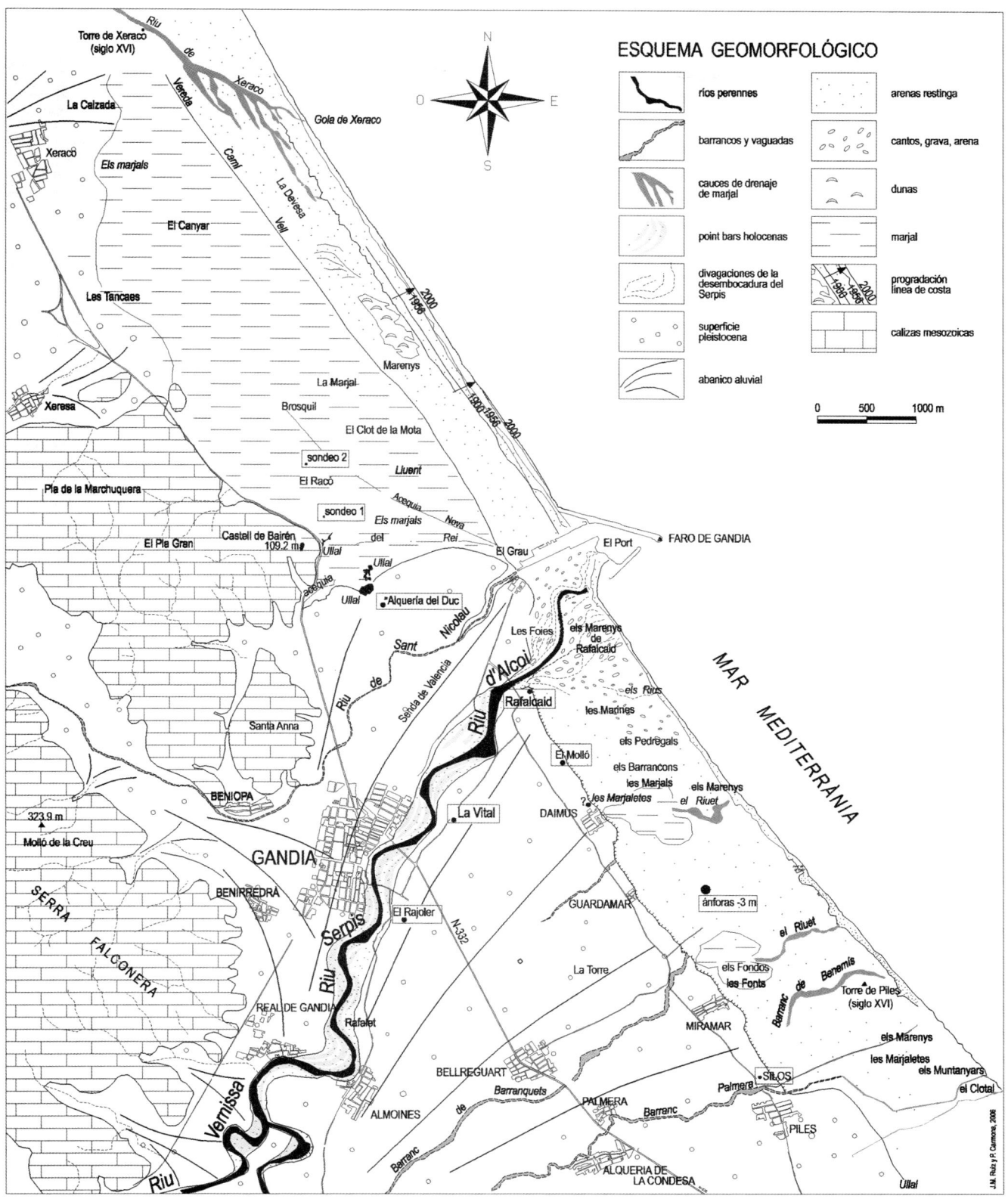

ESQUEMA GEOMORFOLÓGICO

	ríos perennes			arenas restinga
	barrancos y vaguadas			cantos, grava, arena
	cauces de drenaje de marjal			dunas
	point bars holocenas			marjal
	divagaciones de la desembocadura del Serpis			progradación línea de costa
	superficie pleistocena			calizas mesozoicas
	abanico aluvial			

0   500   1000 m

Figura 1.4.- Esquema geomorfológico de la llanura litoral del Serpis.

7

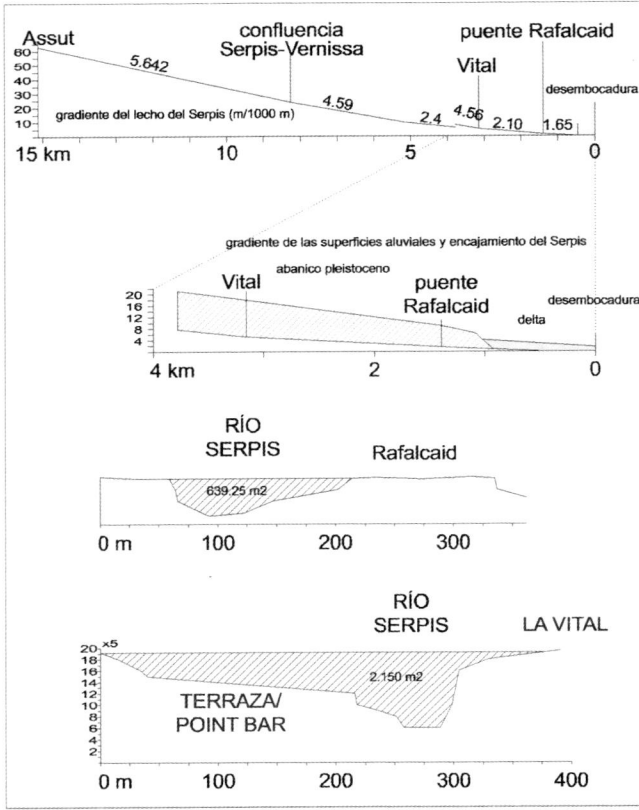

Figura 1.5.- Perfiles longitudinales y transversales del río Serpis y el abanico deltaico.

hasta la zona de la desembocadura y bajo la actual playa arenosa. Los cantos y bloques de diámetro mayor a 20-30 cm son transportados aguas abajo del tramo de La Vital lo que indica una elevada competencia de la corriente. Las gravas de diámetro mayor a 10-15 cm llegan hasta la línea de costa.

Las barreras arenosas litorales y el delta del Serpis

En la línea de costa, al norte y sur de la desembocadura del Serpis, se dispone una barrera o restinga en la que se distinguen dos sectores con características texturales muy diferentes. El sector septentrional se compone de arenas finas aportadas principalmente desde la desembocadura del río Xúquer (escorrentía anual en régimen natural en torno a 1.800 Hm³) que cierra por detrás un humedal hoy en día prácticamente colmatado. Desde la desembocadura del Xúquer la barrera o restinga se adelgaza progresivamente en dirección sur. Por comparación de cartografías entre 1900, 1957 y 2000, se puede observar que la anchura que la barrera arenosa tiene en la actualidad al norte del Grau de Gandia se debe en gran medida a la progradación al norte del espigón del puerto (Fig. 1.4). Dicha restinga incluía áreas dunares (ahora arrasadas) hacia el interior de hasta 6 m de altura en Tavernes y en la Devesa de Gandia.

La prominencia pleistocena por la que circula el Barranc de Sant Nicolau y el microacantilado del abanico pleistoceno del Serpis son otros elementos que permiten definir la discontinuidad en la barrera costera. El Serpis introduce en la desemboca-

dura abundante carga gruesa, si bien la descarga de fracción arena debe (y debía) de ser muy inferior a la del Xúquer, teniendo en cuenta la muy superior descarga de éste último río (57 m³/seg frente a 2,4 m³/seg del Serpis). En el tramo inmediatamente al sur de la desembocadura del Serpis los aportes de este río incorporan sedimentos mucho más gruesos (Pedregals de Daimús) que ocupan toda la anchura de la barrera arenosa (más de 1 km de anchura). Más al sur (Bellreguard, Miramar, Piles) no se observan sedimentos gruesos en superficie. Este sector meridional de la barrera corresponde a la acumulación sedimentaria holocena del delta del Serpis que se extiende como una gruesa banda litoral adosada al microacantilado del abanico pleistoceno, desde la zona de Rafalcaid hacia el sur (partidas de Els Pedregals de Daimús y Els Marenys de Rafalcaid). Se trata de un delta de grano grueso, compuesto por barras de cantos, grava y arena y cauces migrantes (antes de su fijación reciente). El oleaje redistribuye los sedimentos formando barreras alargadas hacia el sur.

Los humedales

Las restingas o barreras costeras cierran a la influencia marina áreas antiguamente pantanosas y pequeñas lagunas ahora colmatadas. La toponimia registra numerosos rastros de estos humedales (*Marjal, Clot, Ullal, Lluent, Els Fondos, El Clotal*). La mayor extensión de estos ámbitos se encuentra hacia el norte (marjales entre Gandia, Xeresa y Xeraco) que ocupa el área tras la barrera en el área montañosa de Bairén. Hacia el sur ocupan espacios más estrechos adosados al pie del microacantilado que limita con la superficie pleistocena del abanico del Serpis.

La evolución holocena del litoral del Serpis

Los registros sedimentarios disponibles albergan información sobre las importantes repercusiones de los cambios medioambientales holocenos en las llanuras litorales mediterráneas a escala de milenios y siglos. Así, es importante analizar los registros tanto en la excavación arqueológica como en elementos morfosedimentarios cercanos. Los estudios de evolución geomorfológica del yacimiento de La Vital y de su entorno permiten contextualizar temporal y espacialmente los cambios acaecidos y facilitan las reconstrucciones paleogeográficas y paleoambientales del entorno del yacimiento.

El abanico aluvial, como elemento morfológico sobre el que se asienta el yacimiento, es una forma relicta desconectada de los procesos fluviales del río Serpis al menos desde el Holoceno final. Las estructuras negativas del yacimiento (fosas) están excavadas en el nivel del abanico aluvial pleistoceno parcialmente encostrado. Por otro lado según se deduce de los cortes observados, este abanico está constituido por depósitos de corrientes no confinadas, formados por capas laminares o de espesor decimétrico y gran continuidad lateral (derrames extensivos de grava y arena). Los paleocauces que aparecen en el techo del registro del abanico pleistoceno (en el entorno de La Vital) tienen una sección transversal mucho menor que el actual cauce del Serpis y una textura sedimentaria muy diferente. Así se puede concluir que las gravas y cantos que aparecen entre algunas de las estructuras arqueológicas no corresponden a la carga sedimentaria de inundaciones del río Serpis, se trata más bien de reacondicionamientos antrópicos de material de solera extraído intencionalmente del cauce o del propio abanico.

Por lo que respecta al nivel de finos (limos arcillosos de tono marrón) que entierra los restos arqueológicos, corresponde a depósitos holocenos de arroyada (concentrada o laminar) relacionados con los encajamientos y ondulaciones de la superficie del abanico. La puesta en cultivo o la explotación ganadera de la superficie en época histórica (romana o anterior) facilitaría el desmantelamiento de los horizontes superficiales de suelo y la consecuente acción de las arroyadas laminares y regueros de erosión.

Finalmente por lo que respecta a la evolución geomorfológica del entorno inmediato de La Vital hay que destacar que ésta se integra en el contexto de los modelos evolutivos regionales apoyados en análisis de estratigrafía, estudio de sondeos y dataciones absolutas en la llanura deltaica del Xúquer-Túria-Albufera (Ruiz y Carmona, 2005) y el marjal de Pego (Viñals, 1996). Se pueden establecer las siguientes fases:

- *Fase I* (máximo transgresivo holoceno):

En el litoral del Serpis, los niveles aluviales pleistocenos del abanico constituyen un obstáculo topográfico que por su alta cota sobre el nivel del mar y su pendiente relativamente elevada, constituyó un tope altitudinal a la penetración de la transgresión marina holocena. Durante el máximo transgresivo, el oleaje excavó el microacantilado del abanico pleistoceno, entre las poblaciones de Daimús y Piles. La situación era diferente en la zona septentrional, sobre la actual marjal de Gandia-Xeresa, pues allí los sondeos manuales registran a dos metros de profundidad la existencia de niveles de la transgresión marina holocena formados por arenas grises con *Glycimeris* y *Arca noae* (Ruiz y Carmona, 2005). Según los datos de sondeos geotécnicos, estas arenas grises se extienden de forma continua hasta el pie de los relieves próximos y hacia el norte por detrás de la barrera arenosa actual, conformada por arenas de color marrón claro amarillento de diferente textura (Román, 1987). De esta manera, durante la transgresión marina holocena, se formó una bahía marina en la zona del actual marjal de Gandia, entre las prominencias de los abanicos pleistocenos de Xeraco y Sant Nicolau-Serpis. La línea de costa se situaría en algunos tramos más de 2 km hacia el interior de la actual, rozando el pie de los relieves calcáreos del Mondúver y Bairén.

Durante esta primera fase de la transgresión marina holocena, se pudo haber producido una pequeña penetración marina en la desembocadura del Serpis. No obstante, un sondeo geotécnico realizado en la margen derecha del río, unos 200 m aguas arriba de La Vital, alcanza niveles de arcillas rojas con nódulos (Pleistoceno) a menos de 2 m de profundidad y en el dragado realizado en el cauce en este mismo sector no aparecen sedimentos marinos sino gravas, cantos y bloques fluviales. Esto nos indica que la penetración marina, no llegó a la altura del yacimiento de La Vital. La suavización de la pendiente del lecho en el último tramo (de Rafalcaid al mar) se debe a que discurre por una superficie de relleno deltaico fuera ya del encajamiento en el abanico pleistoceno.

- *Fase II* (cierre inicial de las barreras litorales arenosas o restingas):

Una vez se alcanzó el máximo transgresivo, las fluctuaciones del nivel marino posteriores son poco significativas. La construcción de las barreras litorales se produce principalmente por los aportes sedimentarios fluviales. En el tramo de costa Cullera-Serpis el río Xúquer es con diferencia el principal responsable de dichos aportes. A partir de la Edad del Bronce (II milenio a.C.) se establecen desembocaduras marinas que aportan el sedimento necesario para el desarrollo de flechas de crecimiento longitudinal (Ruiz, 2002; Ruiz y Carmona, 2005). Aguas abajo de la desembocadura del Serpis, el modelo evolutivo es diferente, ya que no existió un amplio espacio anfibio o lagunar intermedio. El cauce llegaba directamente a la desembocadura marina confinado en el abanico pleistoceno, de manera que el desarrollo de la barrera arenosa o delta del Serpis es más temprano. En consecuencia, desde el Holoceno medio se produciría el desarrollo de las barreras arenosas por delante del microacantilado costero.

- *Fase III* (progradación del delta holoceno del Serpis y de la barrera arenosa):

Las tasas de erosión se aceleran considerablemente por causas antrópicas (deforestación, pastoreo) entre la Antigüedad y la Edad media. Se produce una sobrecarga sedimentaria en los ríos y, a partir de las desembocaduras fluviales, se desarrollan barreras progradantes por apilamiento de flechas longitudinales. En el caso del Serpis, no disponemos de datos que nos permitan esbozar las fases ni la cronología de su construcción deltaica. Para ello sería necesario disponer de información de sondeos y dataciones en los sedimentos frente al microacantilado flandriense al sur de la desembocadura actual. No obstante, contamos con un dato relevante. La cartografía histórica nos ha permitido reconstruir los cambios en la paleogeografía durante los últimos 100 años (Fig. 1.6). Según la cartografía del año 1900, el área de Rafalcaid tenía una configuración deltaica con una difluencia en dos cauces divididos por una gran barra de desembocadura constituida por gravas y cantos (Els Pedregals). El agua marina penetraba por los cauces formando una extensa área de penetración marina que podía extenderse hasta el borde del microacantilado holoceno en la zona de Rafalcaid. Cabe por lo tanto pensar en una posible línea de costa junto al acantilado o mucho más próxima que la actual si nos retrotraemos a periodos de varios milenios. En este sentido, sería de gran interés ubicar el registro arqueológico del yacimiento de La Vital en un contexto paleogeográfico diferente, una línea de costa adosada al borde del microacantilado en el abanico pleistoceno, y con una pequeña penetración estuarina en el tramo final del río.

EL MEDIO BIÓTICO

Vegetación y fauna actuales

En la actualidad, apenas se conservan pequeños trazos de la cubierta vegetal natural en el entorno del yacimiento, a causa

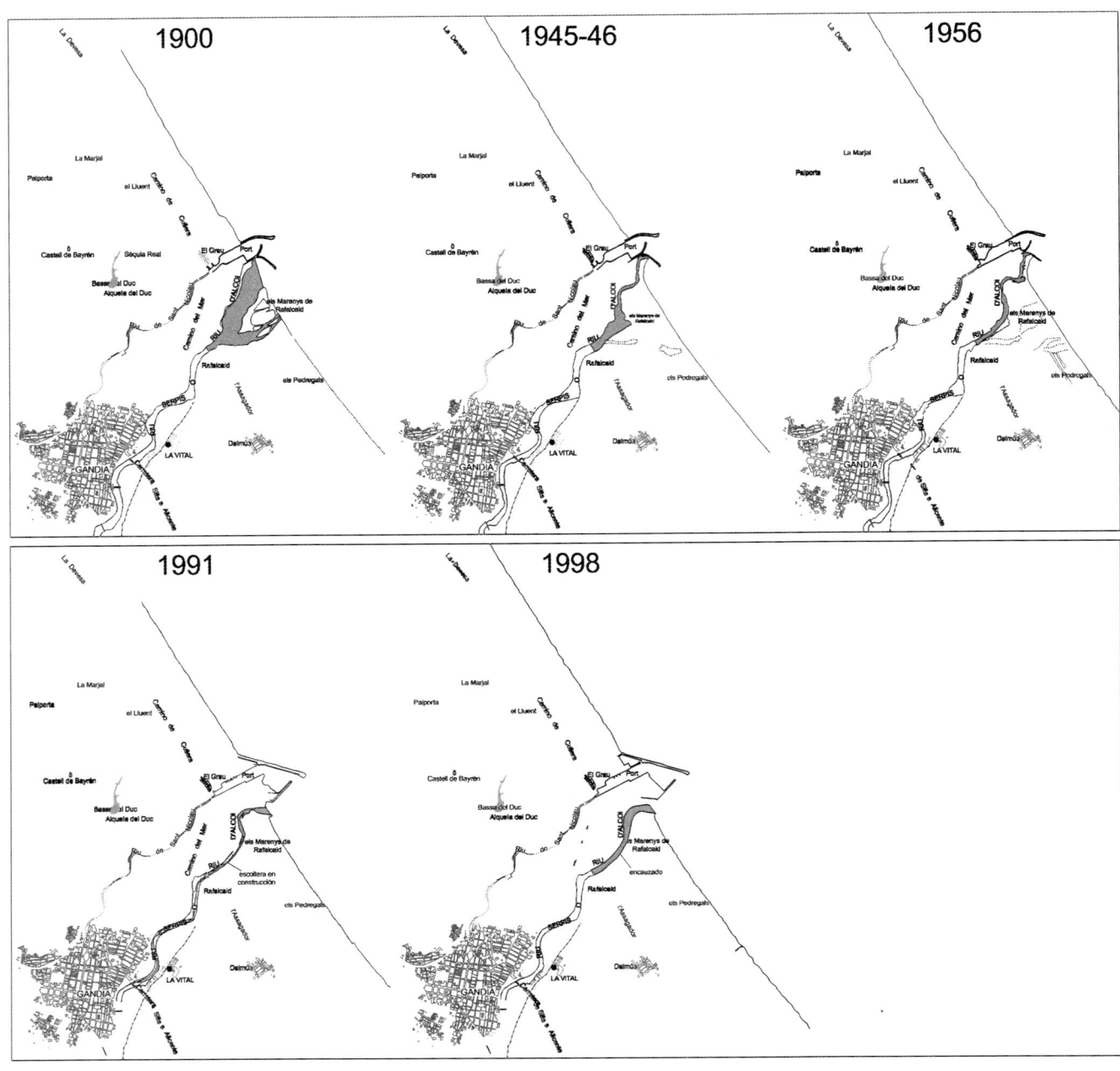

Figura 1.6.- Evolución reciente de la desembocadura del Serpis (1900-1998).

de la intensa antropización de la zona. A los pies de los relieves circundantes, la vegetación se compone de formaciones escleró-filas de tipo mediterráneo, en las que el estrato arbóreo se reduce al pino carrasco (*Pinus halepensis*) y algunos ejemplares jóvenes de carrascas (*Quercus rotundifolia*) en pequeñas agrupaciones. El estrato arbustivo es denso, y está dominado por el lentisco (*Pistacia lentiscus*), la cornicabra (*Pistacia terebinthus*), la cada (*Juniperus oxycedrus*), la coscoja (*Quercus coccifera*), la aliaga (*Ulex parviflorus*), el brezo (*Erica multiflora*), varias especies de jara (*Cistus*), el palmito (*Chamaerops humilis*), el romero (*Rosmarinus officinalis*) y otras especies aromáticas. La vegetación de ribera en su paso por el yacimiento es escasa,

aunque en tramos del cauce menos alterados se documenta la presencia de chopos (*Populus*) y sauces (*Salix*), adelfas (*Nerium oleander*), tamariscos (*Tamarix gallica*) y cañas (*Arundo donax, Phragmites australis*) (Fig. 1.3-4).

En el término de Gandia y las poblaciones colindantes, existen algunas zonas de gran valor ecológico, caso de los Parajes Naturales de Parpalló-Borrel y El Surar, que constituye el alcornocal más meridional de la región valenciana, asentado sobre un suelo calizo descarbonatado. Destaca la presencia de algún endemismo fuertemente protegido, como *Silene declinis* ("ull de perdiu"), que se extiende por las montañas del Buixcarró y el Montdúver, favorecida por la existencia de enclaves de ombroclima subhúmedo, o *Pteris vittata* L., única especie endémica de helecho, que se puede encontrar en abundancia en las inmediaciones de la Font del Montdúver.

Los hábitats fluviales y montañosos del Serpis acogen también un gran número de especies acuáticas, aves y mamíferos de gran interés, tales como el barbo (*Barbus bocagei*), el búho real (*Bubo bubo*) y el gato montés (*Felis sylvestris*), respectivamente.

El emplazamiento del yacimiento, cerca de la desembocadura del río y sobre la llanura litoral, constituye una zona idónea para la agricultura. Desde finales del siglo XIX, las extensiones de cultivos de naranjo, junto a la propia expansión del núcleo urbano y la intensa actividad económica generada alrededor de las poblaciones, han modificado profundamente el aspecto del paisaje natural. En este sentido, la información aportada por los estudios paleoambientales realizados en el yacimiento de La Vital se integra dentro de un interés por reconstruir el paisaje que enmarcó los primeros asentamientos de población en el lugar, y constituye un testimonio único sobre la continua modificación de éste y la génesis del que conocemos hoy en día.

El paisaje prehistórico

Desde la Prehistoria, las sociedades tradicionales se encuentran fuertemente ligadas al paisaje vegetal por los lazos de la supervivencia. Una de las tareas más cotidianas debió ser el aporte de leña al hogar, ya que ésta constituía la única fuente de combustible, y se solía acarrear desde el entorno más inmediato al lugar de hábitat. Estos restos de fuegos domésticos, sedimentados en los niveles arqueológicos en forma de carbones, permiten conocer la vegetación que existía en el pasado y cómo fue aprovechada por los humanos a lo largo de la Historia.

Los cazadores-recolectores son los últimos grupos que realizan una explotación "equilibrada" del bosque, ya que todavía no poseen una tecnología capaz de modificar el medio profundamente y a gran escala. De estos momentos, contamos con poca información para la zona de estudio, ya que son escasos los análisis paleobotánicos que ofrecen algunos trazos al respecto, pese a que existen abundantes vestigios de una densa ocupación de la zona durante el Paleolítico, caso de las cuevas de Parpalló o Meravelles.

A comienzos del Holoceno, las condiciones climáticas atemperadas y el aumento de la humedad instauran el fin de las formaciones abiertas con enebros y pinos de montaña, que habían dominado durante los periodos glaciales, y dan lugar al binomio *Quercus-Pinus*, que marcará la dinámica de la vegetación holocena en gran parte de las comarcas centrales mediterráneas. Las zonas costeras registran una vegetación abierta, con especies herbáceas típicas de medios salinos y matorrales de lentisco y brezos, como se documenta en las secuencias de la Bahía de Xàbia (Dupré, 1995) o en el Camp de Sant Antoni, cerca de Oliva (Badal y Grau, 1984), donde los *Quercus* constituyen únicamente un eco de las formaciones boscosas más interiores. La asociación de *Pinus halepensis*, *Quercus* perennifolio y *Olea europaea* documentada en los niveles IV y III de la Cova Foradada de Xàbia puede ilustrar bien la vegetación climácica holocena establecida en ámbito litoral (Badal, 1997).

Los taxones mesófilos y termófilos se documentan ampliamente en toda la franja sublitoral e interior, entre ellos, *Quercus* caducifolio, *Quercus* perennifolio, *Prunus* sp., *Pinus halepensis*, *Olea europaea*, *Pistacia lentiscus* y *Rosmarinus officinalis*, como se registra en el nivel Va de la Cova Bolumini (Badal, 1995; Sanchis Montesinos, 1994).

Las primeras comunidades neolíticas que se asientan en la zona encuentran un paisaje vegetal en su grado de desarrollo óptimo, favorecido a su vez por las condiciones climáticas cálidas y húmedas del periodo Atlántico. Los bosques de encinas y quejigos se documentan en gran parte de las secuencias del Neolítico antiguo, desde la costa hasta el interior, caso de la Cova Ampla del Montgó, la Cova de la Recambra o Cova de l'Or (Badal, 1984; Badal y Grau, 1984; Grau, 1984; Vernet *et al.*, 1987).

La cuenca del Serpis, en su tramo final, constituye una zona ideal para el desarrollo agrícola, y va a ser una de las primeras áreas que deje sentir los efectos de esta actividad. Con la agricultura, llega una tecnología capaz de modelar de forma intensa el paisaje, y se practica la deforestación sistemática para la puesta en cultivo de las zonas más propicias. En la Cova de l'Or, por ejemplo, la agricultura comienza a dejar su huella en el paisaje unos 500 años después de su aparición, con la progresión de una vegetación abierta, de carácter arbustivo, que viene marcada por la sustitución de la curva de *Quercus ilex-coccifera* por la de *Pinus halepensis*.

Los macrorrestos vegetales aparecidos en La Vital se remontan a cronologías del Neolítico final/Campaniforme. Son la última expresión de un tipo de poblados que se documentan ya en el IV milenio a.C., que se ubican en los valles de los ríos y se caracterizan fundamentalmente por la presencia de silos. En estos momentos, se ha propuesto un cambio en el modelo de explotación agraria, consistente en el paso de una agricultura intensiva u horticultura a un sistema de explotación extensivo. Cambio que implica fundamentalmente un aumento de la superficie agraria y por tanto un mayor impacto en el paisaje. La importancia de la producción cerealística y de excedentes se manifiesta en la proliferación de grandes silos en los poblados (Bernabeu y Badal, 1992; Juan-Cabanilles, 2005). Para esta cronología, los estudios paleoambientales muestran una intensificación en el retroceso de las formaciones forestales, y las primeras evidencias de deforestación intensa.

En La Vital, se ha documentado un predominio de restos de *Pistacia lentiscus*, *Quercus* perennifolio y *Olea europaea*, además de otras especies de matorral como *Erica* o *Rosmarinus officinalis* (Cuadro 1.1, Fig. 1.7). Los taxones arbóreos apenas están presentes, lo que hace pensar que las formaciones vegetales en el entorno del yacimiento tendrían un porte fundamentalmente arbustivo. Por otro lado, se documenta un eco de formaciones arbóreas, probablemente de carrasca, con sus especies típicas asociadas, tales como el madroño, el fresno o el quejigo, que debían localizarse en los relieves cercanos.

No hay que descartar que en la franja litoral de Gandia, estas formaciones termomediterráneas constituyeran la vegetación natural, aunque a partir del Neolítico final-Calcolítico y a causa del impacto humano sobre la cubierta vegetal, se intensifica la expansión de los matorrales de *Rosmarino-Ericion* por otras zonas de La Safor (Badal y Grau, 1984). Uno de los hitos que

Fase / Taxón	Neolítica	Hierro/ Romana	Islámica/ Moderna
Arbutus unedo (madroño)	*		*
Ceratonia siliqua (algarrobo)			*
Cistus sp. (jara)	*		*
Coniferae (coníferas)		*	
Erica sp. (brezo)	*	*	*
Ficus carica (higuera)	*		
Fraxinus sp. (fresno)	*	*	*
Juniperus sp. (enebro, sabina)	*		*
Labiatae (de la familia del tomillo)		*	
Leguminosae (de la familia de la genista)		*	*
Maloideae (de la familia del serbal)		*	*
Monocotiledónea			*
Olea europaea (acebuche, olivo)	*	*	*
Pinus halepensis (pino carrasco)	*	*	*
Pistacia lentiscus (lentisco)	*	*	*
Pistacia sp.	*	*	*
Prunus sp. (de la familia del almendro)	*	*	*
Quercus caducifolio (quejigo)	*	*	*
Quercus perennifolio (carrasca, coscoja)	*	*	*
Rhamnus-Phillyrea (aladierno, labiérnago)			*
Rosmarinus officinalis (romero)	*		*
Salix-Populus (sauce, chopo)		*	
Tamarix sp. (taray)		*	*
Vitis sp. (vid)		*	*
Indeterminada			*
N° mínimo de especies	**13**	**14**	**20**

Cuadro 1.1.- Taxones vegetales presentes en las diferentes fases de La Vital.

marca esta degradación es la sustitución de las curvas de pinos por la de *Olea europaea*, detectada en la Cova de la Recambra o en la Cova del Llop, así como una proliferación de las especies de matorral que aumentan en todas las secuencias de la zona. Por ejemplo, en el nivel II de Cova Foradada se detecta de forma clara la antropización del medio en el aumento del matorral de brezos y jaras, y de *Pinus halepensis*, en drástico detrimento de *Quercus* (Badal, 1997). En Cova Bernarda, dominan *Olea europaea*, *Quercus* perennifolio, *Erica* y *Pistacia lentiscus*, mientras que *Quercus faginea* o *Pinus halepensis*, constituyen sólo un eco de las formaciones en regresión.

En la Cova de les Cendres, se data en torno al 4280 BP el inicio de una fase de caída de *Pinus halepensis* y *Quercus ilex-coccifera*, en favor del desarrollo de un matorral compuesto por Leguminosae, *Erica multiflora, Rosmarinus officinalis* y *Cistus* sp., producto probablemente de la intensificación de las actividades agro-pastorales (Badal, 2009).

Los poblados al aire libre de Les Jovades y Niuet también ofrecen una imagen puntual de la vegetación para esta cronología (Badal y Bernabeu, 1990; Bernabeu y Badal, 1992). Niuet tiene una secuencia algo más prolongada, por lo que en él se puede observar una tendencia a la progresión del pino carrasco, siempre acompañado por *Pistacia lentiscus, Pistacia terebinthus*, Leguminosae, *Arbutus unedo, Erica multiflora, Cistus* sp., *Juniperus* y *Olea europaea*, entre otros. La deforestación no es tan evidente en este yacimiento, lo que los autores interpretan como efecto de la brevedad del periodo de funcionamiento de estos poblados o de la estabilización de la proporción entre campos de cultivo y bosque.

Los restos óseos de animales silvestres documentados en La Vital confirman la existencia de zonas arboladas y de claros, estando presentes la cabra montés, el jabalí, el ciervo, el corzo, el uro o el conejo. En cuanto a los animales domésticos, la importancia que adquiere la cabaña de bovinos indicaría la existencia de zonas de pasto con abundante agua en las inmediaciones del yacimiento (ver Capítulo 7).

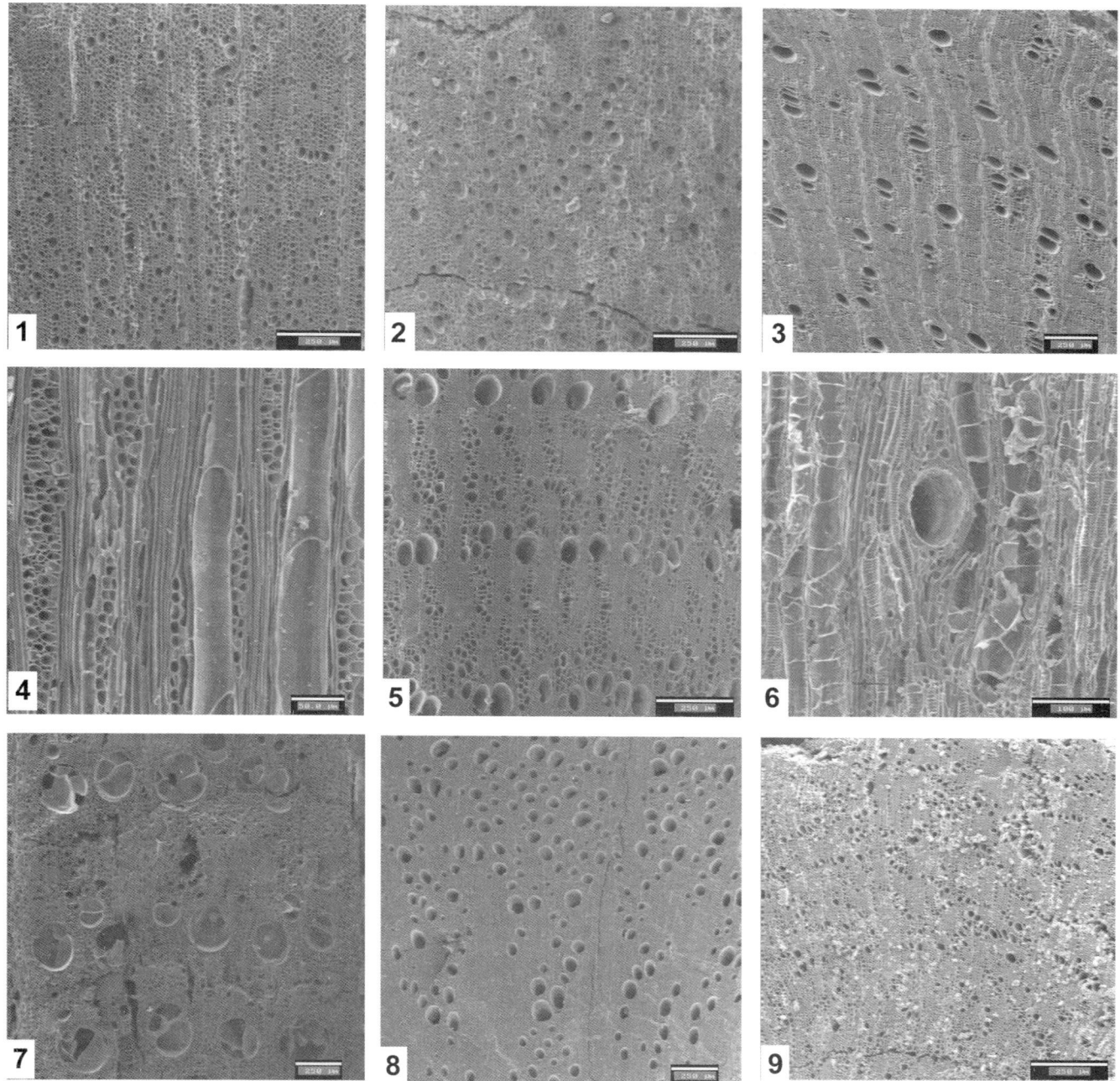

Figura 1.7.- Algunos de los taxones identificados entre los macro-restos del III Milenio en La Vital. 1: *Arbutus unedo***, plano transversal; 2:** *Erica* **sp., plano transversal; 3:** *Ficus carica***, plano transversal; 4:** *Ficus carica***, plano tangencial; 5:** *Pistacia lentiscus***, plano transversal; 6:** *Pistacia lentiscus***, plano tangencial; 7:** *Quercus* **caducifolio, plano transversal; 8:** *Quercus* **caducifolio, plano transversal; 9:** *Rosmarinus officinalis***, plano transversal.**

Las fases ibérica y romana

En estas cronologías, la llanura aluvial del Serpis debió de estar intensamente ocupada, a pesar de que son pocas las noticias conocidas de asentamientos en las inmediaciones de La Vital. Se ha comprobado la ocupación del cerro del Castell de Sant Joan durante época ibérica, probablemente a partir del siglo IV a.C., a juzgar por los materiales cerámicos encontrados en sus inmediaciones, y a pesar de que las posteriores construcciones medievales han hecho desaparecer casi todos los vestigios.

También hay abundantes restos romanos en la zona, algunos de los cuales podrían ser el origen del primer núcleo de población en el actual emplazamiento de Gandia. En la comarca, existen núcleos bien conocidos en la Muntanyeta de Sant Miquel (La Font d'En Carròs), l'Hort del Comte (Rafalcaid, Daimús), El Reconc (Ador) o La Campina (Potries) (Gisbert, 1983).

En La Vital, los restos correspondientes a estos periodos son puntuales, destacando entre ellos una necrópolis ibérica y estructuras diversas de época romana, tales como varias fosas excavadas, un horno y una balsa de decantación.

En cronologías del Hierro I e Ibérica, sólo se ha documentado la presencia de *Quercus* perennifolio, *Olea europaea* y *Pistacia lentiscus*, taxones que confirman la existencia del matorral termomediterráneo descrito anteriormente. Efectivamente, parece que a partir de la Edad del Bronce y época Ibérica, se asientan definitivamente las formaciones de pino carrasco y matorrales de sustitución tipo lentiscales y romerales (Grau, 1990).

Estos mismos taxones son los que dominan durante toda la fase romana, aunque también están presentes *Erica*, *Prunus*, Maloideae, *Salix-Populus*, *Tamarix* sp., *Vitis* sp., y varias especies de labiadas y leguminosas. Por un lado, el matorral adquiere una mayor diversidad de especies, y por otro, la vegetación de ribera parece tener un cierto peso en relación a otros taxones arbóreos, prácticamente ausentes en el registro.

En estos momentos, es posible que estuvieran ya presentes en La Vital algunos de los cultivos más característicos de ámbito mediterráneo, esto es, el olivo y la vid, aunque en ocasiones resulta difícil diferenciar las variedades silvestre de las cultivadas a partir de los macrorrestos carbonizados. El olivo ha sido cultivado en la mayor parte de los países mediterráneos desde la segunda Edad del Hierro (siglo IV a.C.), de modo que las altas proporciones encontradas en La Vital pueden corresponder ya a la variedad cultivada, aunque la presencia importante del acebuche durante todo el Holoceno hace pensar que ambas variedades pudieran estar presentes hasta cronologías recientes.

También se ha documentado el género *Vitis*, que podría corresponder a la variedad cultivada, ya que la vid constituye uno de los cultivos de secano más extendidos en el ámbito mediterráneo desde la Edad del Hierro (siglo VII a.C.). Sin embargo, el hallazgo de semillas de este género desde la fase neolítica indica la existencia en la zona de la variedad silvestre.

Además de los mencionados frutales, la agricultura en el entorno de La Vital se basa en este momento en el cultivo de cereales (trigo y cebada) y de leguminosas (entre ellas, las guijas, las habas o las lentejas) (ver Capítulo 6).

La génesis del paisaje actual

Existen noticias de la existencia de varias alquerías islámicas cercanas a La Vital, que sin duda constituyen el origen, no sólo de los núcleos de población actuales, sino de todo el sistema de campos de cultivo y regadíos. Aunque en época romana debió de existir ya una primitiva red de irrigación, el periodo musulmán supone la definitiva instauración del sistema, con la creación de la figura del acequiero ("sequier"), la creación de una densa red de canales y azudes y la dotación de un cuerpo jurídico a la distribución y regulación de los caudales (Cano Montaner, 2005).

Los cereales siguen constituyendo la base de la alimentación, pero en este momento se introducen nuevos cultivos como el arroz, favorecido por la existencia de amplias zonas inundables de difícil drenaje, o la naranja. Entre los siglos XV y XVII, adquiere gran importancia el cultivo de la caña de azúcar, propiciado por las condiciones térmicas y pluviométricas benignas de la comarca, ya que esta especie demanda grandes cantidades de agua; y en el siglo XVIII, se extienden la morera y las hortalizas, hasta que toman el relevo las grandes extensiones de naranjo a finales del siglo XIX (Cano Montaner, 2005).

Desde época islámica y como consecuencia de esta intensa actividad agrícola, se detecta la apertura definitiva del paisaje, con la desaparición progresiva de las zonas arboladas en el entorno del yacimiento, y una diversificación de las especies de matorral, que acaban constituyendo las formaciones mejor adaptadas a la franja termomediterránea, entre ellas, *Pistacia lentiscus*, *Quercus* perennifolio, *Vitis* sp., el pino carrasco, las leguminosas y el fresno, y hasta un total de al menos 20 especies diferentes representadas en el carbón de La Vital (Cuadro 1.1).

En estos momentos se documentan por primera vez el algarrobo, que constituye otro de los árboles cultivados más extendido por todo el Mediterráneo, aunque está perfectamente adaptado a este ámbito y crece de forma subespontánea por gran parte de la región. Su cultivo se encuentra fuertemente ligado a la actividad ganadera, ya que sus frutos se utilizan para la alimentación de los animales. Efectivamente, en estos momentos se documenta una cabaña ganadera variada, estando presentes los ovicaprinos, con una predominancia de la oveja frente a la cabra, el bovino, el cerdo, el caballo, el perro y el gallo (ver Capítulo 7).

Destaca en estas fases una importante presencia de macrorrestos de roble en La Vital. Éste se había documentado de forma puntual en las fases prehistóricas del yacimiento, y se intuía su regresión a partir de la instauración progresiva de las especies de matorral. Su presencia en cronología islámica indica su persistencia en lugares más o menos cercanos al yacimiento, probablemente en los relieves circundantes, que reunieran las condiciones de umbría y humedad necesarias para su desarrollo.

Existen escasas noticias acerca de la vegetación en estos momentos para otros enclaves cercanos a La Vital. En el Castell d'Ambra (Pego) se ha documentado un predominio del matorral, encabezado por leguminosas, brezos y lentisco, aunque también están presentes árboles típicos del bosque termo-mesomediterráneo, como la carrasca, el madroño o el pino carrasco, y especies de ripisilva, como el fresno y el olmo. Entre los cultivos, se encuentran el algarrobo, el olivo y el almendro (De Haro, 1998).

EL PAISAJE DE LA VITAL, DESDE LA PREHISTORIA HASTA HOY

El valle del Serpis ha sufrido intensas modificaciones naturales y antrópicas que son el origen del paisaje que conocemos hoy en día, y su explotación tradicional es también herencia de varios milenios de asentamientos humanos en la zona.

Desde el Holoceno medio, la evolución natural de la zona de estudio generó profundas transformaciones de los medios costeros, como el desarrollo de barreras arenosas por delante del microacantilado y espacios anfibios trasbarrera en el cauce del Serpis, que discurre confinado en el abanico pleistoceno. La transgresión flandriense generó una bahía en la zona de la marjal de Gandia y la línea de costa se situaría en algunos tramos más de 2 km hacia el interior de la actual, aunque parece que en ningún momento alcanzara la zona del yacimiento.

La evolución del ámbito litoral debió de condicionar los asentamientos humanos y las estrategias de explotación del medio. Los restos vegetales y animales recuperados en el yacimiento de La Vital son la evidencia directa del aprovechamiento de los recursos naturales por parte de sus pobladores, y apuntan hacia la existencia de un paisaje variado, como corresponde a la orografía del entorno del yacimiento. Así, en la llanura del Serpis debían existir zonas intensamente explotadas agrícolamente, bosques de ribera, medios litorales en los que crecería una vegetación característica, básicamente arbustiva, y formaciones de media montaña presentes en los relieves cercanos.

En cuanto a la vegetación de media montaña, se han identificado algunos taxones arbóreos característicos del bosque esclerófilo mediterráneo. Los quejigos están presentes de manera intermitente; éstos pueden encontrarse entre las formaciones de carrascas, aprovechando enclaves favorables (umbrías, suelos desarrollados). El bosque mediterráneo presenta generalmente un denso estrato arbustivo, con gran variedad de especies, de las que se ha identificado un amplio abanico en La Vital, destacando la coscoja, el lentisco, las jaras, los brezos, los enebros-sabinas, las labiadas o las leguminosas, siendo especialmente abundantes las dos primeras, que conforman una asociación muy frecuente en el piso termomediterráneo, constituyendo la vegetación característica de los enclaves sublitorales más cálidos.

La desembocadura del Serpis, cerca del yacimiento, daba lugar a diversas formas de humedales de influencia marina, de modo que a estos ambientes debían de asociarse formaciones de ribera compuestas por fresnos, sauces, chopos y tamarindos. Éstos últimos constituyen uno de los principales componentes de los paisajes ribereños de medios áridos y semiáridos de todo el Mediterráneo, por su resistencia a condiciones de sequía y salinidad, de manera que puede desarrollarse en enclaves cercanos a la costa o humedales salinos (Cirujano, 1991: 27; Costa *et al.*, 1997: 491-493). En el entorno de La Vital se han documentado restos de áreas antiguamente pantanosas y pequeñas lagunas de influencia marina, ahora colmatadas, que pudieron constituir enclaves idóneos para el desarrollo de este tipo de formaciones ribereñas, además del propio cauce del río Serpis. En todo caso, parece que estos ambientes húmedos debieron de constituir una parte clave del paisaje; la importancia de estos medios se refleja también en la malacofauna recuperada en La Vital, que comprende especies asociadas a ambientes litorales con humedales, tales como *Rumina decollata*, *Melanopsis tricarinata* y *Pseudotachea splendida* (ver Capítulo 8), que se encuentran actualmente en la marjal de Pego-Oliva.

En torno a estos enclaves se extenderían probablemente las tierras más aptas para el cultivo, por lo que no sería de extrañar, que estas formaciones fueran las primeras sometidas a una deforestación intensa. Las especies cultivadas documentadas en La Vital corresponden sobre todo a cereales, leguminosas y algunos frutales.

En síntesis, el paisaje actual es un resultado de milenios de transformación como consecuencia de la interacción humana con el medio. Como consecuencia, sobre todo entre la Antigüedad y la Edad Media, se evidencian altas tasas de erosión en toda la desembocadura del Serpis, probablemente causadas por la intensificación de la actividad agrícola. Ésta parece haber sido, por tanto, el principal agente modelador del entorno de La Vital, ya que se detecta una progresiva deforestación del medio de forma paralela a la introducción de nuevos cultivos y al poblamiento cada vez más denso de la zona.

Capítulo 2

LOS TRABAJOS DE EXCAVACIÓN

G. Pérez Jordà, Y. Carrión Marco,
O. García Puchol, M. Gómez Puche, G. Pascual Berlanga,
J. Pascual Beneyto y J. Bernabeu Aubán

DESCRIPCIÓN DE LOS TRABAJOS DE CAMPO

La intervención en el yacimiento ha estado condicionada, por un lado, por las directrices del avance de la obra y su alcance en profundidad, que marcarían el límite de afectación; y por otro, por la información acumulada a medida que avanzaba la propia excavación.

Siguiendo estas premisas, el área fue subdividida en una serie de grandes sectores siguiendo una numeración referida al orden del inicio de su excavación (Fig. 2.1). Al Sector 1 (140 m^2), excavado en una primera campaña a lo largo del mes de mayo de 2005, se le suman posteriormente los Sectores 2, 3 y 4. El Sector 2 (3282 m^2) queda ubicado al oeste de la galería comercial construida. El Sector 3 (1340 m^2) está situado justo al otro lado de la carretera Gandia-Daimús, siguiendo la misma alineación que el Sector 2 hasta llegar al cauce del río Serpis. El Sector 4 corresponde a un espacio menor (486 m2) situado al oeste del Sector 2 e inmediato a la carretera. El Sector 5 (5980 m^2) corresponde al área excavada previamente por el equipo de técnicos dirigido por Josep Pascual Beneyto (Pascual *et al.*, 2008). A pesar de ser la que tiene una mayor extensión, sólo se pudo excavar una parte de esta área, ya que gran parte de la misma fue afectada por trabajos previos de desmonte.

Se ha llevado a cabo a su vez una división del área en cuadros de 4 m^2, subdivididos en subcuadros de 1 m^2, siguiendo un eje de ordenadas y abscisas que va creciendo en dirección sur y oeste. Todas las estructuras y niveles distinguidos quedan ubicados según sus coordenadas exactas de aparición, para lo cual se han tomado los datos X, Y, Z, en una estación total.

En la excavación se ha seguido el sistema Harris, procediéndose al rebaje y descripción de las diferentes Unidades Estratigráficas (rellenos, estructuras excavadas o construidas). A la hora de simplificar el registro se ha procedido a agrupar las diferentes unidades en Hechos, definidos como una serie de UUEE que forman un todo estructurado voluntariamente, susceptible de ser individualizado y estudiado. Al mismo tiempo se ha procedido a agrupar los distintos Hechos contemporáneos o que presentan una unidad de función en Conjuntos (Bats *et al.*, 1986: 9).

En un análisis posterior, como puede observarse en el Capítulo 4, se ha procedido a realizar una agrupación espacial de las estructuras en Grupos, habiéndose definido hasta 10 diferentes.

Tras la detección de estructuras y niveles con abundantes materiales, que pudieran informar a propósito de la conservación de algún suelo de ocupación en determinadas áreas, se ha procedido al rebaje de estas UUEE en capas artificiales de 5 cm, atendiendo a una unidad espacial mínima: el subcuadro de 1 m^2. Todos los datos recopilados quedan así referidos a una concreta ubicación espacial. La retirada del nivel superficial, que corresponde a un paquete con materiales de diversa cronología revueltos, se ha llevado a cabo a través de medios mecánicos, mientras que la excavación de las diferentes estructuras y niveles conservados se realizó con medios manuales. De la tierra extraída se guardaron distintas muestras de cada UE para su posterior flotación y tamizado con agua. El criterio seguido ha consistido en recoger una muestra de un mínimo de 10 l de sedimento de cada uno de los rellenos de las estructuras excavadas, así como de cada UE y cuadro de los rellenos. De este modo, a los restos materiales recuperados durante la excavación, se suman los vestigios procedentes del muestreo, lo cual ha permitido recuperar pequeños objetos o restos orgánicos de difícil detección mediante cualquier otro sistema.

ESTRATIGRAFÍA Y SECUENCIA CULTURAL

El yacimiento se encuentra en la base de un abanico aluvial sobre el que se depositan materiales cuaternarios con origen tanto en el Serpis como en otros afluentes (ver Capítulo 1). Las primeras ocupaciones corresponden al Neolítico antiguo y

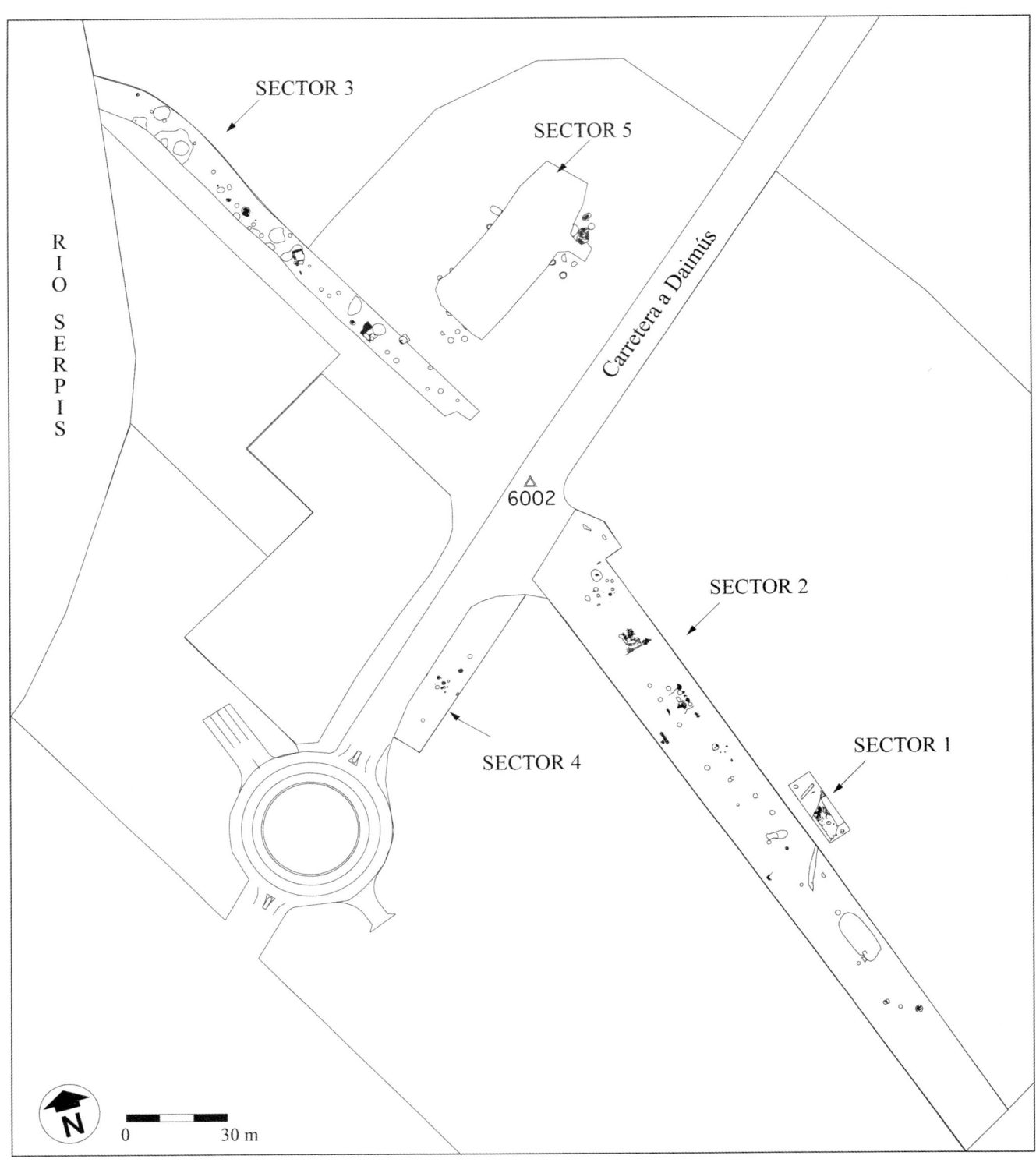

Figura 2.1.- Plano de ubicación de los sectores de la excavación.

final, y se sitúan sobre la base de estos depósitos o directamente sobre las terrazas pleistocenas, mientras que las ocupaciones más recientes, correspondientes a la época contemporánea se encuentran a una cota superior, algo más de 1 m. Las actividades agrarias desarrolladas a lo largo del s. XX han provocado la destrucción de la totalidad de las estructuras y de los niveles arqueológicos hasta una cota aproximada de 1,2 m de profundidad, lo que de forma general ha afectado a todos los niveles posteriores al Calcolítico, de los que únicamente se conservan estructuras negativas decapitadas.

Fases	Cronología	Sector 1		Sector 2-4		Sector 3	
		Conjuntos	Hechos	Conjuntos	Hechos	Conjuntos	Hechos
I	Contemporánea		151-152				25-41-46-83
						6	84-124-125-126
II	Bajomedieval/Moderna						19-37-38-39-42-43-44-113-116-118-120
III	Islámica	1	1-2-3-4-9-10-11-12-13-14-15-17				
			6-7				
IV	Romana					9	24-145
					5-48-68-71-73-74-91		27-28
V	Ibérica			2	51-75-76-77-78-79-80-96		
VI	Hierro I						123

Cuadro 2.1.- Hechos y conjuntos de las fases I a VI.

La campaña de excavación que describimos ha permitido documentar toda una serie de vestigios estructurales o materiales que abarcan un amplio abanico cronológico, desde el Neolítico antiguo hasta época contemporánea, aunque con desigual presencia y significación de cada periodo según los sectores (Cuadro 2.1). La secuencia se ha dividido en ocho fases. La Fase I es la más reciente, de época contemporánea, y está representada sobre todo en los Sectores 1 y 3. La Fase II agrupa los restos asignados a cronología bajomedieval/moderna, que corresponden a una serie de fosas. A la época islámica (Fase III) corresponden un conjunto de silos fechados en su mayor parte en los siglos XII y XIII (Sectores 2 y 4). De la época romana (Fase IV) se dispone de información relacionada con la detección de estructuras excavadas pero también construidas: restos de un muro, una balsa y un horno (Sectores 2 y 3). La cronología interna de esta fase abarca un amplio intervalo, desde el siglo I d.C. al siglo VI-VII d.C. La Fase V se reduce a una serie de estructuras correspondientes a una necrópolis ibérica de incineración localizada en el Sector 2. La Fase VI corresponde a una cronología relacionada con el Bronce-Hierro I, aunque únicamente se adscriben a ella los materiales recuperados en dos fosas. La Fase VII, correspondiente al Calcolítico y al Campaniforme, engloba el número mayor de estructuras detectadas en todos los sectores. Silos, fosas, cubetas, además de espacios funerarios y de habitación, conforman una información relevante sobre la existencia de un poblado de esta cronología en el lugar. Por último, la Fase VIII correspondiente al Neolítico antiguo epicardial, reúne escasas estructuras, localizadas de forma exclusiva en el Sector 3.

LAS DATACIONES

Las 13 dataciones radiocarbónicas realizadas (Cuadro 2.2) se han limitado en principio a la ocupación prehistórica, ya que las fases más modernas se han datado a partir de los materiales arqueológicos, fundamentalmente la cerámica. Como excepción, se realizó una datación sobre un enterramiento romano (UE 3051), ante las dudas que planteaban los materiales recuperados.

En todos los casos, se han elegido elementos de vida corta para las dataciones: en cinco casos se trata de huesos humanos de cuatro enterramientos y en los otros ocho, de restos de fauna doméstica. Por un lado, se han datado sistemáticamente todos los enterramientos y por otro, dos muestras que corresponden a la fase inicial y final de la vivienda del Conjunto 7, otras tres de las fases iniciales de las vivienda de los Conjuntos 4, 5 y 8, una muestra del hogar del Conjunto 13 y uno de los silos del Sector 4. El conjunto de dataciones obtenido nos permite definir una ocupación de este asentamiento en época Calcolítica-HCT que podríamos situar entre el 2775 y el 2300 cal. a.C.

DESCRIPCIÓN DE LAS ESTRUCTURAS

Sector 1

En este sector, los trabajos de excavación se han centrado en dos zonas. En el extremo este del solar se ha realizado un sondeo mecánico, que no ha confirmado la existencia de niveles arqueológicos, por lo que se ha procedido a realizar una excavación en extensión en el extremo oeste, junto al camino de la Torre dels Pares. Con anterioridad, la mayor parte del área ya había sido rebajada sin ningún tipo de seguimiento arqueológico, lo que limitó tanto las estrategias de la intervención como los resultados obtenidos en la misma.

Inicialmente, se procedió a retirar la tierra vegetal que cubría el área (60/70 cm) con la ayuda de una pala mecánica hasta definir un estrato de tierra arcillosa de color marrón. En este momento la zona de excavación quedó dividida en dos sub-sectores por un cimiento de un muro contemporáneo que atravesaba la zona en dirección E-O.

En la zona norte se realizaron manualmente una serie de zanjas que nos permitieron confirmar la existencia de una mez-

Ref. lab.	UE	Estructura	Muestra	BP	SD	cal BC 2s	% prob
Beta-222442	3051	Conjunto 9	Hueso humano	1290	40		
Beta-222443	3110	Conjunto 11	Hueso humano	3830	40	2459-2416 2411-2197 2169-2148	0,090 0,871 0,040
Beta-222444	2214	Conjunto 3	Hueso humano	4000	50	2835-3817 2665-2643 2639-2397 2384-2346	0,018 0,015 0,933 0,034
OxA-V-2360-15				3946	28	2566-2524 2497-2344	0,152 0,848
Beta-222445	2202	Casa 5	Hueso *Ovis aries*	4040	40	2839-2814 2677-2469	0,052 0,948
Beta-222446	3088	Casa 7. Fase c2	Hueso *Bos taurus*	3920	40	2562-2534 2493-2289	0,037 0,963
Beta-222447	3053	Casa 7. Fase b	Hueso *Bos taurus*	3870	50	2471-2202	1,000
Beta-229791	3056	Conjunto 10	Hueso humano	3920	50	2568-2519 2499-2281 2249-2231 2218-2212	0,075 0,901 0,019 0,005
Beta-229792	2137	Hogar 102	Hueso *Ovis aries*	4100	50	2872-2565 2531-2530 2525-2496	0,946 0,002 0,052
Beta-229793	2194	Casa 4. Fase b	Hueso *Bos taurus*	4150	50	2881-2617 2610-2581	0,953 0,047
Beta-229794	2115	Silo 70	Hueso *Sus* sp.	4180	40	2890-2832 2820-2632	0,232 0,768
Beta-229795	3144	Casa 8. Fase b	Hueso *Sus domesticus*	4070	50	2863-2806 2759-2717 2709-2474	0,153 0,074 0,772
AA-72170	2193	Foso 115	Hueso *Bos taurus*	4045	52	2859-2809 2753-2721 2702-2467	0,099 0,036 0,864

Cuadro 2.2.- Dataciones radiocarbónicas. Calibraciones según el programa CALIB 6.0, de acuerdo con la curva de calibración IntCal 09 (Stuiver *et al.*, 2005).

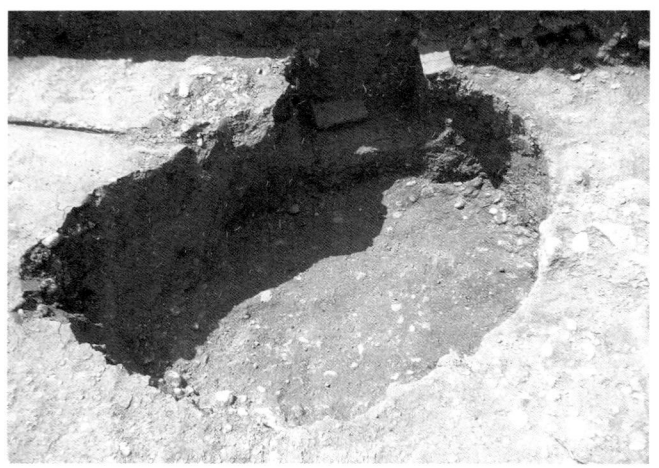

Figura 2.2.- Foto del horno contemporáneo del sector 1.

cla de materiales prehistóricos, ibéricos, romanos y contemporáneos, excepto en el ángulo SO, en el que se documentó un horno contemporáneo excavado en el substrato. Tras comprobar que el nivel no presentaba más estructuras y estaba totalmente alterado se procedió a excavar con la ayuda de una pala mecánica para poder confirmar que bajo esta capa aparecía directamente la terraza del río y que no había estructuras excavadas en ella. Posteriormente pasamos a excavar el área ubicada al sur de este cimiento.

En este sector se han definido las siguientes fases:

Fase I (contemporánea)

Dos estructuras corresponden a la época contemporánea. Se trata de un horno (151) excavado en el suelo (Fig. 2.2), de planta circular (1,12 m de diámetro y 0,6 m de altura conservada) y con la boca abierta hacia el oeste. La base aprovecha un estrato natural de gravas y las paredes conservan en parte una capa de enlucido de arcilla cocida. Los materiales cerámicos nos permiten datar la anulación de la estructura en el s. XIX, aunque desconocemos su función. También se ha conservado un cimiento de mortero de cal (143) construido al rellenar una zanja de sección rectangular.

Fase VII (calcolítico)

Los niveles de esta fase se conservan al sur del cimiento 143 (Fig. 2.1) y son una serie de estructuras excavadas que están superpuestas (Cuadro 2.3). Éstas habían sido afectadas en su extremo oriental por la excavación previa, mientras que en el extremo oeste no han podido ser excavadas, ya que se encontraban fuera del área de afección de los trabajos. Se trata de una gran

	Fase	Hecho	UE Estructura	Relleno	Tipo
Casa 1	b	154	1031	1029	Fosa
		155	1042	1039	Fosa
		156	1048	1047	Fosa
		157	1041	1038	Silo
		158	1040	1036	Fosa
				1037	
		159	1053	1052	Fosa
		160	1054	1045	Fosa
		161	1049	1050	Fosa
		162	1051	1046	Silo
				1034	
				1035	
		164	1032	1033	Fosa
		163	1044	1043	Silo
	a3	153		1024	
			1026		Pavimento
				1030	
				1020	
	a2			1021	
				1025	
				1027	
				1028	
	a1		1023		Casa
			1010/1022		Piedras
				1008	
				1009	
				1011	
				1012	
				1013	
				1015	
				1016	
				1017	
				1018	
				1019	

Cuadro 2.3.- Estructuras calcolíticas del sector 1.

fosa, que fue interpretada como una vivienda, y una serie de fosas y silos que se hallan tanto en su interior como en su entorno.

Sectores 2 y 4

El Sector 2, situado al oeste del edificio del centro comercial, engloba un amplio tramo que discurre en paralelo al mencionado edificio hasta llegar a la carretera. El Sector 4 constituye una ampliación del anterior hacia el oeste.

Fase I (contemporánea)

En esta área no se han localizado estructuras que correspondan a época contemporánea aunque hemos podido definir una serie de niveles que han aportado materiales de esta cronología. Se trata de los caminos y carreteras desmanteladas y de los niveles superficiales de los campos de cultivo que han sido removidos por el arado. Este estrato, que llega a alcanzar una potencia cercana a 1,2 m, debe de ser resultado de una antigua transformación del cultivo. Durante estos trabajos, se habrían arrasado la práctica totalidad de las estructuras que se pudieran haber construido en este espacio desde época ibérica hasta la

actualidad. De hecho, de estas fases sólo se han podido localizar las estructuras excavadas.

Fase III (islámica)

Ha sido posible individualizar un conjunto de estructuras interpretadas como silos (Fig. 2.3 y 2.4) (1, 2, 3, 4, 6, 7, 9, 10, 11, 12, 13, 14, 15, 17), con una cronología de la segunda mitad del s XII e inicios del XIII, justo antes de la Conquista. Los silos están seccionados por los trabajos agrarios contemporáneos

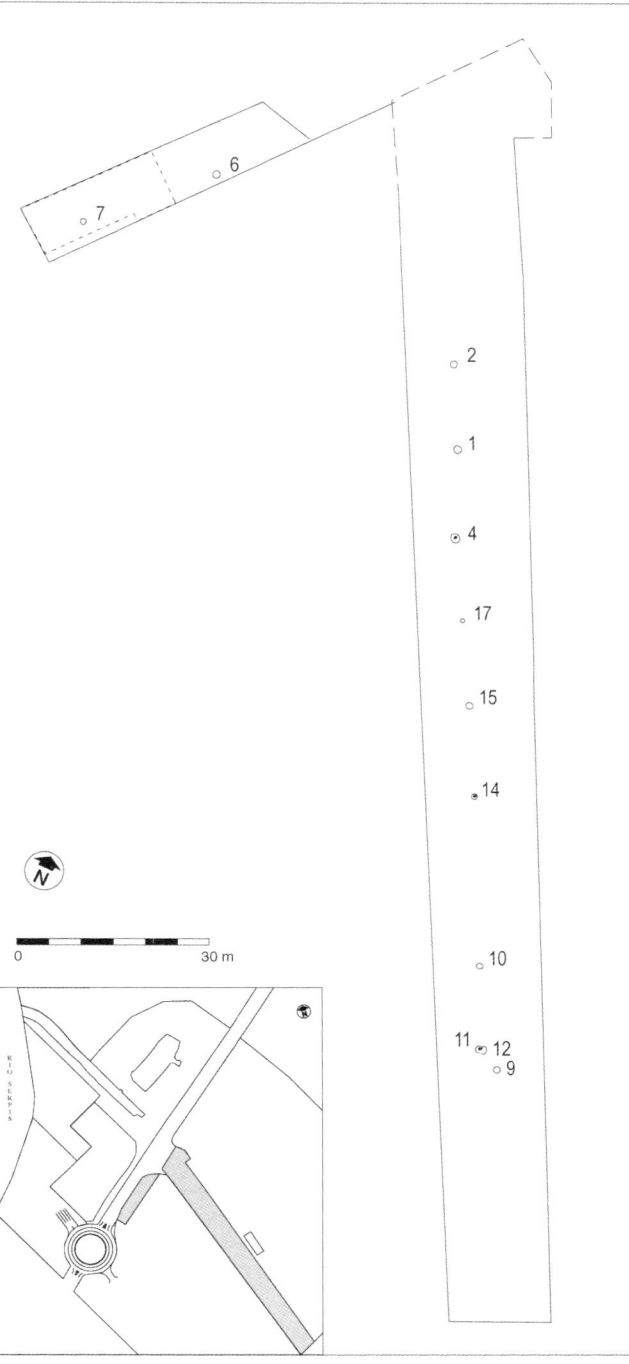

Figura 2.3.- Plano del sector 2-4 con silos islámicos.

	Fase	Hecho	UE Estructura	Relleno	Tipo
Sondeos				2132	
				2133	
				2086	
				2084	
				2030	
				2032	
				2052	
				2080	
				2067	
				2068	
				2069	
				2074	
Conjunto 3		47	2094	2093	Fosa
				2099	
				2110	
Foso		115	2148	2171	Foso
				2147	
				2163	
				2193	
Conjunto 14		70	2216	2215	Fosa
		93	2204	2205	Cubeta
		94	2206	2207	Silo
		85	2233		Silo
		61	2136	2102	Silo
		72	2183	2172	Cubeta
		59	2168	2167	Silo
		60	2170	2169	Cubeta
		149	2104	2160	Silo
		200	2224		Silo
Enterramiento 3		95	2162	2161	Silo
		143	2199	2198	Enterramiento
				2214	
Conjunto 14		69	2196	2187	Fosa
		18	2077	2078	Silo
		98	2211	2221	Silo
		97	2203		Hogar
				2191	
				2202	
Casa 5	b	141	2232		Casa
		82	2231	2230	Fosa
		86	2235	2234	Silo
		87	2237	2236	Poste
		105	2226		Piedras
		106	2227		Piedras
		142	2073		Piedras
				2220	Relleno
	a	103	2213		Piedras
		104	2225		Piedras
		81	2229	2228	Silo
Casa 4	b	144	2238		Casa
		131	2212		Arenas
		130	2197		Piedras
		66	2195	2194	Cubeta
	a			2190	
				2189	
				2158	
				2192	
				2154	
				2166	
				2144	
				2186	
		128	2145		Piedras
		129	2066		Piedras

Cuadro 2.4.- Estructuras calcolíticas del sector 2-4.

	Fase	Hecho	UE Estructura	Relleno	Tipo
Conjunto 13		102	2137		Hogar
				2146	
				2149	
				2153	
		57	2159	2155	Silo
		16	2076	2070	Fosa
		56	2151	2150	Fosa
		62	2176	2175	Cubeta
		63	2178	2177	Cubeta
		67	2174	2173	Cubeta
		49	2112	2111	Silo
		50	2114	2131	Silo
		58	2164	2152	Silo
				2165	
		64	2180	2179	Silo
		65	2182	2181	Silo
				2188	
Sector 4		52	2116	2115	Cubeta
		53	2118	2117	Cubeta
		54	2120	2119	Cubeta
		55	2122	2121	Cubeta
		99	2135	2134	Cubeta
		100	2140		Silo
		101	2141		Silo
			2128		Poste
			2129		Poste
			2130		Poste
				2098	
				2106	
				2107	
				2113	
		8	2043	2040	Silo

Cuadro 2.4. (Continuación)

y, de hecho, no hemos podido identificar ninguna estructura de hábitat, ni tan sólo a nivel de cimientos (Fig. 2.4 y 2.5). Se conserva únicamente la parte inferior de las mismas, que en ningún caso supera los 0,60 m de profundidad.

Aunque no podemos definir si estas estructuras se extendían hacia el O, ya que la cota de excavación en esta zona impidió su documentación, sí que podemos confirmar que hay un límite hacia al E, más allá del cual no se documentan. Este límite podría corresponder a la existencia ya en este momento del que posteriormente se ha conocido como Camí de la Torre del Pares, lo que indicaría una cierta continuidad en la parcelación de esta área desde la ocupación islámica. La misma argumentación se podría plantear a partir de los datos del Sector 4, en el que el límite de los silos coincide en este caso con el trazado de la actual carretera Gandia-Daimús.

Fase IV (romana)

En esta fase sólo se han documentado estructuras excavadas (Fig. 2.6), ya que los niveles de suelo y las construcciones asociadas fueron destruidos por los trabajos de transformación agraria.

La estructura más antigua, del cambio de era, es el cimiento de un muro (5) de 3,85 m de longitud. Se trata de la única evidencia conservada, lo que no nos permite conocer a que tipo de construcción correspondería. Hemos podido documentar una fosa alargada (73) del s. II-III d.C., que parece haberse reutilizado como vertedero, posiblemente de algún horno o estructura

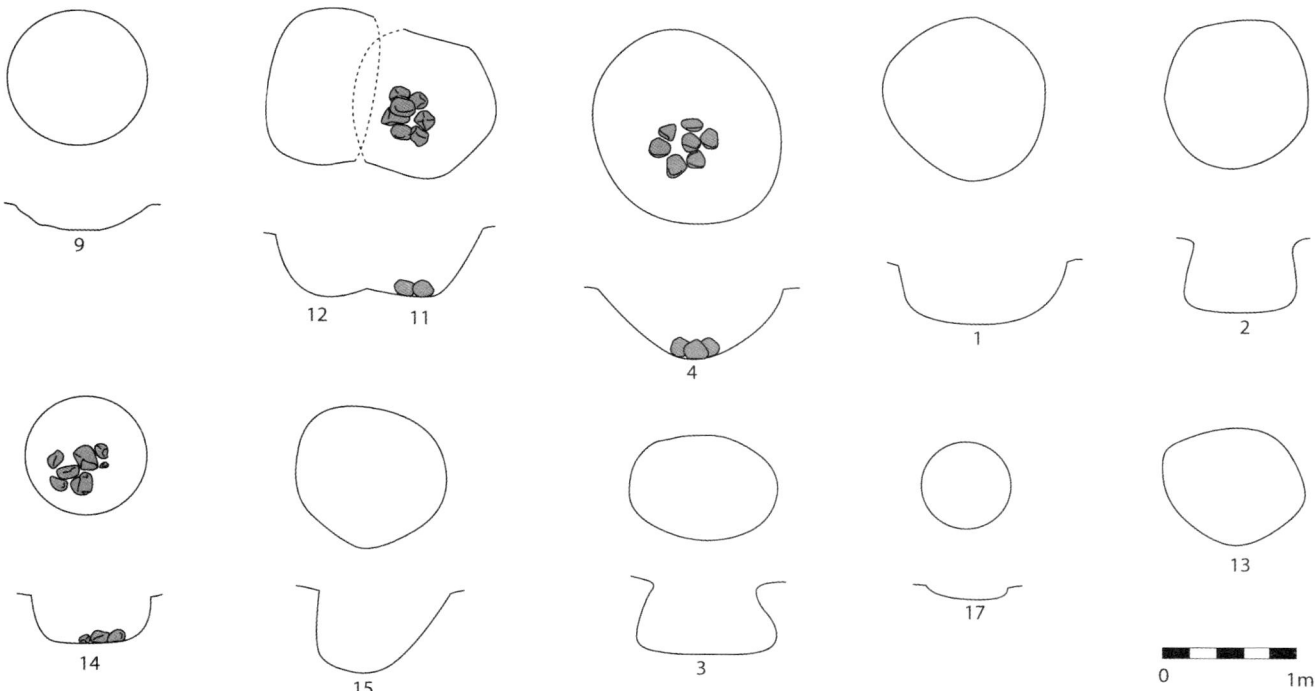

Figura 2.4.- Secciones de los silos islámicos.

de combustión cercana. Otra gran fosa (91) de cronología más moderna (S. IV-V d.C.) fue parcialmente excavada. Finalmente, se ha documentado otra fosa alargada correspondiente a la ocupación visigoda, rellenada con desechos orgánicos y con material de construcción.

Junto a éstas, se han excavado una serie de estructuras de cronología más imprecisa. Se trata de la parte inferior de un horno de planta circular (71) (Fig. 2.7) excavada en el suelo. También se documentó una balsa (Fig. 2.8) construida con un muro de cantos y *tegulas*, que conservaba el enlucido de mortero en la cara interna y la media caña característica en la base, de la que únicamente pudimos excavar una pequeña parte. La presencia de algún fragmento cerámico pasado de cocción en el interior de la misma nos plantea la existencia cercana de una posible área alfarera relacionada. Finalmente se documentó un silo (68) reutilizado como vertedero.

Todas estas estructuras apenas nos permiten concretar una ocupación prolongada de este espacio en época romana, sin que documentemos actividades más allá de un posible alfar.

Fase V (ibérica)

En el Sector 2 se ha localizado una pequeña necrópolis ibérica (Fig. 2.9) compuesta por 7 enterramientos en urna (51, 75, 76, 77, 78, 79, 80) excavados en la terraza pleistocena. Las urnas estaban depositadas en pequeñas fosas circulares excavadas para encajarlas, aunque en dos casos se trata de fosas de tendencia rectangular en las que se depositó además un ajuar junto a la urna. Todos los enterramientos se sitúan entre finales del s VI y el s. V a.C. Junto a la necrópolis, se documentó una fosa (96) a la que aparecen asociados escasos fragmentos de cerámi-

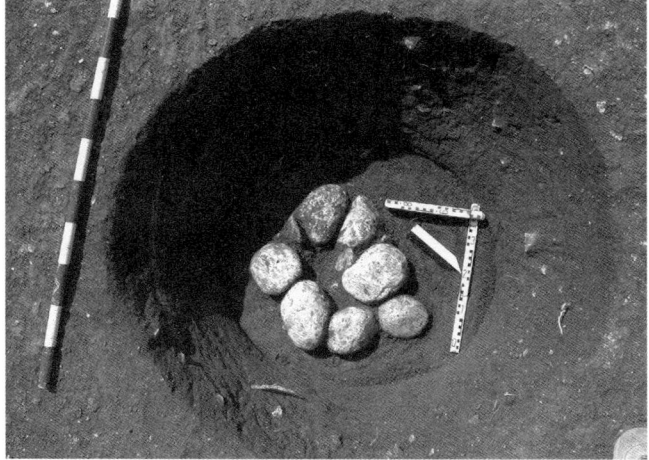

Figura 2.5.- Foto del Silo 1.

ca ibérica, que no nos han permitido precisar la cronología de la misma.

Todos estos elementos nos permiten suponer la existencia de un asentamiento ibérico en el entorno de la misma, bien en este lado del río o en el opuesto, donde excavaciones anteriores han puesto de manifiesto la existencia de una ocupación de esta cronología.

Fase VII (calcolítica)

En el extremo septentrional del Sector 2 se documentó, bajo el nivel superficial, un potente y extenso nivel arcilloso de co-

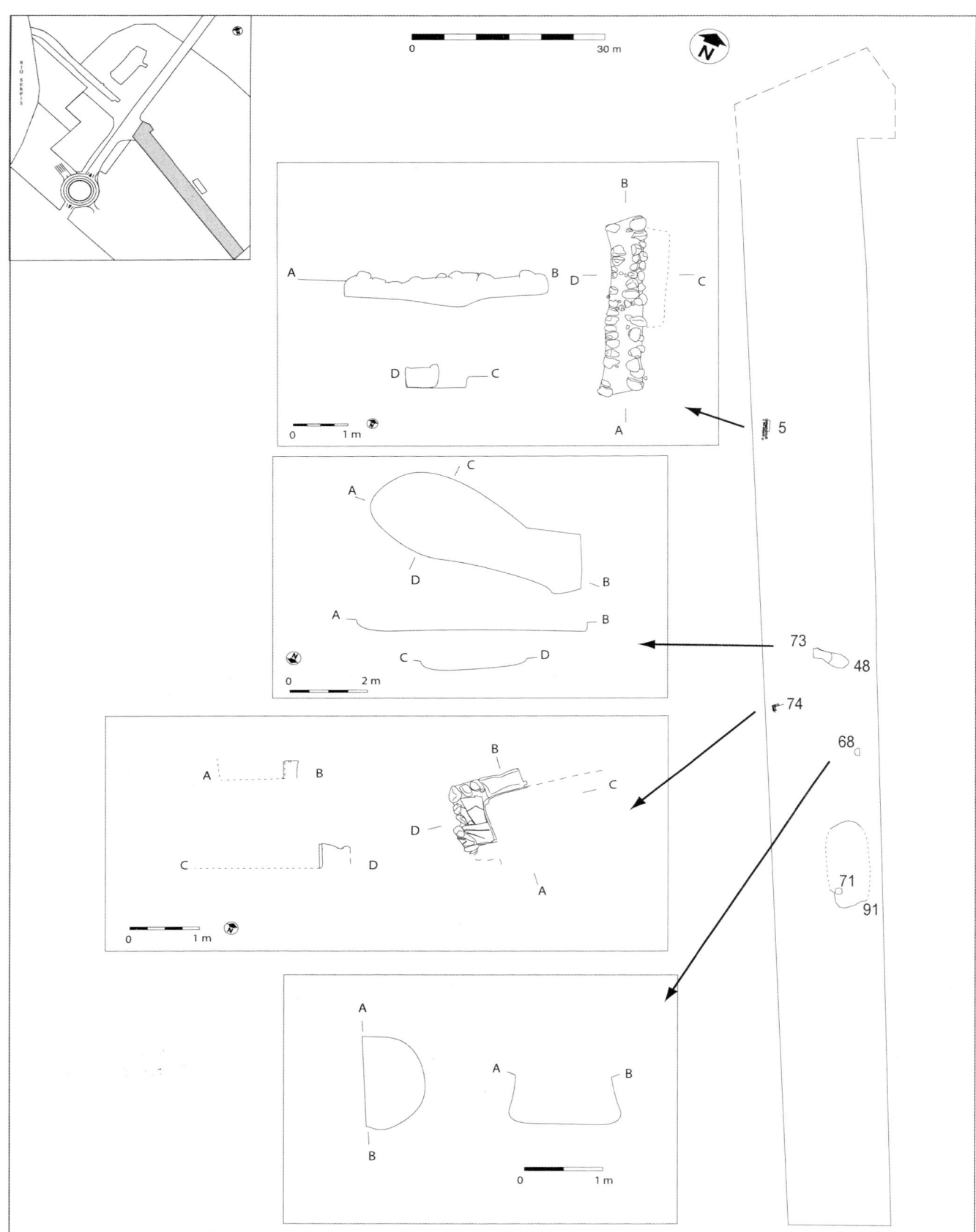

Figura 2.6.- Plano de las estructuras romanas del sector 2-4.

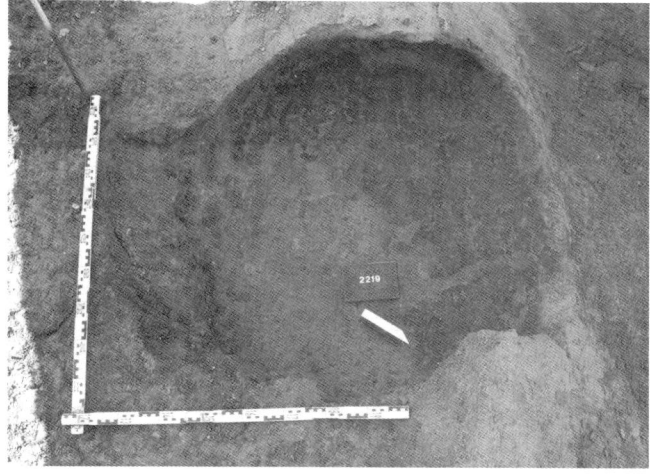

Figura 2.7.- Horno 71.

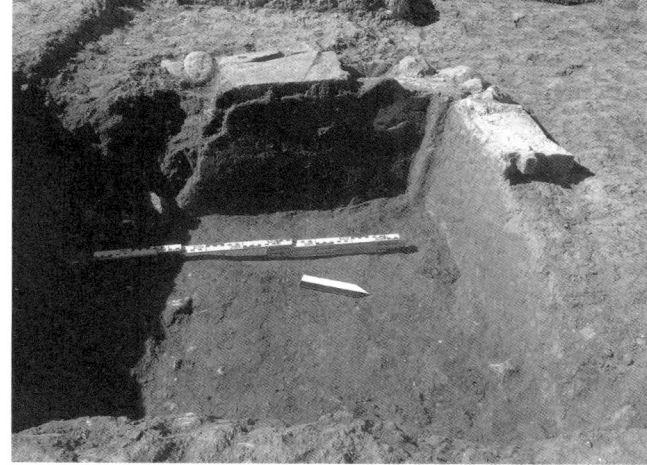

Figura 2.8.- Balsa 74.

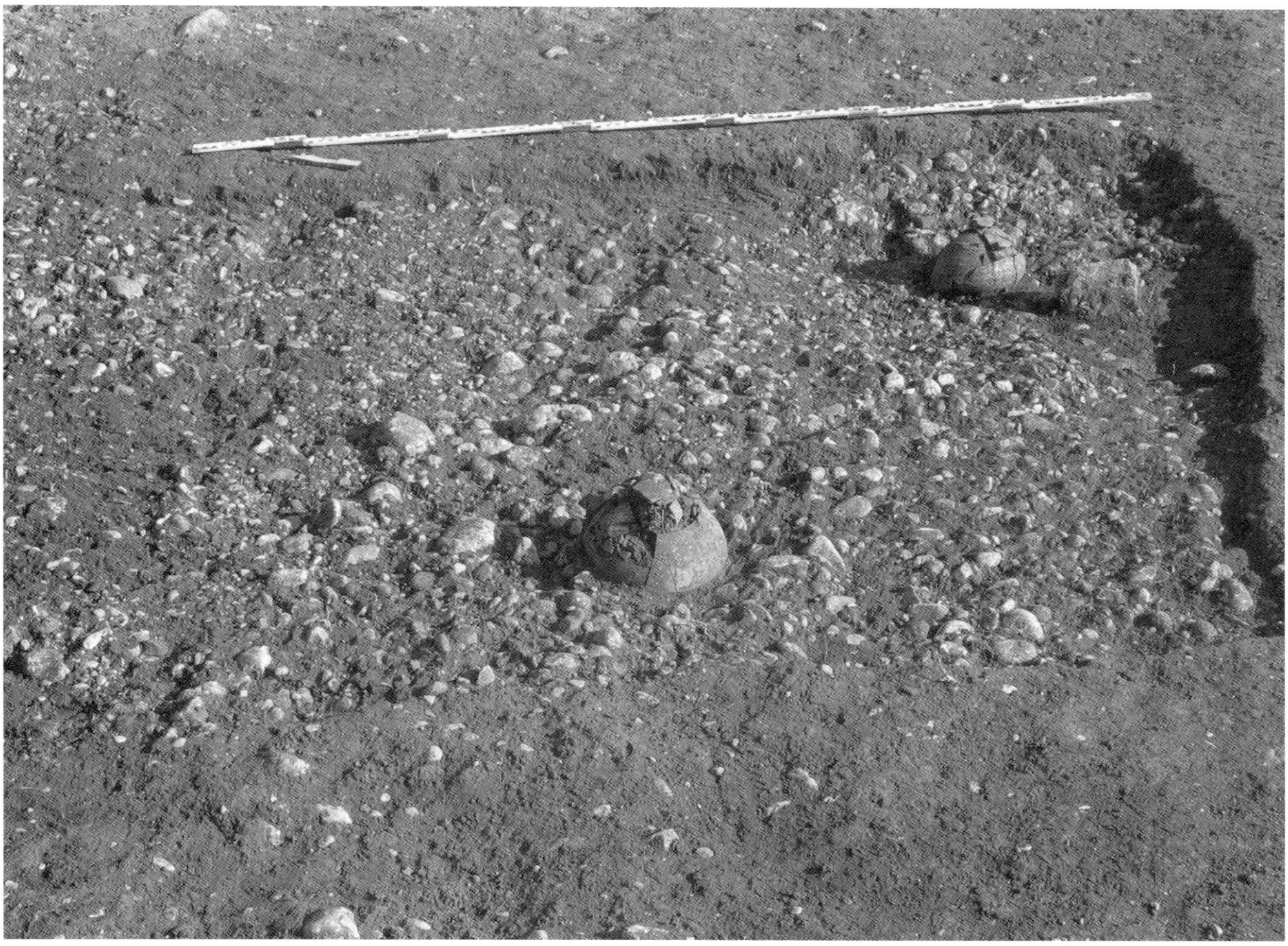

Figura 2.9.- Foto área de la necrópolis ibérica.

lor marrón oscuro con presencia de algunas concentraciones de piedras y objetos materiales prehistóricos (Cuadro 2.4). En distintos lugares se llevaron a cabo sondeos con el fin de evaluar la naturaleza y potencia del mismo (2030, 2032, 2052, 2080, 2067, 2068, 2069, 2074). Las cotas iniciales de su documentación se sitúan en torno a -1,15 m de profundidad mínima, aunque el estrato es de espesor variable. Por debajo del mismo se distinguió, en buena parte de los sondeos efectuados, un nivel más areno-

25

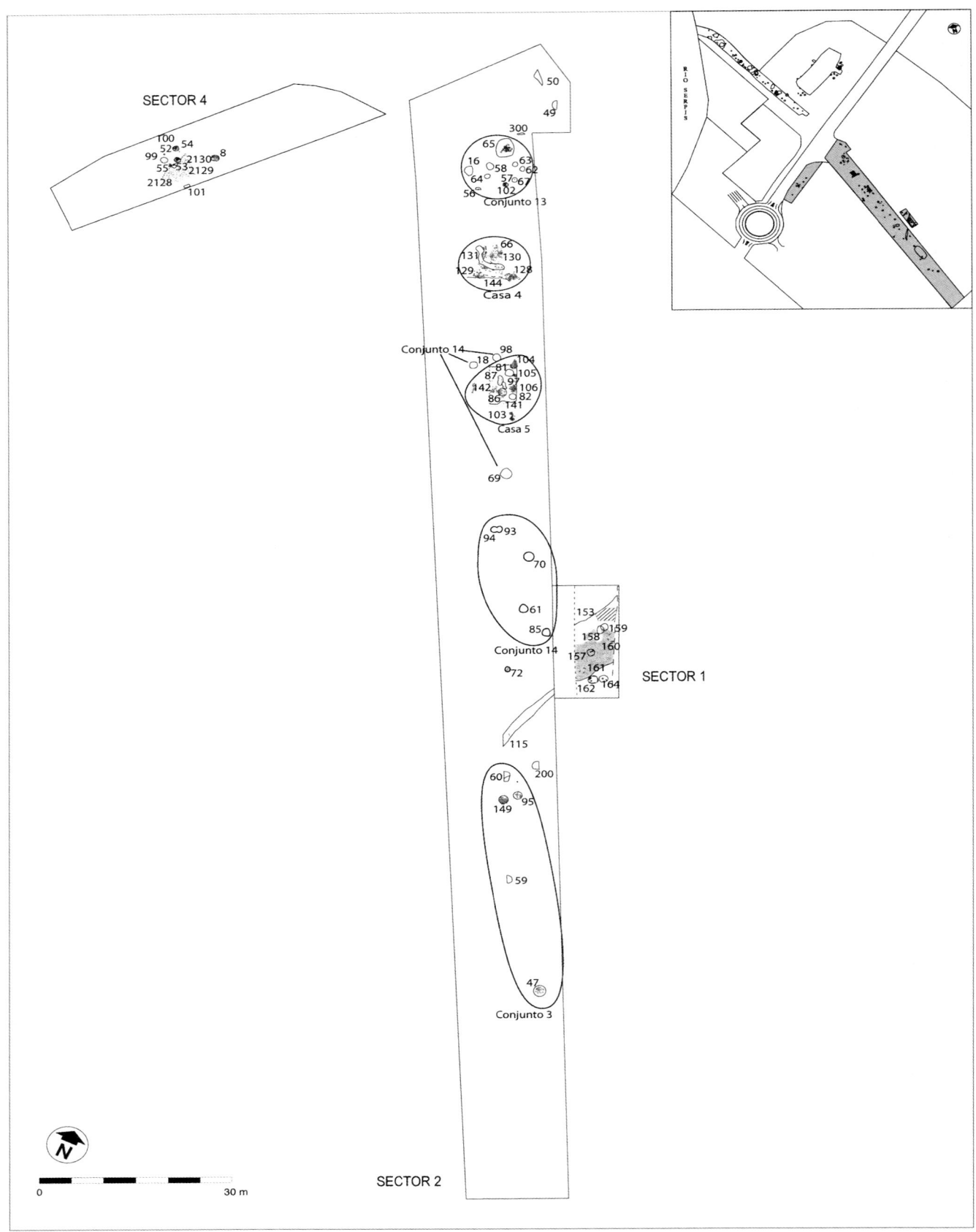

Figura 2.10.- Estructuras calcolíticas del sector 2-4.

so, de color marrón oscuro, en el que todavía aparecían restos prehistóricos, superpuestos a los paquetes naturales de arenas y gravas (2010), que corresponden a la terraza pleistocena.

Una serie de estructuras, tanto excavadas –con gran diversidad de formas y tamaños–, como construidas, han sido localizadas en relación con esta cronología (Fig. 2.10). En algunos de los casos, su detección sólo ha sido posible tras el rebaje realizado hasta el estrato de arenas y gravas (2010), aspecto que dificulta su definición y posición estratigráfica. Entre las estructuras excavadas, se han identificado silos (estructuras de paredes rectas o cuyo diámetro máximo no se alcanza en la boca), fosas o cubetas (estructuras de paredes abiertas, o de difícil distinción debido a su conservación o detección parcial), un foso (restos de una estructura de morfología alargada y sección en U) y enterramientos (aquellas estructuras que, al menos en última instancia, son utilizadas como habitáculo funerario). Por otro lado, se han distinguido los restos de posibles estructuras de habitación organizadas mediante la combinación de elementos excavados y construidos. También ha sido posible documentar una serie de estructuras que no hemos podido relacionar directamente con el funcionamiento de estos espacios de hábitat (concentraciones de piedras, estructuras de combustión).

Las estructuras excavadas y de habitación se han agrupado en una serie de Conjuntos. De sur a norte, hemos diferenciado dos áreas (Conjuntos 3 y 14) separadas por el Foso 115, en las que únicamente se han documentado fosas y silos. Al N de este conjunto se define una primera área de habitación (Casa 5), con diversas fases, en el entorno de la cual se documenta un grupo de fosas y silos.

Más al norte, se define otra área de habitación (Casa 4) con diversas fases de ocupación, que ha podido ser excavada parcialmente. Finalmente, en el extremo norte de este sector, se definió el Conjunto 13, formado por un grupo de cubetas, silos y un hogar. Al oeste del Conjunto 13 se encuentra el Sector 4, donde se extiende un conjunto de silos y cubetas.

Sector 3

El Sector 3 está ubicado al norte de la actual carretera Gandia-Daimús, entre ésta y el cauce actual del río Serpis, donde se han definido las siguientes fases:

Fase I (contemporánea)

Las evidencias conservadas de estos momentos (Fig. 2.11) corresponden a una fosa (41) que corta los restos de una vivienda igualmente contemporánea (Conjunto 6), de la que únicamente se han conservado los cimientos de una estancia, además de la base de un lebrillo que estaría encastrado en el pavimento. Afectando a uno de los muros se ha recuperado un enterramiento infantil (25) (Fig. 2.12). Estas estructuras posiblemente correspondan al Molí Valcárcel o del Riu, que fue derruido a finales del s. XX (López Fernández, 2007: 17).

Fase II (bajo-medieval/moderna)

Las únicas estructuras de esta fase corresponden a un conjunto de fosas, algunas de ellas de considerables dimensiones

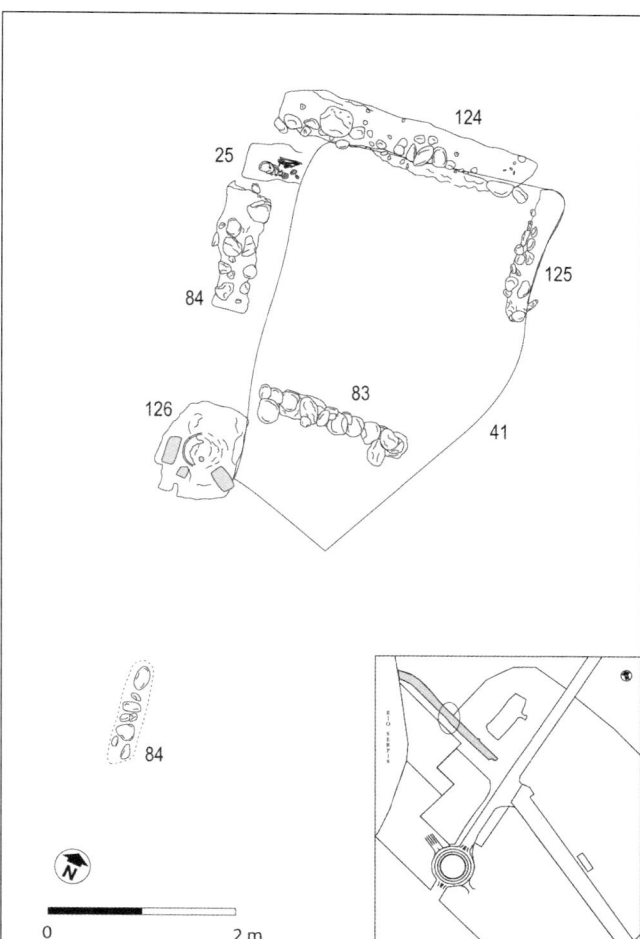

Figura 2.11.- Estructuras contemporáneas del sector 3.

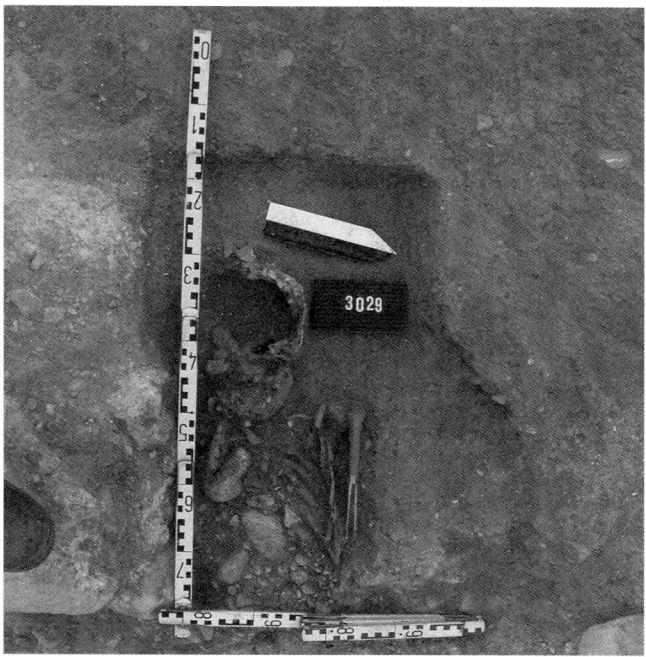

Figura 2.12.- Foto del enterramiento infantil 25.

27

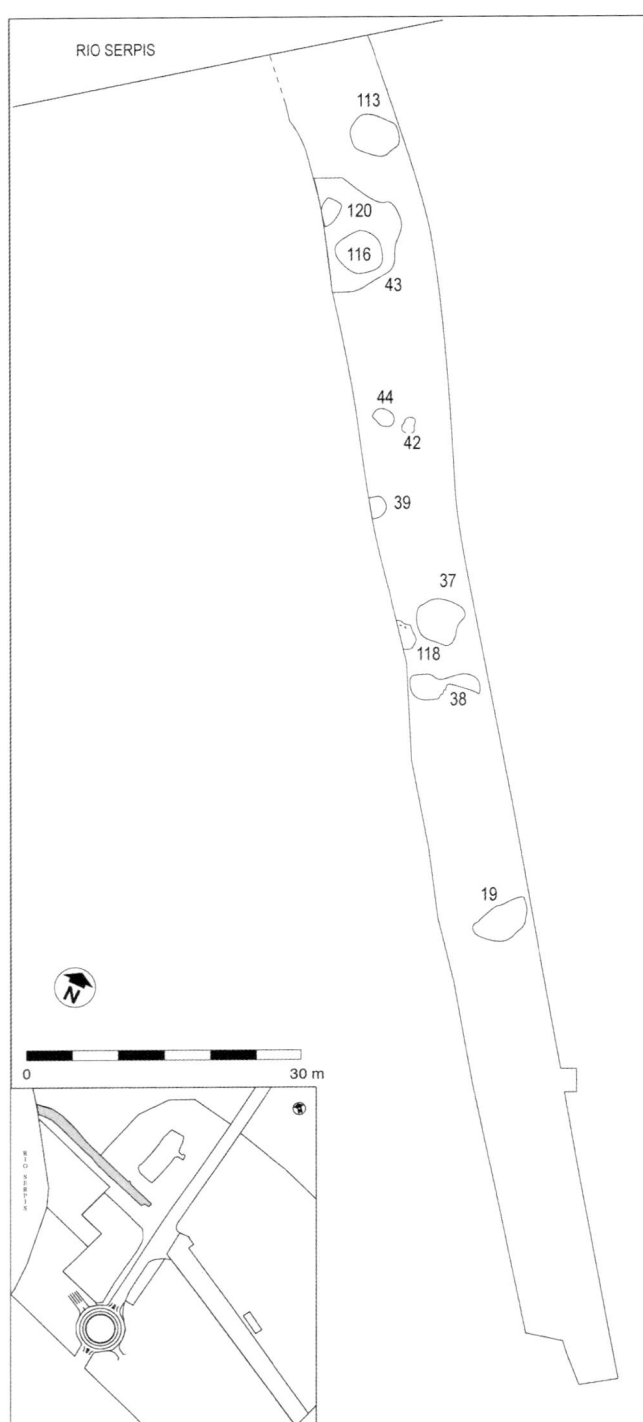

Figura 2.13.- Estructuras bajo-medievales y modernas del sector 3.

de la extracción de grandes cantidades de arena y de gravas, los materiales que conforman la terraza en la que se excavan las fosas.

Fase IV (romana)

Los únicos restos de cronología romana documentados (Fig. 2.14) son estructuras negativas: una gran fosa (28) bajoimperial (s. IV d.C.) y dos silos de época tardía (s. VII d.C.), uno de los cuales es reaprovechado posteriormente como lugar de enterramiento (24). En su base se depositaron los restos completos de dos individuos (Fig. 2.15), si bien han sido hallados algunos restos de un tercero. En su relleno se han recuperado escasos fragmentos de cerámica romana, nada que pueda ser relacionado claramente con un ajuar, aunque igualmente aparecen fragmentos de cerámica a mano y piezas de sílex que se tienen que valorar como intrusiones de los niveles neolíticos que fueron afectados por la excavación de este silo. Ante las dudas que presentaba la cronología del enterramiento se ha procedido a la datación de uno de los individuos, con lo que se ha confirmado la datación tardo-antigua (660-790 cal. d.C.).

Fase VI (bronce-hierro I)

Se han documentado dos fosas con materiales que nos remiten a este horizonte. En una de ellas (123), se recuperaron algunos materiales cerámicos que permiten adscribirla al s VII-VI a.C. (Fig. 2.16 y 2.17). Al mismo tiempo, en una zona ya cercana al cauce actual del río, se ha documentado una segunda fosa (107), de reducidas dimensiones, cuyo material de relleno nos remitiría a una ocupación coetánea o algo anterior.

Fase VII (calcolítica)

En este sector se han individualizado 4 conjuntos (Cuadro 2.5), tres de los cuales (7, 8 y 15) conforman áreas de habitación a las que se asocian algunas estructuras excavadas tipo silos, fosas y cubetas (Fig. 2.18).

De sur a norte, se define un primer grupo de estructuras formado por cubetas (Conjunto 16). Hacia el norte, se documentaron tres silos asociados a una nueva área de habitación (Conjunto 7) que sólo pudo ser excavada parcialmente. Más al norte, nos encontramos con un área prácticamente vacía, con la excepción de un silo y dos cubetas. A continuación, y en el entorno de una nueva área de habitación (Conjunto 15) de la que únicamente se pudo excavar el extremo este, se define de nuevo un conjunto de fosas, silos y cubetas.

De nuevo hacia el norte aparece un área sin estructuras, aunque este vacío documental puede deberse en parte a la gran afectación de esta zona por las grandes fosas bajomedievales, hasta que en el extremo final de este sector se define una nueva área de habitación (Conjunto 8) con diferentes silos y cubetas.

Fase VIII (epicardial)

Hasta el momento, las evidencias de estructuras que pueden relacionarse con la fase más antigua detectada en el yacimiento corresponden a dos pequeñas cubetas y un posible agujero de

(Fig. 2.13). En su interior se han recuperado fundamentalmente algunos fragmentos de cerámica de loza azul y dorada, de verde-manganeso, así como diversa cerámica común que nos permiten situar estas fosas en el entorno del s XV d.C.

Los rellenos de estas fosas no nos permiten identificar qué tipo de actividades se podrían estar desarrollando en la zona, más allá de suponer que existió una zona de hábitat, en la que probablemente se desarrollaba alguna actividad que necesitaba

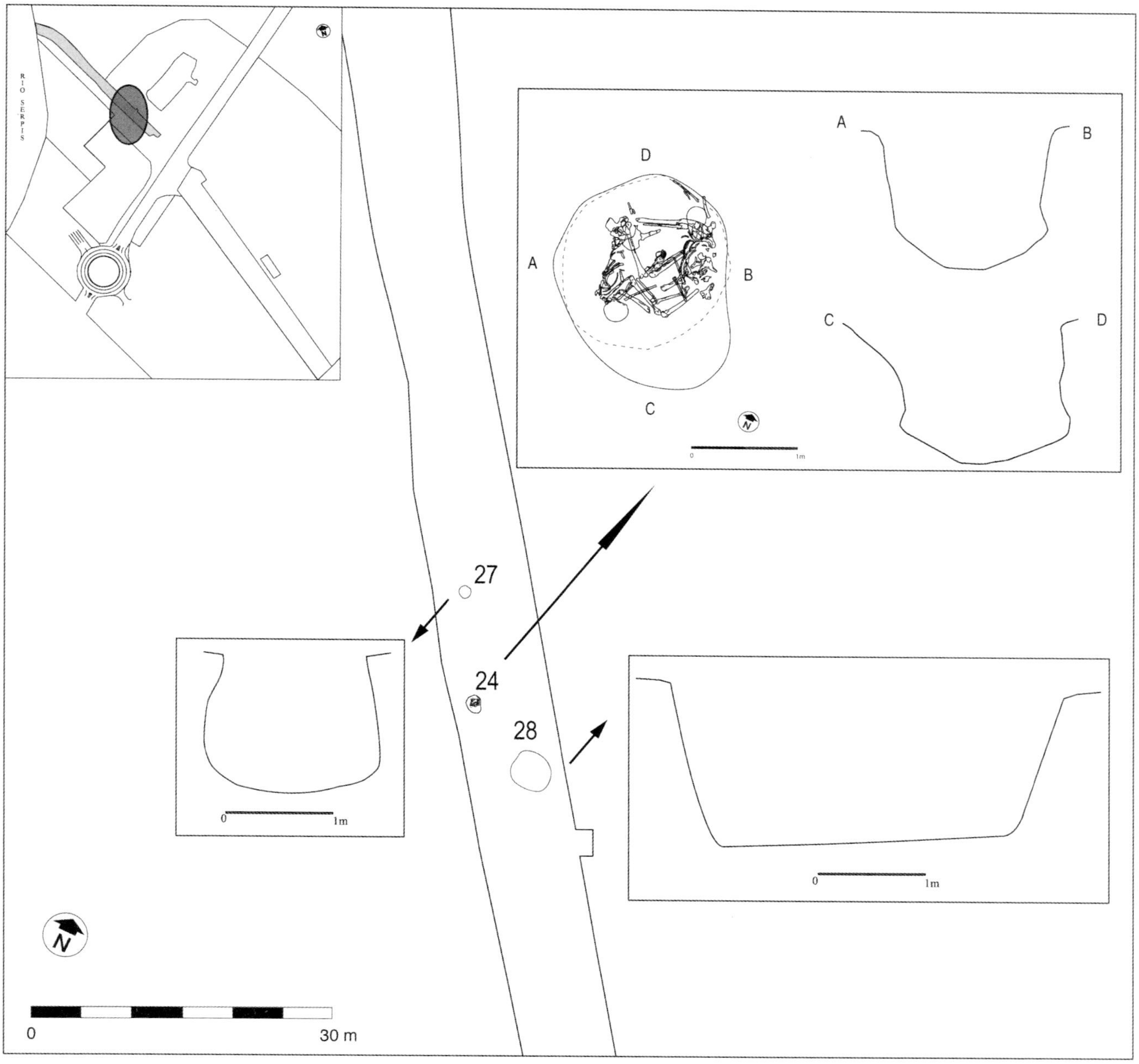

Figura 2.14.- Estructuras romanas del sector 3. Planta y secciones.

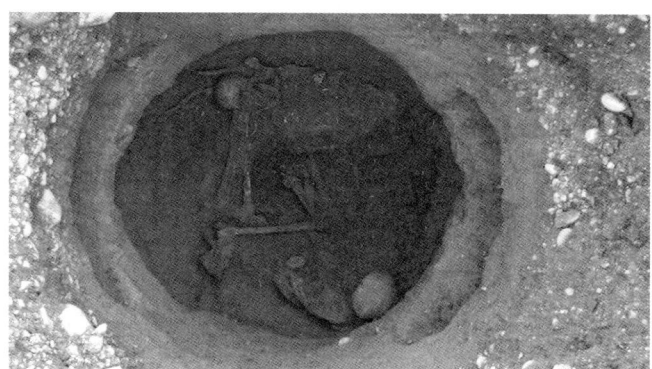

Figura 2.15.- Foto del enterramiento 9.

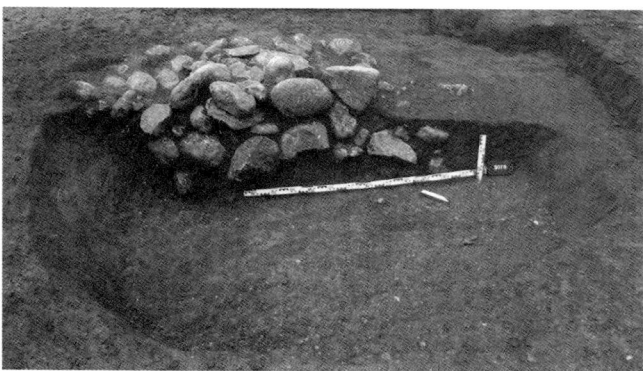

Figura 2.16.- Fosa 123.

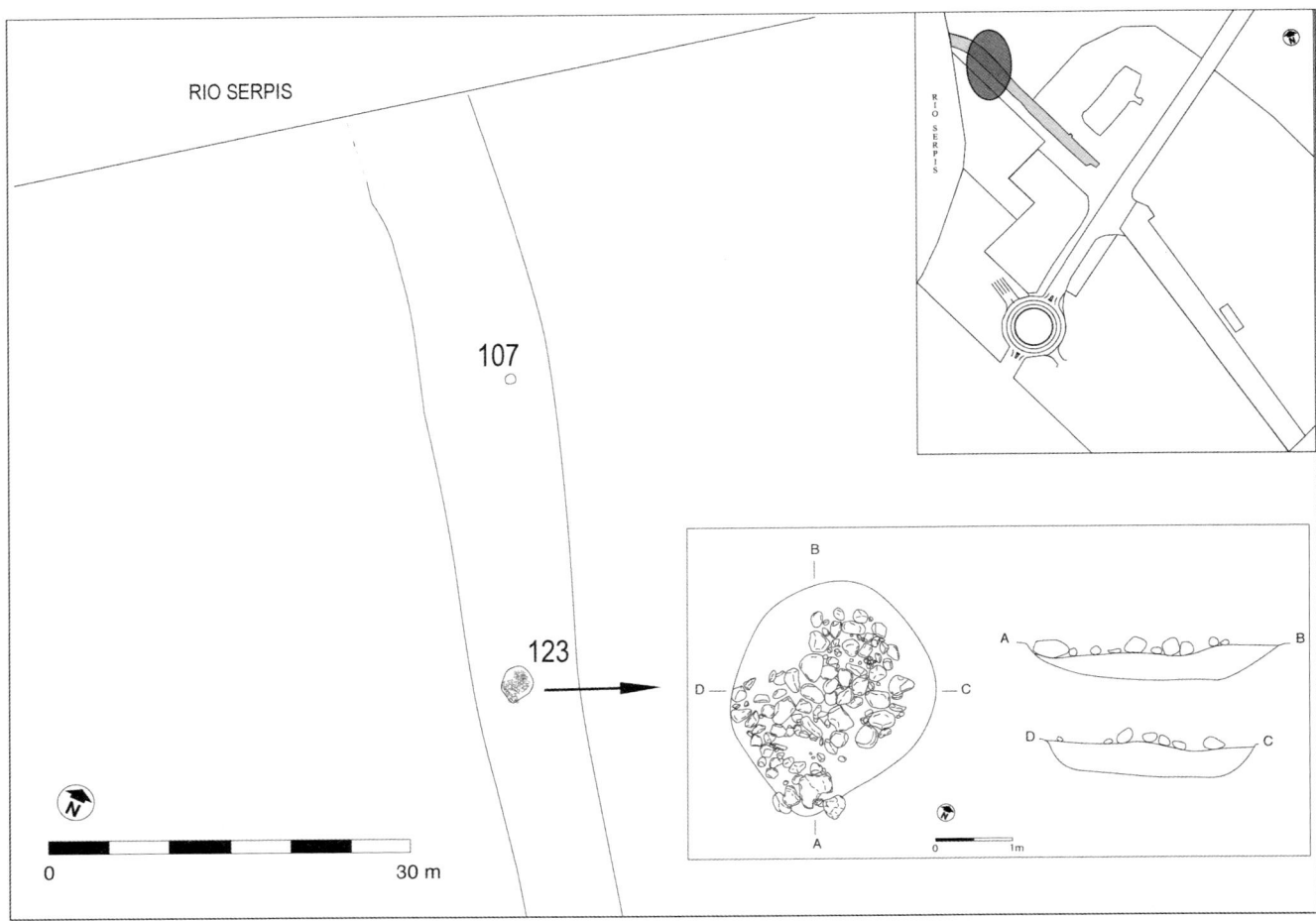

Figura 2.17.- Planta y sección de las estructuras del Hierro 1.

poste, de adscripción antigua dentro del Neolítico (Fig 2.19). Estas estructuras fueron agrupadas dentro del Conjunto 12.

Se trata de la Cubeta 32, de 1'16 m de diámetro y unos 30 cm de profundidad. De la Cubeta 40, de 1'31 m de diametro y 50 cm de profundidad. Y de la Cubeta 121, de sólo 46 cm de diámetro y de 94 cm de profundidad, además en la base aparecen unos cantos que podrían ayudar a sustentar algún soporte (Fig. 2.20).

Los materiales cerámicos localizados en estas cubetas, a pesar de ser muy escasos, presentan un componente decorativo bien desarrollado cuyos paralelos más evidentes los encontramos entre las industrias epicardiales de la región (Fig. 2.21). La ausencia de cualquier decoración impresa (excepto aquellas sobre cordones) nos induce a considerar, con las lógicas reservas, que nos encontraríamos dentro de los momentos avanzados de esta fase, hacia finales del VI milenio cal. a.C.

Los escasos elementos tipológicamente reconocibles presentan igualmente, las características propias de estas industrias antiguas: preferencia por los contenedores, recipientes con cuello, combinación de cordones con otros elementos de prehensión en estos recipientes grandes. No parece pues, que la adscripción de estas estructuras ofrezca las mayores dudas. Por el contrario, la escasez de los materiales y la alta fragmentación impiden cualquier acercamiento más detallado de la colección.

Los restos líticos tallados suponen una cifra discreta, con una concentración especial en la Cubeta 121 (47) y un número testimonial en las cubetas 40 (4) y 32 (1). Se trata generalmente de restos de talla acompañados de unos pocos útiles retocados: 1 posible taladro, 2 piezas astilladas y 1 lasca denticulada.

La presencia de este tipo de materiales aporta la novedad de reconocer la existencia de asentamientos al aire libre también en la zona baja del Serpis, de la misma manera que sucede en la zona de cabecera de la cuenca (Vall del Penàguila, Vall de Ceta) (Bernabeu *et al.*, 2003; 2006). Al mismo tiempo, estos materiales se suman a la importante cantidad de yacimientos rupestres de la comarca con niveles pertenecientes al horizonte neolítico antiguo, dentro de la segunda mitad del VI milenio cal. a.C.

Sector 5

Cuando se iniciaron las intervenciones arqueológicas en el yacimiento, este sector se encontraba afectado por una excavación previa que eliminó una parte importante de la zona central del solar. Con los trabajos recientes, se pudo observar la presencia de diferentes fosas que habían sido seccionadas. La totalidad de ellas corresponden a la Fase VII (Cuadro 2.6).

En el extremo sur del solar se define un conjunto de 6 silos y dos cubetas, uno de los cuales fue reutilizado como lugar de

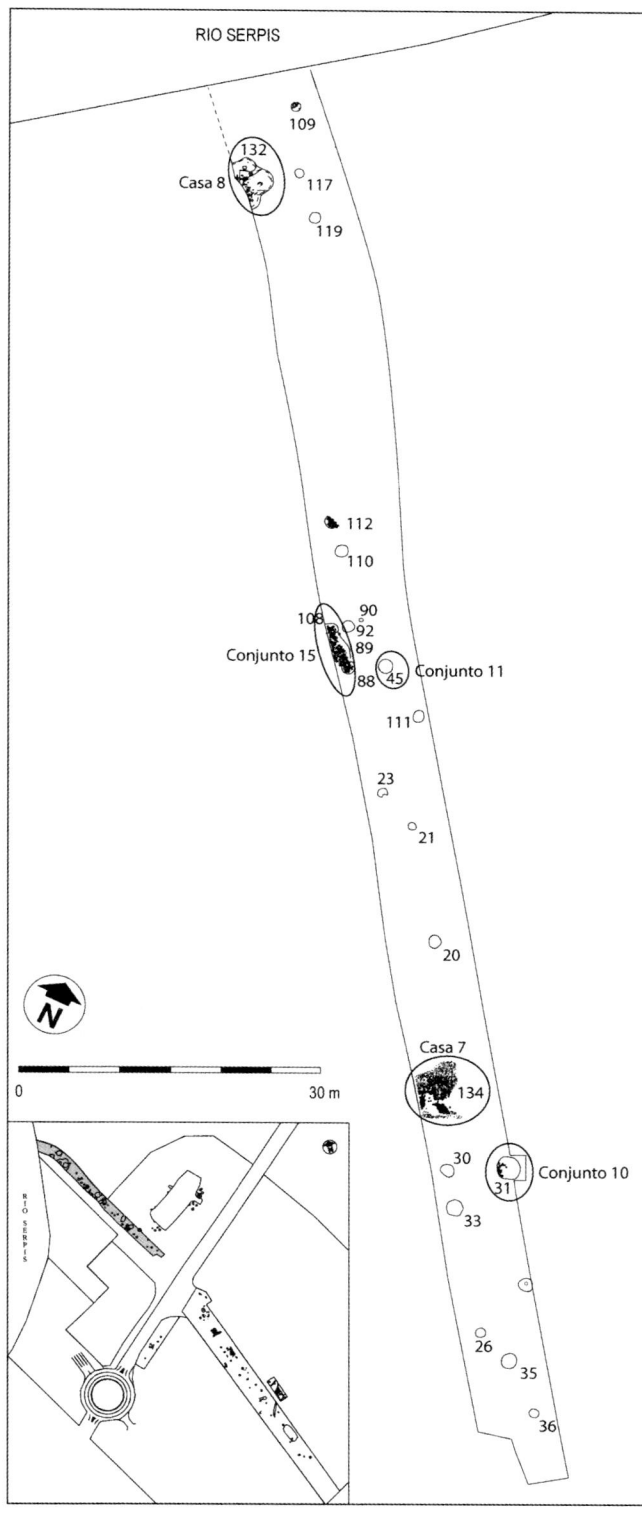

Figura 2.18.- Estructuras calcolíticas del sector 3.

	Fase	Hecho	UE Estructura	UE Relleno	Tipo
Casa 8	b			3144	
				3145	
				3147	
		132	3129		Casa
	a3			3141	
				3142	
		127	3148		
		122	3146		
	a2			3140	
		133	3149		
	a1	141			Piedras
				3128	
			3143		Vaso
		109	3119	3118	Cubeta
		117	3123	3122	Silo
		119	3131	3130	Silo
Casa 7			3093		Casa
	c2	134		3088	
				3089	
				3087	
				3086	
				3082	
	c1	135	3150		Gravas
		136	3151		Gravas
		137	3152		Gravas
				3067	Relleno
	b	138	3080		Gravas
		139	3154		Gravas
		140	3153		Piedras
				3052	
				3053	
				3054	
	a			3040	
				3046	
		30	3039	3038	Silo
		33	3048	3047	Silo
		26	3032		Cubeta
		34	3050	3049	Cubeta
		35	3058	3057	Fosa
		36	3060	3059	Cubeta
		31	3090	3044	Silo
Enterramiento 10		147		3079	Ajuar
				3056	Enterram.
				3085	
				3084	
				3091	
				3092	
		20	3010	3009	Silo
Casa 15		89	3103	3097	Casa
		88	3106	3105	Silo
		108	3112	3111	Cubeta
		21	3013	3012	Cubeta
		23	3017	3016	Cubeta
		90	3099	3098	Cubeta
		92	3104	3102	Cubeta
		111	3136	3137	Fosa
		110	3138	3139	Silo
		112	3117	3115	Silo
				3116	
Enterramiento 11		45	3075	3074	Silo
		148		3109	Enterram.
				3110	
				3114	

Cuadro 2.5.- Estructuras calcolíticas del sector 3.

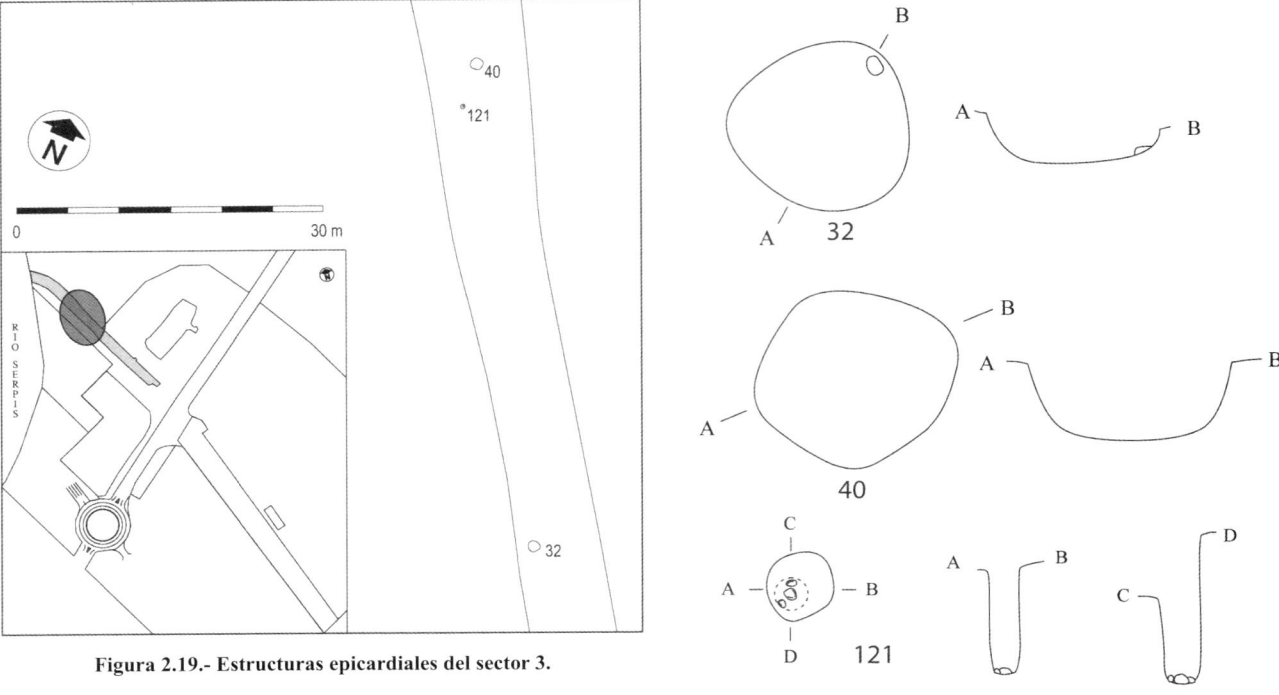

Figura 2.19.- Estructuras epicardiales del sector 3.

Figura 2.20.- Secciones de las estructuras epicardiales.

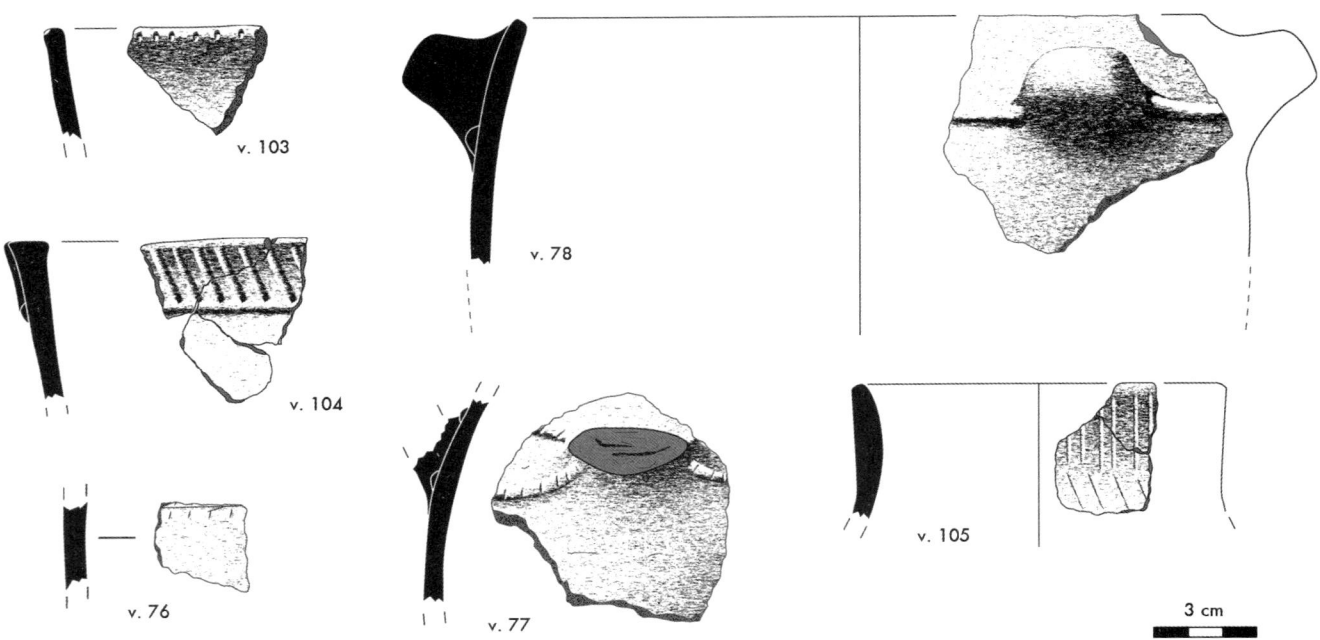

Figura 2.21.- Materiales cerámicos correspondientes a las estructuras de la Fase VIII: cubeta 32: vasos 76-77-78; cubeta 40: vasos 103-104-105.

Hecho	Tipo
205	Silo
206	Silo
201	Silo
207	Silo
219	Silo
202	Silo
203	Silo
204	Silo
215	Rebaje
214	Fosa
213	Fosa
211	Silo
212	Casa
209	Silo
210	Silo
216	Silo
217	Fosa
218	Silo

Cuadro 2.6.- Estructuras calcolíticas del sector 5.

enterramiento. En la parte central del solar, al norte del anterior, se documenta otro conjunto de estructuras: se trata de 5 silos, 4 fosas, una de las cuales podría corresponder a un espacio de habitación, y 1 cubeta.

NOTA

Este trabajo se ha realizado en el marco del proyecto *Origins and Spread of Agriculture in the western Mediterranean region* (ERC-2008-AdG 230561).

Capítulo 3

LA OCUPACIÓN DEL HIERRO ANTIGUO AL IBÉRICO ANTIGUO

J. Vives-Ferrándiz Sánchez y C. Mata Parreño

En este capítulo se recoge el estudio e interpretación de los materiales fechados entre los siglos VIII y V a.C. La información más detallada sobre las circunstancias de la excavación puede leerse en el capítulo 2 de este mismo volumen. La identificación específica de carbones, semillas y fauna recuperados en la necrópolis ha sido realizada por Y. Carrión, G. Pérez Jordà y P. Iborra, respectivamente.

EL HÁBITAT DEL HIERRO ANTIGUO

Los materiales

Los materiales fechados en este periodo proceden de las fosas 123 y 107. La totalidad del material cerámico recuperado en ellas está realizado a mano y, la mayor parte, corresponde a tipos cerámicos calcolíticos pero los elementos datables en el Hierro Antiguo merecen ser valorados en detalle a continuación.

En la fosa 123 se han identificado fragmentos de contenedores de borde vuelto con cordón digitado y base plana (Fig. 3.1), un fragmento con decoración incisa y otros pertenecientes a un mínimo de dos cuencos carenados. Con todo, la pieza que reviste más interés es una pequeña pátera de borde entrante y pie anillado de superficies bien acabadas (Fig. 3.1, vaso 3). A diferencia del resto de materiales que componen el registro de esta estructura, se recuperaron suficientes fragmentos como para poder considerar que fue depositada prácticamente entera en la fosa. Todos estos materiales a mano pueden integrarse dentro de un horizonte cronológico del Bronce Final, aunque se encuentran también en contextos del Hierro Antiguo junto a producciones cerámicas realizadas a torno. Son particularmente significativos los fragmentos con cordones e incisiones, que cuentan con ejemplos en los niveles del Hierro Antiguo mejor sistematizados de la zona valenciana hasta la fecha, como Los Villares (Caudete de las Fuentes) (Mata, 1991), Penya Negra (Crevillent) (González Prats, 1983), Los Saladares (Orihuela)

(Arteaga y Serna, 1975) o Vinarragell (Borriana) (Mesado, 1974). Con todo, la pátera de pie anillado requiere un examen más detallado. El tipo es muy común en producciones a torno ibéricas (Mata y Bonet, 1992: tipo A III.8.2.) u otras como la forma Xa de engobe rojo fenicio (Negueruela, 1979-80: 344-345), los tipos B4 en gris o D2 de engobe rojo en Penya Negra (González Prats, 1983: 157-159 y 164) e incluso en barniz negro e imitaciones (F 21 Lamboglia), pero nuestro ejemplar no se adscribe a ninguna de estas producciones porque está realizado a mano y en cocción reductora bien controlada, como denuncia el aspecto de la pasta. Las referencias formales más próximas para valorar esta pátera de base anillada se encuentran en los platos de engobe rojo o de cerámica gris, con bases planas o de pastilla ligeramente realzadas. Los repertorios tipológicos mejor conocidos en la zona proceden de los yacimientos de Penya Negra y La Fonteta (Guardamar del Segura) (González Prats, 1983; Azuar *et al.*, 1998; González Prats y Ruiz Segura, 2000) y de hecho, de la Fase Vb de La Fonteta proceden los únicos paralelos localizados (Rouillard *et al.*, 2007: Fig. 249, 6, 7, 8, 13 y 14). En consecuencia, podemos datar este ejemplar hacia los siglos VII-VI a.C. a juzgar por la fecha de los paralelos a torno y la referencia del siglo V a.C. que establece la desaparición progresiva de las cerámicas a mano en los registros bien fechados en esta área.

La fosa 107, no muy alejada de la anterior, también muestra unos objetos que se diferencian claramente de las piezas de las fases neolítica/calcolítica. Hay formas exvasadas, recipientes con cuello y perfil en S que conforman un conjunto –al que debemos unir la presencia de un pequeño aplique muy plano (casi un botón)– que es del todo original respecto a las anteriores estructuras y que se fecha en un momento indeterminado de la Edad del Bronce/Hierro Antiguo. Con los datos disponibles es imposible poder determinar si se trata del mismo momento cronológico definido por la fosa 123 o si, por el contrario, debe incluirse en un horizonte dentro de la Edad del Bronce.

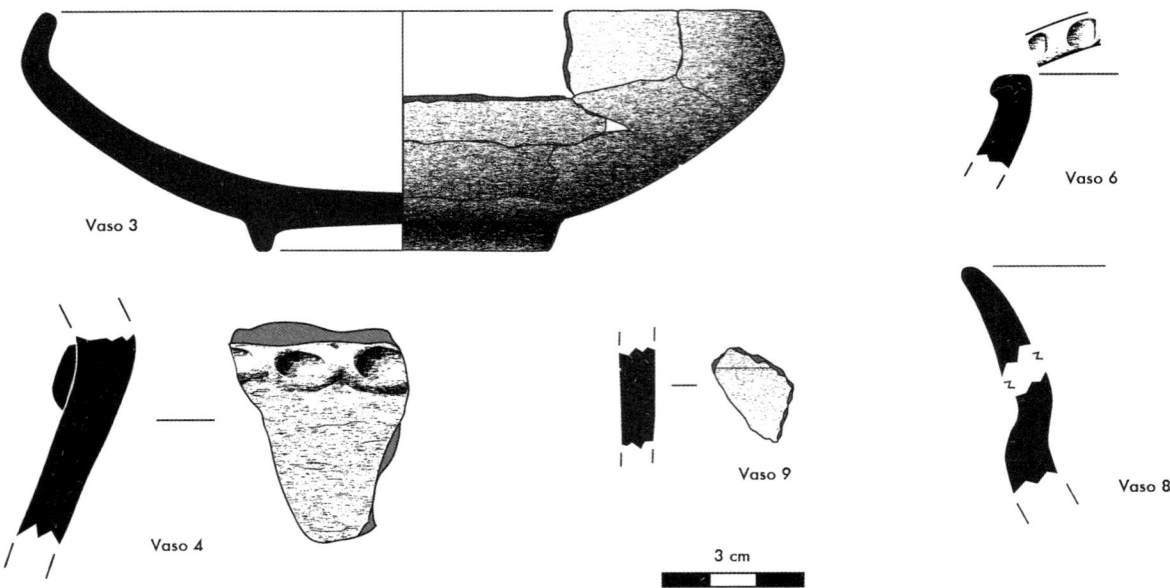

Figura 3.1.- Cerámicas del Hierro antiguo de la Fosa 123.

El contexto local de las fosas: indígenas visitados

Los problemas de definición del periodo del Hierro Antiguo en el País Valenciano parten de la dificultad en la valoración de los yacimientos a partir de materiales de incierta ubicación cronológica. La *aparente* homogeneidad del registro material desde finales del segundo milenio hasta el siglo VIII o VII a.C. imposibilita la datación cuando no se encuentran los llamados 'fósiles directores' como las decoraciones de Cogotas I y Campos de Urnas, las cerámicas con incrustaciones metálicas y alguna, contada, importación mediterránea –en ocasiones fechados mútuamente en una confusa dinámica académica–, que no están tampoco exentas de problemas cronológicos (Mata *et al.*, 1994-1996: 184; Vives-Ferrándiz, 2005: 126 y ss.). Si bien tradicionalmente se ha considerado la llegada de los fenicios a la Península Ibérica, en torno al siglo VIII o VII a.C., como el inicio de la Edad del Hierro, debe reconsiderarse esta periodización desde sus implicaciones de cambio social y/o cultural, pues no tienen por qué ser coincidentes.

El caso que nos ocupa está inmerso en esta problemática pues las escasas cerámicas del Hierro Antiguo halladas en las fosas dejan sospechar algún tipo de ocupación en la zona en torno a los siglos VIII-VI a.C., aunque no se pueden concretar sus características a partir de los datos disponibles. Por el momento, sólo es posible apuntar que se trata de cerámicas típicas de los contextos de hábitat como invitan a pensar las ollas –de diverso tipo– recuperadas. El cuenco a mano de base anillada aproxima esta datación hacia los siglos VII-VI a.C., cuando ciertas producciones importadas –que fueron las referencias formales de esta pieza– circulan por esta zona.

El único lugar de hábitat conocido para estas fechas en la zona es un nivel excavado en el casco urbano de Gandia, a un kilómetro aproximadamente de La Vital. En el solar del antiguo Hospital de Sant Marc se detectó una ocupación con cerámica a mano para la que es factible proponer una datación del Hierro Antiguo o, al menos, del siglo VI a.C. como término final, si bien no hay importaciones que pueda fecharla con garantías.[1] Se documentaron principalmente contenedores de diversos tamaños, de borde vuelto y bases planas de talón, además de un vaso con digitaciones y pintura roja. Destaca particularmente un borde vuelto a mano similar a las tinajillas a torno ibéricas (cuadro K16, capa 4) con lo que, sumado a la pátera de La Vital, serían dos ya las imitaciones a mano de formas a torno en esta zona.

El contexto general de intercambios en estas fechas pasa asimismo por evaluar las importaciones fenicias presentes en La Vital en niveles, sin embargo, superficiales: en las UUEE 2084, 2085 y 2093 hay fragmentos de ánforas (del grupo 10.1.0.0. de Ramon, siendo imposible concretar si se trata de T-10.1.1.1. o T-10.1.2.1.) y tinajas, lo que es acorde con el tipo de importaciones más frecuentes al norte del Vinalopó. Para entender este patrón conviene repasar, primero, el panorama general de las importaciones fenicias en el área valenciana y las consideraciones culturales que se desprenden de ello.

El único asentamiento que, hasta el momento, puede responder a las características de una fundación fenicia en el

[1] Agradecemos a Joan Cardona habernos permitido acceder a estos materiales inéditos.

actual País Valenciano se sitúa en el entorno de la desembocadura del Segura, en La Fonteta, y se fecha hacia mediados del siglo VIII a.C. (Azuar *et al.*, 1998: 117; González Prats, 1998; González Prats y Ruiz Segura, 2000; Rouillard *et al.*, 2007). Ello explica, en parte, que las primeras importaciones fenicias fuera de este núcleo se documenten en asentamientos indígenas cercanos como Penya Negra/Les Moreres (González Prats, 2002: 376) o en Los Saladares (Arteaga, 1982). Ahora bien, la presencia fenicia en esta área se debe entender junto a las dinámicas de creación y abandono de asentamientos detectadas durante el Bronce Final, y que no hacen sino ilustrar dinámicas de poder y control territorial en los momentos previos a la instalación fenicia: es el caso de Caramoro II (Elx), El Tabaià (Asp), El Bosch (Crevillent), Los Saladares, Penya Negra, Hacienda Botella (Elx) o Cabezo Pequeño del Estaño (Guardamar del Segura) (González Prats, 2005: 800; Vives-Ferrándiz, 2005: 180). Así, la diáspora comercial fenicia debe ser integrada en los desarrollos indígenas durante el Bronce Final porque éstos tuvieron un papel activo en ella: los grupos con cierto desarrollo socioeconómico y control de vías de comunicación y recursos –recordemos la actividad metalúrgica detectada en Penya Negra o El Bosch– serán buscados por los comerciantes fenicios porque son los que podían garantizar el flujo de bienes requerido. Las situaciones de contacto que acontecen a partir del siglo VIII a.C. se entienden, desde estos puntos de vista, como dinamizadoras de factores socioeconómicos internos e integradoras de los sistemas locales de intercambio regionales o interregionales (Aubet, 2005: 118; Ruiz-Gálvez, 2005: 252).

Sin embargo, al norte del río Vinalopó, y al menos hasta el río Ebro, se identifica una zona que comparte rasgos comunes en cuanto a las actividades de intercambio identificadas a partir de la distribución de las importaciones fenicias. De entrada, hay una frecuentación fenicia que no es tan intensa desde el punto de vista cuantitativo como sucede en el sur valenciano, de modo que los intercambios quedarían controlados por algunos asentamientos –o mejor, personajes o grupos destacados de esos núcleos– como invita a pensar la distribución de importaciones. Además, los tipos localizados hasta la fecha son muy concretos, lo que no es casual como veremos: se trata de contenedores de productos alimenticios como ánforas (10.1.1.1. y 10.1.2.1. de Ramon), tinajas, vasos del tipo Cruz del Negro y otros de funcionalidad específica como los trípodes. Otras categorías cerámicas, como la vajilla de mesa de tipo fenicio –engobe rojo, cerámica clara o gris– u otras importaciones griegas o etruscas, son anecdóticas en los contextos (Ramon, 1994-96: 400; Gracia, 2000: 273; Bonet y Mata, 2000; Sanmartí *et al.*, 2000: 310; Oliver, 2004: 107), pero su presencia puntual permite constatar que las piezas llegaban a estas zonas de modo que no es, en absoluto, un área marginada de los circuitos de intercambio (Vives-Ferrándiz, 2005: 138).

La razón de esta selección debe buscarse en los intereses indígenas por los productos importados. *Importan* productos alimenticios y no tanto vajilla porque *importa* su consumo en actividades conviviales enmarcadas en estructuras sociales locales y que, posiblemente, ya existen previamente (Sanmartí, 2004: 18; Vives-Ferrándiz, 2005: 204). Ahora bien, los fenómenos de contacto cultural generados a partir de la presencia fenicia en la costa oriental peninsular supusieron un nuevo marco de relaciones sociales que se reconoce en aspectos no homologables a todo el territorio. El estudio de la cerámica a mano, en este marco, tiene un potencial interpretativo aún poco explorado por el hecho de que son producciones restringidas a ámbitos y hábitos domésticos, lo que las convierte en elementos susceptibles de ser miradas como expresiones culturales.

De este modo, consumir los productos importados en vajillas a mano y no en el repertorio de vajilla foránea es un patrón característico de los contextos (indígenas) al norte del Vinalopó y es una muestra de que las prácticas de consumo se asociaron a las existentes: sencillamente los grupos indígenas consumieron en esta vajilla propia los productos importados. La vajilla sigue en general el repertorio formal tradicional como atestiguan las copas y vasos de otros conjuntos con estratigrafías fiables como en Los Villares (Mata, 1991), pero al mismo tiempo se crean variantes formales que invitan a pensar que existieron diversos grados de respuestas hacia *lo otro*, aquello diferente, –además de hacia *el otro*, aquel diferente– dependiendo de la situación y posición de los grupos en contacto. La pieza que nos ocupa (Fig. 3.1, vaso 3), y con las cautelas que impone el hecho de que sea un ejemplar aislado y sin contexto, es la muestra palpable de que en determinados asentamientos se exploraron vías de innovación con la creación de nuevas piezas de vajilla de mesa con tecnologías viejas, esto es, a mano (o, mejor diríamos, tradicionales). Uno de estos puntos pudo estar ubicado en algún núcleo en el entorno de La Vital, o del centro histórico de Gandia –sintomática es la documentación de las excavaciones en el Hospital de Sant Marc– en tanto que se trataría de asentamientos en contacto con los grupos comerciantes y, por tanto, con un repertorio más variado de piezas a su alcance.

Dejando a un lado estas cuestiones, es factible plantear que hubo vajilla foránea a torno circulando en estos circuitos de intercambios pero en cantidades insignificantes, constatadas indirectamente por esta pieza, pero también directamente por la presencia anecdótica de barniz rojo en Vinarragell o Los Villares (Mata, 2006: 123; Mata *et al.*, 1994-1996: 200; Vives-Ferrándiz, 2005: 138). Ello sugiere que los indígenas promovieron, sobre todo, la importación de algunos productos alimenticios (vino, aceite y salazones, con seguridad) porque estaban interesados en ellos y no en otros. Por ello, los productos –en ánforas y tinajas como las encontradas en niveles superficiales de La Vital– se insertaron en un circuito de intercambios indígenas y fueron utilizados en prácticas de consumo que seguían la tradición.

Las intenciones de quien realizó este ejemplar a mano quedan, sin embargo, abiertas y debemos admitir nuestras limitaciones a la hora de dar una respuesta concluyente: la pátera hecha a mano puede llevar consigo historias de contactos, de

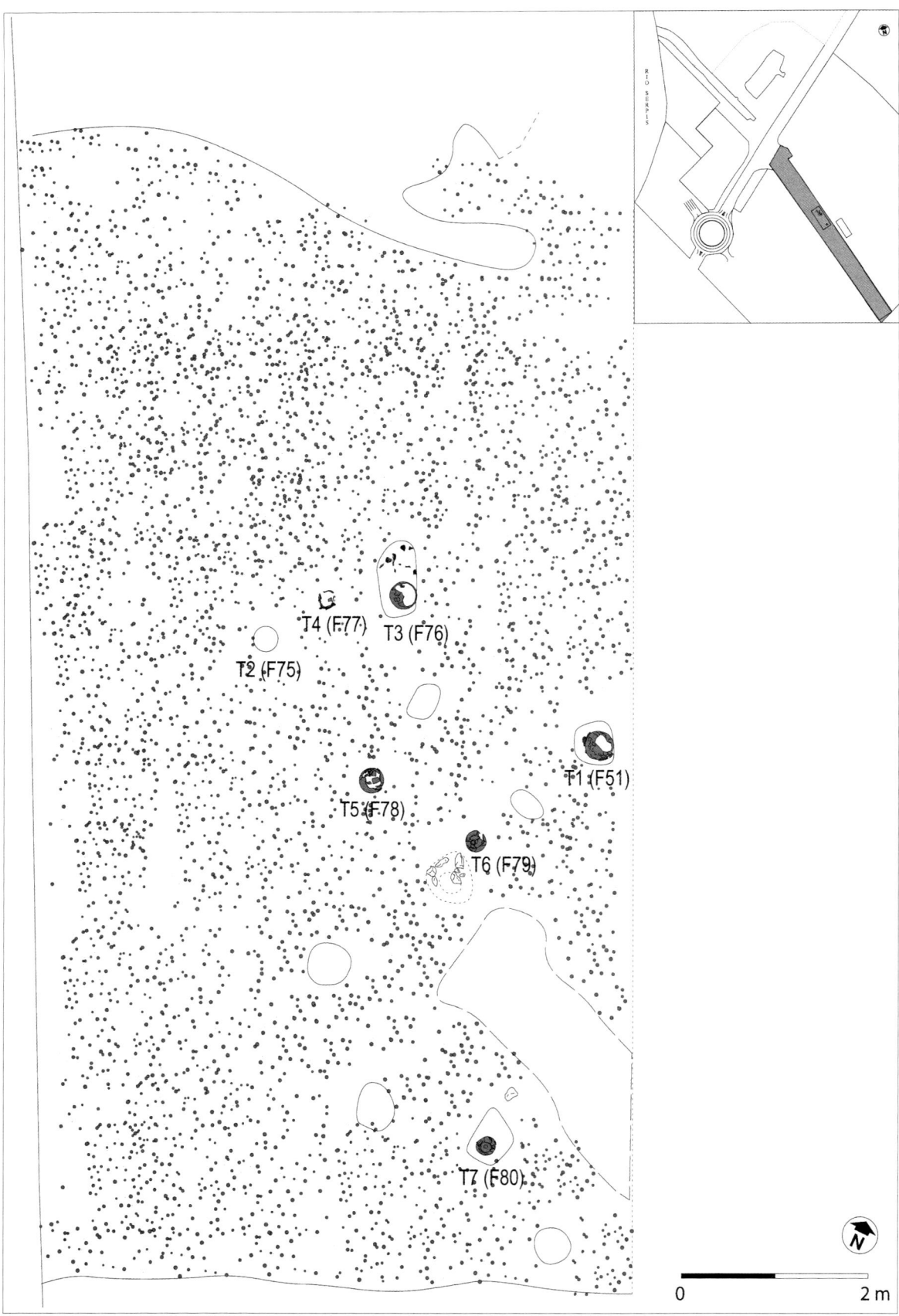

Figura 3.2.- Planta de los enterramientos ibéricos.

adhesiones o rechazos y resistencias. Al menos no es descabellado pensar en ella, quizás, como fruto de una tensión social entre contextos que utilizan el torno o, al menos, con ámbitos y prácticas en los que están presentes piezas importadas, y otros que utilizan piezas a mano. Obviamente, contextos con más documentación permitirán matizar estas ideas que ahora giran en torno a una pieza aislada. Al menos, este caso constituye un buen ejemplo de que los contactos culturales son ante todo historias de continua negociación de la tradición.

LA NECRÓPOLIS DEL IBÉRICO ANTIGUO

A la época ibérica corresponden una serie de estructuras bien individualizadas y concentradas en un área reducida de la zona central del Sector 2. Se trata por un lado, de los restos de siete tumbas del siglo V a.C., y por otro de una fosa de cronología imprecisa (Fig. 3.2). El sedimento en el que están excavadas las fosas (UE 2085) es un estrato de tierra areno-arcillosa situado directamente sobre las gravas de la terraza pleistocena (UE 2010). Este nivel ha sufrido alteraciones desde época romana hasta la actualidad y de hecho encontramos en el mismo intrusiones de materiales romanos y algunas de las urnas aparecieron rotas. Se desconoce la extensión real de la necrópolis ya que la excavación se ha limitado al área circunscrita a los trabajos de urbanización. Además, parte de la zona excavada había sido afectada por actuaciones anteriores por lo que no hay datos para determinar si los enterramientos se extendían más allá de esta área. Las sepulturas localizadas son simples fosas excavadas en el suelo, la mayor parte circulares, del tamaño justo para colocar la urna, aunque otras (UE 2082 de la tumba 3 y UE 2138 de la 7) son cuadrangulares y en ellas se depositó una parte del ajuar (Fig. 3.2). Las urnas contienen los huesos que se recuperaron tras la cremación, pero apenas había cenizas y carbones, por lo que hay que suponer que tras las cremaciones se procedió a la selección de los restos, recogiendo sólo los huesos. Las cenizas y carbones tampoco se utilizaron para rellenar las fosas.

Las tumbas: urnas y ajuares

Tumba 1 (Fig. 3.3)

Descripción: Fosa (F 51) de planta circular excavada en las gravas (UE 2126), donde se colocó una urna de orejetas. La cota superior mínima es -1,30 m y la inferior máxima -1,44 m. Para la cremación se utilizó sobre todo *Olea europaea* y algo de *Quercus* perennifolio.

Urna (UE 2124): Urna de orejetas (A II.4.1.2.), perfil ovoide, labio biselado y base cóncava ligeramente indicada; pasta alternante roja y gris; superficies de tono irregular rojo, beige y gris; conserva restos de pintura por el exterior, formando series de bandas y filetes de color marrón oscuro. Restaurada. Medidas: ø boca 14,5; ø base 8; alt. 26,5. La tapadera es de pomo discoidal (A V.1.1.) y presenta las mismas características de pasta y coloración que la urna; en el cuello del pomo hay un pequeño orificio precocción; lleva finas incisiones cerca de las orejetas y son perceptibles algunos restos de pintura. Restaurada. Medidas: ø boca 14; ø pomo 6; alt. 7,5.

Ajuar: En el exterior se encontró una punta de lanza de hierro con nervio central. En el interior una fíbula anular de bronce de gran tamaño, compuesta por cinco piezas: aro, puente, aguja, muelle y charnela de bisagra. En el sedimento interior se encontraron granos de cebada y uno de trigo.

Restos óseos: Individuo masculino, adulto, igual o mayor a 30-35 años.

Tumba 2 (Fig. 3.4)

Descripción: Esta tumba fue la primera en encontrarse y se localizó durante los trabajos de desmonte mecánico. La urna estaba colocada en una fosa de planta circular reconocida porque se conservó la impronta de la base (F 75). La cota inferior máxima es -1,22 m. En la cremación se utilizó ante todo *Quercus* perennifolio y algo de *Erica sp.*

Urna (UE 2081): Urna incompleta de la que tan sólo se conserva la base cóncava y ligeramente indicada; pasta y superficie interior gris, mientras que la exterior es beige; por el exterior se aprecian restos de pintura. Restaurada. Medidas: ø base 9.

Ajuar: Sólo se ha documentado un fragmento de fruto carbonizado de una rosácea, aunque no se ha podido determinar la especie.

Restos óseos: Dos individuos muy incompletos, uno adulto, posiblemente femenino, y otro infantil de menos de 12 meses.

Tumba 3 (Fig. 3.5)

Descripción: Fosa (F 76) de planta rectangular, de 0,72 m de longitud, 0,4 m de ancho y una profundidad conservada de 0,25 m (UE 2082). En el extremo sur se colocó una urna de orejetas y el ajuar a su alrededor. Para la cremación se utilizaron ante todo *Quercus* perennifolio y *Fraxinus sp.* con alguna conífera.

Urna (UE 2083): Urna de orejetas (A II.4.1.2.), perfil ovoide, labio biselado y base cóncava ligeramente indicada; pasta y superficies de color naranja; conserva restos de pintura por el exterior, apenas perceptibles. Restaurada. Medidas: ø boca 12,5; ø base 7,5; alt. 17,5. La tapadera no ha conservado el pomo pero es probable que fuera discoidal como las demás (A V.1.1.); presenta las mismas características de pasta y coloración que la urna; al estar incompleta no conserva el pequeño orificio precocción; no son perceptibles restos de pintura. Restaurada. Medidas: ø boca 12.

Ajuar: En el exterior, dos aros de bronce muy finos y deteriorados y una copa ática de pie alto, con el barniz negro deteriorado por la acción del fuego. En el interior había una pequeña fíbula anular de bronce, filiforme y bastante deteriorada, y una perla de collar bitroncocónica de piedra blanca, totalmente agrietada por acción del fuego cuyo diámetro es 1,66 cm y alt. 0,94 cm; perforación bipolar de 3 mm. Entre el interior y el exterior de la urna, se repartían varios fragmentos de un *amphoriskos*, de pasta vítrea, incompleto por la base y deformado por el fuego. En el sedimento se recuperaron restos de gramíneas.

Restos óseos: Individuo infantil entre 14 y 28 meses.

Tumba 4 (Fig. 3.6)

Descripción: Fosa (F 77) de forma circular (UE 2087) donde se coloca una urna de orejetas de la que sólo se conserva la base

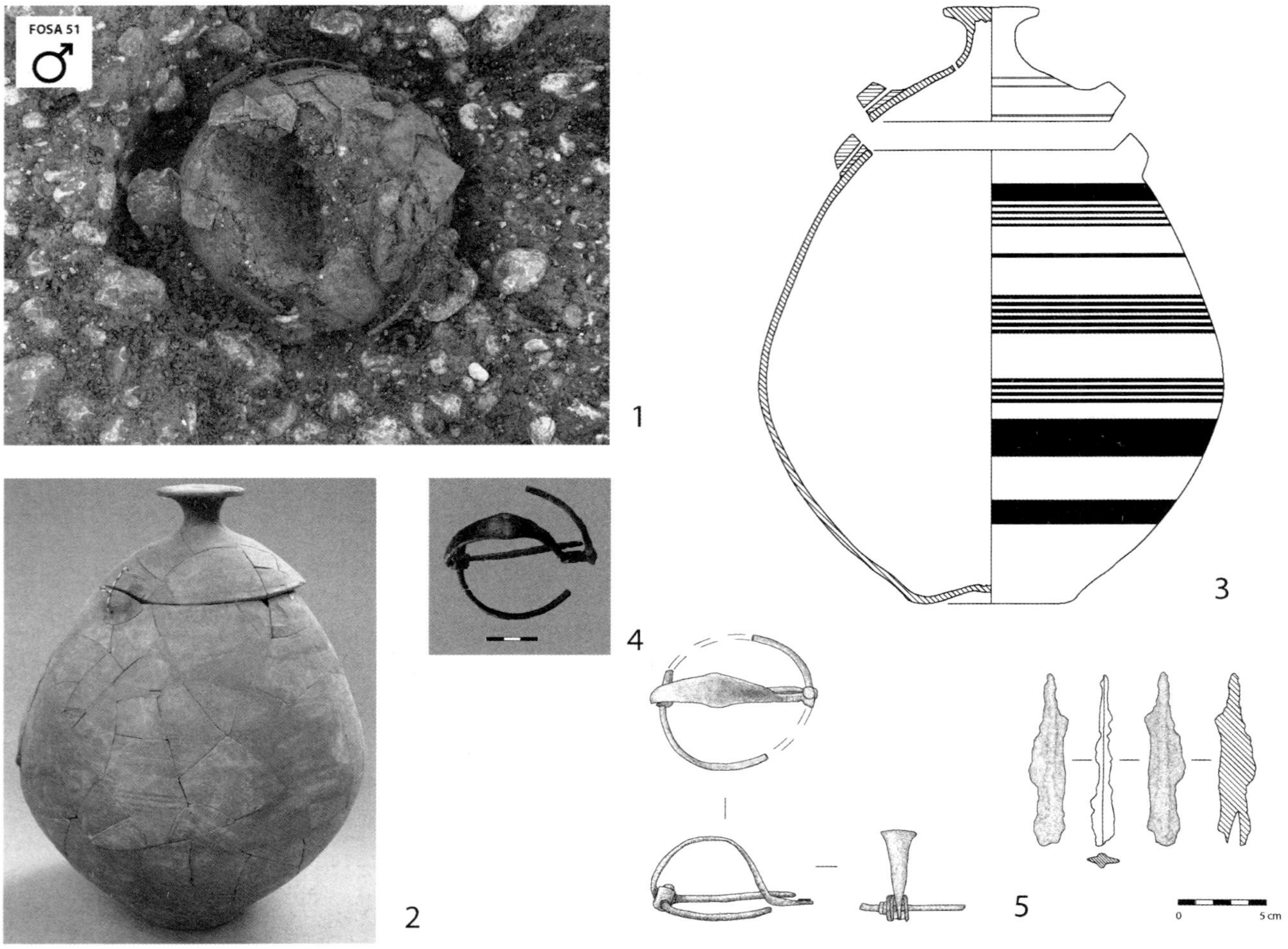

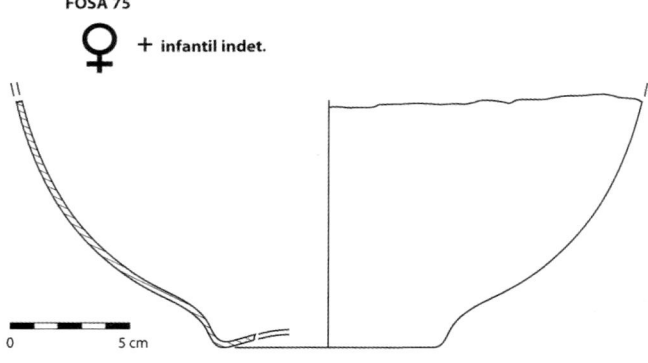

Figura 3.3.- Tumba 1: 1, Enterramiento en fase de excavación; 2, Urna restaurada; 3, Urna; 4 y 5, Fíbula de bronce; 6, Punta de lanza de hierro.

con parte del paquete de huesos. La cota superior mínima es -1,20 m y la inferior máxima -1,32 m.

Urna (UE 2088): Urna incompleta, conservándose tan solo la base cóncava, muy indicada, lo que le confiere un aspecto esbelto; pasta alternante gris y beige, mientras que las superficies son beige; no se aprecian restos de pintura. Restaurada. Medidas: ø base 7.

Ajuar: En el exterior, regatón y dos anillas con remache de hierro de posible escudo. En el interior, se encontró un fragmento de hueso de aceituna carbonizado.

Restos óseos: Individuo masculino, adulto.

Tumba 5 (Fig. 3.7)

Descripción: Fosa circular (F 78) excavada en las gravas (UE 2089), donde se coloca una urna de orejetas. La cota superior mínima es -1,12 m y la inferior máxima -1,33 m.

Urna (UE 2090): Urna de orejetas (A II.4.1.2.), perfil ovoide, labio biselado y base cóncava ligeramente indicada; pasta y superficie interior de color naranja, exterior beige; conserva restos de pintura, por el exterior, apenas perceptible, formando series de bandas y filetes. Restaurada. Medidas: ø boca 13; ø base 6,5; alt. 20.Tapadera con pomo discoidal (A V.1.1.); pre-

Figura 3.4.- Tumba 2: Urna.

senta las mismas características de pasta y coloración que la urna; pequeño orificio precocción cerca de la base del pomo; decoración pintada de filetes y banda. Restaurada. Medidas: ø boca 12,5; ø pomo 5; alt. 5,5.

Ajuar: En el sedimento se encontraron dos huesos de fauna indeterminable y una diáfisis de metacarpo de ovicaprino.

Restos óseos: Individuo masculino, adulto.

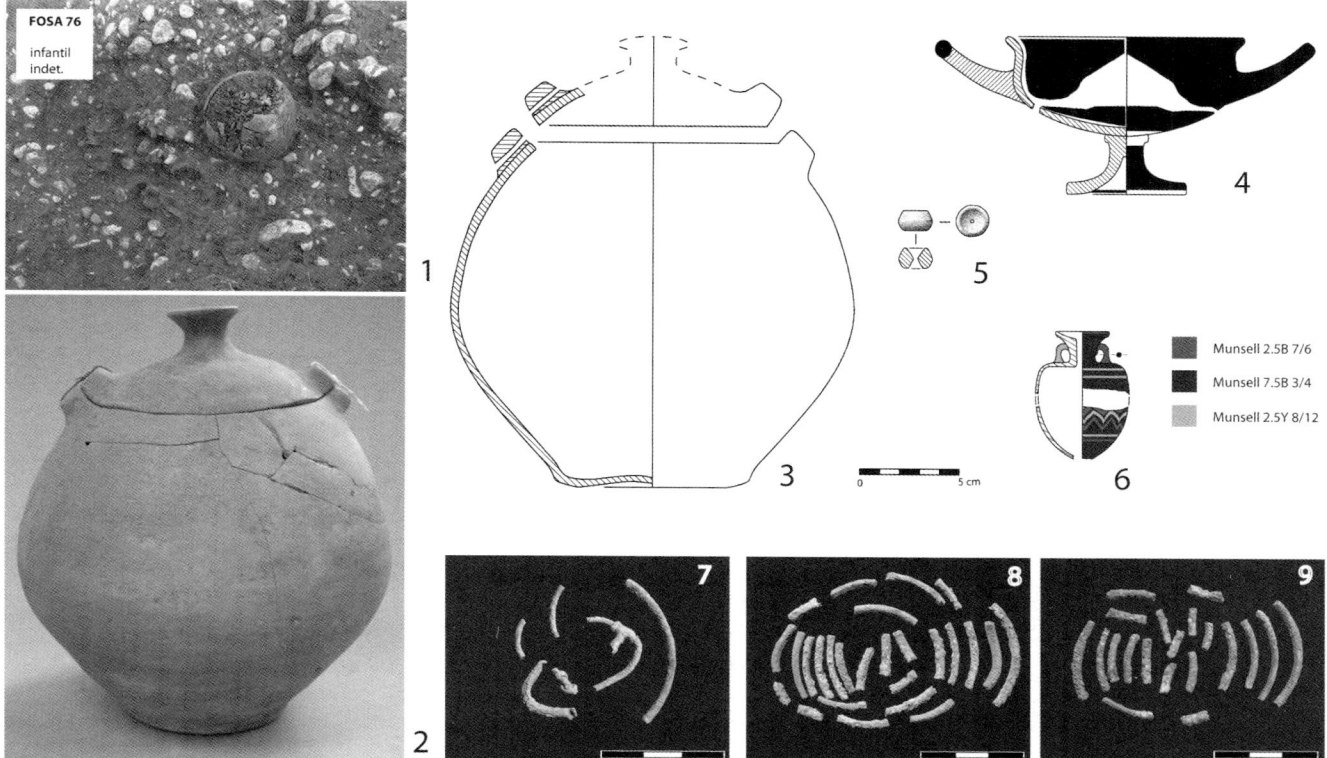

Figura 3.5.- Tumba 3: 1, Urna en fase de excavación; 2, Urna restaurada; 3, Urna; 4, Copa ática de barniz negro; 5, Cuenta de collar; 6, *Amphoriskos* de pasta vítrea; 7, Fíbula fragmentada de bronce; 8 y 9, Aros fragmentados de bronce.

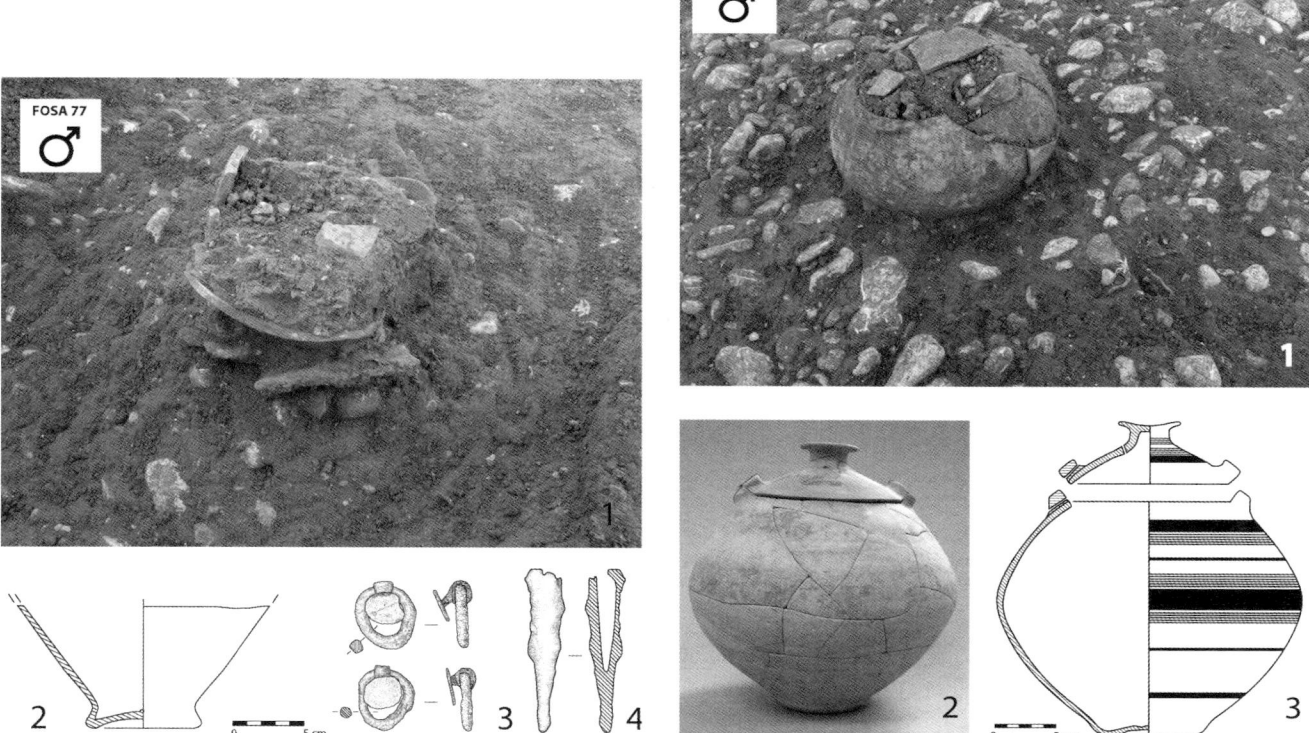

Figura 3.6.- Tumba 4: 1, Urna en fase de excavación; 2, Urna; 3, Anillas con remache de hierro de un escudo; 4, Regatón de hierro.

Figura 3.7.- Tumba 5: 1, Urna en fase de excavación; 2, Urna restaurada; 3, Urna.

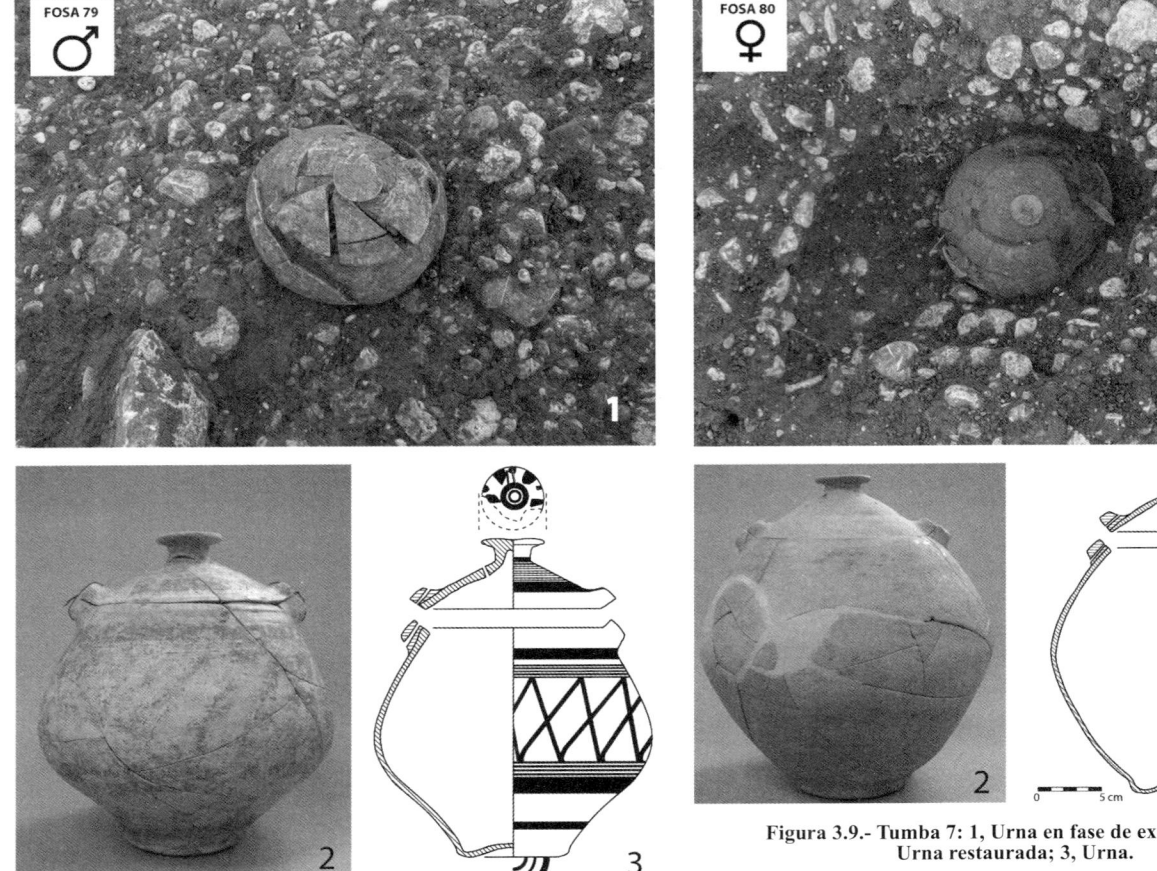

Figura 3.8.- Tumba 6: 1, Urna en fase de excavación; 2, Urna restaurada; 3, Urna.

Figura 3.9.- Tumba 7: 1, Urna en fase de excavación; 2, Urna restaurada; 3, Urna.

Tumba 6 (Fig. 3.8)

Descripción: Fosa (F 79) circular (UE 2092) donde se colocó una urna de orejetas. La cota superior mínima es de -1,21 m y la inferior máxima de -1,38 m. Para la cremación se utilizó exclusivamente *Quercus* perennifolio.

Urna (UE 2091): Urna de orejetas (A II.4.1.3.), perfil de tendencia bitroncocónica, labio biselado y base cóncava ligeramente indicada; pasta y superficies de color blanquecino; conserva restos de pintura por el exterior de color rojizo, apenas perceptibles; en el tercio superior se aprecia un enrejado entre bandas y filetes; y en el tercio inferior, una banda; también se aprecian restos de pintura en la base. Restaurada. Medidas: ø boca 12; ø base 6,2; alt. 13,8. Tapadera con pomo discoidal (A V.1.1.) con las mismas características de pasta y coloración que la urna; pequeño orificio precocción cerca de la base del pomo; decoración pintada de filetes entre bandas en el galbo y en el pomo, dos círculos concéntricos y trazos muy perdidos que no permiten distinguir los motivos; además dos trazos paralelos esgrafiados, es decir, postcocción. Restaurada. Medidas: ø boca 11; ø pomo 4; alt. 5.

Ajuar: Ninguno.
Restos óseos: Individuo masculino, adulto.

Tumba 7 (Fig. 3.9)

Descripción: Fosa (F 80) de planta rectangular de 0,5 m de longitud y de 0,33 m de anchura, excavada en las gravas (UE 2138). En su interior se colocó una urna de orejetas, junto a la cual apareció una piedra hincada que podría corresponder a algún tipo de señalización de la tumba. La cota superior mínima es -1,37 m y la inferior máxima -1,55 m.

Urna (UE 2139): Urna de orejetas (A II.4.1.2.), perfil ovoide, labio biselado y base cóncava ligeramente indicada; pasta gris claro, superficie interior beige y exterior anaranjado; conserva restos de pintura, por el exterior, apenas perceptibles. Restaurada. Medidas: ø boca 13; ø base 8; alt. 19,5. Tapadera con pomo discoidal (A V.1.1.), pasta y superficies con las mismas características que la urna; pequeño orificio precocción cerca de la base del pomo; no se aprecian restos de pintura. Medidas: ø boca 12,5; ø pomo 4; alt. 5.

Ajuar: Ninguno.
Restos óseos: Adulto joven, posiblemente femenino.

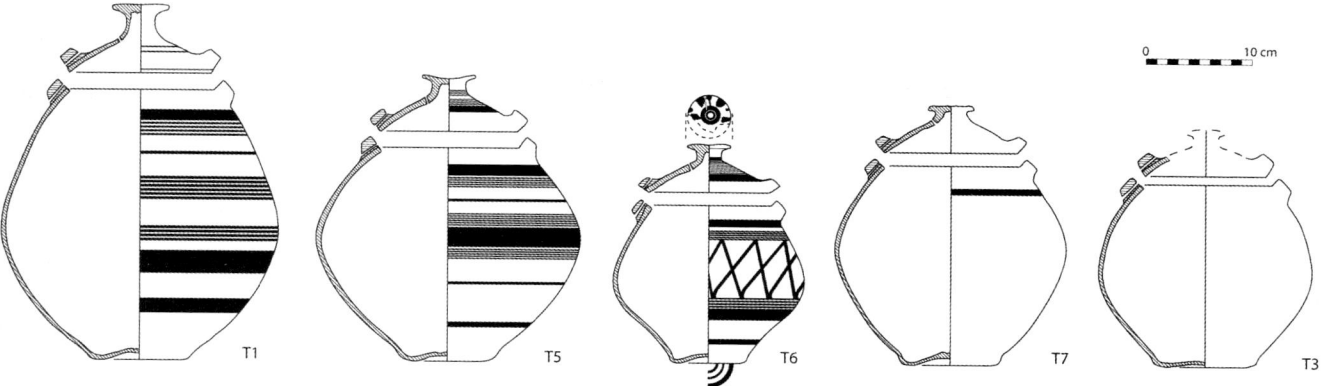

Figura 3.10.- Tipología de las urnas: TT1, 3, 5 y 7, Perfil ovoide; T6, Perfil de tendencia bitroncocónica.

Estudio del material y valoración cronológica

Las urnas y sus tapaderas

Las urnas de orejetas están presentes en cinco de los siete enterramientos. Tipológicamente son similares pues se pueden clasificar dentro de la variante ovoide (A II.4.1.2.) y bitroncocónica (A II.4.1.3.). Otros rasgos morfológicos que las caracterizan son las bases cóncavas ligeramente indicadas y las orejetas perforadas sin otro elemento asociado (Fig. 3.10). Los atributos métricos difieren poco entre sí y técnicamente son de cocción oxidante homogénea con una sola excepción (T1, UE 2124). Todas ellas muestran escaso desgrasante visible aunque muy fino. Las superficies son de tacto pulverulento y la decoración está muy perdida, lo que puede indicar una temperatura de cocción durante la fabricación relativamente baja o un deterioro debido a las condiciones del área de colocación. Todas debieron llevar decoración pintada monocroma, pero sólo en cinco de ellas se pueden apreciar los motivos decorativos o restos de pintura. Éstos son siempre lineales, a base de bandas y filetes, ocupando el tercio superior. La decoración más compleja la presenta la urna de la T6 (Fig. 3.8 y 3.10): en el tercio superior, entre bandas y filetes, se desarrolla una desleída decoración a base de líneas oblicuas formando una especie de enrejado; en el tercio inferior, cerca de la base, hay una banda; y en el fondo externo lleva círculos concéntricos. Esta misma urna se diferencia del resto por el tono blanquecino de la pasta y superficies. Todo ello parece apuntar, como se verá más adelante, a que sea ligeramente más antigua que las otras. Las tapaderas, lógicamente, también presentan la misma homogeneidad tipológica. Todas son de pomo discoidal (A V.1.1.), excepto un ejemplar que no lo ha conservado (UE 2083, T3), y tienen un pequeño orificio precocción cerca de la base del pomo; tres de ellas conservan decoración pintada lineal (Fig. 3.10). La urna de la T6 conserva también decoración pintada sobre la superficie del pomo, además de dos trazos paralelos esgrafiados (Fig. 3.8 y 3.10); la UE 2124 (T1), además de la pintura, lleva unas líneas incisas precocción muy finas (Fig. 3.3 y 3.10). Otras dos urnas se encontraron fragmentadas y han perdido su parte superior (TT2 y 4), por lo que se desconoce el tipo al que pueden pertenecer. Se trata en ambos casos de bases cóncavas con un estrangulamiento cerca de la superficie de apoyo que las hace de tendencia más esbelta que los cinco ejemplares anteriores (Fig. 3.4 y 3.6). Una de ellas conserva restos de pintura monocroma (Fig. 3.4).

Las urnas de orejetas son los contenedores más comunes en las necrópolis ibéricas desde el siglo VI hasta principios del IV a.C. (Fletcher, 1965) y la precisión cronológica la aportan los rasgos morfológicos y su contexto. En estas urnas el atributo más significativo para precisar su cronología es la decoración, cuando la conservan. Excepto una, todas llevan pintura de color marrón rojizo formando series combinadas de bandas y filetes. Las bandas suelen enmarcar el tercio superior y, en algún caso, aparecen también en el tercio inferior. Las tapaderas siguen un esquema parecido, pero con una sola banda. Este esquema decorativo es propio del siglo V a.C. sin que se pueda precisar mucho más (AA. VV., 1997). La urna de la T6 tiene una decoración menos común, compuesta por un enrejado en el tercio superior al cual hay que añadir el color rojizo de la pintura y el color blanquecino de la pasta y las superficies (Fig. 3.8 y 3.10). Los reticulados son motivos poco frecuentes aunque se dan, por ejemplo, en alguna tinaja de La Solivella (Alcalà de Xivert) que Fletcher dató en el tercer cuarto del siglo V a.C. (1965), pero cuya cronología habría que adelantar a finales del siglo VI y primera mitad del V a.C. (Mata, 1993: Cuadro 1). También se encuentran en el nivel III de Los Villares, datado entre el segundo cuarto del siglo VI y primera mitad del V a.C. (Mata, 1991: 193, Fig. 67, 13); en algunos fragmentos de El Oral (San Fulgencio), asentamiento de la primera mitad del siglo V a.C. (Abad y Sala, 1993: 239, Fig. 168, 2) y en Penya Negra II cuya cronología oscila entre el 700 y el 550/535 a.C. (González Prats, 1983: 275, Fig. 37 MR2/7). De esa misma cronología sería la pasta blanquecina que es propia, por ejemplo, del nivel III de Los Villares (Mata, 1991: 113-114).

En definitiva, esta urna puede datarse entre finales del siglo VI y principios del V a.C., mientras que las demás se datan entre mediados y la segunda mitad del V a.C.

La cerámica ática

Una copa ática de pie alto formaba parte del ajuar de la T3 (Fig. 3.5, 4). Tiene asas horizontales y el barniz negro, con zonas de tono marrón, está algo perdido por la acción del fuego; lleva en reserva la parte exterior del pie, la superficie de apoyo y la mitad del disco, así como la moldura del pie alto, cerca de la unión con el cuerpo. Se trata de una Acrocup de la variante profunda, fechada en el segundo cuarto del siglo V a.C. (Sparkes y Talcott, 1970: 93 y 96).

La pasta vítrea

Otro recipiente recuperado en la misma T3 es un *amphoriskos* de pasta vítrea, incompleto por la base: es de color azul oscuro (Munsell 7.5B 3/4) con filete turquesa (Munsell 2.5B 7/6) en el labio, dos líneas amarillas en el hombro (Munsell 2.5Y 8/12) y, en el tercio superior, zigzag en amarillo y turquesa y a continuación dos líneas en amarillo y turquesa; conserva las dos asas de color amarillo y turquesa respectivamente (Fig. 3.5, 6). Se trata de una pieza incluida en el Grupo Mediterráneo 1, fechado entre mediados del siglo VI y principios del IV a.C., y es un *amphoriskos* de la forma 2, subtipo a 2 con una datación más precisa en el siglo V a.C. (Harden, 1981: 58-59). Muy pocos ejemplares tienen las asas de diferente color (Harden, 1981: 83, nº 187; Feugère, 1989: 39), pero no parece que, hoy por hoy, sea un detalle significativo para determinar su origen o cronología. Estos recipientes proceden del Mediterráneo oriental y aunque los talleres no están bien definidos es probable que se fabricaran en Rodas (Feugère, 1989: 57).

Las fíbulas

Los objetos de bronce de la necrópolis son dos fíbulas anulares y dos aros. Los aros están fragmentados y, probablemente, fueran abiertos con los extremos superpuestos aunque esto último no se puede confirmar dado el estado en que se encontraron (Fig. 3.5, 8 y 9). Una de las fíbulas anulares es de pequeño tamaño, filiforme y bastante deteriorada por hallarse entre los restos de la cremación (T3). Probablemente es de dos piezas: aro y puente-muelle-aguja, como es habitual en este tipo; del muelle se conservan dos espiras. Se clasifica dentro del tipo 9 de Cuadrado, cuya cronología es amplia, abarcando todo el período ibérico (Cuadrado, 1957) (Fig. 3.5, 7). El pequeño tamaño se podría vincular al hecho de corresponder a una tumba infantil. La otra fíbula es de gran tamaño, compuesta por cinco piezas: aro, puente, aguja, muelle y resorte de charnela (Fig. 3.3, 4 y 5). El puente es laminar, ligeramente ensanchado por el centro, dando un aspecto romboidal; la mortaja no es muy grande y es la continuación del puente; se sujeta al aro pasando por debajo del mismo y enrollándose por el exterior; en uno de los lados del puente se aprecia un pequeño muelle de dos espiras enrollado al aro; la charnela es una plaquita en forma de U sujetando el puente y la aguja. No hemos encontrado una correspondencia tipológica exacta con las presentadas por Cuadrado (1957) ni con las de otros autores con posterioridad.

Las armas

El armamento depositado en las tumbas de La Vital es de hierro. Contamos con una punta de lanza, un regatón y dos anillas de un escudo.

La punta de lanza se ha conservado incompleta por la base por lo que sólo se puede hacer una aproximación tipológica muy genérica. La longitud no parece muy grande y la hoja es relativamente ancha, con una sección de tipo 1, es decir, con nervio central circular; por todo ello, podría estar próxima a la variante XI de Quesada (1997: Fig. 209) (Fig. 3.3, 6).

El regatón es una pieza hueca de forma cónica que se coloca en el extremo del astil, opuesto a la punta, ejerciendo de contrapeso (Fig. 3.6, 4). Al mismo tiempo, tenía otras aplicaciones suplementarias como tener otra punta en caso de ruptura del astil, hincarla en el suelo o utilizarla para rematar al enemigo caído. La punta y la contera se encontraron en tumbas diferentes (T1 y T4), algo que se repite en otras tumbas ibéricas con relativa frecuencia y para lo cual se ha planteado que se trate de cuestiones rituales o bien que el regatón fuera la punta de otro elemento como la punta de un bastón o quizás de un arma más simple (Quesada, 1997: 427, 429 y 431).

De la T4 también proceden dos anillas de hierro, cada una de ellas con un remache de cabeza circular que facilitaría el movimiento de las mismas (Fig. 3.6, 3). Por sus características debieron estar sujetas a una cincha de cuero o madera, por lo que pudieron formar parte de la manilla de un escudo para sujetar la correa que permite llevarlo colgado. Se trataría del grupo 0 de Quesada datado entre el siglo V y principios del IV a.C. (Quesada, 1997: 499; Vaquerizo, 1989: Fig. 6, 10505). Otra posibilidad, aunque nos parece menos factible, es que fueran parte de la cabezada de un caballo, es decir, las anillas para pasar las riendas o cualquier otro elemento que precise de un remache (Quesada, 2005: Fig. 21).

Lectura social del espacio funerario

Enfrentarse al estudio e interpretación de una necrópolis ofrece una ocasión excelente para valorar la expresión simbólica de identidades en espacios especialmente significativos que sancionan ritos de paso, y el modo en que los objetos –conocidos como ajuares funerarios– participaron de ello. La bibliografía sobre prácticas funerarias es inabarcable. Sin ánimo de exponer un repaso de las orientaciones teóricas para interpretar estos fenómenos sí nos parece conveniente destacar las aportaciones de tres corrientes de análisis. Por un lado, un hito relevante fue el desarrollo de las interpretaciones funcionalistas que, sobre todo durante los años 60 y 70, valoraron la expresión funeraria como una parte de la forma de la organización social de manera que las prácticas de enterramiento *reflejaban* –término muy usado por los procesualistas– la sociedad de los vivos, con una lectura del registro que hacía corresponder ambas esferas sin problemas a partir del uso de códigos simbólicos (Saxe, 1970; Binford, 1971).

Estas lecturas fueron criticadas en parte por las corrientes postprocesuales al plantear su ingenuidad en algunos casos y advertir, sobre todo, el amplio margen que ofrecen los funerales para la promoción social, la manipulación ideológica o la adhesión grupal. Básicamente desafiaron las interpretaciones sobre la base de que la cultura material es un mecanismo de comunicación y que es significativo para quien es capaz de entenderla. En otras palabras con –y en– la cultura material la gente externaliza ideas o conceptos, algo extraordinariamente relevante para el estudio de necrópolis como espacios de acción ritual en los que coexisten varios discursos sociales (Shanks y Tilley, 1992: 134).

Un punto destacable de estas aproximaciones es que en los rituales de la muerte no se dan exactamente las relaciones de poder existentes sino que se trata de relaciones o visiones idealizadas, de modo que algunas esferas sociales –como las máximas autoridades– no tienen por qué expresarse *necesariamente* de la misma manera en el espacio funerario. Antes bien, debe cuestionarse *por qué* determinadas identidades y pertenencias a grupos sociales se expresan en estos rituales y qué formas adquiere la competencia entre grupos. Además, uno de los estudiosos más influyentes en este ámbito, Parker Pearson, estableció referencias útiles para los arqueólogos al incorporar al estudio de las necrópolis un marco teórico social derivado de la Teoría de la Práctica y, sobre todo, un sólido cuerpo etnoarqueológico, entre el que destaca su investigación de las prácticas funerarias de la Inglaterra contemporánea (Parker Pearson, 1982). Una de las reflexiones más útiles reside en su conceptualización del estatus y de las dimensiones materiales que lo expresan. Incorporando en el análisis la idea de que la cultura material es comunicativa y la Teoría de la Práctica (Bourdieu, 1980), se pone de manifiesto que el estatus no siempre está dado *per se* o es algo innato sino que se construye constantemente a través de la exhibición de expresiones sociales. Por ejemplo, para el periodo ibérico que nos ocupa, puede que no haya relación exacta entre vivir en una gran casa, vestimentas lujosas o enterrarse en una tumba con panoplia, pero todas ellas son expresiones de estatus, bien entre grupos bien entre individuos.

Una tercera corriente de pensamiento que merece la pena destacar por su relevancia para las prácticas mortuorias centra su atención en el cuerpo y su relación con la cultura. El cuerpo no es simplemente algo natural que recibe cultura sino que es un activo creador al mismo tiempo que un producto contingente que modifica, también, el pensamiento y la manera de hacer las cosas (Meskell, 2001: 192; Nilsson, 2003: 81; Joyce, 2005). En definitiva, las prácticas funerarias nos ofrecen la posibilidad de tratar con cuerpos –o lo que queda de ellos– que se usan activamente para construir identidades y definir quien se es o hacer que los otros entiendan quienes son.

Las prácticas funerarias: tumbas, ajuares y ritos

Estos enterramientos tienen una cronología centrada en el siglo V a.C., pudiéndose establecer una pequeña seriación relativa en la deposición según se desprende de la cronología de las urnas. La T6 parece ser la más antigua (finales del siglo VI e inicios del V a.C.) (Fig. 3.8), mientras que las otras son ya del segundo cuarto del siglo V a.C. en adelante pero sin llegar al IV a.C. La cronología más precisa es la de la T3 por la presencia de una copa ática que ofrece un *terminus post quem* del segundo cuarto del siglo V a.C. (Fig. 3.5). Aunque desconocemos si estos siete enterramientos formaban parte de una necrópolis mayor, podemos plantear que estamos ante una muestra de las defunciones que pudieron producirse a lo largo de media o una generación, en cuyo caso no estaríamos ante una necrópolis muy grande –o una zona de esa necrópolis– a juzgar por la concentración y la cronología homogénea de las tumbas (Fig. 3.2).

El área de cremación debió estar en las proximidades, pero apenas hay cenizas y carbones en el sector excavado que permitan identificar una zona concreta. Los huesos quemados fueron recogidos y lavados cuidadosamente, pues apenas hay carbones y cenizas en el interior de las tumbas. No obstante, los escasos carbones recuperados indican la utilización en la cremación de una o dos especies, sobre todo, *Quercus* perennifolio. Curiosamente, la tumba que combina un mayor número de *taxa* es la T3.

Dado el reducido espacio excavado poco se puede decir de la organización espacial de la necrópolis. No se observan agregaciones ni separaciones claras entre los enterramientos (Fig. 3.2). El escaso número de tumbas y la homogeneidad que encontramos en el ritual crematorio y en la colocación de los restos en urnas –más allá de las diferencias en los ajuares– habla a favor de un grupo que comparte unos mismos *habitus*, en palabras de Bourdieu, una misma visión del mundo. Ello no implica, sin embargo, que no haya diferencias dentro del mismo grupo enterrado que se valoran, sobre todo, a partir del ajuar depositado. Veámoslo.

Las tumbas no tienen una elevada inversión constructiva pero sí albergan piezas destacadas, como son algunos elementos de la panoplia de hierro o selectas importaciones –copa, ungüentario–, sin duda restringidas como invita a pensar su distribución en espacios de hábitat bien documentados de la misma cronología, como El Oral (Abad y Sala, 1993 y 2001).

En cuanto a los ajuares, el hecho de que todos muestren señales de la acción del fuego indica que debieron depositarse en la pira crematoria. Aún admitiendo la posibilidad de que puedan estar incompletos –como se ha señalado más arriba–, resulta interesante resaltar que de las tres tumbas que contienen ajuar dos pertenecen a hombres adultos con armas pero sin panoplias completas y la tercera a un individuo infantil que, curiosamente, tiene el ajuar más numeroso y más exótico (fíbula, 2 aros, cuenta de collar, copa ática y pasta vítrea) (TT1, 4 y 3, respectivamente) (Fig. 3.3, 3.6 y 3.5); carecen de ajuar las dos mujeres y dos de los hombres (TT2, 7, 5 y 6) (Fig. 3.4, 3.9, 3.7 y 3.8).

La presencia de vajilla podría indicar su uso en ritos funerarios que son susceptibles de analizar en detalle. El único ejemplo lo ofrece la T3, donde hay una copa ática y un ungüentario quemados que, quizás, sirvieran a libaciones a modo de ofrendas o plantean el concurso de esencias o líquidos como sustancias aromáticas, aceites corporales o bebidas (Fig. 3.5).

Paralelamente, una constatación interesante es que junto a los objetos tradicionalmente identificados en las excavaciones de necrópolis, como los ajuares y las urnas, se han documentado ofrendas alimenticias como indican los restos de fauna (T5) y las semillas y frutos de T1 (cebada y trigo), T2 (fruto), T3 (gramíneas) y T4 (aceituna). Son muy pocas las necrópolis ibéricas donde se han identificado restos biológicos formando parte de las ofrendas, pero cuando los hay se trata ante todo de frutos más que de cereales y partes de animales, aunque para el caso de la fauna falta un análisis exhaustivo que se encuentra en curso (Mata *et al.*, 2010).[2] Sería deseable que estos datos se incorporaran definitivamente a los estudios y proyectos de necrópolis, porque forman parte de los rituales y, por ello son tan indicativos de las prácticas funerarias y las percepciones del difunto y el rito como lo son los objetos más visibles.

---

[2] Proyecto de investigación "De lo real a lo imaginario. II. Aproximación a la fauna ibérica de la Edad del Hierro" (HAR2008_03810/HIST). Para la flora ver también www.florayfaunaiberica.org.

Estos pequeños matices que advertimos en los rituales de las tumbas y sus ajuares permiten plantear una hipótesis sobre las filiaciones sociales de los grupos enterrados. Proponemos que la primera persona enterrada pudo ser el hombre sin ajuar de la T6 cuya urna es, recordemos, tipológicamente algo más antigua que las demás (Fig. 3.8 y 3.10). Para el resto de tumbas no se puede establecer una prelación en el enterramiento, pero sí sobre su posición en el grupo al que pertenecían a partir de la evidencia material del ajuar. Así, con un rango similar entre sí habría que considerar a los dos hombres con armas, pues apenas hay diferencia entre ambos conjuntos (T1 y T4) y en las dos tumbas hay semillas y frutos (Fig. 3.3 y 3.6). Tal vez de manera sutil, el hombre enterrado con el escudo pudo tener mayor rango. Dentro del mismo estatus se incluiría el infante si otorgamos al ajuar importado el mismo valor que las armas (T3) (Fig. 3.5), quizás las tumbas de alguno de sus ascendientes. Por último tenemos las dos mujeres, una de ellas enterrada con su bebé, y un hombre sin ajuar (TT2, 7 y 5) (Fig. 3.4, 3.9 y 3.7). Las mujeres y el infante pueden pertenecer al grupo anterior por matrimonio y filiación, pero no existe ningún elemento que lo indique, excepto la presencia de un fruto como ajuar en la T2. Debieron tener una consideración similar ya que en todas ellas se depositó algún tipo de ofrenda alimenticia.

La incógnita del hábitat

Desconocemos un aspecto esencial para valorar con más criterios la necrópolis: el hábitat, donde se encuentra el contexto social más amplio en el que se inserta el tratamiento del muerto. El poblamiento ibérico del término de Gandia y áreas limítrofes es en gran parte desconocido y, además, de los 154 yacimientos que se encuentran catalogados en la comarca de La Safor[3] sólo cuatro o cinco tienen materiales que se puedan relacionar con la cronología de las tumbas de La Vital. Entre éstos destaca, por su cercanía, el área excavada en el solar del antiguo Hospital de Sant Marc, en el casco urbano de Gandia. Si bien no conocemos las características concretas de las estructuras de ocupación exhumadas, al menos sabemos que hay estratos que pueden fecharse entre los siglos VI y V por la presencia de platos de borde vuelto y base plana de pastilla, algunos pintados con filetes rojos en el interior y exterior, otros de ala corta y aspecto robusto (Mata, 1978: Fig. 10) y otros en cerámica gris de borde saliente además de fragmentos informes de ánforas massaliota y púnica indeterminada. De gran interés es la actividad metalúrgica que se llevó a cabo, como se desprende de la presencia de fragmentos de escorias de reducción.

Dejando a un lado las evidencias expuestas, algo alejadas de los enterramientos, la única estructura que se vincula espacialmente a los enterramientos es una pequeña fosa (F 96), localizada cerca de las tumbas pero sin conexión con ellas. La fosa es de planta circular y base plana (UE 2208), con un diámetro máximo de 1,27 m y una profundidad conservada de 0,4 m (cota superior mínima -1,41 m; cota inferior máxima: -1,81 m). El relleno (UE 2029) es un sedimento arenoso grisáceo con algu-

nas gravas y cantos. Los materiales cerámicos recuperados en su interior son todos de cronología ibérica, muy escasos, entre los que se puede clasificar un *lebes* y una tinajilla, cuya morfología no tiene atributos definidos para datarlos con seguridad. Es decir, se trata de piezas que podrían ser del siglo V a.C. pero también posteriores. Dada su proximidad a las tumbas, no descartamos que sean de la misma cronología.

El problema del hábitat, de entrada, plantea un sesgo en las lecturas del espacio funerario que no se pueden contrastar directamente. Indirectamente, sin embargo, sí podemos establecer algunas consideraciones con relación a los hábitat/necrópolis conocidas en el País Valenciano. Como ya se analizó en una publicación anterior, hay muchos enterramientos de los que se carece de la más mínima información tal como cronología, relación con un asentamiento o si el número de tumbas exhumadas se acerca al que pudo albergar en su totalidad la necrópolis (Mata, 1993: Cuadro 1, Fig. 2). No obstante, parece que los enterramientos de los siglos VI y V a.C. suelen formar agrupaciones pequeñas (< 10), con alguna excepción como pudo ser La Solivella o Cabezo Lucero, por citar dos casos bien conocidos. Por otro lado, está suficientemente demostrado que entre los iberos es común el enterramiento en espacios separados del hábitat, pero relativamente cercanos a él. No obstante, la relación asentamiento/necrópolis sigue siendo un tema pendiente, porque sólo un 40% de las necrópolis de estos siglos tienen un asentamiento asociado; el porcentaje aumentaría si invertimos la relación, es decir, hay muchos más poblados que no tienen necrópolis conocidas en las proximidades; las cifras son similares si se tiene en cuenta la totalidad del período ibérico. Y, lo más inquietante de todo ello es la ausencia de necrópolis asociadas a las grandes ciudades ibéricas valencianas: *Kelin*, *Arse*, *Edeta*, *Saiti*, La Carència, Castellar de Meca, La Bastida de les Alcusses.

Cuando ha sido posible la comparación con espacios de hábitat se ha visto que no todos los grupos se entierran en las necrópolis, dejando abiertas dos posibilidades basadas en argumentos *ex silentio*: que se entierren en otras necrópolis no localizadas todavía o que sigan ritos funerarios que no dejan huella arqueológica. De cualquier modo, ninguno de los dos casos invalida el hecho de que las necrópolis localizadas alberguen a una parte de la población (Blánquez y Antona del Val, 1992).

Para poder llegar a una hipótesis plausible sobre el lugar de hábitat de las tumbas de La Vital hay que recurrir al poblamiento de otras zonas. La intensa transformación que está sufriendo el territorio en los últimos años ha sacado a la luz un importante número de yacimientos ibéricos de poca entidad tanto por los restos muebles como por los constructivos. Hasta hace unos 10 años, el hábitat rural disperso era una categoría prácticamente desconocida entre la investigación ibérica, hecha la excepción de los campos de silos en Catalunya (AA.VV., 1994). De hecho, las primeras publicaciones que se hacen eco de estos núcleos apenas se atreven a avanzar esa posibilidad por falta de ejemplos con los que comparar (Soria, 1997). Desde entonces se han publicado noticias, no sin precauciones, sobre este tipo de asentamiento (Asensio *et al.*, 1998; Ferrer *et al.*, 2003; García Alfonso, 1995-96; Morer y Rigo, 1999; Pérez-Sala y García Roselló, 2002; Plana y Crampe, 2004). Así, en los trabajos más recientes sobre poblamiento ha aparecido una nueva categoría de asentamiento ibérico que no siempre se puede identificar con

---

[3] Consulta realizada en abril de 2007 en la base de datos de la Conselleria de Cultura, Educació i Esport de la Generalitat Valenciana.

claridad y que suele recibir el nombre de "establecimiento rural" (AA.VV., 2007; Mata *et al.*, 2009; Moreno, 2006), denominación que esconde una gran variedad de circunstancias, es decir, desde lugares habitados de forma permanente por unas pocas familias, hasta casas de aperos, corrales, graneros, etc. Estos lugares siempre han pasado desapercibidos, se han empezado a localizar en campañas de prospección y apenas se ha intervenido en alguno de ellos (Jardón *et al.*, 2009; Pérez Jordà *et al.*, 2007; Quixal *et al.*, 2008). Por todo ello, es factible suponer que el hábitat de la necrópolis de La Vital estuviera en los alrededores más inmediatos cuyo único indicio hasta ahora sería la fosa 96 o bajo la actual Gandia, como parecen indicar las cerámicas recuperadas en las excavaciones del Hospital de Sant Marc (ver más arriba). En cualquier caso, nuestra propuesta es que se trataría de un asentamiento situado en llano y con una duración limitada, como indica la cronología de las tumbas. Los escasos restos botánicos y de ajuar nos dicen que serían agricultores propietarios porque pudieron adquirir armas y ajuares "excepcionales" para uno de sus miembros.

Expresar identidades: estatus, género y edad en La Vital

Hemos señalado más arriba la estrecha relación que se da entre objetos, prácticas funerarias y expresiones identitarias en línea con corrientes interpretativas desarrolladas en la última década. Estas perspectivas parten de los trabajos que han subrayado la relación mutua que se configura entre la cultura material y la construcción de identidades (Shanks y Tilley, 1992: 253; Jones, 1997: 118) hasta el punto de que realmente no hay arqueologías que no tengan que ver con la identidad (Insoll, 2007: 1).

Estas cuestiones merecen, sin embargo, unos comentarios iniciales. La identidad individual es una consideración moderna del modo que uno tiene de relacionarse con el mundo y los demás (Williams, 1976: 161; Hernando, 2002: 56). De este modo, en el pasado, al igual que en otras sociedades actuales no occidentales, la identidad personal adquiere otras maneras de entenderse, porque la gente enmarca su autoconciencia básicamente en esquemas grupales, familiares, u otros, además del individual. En consecuencia, la noción de individuo y persona es contingente, pues ha variado a lo largo de la Historia y difiere según diferentes ámbitos geográficos y culturales. Ello no impide plantear, aunque con algunas diferencias de matiz entre unos y otros investigadores, que si bien en el pasado no se tuvo una identidad individual, al menos sí hubo identidades modeladas por género, edad, parentesco, etnia u otros aspectos que, igual que hoy en día, se dan a la vez (Meskell, 2001: 188; Insoll, 2007: 3).

Como punto de partida asumimos que la identidad, ante todo, es un proceso –no un producto o algo dado– y que es cambiante, y se construye en un juego de diferencia y exclusión. Además, reconocemos que las pertenencias son múltiples sin que ello signifique que todas se expresen al mismo tiempo o incluso que tengan que expresarse materialmente. Estas constataciones teóricas no impiden, sin embargo, que en la necrópolis de La Vital podamos evaluar, desde una posición de primera mano, las expresiones identitarias y, sobre todo, los fundamentos materiales de esas construcciones. Entremos ahora, con más

detalle, en las dimensiones materiales de estos procesos a través de los ritos funerarios de la necrópolis.

La asociación que se detecta entre las tumbas, por un lado, y las importaciones y los elementos de la panoplia por otro, indica que estamos ante prácticas funerarias que utilizan objetos restringidos a determinados grupos sociales. Estas prácticas son, a todas luces, distintivas de un grupo social que comparte un mismo modo de presentar(se) ante los antepasados. Se advierte, de acuerdo con el análisis antropológico, una identidad de grupo que abarca niños, mujeres y hombres a través del rango –recordemos que no todos se enterrarían–. Desde este punto de vista ni niños ni mujeres son invisibles en este registro, aunque muchas de sus actividades hayan sido ocultadas en los estudios en relación a otros (Sofaer, 1997: 193).

La ritualización funeraria implica, ante todo, que las cosas están potencial y simbólicamente cargadas de significado y que no tiene por qué darse una equivalencia de usos entre el hábitat y las tumbas, de modo que la copa o el ungüentario anteriormente citados indicarían aspectos simbólicos además de funcionales. Evitando caer en estos determinismos sí podemos, al menos, constatar que las prácticas funerarias de estas tumbas se sancionan a través de elementos específicos pero claramente alterados de significado práctico. Ello también explicaría, quizás, que no se deposite una panoplia mínima sino elementos escogidos. En otras palabras estos objetos actúan como expresiones de estatus. Este primer nivel de agregación no es incompatible con la posibilidad de que estemos ante un grupo relacionado por el parentesco, que sólo se podría establecer con seguridad a través de un análisis de ADN, como están reclamando algunos investigadores para los futuros estudios sobre necrópolis (Ruiz Zapatero, 2004: 326). Y de hecho es lógico porque el parentesco puede ser un criterio de vinculación social, aunque sean momentos en que empiece a surgir el linaje clientelar (Ruiz Rodríguez y Molinos, 1993: 264).

Pero analizadas las tumbas en detalle se revelan identidades de género y edad que informan del modo que se tuvo de entender lo masculino, lo femenino y, también, la niñez durante el ciclo vital. Este aspecto muestra, además, que las identidades están construidas y que son cambiantes; no están fijas o dadas *per se*, pues no corresponde la misma expresión identitaria según la edad que se tenga. Veamos como se materializan estas cuestiones.

Quien se entierra en urnas lo hace, al menos en la mitad de los casos, con armas e importaciones y en ningún caso se trata de mujeres. En La Vital son enterrados con armamento dos hombres, uno con una punta de lanza (T1) y otro con regatón –¿otra punta de lanza quizás o un bastón?– y dos anillas que pueden ser de un mango de escudo (T4) (Fig. 3.3 y 3.6). Esta situación es homologable a otras tumbas de este periodo aunque sin identificaciones antropológicas que confirmen sus sexos para muchas de ellas. Son los casos de las necrópolis de El Molar (Peña, 2003), Altea la Vella (Altea) (Martínez García, 2005), La Solivella (Fletcher, 1965) o la tumba 18 de la necrópolis de Mas de Mussols (Tortosa) (Maluquer, 1984), entre otras en el entorno del Ebro (Ruiz Zapatero, 2004: 324) o la tumba 18 de la necrópolis de Les Casetes (La Vila Joiosa) (García Gandía, 2004), donde se depositaron puntas de lanza y/o regatones y cuchillos. La panoplia aparece en las tumbas hacia el siglo VI a.C. aunque con una presencia baja que se sitúa en torno al 15% del total de enterramientos (Ruiz y Molinos, 1993: 223). Es un cambio destacado pues recordemos que en las necrópolis del Bronce Final no se deposita este tipo de ajuar sino elementos de adorno como brazaletes de bronce, anillos o collares en las tumbas de la fase 1 de les Moreres (Crevillent) (González Prats, 2002) o en las necrópolis del curso final del Ebro, del Bajo Aragón o del valle del Segre, con túmulos de planta circular y otros de planta rectangular como Roques de Sant Formatge (Serós), Loma de los Brunos (Caspe) o Coll del Moro (Gandesa) (Rafel *et al.*, 2007).

La colocación de las armas a partir del Ibérico Antiguo no indica la emergencia de la figura del guerrero en estos momentos, ya que desde el Bronce Final –si no antes– en la costa oriental de la Península Ibérica hay armamento: vaina del Pic dels Corbs (Sagunt) (Barrachina y Neumaier, 1996) o las espadas o puñales del tesoro de Villena (Lucas, 1998: 161). Así las cosas, el patrón de cambio más evidente es que se hace una afirmación identitaria a través de las armas, que puede ser de grupo o no. Este patrón de deposición de armamento indica un modo diferente de entender la masculinidad –una perspectiva más del género, aunque a veces se olvide– en el mundo ibérico del periodo antiguo. De este modo, no sólo a través de los enterramientos donde se deposita el armamento sino también junto a representaciones de guerreros en estelas –como la de la misma necrópolis de Altea la Vella– (Morote, 1981) se advierte que hay una construcción de la masculinidad vinculada a la violencia –que puede ser simbólica o no (Aranegui y Vives-Ferrándiz, 2006: 99)–. En consecuencia, vista la situación desde la perspectiva del periodo anterior en el que no se dan estas presentaciones, ahora se reinventa el modo de marcar estatus y se redefine el modelo social ideal de masculinidad, porque la ritualización funeraria sirve, fijando sus normas, para controlar el panorama simbólico.

Pero aún hay más, porque depositar la panoplia no supone en este contexto el único modo de enterrar(se) para un hombre; en otras palabras, no es el único referente de masculinidad, entendida como el único modo de ser hombre: dos de las tumbas (T5 y T6) no depositan ajuar (Fig. 3.7 y 3.8). Se podría argumentar que esta diversidad corresponde a diferencias de estatus, pero creemos que no se trata de aspectos excluyentes porque estas pertenencias, múltiples, se entienden integradas porque se enterraron en el espacio funerario aceptado y sancionado para ello.

Las tumbas femeninas arrojan más luz a la cuestión del género. En La Vital ninguna tumba femenina tiene ajuar (T2 y T7) por lo que el género femenino se está expresando materialmente en la no-deposición de ajuar (Fig. 3.4 y 3.9). Además, la primera está acompañada de un individuo infantil lo que abre la posibilidad de que estemos ante una madre con su hijo aunque no disponemos de análisis de ADN para confirmarlo. Con la cautela que impone el hecho de que algunos enterramientos dobles puedan tratarse de recogidas deficientes en la pira (De Miguel, 2005: 330) esta tumba nos lleva a explorar el papel de la mujer como madre en el mundo ibérico. La iconografía ibérica ofrece varias muestras del papel de la madre como imagen de la fecundidad, si bien para un periodo posterior, el Ibérico Pleno. Son ilustrativas las terracotas de madres con niños del Castellet

de Bernabé (Guérin 2003: 332) o de La Serreta (Juan i Moltó, 1987-88: 325; Aranegui, 1994: 132) –divinidades sedentes para otros autores (Olmos, 2000-2001: 361) aunque no cambia el carácter maternal que queremos subrayar aquí– además de otros exvotos ibéricos de terracota o bronce que parecen representar mujeres embarazadas (Izquierdo, 2004). La expresión identitaria de la mujer-como-madre y reproductora se vincula a grupos de poder y estatus reconocido (Chapa, 2003: 134; Olmos, 2000-2001), algo acorde con lo planteado para el grupo enterrado en la necrópolis que nos ocupa.

La identificación de hombre:guerrero y mujer:madre, aún siendo aceptable en muchos casos, es algo simplista, en parte porque las cuestiones identitarias, como hemos señalado, deben ser examinadas desde la variabilidad de sus expresiones (Insoll, 2007: 14). Así, siguiendo la pista al criterio del género y la edad en esta necrópolis se advierte que las dos maneras de expresar la masculinidad –con y sin armas– deben ser integradas con el modo que se tiene de expresar materialmente la edad, o mejor, el ciclo vital (Insoll, 2007: 75). En T6 se entierra un individuo adulto de gran desarrollo bucodental (ver informe antropológico de F. Gómez Bellard) sin armas, por lo que quizás las armas sólo se vinculan a un momento específico del ciclo vital del hombre en el que se ejerce su uso, o se está en disponibilidad de ejercerlo.

Desde la perspectiva del ciclo vital debemos incorporar también la niñez como una más de las posibilidades de análisis a los estudios de género y edad (Sofaer, 1994 y 1997). Las relaciones sociales, el lugar que se ocupa en el mundo y el modo de socializarse se aprenden desde la niñez proyectándose por los adultos a la vez que se desarrolla el aprendizaje y se adscriben sistemáticamente las estructuras de género a objetos y actitudes. De este modo el cuerpo y la cultura material se interrelacionan porque los objetos constituyen símbolos, si bien están socialmente construidos, lo que significa que no son percibidos igualmente por todos sino sólo significativamente en el grupo que comparte *habitus* (Bourdieu, 1980: 88).

La trascendencia de estas consideraciones antropológicas sobre la niñez en la reproducción social no han sido acompañadas de una atención equivalente a los niños en los estudios ibéricos, a pesar de disponer de bastante documentación material (Chapa, 2003) que es incluso susceptible de integrar análisis de paleodietas de las madres y de información sobre la lactancia y el destete a partir del estudio de isótopos estables (Salazar *et al.*, 2010). El aspecto más destacado por la bibliografía, como hemos señalado, es el papel de la madre –o la divinidad maternal–. Su presencia simbólica en diversos contextos y cronologías se explica por la importancia que en las sociedades precapitalistas tiene la reproducción del grupo familiar como valor social y económico. Recordemos que la modernidad creó un "estatus semi-mítico alrededor del niño y de la infancia" (Giddens y Pierson, citado por Insoll, 2007: 5) que anuló, en parte, el potencial económico de los niños en la economía familiar. El papel socioeconómico de los niños como garantes de la continuidad familiar, junto a vínculos emocionales obvios, pudieron quedar expresados en los enterramientos de infantes de La Vital. Los dos casos de La Vital son significativos si bien por motivos diferentes: la tumba doble desde la perspectiva de la maternidad y la T3 por la extraordinaria agrupación de objetos.

En la T3 de La Vital está enterrado un infante incinerado de entre 14 y 28 meses de edad con un ajuar excepcional: importaciones cerámicas como una copa griega y un ungüentario de pasta vítrea, dos aros de bronce, una fíbula anular y una cuenta de collar de piedra (Fig. 3.5). En este punto conviene retomar la idea de que las categorías identitarias son procesos, y que nunca están dadas ni acabadas. El hecho de que en La Vital no haya tumbas de adultos con este tipo de objetos invita a plantear que, independientemente de su sexo, la consideración de la edad está social y culturalmente, construida. En otras palabras, *en este grupo social* la edad discrimina y determina qué objetos se depositan en cada momento del ciclo vital ya que cuando se es adulto cambia el modo de enterrarse: de hecho, no hay tumbas en esta necrópolis con este tipo de ajuar, si bien es cierto que un futuro hallazgo en el entorno invalidaría esta hipótesis.

Los estudios de los enterramientos de individuos perinatales e infantes muestran que hasta los seis meses se inhuman bajo las casas y que no hay distinciones en el ritual funerario entre grupos sociales (Guérin y Martínez Valle, 1987-88). El ejemplo más claro lo ofrece el Castellet de Bernabé, donde el ritual funerario de los infantes coinciden en los dos grandes espacios sociales identificados, segmentados arquitectónicamente, y que corresponden a una familia aristocrática y a varias familias dependientes (Guérin, 2003: 331). Otra cosa sucede cuando los niños alcanzan una cierta edad: a partir de los seis meses –lógicamente podría variar algo esta edad según las áreas consideradas– los niños se incineran en el espacio de los adultos y las diferencias materiales ya son patentes entre unos y otros. Entre unas 15 necrópolis con análisis antropológicos publicados, se constata que en algo más de una decena hay individuos infantiles cremados (grupo de 0 a 7 años), e incluso algún neonato inhumado, en la mayoría de los casos formando parte de tumbas dobles o múltiples. Si reducimos la muestra a las tumbas infantiles individuales con ajuares excepcionales, el número queda reducido a tan sólo siete tumbas (Alcalá Zamora, 2003: 50, 77 y 78; Blánquez, 1990: 183-186 y 193-205; Chapa, 2001-02: T104; Reverte, 1985, 1990 y 2003; Sala *et al.*, 1998: 227-228 y 258). Esto invita a pensar que sólo aquellos que han sido aceptados como miembros plenos del grupo, familiar y socialmente hablando, son los enterrados en las necrópolis, además de otras consideraciones como el género y el estatus. Esto es interesante porque para entender la inclusión del infante de La Vital en la necrópolis –salvando las distancias temporales y cronológicas– debemos incorporar otras variables. El estatus, como hemos visto para el caso de los adultos, es la más evidente. Tener acceso al espacio funerario de los adultos, en el que los cuerpos se incineran y no se inhuman en las casas, está determinado por una edad (en torno a 12 meses) y un estatus, el del grupo que se entierra en este espacio.

Un último punto a tratar es la estrecha relación que existe entre objetos asociados a los cuerpos como elementos de comunicación. Los objetos no sólo adquieren un valor social reconocido debido a su amortización en las tumbas sino que su dimensión social es inseparable del cuerpo, que es el principal medio de construcción de identidades. En este sentido, los elementos de vestimenta no son sólo objetos para la decoración o funcionales –recordemos que sus usos o significados no son necesariamente equivalentes– sino que pueden también ser un ejemplo de la capacidad que tienen las cosas de ser medios para construir identidades y, al mismo tiempo, diferencias sociales.

Esto se muestra más claramente en los elementos relacionados con la indumentaria y el adorno en dos tumbas: las fíbulas de la T1 y la T3 (Fig. 3.3 y 3.5). El hecho de que ambas fíbulas estuvieran deformadas por la acción del fuego de la pira funeraria invita a pensar que formaron parte de los difuntos, bien como ropas o, quizás, como mortajas, pero ello no cambiaría la interpretación que se mantiene en estas líneas al tratarse de elementos de indumentaria, o asociados claramente al cuerpo. Es muy tentador relacionar las fíbulas con la simbología que subyace a la construcción y mantenimiento de expresiones identitarias, por ejemplo, el modo de entender la edad, definida mediante el uso activo de objetos y en rituales asociados al cuerpo, en este caso funerarios. Como elementos personales –con las cautelas que impone esta palabra– el tamaño de la fíbula sería indicativo de la edad del difunto: la grande para el adulto enterrado en T1 y la pequeña para el infante en T3.

En estas líneas hemos explorado algunos aspectos interpretativos de una necrópolis. Ningún otro elemento del registro arqueológico muestra tan directamente los restos humanos como un espacio funerario, que es el resultado de acciones rituales que convierten cuerpos, huesos y objetos en memoria, a través de difuntos y ajuares, y promueven una cierta empatía vinculada al hecho de la proximidad personal y emocional. Sin embargo, esta proximidad no debe llevarnos a engaño porque los sentidos de los objetos son arbitrarios, contingentes y pueden variar de un contexto a otro, ya que sus significados están estrechamente relacionados con los usos y las prácticas a los que se vinculan. Por si fuera poco, los objetos no son testimonios que hablan por sí solos sino que hay que hacerlos hablar. Desde estos planteamientos hemos analizado el registro funerario de La Vital, escaso en documentación aunque prometedor en sus perspectivas. Trabajos futuros en el entorno complementarán, matizarán o rechazarán las ideas apuntadas.

ANÁLISIS ANTROPOLÓGICO DE LAS CREMACIONES *(F. Gómez Bellard)*

Cremación 2124 (T1)

Peso total	876
Neurocráneo	99
Esplacnocráneo	6
Huesos largos	342
Cintura escapular y pelviana	4
Costillas y esternón	-
Vértebras	1
Manos y pies	4
Restos no identificables	413
Restos animales (quemados)	7

Descripción

Restos incompletos pero muy abundantes y bien recogidos de la cremación mayoritariamente intensa del cadáver de un sujeto de edad adulta y de sexo masculino. El neurocráneo, bien representado, muestra un grosor parietal medio de 6 mm y son visibles numerosos fragmentos con restos de suturas. Algunas de ellas están ya muy sinostosadas, lo que corresponde a una edad adulta. Del esplacnocráneo, destaca un pequeño fragmento mandibular con el alveolo, probablemente de canino, abierto y sin alteraciones, lo que indica que la pieza se perdió *post-mortem*. Se recogen también las raíces de 2 caninos, 2 premolares y 2 molares propios de varón adulto.

Del esqueleto axial solamente es reconocible la apófisis odontoides del axis, grande y con ligeras alteraciones degenerativas, indicando una edad media de la vida –más de 30-35 años.

Los huesos largos, muy abundantes, incluyen prácticamente a todo el esqueleto de las extremidades y la morfología masculina resulta evidente.

Conclusiones

Restos poco triturados, incompletos pero recogidos con minuciosidad, de la cremación a alta temperatura del cadáver de un ser humano, de sexo masculino y de edad igual o superior a los 30-35 años.

Cremación 2081 (T2)

Peso total	123
Neurocráneo	21
Esplacnocráneo	-
Huesos largos	80
Cintura escapular y pelviana	-
Costillas y esternón	-
Vértebras	-
Manos y pies	1
Restos no identificables	20

Descripción

Restos muy escasos de la cremación intensa de restos cadavéricos humanos. La recogida es muy superficial, pues aparecen solamente restos de cráneo y de huesos largos. Del neurocráneo, se distinguen dos partes: una primera propia de adulto, de escaso espesor parietal –4 mm– y de aspecto grácil; y una segunda formada por fragmentos de calota claramente infantil, de pocos meses de edad. En los huesos largos, también aparece esta disparidad, ya que junto a elementos claramente adultos –como un fragmento femoral y otro tibial– se encuentran las partes diafisarias de ambos peronés que son claramente de un niño de no más de 12 meses de edad. No es posible decir si se trata de una cremación doble o de una simple contaminación posterior al depósito en tierra.

Conclusiones

Restos incompletos y probablemente triturados de la cremación intensa de dos seres humanos: un adulto, posiblemente mujer aunque faltan elementos de confirmación, y un niño de pocos meses de edad.

Cremación 2083 (T3)

Peso total	257
Neurocráneo	83
Esplacnocráneo	3
Huesos largos	55
Cintura escapular y pelviana	4
Costillas y esternón	7
Vértebras	6
Manos y pies	7
Restos no identificables	92

Descripción

Restos muy completos y bien recogidos de la cremación intensa y regular de un ser humano de edad infantil (Fig. 3.11). En efecto, el neurocráneo es muy fino y las suturas presentes están apenas sin sinostosar. La dentición hallada corresponde a 3 dientes de leche ya erupcionados –un incisivo y dos molares– y a gemas de piezas dentarias aún inclusas en el interior del maxilar y que darían lugar a futuros molares. Ello nos indica una edad superior a los 10-12 meses, pero inferior a los 30 meses. Se reconocen abundantes partes de la parrilla costal y también fragmentos de dedos de manos y pies. Entre los huesos largos, destaca la presencia de zonas metafisarias humerales, femorales y tibiales que evidencian la condición infantil del sujeto. Es destacable también, por su poca frecuencia de aparición, la presencia de ambos astrágalos.

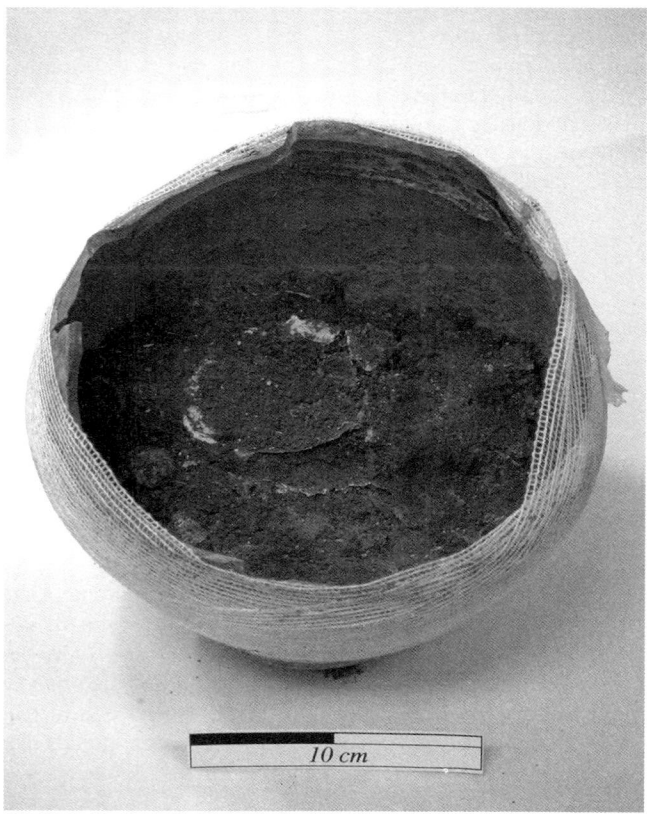

Figura 3.11.- Urna de la T3, en proceso de excavación de su interior.

Conclusiones

Restos muy completos y escasamente triturados de la cremación muy minuciosamente recogida y producida a elevadas temperaturas del cadáver de un sujeto infantil, de sexo no determinable, de una edad aproximada entre los 14 y los 28 meses.

Cremación 2088 (T4)

Peso total	344
Neurocráneo	61
Esplacnocráneo	6
Huesos largos	158
Cintura escapular y pelviana	-
Costillas y esternón	-
Vértebras	1
Manos y pies	-
Restos no identificables	101

Descripción

Restos escasos de la cremación de intensidad media irregular, con algún fragmento de mayor combustión, correspondiente al cadáver de un sujeto de edad adulta. Los restos de calota craneal son recios, de un espesor en los parietales superior a los 6 mm de media. Algunos fragmentos apenas han estado en contacto con el fuego, mientras que otros han sido quemados intensamente. Lo mismo sucede con las raíces dentarias que hemos hallado, muy blancas unas y otra, correspondiente a un segundo molar, apenas afectada por el fuego. Los ápices de estas piezas están completamente cerrados. Hay un fragmento de maxilar que presenta apófisis geni desarrollada y bífida, muy sugestiva de sexo masculino. Hay una zona posterior de vértebra dorsal como único elemento del esqueleto axial. los huesos largos, no muy abundantes, muestran una combustión también desigual, con corticales gruesas e improntas de inserciones musculares remarcadas. Se recogen tres fragmentos de huesos no quemados que parecen corresponder a fauna, ya sea contaminante o como parte de ofrenda. También se reconoce un fragmento de carbón vegetal.

Conclusiones

Restos escasos de la cremación muy desigual en intensidad del cadáver de un ser humano de edad indudablemente adulta y de sexo probablemente masculino a los que acompañan restos de fauna no sometidos a la acción del fuego.

Cremación 2090 (T5)

Peso total	526
Neurocráneo	75
Esplacnocráneo	4
Huesos largos	168
Cintura escapular y pelviana	-
Costillas y esternón	6
Vértebras	9
Manos y pies	12
Restos no identificables	252

Descripción

Restos bastante completos –en el sentido de estar representadas casi todas las regiones anatómicas– de la cremación de elevada intensidad, aunque algo irregular, de un ser humano. El neurocráneo muestra fragmentos grandes de parietal, con un espesor medio de 7-8 mm, y unas suturas en vías de sinóstosis. Ello indicaría la presencia de un sujeto de edad adulta y posiblemente varón. Del esplacnocráneo, lo más interesante es la presencia de restos radiculares dentales de elevada combustión. Estas raíces muestran su ápex completamente cerrado, lo que confirma una edad claramente adulta. Hay restos bastante triturados de vértebras y costillas que no nos aportan mayor información, así como algunos fragmentos de falanges de manos y pies, también intensamente cremados. Los huesos largos, los más abundantes, muestran corticales recias y en algún caso, como una diáfisis femoral, un diámetro claramente masculino.

Conclusiones

Restos abundantes aunque incompletos, parcialmente triturados, de la cremación intensa del cadáver de un sujeto adulto, muy probablemente varón.

Cremación 2091 (T6)

Peso total	283
Neurocráneo	73
Esplacnocráneo	8
Huesos largos	102
Cintura escapular y pelviana	-
Costillas y esternón	11
Vértebras	-
Manos y pies	-
Restos no identificables	84

Descripción

Restos incompletos de la cremación a temperatura desigual, pero más bien débil, del cadáver de un sujeto de edad adulta. El neurocráneo se muestra parcialmente, pero con fragmentos de calota grandes, bien definidos morfológicamente, sobre todo en la zona occipital. Ello permite apreciar una tipología claramente masculina. Además, los tres fragmentos parietales recogidos tienen un espesor medio de 8 mm. El esplacnocráneo está formado por la porción central del maxilar inferior con alvéolos abiertos a nivel de los incisivos y caninos, lo que indica una pérdida *post-mortem* de los dientes. Se nota también la existencia de una apófisis geni bífida, recalcando todo ello el carácter masculino de la pieza. Hay 5 piezas dentarias, de las que las más interesantes son dos terceros molares, uno superior y otro inferior, muy bien desarrollados. Del resto del conjunto, cabe destacar algunos fragmentos de costillas bien quemados, la presencia de una rótula incompleta, y la recogida de elementos de los huesos largos que no hacen sino confirmar el carácter masculino del conjunto.

Conclusiones

Restos incompletos y poco triturados, correspondientes a la cremación de intensidad media del cadáver de un sujeto adulto, varón, de gran desarrollo buco-dental. Se recogen algunos fragmentos de hueso animal quemado.

Cremación 2139 (T7)

Peso total	960
Neurocráneo	100
Esplacnocráneo	6
Huesos largos	359
Cintura escapular y pelviana	13
Costillas y esternón	2
Vértebras	2
Manos y pies	10
Restos no identificables	468

Descripción

Restos muy abundantes y bastante completos, muy triturados, de la cremación intensa aunque irregular en algunas porciones anatómicas del cadáver de un ser humano. El neurocráneo es fino, con un espesor medio parietal de 4 a 5 mm. Las suturas presentes están sinostosadas en su cara endocraneal, pero no en la exocraneal. Ello se aprecia muy bien en un fragmento que corresponde a la unión fronto-parietales. La combustión no es muy homogénea y se reconocen numerosos fragmentos producidos por estallido. Del esplacnocráneo solamente se recogen dos porciones de maxilares con alvéolos abiertos, posiblemente femeninos y 5 raíces dentales que corresponden a un adulto. Los huesos largos son abundantes pero están muy triturados; no obstante, se reconoce una epífisis distal de peroné completa, así como porciones diafisarias de fémur y tibia. La calidad de la recogida de los restos en la pira tras la cremación viene confirmada por la presencia de abundantes restos de falanges segundas e, incluso, de una tercera falange de dedo de mano.

Conclusiones

Restos casi completos y triturados, correspondientes a la cremación intensa y meticulosamente recogida del cadáver de un sujeto adulto joven, muy probablemente de sexo femenino.

Capítulo 4

EL ESPACIO DE LA OCUPACIÓN PREHISTÓRICA

M. Gómez Puche, G. Pérez Jordà y Y. Carrión Marco

Durante décadas, los asentamientos neolíticos y calcolíticos han sido comúnmente calificados por gran parte de los investigadores bajo el término de "campos de hoyos" dada la sobrerrepresentación registrada de estructuras excavadas. La proliferación de silos entre estos "hoyos" o fosas era la manifestación arqueológica más clara de la sedentarización de grupos agrícolas que almacenaban sus cosechas en poblados conformados por sileros más o menos extensos. En este sentido, la influencia ejercida por el paradigma de la llamada "Cultura de los Silos", aunque originalmente circunscrita a las provincias andaluzas, produjo unos efectos homogeneizadores en la caracterización arqueológica de los primeros asentamientos neolíticos al aire libre.

Si bien la denominación de "campos de hoyos o campos de silos" (y las concepciones socioeconómicas implícitas), ha resultado cómoda en algunos casos y su uso se ha generalizado en la bibliografía arqueológica, la reciente revisión del registro de yacimientos del IV y III milenio cal. a.C. conocidos en el País Valenciano (Gómez, 2009) ha detectado como esta definición genera, en última instancia, cierta confusión e indefinición a la hora de caracterizar estos asentamientos al aire libre. De manera similar a lo que ya había sido reivindicado por otros autores (Gascó, 1985; Pons *et al.*, 1994), consideramos que la interpretación funcional de toda estructura excavada como silo, enmascara la diversidad y complejidad que albergan este tipo de asentamientos en el ámbito de las estructuras de hábitat. Por otra parte, dicha homogeneización de la mayoría de las estructuras como silos dificulta la resolución de un segundo aspecto tan fundamental como es la identificación de las propias viviendas.

En el debate acerca de dónde residían los habitantes de estos poblados existen argumentos alternativos. Mientras algunos investigadores han resaltado la necesidad de situar las viviendas cercanas al alimento almacenado (Molist *et al.*, 1996; Alonso, 1999), otros aluden al peligro y a la incomodidad de construir las casas en medio de hoyos abiertos (Mestres *et al.*, 1998). Esta última argumentación nos parece poco probable por varias razones. Por una parte, la propia finalidad de crear una atmósfera hermética invalida la opción de dejar los silos abiertos. Por otra parte, diversos estudios etnográficos demuestran como los silos no sólo no permanecen abiertos cuando se abandonan, amortizándose, sino que además pueden ser convenientemente señalizados cuando están en uso o incluso ocultados de manera intencional si se quiere proteger su contenido.

La indefinición de algunos términos como la expresión de "fondo de cabaña", también ha dificultado la identificación y caracterización de las viviendas. En ocasiones, se ha incluido bajo este concepto cualquier estructura excavada con independencia de su profundidad y morfología (Jiménez, 2006). En este mismo sentido hay que recordar que algunos investigadores han interpretado como "fondos de cabaña", fosas cuyos rellenos y estratos serían el resultado de las actividades desarrolladas en un contexto doméstico (Lizcano, 1999), pero que no cumplirían los requisitos para una habitabilidad óptima (Jiménez, 2007).

Finalmente, en la caracterización de los poblados neolíticos y calcolíticos habría que añadir además otros problemas relacionados con procesos tafonómicos y postdeposicionales, que afectan a la mayoría de los yacimientos prehistóricos al aire libre, como son la pérdida de los suelos de ocupación, una estratigrafía horizontal o la naturaleza perecedera de los materiales constructivos empleados. En definitiva, estos fenómenos dificultan la comprensión de la organización espacial del poblado y de las actividades socioeconómicas llevadas a cabo a lo largo de su ocupación.

En el yacimiento de La Vital, destaca por su intensidad la ocupación del Calcolítico. Durante esta época el hábitat está compuesto casi exclusivamente por estructuras excavadas con una gran variabilidad morfológica. Se trata de fosas, cubetas, depresiones poco profundas y zanjas, todas ellas excavadas en el estrato geológico y dispersas en una extensión ligeramente superior a la media hectárea. Esta imagen disgregada y aparentemente desordenada que ofrece la distribución espacial de las estructuras en el poblado se encuentra distorsionada por las condiciones de conservación diferencial así como por las directrices marcadas durante la propia intervención arqueológica centrada sólo en algunas áreas del yacimiento. No obstante, los diversos análisis realizados han detectado una notable diversidad tipológica mostrando que el hábitat calcolítico de La Vital se organizaba en torno a espacios domésticos.

Sobre el conjunto de datos se han realizado dos tipos de análisis: un análisis del yacimiento a nivel macro-espacial empleando una técnica estadística, y un análisis interpretativo-funcional a una escala inferior cuyo objeto ha sido caracterizar mejor las estructuras del poblado.

En primer lugar, se ha llevado a cabo un análisis de conglomerados (o *cluster*) del tipo K-*means* basado en la evaluación estadística de la proximidad espacial entre las estructuras, para identificar posibles agrupaciones y alguna pauta en la organización interna del asentamiento (Fig. 4.1). El método K-*means* requiere que se proponga previamente el número de conglomerados que se desea obtener, en este caso 10 *cluster*[1] o grupos. En segundo lugar, se ha efectuado un análisis funcional individual de las estructuras considerando su morfología y los materiales arqueológicos hallados tanto en su interior como en su entorno inmediato. Este segundo procedimiento complementa el análisis espacial y ha permitido la identificación de espacios domésticos, en ocasiones compuestos por viviendas, silos y áreas de actividad metalúrgica, así como el reconocimiento de espacios con significado funerario-simbólico, donde aparecen enterramientos en fosa y un segmento de foso.

En primer lugar, en el asentamiento de La Vital se han documentado, al menos, 7 viviendas. En este sentido, en varios sectores del yacimiento se han identificado unos rebajes o depresiones, con una profundidad variable que llega a alcanzar un máximo entre 50 y 70 cm, y en cuyo interior se han individualizado varios rellenos. En base a las características de los materiales encontrados en su interior (vajilla cerámica, restos de fauna consumida, restos constructivos, etc.), estas estructuras se han interpretado como espacios domésticos que en ocasiones corresponden a viviendas desmanteladas, y otras veces conforman áreas de actividad doméstica donde además de casas se documentan hornos, silos, fosas de desechos y plataformas de trabajo.

En relación a estos rebajes excavados se han identificado restos de estructuras formadas por cantos, gravas y/o sedimento areno-arcilloso, que han sido calificadas como estructuras construidas. Se localizan tanto en el interior de los rebajes como en sus proximidades. En algunos casos se trata de hogares y estructuras de combustión complejas más o menos desmanteladas, en otros, de la base de muretes o soportes construidos a partir de un núcleo central de bloques y cantos heterométricos. En al menos dos ejemplos, hemos detectado la modificación intencional de elementos geológicos para configurar los espacios habitados, bien construyendo una lengua de tierra o acondicionando la terraza fluvial sobre la que se asienta el yacimiento, desplazando cantos y gravas.

Los silos destinados al almacenaje de alimentos, principalmente cereales, son la segunda categoría en importancia entre las estructuras de La Vital. Al margen de la información económica que los silos puedan proporcionar, los depósitos secundarios con que éstos aparecen amortizados han aportado datos acerca de las actividades llevadas a cabo en su entorno y de los propios procesos de amortización. En este sentido, los rellenos que las colmatan son bastante homogéneos en cuanto a su composición sedimentológica (principalmente arenas y arcillas, con presencia variable de cantos), sin embargo, existen notables diferencias en cuanto a los niveles diferenciados, así como respecto al número y naturaleza de los materiales arqueológicos hallados en su interior.

Por otra parte, si bien es cierto que la mayoría de fosas han sido interpretadas como silos con diferente capacidad de almacenaje, en un porcentaje menor, también se han documentado fosas de inhumación, en estructuras que anteriormente pudieron ser silos. Otra de las estructuras que ha resultado especialmente llamativa ha sido un tramo de zanja con recorrido longitudinal y sección en U, interpretado como parte de un foso. Finalmente, existen cubetas de difícil atribución funcional, generalmente de pequeño tamaño, pero que principalmente corresponden a agujeros de poste, cubetas de combustión simples, posibles soportes de recipientes cerámicos, o a lo que hemos dado en llamar "talleres de trabajo", pequeños espacios delimitados por el contorno de la cubeta en los que se depositan "herramientas" como molinos, bloques pétreos utilizados como yunques, restos líticos, etc.

A continuación detallaremos las características de cada uno de los grupos diferenciados, siguiendo un orden cronológico con la finalidad de comprender mejor cuáles fueron las dinámicas de ocupación y organización del poblado.

GRUPO 1

El Grupo 1 se localiza en el extremo más meridional del yacimiento (Fig. 4.1) y ha proporcionado la fecha más antigua en la ocupación de La Vital (4180±40 BP). Las evidencias de actividades domésticas se distribuyen en un área máxima de 34 m², que corresponde a grandes rasgos a los límites de la zona intervenida (Fig. 4.2 y 4.3; Cuadro 4.1).

En general, se trata de un conjunto de cubetas excavadas en el estrato natural de gravas, y tres fosas de mayor tamaño, excavadas en las arenas. Las cubetas, aunque con dimensiones variadas, presentaban una planta circular y fondo cóncavo. La de mayores dimensiones (52), se encontraba rellena por un sedimento arcilloso con abundante material prehistórico y algunos cantos y fragmentos de molino (Fig. 4.4). Destaca la presencia de varios vasos cerámicos identificados como recipientes de almacenaje y los restos quemados de fauna. En un radio próximo de apenas 1,5 m se encontraban otras tres cubetas, dos dispuestas al sur (53, 55) y otra al suroeste excavada en las arenas (99). Todas presentaban una profundidad menor, por lo que se sospecha que su conservación sea parcial. Asimismo contenían fragmentos de recipientes para el consumo y restos de fauna.

---

[1] Hemos optado por esta cifra tras haber repetido el análisis ensayando con un número de conglomerados *n+1* hasta la estabilización de la suma del cuadrado de los errores.

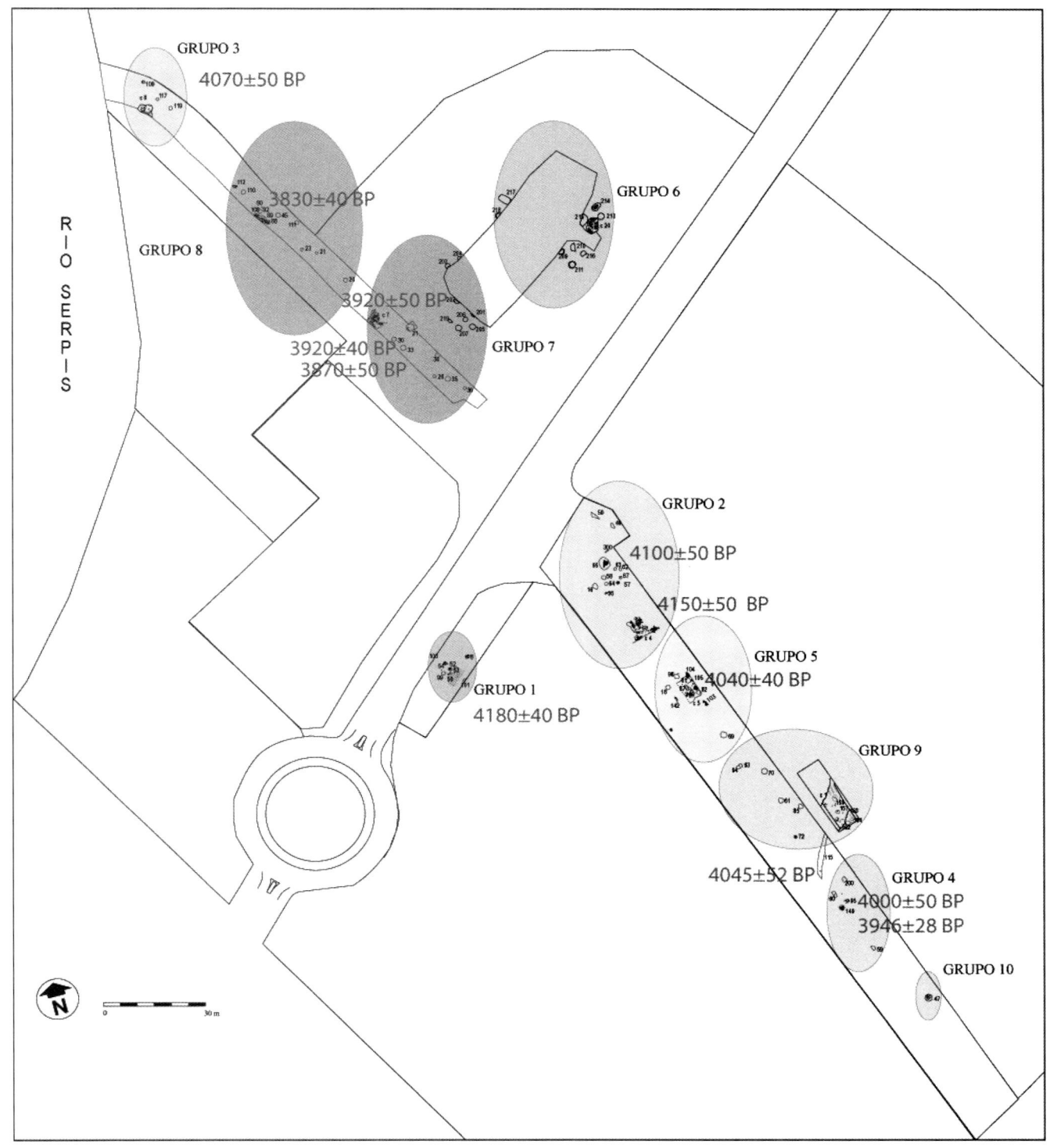

Figura 4.1.- Grupos diferenciados e indicación de las fechas obtenidas en cada uno de ellos.

Hacia el norte, pero a una distancia próxima de las anteriores, se localizó otra cubeta (54), también conservada de forma parcial. En este caso está excavada en el estrato natural de arenas. Finalmente, en un radio entre 4 y 6 m de distancia del espacio ocupado por las cubetas se documentaron tres silos, aunque sólo uno de ellos pudo ser excavado (8), quedando los dos restantes visibles en los cortes de la excavación (100 y 101).

En definitiva, en esta área el grueso de estructuras documentadas corresponde a cubetas poco profundas con abundante material arqueológico en su interior, que podrían representar, o

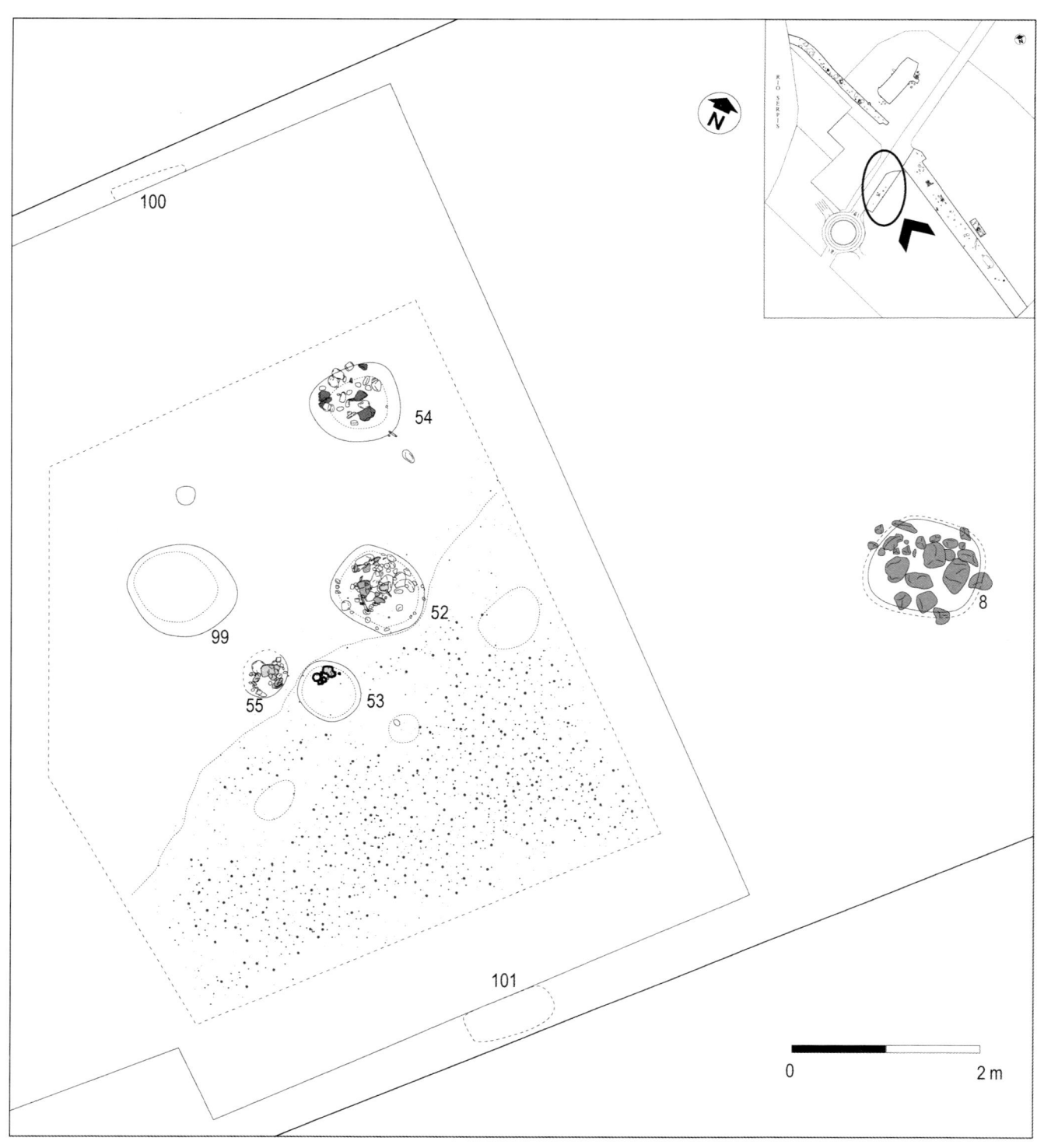

Figura 4.2.- Planta de las estructuras del Grupo 1.

bien pequeñas cubetas de almacenaje donde guardar recipientes cerámicos, o bien pequeños depósitos. Los únicos elementos que nos podrían estar indicando la existencia de una estructura de habitación son unos rebajes de pequeñas dimensiones recortados en la zona de gravas contigua a las cubetas que presentan

una alineación de tendencia curva y que podrían ser agujeros de poste (2128, 2129, 2130). Los abundantes restos de actividades domésticas de producción y consumo de alimentos asociados, tanto a las estructuras excavadas como al espacio situado entre ellas, permiten sospechar que existiría una estructura de habi-

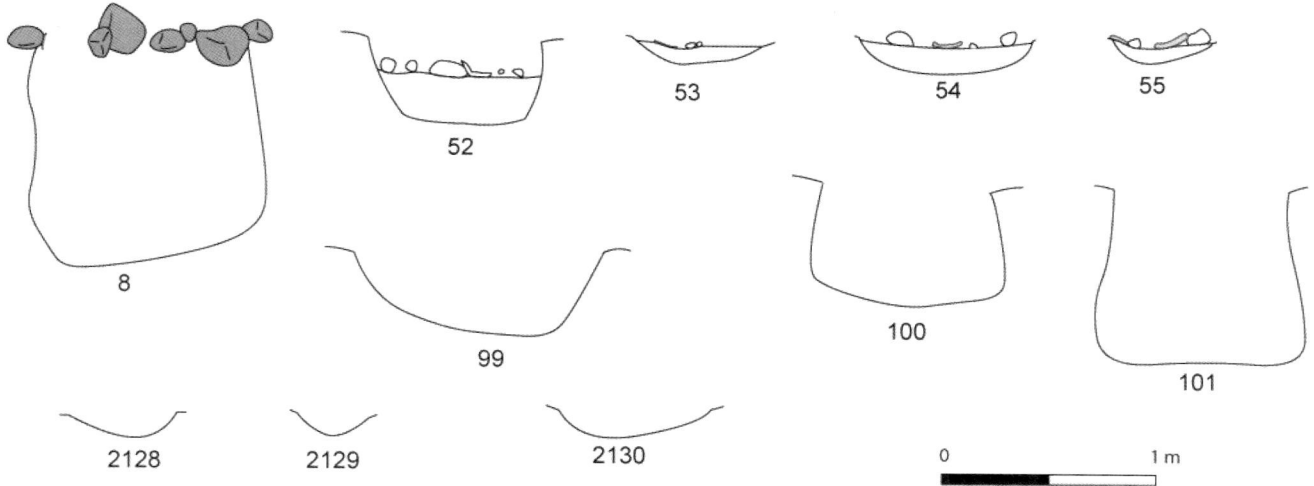

Figura 4.3.- Secciones de los silos del Grupo 1.

N. Estructura	UE	Planta	Sección	Fondo	Long.	Anch.	Ø boca	Ø base	Ø máximo	Profund.	Capacidad L
59	2168	circular	troncocónica	plano			140	138	154	77	1259
60	2170	irregular	en suave pendiente	plano	189	96				15	
95	2162	circular	troncocónica	plano			132	199	202	150	3230
149	2104	circular	troncocónica	plano			103	174	189	119	2169
200	2224	irregular	troncocónica	plano			150	155	159	40	650
143	2199				150	65					

Cuadro 4.1.- Estructuras del Grupo 1.

tación no muy alejada. Sin embargo, no contamos con indicios suficientes para proponer si el área techada se situaría sobre la superficie de gravas o sobre las arenas naturales.

GRUPO 2

Al menos dos conjuntos forman parte de este grupo: el Conjunto 4 y el Conjunto 13. El primero ha sido interpretado como los restos de una estructura de habitación parcialmente conservada. Engloba una depresión poco profunda con una morfología incompleta, asociada a una estructura de combustión y diversos elementos arquitectónicos como agujeros de poste y muretes de piedra, mientras que el Conjunto 13 está formado por una agrupación de silos y cubetas y se relaciona espacialmente con el primero (Fig. 4.5; Cuadro 4.2).

La Casa 4 es un área excavada (144), de la que no podemos precisar su planta, ya que dos de sus límites se encuentran fuera del área de excavación y los otros dos se han preservado de forma diferencial. Sólo en el extremo sur ha podido delimitarse un perímetro rectilíneo que recortaba las arenas naturales. En el extremo norte, por el contrario, las gravas en la base de la estructura forman una pendiente más suave que no permite apreciar un límite tan visible. La anchura mínima conservada es de unos 6 m y el rebaje alcanza una profundidad máxima de 32 cm. Aunque no se hayan observado con claridad los límites,

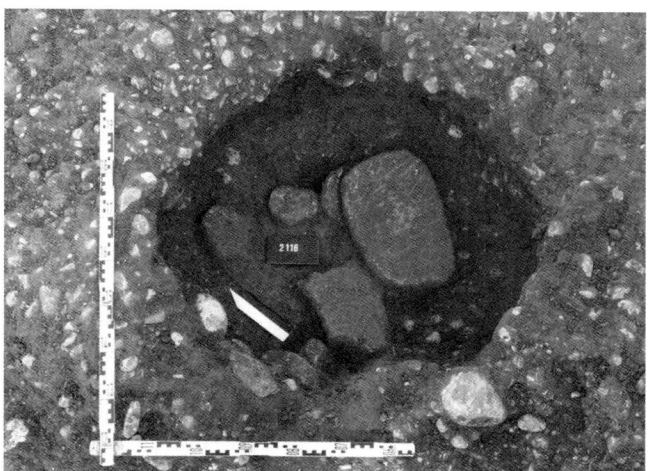

Figura 4.4.- Silo 52 con los molinos en su interior.

se ha estimado una superficie mínima potencialmente habitable de unos 40 m².

Pertenecientes a un primer momento de utilización del conjunto (fase b) se encuentran una serie de estructuras construidas en el interior del rebaje que de alguna manera organizan el espacio y las actividades domésticas (Fig. 4.6). La más llamativa es una lengua de arenas claras, de 1 m de anchura máxima y unos 10 cm de altura (131), sin material arqueológico asociado. Pre-

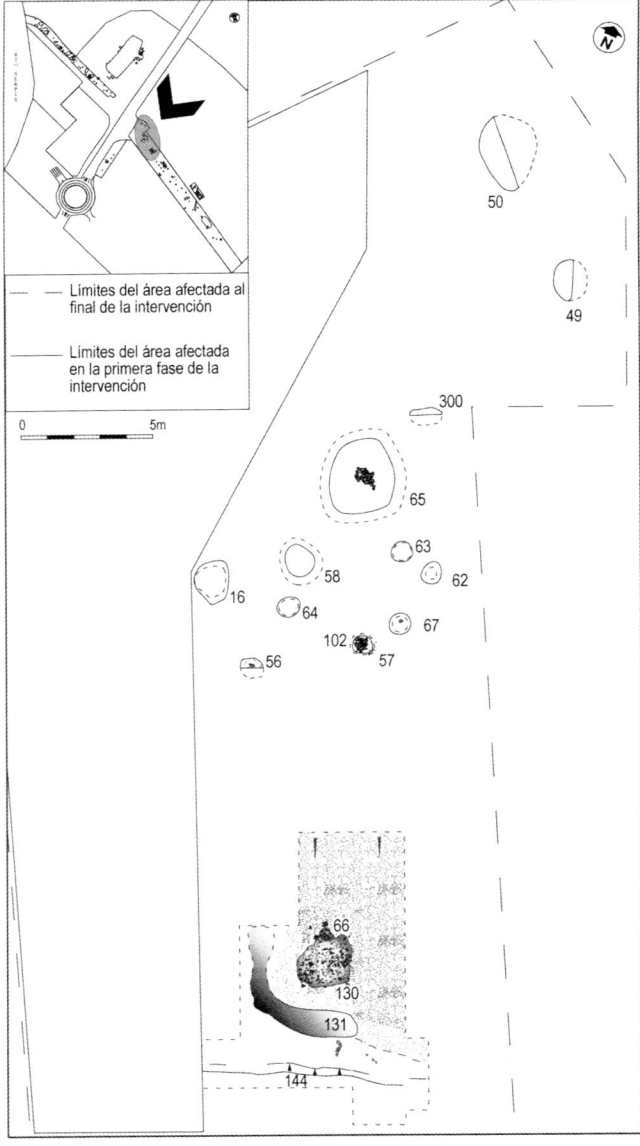

Figura 4.5.- Planta de las estructuras del Grupo 2.

senta una morfología curva de tendencia semicircular. Su trazado se ha preservado mejor en el tramo que discurre paralelo al recorte meridional, mientras que los límites del extremo opuesto se encuentran más difuminados, en parte por la afección producida por otras estructuras del nivel superior. No es posible determinar si se trata de una acumulación natural reaprovechada o bien responde a una preparación antrópica con objeto de acondicionar los límites del espacio doméstico.

Localizada en una posición central, en el espacio interior delimitado por la lengua de arena se documentó una cubeta poco profunda, de planta irregular aunque de tendencia circular (66), recortada en las gravas del sustrato natural y rellena de materiales arqueológicos. Su funcionalidad resulta difícil de precisar, pero su morfología y tamaño, la existencia de dos grandes cantos en su contorno y su posición central tanto respecto a la lengua de arenas como al recorte meridional del rebaje, permite

plantear su función como agujero de sustentación vertical donde un poste se calzaría con los bloques pétreos. Procedente de su interior, se recuperó la muestra datada.

En su entorno inmediato se documentó una concentración de piedras y cantos de mediano y pequeño tamaño, algunas de ellas rubefactadas (130), que apoyan directamente sobre las gravas naturales. Entre ellas aparecía un sedimento muy oscuro, con abundante material prehistórico (cerámicas y fauna, sobre todo) y restos de barro cocido, entre ellos fragmentos de algún tipo de revestimiento. Estos indicios materiales sugieren que los restos podrían corresponder a una estructura desmantelada, similar a una plataforma o banco para actividades domésticas relacionadas con la preparación y el procesado de alimentos (troceado de piezas de fauna), incluso la presencia de algunas piedras quemadas podría indicar la existencia de algún dispositivo de combustión relacionado con esta plataforma. Como paralelos más cercanos podemos citar los ejemplos documentados en el yacimiento de El Ventorro, de cronología similar (Priego y Quero, 1992: 361).

Por encima de este nivel se encuentran diversos rellenos que contienen concentraciones de material arqueológico (cerámica, sílex, fauna y carbones), además de fragmentos de barro que pertenecen tanto a elementos constructivos como a objetos muebles domésticos, por ejemplo vasos contenedores. Partiendo de estos datos consideramos que estos rellenos serían el resultado del proceso de derrumbe y amortización de la ocupación más antigua de la estructura.

Existen evidencias de un segundo nivel de ocupación (fase a) en el interior de la depresión excavada. Se trata de tres estructuras compuestas por materiales pétreos. Dos de ellas se encuentran parcialmente apoyadas sobre el recorte meridional de la estructura de habitación, mientras que la tercera se dispone en sentido perpendicular al mismo (Fig. 4.7 y 4.8). La estructura de mayores dimensiones (128) está formada por una agrupación de piedras de tamaño medio, muchas de ellas rubefactadas. Presenta una morfología irregular que posiblemente sea resultado del desplazamiento de algunos cantos. Asociado a esta estructura se encontró abundante material arqueológico también con huellas parciales de rubefacción. En definitiva, los restos pueden ser el resultado de un vertido procedente de una estructura de combustión situada en otro lugar o pueden corresponder a la propia estructura de combustión, un hogar plano en parte desmantelado, localizado al exterior del área de habitación.

A unos dos metros hacia el suroeste encontramos otra concentración de piedras (129) pero con unas características diferentes. Está formada por cantos redondeados medianos y grandes, que a pesar de encontrarse algo desplazados, parecen conformar dos espacios circulares. Podría tratarse de los restos de algún tipo de soporte relacionado con el cierre de la estructura de habitación por ese lateral, bien un pequeño zócalo cuya morfología original se haya alterado o bien un refuerzo de un murete formado por elementos vegetales y barro. Prácticamente la totalidad de los fragmentos de barro cocido asociados a esta estructura presentaban improntas de paja en su matriz interior y, en el caso de uno de los fragmentos, se reconocieron dos improntas vegetales correspondientes a una caña y una rama de pequeño calibre dispuestas en caras opuestas de la pieza de barro.

N. Estructura	UE	Planta	Sección	Fondo	Long.	Anch.	Ø boca	Ø base	Ø máximo	Profund.	Altura	Capacidad L
66	2195	circular	irregular	cóncavo	47					10		
128	2145	irregular			262	156						
129	2066	irregular			213	121						
131	2212	semicircular			670	100					10	
144	2238	rectangular				600				32		
102	2137	circular			60	60						
16	2076	irregular	irregular	plano			90	108	123	82		
49	2112	circular	troncocónica	cóncavo			116	111	158	83		1199
50	2131	irregular	irregular	irregular			78	219	304	174		8185
56	2151	irregular	irregular	cóncavo			85	56		66		
57	2159	circular	troncocónica	plano			74	98	100	66		355
58	2164	ovalada	troncocónica	plana			121	218	230	95		2672
62	2176	circular	irregular	plano			87	49		24		
63	2178	circular	irregular	plano			86	65		13		
64	2180	circular	globular	plano			89	74	90	32		
65	2182	circular	troncocónica	plana			149	348	358	203		12235
67	2174	circular	irregular	cóncavo			86	57		39		
300		irregular	irregular	cóncavo			35	103	122	67		469

Cuadro 4.2.- Estructuras del Grupo 2.

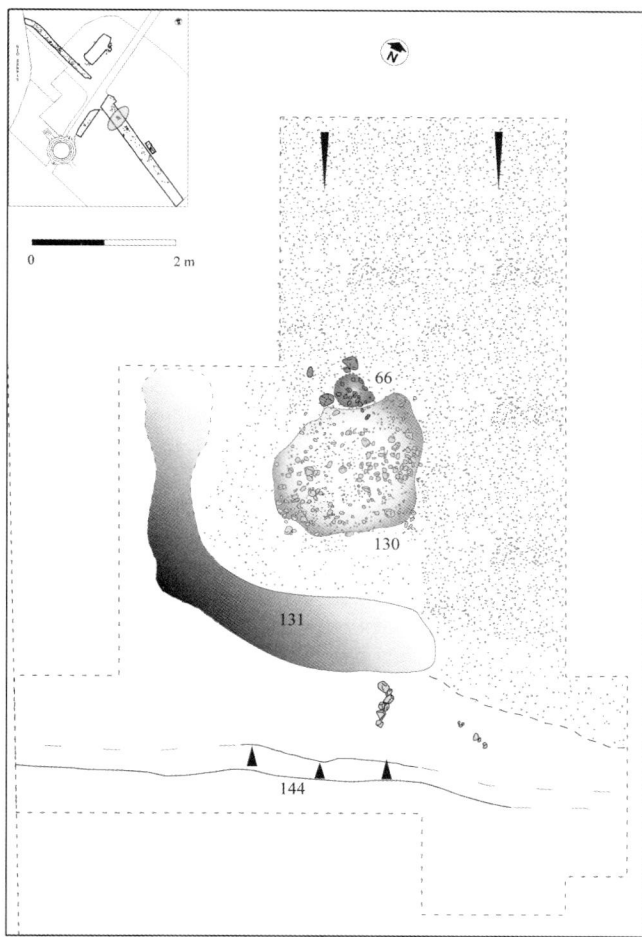

Figura 4.6.- Planta de la fase b de la Casa 4.

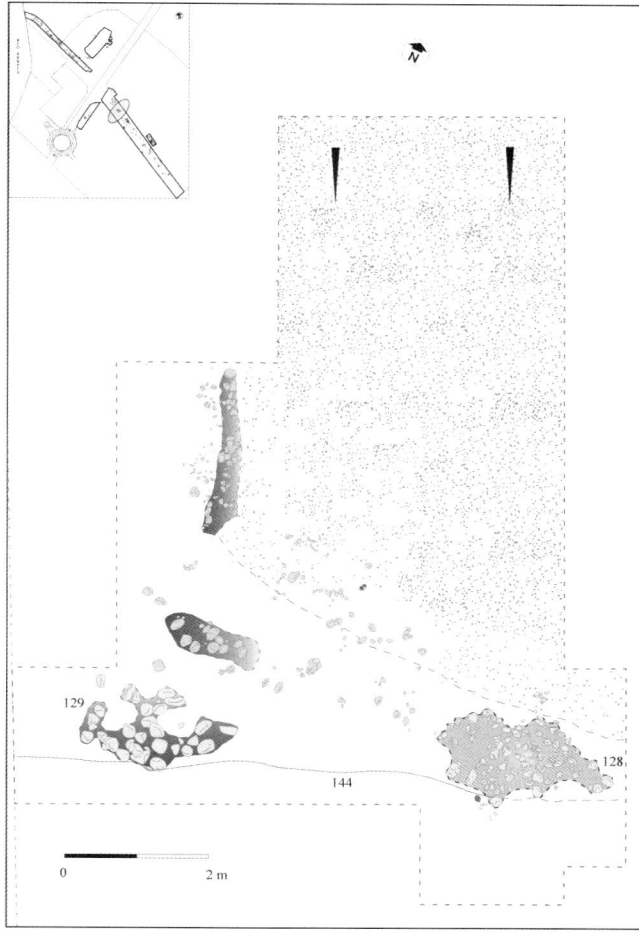

Figura 4.7.- Planta de la fase a de la Casa 4.

59

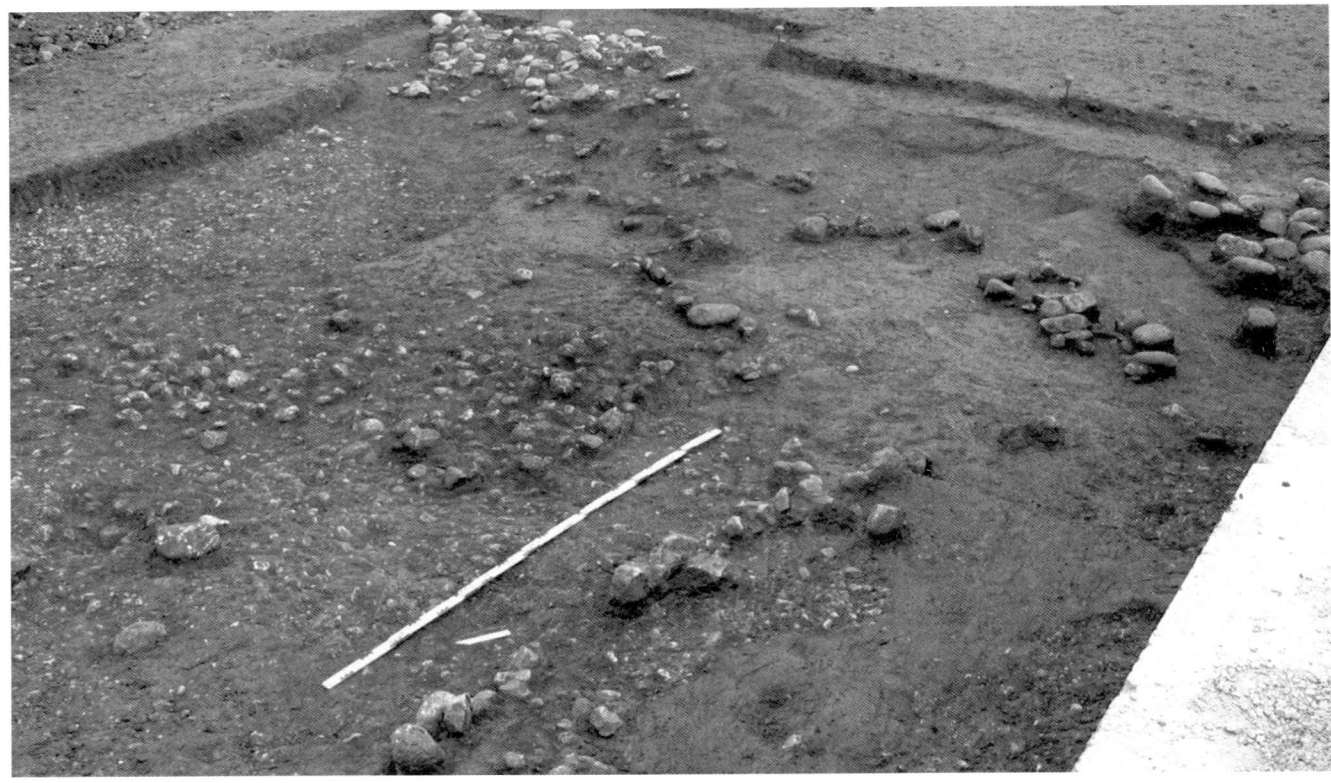

Figura 4.8.- Fase a de la Casa 4.

Finalmente, perpendicular al recorte en las arenas en una zona central de la estructura rebajada, aparece una agrupación de piedras que presenta una morfología rectilínea. A pesar de su escasa entidad podría corresponder a los restos de un murete de pequeñas dimensiones, tal vez relacionado con las concentraciones dispersas de algunos cantos situadas al sureste. Tanto este posible murete como la concentración de cantos delimitan el espacio anteriormente ocupado por la lengua de arenas, por lo que también pudieron desarrollar una función similar delimitando un espacio doméstico ligeramente más amplio al de la fase anterior.

De nuevo este segundo nivel de restos constructivos en el interior de la estructura de habitación se encontraba cubierto por varios rellenos con abundante material arqueológico y fragmentos de barro perteneciente a elementos arquitectónicos que indican el colapso y destrucción de la estructura de habitación documentada. En este sentido, el análisis de los fragmentos de barro cocido ha resultado especialmente interesante ya que, además de fragmentos de alzados, se han identificado partes de elementos muebles, principalmente, vasos contenedores y crisoles. Estos restos, relacionados con el hallazgo metálico de una pequeña lámina de cobre permiten plantear la existencia de una actividad metalúrgica asociada a los niveles superiores que colmataron la estructura de habitación del Conjunto 4.

Aunque conservada de manera parcial, la existencia de una vivienda en esta zona parece constatarse a partir de los componentes arquitectónicos descritos. Sin embargo dos cuestiones aún plantean interrogantes. Por un lado, resulta difícil precisar el lapso cronológico que transcurrió entre el primer y el segun-do episodio de ocupación de la vivienda y, por otra parte, es complicado resolver la relación temporal entre los diversos usos de esta vivienda, es decir, establecer si durante la segunda fase de ocupación convivieron distintas actividades en este mismo espacio, véase vivienda y actividad metalúrgica.

En relación a la primera cuestión, consideramos que la distribución espacial similar de los elementos arquitectónicos y de los materiales arqueológicos en las dos fases diferenciadas, permiten interpretar, al menos, dos refacciones de un mismo espacio doméstico acontecidas en un intervalo temporal en cualquier caso breve. En el caso de la segunda cuestión, no contamos con indicios suficientes para determinar si el desarrollo de esta actividad metalúrgica de carácter doméstico, tuvo lugar en el mismo espacio de la vivienda o si por el contrario se desarrolló en una construcción relacionada con esta vivienda pero separada y localizada en un entorno próximo. A favor de esta segunda hipótesis interviene el hecho de que se han detectado más hallazgos metálicos y fragmentos de otros crisoles en el Conjunto 13, cercano al propio Conjunto 4.

El Conjunto 13 (Fig. 4.5 y 4.9; Cuadro 4.2) está compuesto por 6 silos y una serie de fosas y cubetas. Entre estos encontramos tanto estructuras de tamaño pequeño, como dos de los mayores silos documentados. En el interior de estas estructuras se han hallado abundantes materiales arqueológicos, además de fragmentos cerámicos, industria lítica, malacofauna, semillas, objetos de industria ósea, un colgante, un brazalete de caliza y un crisol. Igualmente, el análisis de los fragmentos de barro recuperados en los rellenos de estas estructuras ha revelado que en su mayor parte corresponden a restos de construcción

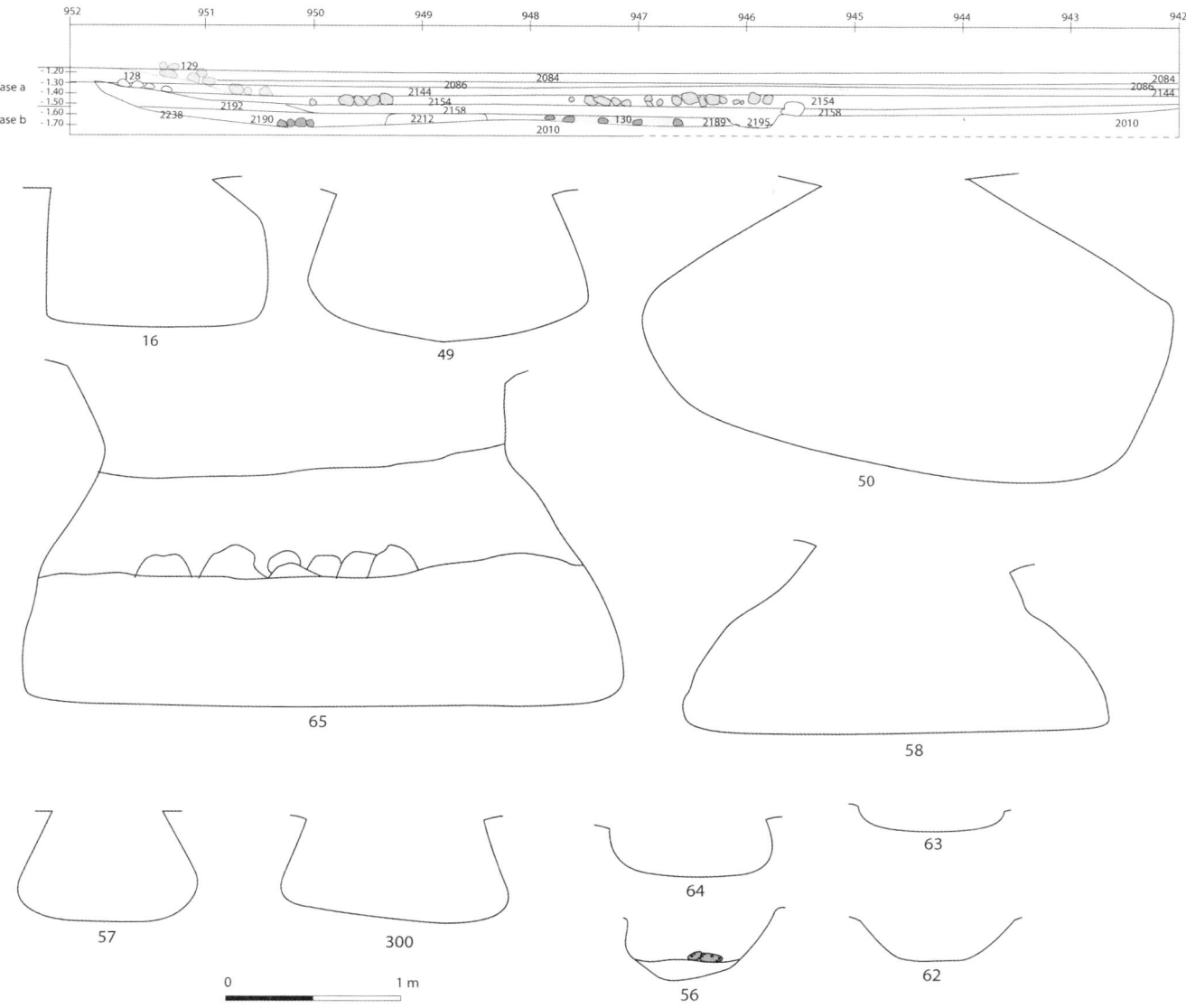

Figura 4.9.- Sección de la Casa 4 y de los silos y cubetas pertenecientes al Grupo 2.

(enlucidos, alzados y pavimentos) hecho que, en nuestra opinión, apoya la hipótesis de que en este entorno existiría algún tipo de estructuras construidas con este material que no se ha conservado. Prueba de ello son también los niveles de relleno documentados sobre las estructuras subterráneas, en los que se han hallado indicios de actividades de producción de alimentos (molinos), y que además aparecieron asociados a un hogar plano localizado justo sobre la boca de un silo. La estructura de combustión parcialmente desmantelada contenía diversos restos cerámicos, óseos y malacológicos. La datación obtenida (4100±50 BP) es estadísticamente similar al nivel inferior de la ocupación del Conjunto 4, lo que refuerza la correlación cronológica entre ambas áreas. En definitiva, resulta significativa la concentración espacial de silos en esta zona del poblado, tanto por su número y tamaño, destacando el silo 65 (Fig. 4.10), el de mayor capacidad de todo el yacimiento, como por su relación espacial con alguna área de actividad metalúrgica atestiguada por los hallazgos de objetos metálicos y fragmentos de crisol.

GRUPO 3

Situado en un área bastante alejada de los Grupos 1 y 2, el Grupo 3 está compuesto por la Casa 8 y tres fosas situadas en su entorno inmediato (109, 117 y 119) (Fig. 4.11 y 4.12; Cuadro 4.3). La Casa 8 está formada por un rebaje excavado en el estrato natural de arenas y gravas, que, en algunas zonas alcanza los 50 cm y se encuentra colmatado con diferentes rellenos. En el desarrollo de su construcción, uso y abandono también hemos podido distinguir dos momentos, que se corresponden con distintas organizaciones del espacio interno y refacciones posteriores.

El nivel de ocupación más antiguo (fase b) comienza con el recorte de una fosa (132), cuya morfología y dimensiones se han registrado de forma parcial, ya que la estructura se prolonga más allá de los límites del área excavada (Fig. 4.13). No obstante, su planta presenta una forma de tendencia ovalada con un contorno lobulado y paredes que descienden en suave pendiente.

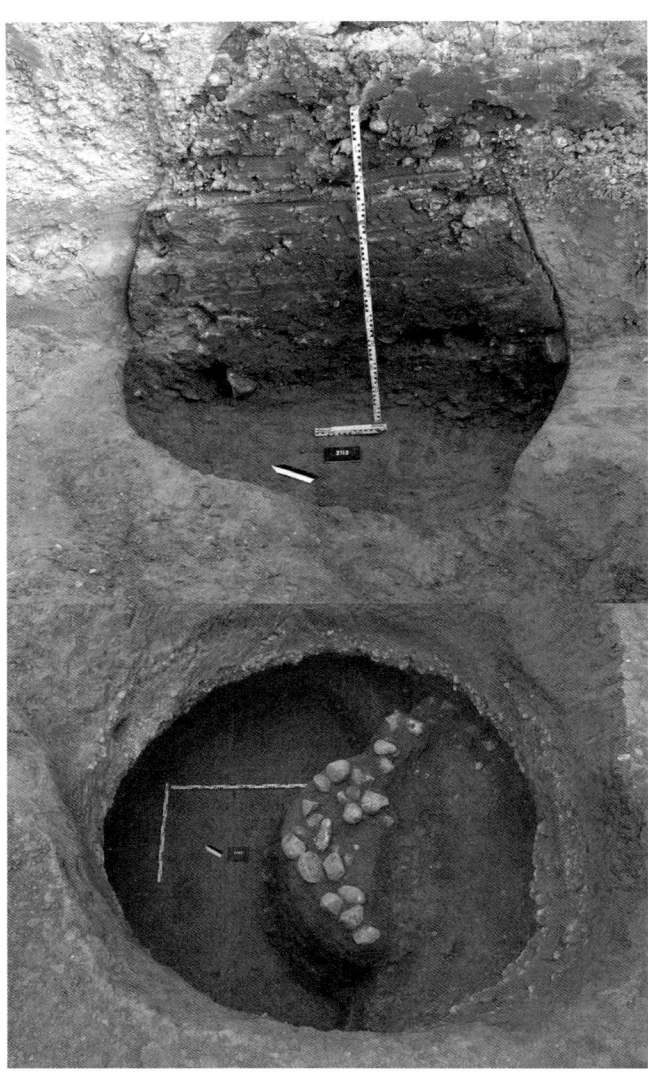

Figura 4.10.- Fotos de los silos 49 y 65.

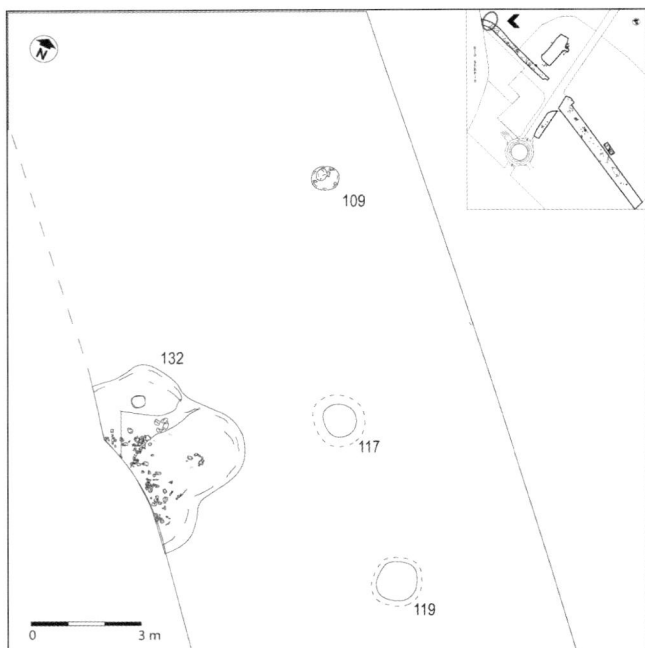

Figura 4.11.- Planta del Grupo 3.

Su fondo también es irregular, ya que en una zona intermedia las arenas no se habían rebajado, formando una especie de resalte que divide la gran estructura en dos cubetas menores, y tal vez compartimentara en cierta forma los espacios interiores. La estimación de la superficie mínima albergada por esta fosa es de unos 16 m². No se han atribuido más estructuras a este primer nivel de ocupación de la fosa. El primer relleno que la colmata (de unos 20 cm de potencia) presenta características sedimentológicas uniformes y sólo proporcionó algunos materiales arqueológicos y algunas piedras dispersas, por lo que se ha considerado la hipótesis de que existiera una superficie a modo de tarima sobre la que tuvieron lugar las actividades domésticas. La datación de un resto de fauna doméstica (4070±50 BP) hallada en el primer nivel de colmatación, relaciona la ocupación más antigua de esta zona del poblado con las de las agrupaciones 1 y 2.

El segundo momento de ocupación de esta estructura está configurado por varios niveles que en breves períodos de tiempo, a juzgar por su escasa potencia, reorganizan el espacio interno de la estructura de habitación. Sobre el primer relleno de

colmatación, aparecieron varias concentraciones de piedras (fase a3). Las que se hallaron en una zona central de la fosa y próximas al corte, no presentaban disposición alguna siendo posible que formaran parte de estructuras totalmente arrasadas, sin embargo, en el caso de otras dos concentraciones si que fue posible percibir algunas características particulares.

Situada al sur del resalte que divide el rebaje se documentó una agrupación de piedras angulosas de mediano y pequeño tamaño, dispuestas de forma circular que se interpretan como un soporte de poste (127). La segunda agrupación se sitúa sobre el resalte en las arenas que dividía la cubeta originalmente. Esta estructura se compone de cantos redondeados de tamaño medio dispuestos también de forma circular (122). Al igual que la agrupación anterior, de la que dista 1.35 m, se ha interpretado como un soporte de poste. La distribución de materiales cerámicos pertenecientes a este nivel señala la mayor concentración entre ambos soportes, por lo que a modo de hipótesis podemos apuntar que se organizó un área de actividad en torno al espacio que ambos configuraron.

Una vez difuminada la separación que constituía el resalte en las arenas, el espacio interior se amplia. Pertenecientes a este nivel (fase a2) existen dos estructuras. Situada junto al límite de la excavación, en una zona central de la fosa excavada, se documentó una concentración de piedras angulosas de mediano y pequeño tamaño, de morfología irregular (133), bajo la cual se halló una concentración de fragmentos cerámicos. De manera análoga a lo descrito en la Casa 4, consideramos que podría tratarse de alguna plataforma de trabajo. Tal y como parece señalar la distribución de los materiales, el aumento del espacio disponible permite incrementar las áreas de actividad en el interior de la estructura y así a la zona en relación con la concentración de piedras anteriormente descrita, se une otra hacia el extremo sureste, junto a algunas piedras dispersas (UE 3140).

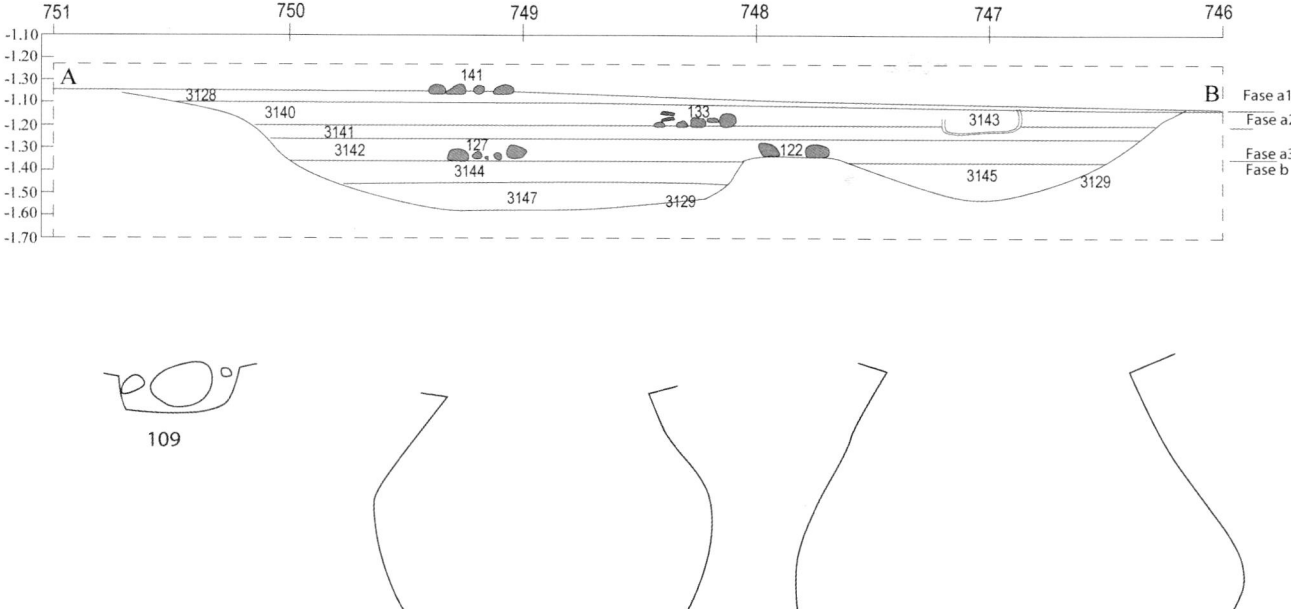

Figura 4.12 Sección de la Casa 8 y de los silos del Grupo 3.

N. Estructura	UE	Planta	Sección	Fondo	Long.	Anch.	Ø boca	Ø base	Ø máximo	Profund.	Capacidad L
122	3142	circular			40						
127	3148	circular			40	30					
132	3129	ovalada			511	318				53	
133	3149	circular			65	54					
141	3141	circular			24	22					
109	3119	circular	irregular	plano	47					16	
117	3123	circular	troncocónica	plano			94	152	157	102	1441
119	3131	circular	troncocónica	plano			75	100	125	93	843

Cuadro 4.3.- Estructuras del Grupo 3.

Finalmente, sobre un sedimento muy arcilloso, con frecuentes inclusiones orgánicas y materiales prehistóricos, se documenta una última fase de ocupación de la vivienda donde se documenta el momento de máximo espacio disponible (fase a1). Entre el ajuar doméstico destaca un gran recipiente cerámico de almacenamiento muy deteriorado (UE 3143), localizado en el extremo noroeste de esta estructura de habitación (Fig. 4.14). Al mismo tiempo pudo definirse una concentración de piedras (141) que podría corresponder a algún tipo de soporte y que presenta casi la misma localización que el soporte documentado 20 cm por debajo lo que, además de señalar la reiteración en la construcción de este elemento arquitectónico, redunda en el corto período de tiempo que transcurre entre un momento de ocupación y otro de la estructura de habitación.

En definitiva, aunque no se haya conservado la planta completa de la vivienda, los elementos arquitectónicos preservados proporcionan datos significativos acerca de su morfología. Destaca la existencia, al menos en el momento inicial de la ocupa-

ción, de una base parcialmente subterránea, posiblemente complementada con algún tipo de plataforma que haría las veces de verdadero suelo de ocupación donde se desarrollarían las actividades domésticas. Posteriormente, sobre este nivel se construye una estructura de la que se han conservado dos soportes de poste que sustentarían el alzado de la vivienda, con un contorno algo irregular y sinuoso, y la techumbre.

En un entorno cercano a esta vivienda se localizaron dos silos (119 y 117) y una cubeta. En los rellenos que amortizaron los dos silos, además de materiales cerámicos, faunísticos y líticos, destaca la presencia de fragmentos constructivos en barro cocido (119) y abundante malacofauna marina (117). Respecto a la cubeta (109), los escasos materiales hallados en su interior, algunos restos de industria lítica, un único fragmento cerámico y varias piedras de gran tamaño, no permiten precisar la funcionalidad concreta que pudo tener, sin que podamos descartar su uso como un "taller de trabajo", o incluso como un soporte de recipientes contenedores.

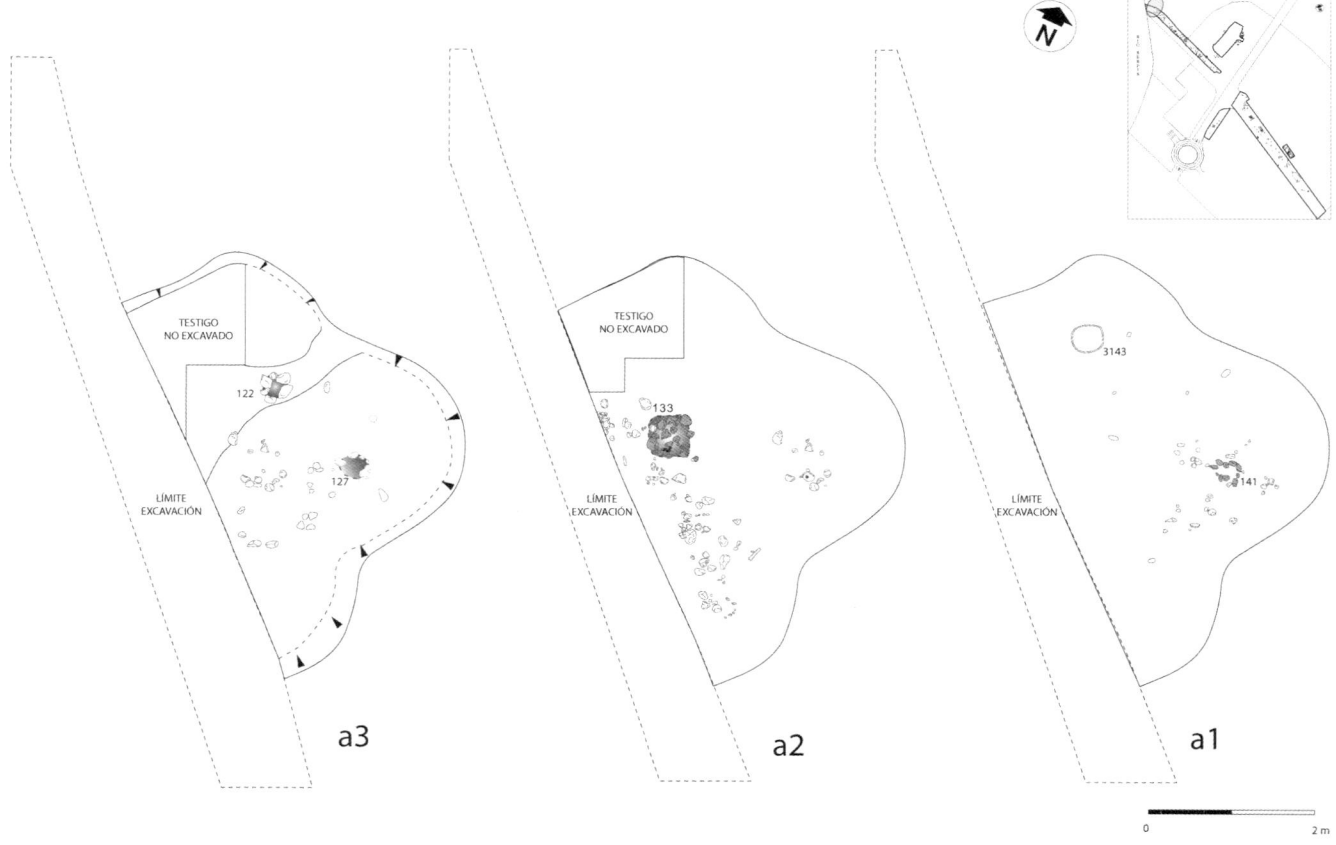

Figura 4.13.- Fases de la Casa 8.

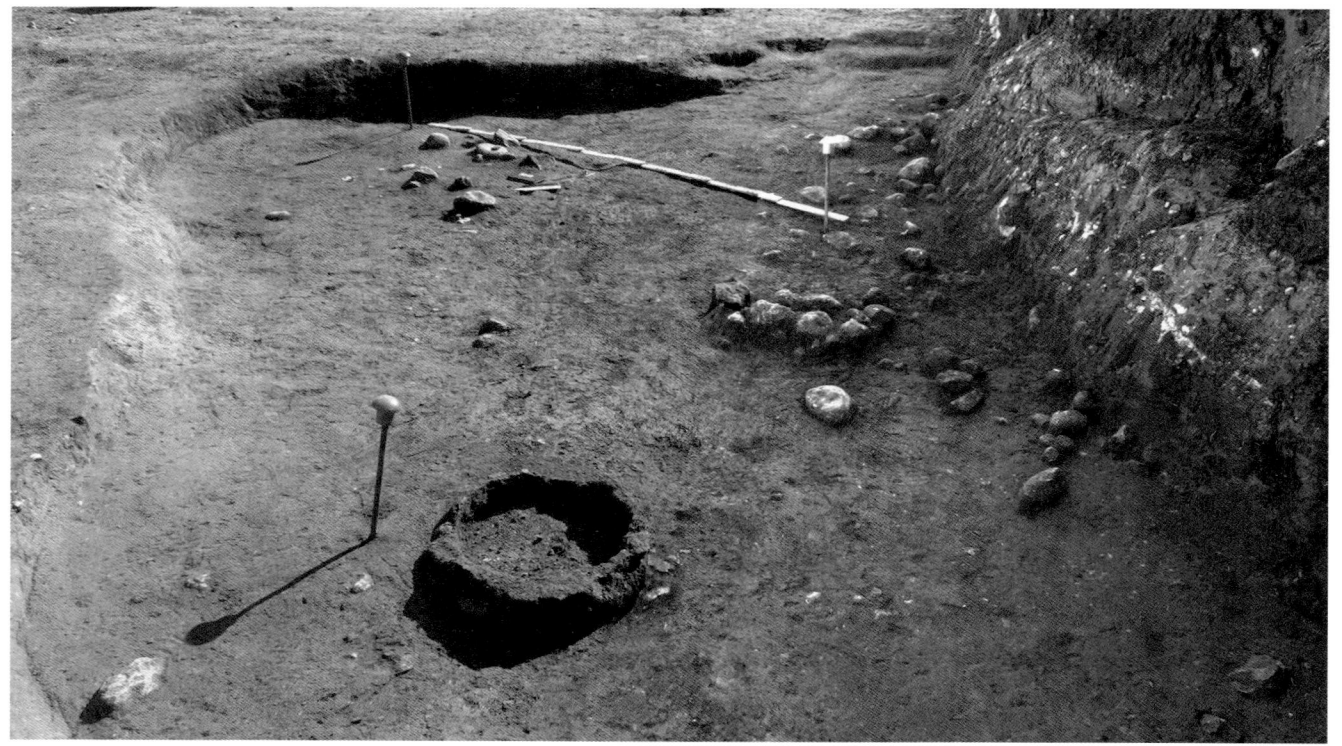

Figura 4.14.- Fase a de la Casa 8.

N. Estructura	UE	Planta	Sección	Fondo	Long.	Anch.	Ø boca	Ø base	Ø máximo	Profund.	Capacidad L
59	2168	circular	troncocónica	plano			140	138	154	77	1259
60	2170	irregular	en suave pendiente	plano	189	96				15	
95	2162	circular	troncocónica	plano			132	199	202	150	3230
149	2104	circular	troncocónica	plano			103	174	189	119	2169
200	2224	irregular	troncocónica	plano			150	155	159	40	650
143	2199				150	65					

Cuadro 4.4.- Estructuras del Grupo 4.

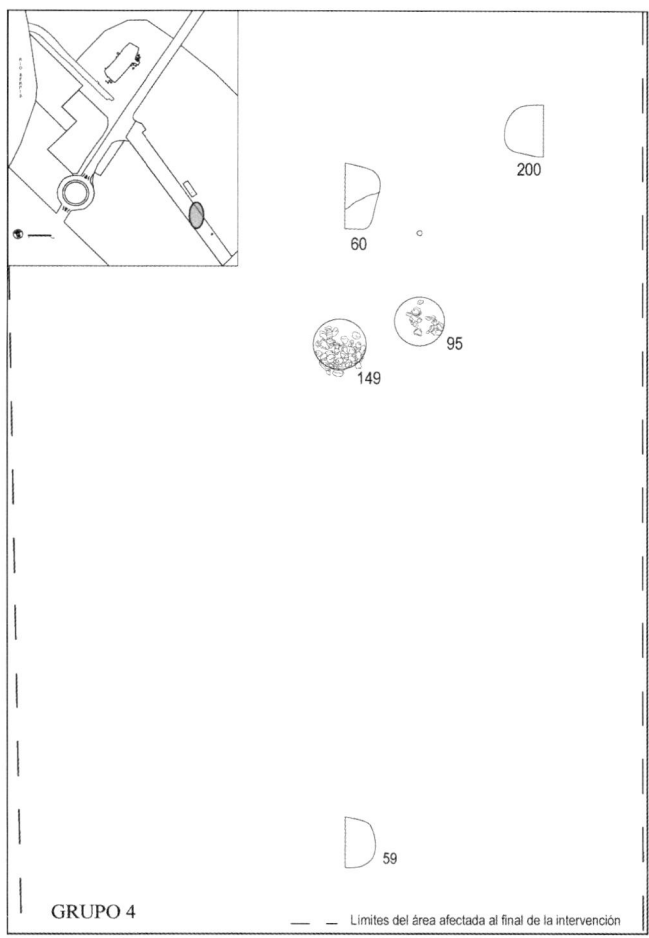

Figura 4.15.- Planta del Grupo 4.

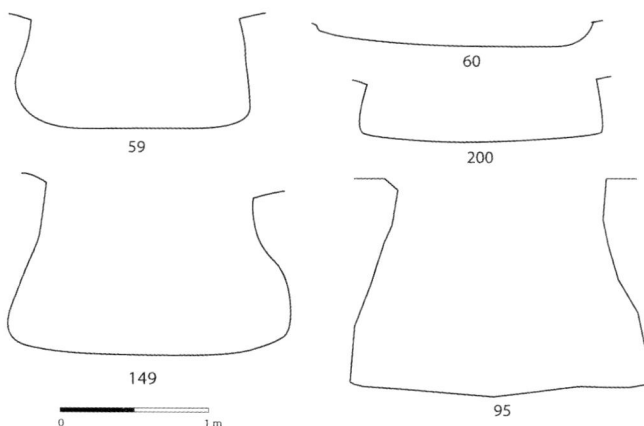

Figura 4.16.- Secciones de los silos y cubetas del Grupo 4.

GRUPO 4

A diferencia de los grupos anteriores, el Grupo 4 no incluye estructuras de habitación (Fig. 4.15 y 4.16; Cuadro 4.4). El principal elemento es un enterramiento en cámara lateral (143), excavada en el interior de un silo (E95). Los restos depositados corresponden al esqueleto parcial de un individuo adulto masculino. Se han obtenido dos dataciones de los restos óseos (4000±50 BP; 3946±28 BP), que sitúan el enterramiento en la segunda mitad del III milenio cal. a.C., en un contexto del Calcolítico precampaniforme. El carácter funerario de la estructura es evidente, pero lo que no es posible precisar es si su funciona-

lidad original fue ésta, o si se trata de un silo reacondicionado para tal fin.

En las proximidades de esta estructura funeraria compleja se localizaron otros dos silos y una cubeta. En definitiva, contamos con pocos datos para interpretar con ciertas garantías el uso del espacio ocupado por el Grupo 4 y la relación contextual entre las estructuras que allí se distribuyen. Tan sólo señalar que éste se ubica en una zona del poblado que parece "periférica", donde además existe una densidad menor de estructuras, aunque la ausencia de estructura de habitación bien puede ser fortuita.

GRUPO 5

Una vivienda y diversos espacios de producción conforman este Grupo 5 (Fig. 4.17 y 4.22; Cuadro 4.5). El elemento arqueológico más relevante del grupo es la Casa 5, en cuyo entorno próximo se sitúan una estructura de combustión (103) y dos silos (18 y 98). Algo más alejado pero formando parte de este grupo se encuentra otro silo con gran capacidad de almacenaje (69).

Centrándonos en la descripción de la Casa 5, hay que señalar como el principal componente de esta estructura de habitación es una fosa de planta rectangular, poco profunda y con esquinas redondeadas, al menos en el extremo septentrional (141). No conocemos sus dimensiones totales ni hemos documentado el perímetro completo, puesto que parte de los restos continúan en áreas que no han sido excavadas. Sin embargo, podemos estimar una superficie mínima de ocupación de aproximadamente

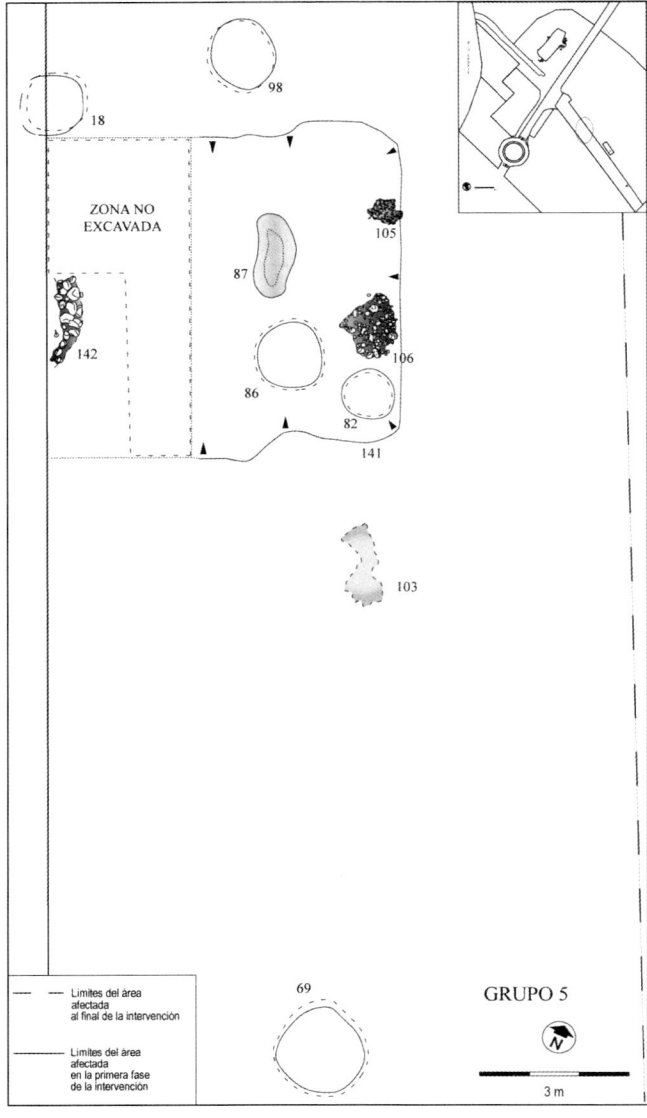

Figura 4.17.- Planta del Grupo 5.

con unos rasgos morfológicos diferenciados. Dos de ellas (106-105) se apoyaban directamente sobre el lado más septentrional de la estructura de habitación. La primera, de mayores dimensiones, presenta una morfología irregular (106), mientras que la segunda es más pequeña. Por su disposición en el lateral de la estructura podrían haber formado parte de algún dispositivo de cimentación de las paredes de la vivienda. Los restos de la tercera estructura construida corresponden a una concentración de cantos de tamaño medio y algunos bloques que apoyan directamente sobre el estrato de arenas naturales (142). Su documentación es parcial porque los restos continúan en un área que no ha sido excavada, no obstante se percibe una morfología de tendencia semicircular. Al encontrarse flanqueada por dos testigos que no se excavaron, no podemos precisar si realmente se encontraba en el interior de la estructura de habitación contigua, cuyos límites se prolongan con un tendencia rectilínea hacia esta zona, pero lo que sí parece probable es su relación temporal con la Casa. Dada su morfología podría tratarse de los restos de algún murete o zócalo desmantelado.

Clausurando esta ocupación más antigua se localizaron una serie de rellenos (UUEE 2220 y 2202) con abundante material arqueológico. Especial mención merece un grupo de restos de barro cocido que, aunque poco cuantioso (5 efectivos), ha proporcionado fragmentos de crisoles. Al igual que sucedía en el caso de la Casa 4, estos fragmentos de crisol se relacionan con otros fragmentos de barro cocido con restos de cobre adheridos y hallazgos metálicos. Aunque en esta ocasión, los rellenos inferiores de la Casa 5 contenían un conjunto más numeroso y variado de pequeños restos de cobre. La datación ha permitido situar este primer nivel de ocupación a mediados del III milenio cal. a.C. (4040±40), una cronología análoga a la casa del Grupo 2.

Las evidencias que encontramos superpuestas se han interpretado como un segundo nivel de ocupación (fase a), donde se produce una reestructuración del espacio (Fig. 4.19 y 4.20). En el extremo noroeste de la estructura de habitación se documenta un silo (81) y una concentración de cantos pequeños que rellenan una cubeta de tendencia oval (104), de funcionalidad imprecisa.

Cubriendo este segundo nivel de ocupación se documentó un relleno (UE 2191) con gran cantidad de material arqueológico que no se circunscribía únicamente a los límites de la estructura de habitación. Entre los materiales se recuperaron fragmentos de barro cocido (ver Capítulo 17) con abundantes improntas vegetales que, aunque muy erosionados, podrían ser restos de elementos constructivos. Junto a ellos, es llamativo un fragmento de barro que presenta intensas huellas de vitrificación. Si bien se han documentado casos donde piezas de barro parcialmente vitrificadas correspondían a fragmentos de alzados de la vivienda, destruida por un incendio, en este caso, la coincidencia espacial entre este fragmento de barro y un pequeño hallazgo de restos metálicos (tres en la UE de relleno 2191 y uno en el interior del silo 81), apuntan a la correspondencia del fragmento de barro totalmente deformado, con algún objeto relacionado con una actividad metalúrgica, expuesto a altas temperaturas de combustión.

Finalmente, al exterior de la vivienda pero dentro de su entorno inmediato se documentaron una estructura de combustión (103) (Fig. 4.21) y tres silos (18, 98 y 69) (Fig. 4.22). La pri-

48 m². En su interior se han documentado restos de estructuras de piedra y varias fosas correspondientes a dos niveles sucesivos en la estructuración del espacio interno documentados en la vivienda.

En el primer momento de utilización (fase b) se excavaron dos fosas y una cubeta, en el fondo de la estructura (Fig. 4.18). Situada prácticamente en el centro se encuentra una cubeta de morfología irregular con fondo cóncavo (87), interpretada como la base de un elemento de sustentación vertical. Dadas sus dimensiones, quizás pudo albergar dos postes. En la esquina sureste se excavaron dos fosas de planta circular. La más próxima al borde de la estructura presenta una sección troncocónica invertida y una profundidad menor (E82), posiblemente esté parcialmente arrasada en su tercio superior. La segunda, en cambio, presenta una sección globular, cuyas paredes convergen hacia la boca y se ha interpretado como una estructura de almacenaje (86).

Al margen de estas estructuras excavadas, también se han documentado tres agrupaciones de cantos y gravas, cada una

N. Estructura	UE	Planta	Sección	Fondo	Long.	Anch.	Ø boca	Ø base	Ø máximo	Profund.	Altura	Capacidad L
18	2077	circular	irregular	cóncavo			107	94	107	47		345
69	2196	circular	cilíndrica	plano			173	161	189	131		3057
81	2229	circular	acampanada	plano			131		128	91		826
82	2231	circular	troncocónica inv.	plano			104	90	104	51		293
86	2235	circular	globular	plano			137		137	86		1063
87	2237	irregular		cóncavo	174	100			100	48		
97	2203	rectangular			6	53					9	
98	2221	circular	cilíndrica	plano			102	97	107	80		624
103	2213	irregular			171	59/77						
104	2225	oval		cóncavo	160	122						
105	2226	irregular			67	55						
106	2227	irregular			132	119						
141	2232	rectangular			710	680				18		
142	2073	semicircular			185	58						

Cuadro 4.5.- Estructuras del Grupo 5.

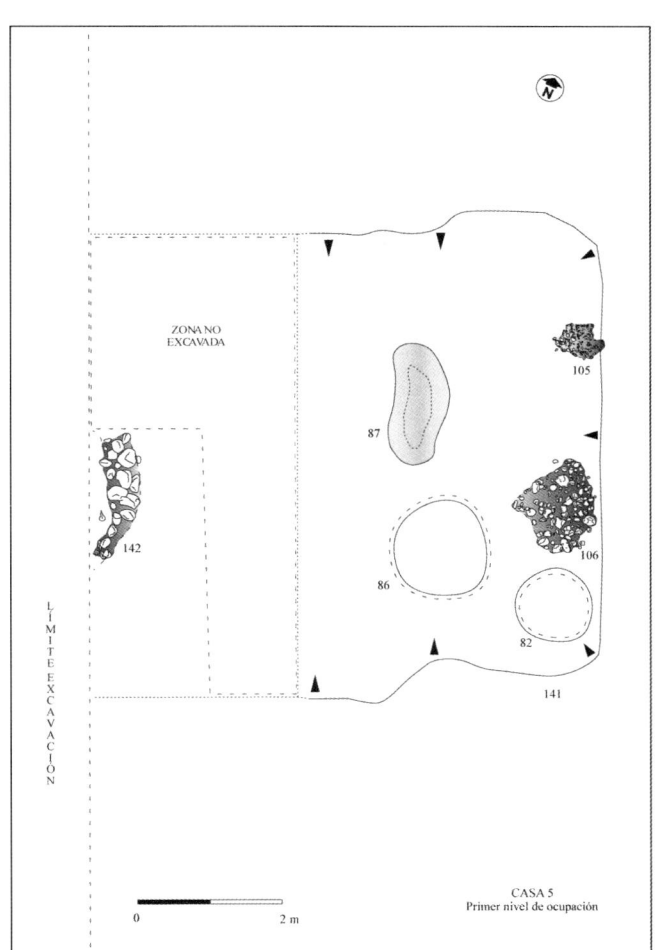

Figura 4.18.- Fase b de la Casa 5.

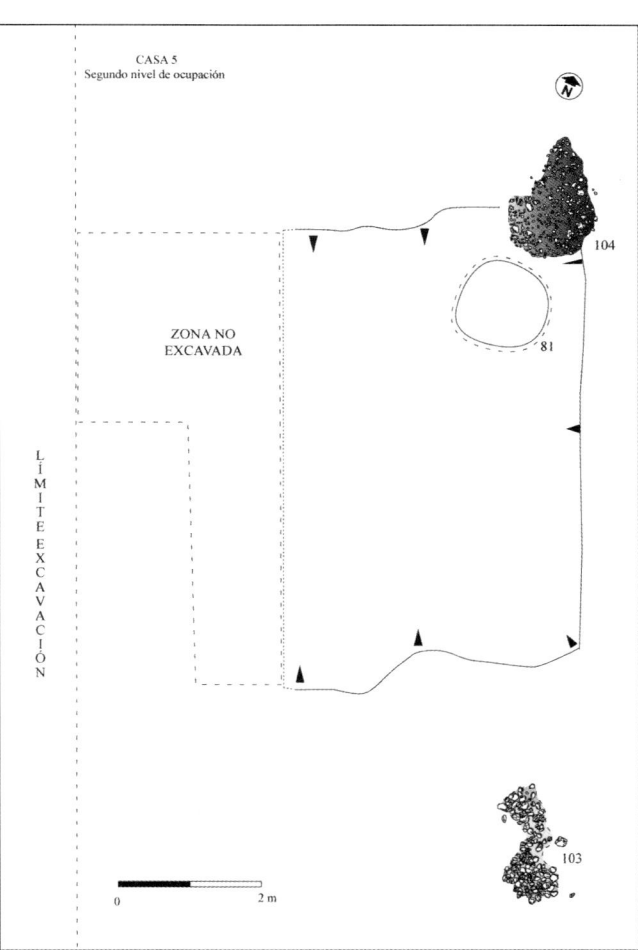

Figura 4.19.- Fase a de la Casa 5.

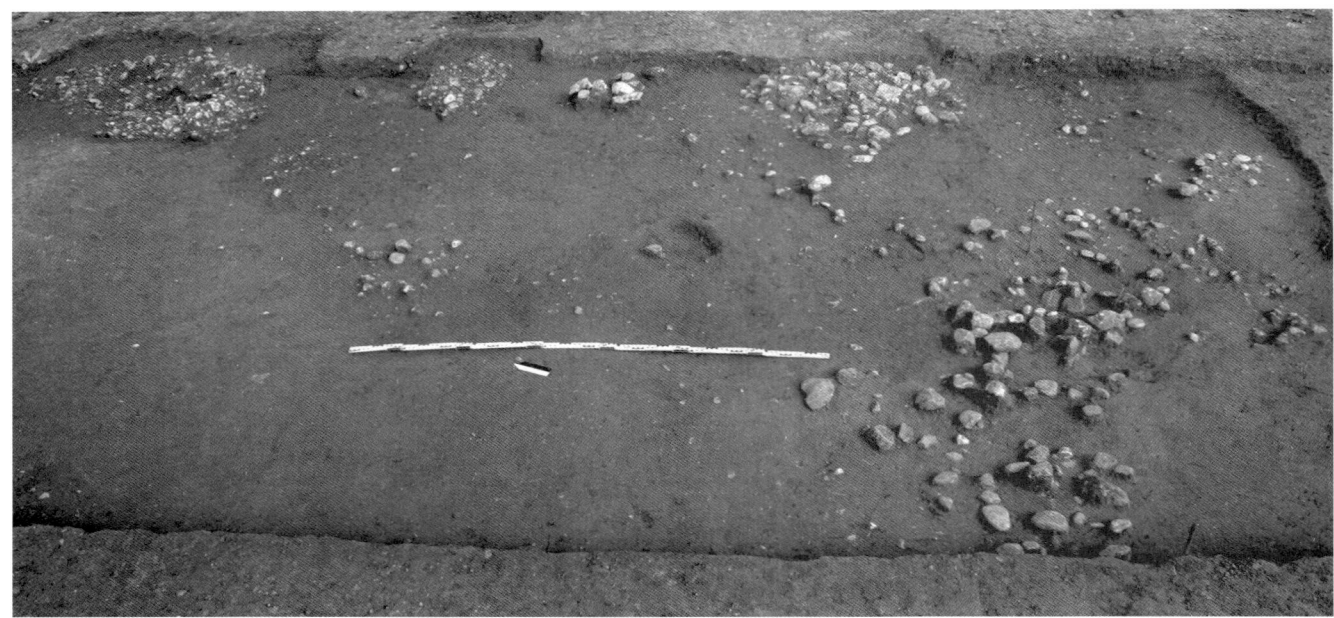

Figura 4.20.- Casa 5.

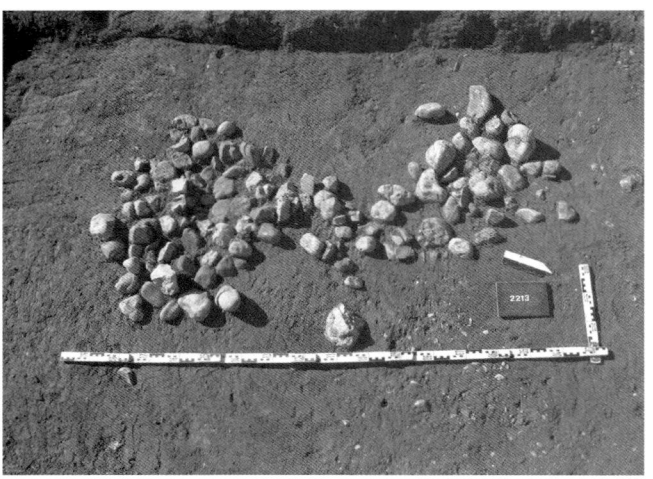

Figura 4.21.- Foto del hogar 103.

mera se situaba a unos 2 m hacia el sureste, y estaba compuesta por una acumulación de cantos redondeados, algunos de ellos fracturados y de dimensión muy regular. Su morfología irregular no permite aclarar si los restos son el resultado de un vertido procedente de una estructura de combustión situada en otro lugar, o si se trata de un hogar plano parcialmente desmantelado y desplazado, como el caso documentado en el Conjunto 4. Pero en esta ocasión está claramente relacionado con alguna actividad metalúrgica, como indica la presencia de varios fragmentos de un crisol fabricado en barro, entre las piedras.

En relación a la secuencia de ocupación de la Casa 5 hay que mencionar la existencia de una estructura excavada (97) que cortaba el nivel de colmatación más reciente de la vivienda (Fig. 4.23). Esta estructura compleja estaba compuesta por un vaso de grandes dimensiones, paredes rectas y base plana, incrustado en una plataforma de arcilla, posiblemente un hogar. Desconocemos su función precisa, incluso si pudo tener alguna relación

con las actividades metalúrgicas ya documentadas en esta área, pero lo que sí parece indicar es la existencia de otro momento posterior en el uso de dicho espacio y superpuesto a los niveles anteriores, extendiéndose más allá del perímetro delimitado por el rebaje inicial de la Casa 5.

En definitiva, el Grupo 5 representa uno de los ejemplos más claros de espacios domésticos documentados en el poblado de La Vital. Por una parte, un área techada correspondiente a la vivienda, donde tendrían lugar las actividades cotidianas y bajo cuya protección se excavaron diversos silos. Por otra parte, en el entorno inmediato se localizaron otros espacios productivos de distinta naturaleza, un espacio de almacenamiento alrededor de varios silos y un área de actividad artesanal evidenciada por los restos de una estructura de combustión.

GRUPO 6

El Grupo 6 se sitúa en el área periférica más oriental del poblado. Las estructuras arqueológicas se encuentran artificialmente separadas por zonas donde la pérdida de información ha resultado más acusada, habiendo desaparecido completamente los depósitos arqueológicos (Fig. 4.24 y 4.25; Cuadro 4.6). Su principal componente es un rebaje excavado en el sustrato natural cuya planta, conservada de manera parcial presenta una morfología irregular si bien se advierte una tendencia rectangular con laterales redondeados en el extremo septentrional mejor preservado (212/c20). En su interior se han diferenciado varios rellenos sucesivos. La base presenta un escalonamiento que atraviesa la estructura en el lugar de mayor anchura y que podría diferenciar dos ambientes. Por otra parte, sobre el fondo se documentó una acumulación de cantos y bloques de tamaño mediano, a modo de pavimento, entre los que apareció abundante material arqueológico (fragmentos cerámicos, restos faunísticos y malacofauna).

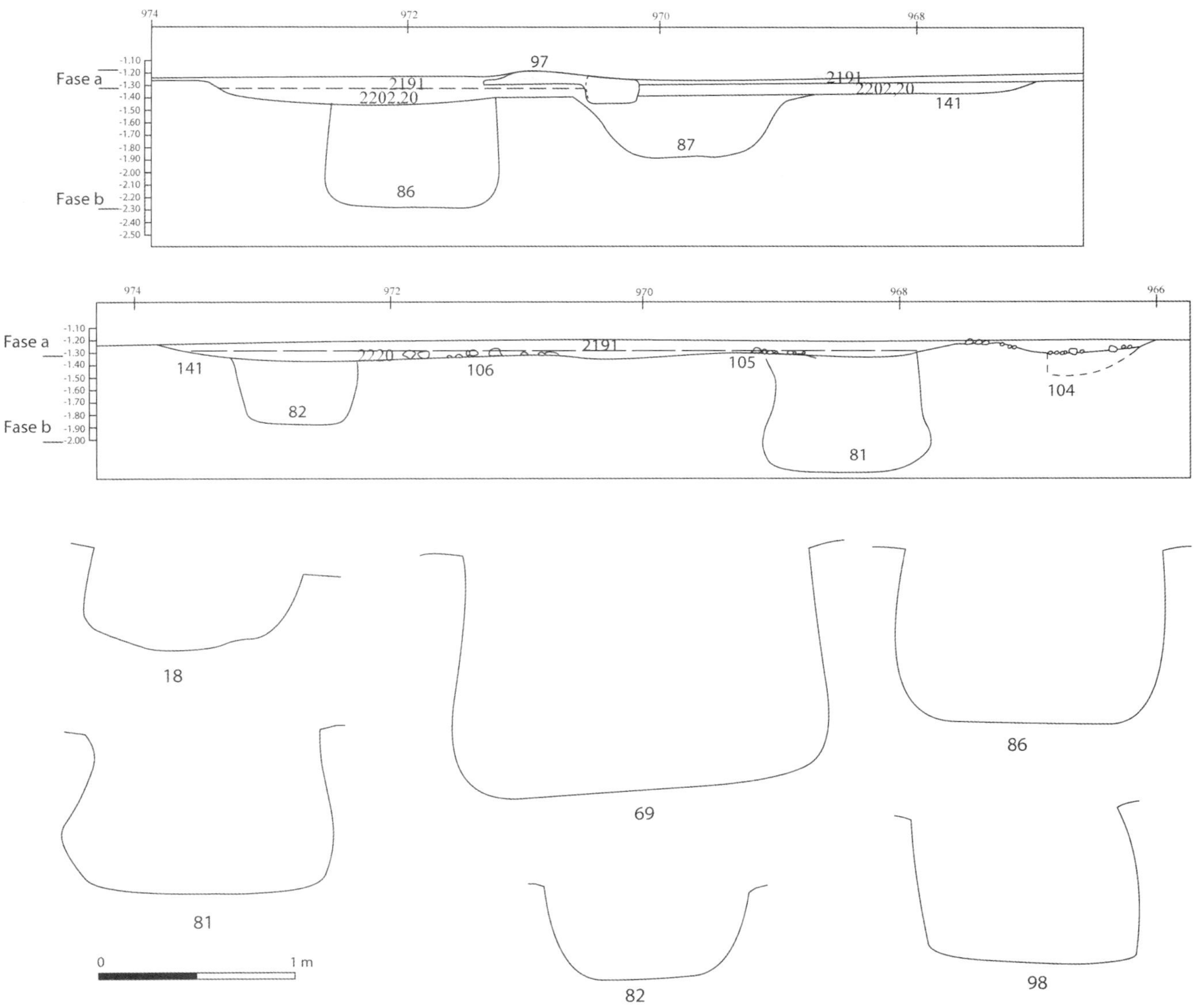

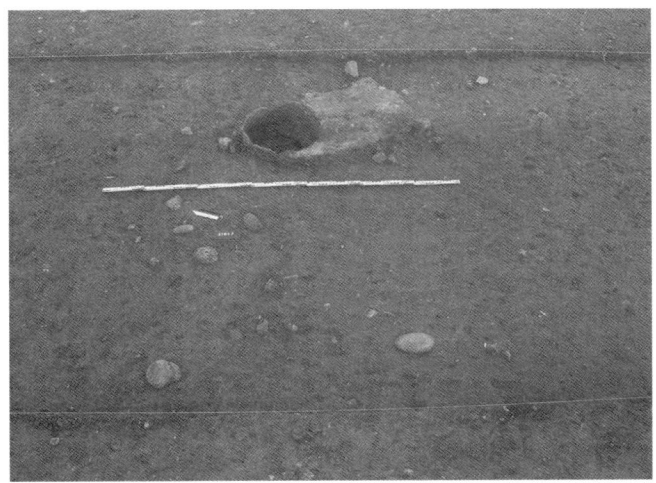

Figura 4.22.- Secciones de los silos del Grupo 5.

Figura 4.23.- Hogar 97.

En el entorno más inmediato de esta estructura se han documentado otro rebaje y dos fosas. En el caso del primero (215) muy erosionado, el relleno que se excavó contenía casi exclusivamente, fragmentos de barro cocido. Por lo que respecta a las fosas, ambas comparten una escasa profundidad pero se diferencian en su planta, dimensiones y en los materiales hallados en su relleno. Así, mientras que la fosa más pequeña (213) presentaba una planta circular y contenía pocos restos arqueológicos. La fosa de mayores dimensiones (214) conserva una planta elíptica y en su interior se documentó otro pavimento de cantos y bloques de tamaño mediano, similar al localizado en la 212. En su relleno se recuperó mayor cantidad de material arqueológico, principalmente malacofauna, y, de manera simbólica, fragmentos cerámicos y restos faunísticos.

Separados de este núcleo principal entre 5 y 10 m al suroeste, se encuentra otra agrupación de estructuras esta vez formada únicamente por cuatro silos de gran volumen, que oscila entre

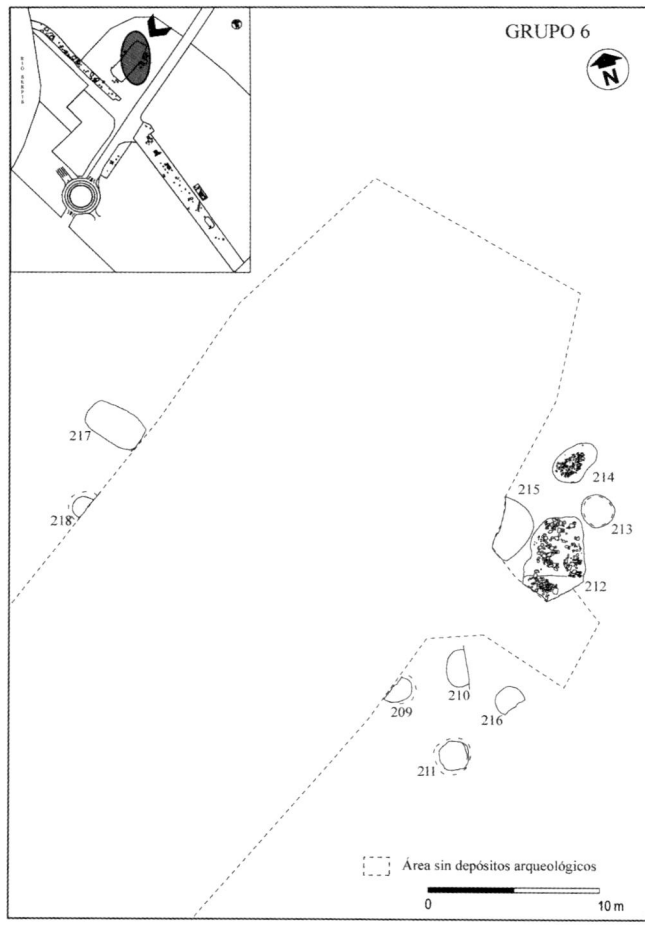

Figura 4.24.- Planta del Grupo 6.

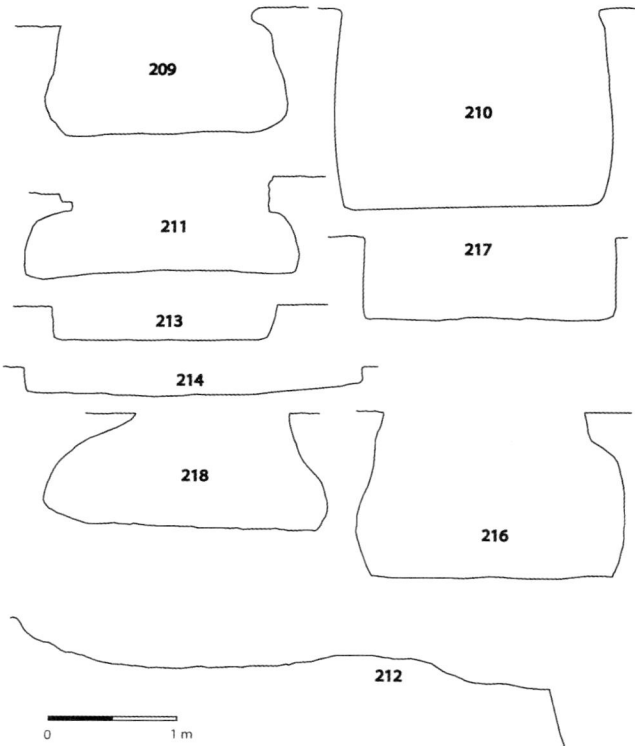

Figura 4.25.- Secciones de los silos y cubetas del Grupo 6.

los 1800 y los casi 6000 l (209, 210, 211 y 216). El de mayores dimensiones (210) presentaba un relleno más complejo donde se diferenciaron varios depósitos y se recuperó gran cantidad de restos de industria lítica y el mayor conjunto faunístico de todo el Grupo 6. Sin embargo la estructura 211, de menor capacidad, contenía algunos lotes de fauna especialmente significativos y que al parecer no fueron consumidos.

Finalmente, formando parte del Grupo 6 existen otras dos estructuras (217 y 218) pero alejadas unos 20 m, por lo que su

interpretación funcional en relación al resto del grupo resulta ciertamente problemática. Se trata de una fosa de planta rectangular (217) en la que se halló una importante concentración de industria lítica tallada y un silo de planta circular (218), en cuyo interior se recuperó un disco vertebral completo de ballena empleado como yunque.

En definitiva, el Grupo 6 se caracteriza de nuevo por integrar un espacio doméstico, configurado por una posible vivienda de alrededor de 15 m², rodeada por un conjunto de silos y cubetas que configuran diversos espacios productivos, en los que además de almacenamiento de productos, se llevaron a cabo actividades de talla en los entornos de las estructuras 210 y 217, y actividades metalúrgicas, como atestiguan los restos de recipientes cerámicos con trazas de residuos de mineral en las estructuras 210, 211 y 217.

N. Estructura	Planta	Sección	Fondo	Long.	Anch.	Ø boca	Ø base	Ø máximo	Profund.	Capacidad L
209	irregular	globular	cóncavo			149	180	188	97	2156
210	irregular	cilíndrica	plano			202	198	202	168	5964
211	circular	globular	convexo			154	210	210	58	1799
212/c20	irregular	irregular	irregular	468	320				45	
213	circular	rectangular	plano			178	164	178	28	
214	elíptica	rectangular	plano	268	174				20	
215	irregular	irregular	cóncavo	358	176				34	
216	circular	globular	plano			160	190	214	136	3666
217	rectangular	rectangular	plano	326	195				68	
218	irregular	globular	plano			119	195	220	94	2260

Cuadro 4.6.- Estructuras del Grupo 6.

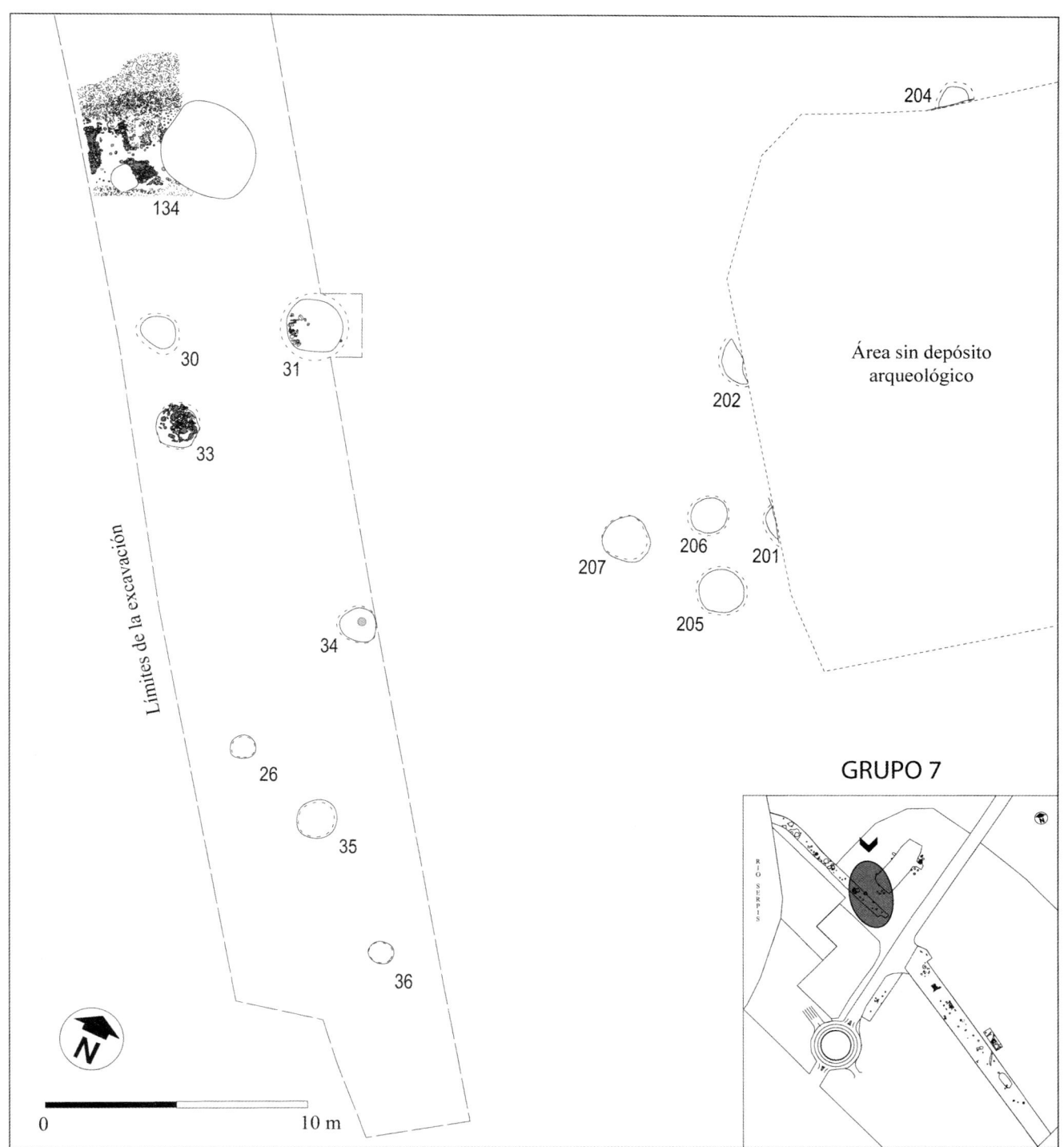

Figura 4.26.- Planta del Grupo 7.

GRUPO 7

El Grupo 7 constituye sin duda la agrupación más compleja en el poblado de La Vital, tanto por el número de estructuras que lo configuran como por la característica de aglutinar estructuras de habitación, áreas de producción y espacios funerarios (Fig. 4.26; Cuadro 4.7). En este sentido hay que ser prudentes en su valoración ya que al unirse dos sectores de excavación, es el grupo que presenta una mayor extensión. Al mismo tiempo la documentación hacia el E está truncada por el desmonte previo, por lo que se produce un vacío que puede estar condicionando la agrupación de estas estructuras en un único grupo. No podemos descartar por tanto que nos encontremos ante más de un área de habitación.

N. Estructura	UE	Planta	Sección	Fondo	Long.	Anch.	Ø boca	Ø base	Ø máximo	Profund.	Capacidad L
134	3093	ovalada		cóncavo	375	200				54	
135	3150	irregular			100	70					
136	3151	irregular									
137	3152	irregular									
138	3080	circular			122	81					
139	3154	alargada			114	60					
140	3153	ángulo			126						
26	3032	circular	irregular	plano			100	97		25	
30	3039	circular	globular	cóncavo			104	120	187	103	1946
31/147	3090	circular	troncocónica	plano			208	284	289	218	9354
33	3048	circular	troncocónica	plano			71	166	175	128	1770
34	3050	circular	irregular	plano			130	118		20	
35	3058	circular	troncocónica inv.	plano			151	141		18	
36	3060	circular	irregular	plano			88	55		27	
201		irregular	troncocónica	plano			121	163	167	101	1701
202		irregular	troncocónica	plano			173		173	102	1772
204		irregular	troncocónica	plano			100	182	182	93	1608
205		circular	cilíndrica	cóncavo			164	125	164	95	1562
206		circular	cilíndrica	plano			123	108	123	69	716
207		circular	cilíndrica	plano			165	141	165	111	1780

Cuadro 4.7.- Estructuras del Grupo 7.

La asociación de una serie de restos constructivos y rellenos con abundante material arqueológico conforma la Casa 7. El principal componente de este conjunto es una gran fosa excavada en el estrato natural de gravas (134). Su morfología y dimensiones se han documentado parcialmente ya que su perímetro se extiende más allá del área que fue excavada. No obstante, se intuye una planta ovalada y unas paredes que descienden en suave pendiente. La estimación de la superficie interior, a partir de sus dimensiones mínimas conservadas alcanza los 7,5 m². Esta cubeta se fue colmatando con una serie de rellenos antrópicos con abundantes materiales arqueológicos y algunas acumulaciones de piedras que se han interpretado como restos de elementos constructivos.

Considerando las fases de construcción, uso y colmatación de la estructura podemos distinguir dos momentos. En un primer momento (fases c1 y c2), a la excavación de la cubeta se asocian tres elementos constructivos cuyo principal componente es pétreo (Fig. 4.27 y 4.28). Por un lado, en el extremo norte de la estructura, se localizó una superficie de gravas (135) con algunos cantos de tamaño medio. De naturaleza similar, pero ésta vez en el extremo meridional, se documentó otro nivel de gravas y algunos cantos (136). En esta ocasión, la superficie conservada es reducida, ya que se encuentra afectada por una pequeña cubeta moderna, pero es posible que se extendiera por una superficie mayor. En ambos casos, se recuperó material arqueológico tanto entre las piedras que conformaban las estructuras como por debajo. Parte de estos cantos pueden pertenecer al estrato natural, alterados y manipulados antrópicamente, acondicionando un espacio en torno a la cubeta. No podemos tampoco descartar que algunos bloques y cantos extraídos al excavar el rebaje central,

fueran recolocados en su entorno inmediato, especialmente en la zona septentrional.

La tercera estructura relacionada con el primer momento de uso de la casa es una concentración de gravas (137) de pequeño tamaño, cuya morfología irregular podría ser el resultado de su desmantelamiento parcial. Se encuentra apoyada sobre el recorte de las arenas y tal vez fuera empleado como algún elemento constructivo interior o de soporte. Los materiales arqueológicos asociados a este primer nivel de ocupación aparecieron concentrados en dos zonas: una coincidiendo con el espacio interior de la cubeta y otra al exterior en el extremo opuesto del soporte 137.

Posteriormente, se detecta un segundo nivel (fases a y b) con una presencia abundante de piedras algo más angulosas y cantos redondeados. Estas acumulaciones se asociaban a diversas concentraciones de material arqueológico, especialmente de fauna. Aunque las evidencias indican que el conjunto de actividades domésticas desarrolladas en esta estructura continuaron realizándose en una zona interna de su perímetro original, la organización del espacio ha variado sensiblemente (Fig. 4.27 y 4.28).

Existen dos concentraciones de piedras que configuran sendas estructuras paralelas. La que conserva mayores dimensiones se localiza junto al límite occidental del área excavada, más allá del cual se prolonga, sin que podamos conocer sus dimensiones totales. Su morfología es irregular aunque dibuja un trazado longitudinal a lo largo de más de 1,5 m. La disposición irregular de los cantos y bloques es el resultado de su arrasamiento parcial, pero presenta al menos, dos capas de cantos superpuestos (139), lo que permite su interpretación como la base de algún pequeño muro. La segunda concentración se localiza sobre los restos de la

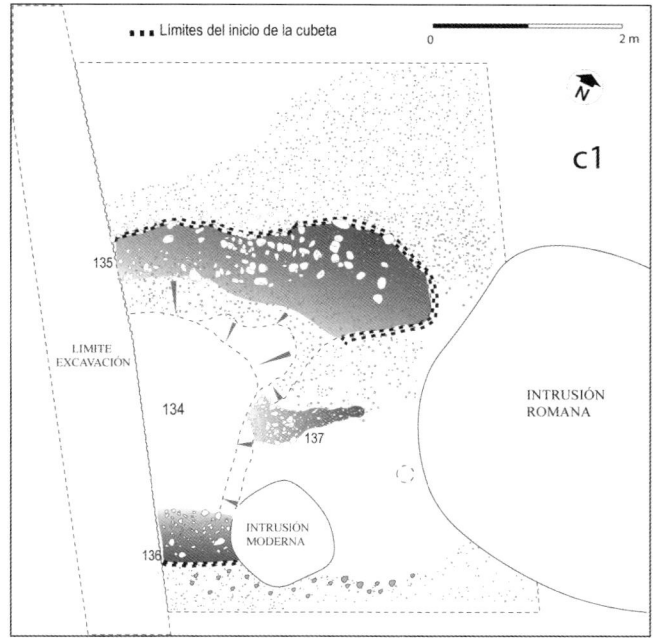

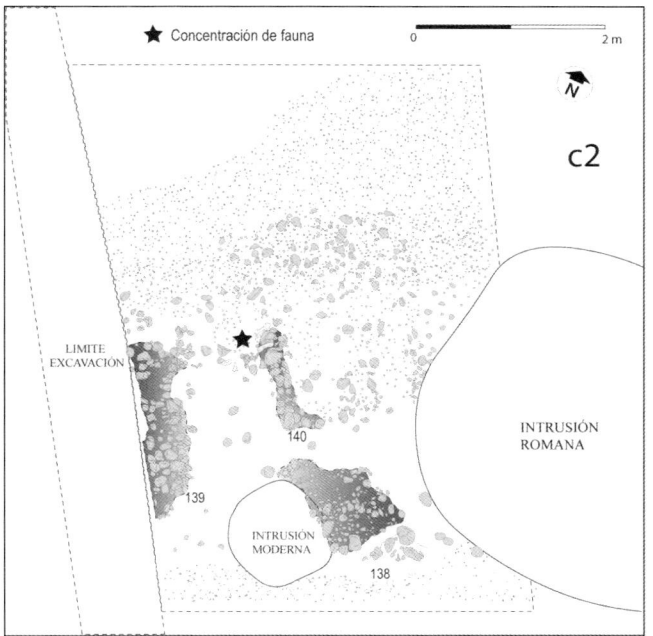

Figura 4.27.- Planta de las fases c1 y c2 de la Casa 7.

de una cubeta moderna. Por la aparición de material arqueológico se ha interpretado como una estructura construida, que pudo desempeñar alguna función como plataforma.

En esta ocasión, el patrón de distribución de los materiales arqueológicos asociados al segundo nivel de ocupación presenta algunas diferencias respecto a los niveles inferiores. La mayor densidad de restos cerámicos, faunísiticos, malacológicos y líticos apareció concentrada entre la plataforma 138 y la alineación de piedras 140, sugiriendo una variación en la ordenación del espacio doméstico y un desplazamiento de las actividades más allá del centro de la cubeta.

En definitiva, los restos de estructuras y los materiales arqueológicos de la Casa 7 parecen corresponder a dos fases de utilización. Un primer momento donde la estructura de habitación contaba con una parte semisubterránea. Dada su conservación parcial no ha sido posible precisar el área total que sería potencialmente habitable, ni tampoco determinar qué áreas se encontrarían techadas ya que no se han detectado con claridad elementos de sustentación vertical como agujeros de poste. Y una fase más reciente, en la que todos los restos arquitectónicos corresponden a construcciones aéreas. La orientación de las dos agrupaciones de bloques y cantos de morfología rectilínea compartimentan un espacio en el que se concentra la mayor cantidad de fragmentos cerámicos. No obstante, de nuevo, la presencia de materiales sobre el pavimento de gravas, más allá de las dos alineaciones y sobre todo, la concentración en el lado Este del conjunto, dificultan la interpretación de lo que pueden ser el espacios doméstico interior y las áreas de actividad exteriores.

Sin embargo, la obtención de dos dataciones asociadas a sendos rellenos de la estructura de habitación permite precisar la lectura diacrónica de esta evolución arquitectónica (3920±40 y 3870±50 BP).

Además de la vivienda descrita, diversas fosas forman parte del Grupo 7 (Fig. 4.26 y 4.29). Estas fosas aparecen agrupadas, alejadas a distintas distancias del núcleo de habitación. En el entorno más próximo, en un radio de unos 10 metros, se documentaron tres silos, uno de ellos de gran tamaño (33, 30 y 31).

El Silo 30 presenta una baja densidad de materiales arqueológicos. Mientras que en el interior del Silo 33, se recuperó un importante lote de restos óseos (ver Capitulo 5). Por su parte, la estructura 31 ha revelado una dinámica compleja. Se trata de un gran silo que posteriormente fue reutilizado como estructura funeraria con varias fases de uso representadas en los diversos rellenos diferenciados.

El segundo subgrupo de fosas dentro del Grupo 7 se sitúa en un radio de unos 30 metros de distancia (201, 202, 204, 205, 206 y 207), el Sector 5, en la que las condiciones de la intervención arqueológica han incidido de manera más negativa en la conservación de las estructuras y los depósitos arqueológicos, perdiéndose gran parte de la información. En general, todas ellas pueden clasificarse como estructuras de almacenaje. A pesar de la homogeneidad funcional de las estructuras, una vez más, el hecho más significativo es la concentración diferencial de determinados materiales arqueológicos en algunas de ellas. En este sentido, frente a los rellenos de los silos 202, 205 o 206, con muy poca fauna, destacan los silos 204, 207 y 201, de un tamaño muy similar y donde se concentró material específico. En el 204, un silo aislado se recuperó abundante y variado material

estructura 137. En esta ocasión se trata de una alineación de bloques y cantos (140) que, en el extremo meridional parece formar un ángulo y en el otro extremo se ensancha ligeramente, apareciendo junto a él una significativa concentración de fauna. Tanto por la naturaleza de sus componentes como por su disposición, la alineación se interpreta como los restos de algún zócalo o murete de separación desmantelado. Finalmente, la tercera estructura relacionada con este segundo nivel de ocupación es una concentración de gravas y algunos cantos de pequeño tamaño (138), que se apoyan directamente sobre el recorte de las arenas. Su morfología irregular es el resultado de su alteración parcial por la excavación

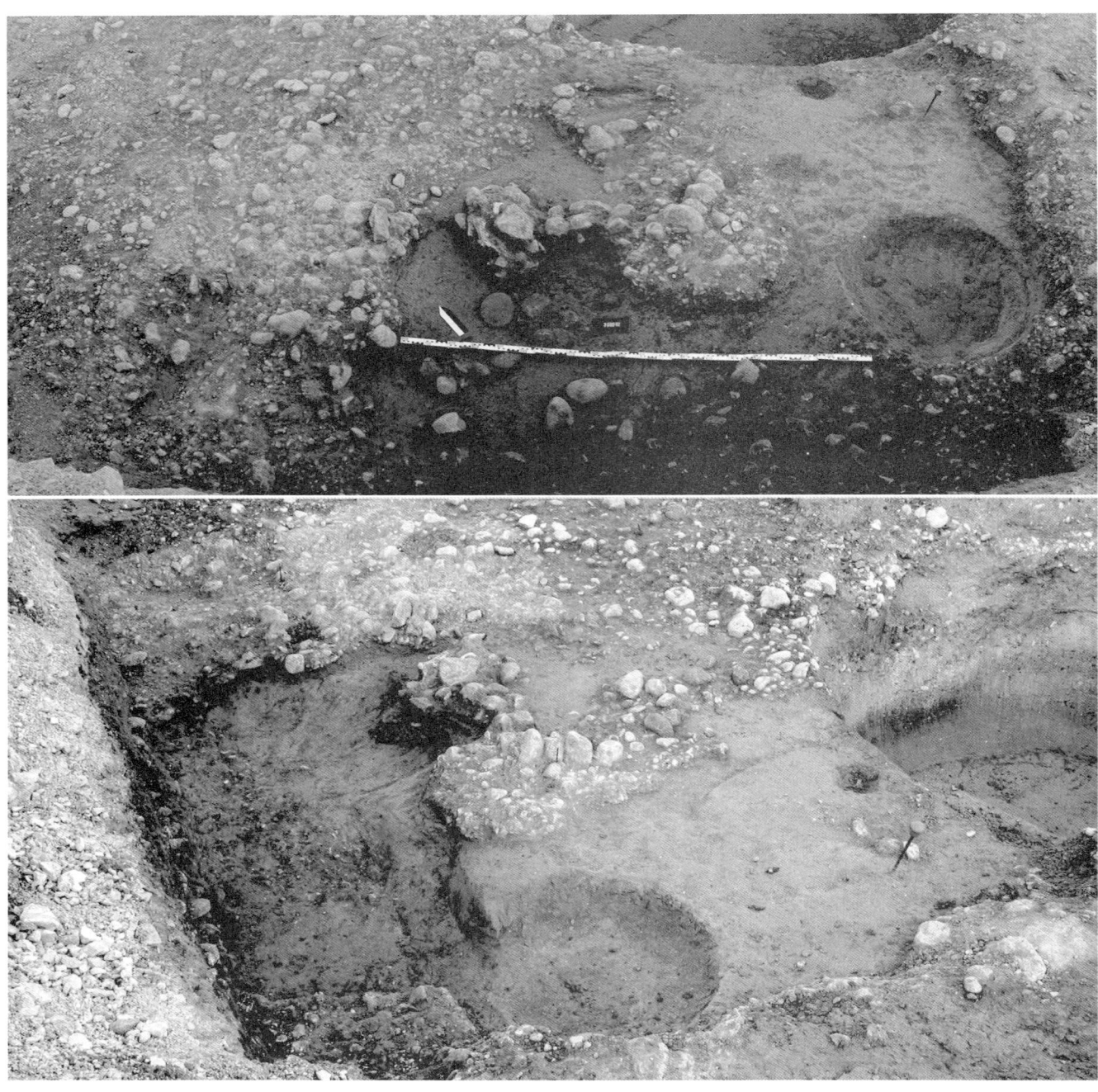

Figura 4.28.- Fases c1 y c2 de la Casa 7.

cerámico, restos de fauna y sobre todo una gran concentración de restos de talla lo que indica que los trabajos se realizarían en las inmediaciones (Pascual Beneyto, 2008: 63) En el Silo 207, además de material cerámico variado, entre el que destaca un crisol con trazas de residuos del proceso de fundición de mineral de cobre, se halló una bolita también de cobre y restos de un perro. Por su parte, en el interior del Silo 201 se recuperaron restos humanos que formaban parte de un enterramiento con un ajuar funerario compuesto por un vaso con decoración acanalada y un puñal de lengüeta de cobre.

Finalmente, en el extremo meridional de la zona que ocupa el Grupo 7, se han documentado cuatro cubetas con una profundidad de apenas 25 cm que podrían representar los restos de algún área de actividad muy arrasada (26, 34, 35 y 36). Sus rellenos no proporcionaron, en general, materiales significativos, únicamente la Cubeta 34 contenía varios recipientes cerámicos, entre ellos un vaso casi completo, algo de industria lítica, malacofauna marina y restos de fauna. Por su parte en el relleno de la estructura 35 se recuperó un fragmento de recipiente contenedor pero fabricado con barro cocido.

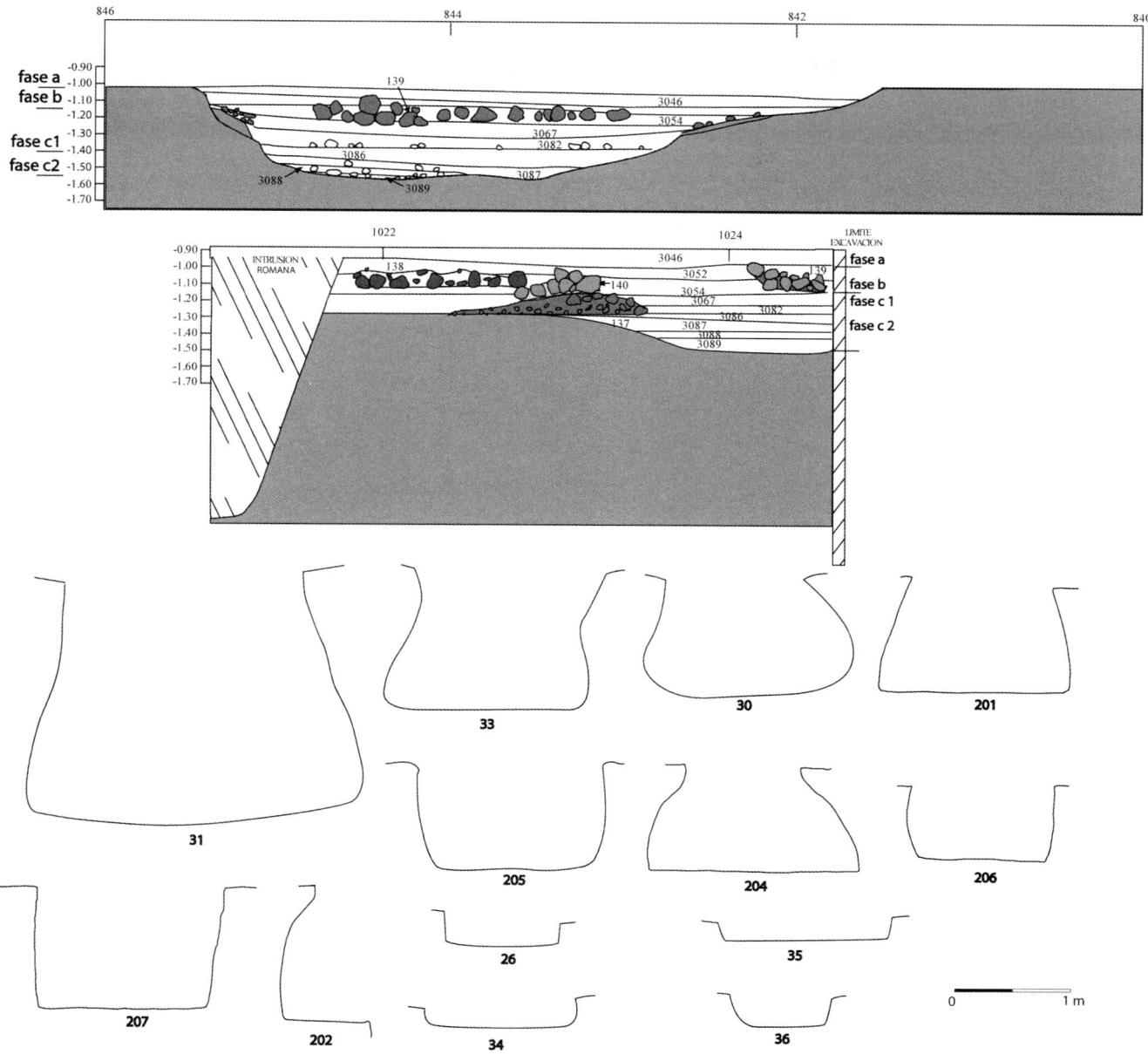

Figura 4.29.- Sección de la Casa 7 y de los silos del Grupo 7.

En definitiva, como decíamos anteriormente, el Grupo 7 constituye sin duda la agrupación más compleja en el poblado de La Vital, aglutina una estructura de habitación junto a un amplio grupo de cubetas y silos, dos de los cuales fueron reutilizados como áreas de inhumación y un tercero con un depósito especial.

GRUPO 8

En este grupo se incluyen estructuras con una funcionalidad muy diversa. Por un lado, se han localizado restos de una posible estructura de habitación (Casa 15) asociada a dos cubetas y varias fosas. Por otra parte se han identificado un silo con un depósito de fauna y hallazgos metálicos. Y finalmente, se ha documentado un enterramiento campaniforme (Fig. 4.30; Cuadro 4.8).

El principal componente de la estructura de habitación es una gran fosa (Fig. 4.31, 4.32 y 4.33) de morfología irregular, trazado longitudinal y escasa profundidad (89), excavada en el nivel natural de arenas. En su interior tan sólo se ha diferenciado un relleno, compuesto por un sedimento de matriz arcillosa, abundantes cantos redondeados y bloques más angulosos, de tamaño mediano y grande, y numeroso material prehistórico (principalmente restos óseos, cerámica y sílex). Ni los elementos pétreos, ni el material arqueológico, mostraban huellas de rubefacción, lo que permite descartar estas evidencias como restos de una estructura de combustión.

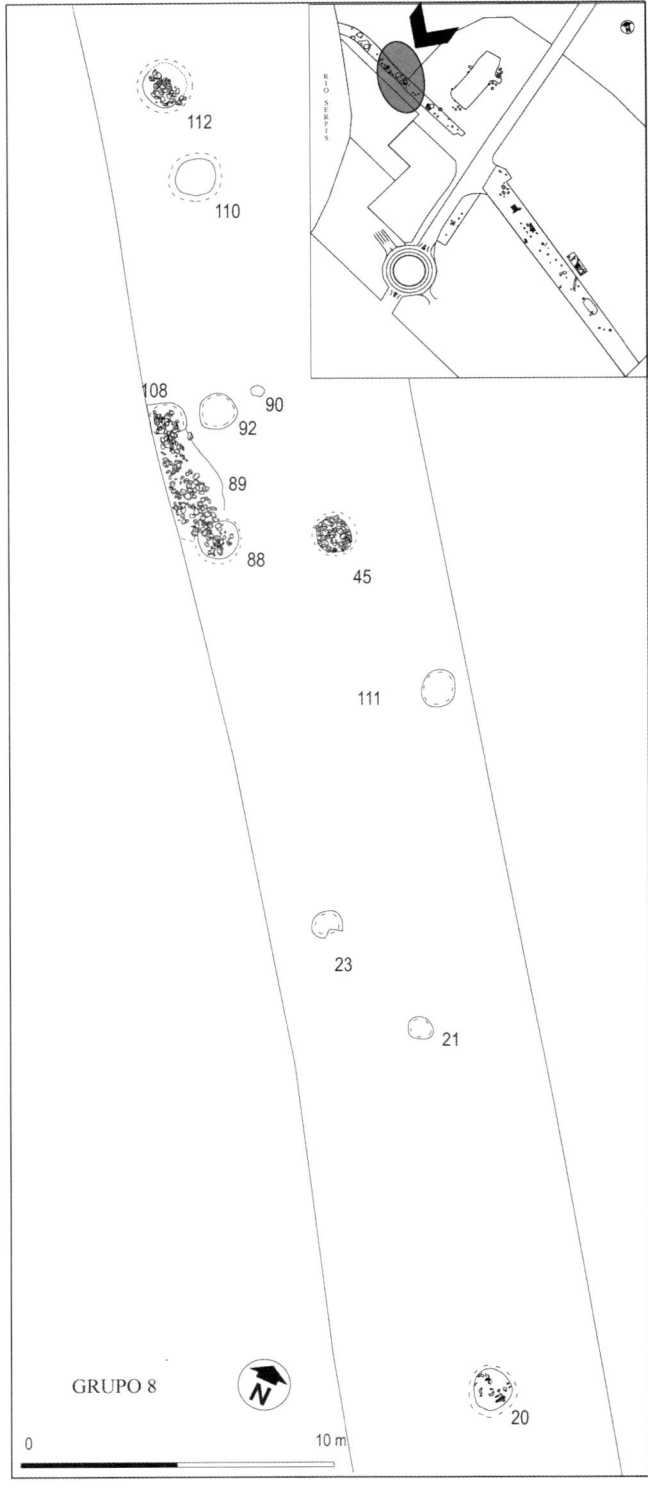

Figura 4.30.- Planta del Grupo 8.

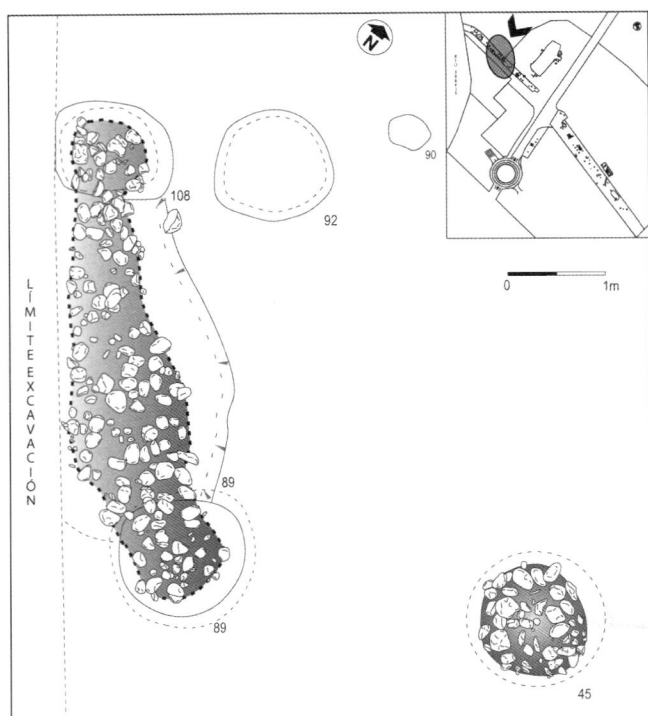

Figura 4.31.- Planta de la Casa 15 y de las fosas del Grupo 8.

Esta fosa se relaciona con otras estructuras anteriores. Su extremo occidental corta a una cubeta de morfología circular (108) que, a pesar de su tamaño medio, apenas contenía material arqueológico. Por otra parte, en el extremo oriental, el relleno de la gran fosa alargada oblitera otra estructura excavada. Se

trata de otra fosa de dimensiones menores, planta ovalada, sección troncocónica y fondo plano, interpretada como estructura de almacenaje (88), en cuyo relleno tampoco se recuperó apenas material arqueológico.

En el entorno próximo de la Casa 15 se documentaron otras estructuras significativas y que pudieron ser contemporáneas, aunque no es posible precisar si todas ellas formaban parte del mismo espacio funcional. Por un lado, dos cubetas, una de morfología ovalada y fondo cóncavo (90), con abundante presencia de carbones, y otra de planta circular y fondo plano de funcionalidad imprecisa (92), que contenía escasos fragmentos cerámicos. Por otra parte, destaca una silo que ha servido como lugar de enterramiento (45). Asimismo, formando parte del Grupo 8 pero en las inmediaciones del núcleo configurado por la Casa 15, se han documentado un silo (110) y una fosa (111). Ambas compartían la característica de contener pocos materiales en su relleno, a pesar de su tamaño. A una distancia aproximada entre 15 y 20 m al sureste del Conjunto 15 se hallaron dos cubetas con mayor densidad de materiales arqueológicos en sus rellenos. Entre éstos cabría señalar los restos metálicos en la Cubeta 21, concretamente 6 fragmentos informes de cobre a modo de plaquitas, y un fragmento medio-distal de alisador sobre varilla de cuerna de *Cervus elaphus* en la Cubeta 23.

Finalmente, las dos estructuras de mayor tamaño que forman parte del Grupo 8 son dos silos. El relleno del 20, situado en el extremo meridional, alejado del núcleo de habitación unos 30 metros, proporcionó interesantes materiales entre los que destaca un depósito singular de fauna concentrado en el tramo inicial del relleno y un yunque sobre vértebra de ballena. Mientras que en el silo situado en el extremo más septentrional (112),

N. Estructura	UE	Planta	Sección	Fondo	Long.	Anch.	Ø boca	Ø base	Ø máximo	Profund.	Capacidad L
20	3009	circular	globular	cóncavo			107	144	181	158	2913
21	3013	circular	troncocónica inv.	plano			85		85	22	
23	3016	circular	irregular	plano	102					40	
88	3106	circular	troncocónica	plano			121		141	53	
89	3103	alargada			314	160				20	
90	3099	ovalada		cóncavo	44	36				20	
92	3104	circular	irregular	plano			124			18	
108	3112	circular	globular	cóncavo			95	81	95	37	
110	3139	circular	globular	plano			87	135	162	88	1349
111	3137	circular	irregular	cóncavo			97	90	100	64	
112	3117	circular	troncocónica	plano			110	287	294	228	7618
45/148	3075	circular	troncocónica	plano			86	174	181	112	2074

Cuadro 4.8.- Estructuras del Grupo 8.

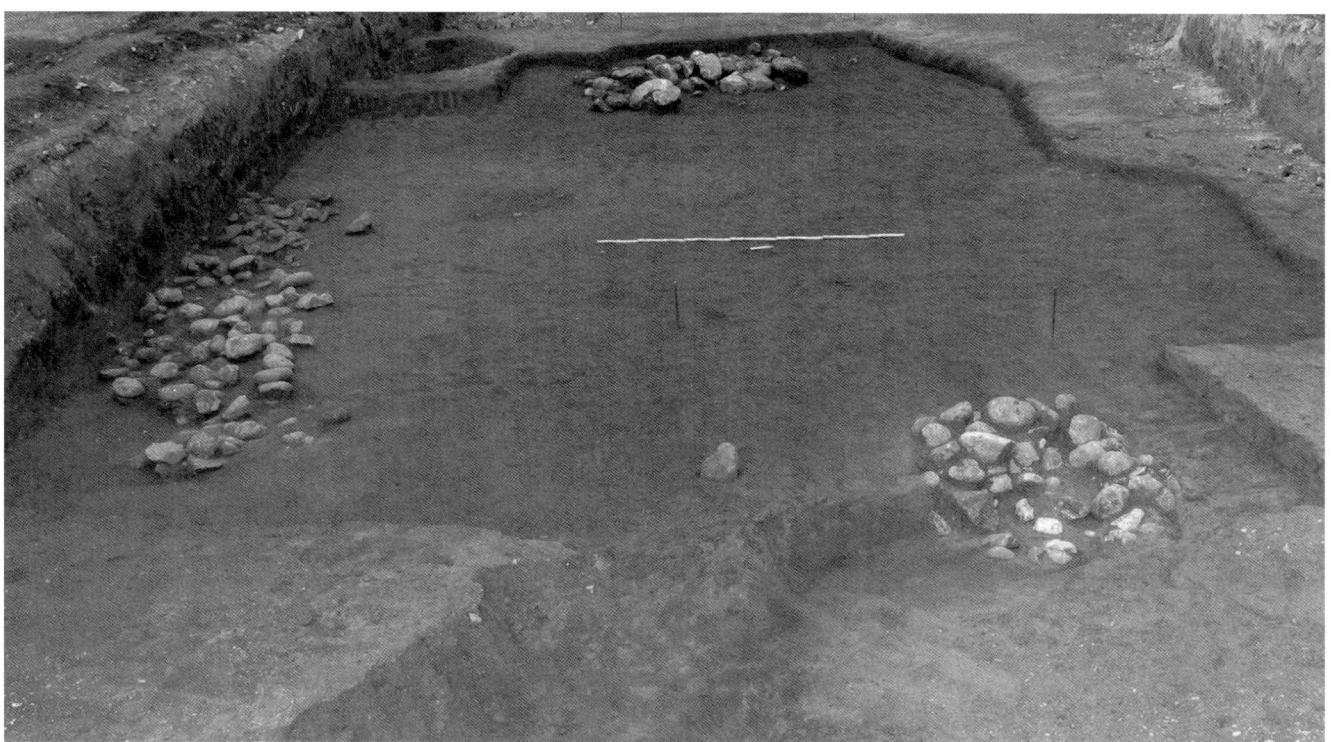

Figura 4.32.- Vista de la Casa 15, del enterramiento 11 y de la fosa del Hierro Antiguo.

llama la atención la concentración de cerámica, restos de fauna doméstica, dos punzones y un escoplo.

GRUPO 9

Este grupo reúne un espacio de habitación (Casa 1), cuatro silos y una cubeta (Fig. 4.34 y 4.35; Cuadro 4.9). Al margen de estas estructuras, en el extremo meridional de este grupo, se documentó una zanja con un recorrido longitudinal de dirección SE-NO y sección en U. La relación de esta estructura, inter-pretada como un tramo de foso, con la Casa 1, parece más que probable; no obstante la interpretación funcional del conjunto plantea algunas dudas como se detallará posteriormente.

El principal hecho arqueológico del Conjunto 1 lo constitu-ye la Casa 1, una gran depresión de casi 5,5 m de longitud y 9 m de anchura con un recorrido longitudinal noroeste-sureste, y una profundidad que oscila entre los 50 y los 70 cm. Esta estruc-tura se relaciona de manera compleja con otras fosas y cubetas, situadas tanto en su perímetro interno, como en las bandas exte-riores más próximas a sus laterales. Las obras de urbanización previas al desarrollo de los trabajos arqueológicos han afectado

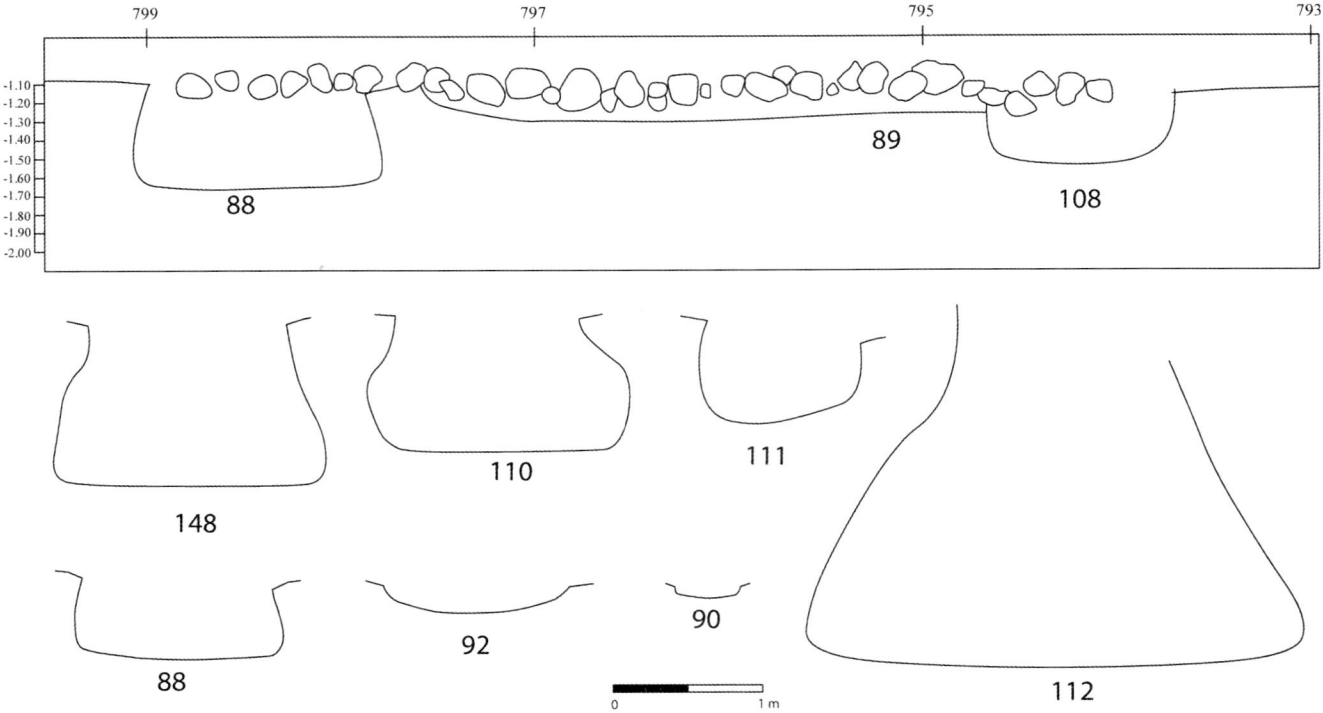

Figura 4.33.- Sección de la Casa 15 y de los silos del Grupo 8.

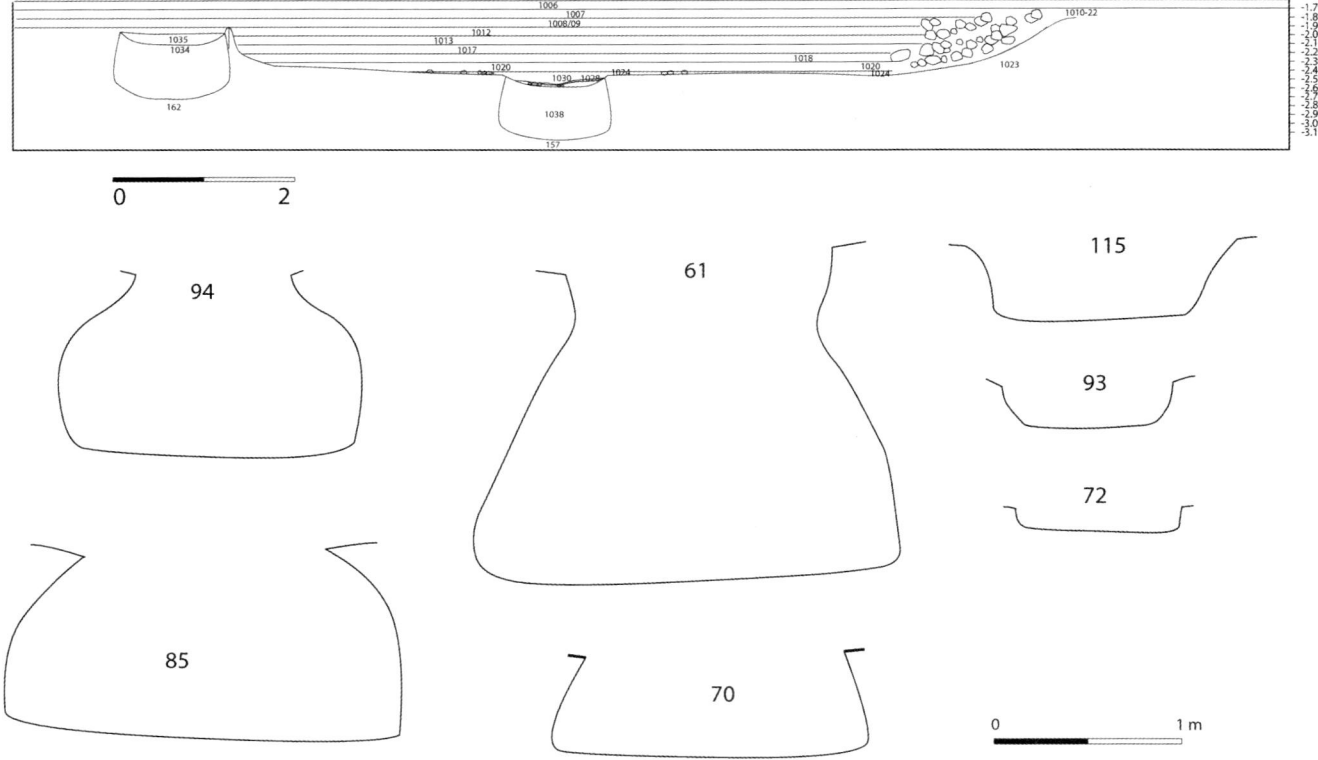

Figura 4.34.- Secciones de los silos del Grupo 9, del Foso 115 y de la Casa 1.

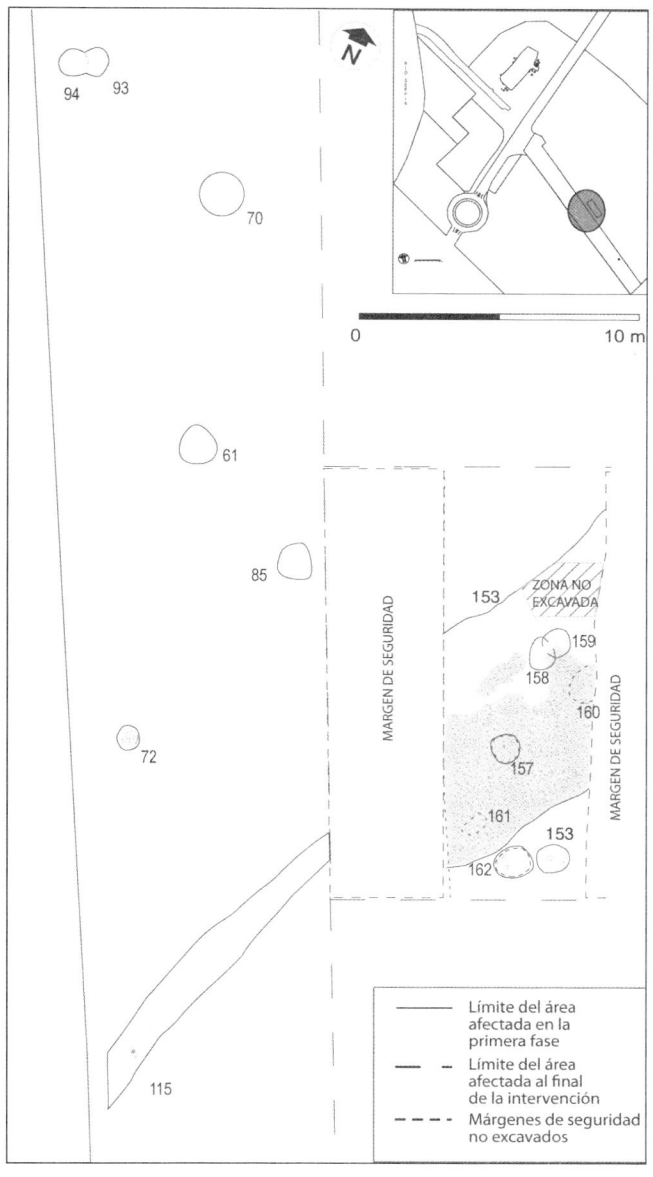

Figura 4.35.- Planta del Grupo 9.

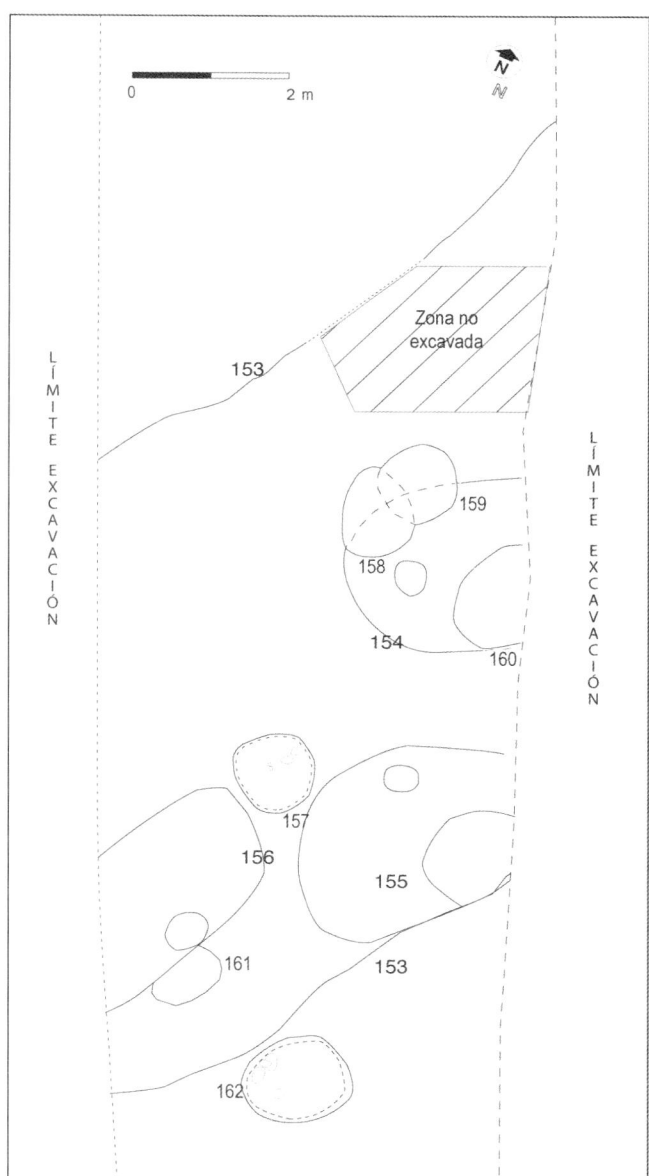

Figura 4.36.- Fase b de la Casa 1.

con distinta intensidad la morfología de las estructuras de este conjunto. A ello se suma el hecho de que algunas de ellas se prolongan más allá de los límites del área excavada lo que en definitiva ha comprometido la interpretación funcional del conjunto.

A partir de la estratigrafía diferenciada en el interior de este rebaje, los materiales arqueológicos recuperados y diversos elementos que podríamos considerar arquitectónicos, hemos diferenciado tres fases en la secuencia de construcción, uso y amortización de esta estructura. En una primera fase (fase b) se excavó un gran rebaje (153) y en su base diversas estructuras con dos tipologías principales. Por una parte tres grandes fosas de planta ovalada ubicadas en los ángulos NE (154), SE (155) y SO (156). A pesar de su conservación parcial, las tres presentan unas dimensiones y una morfología similares, al tiempo que

comparten la existencia de una pequeña cubeta excavada en una posición periférica en la base de cada una de ellas. No obstante, la fosa más meridional (156) se caracteriza por una forma más rectangular y una cubeta más marcada. En este caso, la orientación de la estructura parece relacionarla con el tramo del Foso 115, localizado en una zona contigua. Los rellenos de las tres fosas, de tierra arcillosa con presencia de algunas piedras, cantos y gravas, contenían abundante material arqueológico, principalmente restos cerámicos y faunísticos y, en menor medida, algunos fragmentos de malacofauna y restos de industria lítica (Fig. 4.36).

Junto a estas fosas de mayor tamaño y difícil atribución funcional, se excavaron otras de menores dimensiones, algunas de las cuales cortaban parcialmente a las primeras. La morfología de cuatro de ellas es muy irregular; una de ellas (161) afecta a la

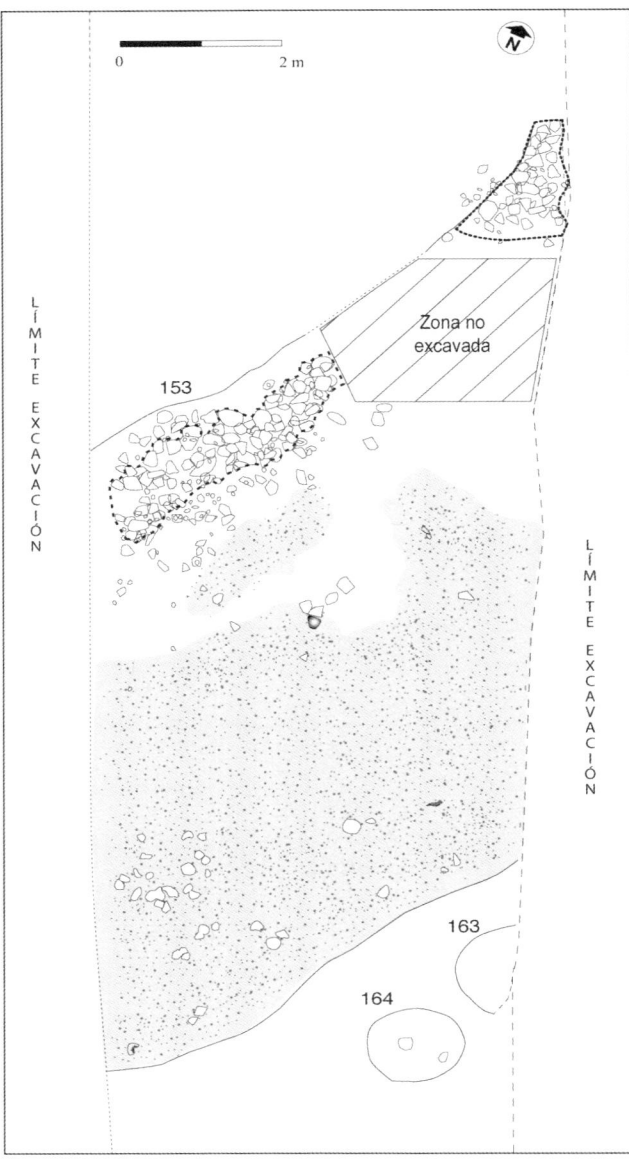

Figura 4.37.- Fase a3 de la Casa 1.

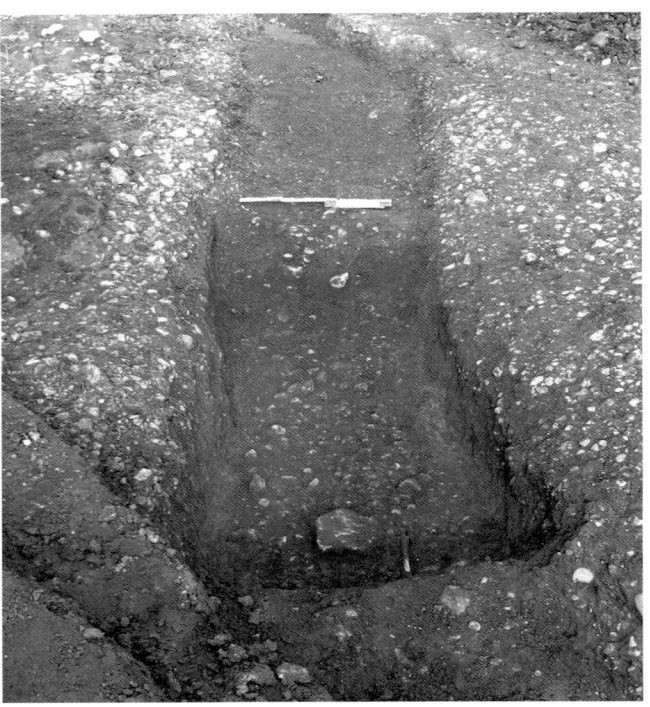

Figura 4.39.- Foto del foso.

fosa más meridional (156), mientras que en el extremo NE, se excavaron otras tres fosas de planta ovalada y sección irregular aunque de tendencia globular (158, 159 y 160). Aunque sólo han conservado su tramo inferior, podrían ser la base de silos parcialmente arrasados. Sus rellenos son bastante homogéneos, formados por una tierra areno-arcillosa, en ocasiones algo más compacta, con presencia de algunas gravas y cantos. Tan sólo se ha recuperado material arqueológico en dos de ellas (158 y 159). Por último, existen dos fosas de planta circular y sección troncocónica, mejor conservadas e interpretadas como silos (157 y 162). Sus rellenos proporcionaron numerosos fragmentos cerámicos y restos faunísticos, acompañados de abundantes gravas y cantos.

Durante la segunda fase se desarrollan algunas de las actividades más interesantes en el uso de esta estructura. Sobre la

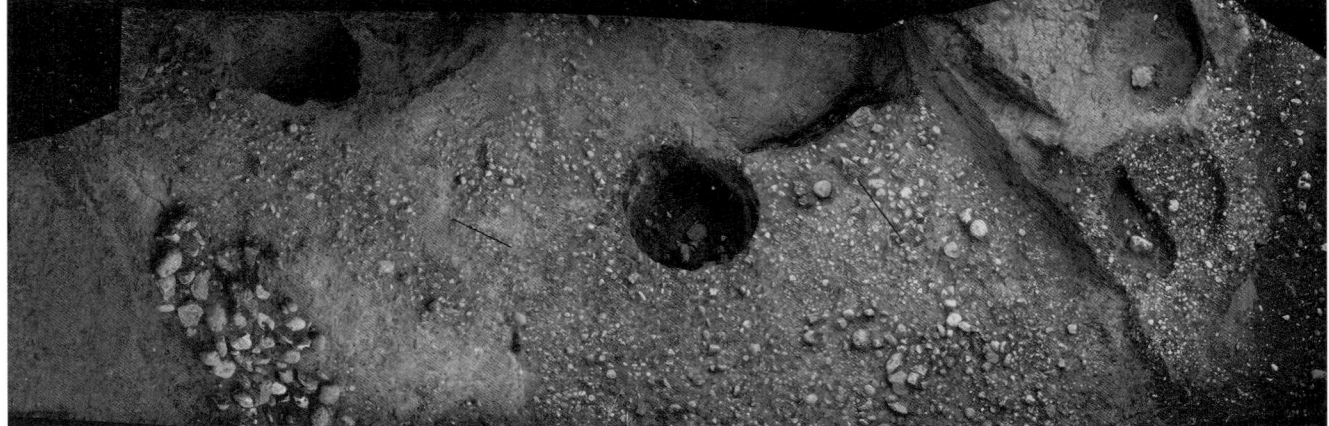

Figura 4.38.- Casa 1 con el pavimento de cantos y fosas de la fase inferior.

N. Estructura	UE	Planta	Sección	Fondo	Long.	Anch.	Ø boca	Ø base	Ø máximo	Profund.	Capacidad L
153	1023	Recorrido longitudinal	Paredes en suave pendiente	plano	546	900				60	
154	1031	ovalada	irregular	cóncavo	245	265				75	
155	1042	ovalada	irregular	cóncavo	265	230				60	
156	1048	ovalada	irregular	cóncavo	200	180				50	
157	1041	circular	troncocónica	cóncavo			107	98	117	71	759
162	1051	circular	troncocónica	plano			100		120	75	820
158	1040	ovalada	irregular	plano			112		112	40	
159	1053	circular	irregular	plano			94		94	60	
160	1054	circular	irregular	cóncavo			92		92	75	
161	1049	ovalada	irregular	cóncavo	112	65				40	
164	1032	circular	globular	plano	121	103			121	30	
163	1044	circular	troncocónica	plano	110		116		116	60	
61	2136	ovalada	troncocónica	irregular			91	220	231	176	4059
70	2216	circular	troncocónica	plano			139	168	168	56	1024
72	2183	circular	troncocónica inv.	plano	88					12	
85	2233	irregular	troncocónica	plano			130	202	204	103	2803
93	2204	irregular	irregular	plano			91	72		24	
94	2206	circular	troncocónica	plano			83	144	161	98	1453

Cuadro 4.9.- Estructuras del Grupo 9.

Fosa 47

A

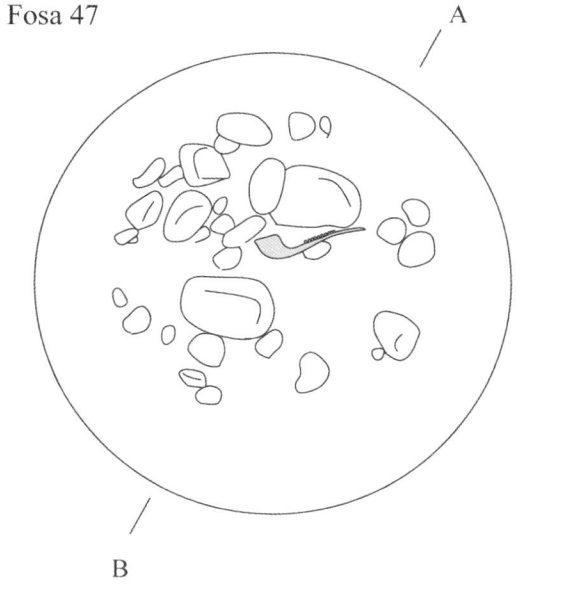

B

A

B

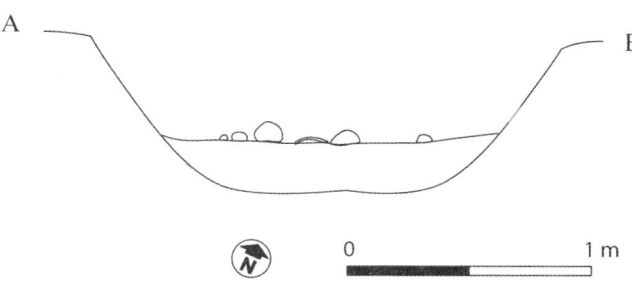

0   1 m

Figura 4.40.- Planta y sección de la fosa del Grupo 10.

base del rebaje (fase a3) se documentó una preparación de cantos y gravas sobre la que se colocó una capa de arena, definiendo lo que ha sido interpretado como el acondicionamiento de un suelo (UE1026). Este empedrado (Fig. 4.37 y 4.38) ocupaba la mayor parte de la zona excavada y junto a las gravas y cantos aparecía abundante material arqueológico, tanto cerámico como fauna principalmente. Uno de los hechos más característicos es la documentación de una serie de huesos, fundamentalmente cabezas y mandíbulas de ovicápridos, bóvidos y suidos que estaban colocados sobre el empedrado, coincidiendo con la parte superior de las fosas amortizadas.

Por encima de todas estas estructuras excavadas, el tramo superior del rebaje estaba colmatado por un relleno bastante uniforme, con una fuerte pendiente hacia el E, formado por tierra muy arcillosa en el que la presencia de materiales arqueológicos iba disminuyendo desde la base hasta la superficie, en las dos fases diferenciadas (a1 y a2). Paralelamente, el relleno se apoyó sobre una acumulación de cantos colocados contra la pared en el extremo norte del rebaje, cubriéndolos progresivamente.

Al exterior del perímetro delimitado por la gran estructura excavada se documentaron dos fosas (163 y 164) de planta circular. Una de ellas tan sólo conservaba la mitad y la segunda no proporcionó material alguno, por lo que su interpretación funcional e incluso su pertenencia a alguna de las fases diferenciadas en la Casa 1 no ha podido resolverse.

Con los datos actuales, la interpretación de la funcionalidad de este conjunto, así como de las actividades llevadas a cabo en su espacio interior, plantean algunas dudas. Si bien la morfología, especialmente la profundidad del rebaje, que alcanza los 60-70 cm en algunas zonas, no constituye la más característica para interpretarlo como una vivienda semisubterránea, la presencia de otros restos constructivos como el pavimento con el que se recubre el fondo del rebaje, las acumulaciones de cantos dispuestas en su pared septentrional y algunos fragmentos de barro cocido, podrían significar un espacio doméstico.

Finalmente, la combinación del análisis de los materiales hallados en los niveles de relleno, junto con la presencia también de cantos en los niveles superiores, podría revelar la existencia de otras estructuras de cronología prehistórica construidas en el entorno del gran rebaje. En este sentido, el análisis de los fragmentos de barro cocido recuperados en ella, más abundantes en los niveles superiores, también ha proporcionado datos interesantes, como la identificación de un pie o soporte macizo, parcialmente modelado y diversos fragmentos con improntas vegetales de paja que formaría parte de elementos constructivos.

En las inmediaciones de la Casa 1 se hallaron otras estructuras excavadas, concretamente 4 silos y 2 cubetas. Los silos de mayores dimensiones (61 y 85) se sitúan más cerca de la estructura de habitación. Entre el abundante material arqueológico que contenía el relleno del 61 destacan los fragmentos cerámicos y los restos óseos, pero también un colgante facetado y una azuela. El Silo 85, sin embargo, se excavó de manera parcial y no se recuperaron materiales.

Los dos silos más alejados proporcionaron interesantes materiales en su interior. En el Silo 70, se concentraba una de las mayores acumulaciones de malacofauna marina del yacimiento, destacando la representación de *Patella*; además se encontraron algunos fragmentos cerámicos y un fragmento de recipiente contenedor de barro cocido. En el caso del Silo 94, llama la atención la concentración de fragmentos cerámicos entre los que han podido identificarse, al menos, 7 vasos de distinta tipología. Este silo corta a una pequeña cubeta (93) en la que aparecieron restos de, al menos, un vaso cerámico y escasos fragmentos de fauna doméstica y malacofauna marina. No resulta fácil resolver la relación diacrónica entre ambas estructuras.

Finalmente, pertenece al Grupo 9 una cubeta de pequeñas dimensiones (72) pero interesante por los materiales que contenía, entre ellos, algunos fragmentos cerámicos y de fauna doméstica, pero también un molino rodeado por varios cantos medianos. Desde el punto de vista funcional consideramos que se trata de una estructura de las que hemos calificado como "talleres de trabajo" donde se depositarían algunos útiles empleados de manera cotidiana, por ejemplo, el molino encajado entre algunas piedras facilitaría las tareas de molienda y la recogida de la harina en la propia cubeta.

Como comentábamos al inicio de la descripción de este Grupo 9, existe otra estructura cuya relación espacial con la Casa 1 parece probable. Se trata de una zanja (Fig. 4.39) interpretada como foso (115). En su interior se diferenciaron dos rellenos, un primer paquete arcilloso marrón oscuro con gravas y cantos en el que son abundantes los materiales prehistóricos, entre ellos fragmentos cerámicos, restos de fauna doméstica, algunos ejemplares de malacofauna marina, así como escasos restos de industria lítica y fragmentos de restos constructivos en barro cocido. Inmediatamente sobre la base se distinguió un nivel de tierra arcilloso, muy compacto. Su base está formada por una capa de cantos, similar a la documentada en la estructura de la Casa 1.

Se ha obtenido una datación (4045±52 BP) que demuestra su sincronía, al menos con el área de habitación del Grupo 5, y con el enterramiento (143) en cámara lateral del Conjunto 4. Dada el carácter funcional dispar de las estructuras pertenecientes a ambos grupos situados, respectivamente, al noroeste y al sureste del foso, parece razonable que éste delimitara física y tal vez, simbólicamente áreas del yacimiento destinadas a diferentes usos.

GRUPO 10

Una sola fosa (Fig. 4.40) compone este último grupo. En su interior se hallaron diversos restos faunísticos con partes anatómicas significativas. No obstante, la estructura se encuentra aislada, por tanto, consideramos que se encuentra en una zona marginal del poblado.

NOTA

Este trabajo se ha realizado en el marco del proyecto *Origins and Spread of Agriculture in the western Mediterranean region* (ERC-2008-AdG 230561).

Capítulo 5

SEPULTURAS Y DEPÓSITOS ESPECIALES

O. García Puchol, O. Gómez Pérez y P. Iborra Eres

La intervención en el yacimiento que nos ocupa deparó la documentación de una serie de inhumaciones en silos que daban cuenta de un trasfondo ritual singular (Bernabeu *et al.*, 2010). Los espacios acondicionados para proceder a las inhumaciones, el tratamiento dado a los individuos inhumados, y la propia naturaleza de los materiales que los acompañaban, inciden en el interés de la información aquí presentada. Un total de cuatro depósitos funerarios fueron finalmente individualizados; aunque también se recuperaron restos óseos humanos en contextos no funerarios, formando parte en este caso del relleno inferior de una estructura de habitación y del interior del foso (Estructura 115). Nos ceñiremos en un primer apartado a los aspectos descriptivos relativos a los conjuntos funerarios bien definidos, desde la descripción del continente (las tumbas) y de su contenido (restos óseos humanos y cultura material), hasta su ubicación en el espacio del poblado. Seguidamente abordaremos una valoración del contenido de las tumbas y su relación con algún depósito particular, para acabar con la descripción de aquellos aspectos relativos a la contextualización de hallazgos humanos dispersos y de otros depósitos considerados especiales.

DESCRIPCIÓN DE LOS CONJUNTOS FUNERARIOS

Los cuatro depósitos funerarios contienen inhumaciones individuales en el interior de estructuras excavadas a modo de silos. Como acontece con los numerosos hoyos de estas características identificados en el lugar, comportan una variabilidad de formas y tamaños. A ello cabe sumar la singularidad en el acondicionamiento de los mismos, aspecto que además implica una preparación diferencial, tal como se desprende al menos de las tres estructuras mejor conservadas. De una cuarta, excavada parcialmente, la información manejada impide hacer una valoración más ajustada.

Sobre la existencia de marcadores aéreos de los depósitos no tenemos ningún dato, toda vez que el grado de arrasamiento de los niveles arqueológicos habría afectado directamente a los mismos. Esta posibilidad no debe ser descartada ante su posible reconocimiento en otros contextos similares (Peiró, 1949).

En los cuatro ejemplos la deposición hace referencia a un único individuo, entre los cuales al menos dos casos (Conjuntos 10 y 11) obedecen a depósitos primarios (ver Capítulo 11). Entre éstos, el Conjunto 11 muestra los restos casi completos de un individuo a falta del cráneo –del cual únicamente se conservan pequeños fragmentos–. Una tercera tumba incluye los huesos parciales de un individuo. En la cuarta sólo se documentaron algunos fragmentos craneales. Este detalle da cuenta de por sí de la variabilidad de tratamientos dados a los diferentes cuerpos y por lo tanto de la existencia de prácticas particulares relacionadas con el ceremonial practicado. La propia cultura material asociada conlleva unas pautas distintivas cuyo significado no resulta fácil entrever, tal como analizaremos más adelante. Veamos a continuación la descripción de cada uno de los conjuntos excavados.

Conjunto 3

El Conjunto funerario 3 (localizado en el Grupo 4) se organiza en el interior de un silo (95) de tamaño medio (3230L), perfil acampanado y base plana (diámetro de boca: 1,51 m; diámetro de base: 1,96 m; profundidad máxima conservada de 1,58 m) –UE 2162– (Fig. 5.1). En uno de los laterales –norte–, y desde la base, se excavó una cámara lateral (UE 2199) donde fueron colocados los restos parciales de un individuo y elementos de cultura material (UE 2214). Seguidamente, esta cámara –de 1,5 m de longitud, 0,65 m de profundidad y altura–, fue sellada mediante la disposición de bloques de piedra de mediano tamaño y tierra (UE 2198) hasta la colmatación final de la estructura (UE 2161).

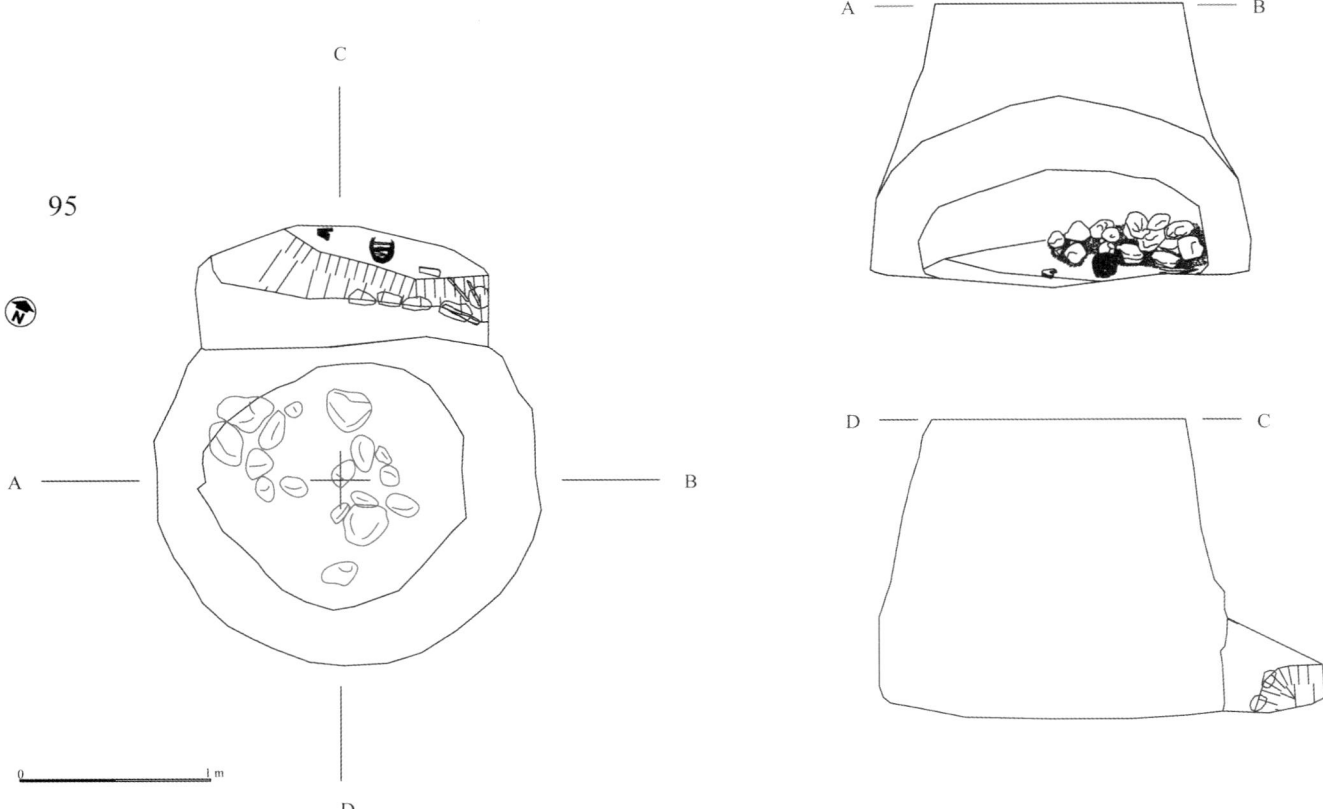

95

Figura 5.1.- Planta y secciones del conjunto 3.

Del individuo quedaron depositados una serie de huesos, entre los que podemos identificar el cráneo (fragmentado y bastante deteriorado), la mandíbula, así como diversos fragmentos postcraneales –restos de tibia y peroné–. Se trata por tanto de un enterramiento secundario. El estudio antropológico identifica los restos de un cuerpo masculino de edad comprendida entre los 20 y 40 años (ver Capítulo 11). Los escasos huesos acomodados aparecen de forma dispersa, apoyados directamente sobre la base de la estructura. En una localización más o menos central se sitúa el cráneo, jalonado a su izquierda por los restos mandibulares, y a su derecha por un hacha plana y un punzón biapuntado (ver Capítulo 16). En el extremo O de esta cámara fueron colocados los fragmentos post-craneales. Sugiriendo una escena singular, el cráneo queda apoyado directamente sobre la base y dispuesto frontalmente según el eje transversal de la misma (Fig. 5.2).

Tras el tapiado de la covacha, la estructura fue colmatada con tierra y piedras entre las cuales quedaron incorporados algunos escasos restos dispersos de materiales –cerámica, sílex, y fauna– (Cuadro 5.1 y Fig. 5.3). Resulta factible suponer que, tras un probable uso como contenedor, se llevara a cabo la transformación del habitáculo hasta su reconversión final en tumba, mediante la excavación de la cámara lateral y la posterior deposición y sellado de la misma. Dos dataciones efectuadas sobre material óseo del individuo inhumado sitúa su utilización hacia mediados del III milenio cal. a.C. (4000±50 BP y 3946±28 BP).

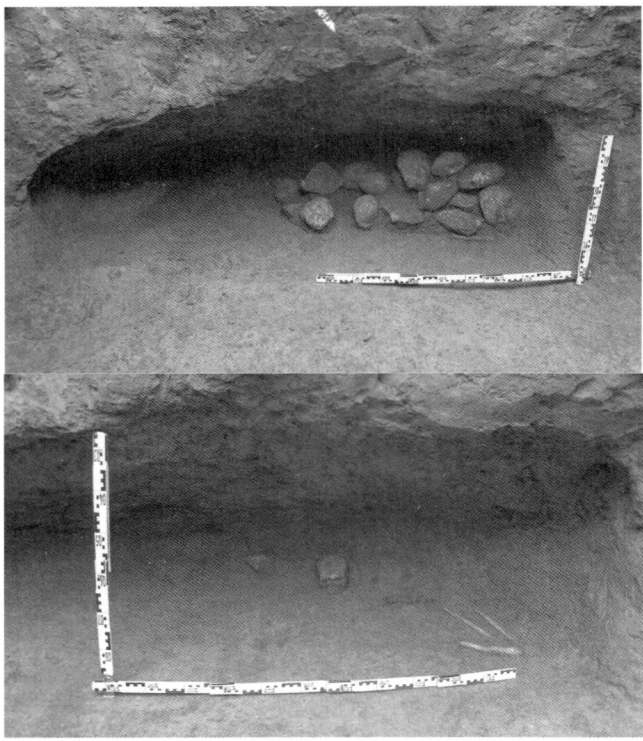

Figura 5.2.- Vistas del conjunto 3.

	Sílex	Cerámica	Metal	Adornos
Conjunto 3			Punzón biapuntado	
			Hacha plana	
Conjunto 10	x	Campaniforme MHV/ Otros		
Conjunto 11	Punta de flecha/ Otros	Campaniforme CZM	Frag. Puñal	Colgante arciforme
Estructura 201		Cuenco carenado	Puñal lengüeta	Cuentas collar piedra verde

Cuadro 5.1.- Restos materiales asociados a los conjuntos funerarios.

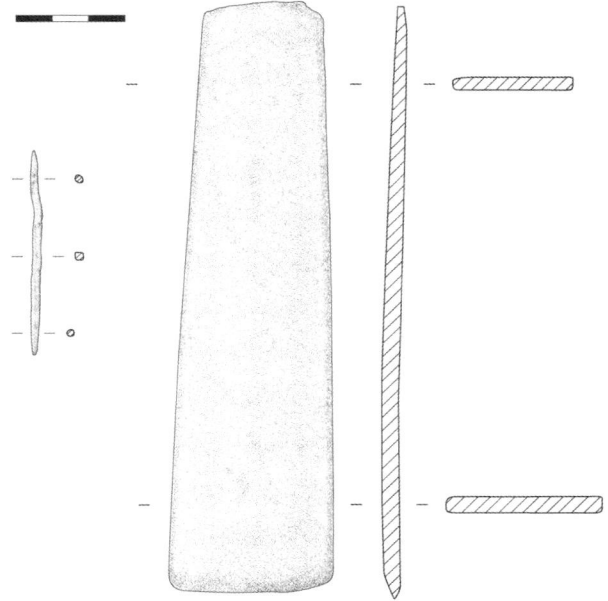

Figura 5.3.- Hacha plana y punzón biapuntado del conjunto 3.

Conjunto 10

Pasamos a describir ahora un enterramiento muy particular localizado en el Grupo 7. En este caso el contenedor elegido obedece a una gran estructura en forma de silo (31) cuyas dimensiones son las siguientes: 2,52 m de diámetro de boca, 2,91 m de diámetro máximo de base y una profundidad de 2,24 m (Fig. 5.4). Se trata por tanto de una estructura de grandes proporciones (9354L), de perfil troncocónico y base plana (UE 3090). No podemos descartar en origen una función como silo, dada la documentación en el lugar de estructuras de similar tamaño y características sin evidencias de aprovechamiento funerario. Más allá de sus dimensiones, conviene subrayar la inversión de trabajo para el acondicionamiento interno del espacio como habitáculo funerario. Desde la naturaleza de los objetos depositados y los tiempos empleados en su disposición, hasta la preparación del lecho mortuorio, advierten del tratamiento diferencial dado al individuo inhumado: una mujer de edad estimada entre los 20-25 años.

Con independencia de la excavación *ex professo* o no de la estructura, es posible distinguir una serie de episodios relacionados con su preparación posterior y realizados en un presu-mible corto espacio de tiempo. El primero de éstos obedecería a la colocación sobre la base horizontal de la misma, y en uno de sus laterales (NW), de dos pequeños vasos dispuestos del revés y rodeados de un murete de piedras que dibuja un pequeño receptáculo entre él mismo y la pared (UE 3092) (Fig. 5.4 y 5.5). Del interior de este espacio procede un conjunto faunístico compuesto por restos de conejo. El siguiente episodio detectado responde a una acumulación de piedras y tierra que descansa sobre un paquete de tierra oscura y alcanza un espesor variable hasta la base (UE 3091) (Cuadro 5.1).

A continuación se rellenarían los laterales mediante arenas anaranjadas –extraídas con toda probabilidad de la propia pared del silo– hasta alcanzar aproximadamente la cota superior de la acumulación de piedras (UE 3084 y 3085). Se prepara de este modo una superficie más o menos horizontal de sedimento arenoso, situada a 1,5 m desde la superficie y a unos 0,60 m de la base. Sobre ella, en el lateral W, se lleva a cabo la deposición del cadáver, que se encuentra flexionado y dispuesto de cubito lateral derecho (UE 3056). Identificado como una mujer joven, el esqueleto se encontraba prácticamente completo (Fig. 5.6) (ver Capítulo 11). El carácter primario del enterramiento contrasta con otras evidencias funerarias localizadas en el yacimiento.

A un lado del cráneo, y entre dos piedras hincadas de tamaño medio, fue depositado un pequeño vaso entero –cuenco–. Justo en el lado opuesto de la estructura, y a una cota similar, se procedió a la colocación de un vaso campaniforme de estilo marítimo internacional (MHV: *Maritime Herringbone Variety*), prácticamente completo (ver Capítulo 14 y Fig. 5.7). Tanto el cadáver y el vaso inmediato, como el vaso campaniforme, quedaron recubiertos por una especie de banquetas de sedimento arenoso que llegaban a alcanzar un espesor variable de unos 0,30 m (UE 3079).

El relleno superior difiere notablemente de lo descrito, correspondiendo a un sedimento arcilloso de coloración marrón oscuro con presencia de alguna piedra, y que, a juzgar por los escasos materiales recuperados, resultó prácticamente inmediato a la deposición (UE 3044). Este hecho queda corroborado por la documentación de fragmentos de cerámica pertenecientes a tres vasos dispersos entre los rellenos inferiores y superiores. Se advierte de este modo la intencionalidad inmediata de cubrir el enterramiento una vez finalizado el episodio ceremonial allí acaecido. Sólo las capas iniciales incorporan algún fragmento de cerámica a torno, resultado de intrusiones posteriores. En un apartado posterior tendremos ocasión de ahondar en todos estos aspectos. La datación C14 AMS obtenida sobre una muestra ósea del individuo inhumado es de 3920±50 BP.

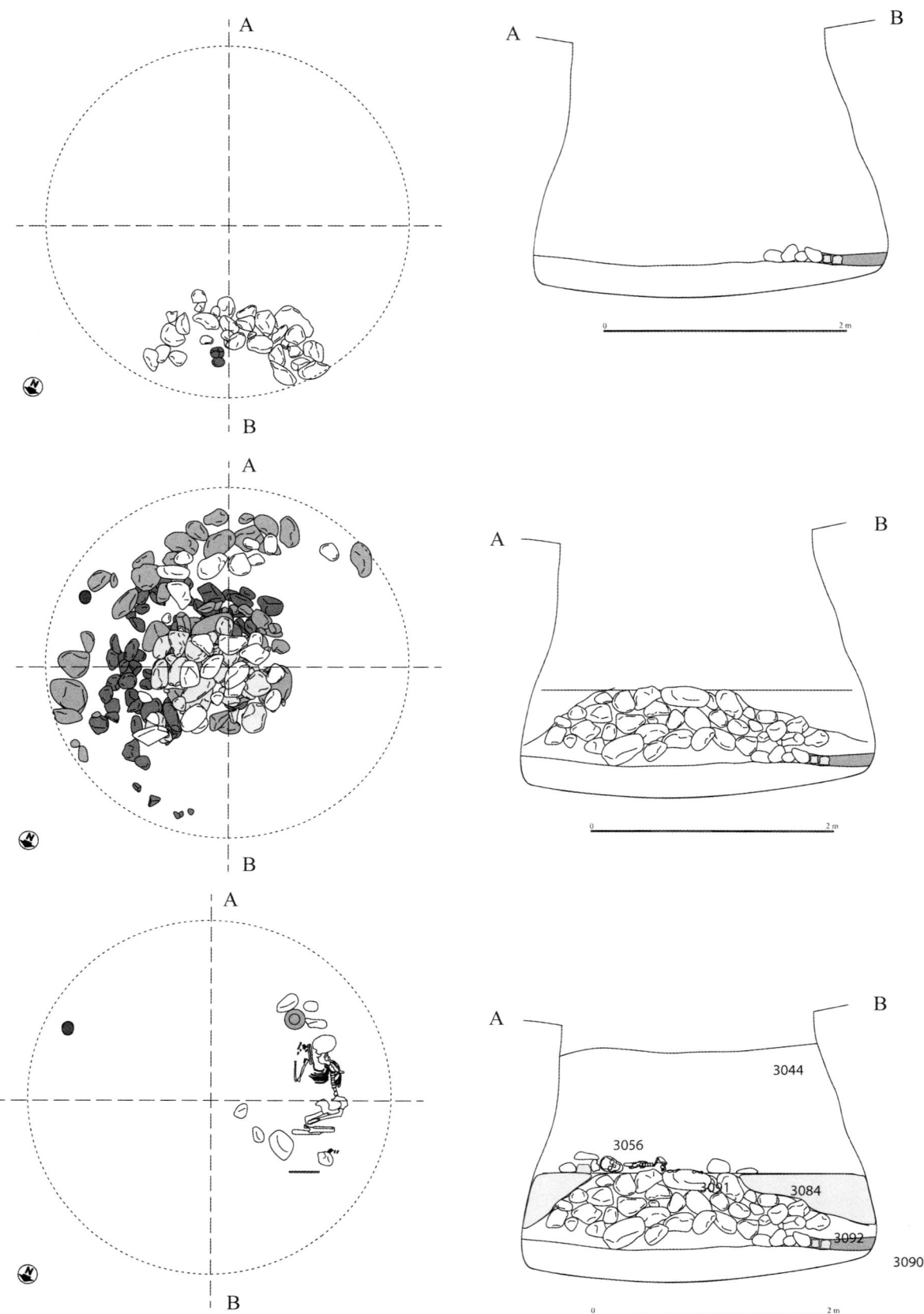

Figura 5.4.- Planta y secciones del conjunto 10 en las diferentes fases de conformación del depósito.

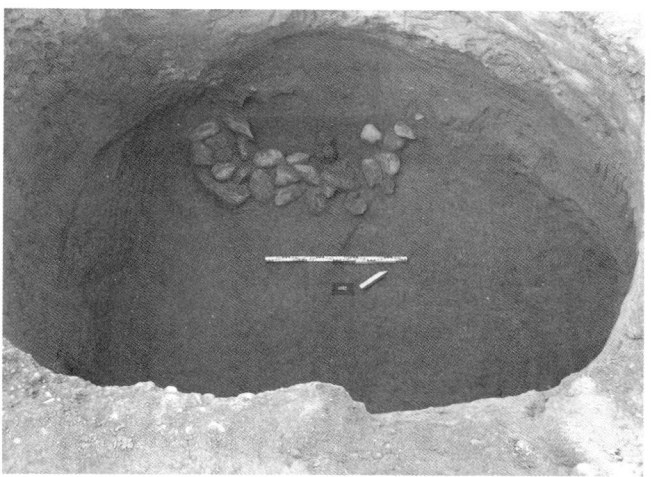

Figura 5.5.- Detalle del murete de piedra situado en la base del conjunto 10.

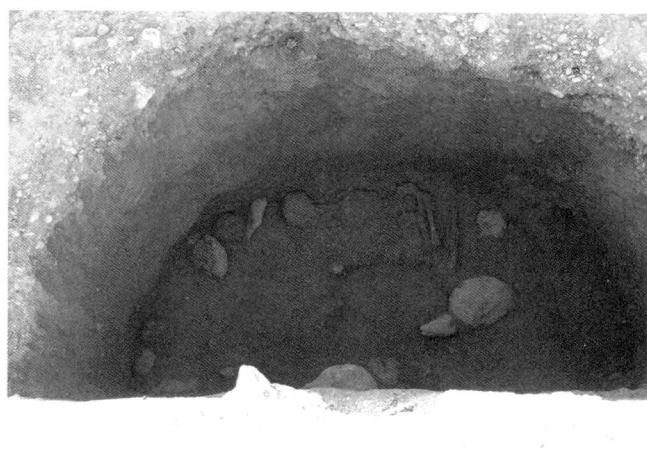

Figura 5.6.- Detalle del enterramiento del conjunto 10.

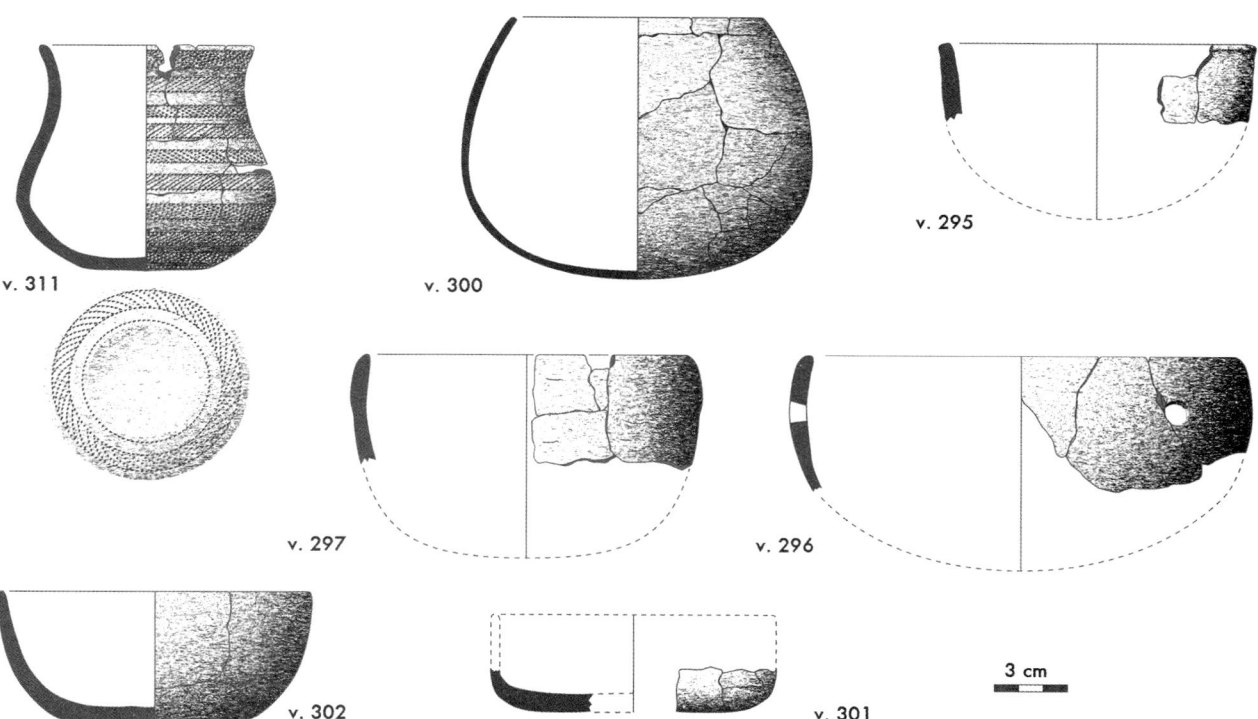

v. 311

v. 300

v. 295

v. 297

v. 296

v. 302

v. 301

3 cm

Figura 5.7.- Vasos cerámicos procedentes del conjunto 10.

Conjunto 11

La estructura que pasamos a describir observa una morfología en forma de silo (45), de perfil acampanado y base plana (Grupo 8). De medianas dimensiones (2074L), con un diámetro de boca de 1,43 m y un diámetro de base de 1,74 m, alcanza una profundidad desde su detección de 1,10 m (UE 3075) (Fig. 5.8 y Fig. 5.9). En este contenedor, y sobre un lecho de disposición horizontal, conformado por sedimento arcilloso marrón oscuro (UE 3114), fue colocado un individuo masculino de edad comprendida entre 20-40 años (ver Capítulo 11). Flexionado y dispuesto en posición decúbito lateral derecho, el individuo apareció prácticamente completo, con la excepción de gran parte del esqueleto craneal. En efecto, del cráneo únicamente se recuperaron algunos pequeños huesos de la base y 6 piezas dentales. Debemos suponer por tanto que el individuo podría haber quedado dispuesto de forma primaria en el lugar, y que tras un tiempo se efectuaría la separación del cráneo in situ.

A su derecha, e inmediato a la pared de la estructura, fue depositado un vaso campaniforme de estilo marítimo mixto (CZM: *Corded Zoned Maritime*) –ver Capítulo 14 y Fig. 5.10–. En las inmediaciones del cuerpo, justo a la derecha del tron-

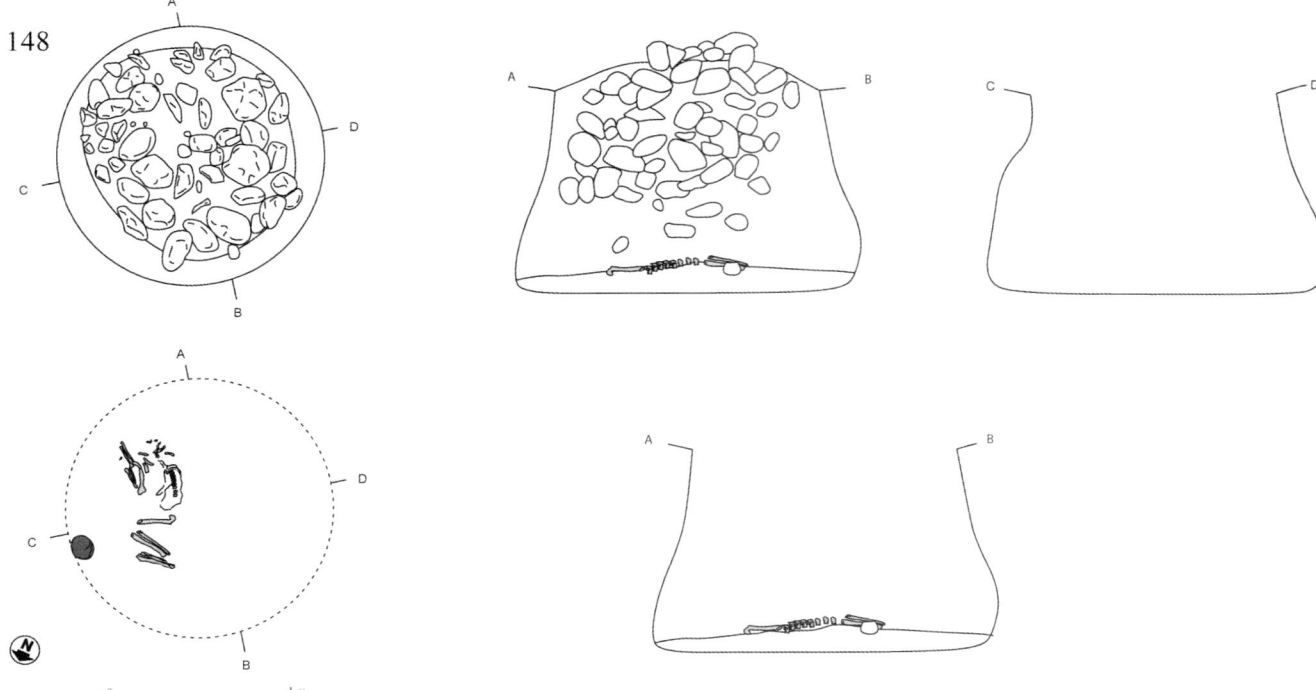

Figura 5.8.- Planta y secciones del conjunto 11.

co, se encontró un fragmento de puñal de cobre (ver Capítulo 16). También fue recuperado un colgante arciforme (*Semicassis undulata*). El conjunto lítico tallado resulta igualmente significativo: diversos restos de talla además de una punta de flecha de pedúnculo y aletas. Del relleno de preparación del lecho mortuorio, y sin que por tanto pueda considerarse propiamente como ajuar, procede también un pequeño lote de materiales, entre los que destacaremos un fragmento de lasca con retoque invasor (UE 3114) (Cuadro 5.1).

El conjunto mortuorio fue recubierto con un relleno de tierra arcillosa y grandes bloques de piedra de base a techo (UE 3074) (Fig. 5.8). Su uniformidad permite suponer que fue realizado en un único episodio.

Contamos con una datación radiocarbónica AMS realizada sobre uno de los restos óseos del individuo que ha proporcionado una fecha de la segunda mitad del III milenio cal. a.C. (3830±40 BP).

Estructura 201

Excavada parcialmente, la información disponible de esta estructura mortuoria permite aproximarnos a grandes rasgos a su naturaleza y características (Pascual Beneyto *et al.*, 2006). Se trata, como en los casos anteriores, de una estructura excavada en forma de silo, de planta probablemente circular, sección troncocónica y base plana (Grupo 7). Los datos recogidos refieren una profundidad máxima conservada de 1,38 m y una anchura de 1,02 m. En la parte basal de la estructura (UE 1003) aparecieron dos fragmentos craneales de un individuo humano –el sexo no ha podido ser determinado–. Resulta factible suponer que una parte, o el resto del esqueleto, pudiera haber estado deposi-

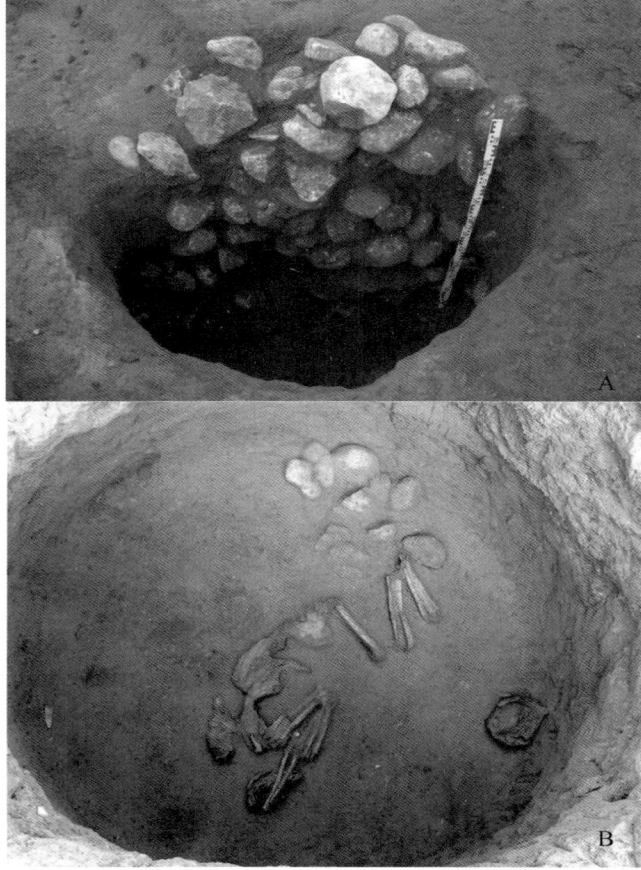

Figura 5.9. Detalle del enterramiento del conjunto 11.

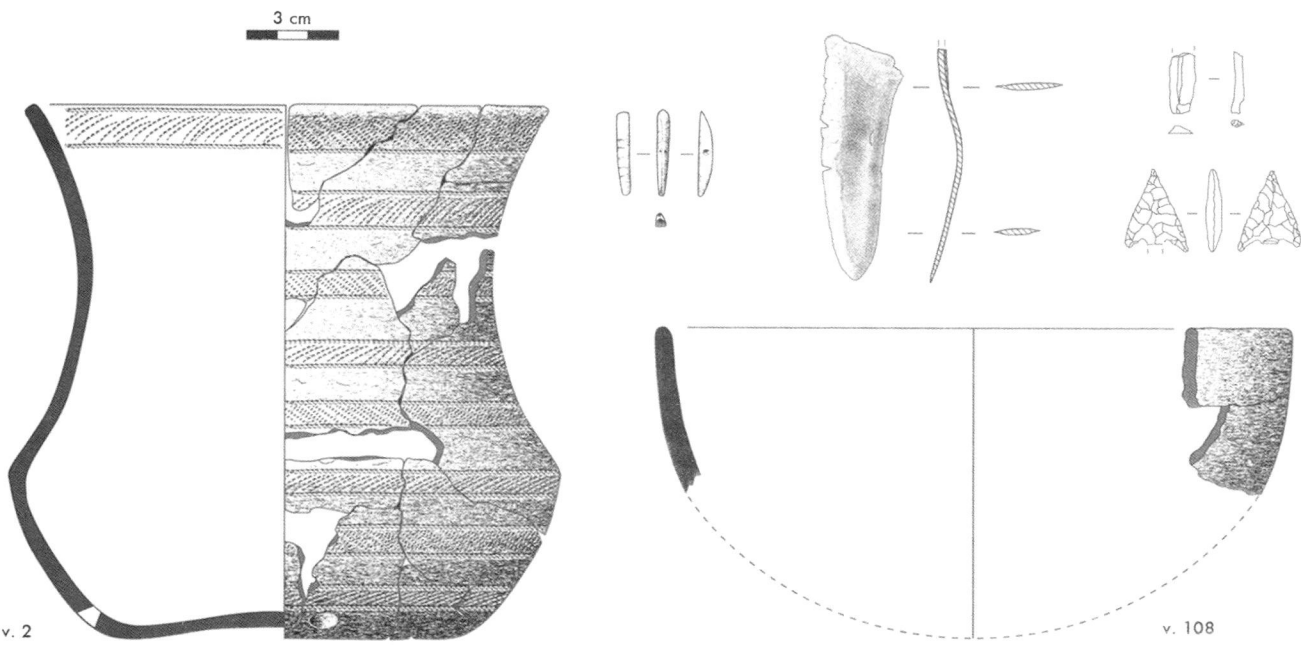

3 cm

v. 2   v. 108

Figura 5.10.- Cultura material recuperada en el conjunto 11.

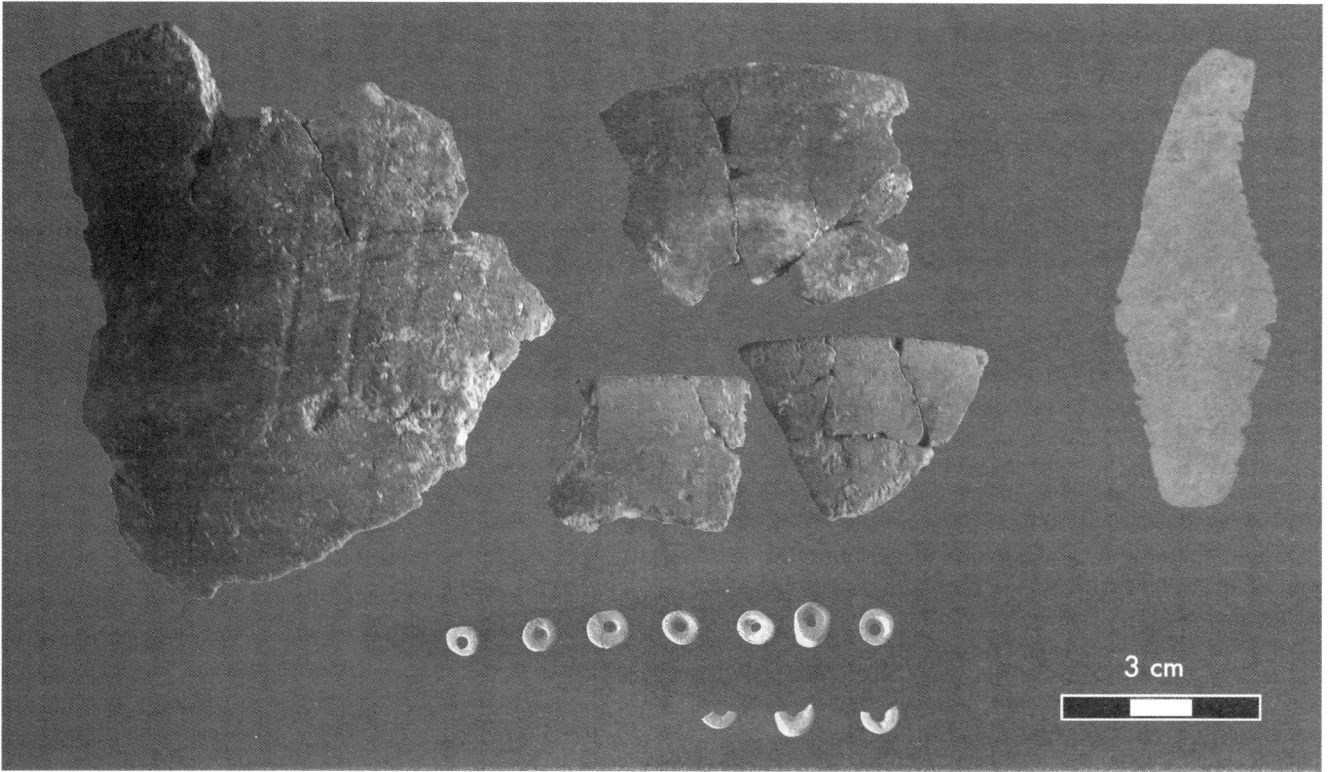

3 cm

Figura 5.11.- Cultura material procedente de la estructura de enterramiento 201.

tado en el espacio destruido por la acción de la pala mecánica. Junto a uno de estos restos fueron hallados nueve cuentas de collar de piedra verde, además de un puñal de lengüeta y fragmentos de un cuenco carenado con decoración acanalada (Fig. 5.11 y Cuadro 5.1).

Cubriendo este depósito se añadió un relleno de grandes cantos y bloques de piedra y tierra que alcanzaba una potencia máxima de 1 m, y conformaba una acumulación de disposición central (UE 1002). Los materiales arqueológicos recuperados fueron escasos. Por encima fue individualizado un relleno superior, de potencia menor –0,25 m– que llegaba hasta el techo de la estructura (UE 1001).

DISTRIBUCIÓN DE LOS ENTERRAMIENTOS EN EL ESPACIO

En primer lugar cabe señalar que la situación de las estructuras funerarias en el área excavada parece responder a un patrón disperso, pero integrado en el espacio habitado (Fig. 5.12). En este sentido, si bien el área de la excavación queda restringida a las directrices impuestas por la planificación de las obras de urbanización, contamos con una superficie excavada amplia, que puede servir de base para tratar de esbozar algunas de las pautas seguidas a la hora de seleccionar aquellos espacios que obedecen a un carácter ritual y/o funerario. La organización en grupos efectuada sugiere en algún caso la posibilidad de una relación directa con los espacios de habitación descritos tal como indicaría la coincidencia de fechas entre el Conjunto funerario 10 y los restos de estructuras domésticas del Conjunto 7. En cualquier caso, su situación observa cierta distancia con respecto a las estructuras de habitación (unos 10 m en el ejemplo aludido), espacios que también manifiestan una notoria dispersión tal como se desprende del mapa de localizaciones. No obstante, estructuras domésticas de diversa índole (principalmente de almacenaje) se suceden en las inmediaciones de los depósitos funerarios. En todo caso, no es posible advertir un patrón de reagrupamiento de estos últimos, dado que se encuentran distribuidos a lo largo y ancho del área de la intervención.

En cambio, si tenemos en cuenta aquellas deposiciones particulares a las cuales puede concedérseles también un carácter que excede el meramente funcional, ya dentro de la esfera ideológica, cabe advertir de alguna relación que puede resultar significativa. La cercanía entre el Conjunto 10 (depósito funerario) y el silo 33, que contiene un depósito faunístico interpretado como especial, puede no ser casual. De cualquier modo, resulta obvio como la parcialidad de la excavación efectuada condiciona la valoración de las relaciones espaciales entre las diferentes estructuras visualizadas, así como de su sincronía.

CULTURA MATERIAL, AJUARES Y OFRENDAS VOTIVAS

La condición de "ajuar" que adquieren determinados objetos viene determinada tanto por su colocación intencional asociada a la deposición del individuo inhumado, como por el valor alcanzado por los mismos en el seno de la esfera simbólica de estos grupos sociales. El valor económico de algunas artesanías, que en ocasiones requieren la existencia de circuitos de intercambio bien establecidos para su difusión, supone un plus añadido en su consideración. En otros casos, más allá del rédito económico, existe un vínculo ideológico cuyo significado resulta más difícil de establecer: patrones de género, simbolismo asociado, habilidades en vida, entre otros. Al mismo tiempo, diversos elementos de cultura material pueden estar presentes en las tumbas al formar parte de la propia indumentaria del in-

dividuo, más allá de una consideración específica como objetos especiales.

En todas las tumbas de La Vital han aparecido elementos de cultura material que podemos calificar como singulares. Las pautas mostradas ofrecen una cierta especificidad, y si bien el número de ejemplos conocidos no deja de ser menor, se intuye la existencia de modelos distintivos en función de la condición sexual del individuo y del estatus social alcanzado en vida. Reforzando esta apreciación, y si ampliamos el marco contextual del análisis, las singularidades observadas no parecen obedecer a un patrón común, sino aplicado a determinados individuos socialmente valorados.

De los individuos enterrados, dos corresponden a varones de edad entre 20-40 años, otro a una mujer joven (20-25 años), y por último un cuarto individuo cuyo sexo no ha podido ser determinado (estructura 1). No parece casual que los elementos metálicos únicamente aparezcan en relación con los hombres. Entre éstos han sido clasificados 4 piezas de cuidada factura características de los ajuares campaniformes: 1 puñal de lengüeta, un hacha plana, un punzón biapuntado y un fragmento de puñal, todas ellas elaboradas en cobre. Las asociaciones señaladas resultan distintivas: vaso campaniforme/fragmento de puñal de lengüeta/elementos sobre piedra tallada (punta de flecha), hacha plana/punzón de cobre, vaso decorado/puñal de lengüeta/cuentas de collar sobre piedra verde. La presencia del puñal de lengüeta en la estructura 201 plantea pues la posibilidad de su asimilación a un individuo masculino.

Los *objetos metálicos* clasificados dan cuenta de su significación como bienes de prestigio. Armamento, objetos de carácter utilitario diverso, son aupados a la categoría de piezas valoradas por su valor económico intrínseco, pero seguramente provistos de otro tipo de significado social. La transmisión de la idea de lo masculino, a la cual se adhieren normalmente las prácticas relacionadas con la caza, y también con la guerra, son algunas de las hipótesis desarrolladas en la bibliografía al uso (Salanova, 1998).

Los *restos líticos tallados* documentados en el Conjunto 11 suponen un añadido igualmente valorado. Entre las piezas reconocidas, una punta de flecha de pedúnculo y aletas y un fragmento proximal de lámina, entre un conjunto moderado de restos de talla (6 lascas, 1 fragmento indeterminado y 30 esquirlas). Sin embargo, debemos plantear en este caso otro tipo de consideraciones fuera de la órbita económica, quizá también relacionadas con lo masculino, o incluso algo más inmediato: las habilidades practicadas en vida, o la creencia de su utilidad en el más allá.

La *vajilla cerámica* ocupa un lugar destacado entre la selección de objetos destinados a las tumbas. Cabe incidir en como la cerámica campaniforme únicamente ha sido detectada formando parte del equipamiento mortuorio. Un vaso campaniforme de la variante conocida como marítimo internacional, y una pequeña olla sin decoración son los dos objetos depositados en el lecho funebre de la única difunta localizada hasta la fecha en el yacimiento (Conjunto 10). Un segundo ejemplo (marítimo mixto) procede de un enterramiento masculino (Conjunto 11), asociado a metal y otros restos. Por lo tanto, de su presencia no puede deducirse una expresión de género.

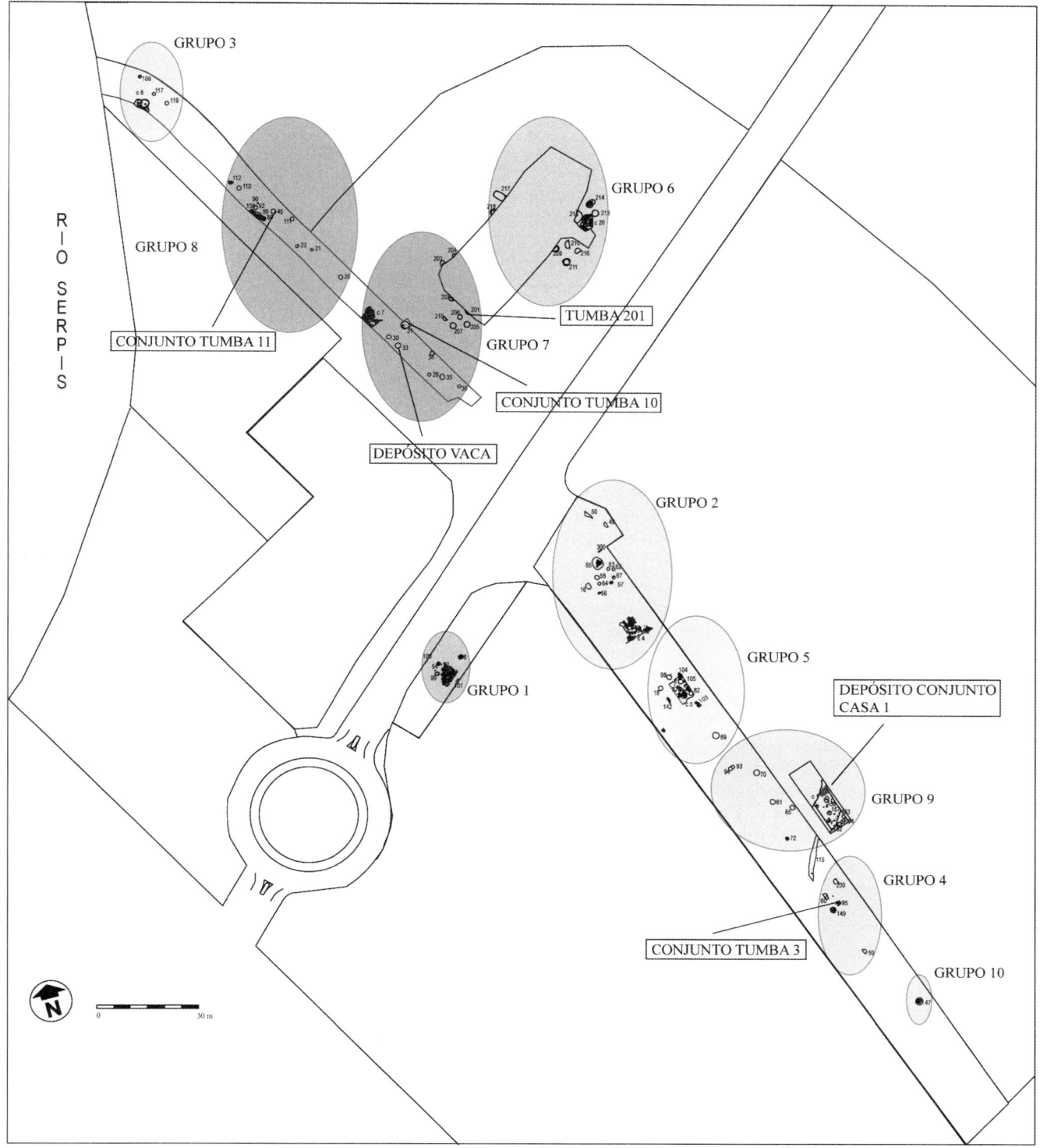

Figura 5.12.- Distribución espacial de las tumbas y algunos depósitos considerados especiales.

En cualquier caso se trata de unos bienes dotados de una particular trascendencia, elaborados o adquiridos con un fin específico como podría ser su exposición en las ceremonias funerarias. La bibliografía reciente advierte a propósito de esta clase de interpretaciones al vincular su presencia a la existencia de prácticas ceremoniales específicas que incorporan rituales elaborados (Garrido, 2005).

En esta línea, la vajilla cerámica, e incluso algunos de los restos biológicos clasificados, sugieren una función como **ofrendas votivas** relacionadas con la práctica de ceremoniales funerarios u ofrecimientos para el más allá. Este particular resulta perceptible a propósito del Conjunto 10. De este ejemplo procede el episodio inicial de acondicionamiento de la sepultura, delimitado por un murete de piedras, que consiste en la colocación de dos pequeñas escudillas fragmentadas y dispuestas del revés (vasos 301 y 302), asociadas a un lote de restos óseos de conejo. El conjunto de restos de conejo recuperados alcanza un mínimo de 8 individuos. Otras especies identificadas son un ovicaprino infantil, un ciervo juvenil, y un gato montés. La limpieza del cráneo de la difunta deparó además 5 ejemplares de gasterópodos continentales de la especie *Pseudotachea splendida* que quizá fueron también depositados de manera intencional (ver Capítulo 8). De los rellenos posteriores, hasta el sellado final de la tumba, proceden 3 pequeñas escudillas, también fragmentadas e incompletas (vasos 295, 296 y 297), además de un vaso de mayores proporciones (vaso 298). Con la excepción del vaso campaniforme y la olla dispuesta en el mismo lecho donde se depositó el cadáver, el resto de recipientes están incompletos y observan una amplia distribución entre los diferentes rellenos individualizados. Evidencian por lo tanto la contemporaneidad en la conformación del depósito. La naturaleza de lo descrito, y su ajustado grado de temporalidad, hacen plantear la hipótesis de su relación con algún tipo de prácticas de índole ritual/ceremonial. Una vez cumplido el fin al que fueran destinados, como contenedores de alguna sustancia sólida o líquida –esto último se ajustaría a la morfología y tamaño de las escudillas–, acabaron formando parte del relleno que daba por terminado el episodio de inhumación del cadáver.

Una utilización particular parece deducirse de otros ejemplos de contenedores analizados: depósitos singulares de restos de animales que podrían obedecer a una intencionalidad ligada a algún tipo de práctica votiva.

El **silo 33** constituye quizá el ejemplo más llamativo. Se trata de una estructura de medianas dimensiones (1,85 y 1,45 m de diámetro de base y boca y 1,33 m de profundidad excavada), de sección troncocónica y base plana (UE 3048) (Fig 5.13). De su relleno apenas disponemos de evidencias materiales hasta llegar a la base, donde se concentran los restos óseos de una hembra juvenil de bovino, prácticamente completos y dispuestos en conexión anatómica. Otros hallazgos localizados a su alrededor corresponden a un cráneo completo de una hembra de cáprido y los restos del miembro anterior derecho de un individuo subadulto de bóvido. Curiosamente no se han identificado marcas de origen antrópico, pero sí evidencias de su deposición en unas condiciones particulares (ver Capítulo 7). La presencia de marcas de determinados insectos, junto a la ausencia de huellas diagnósticas de carnívoros, corroboran la intencionalidad de preservación del depósito durante un determinado espacio de tiempo. Este hecho permite presuponer una interpretación particular desligada de otras explicaciones prácticas. En otro apartado se ha hecho mención de la cercanía entre este particular depósito y el Conjunto funerario 10. Aunque su sincronía no esté probada, puede sugerirse la posibilidad de su relación, toda vez que es en este mismo conjunto donde hemos descrito toda una serie de evidencias de prácticas particulares relacionadas con el ceremonial.

En la bibliografía reciente encontramos referencias cada vez más habituales sobre la interpretación de acumulaciones espe-

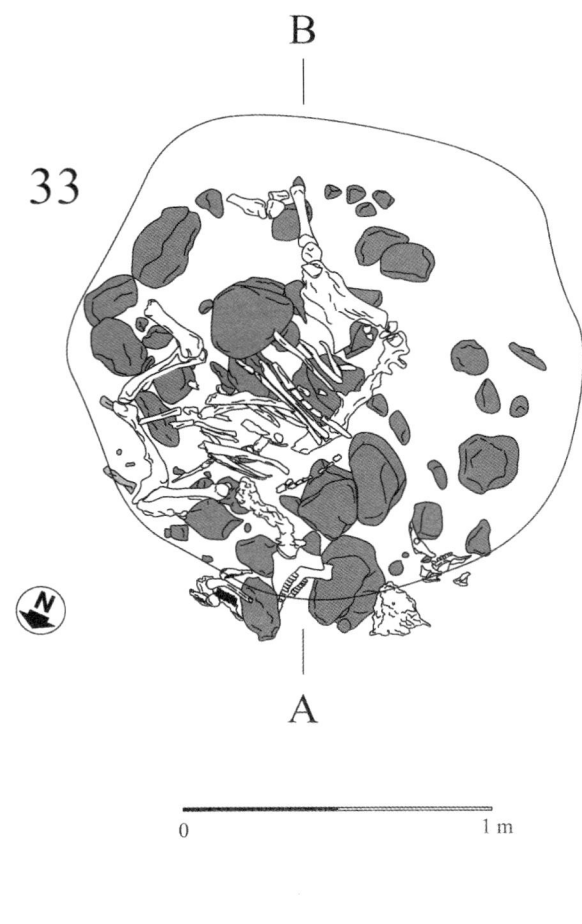

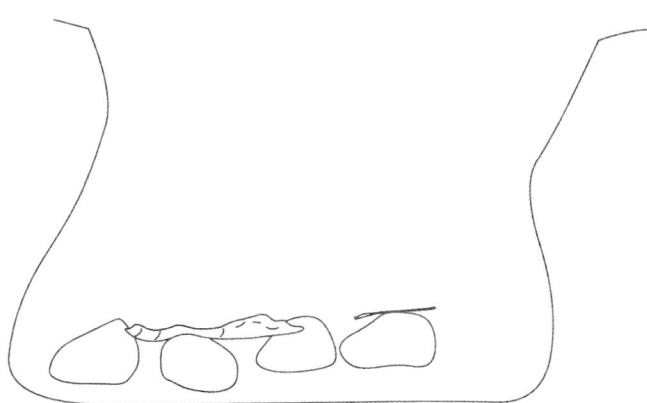

Figura 5.13.- **Planta y sección del silo 33 donde se aprecia la deposición de un bóvido.**

ciales de restos faunísticos como fruto de consumos particulares ligados a la realización de algún tipo de banquete ceremonial, y que en ocasiones pueden vincularse con rituales de carácter funerario. Citaremos a este respecto algunos de los señalados y que se circunscriben a un marco cronológico más amplio que se retrotrae a las fases finales del Neolítico antiguo y al Neolítico medio (véase Costamar –Flors, 2010a y b– o el Tossal de les Basses –Rosser y Fuentes, 2008; Rosser, 2010–).

HUESOS HUMANOS EN CONTEXTOS NO FUNERARIOS

En el transcurso de la excavación fueron documentados varios fragmentos óseos humanos desprovistos de un contexto funerario. En un caso se trata de un resto de fémur perteneciente a un individuo masculino (entre 20-40 años) encontrado en la base del foso 115. Las características del individuo descrito y su cercanía al Conjunto funerario 3 plantean la posibilidad no demostrada de su relación.

El segundo ejemplo corresponde a un fragmento mandibular encontrado en el relleno de la estructura de habitación 8. Con un marcado deterioro, el resto óseo apareció disperso entre el sedimento del relleno inferior de esta gran estructura doméstica.

El descubrimiento de estas evidencias fuera de un contexto mortuorio abre expectativas a propósito de interpretaciones de otra índole tal como abordaremos en apartados posteriores. Es posible considerar así su relación dentro de la esfera ideológica, donde la significación de este tipo de restos alcance una especial trascendencia, y de ahí la singularidad de su ubicación. En todo caso tampoco debemos obviar otro tipo de explicaciones de carácter accidental, que de cualquier modo, implicarían la presencia de restos óseos humanos en lugares accesibles: bien en espacios abiertos o en todo caso de fácil alcance.

DEPÓSITOS "ESPECIALES". LA INTERPRETACIÓN DE LOS CONJUNTOS FAUNÍSTICOS

En el yacimiento de La Vital se han identificado estructuras negativas descritas como silos, cubetas, fosas, fosos y estructuras de habitación, en las que se depositaron restos óseos de animales junto a otras evidencias arqueológicas.

A continuación presentamos el resultado del análisis de algunos de estos contextos y planteamos algunas posibilidades de interpretación. Pero antes de abordar esta cuestión parece oportuno referirnos a los problemas que derivan de la misma. En muchos casos se define como ritual, cualquier conjunto inusual; es decir que no se parece a lo estudiado habitualmente: casi siempre restos procedentes de rellenos no caracterizados funcionalmente.

Esta problemática sobre la función y finalidad de los depósitos con restos de fauna ha sido ampliamente abordada por diversos autores en yacimientos desde el Neolítico a la Edad del Hierro (Grant, 1984; Hill 1995; Richard y Thomas, 1984; Pollard, 2001). Estos investigadores han caracterizando el tipo de depósito según la especie identificada, el periodo cronológico y el tipo de yacimiento, y establecido categorías entre los desperdicios –según se trate de desechos de carácter primario, secundario o de abandono–, atribuyendo un cierto simbolismo en su formación.

A la hora de abordar esta problemática en yacimientos del Neolítico final cabe mencionar las observaciones de Martínez Valle (1993). Así, en Jovades se citan las estructuras número 152 que contenía huesos de cinco perros, de cuatro cerdos neonatos y de una cabra neonata, tratándose en todos los casos de animales no consumidos. En la número 156 se localizaron elementos en conexión anatómica de tres especies, oveja, bovino y ciervo. Finalmente en la estructura número 180 tan sólo aparecieron las patas de varios perros, hecho que además de ser inusual, nos indica un aprovechamiento de las pieles de estos animales. Del mismo modo la estructura BII conserva unidades anatómicas articuladas de bovino y oveja y finalmente en la estructura BXXIII se localizan restos de animales silvestres

En el yacimiento de Arenal de la Costa, se describe como singular el enterramiento de un cráneo de caballo en la estructura BI, depósito que se considera "especial" por la propia selección de esa parte anatómica y por tratarse de una especie que se domestica en este momento.

En otros yacimientos como el Polideportivo de Martos, en la estructura XV se localizó el enterramiento de una ternera, a la que le faltaban las vértebras cervicales, acompañada del miembro posterior de cabra. A este hallazgo sus autores le atribuyen un posible sacrificio ritual (Lizcano et al., 1991-92). Del mismo modo en yacimientos del Sáhara y en otros europeos neolíticos los enterramientos de vacas son frecuentes (Arbogast, 1994; Fabis, 2005).

Los depósitos "especiales" de La vital

Del material analizado en el yacimiento vamos a presentar varios contextos, que a priori parecen singulares, localizados en los Grupos 1, 7, 8 y 9. Se trata de cubetas, silos, estructuras de enterramiento, fosas, y un pavimento de una estructura de habitación, que presentan distribuciones faunísticas en vertical y en horizontal, en las que se observa una intencionalidad y que no parecen corresponder a meros depósitos de desperdicios.

Grupo 1

En el Grupo 1 hemos distinguido las estructuras 52 y 99. Se trata de dos cubetas con restos óseos de ciervo. La cubeta 99 sólo albergaba los huesos del miembro anterior, mientras que en la cubeta 52 se identificaron tanto restos craneales, como del cuerpo y de las patas. La característica que diferencia este depósito del resto de los analizados, es la categoría de la especie, que es una, y que es silvestre.

Grupo 7

En el Grupo 7 diferenciamos los contextos correspondientes a las estructuras 30, 33 y el 147. Por una parte, en el silo 30 identificamos 9 restos de las patas de un bovino. El silo 33 contenía 293 huesos y fragmentos óseos que pertenecen a dos especies domésticas: la cabra y el bovino (Fig. 5.13). De cabra hemos identificado un cráneo completo de un individuo hembra de 4-6 años y de bovino huesos de dos individuos. Contamos con el esqueleto articulado y completo de una vaca juvenil (15-18 meses) y con los elementos del miembro anterior derecho de otro individuo sub-adulto (18-24 meses). Por la disposición de los huesos de la vaca podemos intuir que se depositó cuidadosamente y que no se tapo con tierra de forma inmediata. La posición de los diferentes huesos indica desplazamientos ligeros que sólo pudieron producirse en estas circunstancias tal vez en varios meses, o incluso un año. En los huesos no hay evidencias de los procesos carniceros, ni de la actuación de los cánidos. Sin embargo sí que hay huellas de otros agentes biológicos, tanto en este ejemplar como en los huesos de la pata anexa. Se trata de marcas producidas por insectos necrófagos que se manifiestan en forma de orificios circulares que varían entre 8-9 y 10 mm, localizados en las articulaciones. Las hemos observados en las falanges y en las superficies articulares de húmeros, radios, y sobre el cuerpo de las vértebras. Las características de estas marcas corresponden a las producidas por las larvas de un escarabajo (*Dermestes* sp.). El ciclo de vida de las larvas es de 8-12 semanas. Lyman (1994) cita estas marcas en huesos de bovino descritas por Kitching (1980) y en huesos de bisonte por Jodry y Standford (1992).

Estos insectos, los derméstidos (*Dermestidae*) colonizan los cadáveres a partir de los 10-20 días del deceso y actúan principalmente sobre las extremidades, desarrollándose junto a otros insectos a finales de primavera (Oliva, 2001).

Todo ello nos indica que el depósito debió de estar sellado aunque permitió que entrara aire y luz. Este sellado parcial impidió la actuación de carnívoros, pero permitió que se desarrollaran las larvas de los insectos que actuaron sobre los huesos e hizo posible que los huesos se desarticularan y cayeran por su propio peso.

En el enterramiento 147 (Conjunto 10) identificamos 186 huesos y fragmentos óseos, la mayoría de ellos de conejos. El resto de huesos pertenecen a varias especies; a un ovicaprino infantil, a un ciervo juvenil, a un gato montés, a una musaraña, a un ofidio y a un passeriforme. En este depósito parece identificarse dos tipos de de aporte, por una parte hay una intencionalidad en la deposición de 8 conejos, siete adultos y uno infantil. El predominio de adultos nos hace descartar que se trate de una madriguera. Los huesos de ovicaprino, ciervo y gato montés formarían parte del mismo enterramiento. Por otra parte, pensamos que los restos de menor tamaño, como las costillas de ofidio, y los huesos de zorzal y de musaraña, son intrusiones que formarían parte del sedimento de relleno de la estructura.

Grupo 8

Los depósitos faunísticos que consideramos "especiales" en este Grupo son el Conjunto 11 (enterramiento) y los silos 20 y 88.

En la sepultura se recuperaron 15 restos de una misma mandíbula de cerdo. La deposición de la mandíbula estaría en estrecha relación con el enterramiento humano.

El silo 88 es peculiar, ya que sólo aparecen restos de caballo; se trata de dos húmeros distales izquierdo y derecho de un mismo individuo. Sobre estos huesos se observan fracturas intencionadas en la zona media de la diáfisis.

El silo 20 ofrece una muestra faunística de 330 huesos y fragmentos óseos junto a otros materiales arqueológicos. Se trata del silo más "completo" de todo el conjunto analizado tanto por la diversidad de especies como por los elementos anatómicos identificados.

El grupo de especies mejor representado son los ovicaprinos. Hemos diferenciado la presencia de dos ovejas, cinco cabras y dos ovicaprinos infantiles. Entre las ovejas hay que señalar la presencia de una hembra, de un castrado, y entre los ovicaprinos de un macho. Las edades corresponden a animales

de 9-12 meses y de 4-6 años. De este conjunto cabe señalar que los carneros presentan unas cornamentas muy robustas y desarrolladas.

Entre las cabras hemos distinguido tres hembras y dos machos. Se trata de sub-adultos, diferenciados por sus cornamentas. En esta especie es preciso destacar la presencia de un costillar articulado con sus vértebras y un fragmento de cráneo de un mismo individuo que no presentaba marcas de carácter antrópico ni de mordeduras de cánidos sobre sus huesos, marcas que si se advierten y son muy evidentes en el resto de huesos analizados.

La segunda especie con más restos es el bovino. Los huesos pertenecen a seis ejemplares, un joven-adulto y cinco adultos no mayores de 8 años. Entre ellos, tan sólo hemos distinguido la presencia de una hembra a partir de la morfología de una pelvis izquierda. En esta especie están presentes diferentes unidades anatómicas: dominan los huesos del miembro anterior (escápulas, húmeros y ulnas), aunque también están bien representados los elementos de la cabeza (fundamentalmente restos mandibulares), y los huesos del miembro posterior y de las patas. Sin embargo costillas y vértebras tienen una presencia mínima. En esta especie son muy abundantes las fracturas, los cortes y las incisiones de carácter antrópico llevadas a cabo durante el procesado carnicero. De igual manera llama la atención las mordeduras de cánidos, traducidas en arrastres y punzadas.

Los restos de cerdo también son frecuentes en la muestra analizada, todos ellos pertenecen a un número mínimo de 6 individuos: dos adultos, un sub-adulto (de 21-24 meses) y tres neonatos o fetos en fase avanzada de desarrollo. Destaca un cráneo entero del individuo sub-adulto, que junto con los huesos de los tres fetos, serían los únicos elementos sobre los que no hemos observado marcas de carnicería. Sin embargo éstas son abundantes en el resto del material donde podemos distinguir, marcas de fracturación, desarticulación y de descarnado, así como mordeduras de cánidos.

A esta tríada de especies, ovicaprinos, cerdos y bovinos, siguen el caballo, el ciervo, el corzo, y la cabra montés. Los huesos identificados pertenecen a un único individuo para cada especie. Todos los huesos presentaban las epífisis soldadas, por lo que se trataría de animales adultos. Los restos de cabra montés (una cornamenta) pertenecen a una hembra de 3-4 años de edad. En el caso de ciervo la presencia de fragmentos de asta y una pelvis nos indican que se trata de un ejemplar macho adulto. Hay que señalar que estos elementos estaban alterados por los procesos carniceros, así como por las mordeduras de cánidos.

En resumen, la fauna analizada se caracteriza por la diversidad de especies, por la abundancia de elementos del miembro anterior y de la cabeza, así como por la presencia de marcas de carnicería entre las que podemos distinguir, fracturas, cortes profundos, incisiones de desarticulación, marcas de descarnado, etc. Es decir resultaría fácil reconstruir todo el procesado del esqueleto. Por otra parte hay que insistir en la presencia de mordeduras de canidos sobre los huesos. Todo ello junto a la identificación de otros restos como una vértebra de ballena, utilizada como yunque por las marcas que se observan sobre ella, nos indicaría varias cosas. En primer lugar que se trata de desperdicios de comida y de material en desuso, y en segundo lugar que

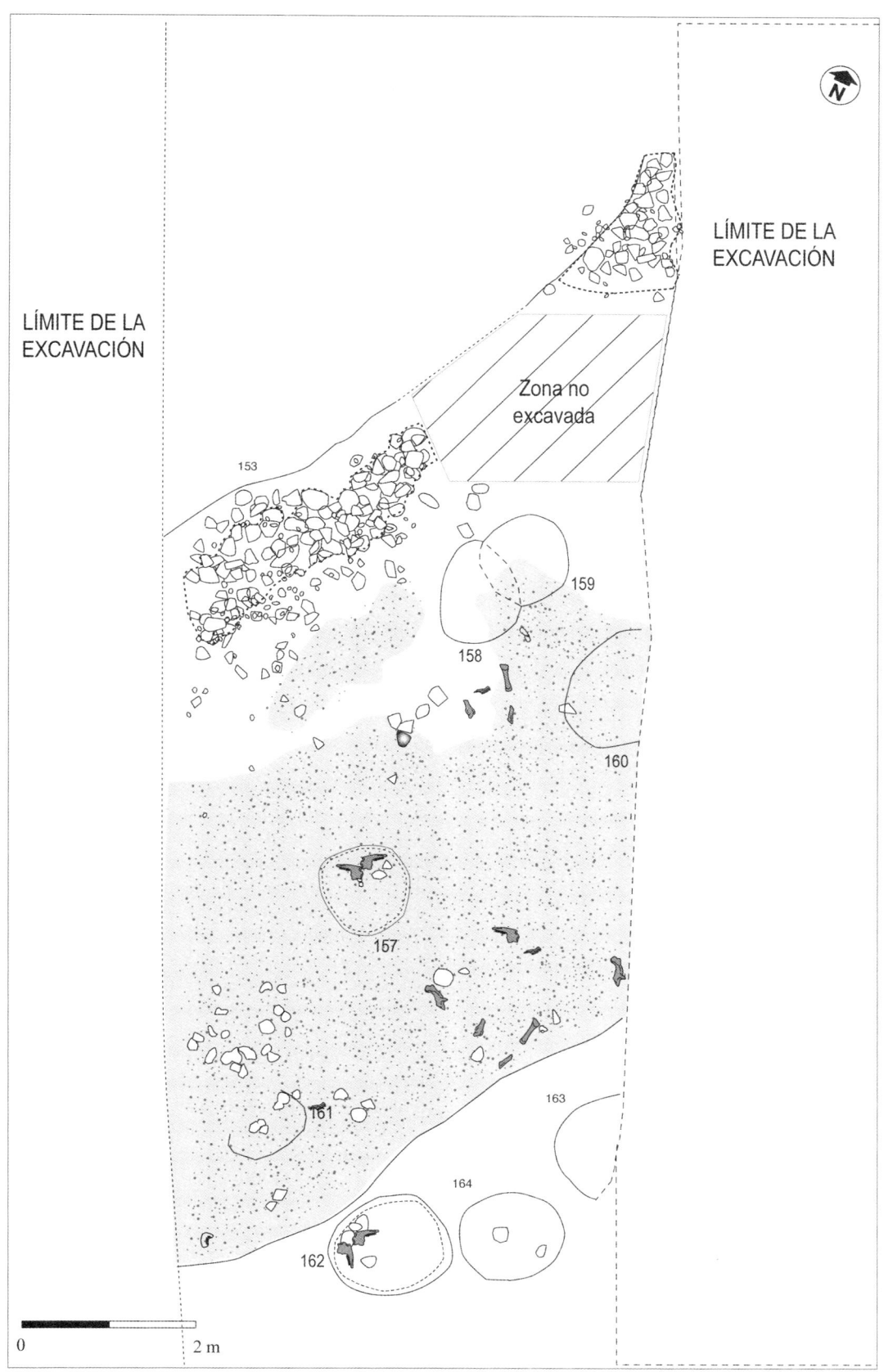

Figura 5.14.- Detalle de los restos óseos depositados sobre el pavimento de la casa 1.

existieron varias fases de deposición del material, ya que todos los huesos no están afectados de igual manera por los cánidos.

Los únicos restos que se salen de la norma descrita son varias mandíbulas de bovino, un costillar y sus respectivas vértebras de una cabra, y un cráneo entero de cerdo junto a tres fetos de la misma especie, que parece tuvieron una historia tafonómica diferente. Este conjunto pudo depositarse a un mismo tiempo y ser testimonio de algún acto "especial".

Grupo 9

Del Grupo 9, hemos analizado el material localizado en la casa 1. El material procede de un pavimento (153), cuatro fosas (154, 155, 159, 1619) y de un silo (162).

En el pavimento 153 hemos identificado huesos de cerdos, bovinos y ovicaprinos (Fig. 5.14 y 5.15). Entre los restos de cerdo hemos observado un predominio de los restos craneales que pertenecen a animales adultos (31-35 meses), con molares gastados, y a juveniles (19-23), con el m2 presente y el m3 sin erupcionar. En algunos de estos cráneos y maxilares se observan marcas sobre el hueso frontal y cortes de desarticulación en las mandíbulas. Un cráneo de esta especie presenta una marca en el frontal de trayectoria longitudinal, recta y de sección en V que parece corresponder a la impronta del filo de un hacha (metálica). Es una marca que presenta crecimiento del tejido óseo, lo que indica que el animal sobrevivió al golpe, al menos un periodo de una o dos semanas.

En lo que respecta a los restos de bovino, prácticamente tenemos todo el esqueleto representado. Los animales se sacrifican con menos de 12 meses, entre 12 y 42 meses y con más de 50 meses. Sobre los huesos de esta especie hay abundantes marcas de carnicería correspondientes al proceso de desarticulación y descarnado, así como fracturas de desuello o desmembración, también hay arrastres y punzadas de cánidos. Finalmente en el caso de ovejas y cabras también destacan la abundancia de restos mandibulares y de elementos del esqueleto apendicular articulados.

Por debajo del pavimento fueron identificadas cuatro fosas (154, 155, 159 y 161) y un silo (162). La fosa 145 contiene el cráneo de una oveja y los huesos post craneales de bovino, el cerdo y de ciervo. También la fosa 155 presenta la cuerna de cráneo de dos cabras, la mandíbula de un cerdo y huesos post craneales de bovino y de ciervo. La fosa 159 alberga un cráneo de cerdo, un molar de bovino y un fémur de ciervo. Estas tres estructuras coinciden en la presencia de especies domésticas y silvestres. Por otra parte la fosa 161 solamente alberga una mandíbula de bovino. Finalmente en el silo 162 los restos son un cráneo de bovino y fragmentos de pelvis de dos cerdos.

La fauna recuperada en las fosas 154 y 162 parece corresponder a restos de basura mientras que los materiales documentados en las restantes podrían tener un carácter distinto. De un lado llama la atención la proporción elevada de determinadas partes esqueléticas (cráneos de cerdos) y también el alto porcentaje de restos de bovinos (en este caso atendiendo a todo el esqueleto). Pero sobre todo resulta llamativo su localización sobre un pavimento que pudo funcionar como un nivel de ocupación de una vivienda. En las restantes estructuras identificadas como tales en el sitio no encontramos este tipo de concentraciones

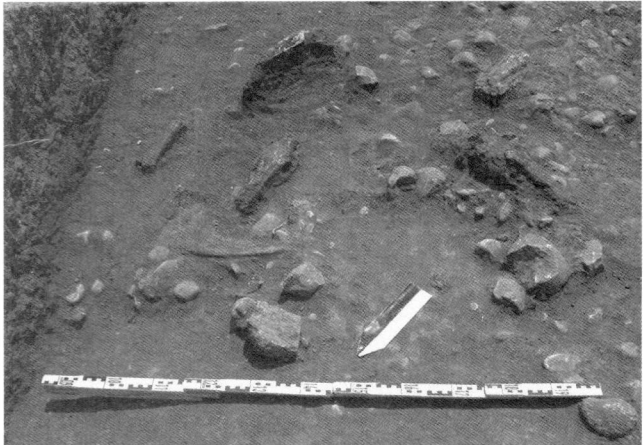

Figura 5.15.- **Restos de bóvido y cráneos de porcino depositados sobre el pavimento de la casa 1.**

de materiales óseos, lo cual nos sugiere una posible explicación relativa a un hecho específico (celebración?) que pudiera haber dado como resultado esta singular deposición. Quizá no sea tampoco casual que la distribución espacial de una parte destacada de estos restos sobre el pavimento coincida con la ubicación de estructuras inferiores (silos y fosas).

Por último debemos mencionar las referencias publicadas sobre los restos faunísticos de la estructura 11 del Sector Alquería de Sant Andreu (Pascual Beneyto *et al*., 2008). Se destaca la variabilidad de restos faunísticos recuperados –aparecen representadas todas las especies domésticas– además de su composición esquelética. De este modo se cita la presencia de dos cráneos de cerdo prácticamente completos, dos fragmentos craneales de bóvido, una calota craneal de cabra salvaje, además de un costillar casi completo de cerdo. Su buen estado de conservación abogaría por una deposición inmediata toda vez que al menos uno de los cerdos no habría sido consumido. Esta composición nos recuerda a la descrita en relación con el silo 20, donde una parte del conjunto no muestra evidencias de consumo y responde también a unos parámetros de clasificación similares (mandíbulas de bovino, partes craneales de cabra y cerdo, costillar entero de cabra...).

En definitiva, hemos abordado aquellos conjuntos faunísticos que por su composición y características tafonómicas podían obedecer a un carácter singular, entendiendo esta situación como su relación con una deposición particular que pudiera explicarse en el seno de la esfera simbólico/ritual de estas sociedades prehistóricas. Algunos de los ejemplos descritos parecen obvios, caso de determinados restos faunísticos asociados a los enterramientos o incluso la deposición del silo 33 (bovino completo), muy probablemente vinculada también a una de las estructuras funerarias (Conjunto 10). Otros ejemplos no son tan evidentes, y debemos mostrarnos cautos a la hora de valorar su significado. En cualquier caso queremos subrayar el interés de interpretar este tipo de evidencias desde una amplia perspectiva que contemple tanto criterios descriptivos generales, como la tafonomía de los restos en el contexto de su aparición. Avanzar en todos estos aspectos nos podrá ayudar a discernir la validez de interpretaciones que vayan más allá del rédito económico en la valoración de los conjuntos de fauna.

Capítulo 6

LOS RECURSOS VEGETALES

G. Pérez Jordà y Y. Carrión Marco

La vegetación que nos rodea es una fuente de recursos natural y renovable, y como tal, tenemos constancia de su explotación por los grupos humanos desde tiempos prehistóricos. Los recursos vegetales se han utilizado para muchos fines, entre ellos la subsistencia más cotidiana (como fuente de energía, para alimentarse) y como materia prima para construir casas y herramientas; tal es su importancia que están siempre presentes, no sólo en el registro material, sino también dentro del ideario colectivo y los rituales humanos. Gracias a esta constante relación de las sociedades del pasado con el medio y del frecuente aporte de recursos vegetales al lugar de hábitat o trabajo, contamos con un registro fósil de gran valor: los restos vegetales en contextos arqueológicos.

En La Vital se han recuperado restos vegetales carbonizados correspondientes a las especies silvestres y cultivadas que constituyeron la base de la economía y la subsistencia en el poblado: se trata de restos de madera carbonizada y semillas, tanto silvestres como cultivadas. Si bien los restos vegetales no son especialmente abundantes (a pesar del esfuerzo de muestreo, siguen la tónica general de los yacimientos al aire libre, donde los procesos de lavado y dispersión son importantes), su ubicuidad en todos los contextos habitacionales y tipos de estructuras son una evidencia de su importancia. Estos restos arqueobotánicos sólo recogen una parte de lo que debía de ser el abanico de recursos vegetales utilizados, ya que la conservación diferencial hace que no queden registrados otros órganos vegetativos (herbáceas, hojas, fibras, etc.) que sin duda serían aprovechados.

LOS USOS DE LA MADERA EN LA VITAL

La madera, cuando se carboniza, tiene la ventaja de que permanece inalterable en su estructura y se pueden identificar las especies vegetales de las que procede. Por tanto, este material proporciona información acerca de las leñosas aprovechadas por los grupos humanos a lo largo del tiempo y que estaban, por tanto, presentes en el entorno del yacimiento. En La Vital, la presencia sistemática de madera carbonizada en la mayor parte de contextos prehistóricos, desde domésticos hasta funerarios, permite aproximarnos a los diversos usos de este recurso.

Los contextos domésticos: el combustible

Una de las tareas más cotidianas de la Prehistoria sería el aporte de leña al lugar de hábitat, ya que ésta constituye casi la única fuente de combustible en estos momentos, y gran parte de las actividades domésticas se debían de llevar a cabo alrededor de un fuego. Para las necesidades más cotidianas, probablemente se explotarían intensamente las formaciones más cercanas, en un intento de rentabilizar la recogida de leña (Ntinou, 2002), ya que cualquier madera es buena para el fuego a condición de que esté seca (Badal, 2006; Théry-Parisot, 2001).

En La Vital, los rellenos localizados dentro de los contextos domésticos contenían restos de madera carbonizada, gran parte de los cuales debe de proceder de desechos de combustible. La presencia de carbón implica que la leña aportada al fuego no se ha consumido completamente ya que, de otro modo, ésta habría quedado reducida a cenizas (Bourquin-Mignot *et al*., 1999). Los hogares serían alimentados continuamente y limpiados periódicamente de los restos no consumidos que se acumularan en su fondo; así la dispersión de estos carbones por los suelos de ocupación constituye un testimonio de las especies leñosas aportadas al fuego durante todo el periodo de ocupación.

No existe constancia en La Vital de estructuras de combustión prehistóricas que conservaran *in situ* los restos del combustible; una estructura documentada (102) apenas ofreció material carbonizado en su interior, probablemente debido a procesos de lavado o a que los restos se consumieron completamente. El caso es que sólo se documentaron unos pocos fragmentos de madera de lentisco en su interior, lo que evidencia el uso de esta

Grupo	3	7	5		2				9	Total	
Conjunto	Casa 8	Casa7	Casa 5		Casa 4	13			Casa 1		
Hecho / UE	Rellenos	Rellenos	Rellenos	UE 2191	Rellenos	Rellenos	H102	UE 2133	H153	Nº	%
Erica sp.	2								14	16	4,32
cf. *Erica* sp.	2				1				6	9	2,43
Ficus carica				2	2					4	1,08
Fraxinus sp.		1		1						2	0,54
Juniperus sp.	1									1	0,27
Olea europaea	9	8						2	4	23	6,22
cf. *Olea europaea*		1		1						2	0,54
Pinus halepensis		3			1				8	12	3,24
Pistacia lentiscus	6	1		5	2	48		3	13	78	21,08
Pistacia sp.	3	1							3	7	1,89
cf. *Pistacia* sp.	2	1				2	2		1	8	2,16
Prunus sp.		5								5	1,35
Quercus caducifolio	2	7								9	2,43
Quercus perennifolio	16	2	2	8		2		5	34	69	18,65
Quercus sp.	4	5	1			2			5	17	4,59
Salix-Populus									1	1	0,27
Indeterminable	19	8	2	6		12	2	1	19	69	18,65
Nº taxones	11	12	3	6	4	5	2	4	11	17	
Nº mín. de especies	6	7	1	5	4	2	1	3	6	11	
Suma fragmentos	66	81	5	23	6	66	4	11	108	370	100

Cuadro 6.1.- Frecuencias de los taxones identificados en los suelos de contextos domésticos de la Fase VII de La Vital.

especie como combustible (Cuadro 6.1). Efectivamente, ésta es la más abundante entre los restos carbonizados hallados en los suelos de habitación, seguida por *Quercus* perennifolio (coscoja o carrasca) y por el acebuche, y junto a otras más escasas, como jaras, pinos, romero, etc., constituyen los componentes básicos del matorral termomediterráneo que debía ocupar gran parte de la llanura prelitoral de Gandia (ver Capítulo 1). Estos matorrales están poblados de especies muy inflamables y de alto potencial calorífico, a lo que se une su disponibilidad y abundancia en el medio de La Vital, por lo que debieron de suministrar una gran parte del combustible de primera necesidad (Fig. 6.1).

Además del matorral, se pudieron explotar formaciones de bosque mediterráneo, encabezadas por la carrasca, en cuyo estrato arbustivo se encontrarían la coscoja, el madroño, la sabina, etc., y donde el componente arbóreo sería más abundante. Dado que el carbón identificado como *Quercus* perennifolio engloba la especie arbórea (carrasca) y la arbustiva (coscoja) ya que no se pueden diferenciar en base a su madera, es probable que ambas estuvieran presentes en el entorno de La Vital; por tanto, si parte de la madera asignada a este taxón corresponde a la coscoja, las formaciones de matorral aún tendrían más peso en la recolección de leña (Fig. 6.1).

En menores porcentajes, se recolectó también leña de especies caducifolias, entre las que se ha documentado el quejigo, el fresno o los *Prunus*; todas ellas tienen ciertas necesidades de umbría o de humedad edáfica, de manera que podrían crecer en el seno de los bosques mixtos, pero también como vegetación de ribera asociada a algunos tramos del Serpis. En todo caso, podrían hallarse en un radio no muy alejado del yacimiento.

Por lo tanto, a partir de los restos de combustible hallados en las áreas de habitación de La Vital, se intuye que sus habitantes aprovecharon fundamentalmente las formaciones de matorral con pinos cercanas al yacimiento y, para el uso más esporádico de otros tipos de madera, ésta se obtenía bien en los relieves cercanos, o bien en la vegetación de ribera.

El carbón en las estructuras excavadas

Además de dispersos por los suelos de ocupación, también se han recuperado carbones, junto a otros restos orgánicos y materiales, en los rellenos de diversas estructuras excavadas (fosas, silos, cubetas). Estos rellenos son, probablemente, el resultado de un proceso de colmatación, en parte natural, en parte por vertidos humanos a modo de basurero cuando las estructuran han agotado su función (Badal y Bernabeu, 1990). Como consecuencia de esta práctica, parte de los restos de combustible pudieron acabar en el interior de estas estructuras, además del carbón procedente de otros contextos difíciles de precisar. Los taxones documentados en estos rellenos ofrecen una imagen similar a las estructuras de hábitat: los que aparecen representados en un mayor número de estructuras son de nuevo *Quercus* perennifolio y *Pistacia lentiscus* (Cuadro 6.2), lo que corrobora el uso mayoritario de estas maderas en el poblado.

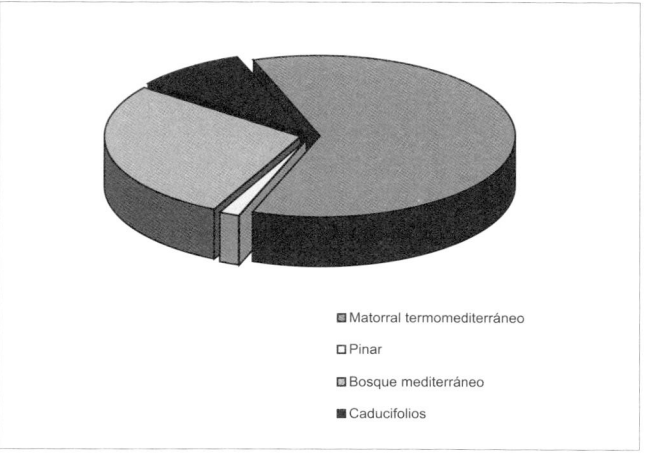

- Matorral termomediterráneo
- Pinar
- Bosque mediterráneo
- Caducifolios

Figura 6.1.- Formaciones vegetales explotadas en La Vital para obtención de combustible.

Grupo	1	2					3		5		7	8				9		
Conjunto	Sector 4	13				Casa 4			14	Casa 5	10	11				Casa 1		
Hecho	52	65	67	58	16	129	117	119	61	81	147	148	23	92	90	154	157	155
Arbutus unedo						1												
Cistus sp.													2					
Erica sp.	2				3	1								1		2		
cf. *Erica* sp.			1		1													1
cf. *Fraxinus* sp.															2			
Olea europaea													3					
cf. *Olea europaea*													1					
Pinus halepensis																	1	
Pistacia lentiscus		1	4	5	7	3			1				1		1			
cf. *Pistacia* sp.			1	2	1			1										
Prunus sp.											1							
Quercus caducifolio											10							
Quercus perennifolio	7	6	9	16	12	1	1			3		1	4		1		1	
Quercus sp.		2	1	1	1						1			2				
Rosmarinus officinalis												1						
Indeterminable	10	4	2	16	6	2	13	1		4			3	1				1
Nº taxones	3	4	6	5	7	5	2	2	1	2	2	3	6	3	3	1	2	2
Nº mín. de especies	2	2	3	2	3	4	1	1	1	1	1	3	4	2	3	1	2	1
Suma fragmentos	19	13	18	40	31	8	14	2	1	7	11	6	13	4	4	2	2	2

Cuadro 6.2.- Frecuencias de los taxones identificados en los rellenos de las estructuras excavadas de la Fase VII de La Vital.

La concentración de carbón es bastante baja en la mayor parte de las estructuras, por lo que se descarta que se realizaran vertidos de forma sistemática; más bien debieron de recoger esporádicamente los desechos de actividades puntuales, de fuegos fuera del ámbito doméstico, o bien los restos pudieron llegar de forma accidental por dispersión natural de materiales.

Esta misma argumentación se podría aplicar al carbón recuperado en el interior de sendas estructuras excavadas reutilizadas como lugar de inhumación (UUEE 3109 y 3056, correspondientes a los Conjuntos 11 y 10, respectivamente –ver Capítulo 20–). En sus rellenos se ha obtenido carbón, aunque en muy escaso volumen (Cuadro 6.2), en línea con lo expuesto arriba para el resto de estructuras excavadas, es decir, que la presencia de este material carbonizado es probablemente fruto de una dispersión natural desde otros contextos, dado que la localización de estas estructuras de enterramiento se integra dentro o en las proximidades de los espacios habitados. Corrobora esta hipótesis el hecho de que entre este carbón están presentes algunos de los taxones descritos anteriormente para los contextos domésticos, y ninguno nos lleva a pensar que pudiera haberse utilizado con fines rituales. El relleno del Conjunto 10 ha ofrecido una escasa muestra de carbón que presenta un predominio absoluto de *Quercus* caducifolio, taxón que es relativamente escaso en otros contextos; sin embargo, la escasez de los restos no nos permite inferir si esta madera formaría parte de un objeto, de una rama o de un vertido puntual de restos de combustible.

En síntesis, el conjunto de estructuras excavadas también registran los restos de la madera utilizada por los habitantes de La Vital. Las especies documentadas son similares a las halladas en los suelos de ocupación (Fig. 6.2). De nuevo queda reflejado el uso o la quema de la flora más cercana al yacimiento, con un dominio de las especies de matorral, aunque en este caso, predominan los restos de *Quercus* perennifolio sobre los de lentisco.

LA RECOLECCIÓN DE FRUTOS SILVESTRES

Los únicos restos de frutos silvestres documentados (Cuadro 6.3; Fig. 6.3) son las pepitas de uva y las cáscaras de piñones. En general la especie mejor representada dentro de este grupo suelen ser las bellotas, aunque estamos seguros que su no representación en forma de carporrestos ha de estar explicada por la parquedad del registro, ya que su calidad como recurso alimenticio, su abundancia en los bosques mediterráneos y la facilidad de su conservación las convierten en el recurso silvestre más utilizado hasta la actualidad.

La vid es una especie que suele parecer de forma habitual en el registro prehistórico, aunque siempre en cantidades muy reducidas. Pero podemos pensar que especialmente en los asentamientos ubicados junto a los ríos, en los que se desarrolla la vid silvestre, debió ser igualmente un recurso alimenticio, sin que tengamos la posibilidad de valorar la obtención de derivados alcohólicos con anterioridad a la edad del Hierro. El caso de los piñones se explica porque esta especie se desarrolla sobre suelos arenosos que en nuestra zona se forman especialmente en las zonas costeras, lo que podría explicar su ausencia en los asentamientos ubicados en el interior del valle del Serpis.

Aunque no se han documentado otros restos carpológicos, la presencia de restos de madera de una mayor variedad de especies nos hablan de la presencia de otros recursos alimenticios potenciales entre la vegetación de la zona. Es el caso de *Prunus*, un género que engloba varias especies silvestres que producen drupas comestibles; o de la higuera (*Ficus carica*), cuyos frutos son especialmente valorados.

Tampoco se han encontrado restos de aceitunas de acebuche. En este caso contamos a modo de ejemplo con los datos de Les Moreres, donde se recuperó un vaso cerámico que contenía un conjunto de huesos de aceitunas. Es un ejemplo de un recurso silvestre muy abundante que evidentemente no sería desdeñado.

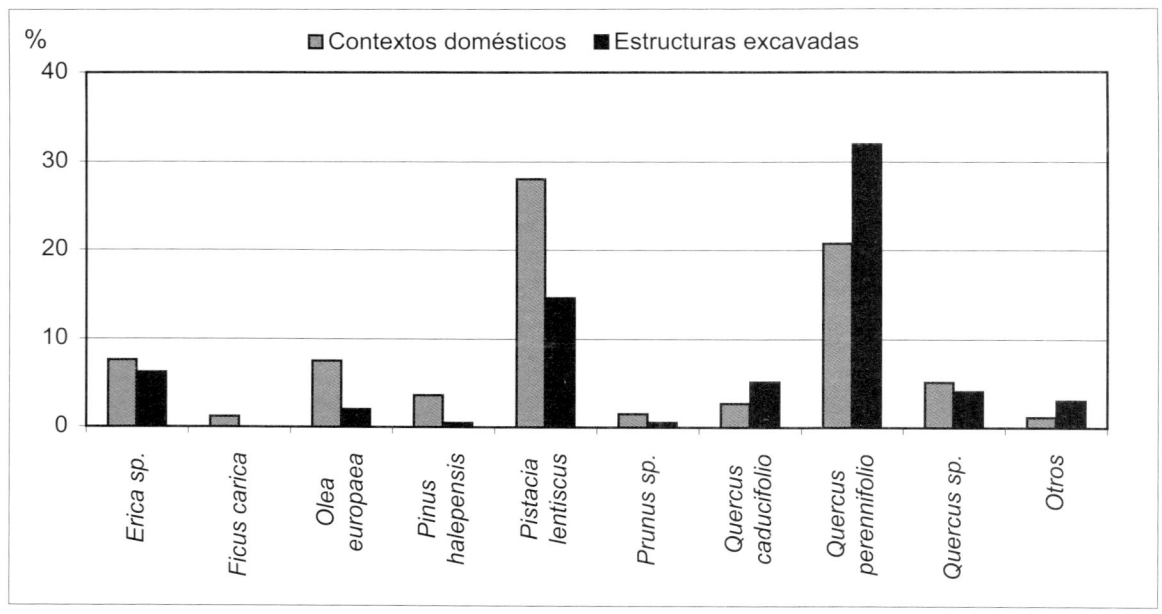

Figura 6.2.- Comparación de las especies documentadas en el carbón de los espacios domésticos y los rellenos de las estructuras excavadas.

Grupo	2			7	8	9		
Hecho	16	57	58	134	88	153		
Fase				c		a1		a3
vol l.	60	10	10	10	8	10	10	10
Hordeum sp.								1
Hordeum frag.					1			
Vicia sp.			1					
Pinus pinea					1			
Vitis vinifera				1	1			
Linum sp.		1						
Lolium temulentum	2							
Phalaris sp.	1							
nº restos	3	1	1	1	1	1	1	1
taxones	2	1	1	1	1	1	1	1
Densidad X 10 l.	0,5	1	1	1	1,3	1	1	1

Cuadro 6.3.- Materiales carpológicos recuperados en la Fase VII de La Vital.

LA PRODUCCIÓN AGRARIA

El registro carpológico de este asentamiento (Cuadro 6.3) es muy pobre a pesar de que el esfuerzo de muestreo realizado ha sido considerable. Este es un hecho habitual en los diferentes asentamientos al aire libre muestreados hasta el momento en el País Valenciano, donde sólo el relleno excepcional de algunos silos aporta un conjunto destacado de semillas y frutos.

Los materiales recuperados han aparecido tanto en el relleno de fosos o zonas de hábitat, en los Sectores 1, 3 y 7, como en los rellenos de las fosas y silos. La totalidad de los materiales parecen corresponder a desechos que se acumulan al anular estas áreas, aunque la parquedad de la muestra obtenida dificulta

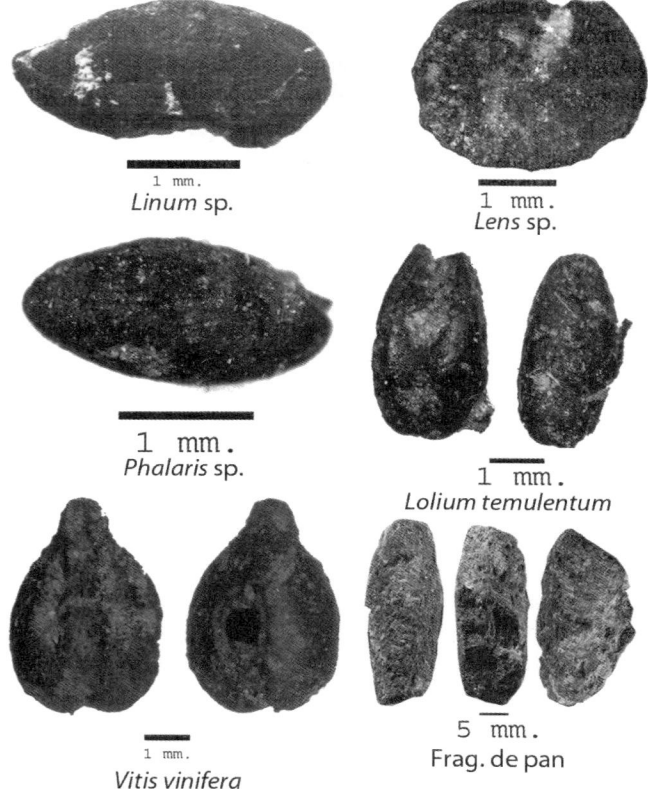

Linum sp.   *Lens* sp.

Phalaris sp.   *Lolium temulentum*

Vitis vinifera   Frag. de pan

Figura 6.3.- Semillas recuperadas en contextos calcolíticos.

la posibilidad de relacionar alguno de estos materiales con las actividades que se pudieran estar realizando en las mismas.

Encontramos representados fundamentalmente los dos grupos de cultivos en los que se sustenta la actividad agraria de estas comunidades, los cereales y las leguminosas (Fig. 6.3).

Aunque en este caso también está presente un tercer cultivo, como es el caso del lino, que tanto puede tener una orientación alimenticia a través del consumo de sus semillas en forma de harina, o tener una orientación artesanal con su uso para la elaboración de tejido o de aceite.

Entre los cereales sólo se ha documentado la cebada, sin que tengamos elementos para definir a cual de las dos variedades que se cultivan en este momento corresponden, la vestida (*Hordeum vulgare* L) o la desnuda (*Hordeum vulgare* var. *nudum*). Los restos de leguminosas aunque presentan dificultades de determinación al estar muy alteradas podrían corresponder a la lenteja (*Lens culinaris*) y posiblemente a la veza (*Vicia sativa*). Del resto de materiales se nos presenta el problema de la interpretación del lino (*Linum* sp.), una especie que está presente en la Península Ibérica como cultivo desde el Neolítico antiguo, aunque sólo está documentada en la Lámpara (Stika, 2005). Con posterioridad se documenta en yacimientos del SE peninsular como Los Castillejos de Montefrío (Granada) desde los momentos finales del Neolítico Medio, aunque es en la fase calcolítica cuando su frecuencia es destacada en diversos asentamientos (Rivera *et al.*, 1988; Rovira, 2007). Por el contrario en Europa Central es una especie frecuente desde el inicio de la neolitización, por lo que podemos pensar que su escasa documentación en la PI debe estar motivada por la parquedad del registro carpológico actual, sin que por el momento podamos plantear si durante las fases iniciales del Neolítico puede ser una elemento diferenciador entre las comunidades del interior peninsular, las peor conocidas actualmente, y las de la costa mediterránea. Si que parece detectarse actualmente una zona que incluiría el SE y el país Valenciano, en la que se observa una generalización al menos en la fase calcolítica. En favor de la posibilidad de este cultivo podemos señalar la existencia de importantes zonas encharcadas y de afloramientos de agua en el entorno del mismo, lo que posibilita contar con suelos con un cierto grado de humedad, característica necesaria para el desarrollo de este cultivo.

EL REGISTRO CARPOLÓGICO DEL IV Y III MILENIOS CAL. A.C. EN EL PAÍS VALENCIANO

Los datos que tenemos hasta el momento en el País Valenciano durante el IV y III milenio cal. a.C. provienen mayoritariamente de la parte alta de los valles del Serpis (Jovades) y del Albaida (Arenal de la Costa y Colata) (Bernabeu, 1993; Gómez Puche *et al.*, 2004), aunque al mismo tiempo existen datos puntuales en la zona norte de Castelló (Cabanes) (Guillem Calatayud *et al.*, 2005) y en la zona sur, en la Marina (Cendres) (Buxó i Capdevila, 1997) y en Crevillent (Les Moreres). Los datos provienen básicamente de poblados, ya que la única cueva con la que contamos es la de Cendres y (Cuadro 6.4) en general el volumen de materiales recuperados es muy escaso. Sólo los datos de Jovades nos permiten realizar una cierta cuantificación en la que observamos lo que parecen ser las líneas básicas de funcionamiento de la actividad agraria en estos momentos. Con el resto de asentamientos sólo podemos, en la medida de lo posible, confirmar estas tendencias (Fig. 6.4).

Como ya hemos planteado en anteriores trabajos (Pérez Jordà, 2005) el registro valenciano, a partir al menos de mitad del IV milenio cal. a.C., muestra una reducción del número de especies de cereales cultivadas, concentrándose principalmente en los trigos desnudos, en la cebada desnuda y en menor medida en la vestida. De los trigos vestidos sólo contamos por el momento con la presencia de la escaña (*Triticum monoccocum*) en el yacimiento más reciente, Arenal, mientras que en el resto de asentamientos están ausentes. Del resto de cultivos la información tanto de este momento como de las fases anteriores es tan escasa que no podemos valorar si hay diferencias entre ellas. Las leguminosas, habas, guisantes y posiblemente vezas, están presentes con porcentajes destacados en el caso de Jovades y la Vital es el primer caso que nos plantea la posibilidad del cultivo del lino en este territorio.

		Colata	Prat de Cabanes	Mas d'Is	Cendres	Jovades	Arenal	Moreres	La Vital
Cereales	*Hordeum vulgare* L.				3 (1)	3 (3)			
	Hordeum vulgare var. *nudum*	7 (4)	1 (1)		1 (1)	39 (12)	104 (1)	220 (1)	
	Hordeum sp.			1 (1)			5 (2)		2 (2)
	Triticum aestivum/durum	67 (5)	32 (1)	4 (3)	4 (2)	9 (6)	2 (1)		
	Triticum monoccocum						5 (1)		
	Triticum sp.	2 (2)					3 (1)		
Leguminosas	*Pisum sativum*					3 (2)			
	Vicia faba					2 (2)		337 (1)	
	Vicia cf. *sativa*					1 (1)			
Oleaginosas	*Linum* sp.								1 (1)
Recolectadas	*Juglans regia*					1 (1)			
	Olea europaea							2038 (1)	
	Pinus pinea								1 (1)
	Quercus sp. frag.		20 (1)				3 (1)		
	Vitis sp.						1 (1)		2 (2)
Silvestres	*Amarantus* sp.	1 (1)							
	Chenopodium sp.	1 (1)							
	Juniperus sp								
	Leguminosa	1 (1)					2 (2)		
	Pistacia sp.		2 (1)						

Cuadro 6.4.- Restos de especies cultivadas recuperadas en yacimientos valencianos del IV y III milenio cal. a.C., con indicación del número de muestras en las que se ha determinado su presencia y de la distribución porcentual.

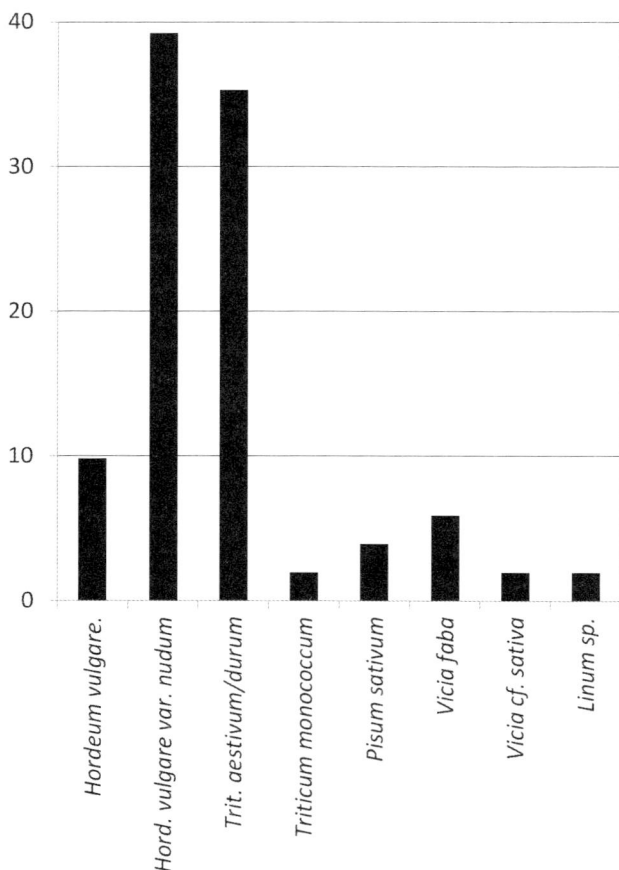

Figura 6.4.- Distribución porcentual de los diferentes cultivos en yacimientos del IV y III milenio cal. a.C. del País Valenciano.

Se sigue confirmando por tanto esta especialización productiva en prácticamente dos especies de cereales, la cebada y el trigo desnudo. Estos dos cultivos son los que desde el Neolítico Antiguo han dominado el registro, aunque es cierto que en la fase inicial los trigos vestidos suelen presentar una presencia destacada. Determinar actualmente si la desaparición de estos es un proceso lineal y general a todo el territorio o si por el contrario hay cambios sucesivos en una y otra dirección tanto en el tiempo como en el espacio, es una cuestión que no podemos valorar, aunque pensamos que el proceso debe ser bastante más complejo de lo que somos capaces de determinar. Hasta el momento y siguiendo el modelo propuesto en el caso griego (Halstead, 1987) se ha planteado el paso de la agricultura intensiva a la extensiva (Bernabeu *et al.*, 1995) a lo largo del IV milenio cal. a.C., basándose principalmente en el registro faunístico (Martínez Valle, 1993; Pérez Ripoll, 1990) a partir del cual se presupone el inicio del uso del arado, y en los cambios en la distribución del poblamiento.

Los datos carpológicos de Europa Central, que cuentan con un registro mucho más extenso y de más calidad que el de la P.I., no constatan este paso de una agricultura intensiva a una extensiva. Se confirma el primero de los sistemas en las fases del Neolítico Antiguo, pero las muestras de las fases finales insisten en mostrar una continuidad en las prácticas agrarias desarrolladas (Bogaard, 2004). En nuestro caso un análisis de este tipo actualmente resulta imposible de plantear. No sólo contamos con un volumen de muestra muy reducido y en general de mala calidad, sino que al mismo tiempo los escasos conjuntos cerrados que hay analizados corresponden a cariópsides de cereal entre las que no se observa la presencia de malas hierbas que nos ayudarían a discernir las prácticas agrarias seguidas en su cultivo.

Por todo ello con el registro actual no creemos que tengamos datos para proponer un cambio del modelo y continuamos pensando que esta reducción en el número de cereales cultivados responde no sólo a una selección de aquellos que mejor se adaptan a las condiciones ambientales y a las necesidades y los gustos de los grupos de agricultores, sino que al mismo tiempo debe ser una consecuencia del cambio de modelo agrario.

La extensión de la superficie cultivada es posible por un cambio tecnológico, la introducción del arado, que multiplica la capacidad de los grupos humanos para transformar su entorno. Y este aumento de la superficie cultivada es el factor que permite un auténtico despegue de la capacidad productiva de estas comunidades, superando los límites del modelo anterior, que aunque aseguraría unos rendimientos mayores por superficie, está muy limitado a la existencia de determinados suelos. Sin esta innovación la capacidad para producir de cada uno de los individuos de la comunidad es más limitada y está más cerca del autoabastecimiento, mientras que la extensificación del área cultivada está aumentando esta capacidad y aportando por tanto una mayor estabilidad, aunque al mismo tiempo hemos de pensar que se multiplican los factores que pueden generar desigualdades en el seno de las comunidades.

La selección dentro de este esquema de un grupo de cultivos más reducido concentra en un periodo de tiempo más corto los trabajos a desarrollar en los campos, tanto en los periodos de siembra como en los de cosecha. Por una parte resulta una ventaja ya que simplifica el trabajo pero por otra esta concentración puede suponer un problema especialmente en la fase de cosecha, ya que la siembra con la ayuda de los arados es mucho más rápida. Por el contrario no conocemos ningún cambio tecnológico que ayude a la recolección en esta fase del proceso.

La irrupción de los poblados con silos en este momento hay que relacionarla igualmente con la necesidad de contar con estructuras capaces de contener unos volúmenes de cosecha sensiblemente superiores. Estamos hablando de una "extensificación" agrícola (Van der Veen y O'Connor, 1998) mejor que de una intensificación, ya que el aumento de la producción se produce como consecuencia de la multiplicación de la superficie cultivada.

Este tránsito hacia un modelo extensivo y menos diversificado debe estar relacionado igualmente con una mayor estabilidad social y económica de estos grupos. Se abandona un modelo muy conservador que pretendía limitar el riesgo de hambrunas a partir del cultivo de diferentes especies. Y se adopta uno que arriesga todo el trabajo a dos o tres especies de cereales. Esta elección supone un riesgo, ya que una plaga o unas malas condiciones climáticas que afectaran de una forma importante a alguna de las cosechas pondría en riesgo una parte importante de la misma. Pero hemos de imaginar que este supuesto riesgo debe estar compensado por otra parte por un aumento de la cosecha, lo que permite disponer de reservas, evidenciadas a través de los silos, que permitan la subsistencia del grupo en periodos de carestía. Reservas que evidentemente también funcionan como un factor de diferenciación social en el seno de la comunidad.

Pensamos que en momentos de mayor agregación social se adopta una producción cerealícola extensiva y poco diversificada, mientras que el modelo intensivo y diversificado respondería a fases con una mayor disgregación social. Actualmente resulta difícil valorar si este modelo se concreta en este momento o en una fase anterior ya los datos actuales están muy concentrados en las fases iniciales y finales del neolítico. Pero lo que si parece observarse a partir de la reaparición de los trigos vestidos en el Campaniforme avanzado, es una cierta vuelta a un modelo de explotación más diversificado, que parece mantenerse durante el Bronce Valenciano. Cambio que viene a coincidir con el co-lapso de los grandes poblados de silos (Bernabeu *et al.*, 2006) y que de nuevo incidiría en una "arcaización" agraria, lo que es un ejemplo de la no existencia de una evolución lineal. Los procesos son más complejos y deben existir procesos cíclicos que a nivel agrario parecen oscilar entre estos dos grandes modelos, el intensivo y el extensivo.

NOTA

Este trabajo se ha realizado en el marco del proyecto *Origins and Spread of Agriculture in the western Mediterranean region* (ERC-2008-AdG 230561).

Capítulo 7

LA GANADERÍA Y LA CAZA

P. Iborra Eres y M.D. López Gila

CARACTERÍSTICAS DE LA MUESTRA

El material faunístico analizado procede de dos intervenciones arqueológicas llevadas a cabo en el yacimiento de La Vital. Hemos analizado un conjunto formado por 11.766 huesos y fragmentos óseos, contabilizando mamíferos, micromamíferos, ofidios y aves. De este total hemos identificado anatómica y taxonómicamente un 42,53%, quedando un 57,47% sin identificar en el que se integran pequeños fragmentos de costillas, vértebras y huesos apendiculares de meso y macromamíferos. En la cuantificación de los restos hemos utilizado el número de restos y el número mínimo de individuos. Para obtener el NMI además de tener en cuenta el hueso y su lateralidad en cada uno de los taxones identificados, también hemos considerado cada uno de los contextos donde se han localizado, es decir cada una de las UUEE diferenciadas. Por este hecho hemos obtenido un número muy elevado de individuos de cada especie.

La muestra analizada está muy alterada por diferentes procesos postdeposicionales, especialmente por factores edáficos relacionados con la acidez del sedimento y por la acción de microorganismos, tanto vegetales como insectos que han afectado al tejido óseo. Junto a la modificación producida por estos factores, existen otras causadas por las actividades humanas (procesos carniceros, cocinado, abrasión de huesos); por los roedores y carnívoros (mordeduras, arrastres, punzadas); así como la fragmentación del material ligada al proceso de deposición. También hemos detectado que algunos restos óseos presentan fracturas producto del proceso de excavación y que se ha realizado una recogida parcial de esos fragmentos.

El material procede de diversas estructuras: silos, fosas, cubetas y pavimentos, así como de los estratos de relleno que las cubrían.

ANÁLISIS DE LA FAUNA: LAS ESPECIES

La muestra es muy heterogénea en cuanto a su composición, ya que la diversidad de mamíferos identificados es amplia, tanto taxones domésticos como silvestres. Sin embargo, como característica del conjunto, interpretamos una mayor importancia relativa de las especies domésticas (92,15%) frente a las silvestres (7,85%) (Fig. 7.1), así como una especialización en tres especies: bovinos, ovicaprinos y suidos (Cuadro 7.1).

Hemos identificado 15 especies de mamíferos, entre las que se encuentran el bovino (*Bos taurus*), el uro (*Bos primigenius*), la oveja (*Ovis aries*), la cabra (*Capra hircus*), la cabra montés (*Capra pyrenaica*), el ciervo (*Cervus elaphus*), el corzo (*Capreolus capreolus*), el cerdo (*Sus domesticus*), el jabalí (*Sus scrofa*), el caballo (*Equus caballus*), el perro (*Canis familiaris*), el zorro (*Vulpes vulpes*), el gato montés (*Felis silvestris*), el conejo (*Oryctolagus cuniculus*) y un cetáceo, posiblemente una ballena.

El bovino (*Bos taurus*)

Importancia relativa de la especie

Esta especie está presente en la muestra con 1760 restos, su importancia relativa supone el 35,25% en cuanto a número de restos, situándose como principal especie aunque muy poco por encima del grupo de ovicaprinos (31,49%). En número mínimo de individuos, con un 19,96%, ocupa un tercer lugar por detrás del cerdo. El número elevado de individuos (108) nos indica una dedicación preferente a esta especie por los habitantes del poblado, lo que tendrá implicaciones económicas, especialmente en lo que se refiere a los usos secundarios (Sherrat, 1981).

Partes anatómicas

La frecuencia de las partes anatómicas nos indica que todos los elementos del esqueleto están presentes; es decir, que los animales se descuartizaron y consumieron en el mismo emplazamiento. Si bien es cierto que hay partes anatómicas que se han conservado mejor como los restos de la cabeza (38,98%), entre los que dominan las mandíbulas. A esta unidad siguen los elementos del cuerpo (18,52%), las patas (18,41%), el miembro

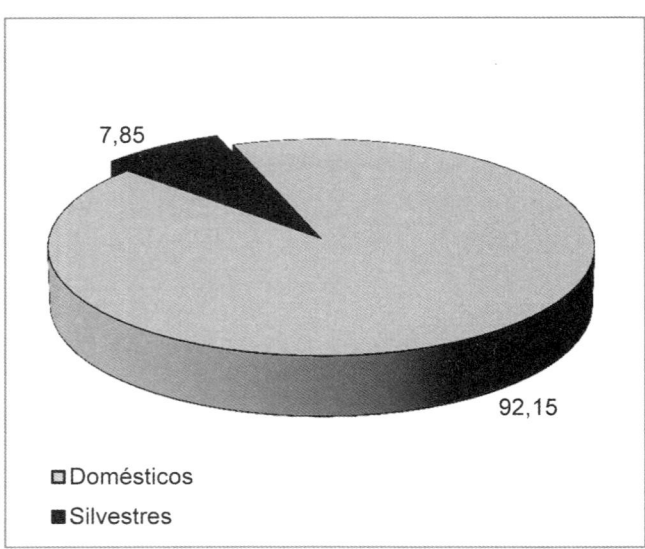

7,85

92,15

☐ Domésticos
■ Silvestres

Figura 7.1.- Frecuencia relativa de especies domésticas y silvestres.

Especies	NR	%	NMI	%
Bovino	1760	35,25	108	19,96
O/C	1055	21,13	135	24,95
Oveja	245	4,92	51	9,43
Cabra	272	5,45	31	5,73
Cerdo	1237	24,77	132	24,40
Perro	7	0,14	4	0,74
Caballo	25	0,50	8	1,48
Uro	8	0,16	5	0,92
Cabra montés	26	0,52	10	1,83
Jabalí	2	0,04	2	0,37
Ciervo	170	3,40	32	5,91
Corzo	1	0,02	1	0,18
Gato montés	3	0,06	1	0,18
Zorro	3	0,06	1	0,18
Conejo	176	3,52	19	3,51
Ballena	3	0,06	1	0,18
Total mamíferos	**4993**	**42,43**	**541**	
Microfauna	4		2	
Ofidios	6		1	
Aves indet.	1		1	
Total micromamíf. y otros	**11**		**545**	
Indeterminados	6762	57,47		
TOTAL	**11766**		**545**	

Cuadro 7.1.- Frecuencia de las especies identificadas en La Vital.

anterior (12,84%) y el miembro posterior (11,25%). También hay que valorar algunas concentraciones óseas especiales, como partes articuladas o esqueletos completos, tal y como ocurre en el silo 33 donde se localiza una vaca entera y el miembro anterior de otro individuo menor de dos años. Cabe citar también el alto número de hemimandíbulas halladas en el silo 20, así como la dispersión de elementos craneales y del resto del cuerpo apendicular en los niveles de relleno del pavimento del sector 1.

Estos hallazgos permiten aproximarnos a las distintas funcionalidades de las estructuras y a los niveles de uso del hábitat.

Análisis biométricos

Los análisis biométricos nos ayudan a esclarecer la composición del rebaño, a delimitar la proporción de hembras y machos, y a establecer las características morfológicas de los individuos. Con estos resultados nos acercarnos en cierta manera a la función económica de estos animales.

Según la morfología de las pelvis (pubis) hemos diferenciado la presencia de 9 machos y de 6 hembras. Sin embargo con las medidas de los huesos y su correspondiente comparación con las obtenidas en otros yacimientos neolíticos, observamos como por las dimensiones de los metacarpos distales hay una mayor presencia del grupo de hembras (Fig. 7.2). Otros huesos que hemos utilizado para la discriminación sexual son la falange segunda (GL/Bd) y el astrágalo (GLl /Bd) (Fig. 7.3 y 7.4).

Altura a la cruz

Para estimar la altura a la cruz de estos ejemplares hemos utilizado el factor de conversión de Matolcsi (1970) y las alzadas obtenidas rondan entre un mínimo de 110 y un máximo de 123 cm, sin realizar ninguna distinción entre machos y hembras.

También hemos calculado el índice de robustez (AmD x 100/LM) en los mismos huesos y en el caso de los metacarpos obtenemos valores entre 11 y 14, que es un índice menor que el obtenido en los bovinos de Jovades (15,8-16,3) y Arenal de la Costa (14,4). Por lo que respecta al metatarso el índice de robustez de los ejemplares de La Vital es de 11 y 12,9, y es similar al obtenido en Jovades (10-13,8).

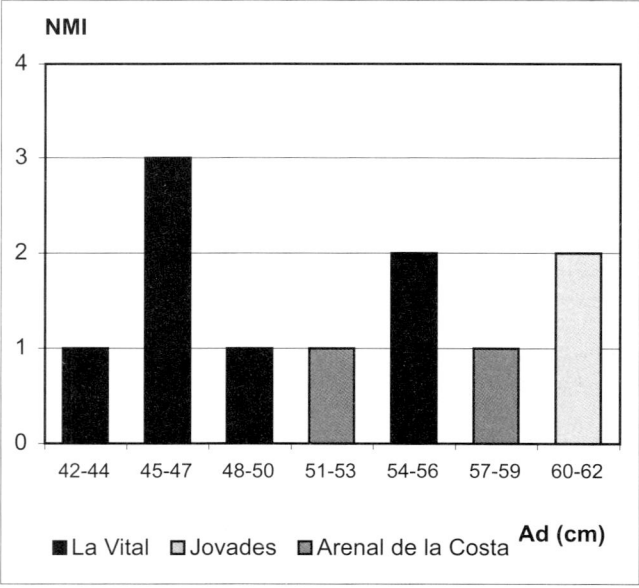

Figura 7.2.- Dimensiones del metacarpo distal de *Bos taurus* en La Vital, Jovades y Arenal de la Costa.

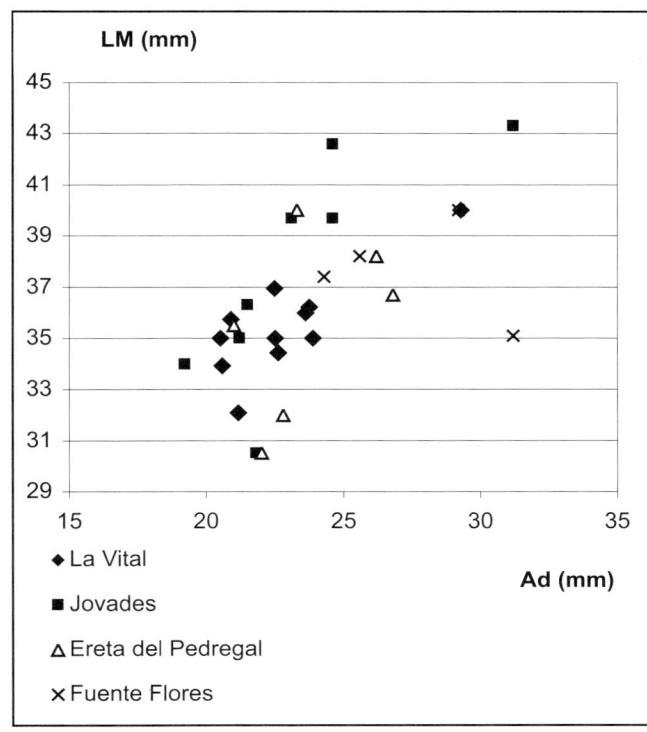

Figura 7.3.- Dimensiones de la falange segunda de *Bos taurus* en La Vital, Jovades, Ereta del Pedregal y Fuente Flores.

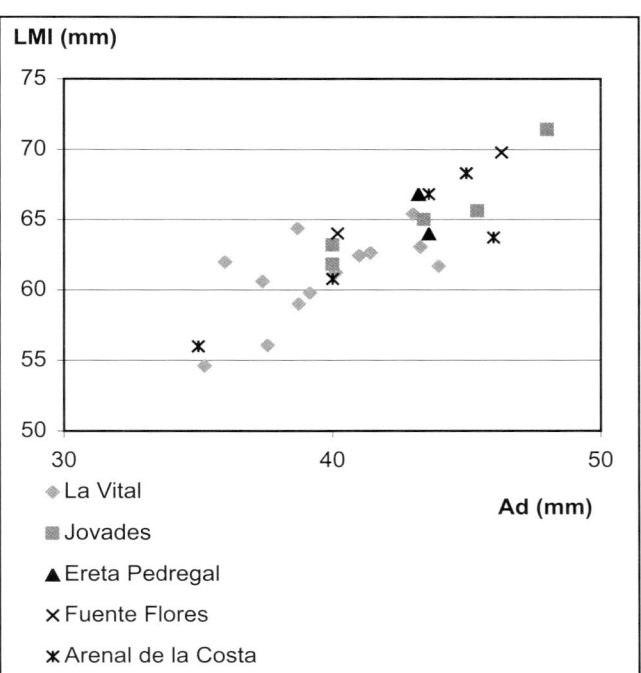

Figura 7.4.- Dimensiones del astrágalo de *Bos taurus* en La Vital, Jovades, Ereta del Pedregal, Fuente Flores y Arenal de la Costa.

Patrón de sacrificio

En el cuadro de mortandad observamos una mayor incidencia en los animales del grupo II (juveniles) y del grupo IV (adultos) (Cuadro 7.3). Podríamos hablar de un aprovechamiento mixto: de carne y de productos secundarios. La importancia del grupo II, en el que se engloban animales de 18 a 27 meses indica una búsqueda premeditada de carne en ejemplares de un cierto peso. Sin embargo es sobre el grupo IV, animales de 3,5 a 7 años en el que se observa una mayor presión, llevada a cabo posiblemente para controlar la estructura poblacional del rebaño. Además estos ejemplares ya han alcanzado su peso óptimo, así como su máximo rendimiento, como sería el caso de los animales del grupo V.

La presencia de animales viejos y seniles en cuyos huesos se observan patologías como exóstosis en falanges y radios y deformaciones del cóndilo medial en los metapodios (Fig. 7.5), nos sugiere la utilización de algunos animales en tareas de tracción. Las deformaciones más evidentes se observan en dos metacarpos y dos metatarsos, que según deducimos de la lateralidad de los mismos y de su robustez podrían pertenecer a dos individuos machos.

Marcas de carnicería

En el conjunto analizado hemos observado la presencia de marcas de carnicería sobre 80 restos óseos. Estas marcas son indicativas de todo el procesado del esqueleto del animal.

Hay marcas de desuello en mandíbulas, bases de las cornamentas, en tarsos y falanges 2ª. Las marcas de las mandíbulas

Hueso	Medida (mm)	Factor	Altura (cm)
Radio (GL)	275	4,4	121
Metacarpo (GL)	185	6,05	111,9
	204	6,05	123,42
	198,9	6,05	120,33
	185	6,05	112,03
Metatarso (GL)	217	5,28	114,57
	208,64	5,28	110,1

Cuadro 7.2.- Altura a la cruz en *Bos taurus*.

Grupos	Edades	NMI	%
0	0 a 6 meses	2	3,28
I	6 a 18 meses	7	11,48
II	18 a 27-30 meses	16	26,23
III	27-30 a 42 meses	3	4,92
IV	Adultos	28	45,90
V	Viejos	4	6,56
VI	Seniles	1	1,64

Cuadro 7.3.- Grupos de edades identificados en *Bos taurus*.

aparecen en la superficie basal de las mandíbulas debajo de los dientes y parecen relacionadas con la separación de la piel (Fig. 7.6). Las incisiones realizadas durante el proceso de desarticulación, las encontramos en la zona articular de las mandíbulas, sobre los atlas y en el cuello de las escápulas, en las porciones proximales, superficies mediales y laterales, de los radios y sobre el astrágalo y calcáneo. También hay marcas de descarnado:

107

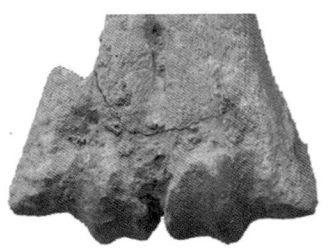
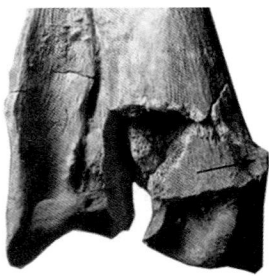

	O/C	Oveja	Cabra	Total
Cabeza	516	51	94	661
E. Axial	43	17	120	180
Ext. Anterior	265	97	40	402
Ext.Posterior	231	80	18	329
Total	**1055**	**245**	**272**	**1572**

Cuadro 7.4.- Restos de Ovicaprinos (*Ovis aries/Capra hircus*) distribuidos por unidades anatómicas.

Figura 7.5.- Patologías óseas: Radio y metacarpo de *Bos taurus*.

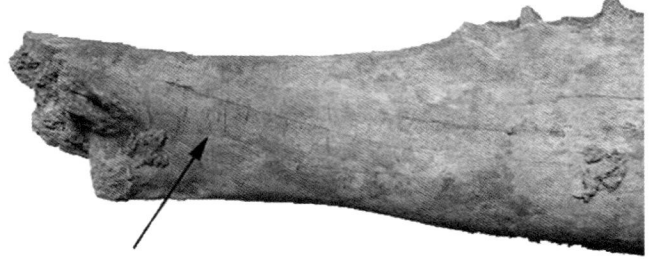

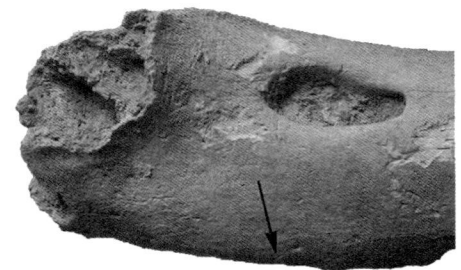

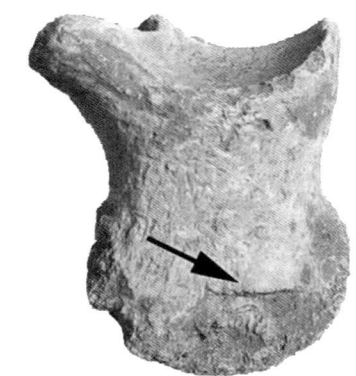

Figura 7.6.- Marcas de carnicería. Mandíbula y falange segunda de *Bos taurus*.

incisiones longitudinales sobre el cuerpo de las escápulas y las diáfisis de las tibias.

Otras marcas son las fracturas que son las más abundantes. Se trata de muescas producidas sobre los huesos localizadas cerca de las zonas articulares y en la mitad de las diáfisis y que han permitido separar el esqueleto en porciones menores. Hay huesos partidos longitudinalmente como los metapodios (tal vez para extraer la médula). También son características las fracturas de las mandíbulas que se parten en varios trozos de acuerdo con un patrón. Hemos identificado fracturas sobre el diastema, detrás de los premolares, sobre todo detrás del m1 y detrás del m3. Otra modalidad consiste en fracturar el cuerpo mandibular por debajo de los molariformes, con lo que parece que se está buscando acceder a la médula.

Además de esos restos con marcas antrópicas hay restos óseos modificados por la acción de los carnívoros. En total contamos con 30 huesos donde la actuación de estos animales se traduce en mordeduras sobre las zonas articulares, en punzadas patentes sobre escápulas y vértebras y en arrastres sobre pelvis, escápulas y diáfisis. También hay roeduras de micromamífero sobre un fragmento de carpal procedente del silo 65.

Cabe destacar la escasa importancia de los huesos con señales de fuego, tan solo contamos con un astrágalo y una rótula, quemados. Estos huesos se localizan en la estructura 103 del Conjunto 5.

Los ovicápridos: la oveja (*Ovis aries*) y la cabra (*Capra hircus*)

Importancia relativa de la especie

El conjunto de ovicápridos ha proporcionado un total de 1572 restos (31,49%) que pertenecen a un mínimo de 217 individuos (40,11%). Dicho conjunto está formado no solo por los restos de oveja y cabra, sino por aquellos restos que no han podido ser asignados con seguridad a ninguno de estos dos taxones. Entre los individuos identificados se han detectado la presencia de una hembra y seis machos de cabra, así como cuatro machos de oveja.

Partes anatómicas

Analizando los datos en conjunto, es la cabeza la zona anatómica que ha proporcionado un mayor número de restos (42,04%), siendo los dientes, tanto inferiores como superiores, los restos más abundantes. A continuación, la extremidad anterior ha proporcionado un 25,57% de los restos, siendo el radio y el húmero los restos más numerosos. Algo menos abundantes son los huesos pertenecientes a la extremidad posterior (20,92%), entre los que la tibia, pelvis y metatarso son los más numerosos. Finalmente, el esqueleto axial solo ha proporcionado un 11,45% de los restos de ovicápridos, aunque casi todos los restos identificados son fragmentos de costillas y vértebras de cabra (Cuadro 7.4).

Como se puede observar en los cuadros, se han identificado restos pertenecientes a la práctica totalidad del esqueleto, lo que sugiere un tratamiento *in situ* (cría y sacrificio) del ganado ovicaprino.

Entre los restos identificados se observa un cierto equilibrio entre el número de restos pertenecientes a oveja y a cabra, siendo los de cabra (272) ligeramente superiores a los de oveja (245). Sin embargo, atendiendo al número mínimo de individuos vemos que las ovejas (51 individuos) son algo más abundantes que las cabras (31 individuos), por lo que se trataría de un ganado compuesto principalmente por ovejas, aunque el número de cabras también sería importante.

Análisis biométricos

A pesar de que el conjunto de ovicápridos es el segundo más importante de la muestra analizada, los restos mensurables necesarios para un análisis biométrico nos son tan abundantes como seria de esperar. Así, solo los astrágalos de oveja nos han proporcionado una serie de medidas que nos ayudan a conocer la composición del ganado (Fig. 7.7).

La figura nos muestra un escaso conjunto de restos, más o menos homogéneo, de un tamaño menor, que pertenecerían al conjunto de las hembras. Se aprecia también la existencia de dos restos de un tamaño algo mayor, que se alejan del conjunto y que pertenecerían a los machos identificados en el rebaño. El análisis biométrico el que parece indicar que la presencia de hembras era mayor en el conjunto del rebaño.

Altura a la cruz

La conservación íntegra de algunos huesos de oveja nos ha permitido calcular la altura en la cruz de esta especie (Cuadro 7.5). Sin embargo, carecemos de datos que nos permitan calcular la altura en la cruz de la cabra. Estos datos nos muestran que las ovejas de La Vital tienen una altura media de 60,17 cm, similar a las de la Ereta del Pedregal, cuya altura se ha calculado en unos 63,62 cm (Pérez Ripoll, 1990).

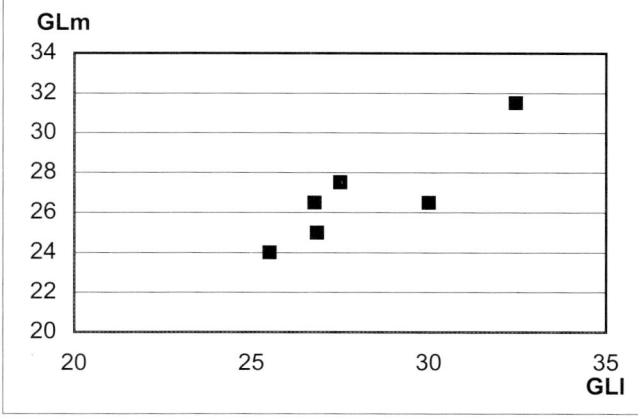

Figura 7.7.- Medidas del astrágalo en *Ovis aries*.

Patrón de sacrificio

La abundancia de dientes y mandíbulas con series dentales parciales y/o completas nos ha permitido conocer la edad de sacrificio de un gran número de individuos. Las diferentes cohortes de edad se pueden observar en el Cuadro 7.6. El grupo más numeroso es el de los individuos juveniles y adultos jóvenes, es decir, individuos con edades comprendidas entre 1 y 3 años de edad.

Las edades de sacrificio del ganado de ovejas y cabras nos informan sobre el tipo de gestión del mismo. Así, un rebaño orientado hacia la producción láctea se caracteriza por un elevado número de individuos infantiles sacrificados, lo que permitiría el ordeño de las hembras durante un tiempo. Del mismo modo, un ganado orientado hacia la explotación cárnica tendría un elevado número de individuos infantiles y juveniles sacrificados, y un número bajo de individuos adultos, empleados únicamente para asegurar la reproducción de dicho ganado. Si el objetivo es la producción de lana, se mantienen en el rebaño los individuos hasta los 6 años de edad, aunque es entre los 2 y los 4 años cuando alcanzan la máxima producción lanera, momento a partir del cual empieza a decaer la producción de lana (Payne, 1973). Así, las cohortes de edad identificadas en La Vital parecen indicar que el modelo de gestión del ganado está orientado hacia la producción cárnica.

Marcas de carnicería

El análisis tafonómico de los restos nos ha permitido detectar alteraciones tanto de origen antrópico como de origen animal en los huesos analizados, a pesar de las alteraciones postdeposicionales que han afectado a la muestra y han dificultado dicho análisis.

Hueso	Medida (mm)	Factor	Altura (cm)
Radio (GL)	138,83	4,02	55,8
	141,01		56,68
Calcáneo (GL)	51,85	11,4	59,1
Astrágalo (GL1)	26,85	22,68	60,89
	26,79		60,75
	25,52		57,87
	32,45		73,59
Metatarso (GL)	139,35	4,54	63,26
	136,17		61,82

Cuadro 7.5.- Altura a la cruz en *Ovis aries*.

Grupos	Edades	O/C	Oveja	Cabra	NMI	%
0	0-3 meses	2			2	2,15
I	3-12 meses	6			6	6,45
II	9-12 a 23-24 meses	27	8	3	38	40,86
III	23-24 a 36 meses	16		2	18	19,35
IV	3 a 6 años	14	5	2	21	22,58
V	7 a 8 años	5	2	1	8	8,60

Cuadro 7.6.- Grupos de edades identificados en *Ovis aries / Capra hircus*.

Las alteraciones antrópicas detectadas son todas marcas que evidencian el procesado carnicero a que se ha sometido el esqueleto. No se han detectado alteraciones relacionadas con el uso del fuego. Se han identificado un total de 61 marcas distribuidas por los diferentes huesos del esqueleto. Las más abundantes son las marcas de troceado (67,21%), originadas durante el proceso de descuartizado del animal, y se concentran principalmente en la tibia, radio y mandíbula. También son numerosas las incisiones (24,59%) originadas principalmente durante el proceso de descarnado, y que abundan en radio y húmero. En menor medida se han identificado muescas (8,19%), relacionadas principalmente con las tareas de desarticulación y descuartizado del animal. No se han detectado sin embargo marcas relacionadas con las tareas de desollado. La ausencia de este tipo de marcas, unida a la escasez de falanges identificadas en la muestra, nos hace pensar, que quizá el desollado del ganado se realizase en otro lugar. Durante el proceso de desollado, es fácil que las últimas falanges queden adheridas a la piel, por lo que si esta tarea se realiza en otra zona, las falanges no han quedado incluidas en el registro conservado en el yacimiento. Puesto que las marcas originadas durante el desollado se localizan principalmente en falanges y metapodios, la ausencia de las falanges explicaría la ausencia de marcas.

Además de las marcas de origen antrópico, se han detectado también alteraciones de origen animal. Los carnívoros son los agentes que han originado un mayor número de alteraciones, aunque también los roedores han actuado sobre los huesos. Así, las marcas originadas por los perros suponen el 79,06% de las alteraciones de origen animal identificadas, mientras que las originadas por roedores suponen un 20,93%. De entre las marcas de carnívoros identificadas, las huellas de mordisqueo son las más abundantes, aunque también se han detectado marcas de arrastre de dientes así como dos huesos digeridos.

En resumen, podemos decir que el conjunto de restos de ovicápridos no se ha visto afectado por una conservación diferencial producto de la actuación de carnívoros y roedores. Esta baja frecuencia de alteraciones de origen animal indicaría una rápida deposición de los restos, que no permanecieron mucho tiempo a la intemperie.

El cerdo (*Sus domesticus*)

Importancia relativa de la especie

Los restos de cerdo son abundantes en el conjunto analizado. Contamos con 1237 huesos y fragmentos óseos que suponen el 24,40% en cuanto a NR, quedando por detrás del bovino y de los ovicaprinos. Sin embargo en número mínimo de individuos, esta especie tiene un valor del 24,22%, con 132 ejemplares, quedando como segunda especie por detrás del grupo de los ovicaprinos.

Partes anatómicas

Todas las unidades anatómicas de esta especie están presentes en el conjunto analizado. Con mucha diferencia hay una elevada presencia de restos craneales (47,94%), seguidos por las unidades del miembro anterior (19,64%), miembro posterior

(14,31%), a las que con menor importancia se unen los elementos de las patas (10,19%) y los del cuerpo (7,92%). En conjunto y considerando el número mínimo de individuos observamos una escasa representación de vértebras, de costillas y de fémures proximales. Pensamos que su ausencia es debida a que estos restos con una estructura ósea menos compacta hayan sufrido una mayor alteración tanto por los diferentes factores que afectan durante los procesos postdeposicionales, como por la acción de los carnívoros.

Análisis biométricos

Hemos utilizados la morfología y las medidas de los huesos y molares para realizar la distinción ente machos y hembras y para separar los ejemplares domésticos de los silvestres (Fig. 7.8 a y b). Al comparar las medidas obtenidas con las de los jabalíes localizados en el mismo yacimiento y en el yacimiento de Fuente Flores, observamos como toda la muestra entra dentro de las medidas para animales domésticos. A partir de la morfología de la pelvis podemos establecer la presencia de dos machos y de dos hembras, entre la población adulta.

Altura a la cruz

Para calcular la altura a la cruz hemos utilizado la longitud máxima de un metacarpo, de un metatarso, de cuatro astrágalos y de cuatro calcáneos, huesos que nos han permitido establecer la alzada de 10 individuos, obteniendo una media de altura a la cruz de 59,33 cm (Cuadro 7.7).

Patrón de sacrificio

En cuanto a la edad de muerte de los individuos diferenciados, observamos una preferencia por el consumo de animales juveniles (grupo II), seguidos por los adultos (grupo V) y los infantiles (grupo I) (Cuadro 7.8). Así pues el aprovechamiento de la especie es cárnico con una preferencia por el consumo de carne tierna y de animales que han alcanzado su peso óptimo. La menor incidencia en los grupos III y IV, es decir animales de 2 a 3 años, parece estar relacionada con una estrategia de gestión de la piara.

Marcas de carnicería

Un total de 46 huesos presentan marcas producidas durante el procesado carnicero. Abundan las fracturas producidas durante el troceado del esqueleto, localizadas cerca de las zonas articulares, en mitad de las diáfisis (Fig. 7.9 a), así como sobre la superficie basal de las mandíbulas. Otras marcas que hemos observado son las incisiones y cortes realizados durante la desarticulación de las distintas unidades y durante el descarnado del animal. Se trata de incisiones finas y en algunos casos profundas que podemos observar tanto en la superficie lingual como labial de las mandíbulas, sobre el cuello de las escápulas, sobre las epífisis proximales y distales de los húmeros, en la superficie proximal de ulnas y radios, en alguna vértebra torácica y sobre la cresta tibial. Las marcas de descarnado son más patentes sobre el cuerpo de las escápulas.

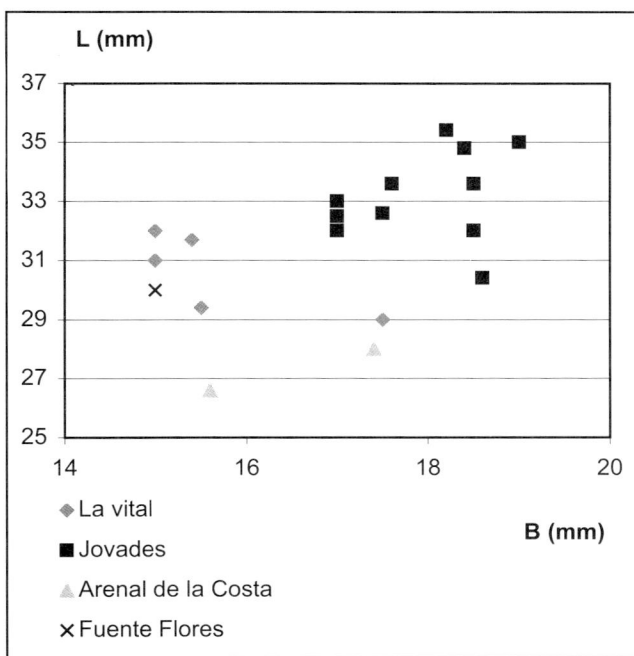

L (mm)

- ◆ La vital
- ■ Jovades
- ▲ Arenal de la Costa
- ✕ Fuente Flores

B (mm)

Figura 7.8a.- Medidas del M3 inferior de *Sus domesticus* en La Vital, Jovades, Arenal de la Costa y Fuente Flores.

	Medida (mm)	Factor	Altura (cm)
Metacarpo III (GL)	68,1	10,72	73
Calcáneo (GL)	70,34	9,34	65,69
	77		71, 91
	71,03		66,34
	69,3		64,72
Astrágalo (GLl)	34	17,9	60,86
	36,08		64,58
	35,01		62,66
	34,73		62,16
Metatarso IV (GL)	83	8,84	73,37

Cuadro 7.7.- Altura a la cruz en *Sus domesticus*.

Grupos	Edades	NMI	%
0	0	6	18,95
I	0-7 meses	12	37,9
II	8-11 meses	22	69,49
III	12-24 meses	2	6,32
IV	24-30 meses	2	6,32
V	31-48 meses	17	53,7
VI	más de 48 meses	2	6,32

Cuadro 7.8.- Grupos de edades identificados en *Sus domesticus*.

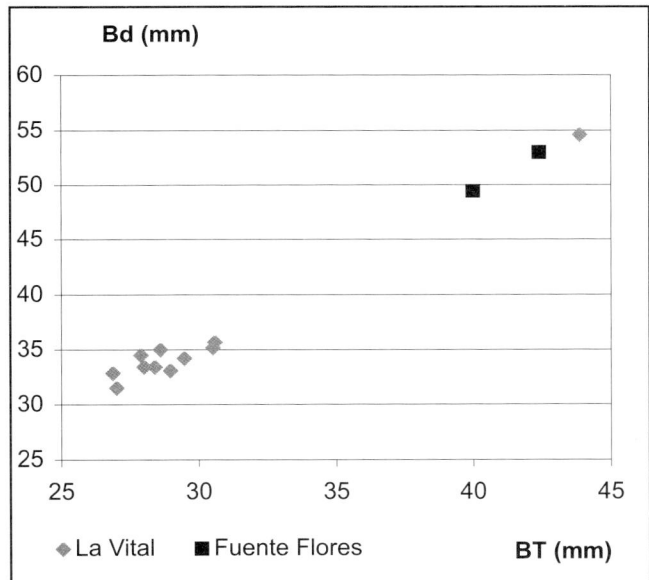

Bd (mm)

- ◆ La Vital
- ■ Fuente Flores

BT (mm)

Figura 7.8b.- Medidas del Húmero distal de *Sus domesticus* y *Sus scrofa* en La Vital y Fuente Flores.

Un fragmento de cráneo localizado en la base del relleno (UE 1016) del foso conserva una marca muy singular. Se trata de una marca de trayectoria longitudinal, recta y de sección en V que parece corresponder a la impronta del filo de un hacha (metálica) Como observamos (Fig. 7.9 b), alrededor de la hendidura se ha desarrollado tejido óseo, lo que indica que el animal sobrevivió al golpe, al menos un periodo de una o dos semanas.

Otros huesos presentan alteraciones producidas por los carnívoros, por roedores y por la acción del fuego. Los carnívoros

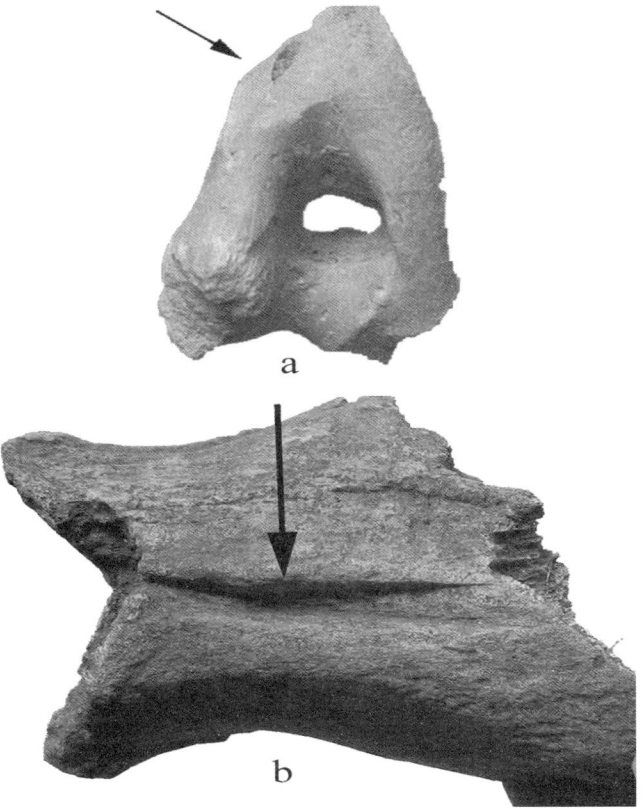

Figura 7.9.- Marcas de carnicería. Húmero (a) y cráneo (b) de *Sus domesticus*.

111

han dejado marcas sobre un total de 24 huesos y fragmentos óseos, que se traducen en mordeduras y arrastres. Todas ellas quedan reflejadas en las superficies articulares, principalmente de ulnas, radios, escapulas y pelvis. Siendo más comunes los arrastres en el cuerpo de las escápulas y en las diáfisis de las tibias. Por otra parte las roeduras de micromamíferos se pueden apreciar en las diáfisis de las tibias localizadas en la fosa 16, radios, metacarpos y falanges del silo 65 y en el relleno del Conjunto 5.

Las únicas marcas producidas por el fuego aparecen en el nivel de colmatación del Conjunto 5. Las hemos observado en una mandíbula, una ulna y un radio, y un astrágalo.

El perro (*Canis familiaris*)

Importancia relativa de la especie

En los diferentes sectores del yacimiento de La Vital se han recuperado un total de 7 restos de perro (0,14%), que pertenecen a un mínimo de 4 individuos (0,74%). Sin embargo, la presencia de esta especie en el yacimiento no viene dada solo por el hallazgo de sus restos, sino también por las huellas de mordeduras que han aparecido en algunos de los restos analizados.

Partes anatómicas

En una de las estructuras (estructura 7, sector V) se ha documentado la presencia de 20 restos de perro, que aunque no se han hallado en conexión anatómica parecen pertenecer todos al mismo individuo, por lo que se ha contabilizado como un único resto.

Los restos anatómicos identificados pertenecen mayoritariamente a la cabeza (38,46%), donde los dientes son los restos más abundantes. A continuación le sigue la extremidad anterior (34,61%) donde el radio y la ulna son los huesos más abundantes. La extremidad posterior presenta un menor número de restos (15,38%) entre los que destacan los fragmentos de tibia. También se han identificado restos pertenecientes al esqueleto axial (11,53%).

Análisis biométrico

Las medidas de que disponemos son bastante escasas, pues los restos de perros no suelen ser abundantes en los yacimientos prehistóricos. Los primeros perros documentados en yacimientos valencianos aparecen en los niveles neolíticos de la Cova de l'Or (Pérez Ripoll, 1980), Sarsa (Boessneck y Driesch, 1980) y Cendres (Martínez Valle, en Bernabeu *et al.*, 1999). Se trata de animales de tamaño medio que se mantienen sin grandes variaciones durante gran parte de la prehistoria reciente. También se ha documentado la presencia de perros en yacimientos del Neolítico Final, como Jovades y Arenal de la Costa (Martínez Valle, 1990).

Únicamente contamos con dos medidas, del húmero y de la tibia que hemos podido comparar con otros restos de Jovades y Cova de l'Or y que nos muestra que se trata de individuos de tamaño similar (Cuadro 7.9).

	La Vital	Jovades	Cova de l'Or
Tibia (Bd)	17,02		16
Húmero (Bd)	24,52	25,8	

Cuadro 7.9.- Dimensiones de húmero y tibia de *Canis familiaris* en La Vital, Jovades y Cova de l'Or.

Altura a la cruz

El estado de fragmentación en que se encuentran los restos no nos ha permitido contar con huesos íntegros para calcular la altura en la cruz de los individuos.

Patrón de sacrificio

Todos los restos analizados pertenecen a individuos adultos, sin que se haya podido precisar su edad con mayor exactitud.

Marcas de carnicería

No se han detectado alteraciones tafonómicas de ningún tipo entre los restos de perro identificados.

El caballo (*Equus caballus*)

Importancia relativa de la especie

Es una de las especies minoritarias con tan solo 25 restos, que suponen el 0,50% del total. Los huesos pertenecen a un número mínimo de 8 individuos (1,48%).

Partes anatómicas

Los elementos identificados son escasos, con una baja presencia de restos craneales, así como de costillas y vértebras, siendo los huesos que forman el miembro anterior y posterior los que mejor se conservan. La única concentración significativa es la del silo 88 (UE 3105) donde se han identificado un humero derecho y otro izquierdo de un mismo animal.

Análisis biometricos

Al contar con pocos restos tan sólo las hemos podido cotejar con las medidas obtenidas en el yacimiento eneolítico de Fuente Flores (Cuadro 7.10).

Marcas de carnicería

Se trata de una especie consumida, con una frecuencia muy baja respecto al resto de mamíferos identificados y en cuyos huesos tan sólo hemos observado marcas de troceado sobre la mitad de la diáfisis de dos húmeros y sobre una pelvis.

Escápula	Nº huesos	SLC (promedio)
La Vital	1	52,5
Fuente Flores	3	(46,4 - 53,5)
Tibia	**Nº huesos**	**Bd (promedio)**
La Vital	1	67,25
Fuente Flores	3	(62,7 - 67)
Húmero	**Nº huesos**	**Bd (promedio)**
La Vital	1	70
Fuente Flores	8	(71 - 76,6)

Cuadro 7.10.- Dimensiones de escápula, húmero y tibia de *Equus caballus* en La Vital y Fuente Flores.

	Yacimientos	Radio (Bd)/mm
Bos taurus	La Vital	85,83
	Ereta del Pedregal	66,3
	Jovades	77,6
		77,1
	Chaves	79,5
Bos primigenius	Chaves	87,5

Cuadro 7.11.- Dimensiones del radio de *Bos taurus* y *Bos primigenius* en La Vital, Ereta del Pedregal, Jovades y Chaves.

El uro (*Bos primigenius*)

Importancia relativa de la especie

El uro está presente en el yacimiento con un total de 8 restos óseos (0,16%) que pertenecen a un mínimo de 5 individuos (0,92%).

Partes anatómicas

Las diferentes partes identificadas pertenecen principalmente a las extremidades, tanto a la anterior como a la posterior. La extremidad anterior es la que ha proporcionado un mayor número de restos (50%), habiéndose identificado un fragmento de diáfisis de húmero, un radio distal, una escápula distal y una falange primera anterior. La extremidad posterior ha proporcionado un 12,5% de los restos habiéndose identificado un calcáneo de un individuo juvenil. Además se ha identificado un diente inferior, y dos fragmentos de cuerno, por lo que los restos pertenecientes a la cabeza suponen el 37,5% de los restos recuperados.

Análisis biométricos

La presencia de uro se ha documentado en otros yacimientos de cronología similar. Así, su presencia está documentada en enclaves como Cova de l'Or (Pérez Ripoll, 1980) y Ereta del Pedregal (Pérez Ripoll, 1990). Igualmente su presencia se ha detectado en el País Vasco en yacimientos de la Edad del Hierro (Altuna, 1980). Sin embargo, la escasez de los restos de uro en La Vital, así como su fragmentación, dificulta la obtención de medidas para realizar una comparación osteométrica. En el Cuadro 7.11 incluimos las medidas de la anchura distal del radio que hemos obtenido de diversos yacimientos.

Como se puede ver en el cuadro, el número de medidas que tenemos para el radio es escaso, y aunque los bovinos de Jovades son de mayor tamaño que los de Ereta, el radio procedente del sector V de La Vital está mucho más próximo al uro de la cueva de Chaves (Castaños, 2004) que a los toros domésticos de Jovades.

Altura a la cruz

No tenemos huesos completos que nos permitan calcular la altura a la cruz de esta especie.

Patrón de sacrificio

El estado de la fusión epifisial de los huesos así como el grado de desgaste dental nos han permitido conocer la edad de sacrificio de los cuatro individuos identificados. Así, la presencia de un calcáneo con la epífisis no fusionada, nos indica la presencia de un individuo subadulto, o adulto joven, de menos de 3 años de edad. Lo mismo nos indica el escaso desgaste de un molar tercero inferior, que pertenece a otro individuo juvenil. Los restantes huesos identificados pertenecen a tres individuos adultos cuya edad no ha podido ser precisada con exactitud.

Marcas de carnicería

No se han identificado marcas de carnicería ni otras alteraciones tafonómicas de origen antrópico o animal.

La cabra montés (*Capra pyrenaica*)

Importancia relativa de la especie

La cabra montés está presente en el yacimiento con un total de 26 restos (0,52%) que pertenecen a un mínimo de 10 individuos (1,83%). Aunque su presencia es mucho más generalizada en los yacimientos del Pleistoceno, también está presente en yacimientos neolíticos, en los que su frecuencia va disminuyendo.

Los diferentes restos analizados corresponden a un mínimo de 3 machos y 1 hembra.

Partes anatómicas

Los restos anatómicos identificados no representan la totalidad del esqueleto, aunque si se han localizado huesos pertenecientes tanto a la cabeza como al esqueleto axial y a las extremidades. Los restos más abundantes pertenecen a la cabeza y representan el 61,53% de los restos identificados. Son, en su mayor parte, fragmentos de cuerno. Por detrás de la cabeza, le sigue la extremidad anterior en cuanto a número de restos (30,76%), siendo el metacarpo el hueso más abundante. Tam-

	Yacimiento	N° restos	Variación	Media
Húmero (Bd)	La Vital	2	38,76 - 38,23	38,49
	Or	1	23,4	23,4
	Ereta	3	26 - 28,1	27,27
	Jovades	3	26,2 - 32,4	29,2
	Arenal	3	26,6 - 33,6	29,2
	Ereta (cabra salvaje)	2	34,1 - 35	34,55
	Chaves (cabra salvaje)	9	36 - 44	40,22
Metacarpo (Bd)	La Vital	1	34,49	34,49

Cuadro 7.12.- Dimensiones de húmero y metacarpo de *Capra pyrenaica* en La Vital, Cova de L'Or, Ereta del Pedregal, Jovades, Arenal de la Costa y Chaves.

bién se han identificado restos pertenecientes tanto al esqueleto axial como a la extremidad posterior (3,84% respectivamente).

Entre los restos identificados llama la atención, el fragmento de calota craneal, perfectamente fracturado y que conserva íntegros los dos cuernos del individuo. Tal y como sucede actualmente, el aprovechamiento de las vísceras del animal es una práctica generalizada a lo largo de la prehistoria, como demuestran las marcas de cortes localizadas en la mandíbula o en el cráneo de diferentes yacimientos. Sin embargo, este tipo de fractura para acceder a los sesos del animal no es común, por lo que pensamos que quizá obedezca a algún motivo ritual.

Análisis biométricos

Dado que gran parte de los restos identificados son fragmentos de cuerno, no disponemos de muchas medidas para realizar el análisis biométrico. A pesar de ello, hemos podido compara, dos medidas del húmero y una del metacarpo con medidas de los mismos huesos procedentes de otros yacimientos. Dichas medidas pertenecen a cabras domésticas y a cabras salvajes (Cuadro 7.12).

Estos datos muestran como tanto los restos de húmero como los de metacarpo de La Vital, quedan dentro del rango de las medidas para estos huesos de la cabra salvaje.

Altura a la cruz

Carecemos de huesos completos que nos permitan conocer la altura a la cruz de esta especie.

Patrón de sacrificio

No tenemos datos precisos para conocer la edad de sacrificio de estos individuos. Sin embargo, tanto la fusión de las epífisis como el grado de desgaste dental que se observa en los molares identificados nos indican que se trata en todos los casos de individuos adultos que superan los 2,5-3 años de edad.

Marcas de carnicería

Solo cuatro de los restos de cabra salvaje presentan alteraciones tafonómicas. En dos de los casos son alteraciones de origen animal. Se trata de huellas de mordeduras localizadas en la parte proximal de un fragmento de radio y otro de ulna, realizadas por carnívoros.

También se han detectado marcas de origen antrópico en uno de los fragmentos de cuerno que aparece unido al cráneo. Se trata de marcas de carnicería originadas durante el proceso de desollado del animal, proceso previo a su tratamiento carnicero. A estas marcas, hay que añadir la calota craneal que hemos comentado anteriormente y que presenta huellas de una fractura intencionada. Dicha fractura parece sugerir un tratamiento ritual del cráneo al ser seccionado cuidadosamente conservando íntegros ambos cuernos.

El jabalí (*Sus scrofa*)

En el conjunto de la muestra analizada se han identificado dos restos de jabalí (0,04%) que pertenecen a dos individuos diferentes (0,37%). El primero de ellos es un fragmento distal de húmero que no presenta alteraciones tafonómicas de ningún tipo. El segundo resto es un fragmento de pelvis que pertenece a un individuo adulto.

El ciervo (*Cervus elaphus*)

Importancia relativa de la especie

De ciervo contamos con 170 huesos y fragmentos óseos que suponen el 3,40% del total. Los huesos pertenecen a un número mínimo de 32 ejemplares (5,91%).

Partes anatómicas

Para esta especie contamos con todos los elementos del esqueleto. La unidad anatómica con más restos es la cabeza (40,59%) y el miembro posterior (21,18%). A estas unidades sigue el miembro anterior (19,41%), las patas (11,18%) y los elementos del cuerpo (7,65%). Sus restos se localizan en varios silos (57, 58, y 94), en el relleno del Conjunto 5 y en las cubetas 99 y 52 del sector 4. Los depósitos de estas cubetas parecen significativos, ya que están formados por una única especie y en este caso es silvestre. En la cubeta 99 encontramos elementos del miembro anterior y en la cubeta 52 hay restos craneales, del cuerpo y de las patas. Finalmente en el Conjunto 10, formando parte del enterramiento 147 y junto a un abundante número de huesos de conejo se recupero el húmero de un ciervo inmaduro.

Análisis biométricos

Con las medidas obtenidas no podemos calcular la alzada de estos individuos. Al comparar las medidas obtenidas para los húmeros y tibias distales, nuestros resultados son similares a los de Ereta del Pedregal, Arenal de la Costa y Jovades (Cuadro 7.13).

Patrón de sacrificio

En cuanto a la edad de muerte de los individuos, hemos establecido a partir del grado de fusión de los huesos y del desgaste

Húmero Bd	Nº huesos	mm
La Vital	1	57,5
Ereta Pedregal	5	47 - 56,1
Jovades	2	51,4 - 56
Tibia Bp	Nº huesos	mm
La Vital	1	61
Ereta Pedregal	4	68 - 75
Metacarpo Bd	Nº huesos	mm
La Vital	1	37,7
Ereta Pedregal	7	36,5 - 41,6
Jovades	1	38

Cuadro 7.13.- Dimensiones de húmero, tibia y metacarpo de *Cervus elaphus* en La Vital, Ereta del Pedregal y Jovades.

mandibular la presencia de 7 individuos adultos, tres de ellos machos y de dos animales inmaduros, uno menor de 23 meses, otro que no supera los 42 meses.

Marcas de carnicería

Los huesos de ciervo presentaban modificaciones provocadas por los el procesado cárnico. Se trata de fracturas, cortes e incisiones producidas durante el troceado del esqueleto, la desarticulación de los elementos y el posterior descarnado. Estas marcas son visibles en 14 huesos. También hay fragmentos de asta troceados, posiblemente para un posterior uso como útiles. Otras modificaciones son las mordeduras de cánido que han afectado la superficie proximal de un calcáneo y la superficie articular de una mandíbula.

El corzo (*Capreolus capreolus*)

Esta especie esta presente en la muestra con un único resto (0,02%), localizado en el silo 20, del sector 3. Se trata de un húmero distal, que pertenece a un individuo adulto, y que presenta marcas de descarnado.

El conejo (*Oryctolagus cuniculus*)

Importancia relativa de la especie

Contamos con 176 huesos y fragmentos óseos que suponen el 3,52% del total y que pertenecen a un número mínimo de 19 individuos (3,51%). A excepción de un inmaduro todos los ejemplares son adultos.

Partes anatómicas

Para esta especie también están presentes todas las unidades del esqueleto, las mejor representadas son las del miembro posterior (40,91%) y la de las patas (30,67%), a ellas sigue el miembro anterior (11,36%), el cuerpo (99,66%) y la cabeza (7,39%).

Escápula LmC	Nº huesos	mm
La Vital	1	4
Fuente Flores	1	4,9
Húmero Bd	Nº huesos	mm
La Vital	8	11,5 - 13,5
Fuente Flores	2	13,2 - 13,6
Ereta P. N II - III	4	8 - 8,8
Tibia Bd	Nº huesos	mm
La Vital	5	10-11
Fuente Flores	3	10,4 - 11,5
Ereta P. N II - III	11	10,2 - 11
Calcáneo GL	Nº huesos	mm
La Vital	2	18,5 - 21
Fuente Flores	1	22,5
Ereta P. N II - III	14	19,8 - 23

Cuadro 7.14.- Dimensiones de escápula, húmero, tibia y calcáneo de *Oryctolagus cuniculus* en La Vital, Fuente Flores y Ereta.

La mayor parte del material procede del enterramiento 147, donde los huesos, principalmente elementos del miembro posterior, pertenecen a un número mínimo de 8 individuos.

Análisis biométricos

Las medidas de los huesos de esta especie son semejantes a las obtenidas en otros yacimientos contemporáneos, por lo que se observa una escasa variabilidad (Cuadro 7.14).

El gato montés (*Felis silvestris*)

Los restos pertenecientes a esta especie son muy escasos (0,06%): un fragmento de mandíbula con un diente inferior y un húmero se localizaron en el enterramiento 147, situado en el sector 3, y un canino hallado en el Conjunto 8, también del sector 3 (Cuadro 7.15).

Húmero	GL	Bp	Bd	SD
Fuente Flores	101,1	16,6	19,6	7
La Vital Ent. 11				6

Cuadro 7.15.- Dimensiones de húmero de *Felis silvestris* en La Vital y Fuente Flores.

El zorro (*Vulpes vulpes*)

Se han identificado 3 restos de zorro (0,06%) entre el material analizado. Los restos identificados son un metacarpo, un calcáneo y una falange segunda que pertenecen a un individuo adulto, el cual no ha proporcionado más información.

Cetáceo indeterminado

Entre los restos de mamíferos analizados se ha detectado la presencia de 3 restos de mamíferos marinos (0,06 %). El primero de ellos son varios fragmentos pertenecientes a un disco vertebral al parecer de un individuo juvenil, pues no se encuentra fusionado al resto del cuerpo vertebral. El segundo fragmento es también parte de una vértebra. El tercer resto, y el que más llama la atención, es un disco vertebral completo, también sin fusionar al cuerpo vertebral.

El disco tiene un diámetro de 31 cm y su morfología es circular. Tanto su tamaño, como su morfología han servido para descartar que se tratase de otras posibles especies como el cachalote o el rorcual, y atribuir el resto a otra especie de gran tamaño.

La presencia de estos animales en los yacimientos prehistóricos no es común, pero no por ello hay que descartar su aprovechamiento, más aun en yacimientos cercanos a la costa, donde en ocasiones quedan varados individuos de diferentes especies marinas.

Una curiosidad de este disco, son las marcas que presenta en la superficie del mismo. Se trata de unas improntas, producidas al haber sido golpeada la vértebra por un objeto contundente. La disposición de las mismas nos sugiere un empleo de la vértebra como yunque o punto de apoyo para realizar otras tareas.

Los restos indeterminados

Los restos indeterminados hallados en el yacimiento también han sido contabilizados y analizados. La información que este tipo de fragmentos nos puede dar a pesar de no poder ser identificados taxonómicamente es muy importante, sobre todo en yacimientos como La Vital, donde los restos indeterminados suponen el 57,47% de los restos.

Para ello, los restos indeterminados han sido clasificados en dos grupos: macrofauna (bóvidos, équidos, cérvidos) y mesofauna (suidos y ovicápridos). Además de esta aproximación taxonómica, los fragmentos indeterminados han sido clasificados anatómicamente de la siguiente manera: huesos apendiculares, huesos planos, fragmentos de vértebras y restos indeterminados.

En el Cuadro 7.16 vemos la distribución del conjunto de los restos apendiculares. Como puede observarse en el cuadro, el 66,75% del conjunto de los restos indeterminados pertenece al grupo de la mesofauna. Este dato coincide con los obtenidos por el análisis taxonómico de las especies, en donde el conjunto de ovicápridos y suidos es mayoritario. Por su parte, los restos de macrofauna, suponen un 32,93% de los restos indeterminados. Puesto que tanto équidos como cérvidos suponen un mínimo porcentaje en el conjunto de restos identificados, parece lógico suponer que la mayoría de restos indeterminados de macrofauna pertenezcan al ganado vacuno.

Analizando las partes anatómicas, vemos que en ambos conjuntos, son los restos indeterminados (48,4% y 55,07% respectivamente) los más abundantes, lo que confirma la elevada fragmentación de la muestra, producto tanto de procesos humanos y animales, como postdeposicionales. Le siguen los huesos apendiculares (23,29%) y los fragmentos de huesos planos (21,97%),

	Macrofauna	Mesofauna	Total
Apendiculares	359	1216	1575
Hueso plano	725	761	1486
Vértebras	65	72	137
Indeterminados	1078	2486	3564
Total	2227	4535	6762

Cuadro 7.16.- Distribución anatómica de los restos indeterminados de macro y meso fauna.

aunque en estos casos, las proporciones varían según se trate de restos pertenecientes a macrofauna o mesofauna. El conjunto de huesos planos está formado principalmente por costillas y fragmentos de espinas vertebrales, de difícil asignación taxonómica, también se incluyen fragmentos de cráneo, escápula y pelvis, y es mayoritario en el conjunto de la macrofauna, mientras que en el caso de la mesofauna, son los huesos apendiculares los que presentan un mayor número de fragmentos. Para ambos grupos, las vértebras son los restos menos abundantes (2,91% macrofauna, 1,61% mesofauna). Este hecho, unido a la escasez de vértebras entre los restos determinados, especialmente entre los ovicápridos, nos hace pensar, que o bien estos restos sufrieron un intenso procesado que nos ha impedido su identificación quedando incluidos por tanto entre los restos indeterminados, o bien, que dichos restos no se hallan en el yacimiento, lo que supondría un tratamiento carnicero de los mismos en algún otro lugar.

Desde el punto de vista tafonómico, poco podemos decir del conjunto de restos indeterminados. Las alteraciones de origen antrópico o animal son muy escasas, pues sólo se han identificado este tipo de alteraciones en 20 de los restos indeterminados. Un único resto indeterminado presenta una incisión producto del procesado carnicero de los animales. Las alteraciones más abundantes son las causadas por el fuego, que se han identificado en 12 de los restos indeterminados. Se trata de huesos que aparecen quemados, con una coloración marrón oscura, que indica que han estado expuestos a temperaturas que rondan los 300° C. A estos, hay que añadir la presencia de un hueso calcinado, que presenta una coloración blanquecina que nos indica su exposición a temperaturas cercanas a los 600° C.

Solo 6 de los restos indeterminados presentan alteraciones originadas por la acción de los carnívoros. Se trata de huesos que presentan huellas de mordisqueo, aunque el deficiente estado de conservación de la muestra, producto de alteraciones edáficas postdeposicionales nos ha impedido identificar un mayor número de mordeduras (Fig. 7.9 a y b)

UNA VALORACIÓN DE LA GANADERÍA Y LA CAZA EN EL YACIMIENTO DE LA VITAL

Para valorar la muestra faunística de La Vital en el contexto cronológico del IV y III milenios cal. a.C., hemos contrastado nuestros resultados con los obtenidos en otros yacimientos como Jovades, Arenal de la Costa (Martínez Valle, 1990), Fuente Flores (Juan Cabanilles y Martínez Valle, 1988), Ereta del Pedregal (Pérez Ripoll, 1990) y Niuet (Pérez Ripoll, 1999) y nos hemos servido del estudio que realiza Pérez Ripoll (1999) sobre la ganadería durante el IV-III milenio cal. a.C. en la Península Ibérica.

Los yacimientos elegidos son poblados localizados al aire libre. No hemos entrado en la valoración de yacimientos situados en cuevas ya que los problemas tafonómicos y de conservación del material óseo en estos dos contextos –cuevas y poblados– son diferentes. Además hay que considerar que los yacimientos en cavidades pueden ser dependientes de los poblados por lo que su consideración debería hacerse a escala regional en cada uno de los territorios de los poblados analizados.

Al comparar la presencia de especies en los poblados, llama la atención las diferencias en la importancia relativa que en los conjuntos tienen las especies domésticas y las silvestres (Fig. 7.10). Dos yacimientos se distinguen por la abundancia de especies silvestres, Ereta y Fuente Flores, en los que éstas llegan a superar el 50% de los restos. Esta distinción según Martí (2002) está en relación con la expansión de la población del Neolítico final hacia territorios nuevos, zonas no alteradas por la acción humana y donde los recursos silvestres son más abundantes. Esta explicación se ha dado en Europa Central para los asentamientos donde los taxones silvestres son abundantes. Se trata de asentamientos nuevos sin una ocupación neolítica previa y con un medio paisajístico, donde se ubican, no alterado y con una mayor densidad de recursos silvestres. Otra explicación justificaría la abundancia de silvestres en la necesidad de defender las cosechas en asentamientos cuyos cultivos son atacados por el ciervo y el conejo (especies más abundantes en todos los yacimientos) (Glass, 1991). Finalmente para explicar esta orientación más cazadora que ganadera en algunos asentamientos, también se ha acudido a argumentos de tipo cultural que valoran la posibilidad de que persistan grupos de cazadores con economías "mixtas" hasta el IV-III milenio cal. a.C. (Martínez Valle, 1995).

Si en poblados como Jovades, Arenal y La Vital, los silvestres tienen una escasa importancia, hay que considerar que en todas las muestras hay una gran variedad de taxones. Aunque predominan ciervos y conejos, hay presencia de corzos, cabra montés, jabalí, lobo, zorro, lince, gato montés, liebre y erizos. Y la caza de estas especies no solamente aporta carne sino que, tal y como podemos deducir de las marcas de carnicería en huesos de conejo, linces y zorros, proporciona sus pieles. Otros recursos silvestres son las aves. En el yacimiento de La Vital tan sólo hemos identificado un hueso de passeriforme indeterminado, aunque en otros yacimientos como Jovades y Arenal su presencia es más importante, habiéndose identificado huesos de chocha perdiz (*Scolopax rusticola*), cernícalo primilla (*Falco nuamanni*) perdiz común (*Alectoris rufa*), grajilla (*Corvus monedula*), lechuza común (*Tyto alba*) (Martínez Valle, 1990).

En cuanto al uso de las especies domésticas, hemos observado que la importancia relativa del número de restos nos indica una orientación hacia el ganado mayor en dos yacimientos como son Arenal de la Costa y La Vital, donde hay un mayor número de bovinos. Mientras que Jovades, Niuet y Ereta del Pedregal mantiene una ganadería con un mayor número de ovejas y cabras. La dedicación hacia una especie u otra durante el Neolítico final, no se puede valorar en términos de especialización, en base a los poblados que hemos considerado. Como han señalado otros autores (Glass, 1991) la especialización en un solo taxón es una práctica arriesgada, mientras que la diversificación, como estrategia en la que se mantienen muchos animales utilizados por sus productos, conlleva un menor riesgo, aunque esto suponga necesariamente una mayor expansión en términos de tierra de labor. También hay que considerar en esta propuesta el potencial pecuario de cada entorno y que en los paisajes mediterráneos sólo entornos con abundante agua pueden dar soporte a esos sistemas diversificados.

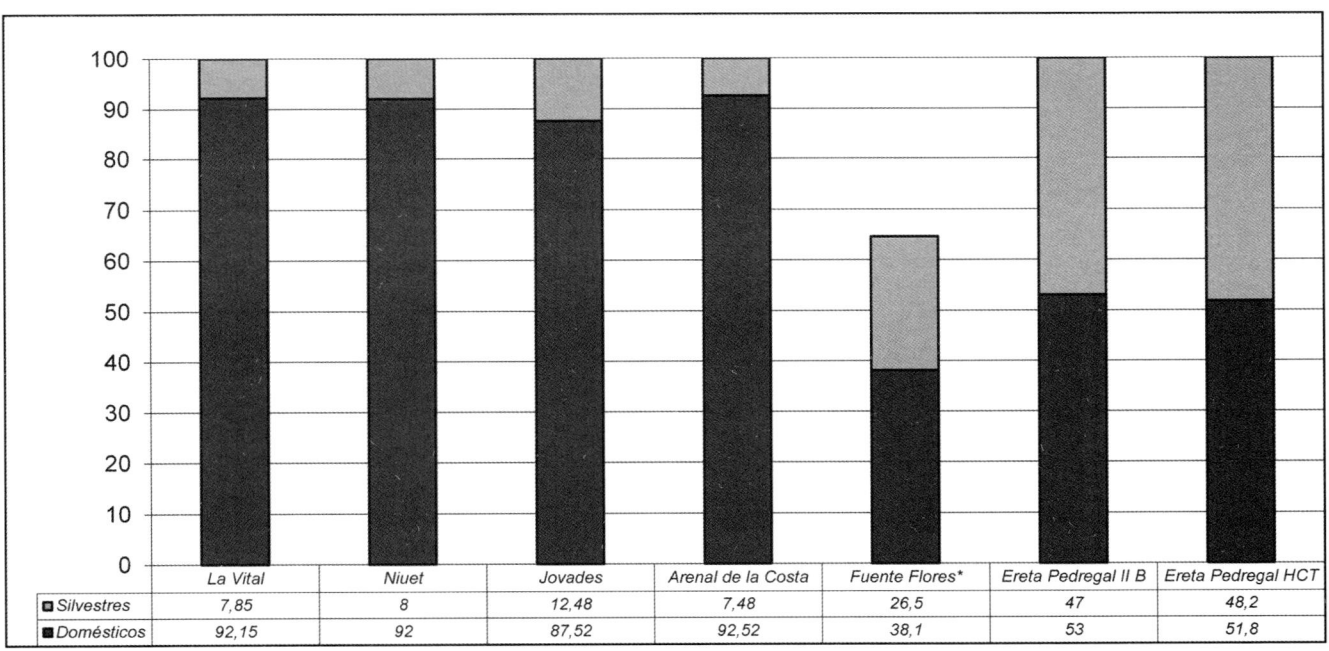

	La Vital	Niuet	Jovades	Arenal de la Costa	Fuente Flores*	Ereta Pedregal II B	Ereta Pedregal HCT
▣ Silvestres	7,85	8	12,48	7,48	26,5	47	48,2
■ Domésticos	92,15	92	87,52	92,52	38,1	53	51,8

Figura 7.10.- Importancia relativa de las especies domésticas y silvestres en La Vital, Niuet, Jovades, Arenal de la Costa, Fuente Flores y Ereta del Pedregal.

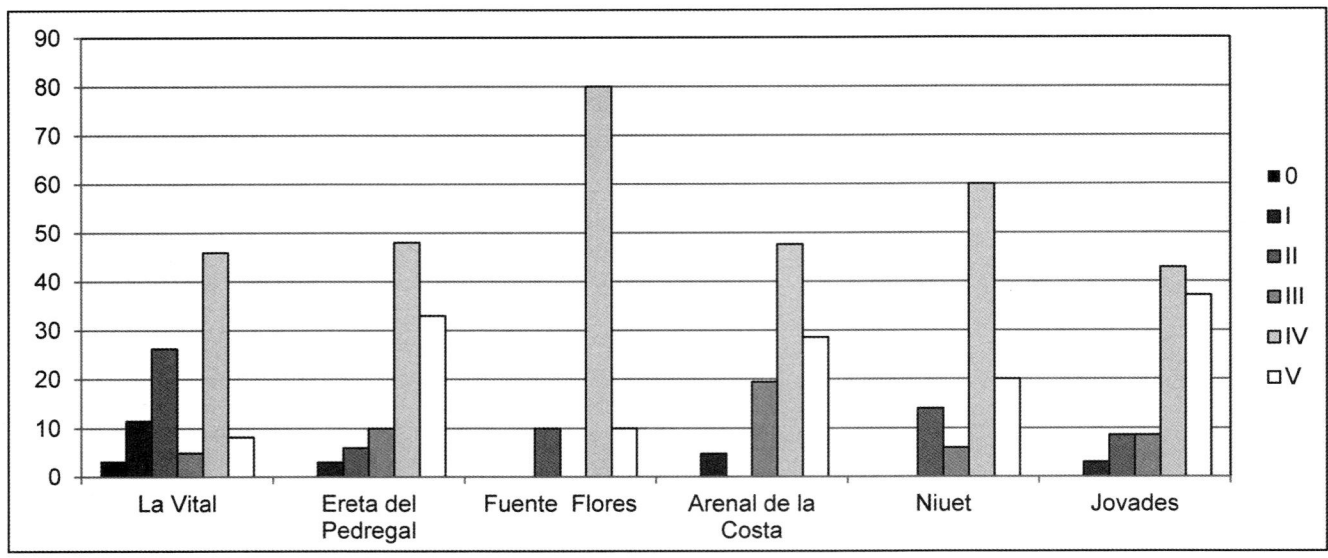

Figura 7.11.- Distribución de la edad de sacrificio de *Bos taurus* en La Vital, Jovades, Niuet, Arenal de la Costa, Fuente Flores y Ereta del Pedregal.

En La Vital las especies domésticas son predominantes y su explotación, y en esto estamos de acuerdo con lo propuesto por Greenfield (2002), busca la estabilidad a largo tiempo con una explotación mixta de los animales, tanto para productos primarios como secundarios. Hemos llegado a esta conclusión al observar los patrones de sacrificio de los principales grupos de especies: bovinos, ovicaprinos y cerdos. Aquí las muestras no son muy abundantes en individuos, ya que contamos con 61 bovinos, 93 ovicaprinos y 63 cerdos, pero coinciden con las observadas en Jovades, Arenal, Ereta y Fuente Flores, en que en ningún yacimiento se da una especialización muy intensa en un producto determinado. Es por ello que la supuesta especialización ganadera que debe acompañar "la revolución de los productos secundarios" (Sherratt, 1981; Harrison y Moreno, 1984) de momento no se constata en los poblados que hemos analizado, bien porque el número de individuos no es suficiente o porque no contamos con un registro de poblados abundante. En nuestra opinión tendremos que esperar a la llegada de sociedades con un entramado social y territorial más complejo, ya dentro del II milenio cal. a.C., para que los modelos de sacrificio se adapten o sean similares a los que propone Payne (1973) donde claramente se observan las tendencias económicas especializadas en la producción, láctea, cárnica y lanera.

No obstante se observan pautas que apuntan claramente en esa dirección. Así, para el ganado vacuno, hemos observado en el yacimiento de La Vital el uso de esta especie como fuerza de tracción, no solo por la presencia de animales viejos y seniles, sino también por la existencia de patologías en huesos de animales adultos (Fig. 7.5). El empleo de los animales en tareas de labor ha sido documentado en otros yacimientos como Jovades (Martínez Valle, 1990) y en Niuet (Pérez Ripoll, 1999). Pero el principal aprovechamiento de esta especie es el cárnico tal y como se aprecia en el gráfico de la Fig. 7.11, ya que hay una gran presión sobre el grupo IV, que incluye animales de 3,5 a 7 años en todos los yacimientos.

En el gráfico anterior los grupos de edad siguen los propuestos por Pérez Ripoll (1999): grupo 0: animales de 1 a 6 meses; grupo I: entre los 6 y 18 meses; grupo II: desde los 18 meses hasta los 27/30 meses; grupo III: desde los 27/30 meses hasta los 42 meses; grupo IV: donde tenemos adultos a partir de 3,5/4 años hasta 7 años; grupo V: donde agrupamos viejos y seniles (de 8 hasta 20 años).

Del mismo modo aunque sea escasa la presencia de animales sacrificados a edad infantil, no podemos negar la posible existencia de un aprovechamiento lácteo. Que la muestra esté formada por un mayor número de hembras, tal y como nos indican los análisis biométricos realizados, nos deja la posibilidad de plantear, tal y como ocurre en sociedades ganaderas africanas, el destinar una pequeña cantidad de leche mientras lactan los terneros para el consumo diario humano.

Así pues, podemos concluir que el bovino en los poblados del Neolítico final/Calcolítico que hemos considerado tuvo diferentes usos, como principal y casi prioritario el aprovechamiento cárnico, y en menor medida un uso en tareas de labor y porqué no una producción minoritaria de leche. Todo ello a una escala doméstica.

El siguiente grupo de especies que vamos a considerar son las ovejas y las cabras. Siguiendo otros trabajos (Pérez Ripoll, 1999), al analizar las edades de sacrificio de estos animales tendemos a plasmar en un mismo gráfico ambas especies en base a conseguir un mayor número de individuos para que la muestra sea más fiable. Nosotros hemos procedido de igual modo, y utilizamos estos gráficos para comparar yacimientos, aunque conviene recordar que la gestión de cabras y ovejas es diferente.

En el yacimiento de La Vital la proporción de ovejas y cabras, en cuanto a número de individuos es de 1:0,6, aunque en restos favorece a las cabras. Por lo tanto la cabaña estaría formada por más ovejas que cabras. En los otros poblados que hemos considerado, la frecuencia del número de restos nos indica que las ovejas son más abundantes que las cabras, a excepción de Arenal de la Costa.

En la Figura 7.12 hemos representado las edades de sacrificio documentadas en los cinco poblados, siguiendo los grupos propuestos por Pérez Ripoll (1999): grupo 0: animales de 0 a 3 meses; grupo I: entre los 3 y 12 meses; grupo II: desde los 12 meses hasta los 23 meses; grupo III: desde los 23 meses hasta los 36 meses; grupo IV: donde tenemos adultos a partir de 3 hasta 6 años; grupo V: donde agrupamos viejos y seniles.

Así observamos que la pauta que siguen todos los yacimientos, a excepción de Arenal de la Costa (34 individuos), es hacia una mayor presión en el grupo II, es decir animales de 1 a 2 años y otro incremento en el sacrificio de animales del grupo IV, es decir adultos de 3 a 6 años. De manera más detallada podemos

diferenciar tres pautas: por una parte la ejemplificada por el yacimiento de La Vital (93 individuos) donde los sacrificios en el grupo II están en un 40%, mientras que los realizados en el grupo IV se sitúan sobre un 20%. Esto parece reflejar un aprovechamiento principal cárnico y como no existe un excesivo sacrificio de animales del grupo IV (cabras y ovejas), principales reproductores y productores, tanto de leche, lana y estiércol, podemos vislumbrar una gestión orientada, tanto a procurar estos productos como a asegurar la renovación y el mantenimiento del rebaño. Por otra parte las curvas observadas en Jovades (90 individuos) y Ereta (167 individuos) son distintas a la descrita en La Vital, en estos poblados hay una mayor presión sobre el

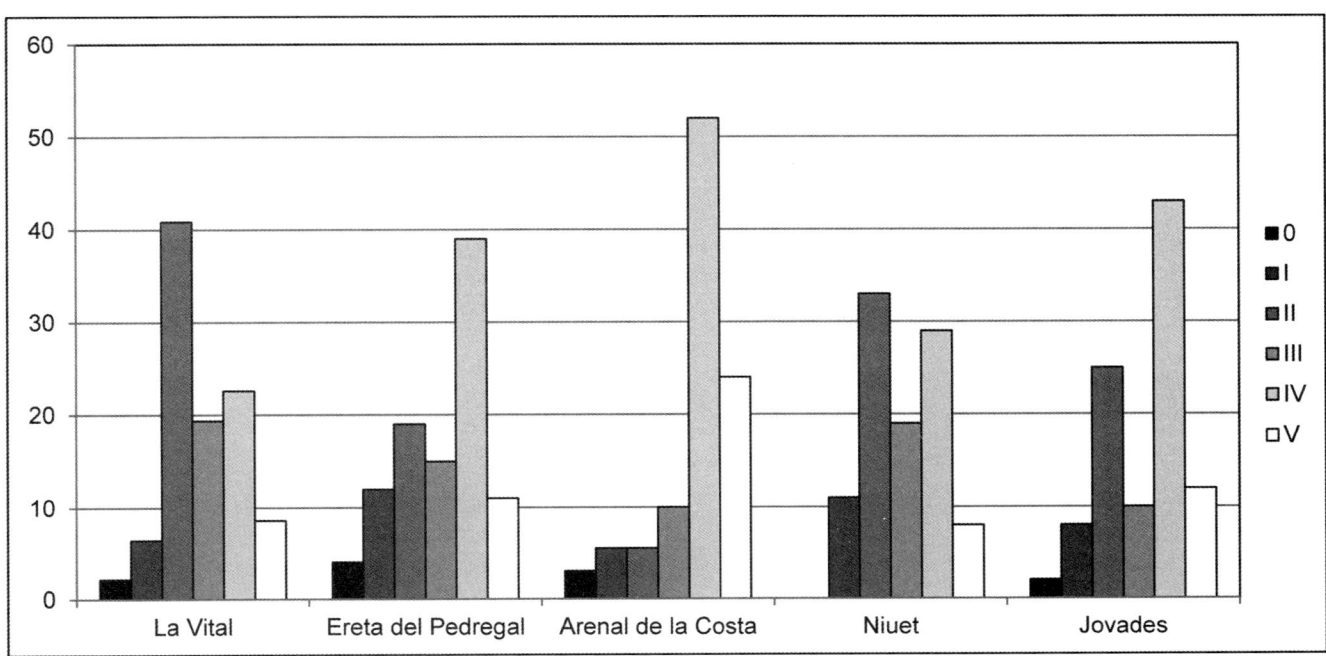

Figura 7.12.- Distribución de la edad de sacrificio de *Ovis aries/Capra hircus* en La Vital, Jovades, Niuet, Arenal de la Costa y Ereta del Pedregal.

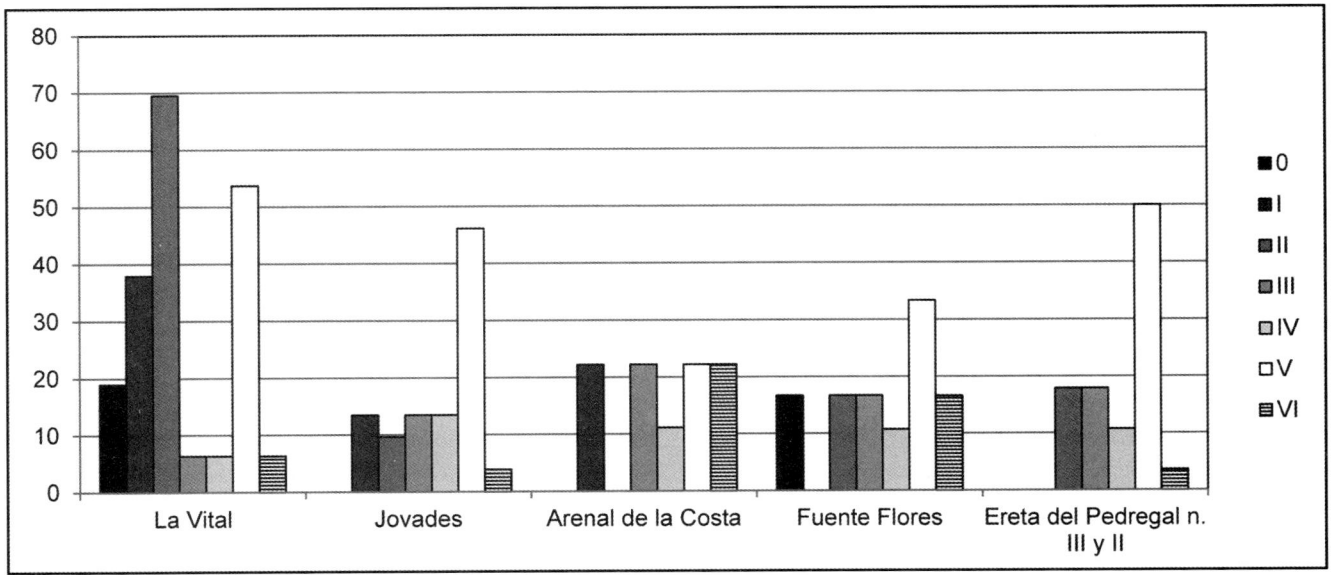

Figura 7.13.- Distribución de la edad de sacrificio de *Sus domesticus* en La Vital, Jovades, Arenal de la Costa, Fuente Flores y Ereta del Pedregal.

grupo IV, entorno a un 40-50% de animales sacrificados, mientras que del grupo II se mata un 20%. Lo mismo ocurre con el patrón observado en Niuet (46 individuos) con un 30% de sacrificios en el grupo II y IV. Es decir, que se están sacrificando los animales más productivos, por tanto parece que este patrón de muerte no traduce un sistema eficiente de explotación de esta especie. Da la impresión de que en estos yacimientos, los ovicaprinos tan sólo se criaban para producir carne. Finalmente en el yacimiento de Arenal, la pauta es muy diferente, aunque hay que considerar que el número mínimo de individuos es bajo, con 34 ejemplares, se apunta a una posible explotación lanera, ya que el sacrificio es sobre individuos mayores de 6 años (Martínez Valle, 1990) y/o láctea dada la importancia de las cabras (Pérez Ripoll, 1999).

Como tercera especie en estos poblados tenemos el cerdo. Como ya han apuntado numerosos autores, siguiendo a Uerpmann (1978) es un animal relacionado con las economías agrícolas. De los patrones de sacrificio observados en los poblados deducimos un aprovechamiento primario de la especie. Los grupos de edad representados en el gráfico de la Fig. 7.13 son los siguientes: grupo 0: No natos; grupo I: de 0 a 7 meses; grupo II: de 8 a 11 meses; grupo III: de 12 a 24 meses; grupo IV de 24 a 30 meses; grupo V; de 31 a 48 meses; grupo VI: más de 48 meses.

Todas las curvas de sacrificio coinciden en una presión sobre el grupo V se trata de animales adultos de tres años y medio. En La Vital sorprende el elevado sacrificio en los grupos I, II y V, del mismo modo la importancia de esta especie en la muestra analizada también es elevada con un 24% en cuanto a número de restos. En el yacimiento de La Vital podemos confirmar que se da la cría de cerdos, dada la importancia de animales infantiles y juveniles, además de contar con la presencia de fetos, y que se busca un consumo preferentemente de las carnes de mejor calidad, es decir de los animales de los grupos I y II.

Otras especies domésticas como el caballo y el perro han proporcionado un número muy limitado de restos. Se trata de especies minoritarias en casi todos los poblados que hemos considerado, a excepción de Fuente Flores donde el caballo representa más de un 30% de los restos analizados y es considerado como una especie silvestre. En el resto de los poblados, sus frecuencias son escasas y dado al alto coste que requiere la especie, tanto en su manutención como en su gestión, todo parece apuntar a que se trata de animales cazados, aunque no se puede descartar que estén en proceso de domesticación (Pérez Ripoll, 1999).

El perro tampoco es abundante. En general se trata de animales de talla media, que en muchos casos se han consumido y al menos en Jovades, han proporcionado pieles (Martínez Valle, 1990).

Capítulo 8

LA MALACOFAUNA

J.Ll. Pascual Benito

La muestra que se estudia en este capítulo es la totalidad de los restos malacológicos de la fase VII de La Vital, recuperados en los cinco sectores intervenidos durante las campañas de excavación desarrolladas en los años 2005 y 2006.

El material analizado procede de un total de 142 unidades estratigráficas, que corresponden en su mayor parte al relleno de estructuras excavadas en el subsuelo: silos, fosas y fosos que, en contadas ocasiones, fueron utilizados como lugar de enterramiento y, en menor número, a niveles de ocupación. Salvo contadas excepciones los restos malacológicos no muestran concentraciones significativas, variando el número de restos hallados por unidad estratigráfica entre 1 y 167.

La mayor parte de los restos fueron recuperados in situ durante la excavación manual de los sedimentos. Solo una mínima parte, formada por fragmentos de pequeño tamaño, procede del cribado con agua de las muestras de sedimento recogido para recuperar microrrestos.

El conjunto malacológico documentado en las unidades asignadas a la fase VII de La Vital se compone de un total de 2417 restos, pertenecientes a un número mínimo de 1887 conchas, de los que el 95 % corresponden a moluscos de origen marino y el 5 % restante de origen continental (Cuadro 8.1).

La identificación taxonómica de los restos malacológicos se ha realizado con la consulta de diversos trabajos bibliográficos (D'Angelo y Garfiullo, 1978; Flechter y Falkner, 1993; Acuña y Robles, 1989; Robles, 1989; Martínez-Ortí y Robles, 2003) y con el apoyo de nuestra colección comparativa formada por ejemplares actuales de procedencia mediterránea. De estos trabajos proceden además las características de las conchas y del hábitat de los moluscos que se exponen a continuación. Para su presentación, hemos diferenciado el conjunto malacológico en dos grupos en función del ecosistema al que pertenecen los restos, marino y continental.

En los moluscos bivalvos, el número mínimo de individuos (NMI) hace referencia al número de valvas y no de individuos, aun corriendo el riesgo de que aparezcan sobrerrepresentados

en el conjunto, toda vez que dado su alto índice de erosión, como seguidamente veremos, los habitantes del yacimiento recogieron la mayor parte de las valvas por separado, una vez muerto el animal. El número de valvas se ha calculado a partir de la suma de valvas completas y de fragmentos de natis o de charnela. Para los gasterópodos, el NMI proviene de sumar a los individuos completos, los fragmentos apicales o los fragmentos que presentan parte significativa de la zona bucal. En ambos casos se ha tomado en consideración el tamaño relativo de algunos fragmentos, especialmente cuando su talla era diferente a la de los otros fragmentos documentados en la misma unidad estratigráfica.

En los cuadros del apéndice se detalla el número de restos de cada especie de moluscos documentada por sectores y unidades estratigráficas diferenciadas, indicando el grupo, hecho y fase a que corresponden.

LA MALACOFAUNA MARINA

Los restos malacológicos de origen marino suman un total de 2298 entre conchas completas y fragmentos, que corresponden a un NMI de 1768. En el conjunto se encuentran representadas al menos treinta especies englobadas en tres clases, de las que doce son bivalvos a la que pertenecen ocho familias, otras diecisiete especies son gasterópodos en la que se incluyen trece familias, y una especie representa a los escafópodos. En el presente trabajo se han añadido además dos restos de especies marinas que, si bien no son moluscos, su origen y forma de captación es similar: uno de crustáceo y otro de coral (Fig. 8.5).

Descriptiva por especies

En este apartado se ofrece la descripción de los restos malacológicos recuperados en La Vital, agrupados por las diferentes clases zoológicas, familias y especies identificadas,

Sector	1	%	1	%	2	%	2	%	3	%	3	%	4	%	4	%	5	%	5	%	Total	%	Total	%
	n°restos		NMI		n°restos		NMI		n°restos		NMI		n°restos		NMI		n°restos		NMI		n°restos		NMI	
BIVALVOS																								
Glycymeris violacescens	205	82	194	81	549	67	439	64	259	73	254	74	44	65	41	65	596	74	293	67	1653	72	1221	69
Acanthocardia tubercula.	5	2	5	2,1	29	3,5	27	3,9	4	1,1	4	1,2					38	4,7	24	5,5	76	3,3	60	3,4
Cerastoderma glaucum	1	0,4	1	0,4	19	2,3	18	2,6	7	2	7	2,1					1	0,1	1	0,2	28	1,2	27	1,5
Cardiido indeterminado	4	1,6	4	1,7	1	0,1	1	0,1	7	2	7	2,1					2	0,2	2	0,5	14	0,6	14	0,8
Cerastoderma fósil	3	1,2	3	1,3	53	6,4	37	5,4	24	6,8	23	6,7	13	19	11	17	72	9	28	6,4	165	7,2	102	5,8
Mactra coralina	1	0,4	1	0,4	2	0,2	2	0,3	15	4,2	9	2,6					5	0,6	5	1,1	23	1	17	1
Spondylus gaederopus	3	1,2	3	1,3	19	2,3	17	2,5	5	1,4	5	1,5	3	4,4	3	4,8	13	1,6	13	3	43	1,9	41	2,3
Pecten sp.	1	0,4	1	0,4					1	0,3	1	0,3									2	0,1	2	0,1
Pecten jacobeus	3	1,2	3	1,3	4	0,5	4	0,6					2	2,9	2	3,2	5	0,6	5	1,1	14	0,6	14	0,8
Arca noae					1	0,1	1	0,1									1	0,1	1	0,2	2	0,1	2	0,1
Ostrea sp.					1	0,1	1	0,1									2	0,2	2	0,5	3	0,1	3	0,2
Pinnidae sp.					4	0,5	4	0,6	4	1,1	4	1,2									8	0,3	8	0,5
Bivalvo indet. nacarado					2	0,2	2	0,3	4	1,1	4	1,2					2	0,2	2	0,5	8	0,3	8	0,5
Bivalvo indeterminado					2	0,2	2	0,3									1	0,1	1	0,2	3	0,1	3	0,2
GASTERÓPODOS																								
Patella sp.	3	1,2	3	1,3	3	0,4	3	0,4									1	0,1	1	0,2	7	0,3	7	0,4
Patella caerulea	3	1,2	3	1,3	95	12	95	14	3	0,8	3	0,9					5	0,6	5	1,1	106	4,6	106	6
Monodonta turbinata	3	1,2	3	1,3	4	0,5	4	0,6	6	1,7	6	1,8					4	0,5	4	0,9	17	0,7	17	1
Thais haemastoma	7	2,8	7	2,9	12	1,5	10	1,5	4	1,1	4	1,2	2	2,9	2	3,2	13	1,6	13	3	38	1,7	36	2
Thais haemastoma consul					1	0,1	1	0,1									3	0,4	3	0,7	4	0,2	4	0,2
Coralliophila meyendorffi					1	0,1	1	0,1													1	0	1	0,1
Semicassis undulata	7	2,8	7	2,9	13	1,6	13	1,9	7	2	7	2,1	1	1,5	1	1,6	22	2,7	18	4,1	50	2,2	46	2,6
Charonia sp.					2	0,2	2	0,3	1	0,3	1	0,3	1	1,5	1	1,6	8	1	4	0,9	12	0,5	8	0,5
Cymatium parthenopaeum									1	0,3	1	0,3					2	0,2	2	0,5	3	0,1	3	0,2
Conus mediterraneus	1	0,4	1	0,4																	1	0	1	0,1
Columbella rustica																	1	0,1	1	0,2	1	0	1	0,1
Cerithium vulgatum													1	1,5	1	1,6					1	0	1	0,1
Luria lurida					2	0,2	2	0,3													2	0,1	2	0,1
Aporrhais pespelicani					1	0,1	1	0,1													1	0	1	0,1
Bolinus brandaris																	2	0,2	2	0,5	2	0,1	2	0,1
Gibbula magus																	1	0,1	1	0,2	1	0	1	0,1
Buccinulum corneum					1	0,1	1	0,1													1	0	1	0,1
Gasterópodo indet.	1	0,4	1	0,4	1	0,1	1	0,1	1	0,3	1	0,3	1	1,5	1	1,6	3	0,4	3	0,7	7	0,3	7	0,4
ESCAFÓPODOS																								
Dentalium sp.																	1	100	1	100	1	0	1	0,1
Total marino	251	100	240	100	822	100	689	100	353	100	341	100	68	100	63	100	804	100	435	100	2298	100	1768	100
Otala punctata					1	33	1	33													1	0,9	1	0,9
Pseudotachea splendida									5	50	5	50									5	4,3	5	4,3
Helicidae indeterminada	2	100	2	100													75	75	75	75	77	66	77	66
Rumina decollata									1	10	1	10					25	25	25	25	26	22	26	22
Melanopsis tricarinata					2	67	2	67	4	40	4	40	2	100	2	100					8	6,8	8	6,8
Total continental	2	100	2	100	3	100	3	100	10	100	10	100	2	100	2	100	100	100	100	100	117	100	117	100
TOTAL MOLUSCOS	253		243		826		693		363		351		70		65		905		536		2417		1887	
CRUSTÁCEOS																								
Cf. Eriphia																	1	100	1	100	1	100	1	100
CORAL					1		1														1	100	1	100

Cuadro 8.1.- Totales por sectores de los restos malacológicos de la fase VII de La Vital.

realizando de cada una de ellas un breve comentario sobre sus características físicas y ecológicas, e indicando su nombre común y el número y estado de los restos.

Bivalvos

FAMILIA GLYCYMERIDIDAE
Glycymeris violacescens (Lamarck, 1819). "Almendra de mar"

Es una especie comestible, aunque poco apreciada, muy frecuente en el Mediterráneo y abundante en los fondos de gravas, arenas o fango a pocos metros de profundidad. Sus valvas son macizas y de forma redondeada, de color marrón claro, llegando a medir hasta 60/70 mm de altura.

Es la especie mejor representada en el yacimiento con 1653 restos –un 71,9 % del total de los restos de moluscos marinos–

pertenecientes a un número mínimo de 1221 valvas, de las que el 40 % se conservan enteras o casi enteras y 376 –un 30,8 %– presentan el natis perforado. Es así mismo la concha que aparece en mayor número de estructuras y de rellenos, faltando en contadas ocasiones (Fig. 8.1).

El 62,5 % de los restos de glycyméridos se encuentran afectados por la erosión marina en mayor o menor grado, hecho indicativo de que la recogida de las conchas se efectuó en la playa, ya muerto el animal. En el conjunto estudiado existen cinco recortes rodados o fragmentos cuya morfología ovalada se debe a una intensa y prolongada erosión.

La mayor parte de los ejemplares enteros poseen un altura comprendida entre 40 y 50 mm, llegando a un máximo de 69 y a un mínimo de 24, de lo que se infiere que el tamaño de las valvas fue el factor más determinante para su recogida.

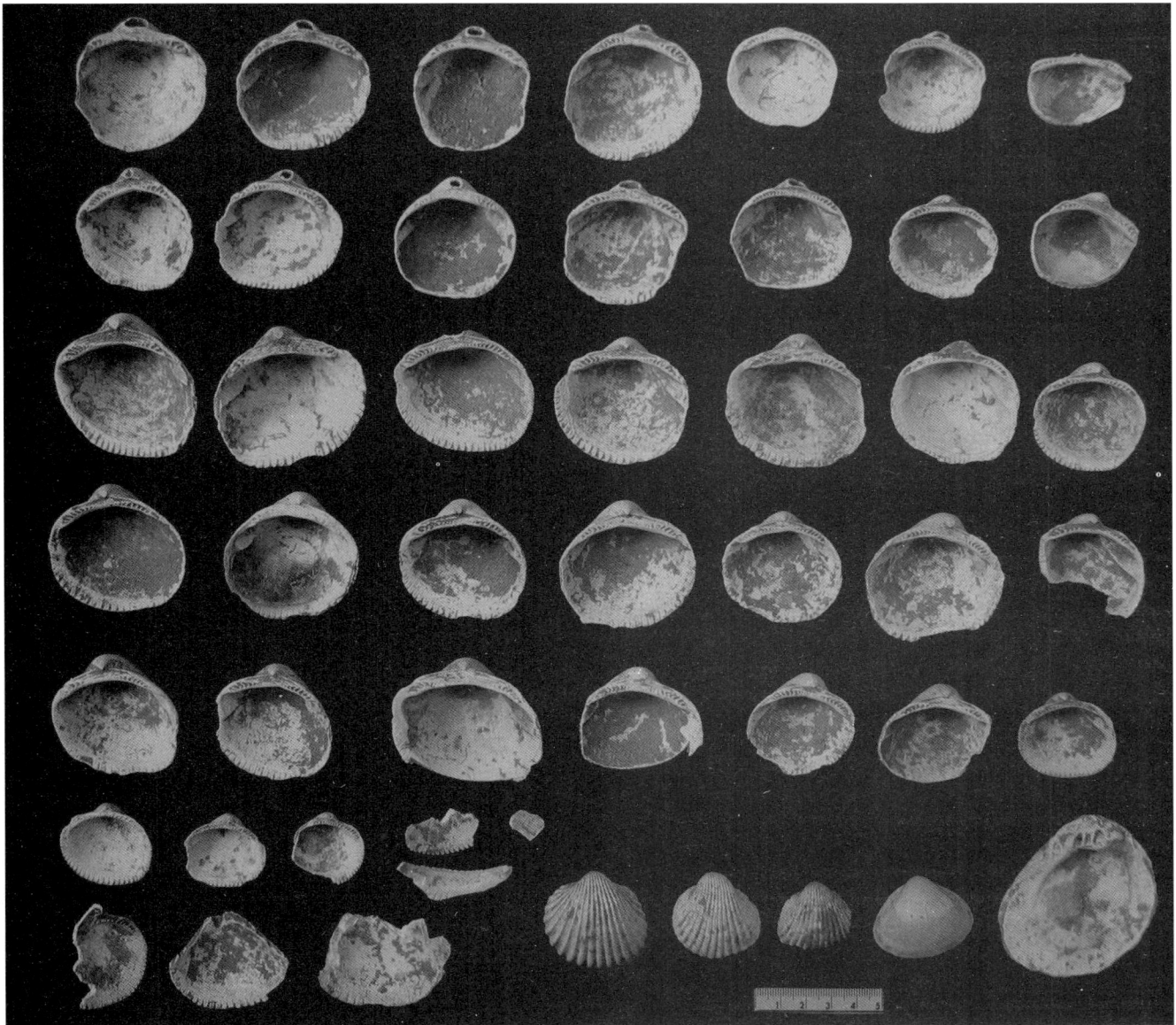

Figura 8.1.- Malacofauna de la UE 2007 (silo 3 del sector 2).

FAMILIA CARDIIDAE

Esta familia de bivalvos es la segunda en cuanto a número de restos e individuos recuperados en La Vital, en torno al 13 % del total. La mayor parte corresponden a ejemplares fósiles, distinguiendo entre el resto a dos especies, ambas comestibles y apreciadas, muy comunes en el Mediterráneo, de conchas sólidas y convexas con profundas costillas que parten del umbo.

Cerastoderma glaucum (Bruguière, 1789). "Berberecho"

La *Cerastoderma glaucum* es una especie de concha de forma ovalada compuesta por un abanico de una veintena de costillas radiales que parten del umbo y que se entrecruzan con numerosas estrías de crecimiento. Su color es variado, frecuentemente blanco o blanco y marrón, pero también pardo o amarillento, y sus dimensiones oscilan entre 35 y 50 mm. Habita a poca profundidad, enterrada en fondos arenosos o fangosos de aguas marinas o salobres, al soportar índices de salinidad bajos, siendo frecuente en zonas con mezcla de agua dulce como en las desembocaduras de los ríos.

Se han identificado un total de 28 restos pertenecientes a un número mínimo de 27 valvas, de las que un 68,3 % son valvas completas y un 19,5 % se encuentran afectadas por la erosión marina.

Cerastoderma fósil

Hemos clasificado como *Cerastoderma* fósil a 165 restos que corresponden a un mínimo de 102 valvas. Se caracterizan por su aspecto pétreo, carencia de brillo y color blanquecino, consecuencia de la pérdida de la coloración y del brillo natural, con un espesor comprendido entre 3,2 y 6 mm, notablemente superior al de los demás cardíidos. El conjunto presenta un alto grado de fragmentación –solo el 23,9 % se encuentran completas– y de erosión, con el 86,1 % de los ejemplares rodados en diverso grado.

Respecto a su distribución resultan destacables dos hechos. Por una parte la concentración de restos de cardíido fósil en dos de las estructuras del sector 5, el silo 4 con treinta y ocho y el silo 17 con veinte restos; por otra, aunque se documentan en todas las fases, durante la ocupación más antigua de la Vital (fase VIII) no tratada en este trabajo, son los restos malacológicos mejor representados –un 89,5 %– e incluso los únicos presentes en dos de las tres estructuras pertenecientes a esta fase (cubetas 40 y 121) (Fig. 8.2).

En ocho casos se constata el empleo de cardíidos fósiles para la fabricación de cuentas discoidales. Se trata de fragmentos de cuerpo perteneciente al centro de la valva, en los que todo su perímetro se encuentra facetado por percusión, conformando piezas discoidales o poligonales, tres de las cuales presentan perforación centrada, en un caso solo iniciada por una cara.

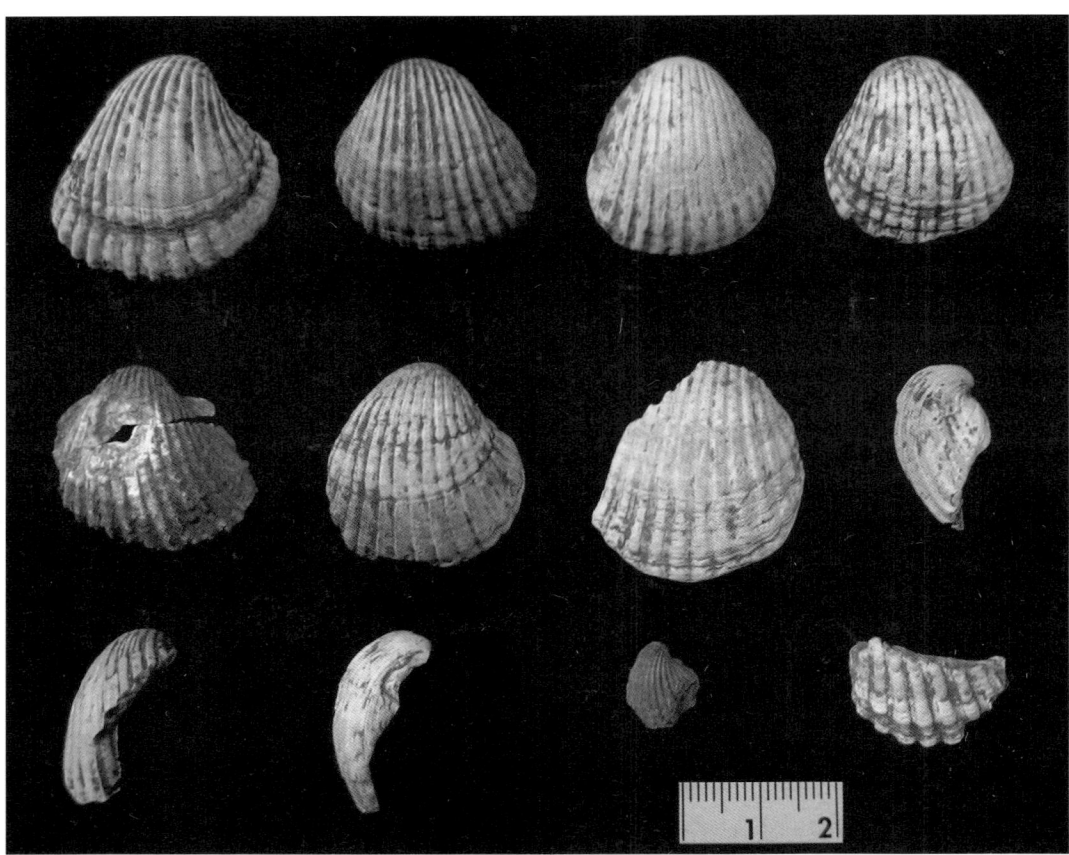

Figura 8.2.- *Cerastoderma* fósil de la UE 3134 (cubeta 121 del sector 3).

Acanthocardia tuberculata (Linneo, 1758). "Berberecho verrugoso"

Sus conchas con más grandes, anchas y robustas que las de *Cerastoderma glaucum*, con las costillas bien marcadas intercaladas entre surcos de la misma anchura, presentando algunos tubérculos poco pronunciados e irregulares en algunos individuos, llegando a medir hasta 60 mm de altura.

A esta especie hemos asignado 76 ejemplares que se corresponden con un NMI de 60, de los que un 41 % son valvas completas, el 21,5 % se encuentran erosionadas y una de ellas presenta una perforación antrópica en el natis. En muchos casos conservan la ornamentación característica de la superficie externa de la concha de bandas marrones sobre fondo amarillento.

Cardiidae indeterminada

Se incluyen bajo esa denominación 14 fragmentos de cuerpo de valvas acostilladas, correspondientes al mismo NMI, uno de ellos quemado que, por su pequeño tamaño consecuencia de un alto grado de fragmentación, resulta difícil una determinación a nivel más específico.

FAMILIA MACTRIDAE
Mactra coralina (Linneo, 1758). "Almeja lisa"

Es un molusco comestible muy frecuente cerca de las desembocaduras de los ríos, en zona litoral y sumergida, sobre fondos rocosos con algas, y también en fondos arenosos. Posee unas valvas delgadas, de aspecto frágil, convexas y de forma subtriangular, con la superficie lisa y nacarada de coloración violácea con bandas longitudinales anchas y parduzcas.

Se encuentra presente en cuatro sectores, únicamente en la fase VII, con un total de 23 restos pertenecientes a un mínimo de 17 valvas. En todos los casos las valvas se conservan sin presentar signo alguno de erosión, tres se encuentran enteras y el resto corresponde a fragmentos. Destaca la concentración de 11 restos en el silo 20, pertenecientes a un NMI de 5.

FAMILIA SPONDYLIDAE
Spondylus gaederopus (Linneo, 1758). "Ostra roja"

Especie comestible de concha sólida con valvas desiguales, la superior con largas espinas y la inferior más plana. Vive sobre

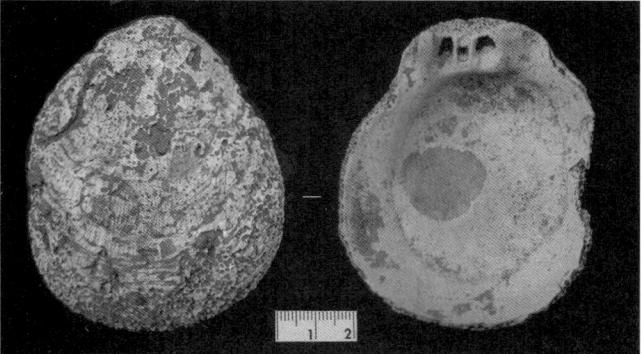

Figura 8.3.- *Spondylus gaederopus* **de la UE 2030 (sector 2).**

grandes piedra y rocas, desde la zona somera hasta profundidades de 40 m. Su altura se sitúa entre 50 y 80 mm, pudiendo llegar hasta los 135 mm.

Se han documentado un total de 43 ejemplares que corresponden a un número mínimo de valvas de 41, el 60,4 % de las cuales se conservan enteras (Fig. 8.3). El 98,1 % de los restos se encuentran erosionados, generalmente en un alto grado, por lo que han perdido los característicos apéndices espinosos de esta especie.

Tres de los *Spondylus gaederopus* son ejemplares fósiles muy erosionados, dos valvas enteras y un fragmento muy rodado, procedentes de las UUEE 1009 y 2098.

FAMILIA PECTINIDAE

Los dieciséis ejemplares de esta familia se reparten entre doce de *Pecten jacobeus* y dos indeterminados, de los que la cuarta parte se conservan completos o casi, y un 56,3 % muestra erosión natural, si bien en todos los casos es poco intensa.

Las conchas de esta familia poseen grandes valvas en forma de abanico abierto con marcadas costillas radiales entre las que se intercalan surcos y dos orejas que salen del umbo. Las valvas son desiguales, siendo la izquierda plana, de color pardo o rosado con manchas blancas y la derecha muy convexa y más blanca.

Pecten sp.

Se han asignado a este género dos fragmentos de pequeño tamaño, uno de ellos quemado, cuyo estado no permite efectuar una identificación a un nivel más específico.

Pecten jacobeus (Linneo, 1758). "Concha de peregrino"

Bivalvo que habita enterrado en fondos de arena fina y gruesa, junto al margen de las praderas de posidonia, en aguas profundas, llegando a medir de 100 a 150 mm de longitud.

Se han documentado catorce restos, pertenecientes al mismo número de valvas, cinco de ellas de valvas izquierdas planas, una completa y dos casi (Fig. 8.4 y 8.5). Solo faltan en el sector 3.

FAMILIA ARCIDAE
Arca noae (Linneo, 1758). "Arca"

Especie con valvas de forma rectangular o subtrapezoidal de color marrón que puede llegar a superar los 80 mm. de longitud. Vive en grietas de la roca, en piedras o en corales córneos.

Se han identificado dos fragmentos no rodados pertenecientes a dos valvas, procedentes de de sendas estructuras de los sectores 2 y 5.

FAMILIA OSTREIDAE
Ostrea sp. "Ostra"

Género caracterizado por sus valvas espesas, irregulares y desiguales, cubiertas de escamas laminares, que pueden llegar a 100 mm de longitud. Habita en fondos duros y en rocas de

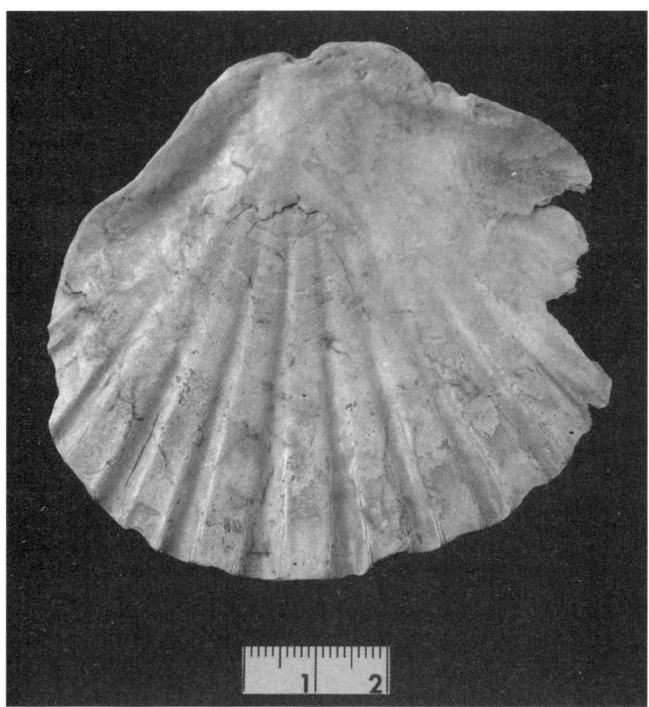

Figura 8.4.- **Valva derecha de** *Pecten jacobeus* **de la UE 2098 (sector 4).**

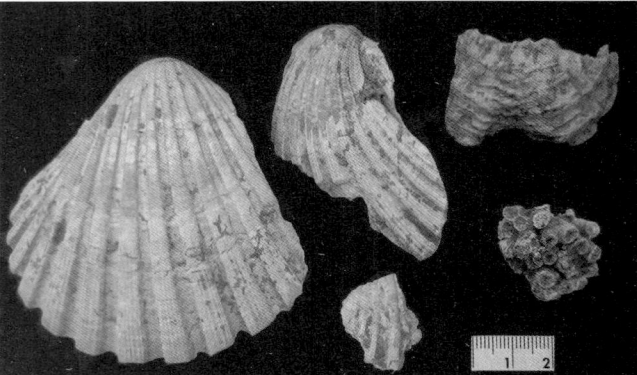

Figura 8.5.- **Valvas izquierdas de** *Pecten jacobeus* **y fragmentos de** *Ostrea* **sp. y de coral de la UE 2188 (silo 65 del sector 2).**

la zona batida por las olas, aunque en ocasiones forma bancos sobre fondos cenagosos.

Se incluyen en este género tres fragmentos de cuerpo y borde, ligeramente erosionados, pertenecientes a tres valvas (Fig. 8.5). Proceden del relleno de tres silos de la fase VII, uno del sector 2 y dos del 5.

FAMILIA PINNIDAE
Pinnidae indeterminada. "Nácar"

Pertenecientes a esta familia, de valvas de gran tamaño de forma triangular, con la superficie exterior suavemente ondulada y la interior nacarada, que habita sobre fondos de fango o arena o sobre praderas de Posidonia, se han identificado un total de ocho fragmentos no erosionados, correspondientes al mismo numero mínimo de valvas, algunos de los cuales presentan una fractura laminar. El alto grado de fragmentación, causado por la gran fragilidad de estas conchas, impide una clasificación más específica de los restos hallados. Proceden de siete estructuras, cinco del sector 2 y dos del 3.

BIVALVOS INDETERMINADOS

En este grupo hemos incluido a un total de doce fragmentos poco representativos o de pequeño tamaño correspondientes al mismo número de valvas, que deben pertenecer a, al menos, dos especies diferentes. Ocho de estos fragmentos presentan el interior nacarado y el exterior liso. Los otros tres fragmentos se encuentran erosionados y también poseen la superficie exterior lisa, pero carecen de nácar en la superficie interna de la valva.

Gasterópodos

FAMILIA PATELLIDAE

Los gasterópodos de esta familia de concha cónica abierta viven fijos en las rocas en la zona litoral de aguas agitadas o de oleaje, penetrando en lagunas litorales y siendo abundantes en las cercanías de los estuarios, toda vez que soportan grandes cambios de salinidad (Moreno, 1994: 155).

En total se han contabilizado 113 restos que corresponden a un mismo NMI, de los que siete no han podido ser clasificados a nivel de especie por su alto grado de fragmentación.

Patella sp.

Se han incluido en ese género, dada la dificultad de una clasificación más específica, siete fragmentos de pequeño tamaño no rodados, pertenecientes al mismo NMI.

Patella caerulea (Linneo, 1758). "Lapa"

De los 106 ejemplares recuperados de esta especie, la mayor parte –un 93,2 %– se conservan completos o escasamente fragmentados. De todos ellos tan solo un ejemplar muestra indicios de erosión.

De las estructuras en que se han documentado lapas es en las del sector 2 donde tienen mayor presencia, con 95 ejemplares procedentes de cinco estructuras, destacando la concentración de la fosa 70, con 87 conchas enteras de tamaños comprendidos entre 41,7x12 y 23x7,8 mm (Fig. 8.6). En los demás sectores el número de conchas de esta especie disminuye notablemente: tres en el sector 1, otras tres en el sector 3 y cinco en el sector 5, procedentes de un total de siete estructuras.

FAMILIA TROCHIDAE
Monodonta turbinata (Born, 1780). "Peonza"

Como las anteriores, es una especie frecuente en áreas rocosas de la costa. Su concha es sólida de forma cónica con seis espiras abombadas, llegando a alcanzar los 30 mm de altura.

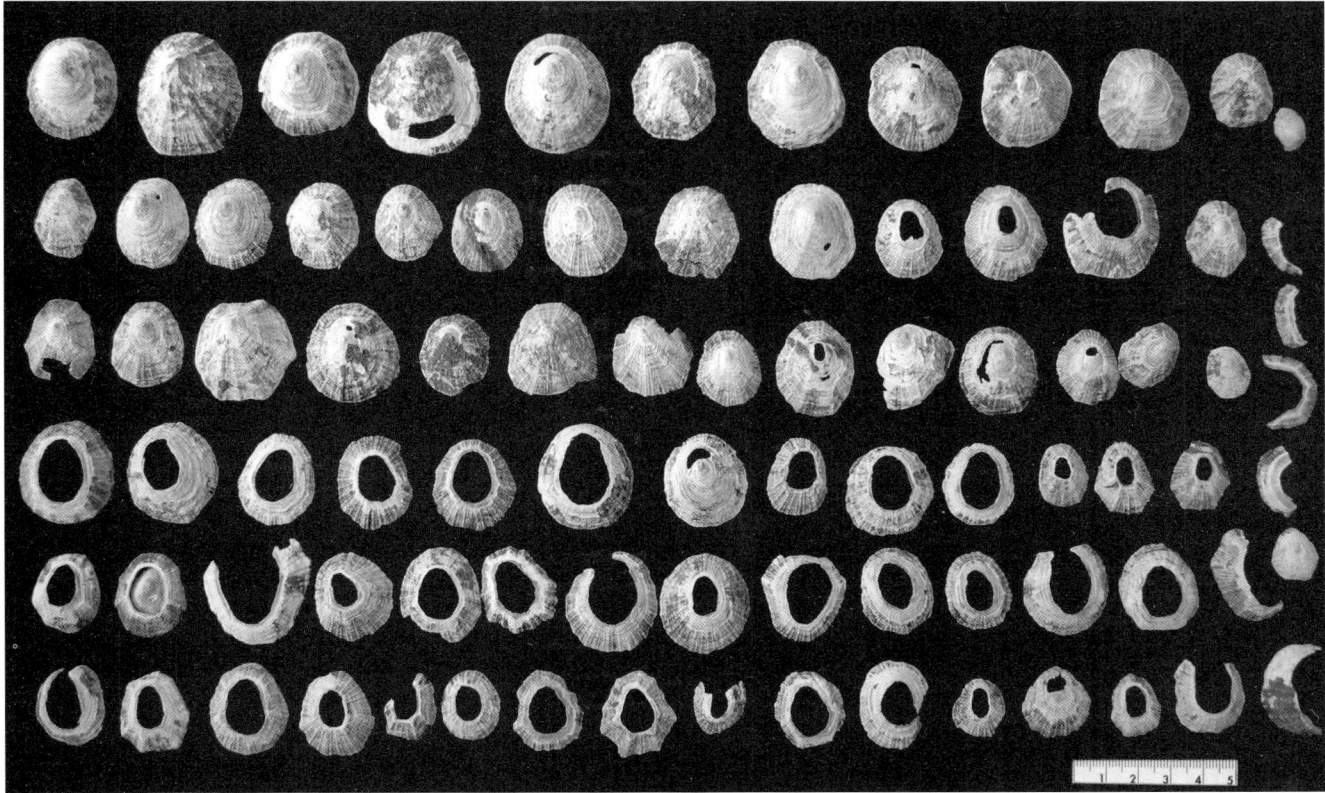

Figura 8.6.- *Patella caerulea* de la UE. 2215 (fosa 70 del sector 2).

Se han documentado 17 conchas sin indicios de erosión marina, en su mayor parte enteras –un 75 %–, algunas de las cuales aún conservan su decoración superficial a base de manchas rojizas o pardas (Fig. 8.7). Su presencia se reparte en quince estructuras de los sectores 1, 2, 3 y 5, con tres, cuatro, seis y cuatro ejemplares respectivamente.

Gibbula magus (Linneo, 1758). "Peonza maga"

Gasterópodo cuya concha muestra las espiras dispuestas en escalera, con las suturas bien marcadas, llegando a medir hasta los 26 mm de altura. Habita sobre todo tipo de fondos en la zona litoral.

Una concha completa ligeramente erosionada en el silo 12 del sector 5.

FAMILIA THAIDIDAE
Thais haemastoma (Linneo, 1767). "Púrpura"

Este gasterópodo es muy abundante en el Mediterráneo, habitando a poca profundidad en suelos rocosos con vegetación de la zona infralitoral.

Esta caracola, de hasta 80 mm de longitud, es robusta, ovalada, con las primeras espiras pequeñas y cónicas, y la última vuelta muy desarrollada y posee series de nudosidades que recorren la concha en espiral. El canal sifonal es muy corto, ancho y estriado.

Se han contabilizado 38 restos pertenecientes a un NMI de 36, de los que el 86,7 % se encuentran completos y el 75,6 % presentan diversos grados de erosión marina, siendo uno un fragmento totalmente rodado. Se encuentran presentes en los cinco sectores en un total de treinta estructuras. Cinco ejemplares se encuentran perforados, bien antrópicamente en la última vuelta, o producto de una erosión intensa que ha provocado la pérdida del ápice y de la última vuelta, además del alisamiento de las nudosidades. Por el contrario, otros dos restos presentan las fracturas vivas y los detalles superficiales bien conservados. En un caso, la perforación, producto de la pérdida del ápice por la erosión natural, fue posteriormente ampliada ligeramente mediante presión.

Thais haemastoma consul (Chemnitz, 1758)

A esta variedad, caracterizada por el gran desarrollo de las nudosidades, corresponden cuatro ejemplares enteros, tres de ellos con ligeras muestras de erosión, uno procedente de una estructura del sector 2 y el resto del sector 5 (Fig. 8.7).

FAMILIA CORALLIOPHILIDAE
Coralliophila meyendorffi (Calcara, 1845) "Coralera de Meyendorff"

Es una concha gruesa y torriforme con siete u ocho espiras y costillas axiales marcadas, abertura amplia y canal sifonal corto,

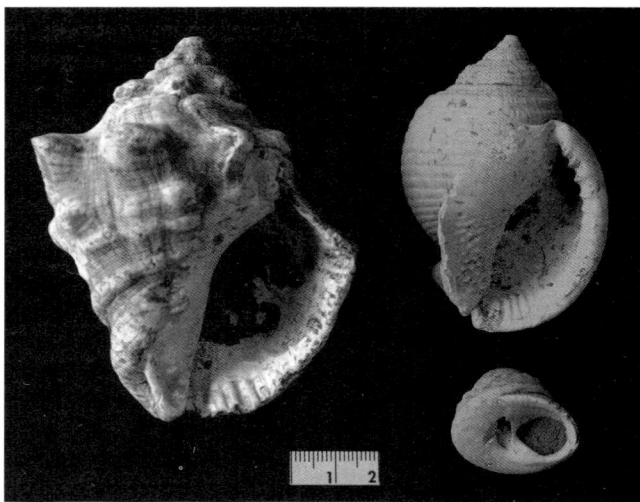

Figura 8.7.- *Thais haemastoma consul, Semicassis undulata* **y** *Monodonta turbinata* **de la UE 12001 (estructura 12 del sector 5).**

ornada por cordones espirales formados por escamas superpuestas, que llega a medir hasta 40 mm de longitud. Tiene su hábitat en la zona litoral asociado a fondos coralígenos.

Un único ejemplar entero, no rodado, documentado en el sector 2.

FAMILIA CASSIDAE
Semicassis undulata (Gmelin, 1790). "Yelmo"

Concha sólida en forma de espiral cónica, con las primeras vueltas pequeñas y la última muy grande, abertura en el labio externo engrosado y dentado, y el canal sifonal corto y curvado hacia atrás. Vive a profundidades considerables en la zona sumergida y de platea, sobre fondos de arena y barro de aguas tranquilas.

Se han recuperado 50 restos pertenecientes a un NMI de 46, de los que el 35,2 % son conchas completas (Fig. 8.7) y el 9,3 % muestra señales de erosión que, en un caso es el peristoma o labio externo totalmente rodado. Se encuentra presente en todos los sectores, en un total de treinta estructuras. Dos fragmentos de labio externo se encuentran facetados por abrasión en dos y cuatro caras respectivamente. Se trata de colgantes en proceso de fabricación de los que también se ha documentado uno acabado.

FAMILIA CYMATIIDAE

Las conchas de esta familia son cónicas, de gran tamaño y pared gruesa, con las espiras ornadas con tubérculos, costillas o retículas, entre las que se encuentran los gasterópodos de mayores dimensiones del Mediterráneo, como la *Charonia nodifera* que llega a superar los 400 mm. Denominados "Caracola", "Bocina" o Tritón".

Cymatidae indeterminada o *Charonia* sp.

Procedentes de seis estructuras repartidas en los cinco sectores, se han documentado 12 fragmentos, la mitad erosionados,

algunos en alto grado, pertenecientes a un NMI de 8, que probablemente correspondan a la especie *Charonia nodifera*, especie que habita sobre fondos blandos hasta unos 50 m de profundidad. Destaca la concentración de ocho fragmentos en el silo 4 del sector 5. Algunos fragmentos son de tamaño muy grande, correspondiendo el mayor de los mismos a un fragmento sin erosionar de columella, del labio con el extremo dentado y de canal sifonal.

Cymatium parthenopaeum (Von Salis, 1793)

Concha con las espiras cubiertas de cordones y con una variz muy desarrollada en la última vuelta. Llega a alcanzar 150 mm de altura.

Se han documentado tres ejemplares escasamente erosionados, dos de ellos completos aunque con el ápice eliminado y el otro fragmentado que conserva el ápice y las últimas vueltas. Proceden de tres estructuras, una del sector 3 y dos del sector 5.

FAMILIA CERITHIIDAE
Cerithium vulgatum (Bruguière, 1792*)*. "Pada"

Concha sólida que llega hasta 70 mm de altura, con las espiras adornadas mediante un par de hileras de tubérculos. Habita en fondos detríticos del infralitoral, tanto rocosos como arenosos, en ocasiones en aguas claras por debajo de los diez metros.

Un único ejemplar del sector 4, completo y poco erosionado, con una perforación de naturaleza antrópica en la última vuelta.

FAMILIA CYPRAEIDAE
Luria lurida (Linneo, 1758). "Porcelana"

Concha piriforme de abertura alargada y labios con dientes bien marcados. Superficie lisa y brillante de color pardo con manchas oscuras en los extremos. Llega a medir hasta 45 mm de altura. Habita en la zona litoral, a poca profundidad, sobre rocas o fondos blandos secundarios.

Las cipreas se encuentran representadas por dos individuos algo erosionados, una concha completa del silo 59 y un labio casi completo de la EC 102.

FAMILIA APORRHAIDAE
Aporrhais pespelecani (Linneo, 1758). "Pie de pelícano"

Concha torriforme con las espiras recorridas por una hilera de tubérculos e inconfundible por la deformación del labio externo de la abertura que le confiere su forma característica rematada en cuatro puntas, llegando hasta los 50 mm. de longitud. Vive excavando sobre fondos arenosos y fangosos.

Un ejemplar hallado en silo 58 del sector 2. Se encuentra completo, bastante erosionado, con una amplia perforación de origen natural.

FAMILIA BUCCINIDAE
Buccinulum corneum (Linneo, 1758)

Concha fusiforme con el canal sifonal curvado hacia atrás. Llega a medir hasta 60 mm de altura. Vive en fondos rocosos de la zona litoral y sumergida.

Un único ejemplar completo procedente del sector 2, en la fase VII.B, cuyo estado rodado ha producido la pérdida del ápice por erosión natural y alisados los pequeños tubérculos que las conchas de esta especie poseen en la línea de la espira.

FAMILIA CONIDAE
Conus mediterraneus (Bruguière, 1792). "Ballaruga cónica"

Concha de forma cónica invertida con la última espira grande con abertura, que puede llegar a alcanzar 60 mm de altura. Vive en la arena, entre rocas y algas, a poca profundidad.

Un único ejemplar del sector 1, entero, no rodado, de buen tamaño con 36,8 mm de altura, fragmentado durante el proceso de excavación en la última vuelta.

FAMILIA COLUMBELLIDAE
Columbella rustica (Linneo, 1758). "Ballaruga"

Especie de concha ovoide con espiral poco elevada y la última vuelta grande, con la superficie brillante. Es una especie de sustrato duro que también puede encontrarse frecuentemente en lagunas litorales con mucha vegetación (Moreno, 1998: 158).

Su presencia en La Vital se limita a un ejemplar completo del sector 5, poco erosionado, con perforación en la última vuelta, fragmentada durante la excavación.

FAMILIA MURICIDAE
Murex (Bolinus) brandaris (Linneo, 1758). "Cañadilla"

Especie comestible muy apreciada, de concha gruesa con las vueltas provistas de fuertes espinas y un canal sifonal muy largo. Llega hasta los 90 mm. Habita entre las piedras sobre fondos blandos, sean arenosos o fangosos.

Dos conchas completas erosionadas, procedentes de sendas estructuras del sector 5.

GASTERÓPODO INDETERMINADO

Se han incluido en este grupo siete restos, correspondientes al mismo NMI, cuyo elevado grado de fragmentación impide una clasificación más específica.

De ellos, un pequeño gasterópodo de forma oval, rodado y fragmentado, procedente del silo 10 del sector 5, presenta abrasión antrópica que amplía la perforación del canal sifonal producida por la erosión marina.

Escafópodos

FAMILIA DENTALIIDAE
Dentalium sp. "Diente de elefante"

Molusco de concha tubular y cónica, ligeramente curvada, con orificios en ambos extremos y de color blanco. Llega a medir entre 40 y 60 mm. Habita enterrado en sustratos blandos, de arena o de fango.

Un único ejemplar con la superficie lisa procedente del silo 4 del sector 5.

Hábitat del conjunto malacológico

En la malacofauna marina documentada en La Vital pueden diferenciarse al menos cuatro conjuntos en función del ecosistema en que habitaron (Cuadro 8.2). Tres de ellos corresponden a los restos de comunidades vivas más o menos contemporáneas a la ocupación humana del yacimiento, y otro, con un número menor de restos, a conchas fósiles de moluscos pleistocenos integradas en un ambiente litoral diferente.

Medio litoral de sustrato arenoso, fangoso y/o gravoso

Del total de especies documentadas, existen doce, que representan un 80,75 % de los individuos documentados, que viven en su mayoría excavando o enterradas en fondos blandos,

	NMI	%	Sustrato
Glycymeris violacescens	1221	69,7	arenoso-fangoso
Acanthocardia tuberculata	60	3,43	arenoso-fangoso
Cerastoderma glaucum	27	1,54	arenoso-fangoso
Cardiido indeterminado	14	0,8	arenoso-fangoso
Mactra corallina	17	0,97	arenoso
Pecten jacobeus	16	0,91	fangoso
Pinnidae sp.	8	0,46	arenoso-fangoso
Semicassis undulata	46	2,63	arenoso-fangoso
Aporrhais pespelecani	1	0,06	arenoso-fangoso
Gibbula magus	1	0,06	arenoso
Bolinus brandaris	2	0,11	arenoso-fangoso
Dentalium sp.	1	0,06	fangoso
Total sustrato arenoso	**1414**	**80,75**	
Spondylus gaederopus	37	2,11	rocoso
Arca noae	2	0,11	rocoso
Ostrea sp.	3	0,17	rocoso-fangoso
Patella	113	6,45	rocoso
Monodonta turbinata	17	0,97	rocoso
Thais haemastoma	36	2,06	rocoso-algal
Thais haemastoma consul	4	0,23	rocoso
Charonia sp.	8	0,46	rocoso
Conus mediterraneus	1	0,06	rocoso-algal
Columbella rustica	1	0,06	rocoso
Cerithium vulgatum	1	0,06	rocoso-arenoso
Luria lurida	2	0,11	rocoso
Buccinulum corneum	1	0,06	rocoso
Total sustrato rocoso	**226**	**12,91**	
Coralliophila meyendorffi	1	0,06	coralino
Cymatium parthenopaeum	3	0,17	arenoso-coralino
Coral	1	0,06	coralino
Total sustrato coralino	**5**	**0,29**	
Cerastoderma fósil	102	5,83	arenoso-fangoso
Sponylus fósil	4	0,23	rocoso
Total playa fósil	**106**	**6,05**	
Total marino	**1751**	**100**	

Cuadro 8.2.- Sustratos de los moluscos documentados en la fase VII de La Vital

de arena o de fango. Dentro del ecosistema arenoso-fangoso, se observa un dominio de moluscos que proceden de la zona inframareal. Buena parte de las especies habitan en la zona litoral a pocos metros de profundidad: *Glycymeris violacescens*, *Luria lurida*, *Murex brandaris* y *Mactra coralina*. En menor número se documentan especies de aguas más profundas: *Acanthocardia tuberculata*, *Pecten jacobeus*, *Aporrhais pespelecani*, *Charonia nodifera*, *Pinna* sp., *Gibbula magus* y *Dentalium* sp.

Resulta destacable entre los moluscos de fondos blandos la presencia de especies que se asocian a ambientes de albufera y estuarios, como son *Cerastoderma glaucum* y *Mactra coralina*, las cuales habitan con frecuencia en zonas donde existe mezcla de agua dulce, como sucede por ejemplo en las desembocaduras de los ríos.

Medio litoral rocoso

El segundo ecosistema presente en la malacofauna de La Vital corresponde a un ambiente litoral rocoso. Se encuentra representado por catorce especies que habitan sobre un sustrato rocoso, el 12,91 % del total, dominando las que se localizan en la zona mesolitoral, con periodos de inmersión y emersión (*Patella caerulea* y *Monodonta turbinata*), sobre las especies de ambiente infralitoral de poca profundidad (*Spondylus gaederopus*, *Cerithium vulgatum*) algunas asociadas a zonas cubiertas de vegetación (*Conus mediterraneus*, *Thais haemastoma*, *Columbella rustica*) o bastante profundos (*Luria lurida*, *Buccinulum corneum*, *Arca noae*).

Dos especies que hemos incluido en este grupo pertenecen a un sustrato mixto. Por una parte, *Ostrea* sp. que habita en fondos duros y en rocas de la zona batida por las olas, aunque en ocasiones forma bancos sobre fondos cenagosos, siendo muy común en bancos densos en los estuarios. Por otra, *Cerithium vulgatum*, que vive en fondos detríticos del infralitoral, tanto rocosos como arenosos, en ocasiones en aguas claras por debajo de los diez metros.

Medio litoral coralino

Otras dos especies de moluscos, representadas por un ejemplar de cada una de ellas –un 0,23 % del total– tienen su hábitat en la zona litoral en un sustrato coralino o arenoso-coralino. Son *Coralliophila meyendorffi* –asociada a anémonas y actinias– y *Cymatium parthenopaeum*, que hay que poner en relación con el fragmento de coral documentado en el yacimiento.

Playa fósil

Existen ejemplares de dos especies que no fueron contemporáneas a la ocupación humana yacimiento y se encontraban en estado fósil, un 6,05 % del total de los restos, por lo que su recolección se efectuó en sedimentos de playas fósiles pleistocenas donde se encontraban integrados. La mejor representada es *Cerastoderma glaucum* que supone el 5,8 % del total del conjunto malacológico analizado, a la que se unen cuatro valvas de *Spondylus gaederopus*.

Estos cardíidos fósiles pueden proceder de depósitos marinos litorales de fauna cálida de la costa Tirreniense, formados en una trasgresión marina datada en el interglaciar Riss-Wurm, con un nivel del mar entre 2 y 8 m por encima del actual, y que ha dejado testimonios en el conjunto de las costas que bordean el Mediterráneo, donde se conocen también como niveles de "Cardium" o "Estrombus". En la actualidad no conocemos asomos próximos a La Vital, pero son bien conocidos numerosos testimonios de niveles marinos pleistocénicos en la costa valenciana, donde se documentan *Strombus bubonicus* y abundantes especies asociadas.

En definitiva, en el momento de ocupación prehistórica del yacimiento, el paisaje próximo al mismo que se infiere del conjunto malacológico puede resumirse en tres puntos:

1. Dominio de una franja litoral formada por playas de arena y grava, de donde se recogería la mayor parte de las conchas presentes en La Vital.

Son especies aún comunes en nuestras costas y sus conchas se encuentran actualmente en la línea de marea de las playas, con mayor abundancia de las de sustrato arenoso, especialmente glycyméridos y cardíidos.

2. Presencia de algún tramo de costa rocosa. La configuración actual del relieve nos muestra dos posibles zonas donde esta sería posible: Bairén y Oliva, al norte y sur del yacimiento respectivamente.

P. Carmona y J.M. Ruiz sugieren en este mismo volumen que durante la trasgresión flandriense el mar podría haber llegado a los pies de los relieves calcáreos del Mondúver y Bairén, al situarse la línea de costa en algunos tramos más de 2 km al interior de la actual.

Siendo la distancia de La Vital a Bairén de 2,5/3 km, la presencia de *Patella* recolectada viva sugiere la posible existencia de un sustrato duro más cercano al yacimiento, tal vez en el tramo de acantilado bajo que, antes de la formación de albuferas, compondría la línea de costa al sur de la desembocadura del Serpis hasta Oliva (Pérez *et al.*, 1985: 438), o en alguna costra calcárea que aflorara en la orilla de la desembocadura, si consideramos el fuerte encajonamiento del lecho en la superficie pleistocena del abanico y la variedad del hábitat de la *Patella* que aunque viven adheridas a las rocas en la zona batida por las olas, puede penetrar en lagunas litorales y resultan abundantes en las cercanías de los estuarios, toda vez que soportan grandes cambios de salinidad (Moreno, 1994: 155).

3. Ambiente de estuario del Serpis y de lagunas residuales del mismo, de donde pueden proceder *Cerastoderma edule* y *Mactra coralina*, especies que con frecuencia habitan en aguas salobres y se asocian a ambientes de albufera y estuario.

En función de los ecosistemas observados: áreas de playas, estuario y zona rocosa, el área de captación de los recursos marinos se encontraba cercana al yacimiento, a una distancia comprendida entre 1 y 3 kilómetros.

Valoración

Los restos malacológicos documentados en La Vital fueron recogidos por los habitantes del asentamiento mediante varias técnicas y su transporte al yacimiento respondió a diversas causas en función de las características de los moluscos, por su valor alimenticio o por su cualidades estéticas (morfología y color por ejemplo), físicas (morfología y dureza) o simbólicas.

	No erosionada	Erosionada	Entera	Frag.
BIVALVOS				
Glycymeris violacescens	37,5	62,5	40	60
Acanthocardia tubercul.	88,5	21,5	41	59
Cerastoderma glaucum	80,5	19,5	68,3	31,7
Cerastoderma fósil	23,9	86,1	23	77
Mactra coralina	100	0	0	100
Spondylus gaederopus	1,9	98,1	60,4	39,6
Pectinidae	13,7	56,3	25	75
Arca noae	100	0	0	100
Ostrea sp.	33,3	66,7	0	100
Pinnidae	100	0	0	100
GASTERÓPODOS				
Patella	99,2	0,8	93,2	6,8
Monodonta turbinata	100	0	75	25
Thais haemastoma	24,4	75,6	86,7	13,3
Coralliophila meyendorf.	100	0	100	0
Semicassis undulata	90,7	9,3	35,2	64,8
Cymatiidae	50	50	11,1	98,9
Conus mediterraneus	100	0	100	0
Cerithium vulgatum	0	100	100	0
Luria lurida	0	100	50	50
Aporrhais pespelicani	0	100	100	0
Buccinulum corneum	0	100	100	0
Murex brandaris	50	50	100	0
Columbella rustica	0	100	100	0
Gibbula magus	0	100	100	0
Gasterópodo indeterm.	100	0	100	0
ESCAFÓPODOS				
Dentalium sp.	0	100	100	0

Cuadro 8.3.- Porcentajes de restos erosionados y fragmentados de los restos malacológicos de la fase VII de La Vital.

Factores como el grado de erosión (Cuadro 8.3) y la presencia de marcas antrópicas entre otros, son determinantes para su inclusión en alguno de los grupos funcionales considerados.

El análisis del estado de conservación de cada uno de los ejemplares del conjunto malacológico, muestra que en un alto porcentaje de los restos recuperados en La Vital se constatan evidentes signos de erosión marina, factor inequívoco de que esas conchas fueron recogidas en la playa una vez muerto el animal, tras permanecer más o menos tiempo en la arena o grava, rodando continuamente a causa del oleaje.

Alimentación

Son escasos los restos de moluscos marinos de carácter bromatológico. Para su inclusión en este apartado hemos considerado aquellas especies de moluscos comestibles que fueron recolectadas vivas, por lo que sus conchas no muestran indicios de erosión marina.

La especie de la clase gasterópoda mejor representada es *Patella caerulea*, cuyas conchas son relativamente abundantes,

con ausencia de erosión, y muestran una talla regular entre 23 y 42 milímetros. Se concentran de manera especial en una estructura (87 ejemplares en la fosa 70), apareciendo además en otras siete estructuras pero en un número muy escaso, por lo que su recolección debió constituir un recurso muy puntual.

Otras especies en origen comestibles y que no presentan muestras de erosión post-mortem, también pudieron haber formado parte de la dieta, aunque con menor incidencia que las lapas, dado su escaso número relativo. Estas serían por orden de efectivos *Monodonta turbinata*, *Mactra coralina* y Pinnidae. Lo mismo pudo suceder con los ejemplares recogidos vivos de otras especies que muestran una reducida proporción de ejemplares erosionados: *Acanthocardia tuberculata*, *Cerastoderma glaucum*, *Semicassis undulata*, e incluso con *Glycymeris violacescens* que, aunque solo posee un 37,5 % de valvas no erosionadas, su número absoluto es considerablemente mayor al de las otras especies.

Tanto *Patella caerulea* como *Monodonta turbinata* son especies que tienen su hábitat en las zonas rocosas con periodos de inmersión y emersión, por lo que el acceso a estos recursos es relativamente fácil, y su recogida pudo realizarse a mano con ayuda de un instrumento apuntado que ayudara a desprenderlos de las rocas.

Sin embargo, respecto a las otras especies hemos de considerar la dificultad en la recolección para su consumo de moluscos vivos en fondos arenosos y fangosos, dada la escasa oscilación mareal mediterránea, por lo que resulta necesario el uso de algún instrumento para remover el fondo (draga, rastrillo, azada), si bien en época de tormenta el número de conchas vacías arrastradas a la playa, permite su recogida en perfecto estado de conservación para otros usos. Una excepción a la dificultad de captura de los bivalvos de fondos blancos sería "la gran biomasa representada por *Cerastoderma glaucum* en áreas restringidas (ambientes de albufera con salinidad distinta a la media marina), fáciles de recolectar en un entorno carente de fuertes oleajes y con escasa profundidad, en especial teniendo en cuenta su forma de vida sobre la superficie o suspendidos de la vegetación, además de enterrados" (Mateu *et al.*, 1985: 84).

En definitiva, los moluscos marinos constituyen un recurso muy marginal y puntual en la dieta de los habitantes prehistóricos de La Vital, la cual resultaría variada, a juzgar por los otros restos faunísticos de vertebrados analizados en este mismo volumen, pudiendo ser explotados para ese fin *Patella*, *Monodonta* y *Cerastoderma*.

Adornos

Un buen conjunto de conchas marinas fueron seleccionadas por sus cualidades estéticas (forma, color) para confeccionar adornos personales, bien como materia prima para su transformación o aprovechando su morfología natural.

Dos especies fueron recogidas para la obtención de materia prima para confeccionar adornos totalmente facetados, *Cerastoderma* fósil y *Semicassis undulata*. La primera fue empleada para fabricar cuentas discoidales y la segunda para colgantes arciformes. En ambos casos se han documentado piezas en proceso de fabricación y, en el segundo, acabadas.

Otros adornos documentados respetan la morfología anatómica de la concha, practicando únicamente una perforación para facilitar la suspensión, en aquellos casos que no estaban ya perforados por la erosión marina.

Las conchas que aparecen perforadas en mayor número son las de *Glycymeris violacescens*, con 376 ejemplares con perforación en el natis producida por la erosión marina. De esta especie solo hemos considerado como elemento destinado al adorno personal a un ejemplar cuya perforación es de origen antrópico y sus dimensiones notablemente inferiores a la media. Otros bivalvo con perforación antrópica en el natis que hemos incluido entre los adornos es un ejemplar *Acanthocardia tuberculata*.

El resto de conchas perforadas que se incluyen entre los adornos corresponden a un *Dentalium* y a diversos gasterópodos, de los que tan solo tres ejemplares poseen perforación de origen antrópico, un *Cerithium vulgatum*, una *Columbella rustica* y un pequeño gasterópodo indeterminado. En todas las demás conchas la perforación o perforaciones son consecuencia de la erosión marina, *un Aporrhais pespelecani* y cinco *Thais haemastoma*. En estas dos últimas especies la erosión post-mortem sufrida por las conchas fue muy intensa, pues llegó a eliminar en todos los casos la zona apical y una parte significativa de las vueltas, dejando visible la columna y produciendo en algunos ejemplares una perforación en la última vuelta.

Existen además tres conchas sin perforación de *Conus mediterraneus*, *Luria lurida* y *Buccinulum corneum* cuya recogida pudo tener también una finalidad ornamental, por su estado erosionado y su frecuente documentación como adorno en otros yacimientos.

Otros elementos que han podido ser recogidos en la playa como materia prima para la confección de adornos son el fragmento de coral y los recortes rodados o fragmentos cuya morfología plana de bordes redondeados responde a una intensa y prolongada erosión marina. Se han documentado cinco recortes de *Glycymeris* de forma oval o arqueada, uno oval de *Spondylus* y otro de concha indeterminada, con dimensiones que oscilan entre 26 y 44 mm, además de un fragmento curvo de labio de Cymatidae de 81 mm de longitud.

La recogida de las conchas destinadas a la confección de adornos se realizaría con suma facilidad, seleccionándolas en la playa entre las numerosas especies que son allí depositadas al ser arrastradas por el oleaje.

Utensilios

Otro grupo de conchas fue transportado al yacimiento por sus cualidades físicas (forma cóncava, dureza) que permiten su utilización como instrumentos en diversas actividades. Las evidencias directas del uso como utensilios de conchas marinas son escasas en el conjunto malacológico de La Vital, quizás porque gran parte de ellas se encuentran cubiertas por concreciones calcáreas. Sin embargo, algunas valvas, por su buen tamaño y su morfología redondeada pueden haber sido utilizadas como contenedores o alisadores sin que medie ningún tipo de modificación antrópica de las mismas. La especies que pueden cumplir esa función serían *Glycymeris violacescens*, las valvas derechas de *Pecten jacobeus* y las de *Spondylus gaederopus*.

El elevado número y la frecuencia en las diversas estructuras excavadas de valvas de *Glycymeris violacescens*, unido a la selección que se constata de las mismas por el tamaño, a la propia morfología y consistencia de esta concha y a lo observado en otros yacimientos (Pascual, 2008), incide en que nos inclinemos por considerar que buena parte de los ejemplares de esta especie documentados en La Vital fueran recogidas para su utilización como utensilios.

En el conjunto estudiado solo hemos detectado evidencias directas en dos valvas de *Glycymeris violacescens*, una con señales de abrasión en el dorso y en el labio y dos con restos de colorante rojizo, una de ellas con el natis perforado por erosión marina. Su utilización como recipientes o como contenedores de ocre parece probable.

Otros usos

Otra probable utilización que encontramos entre los restos malacológicos de La Vital, se infiere de dos caracolas de *Cymaxtium parthenopaeum* completas en las que fue eliminado el ápice, lo que las hace aptas para su empleo como instrumento sonoro.

Por otra parte, existen algunas conchas que pudieron ser recogidas para otros fines, aunque estén ausentes las pruebas directas al respecto. Sería el caso de ciertas conchas erosionadas recogidas en la playa cuando el animal ya había muerto, pero en las que no se observa perforación por erosión ni restos de uso, como sucede por ejemplo con las valvas izquierdas de *Pecten jacobeus*, por su morfología plana, o con las valvas de *Pinnidae*, que podían ser utilizadas para aprovechar el nácar.

Asimismo, no puede descartarse que algunas conchas hayan podido tener una funcionalidad de carácter meramente simbólico, como documenta ampliamente la etnología.

En definitiva, en el conjunto malacológico de La Vital, se constatan dos estrategias de captación de los moluscos marinos en dos zonas de explotación diferentes. Por una parte, de forma mayoritaria y en la zona más cercana al yacimiento, la recogida de conchas depositadas en las playas próximas al mismo, para su empleo como adornos o utensilios. Por otra, la recolección de moluscos vivos con fines alimentarios en algún tramo del litoral rocoso, más alejado del yacimiento.

LA MALACOFAUNA CONTINENTAL

La malacofauna continental documentada en La Vital es escasa comparada con la de origen marino, con un total de 117 taxones pertenecientes a tres familias de gasterópodos, que corresponden al mismo NMI y que representan un 4,8 % del total de los restos malacológicos recuperados en el yacimiento. La mayor parte corresponde a especies de hábitat terrestre, existiendo una dulceacuícola con 8 ejemplares, que representan un 6,8 % de la muestra.

Descriptiva por especies

FAMILIA HELICIDAE
Otala punctata (Müller, 1774). "Caracol cristiano" o "viuda"

Es una especie comestible que abunda en ambientes algo húmedos, sobre matorral y en comunidades de carrizo.

Este gasterópodo se encuentra representado con un ejemplar entero procedente del sector 2.

Pseudotachea splendida (Draparnaud, 1811). "Reineta" o "avellanenc"

Se trata de un gasterópodo que tiene su hábitat tanto en las garrigas como en acantilados calizos el bosque bajo y matorral, generalmente en ambiente húmedo. Frecuenta el borde de las áreas húmedas sobre los carrizales o juncos, aunque soporta sitios secos cuando hay alguna cobertura vegetal, enterrándose al pie de las plantas o protegiéndose en huecos o bajo las piedras (Robles, 1990: 75).

Tan solo se constatan cinco ejemplares conservados enteros o casi enteros, procedentes de una única estructura (nº 147), el enterramiento campaniforme del sector III, documentados al limpiar el cráneo.

Helicidae indeterminado

Hemos incluido bajo esa denominación 77 ejemplares pertenecientes a un mismo NMI que, por su alto grado de fragmentación y por encontrarse gran parte de ellos quemados, presentan grandes dificultades de identificación, resultando difícil su determinación a un nivel más específico.

FAMILIA SUBULINIDAE
Rumina decollata (Linneo, 1758). "Pada", "Caracolilla", "Xarreta"

Este gasterópodo continental posee una amplia ecología, apareciendo tanto en garrigas como en ambientes rucledales. Habita en zonas húmedas con vegetación arbustiva o arbórea, incluso en la base de los arbustos de zonas rocosas y también en el interior de grietas y cuevas, siempre que exista suelo suficiente para poder enterrarse (Robles, 1990: 64).

Se han documentado un total de 26 ejemplares enteros, de los que 25 fueron hallados en once estructuras del sector 5 y uno en el sector 3. Excepto dos ejemplares juveniles, el resto de conchas pertenecen a adultos con el ápice truncado como es habitual en esta especie.

FAMILIA THIARIDAE
Melanopsis tricarinata (Bruguière, 1789). "Caracol de fuente"

Este gasterópodo, citado frecuentemente como *Melanopsis graellsi* o *M. dufuori* es un endemismo ibérico que se distribuye por el territorio valenciano y áreas próximas. Posee una concha sólida con seis vueltas de espira y un perfil con quillas muy marcadas que lo diferencian del morfotipo *dufouri* con perfil ondulado, aunque el significado de ambas morfologías es objeto de discusión (Martínez-Ortí y Robles, 2003: 191).

Estos caracoles de aguas continentales habitan sobre piedras y plantas acuáticas de aguas dulces, tanto corrientes como estancadas, preferentemente cálidas, pudiendo soportar elevadas temperaturas y resistiendo bien las aguas salobres ligadas a las áreas próximas al litoral.

En la fase VII de La Vital se encuentra representado con un total de 8 ejemplares del morfotipo aquillado, entre los que existe un ejemplar infantil. Se documenta en dos unidades estratigráficas del sector 2, cuatro del 3 y una del 4.

Valoración

El conjunto malacológico continental recuperado en La Vital resulta escaso y poco variado. Se ha constatado la presencia de, al menos, cinco especies de gasterópodos, cuatro de ellas de hábitat terrestre y una dulceacuícola. De sus características, estado y contexto, pueden hacerse las siguientes consideraciones.

Tanto *Otala punctata* como *Pseudotachea splendida*, son especies comestibles, motivo por el que pudieron haber sido recolectadas con una finalidad bromatológica, aunque su escaso número no apunta en ese sentido y, aún en el caso de ser así, su aporte a la dieta seria ínfimo. Su presencia, junto a la de los otros helícidos indeterminados, puede explicarse además por otras causas, bien sean de origen natural, al buscar el caracol refugio en las estructuras subterráneas, o bien de carácter casual, al ser transportados adheridos a matorrales que fueron llevados al yacimiento como combustible o para otra función, si bien la concentración de cinco conchas de *Pseudotachea splendida* asociadas a un inhumado campaniforme, apunta a que su deposición pudo ser el resultado de una ofrenda simbólica.

La presencia del resto de especies de moluscos continentales en La Vital puede ser considerada como intrusiva, sin que sea por tanto producto de una intencionalidad antrópica. Así, la presencia de *Rumina decollata* puede explicarse por causas naturales, derivadas del comportamiento de esta especie, la cual pudo refugiarse en la estructuras subterráneas ya abandonadas por sus condiciones favorables, mientras que las conchas de *Melanopsis tricarinata* pudieron llegar al yacimiento al ser transportadas involuntariamente, adheridas a algún recurso vegetal recogido en un curso de agua dulce próximo donde habitaban.

Todas las especies continentales documentadas en La Vital pueden encontrarse actualmente en ambientes litorales con humedales de la zona. La presencia de *Rumina decollata*, *Melanopsis tricarinata* y *Pseudotachea splendida* ha sido determinada en la zona dunar y en la marjal de Pego-Oliva (Urios *et al.*, 1993).

Grupo		9												
Hecho		153												
fase		a1							a2	a2	a2	a2	a3	a2
UE	Foso	1009	1011	1012	1013	1016	1017	1018	1020	1021	1022	1024	1026	1027
BIVALVOS														
Glycymeris violacescens	3	8	2	22	1	1	5	11	20	20	3	7	48	12
Acanthocardia tuberculata				1			1	1	1	1				
Cerastoderma glaucum													1	
Cardiido indeterminado		1							1					1
Cerastoderma fósil									1	1			1	
Mactra coralina														
Spondylus gaederopus		1											1	
Pecten sp.													1	
Pecten jacobeus													2	
GASTERÓPODOS														
Patella sp.		1							1					1
Patella caerulea									1				2	
Monodonta turbinata		1					1						1	
Thais haemastoma		1		1			1		2				1	
Semicassis undulata								1	1	1		1	3	
Charonia sp.									1					
Conus mediterraneus								1						
Total marino	**3**	**13**	**2**	**24**	**1**	**1**	**8**	**14**	**29**	**23**	**3**	**8**	**61**	**14**
Helicidae indeterminado		1		1										
Total continental		**1**		**1**										

Restos de malacofauna del Sector 1.

Grupo	9									
Hecho	154	153	164	163	158	157	155	160	156	161
Fase	b	a3	b	b	b	b	b	b	b	b
UE	1029	1030	1033	1043	1036	1038	1039	1045	1047	1050
BIVALVOS										
Glycymeris violacescens	2	5	1	1	4	10	15	1	2	1
Cardiido indeterminado					1					
Mactra coralina							1			
Spondylus gaederopus	1									
Pecten jacobeus									1	
GASTERÓPODOS										
Thais haemastoma		1								
Gasterópodo indeterm.									1	
Total marino	**3**	**6**	**1**	**1**	**5**	**10**	**16**	**1**	**4**	**1**

Restos de malacofauna del Sector 1 (continuación).

Grupo	2	2	2	2	2	2	2	2	2	2	2	2	2	2	2	2	2	2	2	2	2	2
Hecho	49	50	56	57	58	58	62	64	65	65	67	102	129	130	144	144	144	144	144	144		
Fase													a	b	a	a	a	a	b	b		
UE	2111	2131	2150	2155	2152	2165	2175	2179	2181	2188	2173	2137	2066	2197	2144	2158	2166	2192	2154	2190	2086	2132
BIVALVOS																						
Glycymeris violacescens	5	6		4	67	10	1	4	33	94	1	7	8	5	4	11	2	1	17	2	34	4
Acanthocardia tuberculata				2	2					5										1	3	1
Cerastoderma glaucum					4					2											2	
Cardiido indeterminado					1																	
Cerastoderma fósil					4	1	2			7	3		1		1						2	2
Mactra coralina										1												
Spondylus gaederopus										3						1	2				4	
Pecten jacobeus					1					2									1			
Ostrea sp.										1												
Pinnidae sp.					1				1	1												
Bivalvo indeterminado			2																			
GASTERÓPODOS																						
Patella sp.					1							1										
Patella caerulea			1							5				1								
Monodonta turbinata										3												
Thais haemastoma						1				2							2		1		1	
Semicassis undulata					2				3	1						1			1		2	
Charonia sp.										1												
Aporrhais pespelecani					1																	
Buccinulum corneum																					1	
Total marino	5	6	2	7	84	12	3	4	37	128	4	8	10	5	6	16	2	1	21	2	49	7
Melanopsis tricarinata					1														1			
Total continental					1														1			
Coral										1												

Restos de malacofauna del Sector 2.

Grupo	2	2	2	2	2	4	4	5	5	5	5	5	5	5	9	9	9	9				
Hecho						59	95	18	69	87	98				61	70	93	94	115	115	115	115
Fase										b												
UE	2133	2146	2149	2189	2200	2167	2161	2078	2187	2236	2211	2191	2202	2220	2102	2215	2205	2207	2147	2163	2171	2193
BIVALVOS																						
Glycymeris violacescens	15	13	2	1	3	2	1		3	4		34	32	9	23	8	1	44	3	2	23	6
Acanthocardia tuberculata		1										6	1	6					1			
Cerastoderma glaucum		2											8							1		
Cerastoderma fósil	8	10	4					1			1	1					1	2	2			
Mactra coralina																				1		
Spondylus gaederopus	1											1	1				3		1		1	1
Arca noae																1						
Pinnidae sp.													1									
Bivalvo indeterminado	1	1																				
GASTERÓPODOS																						
Patella sp.	1																					
Patella caerulea									1							87						
Monodonta turbinata																1						
Thais haemastoma									1							2				1	1	
Thais haemastoma consul																1						
Coralliophila meyendorffi																					1	
Semicassis undulata													2			1						
Charonia sp.																1						
Luria lurida	1					1																
Gasterópodo indeterminado																			1			
Total marino	27	27	6	1	3	3	1	1	5	4	1	44	42	10	38	96	3	49	6	5	24	7
Otala punctata																1						
Total continental																1						

Restos de malacofauna del Sector 2 (continuación).

135

Hecho	20	21	23	134	31	134	33	34	134	134	134	147	35	134	134	147	134	134	147	89	90
Fase				a		a			b	b	b			c1	c2		c2	c2			
UE	3009	3012	3016	3040	3044	3046	3047	3049	3052	3053	3054	3056	3057	3067	3082	3084	3086	3086-89	3092	3097	3098
BIVALVOS																					
Glycymeris violacescens	44	4	3	6	4	7	1	22	12	2	10		2	4		2	2	4	1	3	
Acanthocardia tuberculata						1								1							
Cerastoderma glaucum	2	1																			
Cardiido indeterminado								1			1						1				
Cerastoderma fósil					1	1															5
Mactra coralina	11							1													
Spondylus gaederopus					1	,		1												1	
Pecten sp.																					1
Pinnidae sp.			1								3										
Bivalvo indeterminado	1		1																		
GASTERÓPODOS																					
Patella caerulea								1			1										
Monodonta turbinata								3			1					1					
Thais haemastoma										1	1										1
Semicassis undulata	2							1												1	
Gasterópodo indeterm.									1												
Total marino	60	6	4	8	5	9	1	29	13	3	17		2	5	1	2	3	4	1	6	6
Pseudotachea splendida													5								
Melanopsis tricarinata				1											1						1
Total continental				1									5		1						

Restos de malacofauna del Sector 3.

Hecho	92	88	112	112	109	117	132	119	111	110	132	132	132	132	122	132	132
Fase							a1				a2	a3	a3	b	a3	b	b
UE	3102	3105	3115	3116	3118	3122	3128	3130	3137	3139	3140	3141	3142	3144	3146	3147	3145
BIVALVOS																	
Glycymeris violacescens	1	2	8	45		6	8	14	1	8	11	8	6	3		4	1
Acanthocardia tuberculata				1		1											
Cerastoderma glaucum											2	2					
Cardiido indeterminado	1								1		2						
Cerastoderma fósil					2		5		1		1	5	2		1		
Mactra coralina			1				2										
Spondylus gaederopus								1			1						
Bivalvo indeterminado							2										
GASTERÓPODOS																	
Patella caerulea								1									
Monodonta turbinata						1											
Thais haemastoma									1								
Semicassis undulata							1			2							
Charonia sp.										1							
Cymatium parthenopaeum										1							
Total marino	2	2	9	46	2	8	16	19	3	11	18	15	8	3	1	4	1
Rumina decollata											1						
Melanopsis tricarinata													1				
Total continental											1		1				

Restos de malacofauna del Sector 3 (continuación).

Grupo	1	1	1	1	1	1
Hecho				52	54	55
Fase						
UE	2098	2106	2107	2115	2119	2121
BIVALVOS						
Glycymeris violacescens	30	1	4	4	1	4
Cerastoderma glaucum fósil	13					
Spondylus gaederopus	3					
Pecten jacobeus	2					
GASTERÓPODOS						
Thais haemastoma	2					
Semicassis undulata	1					
Charonia sp.	2					
Cerithium vulgatum	1					
Gasterópodo indeterminado	1					
Total marino	**55**	**1**	**4**	**4**	**1**	**4**
Melanopsis tricarinata	2					
Total continental	**2**					

Restos de malacofauna del Sector 4.

Grupo	7	7	7	7	7	7	7	7		6	6	6	6	6	6
Hecho	201	201	201	202	204	205	206	207	208	209	209	210	210	210	210
UE	1001	1002	1003	2001	4001	5002	6001	7001	8001	9001	9002	10001	10002	10003	10004
BIVALVOS															
Glycymeris violacescens	2	1	2		59	4	1	27		28	11	82	1	7	
Acanthocardia tuberculata			1		12	1	1	1			2	3			.
Cardiido indeterminado		1													
Cerastoderma fósil					38					5		2			
Nactra coralina					1							1			
Spondylus gaederopus					1					1		2			
Pecten jacobeus					2										
Arca noae												1			
Ostrea sp.					1										
Bivalvo indeterminado					2					1					
GASTERÓPODOS															
Monodonta turbinata						1									
Thais haemastoma					1					1		2			
Thais haemastoma consul															
Semicassis undulata					2		2			1	2	6			
Murex brandaris								1							
Charonia sp.					8										
Cymatium parthenopaeum														1	
Columbella rustica										1					
Gasterópodo indet..					1							1			
ESCAFÓPODOS															
Dentalium sp.					1										
Total marino	**2**	**2**	**3**		**129**	**5**	**3**	**30**	**1**	**38**	**15**	**100**	**1**	**8**	
Helicidae indeterminada			2	4		5						3		2	1
Rumina decollata			1				5				1	2			
Total continental			**2**	**5**		**5**	**5**			**1**		**5**	**1**	**2**	**1**
CRUSTÁCEOS															
Cf. ***Eriphia***					1										

Restos de malacofauna del Sector 5.

Grupo	6	6	6	6	6	6	6	6	6	6	6	6	6		
Hecho	210	211	212	212	212	213	214	214	215	216	217	217	218		
UE	10005	11001	12001	12002	12004	13001	14001	14002	15001	16001	17001	17002	18002	19001	sup
BIVALVOS															
Glycymeris violacescens	43	34	35	52	12	6	4		1	97	10	52	21	1	3
Acanthocardia tuberculata	2	3	1	4						1		1	5		
Cerastoderma glaucum										1					
Cardiido indeterminado	1														
Cerastoderma fósil		2	2	1								20	2		
Nactra coralina		1										1	1		
Spondylus gaederopus	2		1	2		1				2			1		
Pecten jacobeus			2							1					
Ostrea sp.			1												
GASTERÓPODOS															
Patella sp.	1														
Patella caerulea				1									4		
Monodonta turbinata		1	1	1											
Gibbula magus			1												
Thais haemastoma		1								2	1	5			
Thais haemastoma consul			1							2					
Semicassis undulata			2	1	1					2			2		1
Murex brandaris												1			
Cymatium parthenopaeum				1											
Gasterópodo indeterm.	1														
Total marino	50	42	47	63	13	6	5		1	108	11	80	36	1	4
Helicidae indeterminada			1				19	8		4		26			
Rumina decollata		2			1			1		1	1	5	5		
Total continental		2	1		1		19	9		5	1	31	5		

Restos de malacofauna del Sector 5 (continuación).

Capítulo 9

APROXIMACIÓN A LA DIETA DE LA POBLACIÓN CALCOLÍTICA DE LA VITAL A TRAVÉS DEL ANÁLISIS DE ISÓTOPOS ESTABLES DEL CARBONO Y DEL NITRÓGENO SOBRE RESTOS ÓSEOS

D.C. Salazar-García

INTRODUCCIÓN

La Arqueología prehistórica encuentra en los distintos análisis isotópicos un gran aliado para generar conocimiento sobre la dinámica socioeconómica del pasado. Éstos contribuyen, con un amplio abanico de tipos de información directa, a reconstruir aspectos como la dieta que de otra forma sólo se pueden estudiar mediante evidencias indirectas al utilizar los distintos restos materiales que aparecen en los yacimientos arqueológicos (plantas, fauna, industria...). Además, este tipo de análisis permite individualizar o aislar fenómenos con escalas temporales y espaciales muy precisas, y a partir de ahí evidenciar situaciones y dinámicas difíciles de conocer mediante otros medios. No hay que pensar, no obstante, que los métodos biogeoquímicos aplicados a la Arqueología son la panacea, pues éstos tienen también sus restricciones. Se hace por tanto necesaria la combinación de los métodos tradicionales tanto con los métodos bioquímicos como con las diversas ramas de la antropología física para poder tener una idea más clara y global sobre las prácticas de subsistencia de los grupos humanos del pasado.

Los análisis de isótopos estables del carbono y del nitrógeno sobre colágeno óseo son los más usados en la reconstrucción de las dietas del pasado, y, aunque se llevan aplicando en la Prehistoria europea desde la década de los ochenta, han visto potencialmente incrementado su uso durante el siglo XXI. El principio básico sobre el que se basan estos estudios es el de que "somos lo que comemos", es decir, que las unidades básicas que conforman todos los tejidos corporales de cualquier animal, incluyendo los huesos, provienen de los alimentos que éstos han ingerido a lo largo de su vida. En este contexto es en el que la proporción entre los distintos isótopos del carbono (^{12}C, ^{13}C) y del nitrógeno (^{14}N, ^{15}N) cambian de una manera específica y conocida durante el proceso de incorporación de los átomos de la dieta al hueso, proceso que se conoce con el nombre de fraccionamiento isotópico (Schoeller, 1999). Para una correcta interpretación de los datos hay que tener en cuenta que las medias

sobre colágeno óseo reflejan sobretodo la ingesta de proteínas, lo cual resulta en un enmascaramiento de la parte de la dieta procedente de los vegetales que poseen poca cantidad de proteínas (Ambrose y Norr, 1993; Jim *et al.*, 2006). Por otra parte, los valores obtenidos proporcionan información sobre la media del tipo de dieta que el individuo ha consumido durante sus últimos años de vida, de 2 a 15 años según el tipo de hueso del que se extraiga el colágeno en bruto (Hedges y Reynard, 2007; Katzenberg, 2008; Robins y New, 1997). Esto último presenta la ventaja de que se aporta una imagen realista de la alimentación de los individuos a medio y largo plazo, pero presenta también el inconveniente de que, si no se realiza el análisis en varias secciones finas de dentina de un mismo individuo (Fuller *et al.*, 2003), su resolución no permite discernir variaciones de la dieta que son relevantes para la subsistencia de los grupos prehistóricos como los cambios estacionales.

En la gráfica de la Figura 9.1, que representa un esquema teórico de los valores $\delta^{13}C$ y $\delta^{15}N$ (en ‰) de distintos ecosistemas, se puede apreciar como el uso combinado de los valores $\delta^{13}C$ (proporción isotópica entre ^{13}C y ^{12}C de la muestra en relación a la proporción de éstos en el carbono fósil marino) y $\delta^{15}N$ (proporción isotópica entre ^{15}N y ^{14}N de la muestra en relación a la proporción de éstos en el nitrógeno atmosférico) aporta información sobre el origen terrestre o acuático (marino o lacustre-fluvial) de los principales recursos alimentarios proteicos (Chisholm *et al.*, 1982; De Niro, 1978, 1981; Richards y Van Klinken, 1997; Tauber, 1981). Aisladamente, los isótopos estables del carbono son capaces también de discrminar entre la presencia en la dieta de plantas con rutas fotosintéticas diferentes: plantas C_3 de regiones templadas y frías con valores en torno a -26 ‰ como el trigo, y plantas C_4 de regiones tropicales, áridas o semiáridas con valores en torno a -12.5 ‰ como el mijo (Deines, 1980). Por otro lado, los isótopos estables del nitrógeno ayudan a situar a los humanos en la cadena trófica al experimentar $\delta^{15}N$ un incremento de entre 3 y 5 ‰ por nivel trófico (Minagawa y Wada, 1984), aunque varios estudios demuestran

139

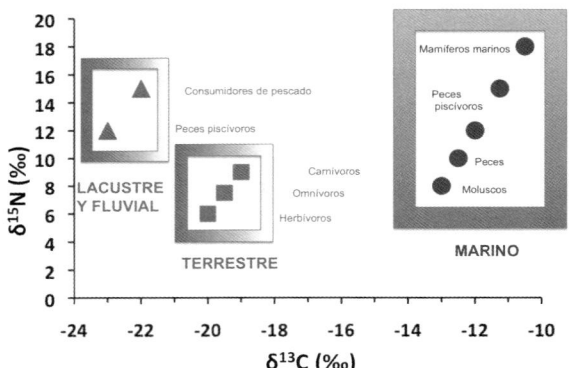

Figura 9.1.- Valores δ¹³C y δ¹⁵N de ecosistemas típicos (lacustre-fluvial, marino y terrestre).

que otros factores como el clima pueden también influir (Heaton *et al*., 1986).

Uno de los periodos en los que más se han aplicado este tipo de analíticas hasta el momento en Europa es el Neolítico. Esto ha ocurrido porque muchos investigadores se han interesado en la alimentación de los humanos de sociedades agrícola-ganaderas en comparación con los cazadores y recolectores mesolíticos. Los muchos estudios de isótopos estables publicados hasta la fecha para la llegada del Neolítico definen en términos alimentarios tres estrategias diferentes asociadas a las zonas atlántica y centroeuropea por un lado, al área báltica por otro, y al litoral mediterráneo por otro. En la fachada atlántica y centroeuropa, con la llegada de la agricultura y la ganadería dejan de formar parte de la alimentación los recursos proteicos de origen marino y lacustre-fluvial, pasándose a tener una dieta extremadamente uniforme basada en recursos terrestres (ie: Bocherens et al., 2007; Fischer *et al*., 2007; Lubell *et al*., 1994; Oelze *et al*., 2010; Richards y Hedges, 1999; Richards *et al*., 2003; Schulting y Richards, 2002; Schulting *et al*., 2008; Tauber, 1983). Por su parte, en la zona del mar Báltico la llegada del periodo neolítico no parece modificar los hábitos alimentarios de la zona, pues se seguirá consumiendo alimentos del mar, de los lagos y de los ríos a lo largo de éste (ie: Eriksson, 2006; Liden *et al*., 2004; Nuñez *et al*., 2006).

El impacto de la llegada del Neolítico a la región mediterránea central y occidental se ha estudiado menos. Destacan para el periodo neolítico y mesolítico algunas de las investigaciones ya publicadas en Italia (Francalacci, 1988), Malta (Richards *et al*., 2001), Francia (Le Bras-Goude y Claustre, 2009; Le Bras-Goude *et al*., 2009) y Grecia (Papathanasiou *et al*., 2000), pero existen también amplias lagunas sin apenas datos como la costa del Norte de África u el Oriente Próximo. Estos estudios apuntan a que con la llegada de la agricultura y la ganadería a la costa mediterránea desaparece la heterogeneidad de estrategias de subsistencia que existía previamente entre los pueblos cazadores-recolectores e incluso entre individuos de un mismo grupo. Estos datos isotópicos apuntan a que el pequeño y dispar consumo de recursos marinos de las poblaciones mesolíticas desaparece con la llegada del Neolítico, pasándose a tener una alimentación homogénea que durará hasta las etapas neolíticas más tardías y que está basada en el consumo de plantas deriva-

das de la agricultura y complementada con la explotación de los animales domésticos terrestres. Se puede destacar que durante el Neolítico ni tan siquiera en aquellos yacimientos localizados en una isla pequeña como Malta se observa un uso significativo de productos del mar. Nuevos estudios aún no publicados que se están llevando a cabo en el Mesolítico y Neolítico italiano parecen indicar que el cambio de dieta más acusado entre las dos formas de vida no se dio entre las últimas poblaciones mesolíticas y las primeras poblaciones neolíticas, sino entre las primeras fases del Neolítico y las sociedades ya plenamente neolíticas posteriores (Manninno, comentario personal). Los resultados publicados hasta la fecha de la fachada mediterránea del País Valenciano parecen confirmar este nuevo patrón. Los valores de los humanos en los dos yacimientos valencianos estudiados, el mesolítico de El Collado (García-Guixé *et al*., 2006) y el neolítico de Costamar (Salazar-García, 2009), se solapan con facilidad. No parece que exista una diferencia de dieta entre las poblaciones mesolíticas y neolíticas, que poseen en ambos casos individuos que consumen sólo recursos terrestres e individuos que, aún a pesar de seguir basando su dieta en los recursos terrestres, consume una cantidad de alimentos marinos suficiente como para dejar impronta isotópica de ello en su colágeno óseo. A priori, estos resultados parecen compatibles con el hecho de que aparezcan en el registro arqueológico restos no abundantes pero presentes de recursos marinos como peces y moluscos tanto en periodos mesolíticos como neolíticos (ie: Aura *et al*., 2009, Rodrigo y Marlasca, 2009) en la fachada mediterránea peninsular.

MATERIAL Y MÉTODOS

Muestras óseas (aprox. 300 mg) de 3 individuos humanos de cronología neolítica del yacimiento de La Vital (detalles en Cuadro 9.1) han sido tomadas en total, todas ellas de adultos de ambos sexos y edades aproximadas de entre 20 y 40 años según descritos en el informe antropológico (Roca, 2008). Se han tomado muestras de diáfisis de huesos largos (húmero y cubito) en dos de los casos, y de mandíbula en el tercero de ellos, siendo las tres localizaciones algunos de los lugares donde mejor se conserva habitualmente el colágeno óseo. Estos 3 individuos se adscriben cronológicamente al Calcolítico, tal y como nos indican tanto su contexto arqueológico como la datación obtenida de su mismo colágeno (Cuadro 9.1).

La selección de las muestras de animales del yacimiento de La Vital es más amplia que la de humanos. Ésta se ha llevado a cabo en el mismo contexto arqueológico para poder comprender los procesos isotópicos en el ecosistema que compartieron con los humanos, así como para poder reconstruir las relaciones tróficas internas de éstos. En total se han tomado muestras de

S-EVA	Edad	Sexo	Hueso	UE	Datación
7400	20-25 años	Femenino	húmero	3056	-
7401	20-40 años	Masculino	cubito	3109-3110	-
7402	20-40 años	Masculino	mandíbula	2214	3946 ± 28 BP

Cuadro 9.1.- Detalles de las muestras de humanos tomadas (# S-EVA, edad, sexo, hueso, procedencia arqueológica, datación).

S-EVA	Especie	Hueso	Procedencia (UE)
7376	*Bos taurus*	diáfisis hueso largo	3105
7377	*Bos taurus*	diáfisis hueso largo	3116
7378	*Bos taurus*	diáfisis hueso largo	3047
7379	*Bos taurus*	diáfisis hueso largo	3139
7380	*Capra hircus*	diáfisis hueso largo	2152-I
7381	*Capra hircus*	epífisis hueso largo	2152-II
7382	*Capra hircus*	diáfisis hueso largo	1039
7383	*Ovis aries*	epífisis hueso largo	2111
7384	*Ovis aries*	epífisis hueso largo	3116-I
7385	*Ovis aries*	diáfisis hueso largo	3116-II
7386	*Ovis aries*	diáfisis hueso largo	3122
7387	*Ovis aries*	epífisis hueso largo	3137
7388	*Sus domesticus*	diáfisis hueso largo	2220
7389	*Sus domesticus*	diáfisis hueso largo	3116
7390	*Sus domesticus*	epífisis hueso largo	3122
7391	*Sus domesticus*	diáfisis hueso largo	3130
7392	*Cervus elaphus*	diáfisis hueso largo	2066
7393	*Cervus elaphus*	diáfisis hueso largo	3122
7394	*Cervus elaphus*	diáfisis hueso largo	2220
7395	*Cervus elaphus*	diáfisis hueso largo	3116
7396	*Equus caballus*	diáfisis hueso largo	2220
7397	Ballena	vértebra	3009
7398	*Canis familiaris*	hueso largo	3054
7399	*Bos taurus*	diáfisis hueso largo	3038

Cuadro 9.2.- Detalles de las muestras de animales tomadas(# S-EVA, especie, hueso, procedencia arqueológica).

22 animales herbívoros terrestres tanto domésticos (5 vacas, 2 cabras, 5 ovejas, 3 cerdos) como salvajes (4 ciervos, 1 caballo), de 1 animal omnívoro terrestre (1 perro), y de 1 mamífero marino (1 ballena). En base a su tamaño, todos los huesos elegidos para los análisis de isótopos estables del carbono y del nitrógeno pertenecen a individuos adultos (Cuadro 9.2). Para asegurarse de que cada una de las muestras de la misma especie pertenecían a individuos diferentes, se ha muestreado con la ayuda de un arqueozólogo, o bien cada vez el mismo hueso, o bien diferentes tipos de huesos pero de zonas espacialmente muy alejadas las unas de las otras.

Tanto la preparación de las muestras como los análisis isotópicos del carbono y del nitrógeno en el colágeno óseo de éstas se llevó a cabo en los laboratorios del Department of Human Evolution del Max-Planck Institute for Evolutionary Anthropology (Leipzig, Alemania). El proceso de extracción del colágeno utilizado es el descrito por Brown, Nelson, Vogel y Southon (Brown *et al.*, 1988), que es un método Longin (Longin, 1971) modificado con el añadido de un paso de ultrafiltración. Tras ésta, se conservaron las tres fracciones del colágeno (30kDa, 10-30 kDa y <10kDa). Los análisis de los ratios de isótopos estables del carbono ($^{13}C/^{12}C$) y del nitrógeno ($^{15}N/^{14}N$) se realizaron sobre la fracción >30kDa del colágeno liofilizado previamente extraído. Las muestras se combustionaron y analizaron respecti-

vamente en un analizador de elementos Flash EA 2112 acoplado a un espectrómetro de masas Delta XP, ambos de la compañía Thermo-Finnigan. Los resultados se presentan en partes por mil (‰) en términos de notación $\delta^{13}C$ y $\delta^{15}N$ relativos a los estándares vPDB (PeeDee Belamite-Vienna standard) y N_2 atmosférico (AIR-ambient inhalable reservoir standard) respectivamente. Para comprobar la calidad bioquímica del colágeno se han utilizado los parámetros más utilizados: %C (>35), %N (>10) y C:N (2.9-3.6) (De Niro, 1985; Van Klinken, 1999). También se ha analizado 11 estándares de valores conocidos (metionina, hígado bovino, IAEA) repartidos entre 21 muestras con el objetivo de calibrar y reforzar la validez de los datos. Se ha analizado cada una de las muestras por duplicado, situándose el error analítico (2σ) tanto para ä^{13}C como ä^{15}N dentro de un intervalo < 0.2‰.

RESULTADOS Y DISCUSIÓN

Aunque no se ha podido extraer colágeno de todas las muestras analizadas, los casos afirmativos han dado buenos índices de preservación de colágeno (%C, %N, C:N). Las dos muestras que no han dado nada de colágeno son S-EVA 7382 y 7391, ambas de animales. Tan sólo de una de las muestras (S-EVA 7393) no se ha podido extraer el colágeno suficiente para el análisis en duplicado. Para todas las muestras siempre se ha analizado la fracción de colágeno >30 kDa. (Cuadro 9.3).

El valor ä^{13}C medio ± 1σ de los herbívoros salvajes (-19,89 ± 0,55‰) entra dentro de lo habitual en ecosistemas con mayoría de plantas C_3 como el de la fachada mediterránea peninsular. Sin embargo, y aunque no muy alejado del anterior, el valor $\delta^{13}C$ medio ± 1σ de los animales domésticos (-18,53 ± 1,14‰) se presenta algo más positivo y tiene una mayor variabilidad entre individuos. Esta no es la única diferencia entre los animales salvajes y los domésticos, pues el valor ä^{15}N medio ± 1σ de los primeros es de 3,87 ± 0,35‰ y el de los segundos es de 5,41 ± 0,87‰, lo que define a los animales domésticos como situados en una posición más elevada de la cadena trófica que los salvajes. Aunque desafortunadamente sólo se cuenta en este estudio con la muestra de un animal omnívoro y ninguna de un animal carnívoro, el valor ä^{15}N (9,61‰) del omnívoro equivale al del carnívoro tipo debido a que es entre 4-6‰ superior a la de los animales herbívoros terrestres y sitúa al omnívoro claramente en un peldaño trófico superior al de los herbívoros. Por su parte, los humanos tienen unos valores medios ä^{13}C y ä^{15}N ± 1σ de -18,7 ± 0,50‰ y 9,46 ± 0,76‰ respectivamente. Su valor ä^{15}N los coloca en el mismo peldaño trófico que el perro, peldaño definido como de carnívoros al ser mucho más elevado que el de los herbívoros. El valor ä^{13}C humano define su dieta como basada en recursos terrestres C_3 y, junto al ä^{15}N, muestra una ausencia de consumo de proteínas de orígen acuático (marino y lacustre-fluvial) aunque sin ser capaz de descartar un consumo muy puntual.

Para poder interpretar más información sobre la población neolítica de La Vital gracias a los valores ä^{13}C y ä^{15}N de sus habitantes y animales, nos centraremos ahora en la lectura de la gráfica de la Figura 9.2, donde se integran ambos valores.

En los tres humanos se puede descartar el consumo de recursos de origen marino. Si tomamos como referencia de los

S-EVA	Especie	δ¹³C(av)	δ¹⁵N(av)	% C(A)	% C(B)	% N(A)	% N(B)	C:N(A)	C:N(B)
7376	*Bos taurus*	-19,16	6,16	38	38,58	13,24	13,61	3,35	3,31
7377	*Bos taurus*	-16,26	5,67	26,38	28,59	9,39	10,33	3,28	3,23
7378	*Bos taurus*	-16,24	5,76	35,2	37,2	12,37	13,23	3,32	3,28
7379	*Bos taurus*	-19,28	4,94	37,89	38,07	13,28	13,64	3,33	3,26
7380	*Capra hircus*	-19,3	4,9	40,38	40,52	13,79	14,05	3,42	3,36
7381	*Capra hircus*	-18,31	5,07	41,53	41,72	14,5	14,82	3,34	3,28
7382	*Capra hircus*	-	-	-	-	-	-	-	-
7383	*Ovis aries*	-17,3	5,36	39,48	40,75	14,1	14,81	3,27	3,21
7384	*Ovis aries*	-19,46	7,05	38,54	39,57	13,9	14,47	3,23	3,19
7385	*Ovis aries*	-19,42	4,97	40,46	42,02	14,24	14,88	3,32	3,29
7386	*Ovis aries*	-18,69	3,95	39,65	41,12	14,16	14,77	3,27	3,25
7387	*Ovis aries*	-18,05	6,55	40,13	41,52	14,02	14,79	3,34	3,28
7388	*Sus domesticus*	-19,7	5,91	42,7	42,43	14,35	14,33	3,47	3,45
7389	*Sus domesticus*	-19,54	3,96	40,82	40,53	14,38	14,23	3,31	3,32
7390	*Sus domesticus*	-18,18	4,95	38,23	38,18	13,82	13,64	3,23	3,27
7391	*Sus domesticus*	-	-	-	-	-	-	-	-
7392	*Cervus elaphus*	-19,07	4,37	42,02	42,55	14,7	15,06	3,33	3,3
7393	*Cervus elaphus*	-20,6	3,58	24,02	-	8,11	-	3,46	-
7394	*Cervus elaphus*	-20,01	4,1	37,2	37,16	12,88	13,14	3,37	3,3
7395	*Cervus elaphus*	-19,87	3,7	39,9	41,05	13,99	14,47	3,33	3,31
7396	*Equus caballus*	-19,92	3,58	36,01	37,51	12,64	13,46	3,33	3,25
7397	Ballena	-13,37	8,82	38,67	38,49	13,4	13,56	3,37	3,31
7398	*Canis familiaris*	-18,01	9,61	37,07	38,38	12,92	13,78	3,35	3,25
7399	*Bos taurus*	-19,06	5,95	33,3	34,04	12,02	12,59	3,23	3,15
7400	Humano	-18,28	9,03	32,39	32,75	11,55	11,9	3,27	3,21
7401	Humano	-18,57	9,01	32,21	31,74	11,44	11,78	3,29	3,14
7402	Humano	-19,25	10,33	41,05	41,18	14,73	14,97	3,25	3,21

Cuadro 9.3.- Valores medios de δ¹³C y δ¹⁵N, y parámetros de calidad del colágeno (%C, %N, C:N) de las dos medidas analizadas por muestra.

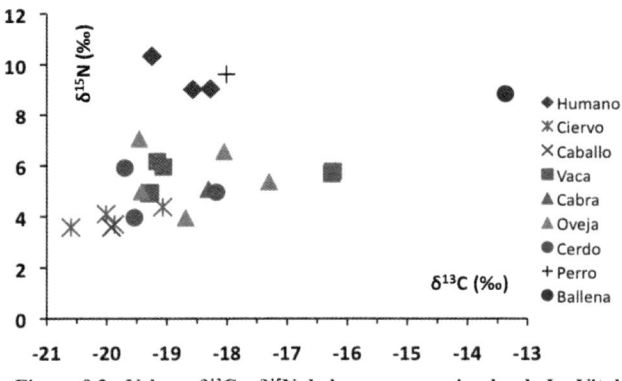

Figura 9.2.- Valores δ¹³C y δ¹⁵N de humanos y animales de La Vital.

valores marinos de carbono a la ballena, se puede decir que el consumo de recursos marinos es inexistente o tan pequeño como para no aparecer reflejado en la signatura del colágeno óseo. En cuanto a poder afinar más sobre qué tipos de animales terrestres son consumidos, con los datos de los que se dispone se puede decir que la gran mayoría de proteína animal procede de los animales domésticos (vaca, cabra, oveja, cerdo), bien en forma de aporte cárnico directo o debido al consumo de productos secundarios procedentes de éstos como la leche. En la gráfica se ve como los humanos están a un peldaño trófico de los animales domésticos, pero muy alejados en los valores de nitrógeno de los salvajes, lo que se interpreta como que el consumo de los animales salvajes sería puntual y nada importante en la alimentación global de estos individuos.

Aunque no muy separados entre sí, en la Figura 9.2 se puede ver que existe algo de heterogeneidad entre los tres humanos adultos, una diferencia que no se asocia ni a edad ni a sexo físico de los individuos. Uno de ellos (S-EVA 7402) tiene un valor de nitrógeno un punto y medio más elevado que los otros dos individuos, lo que implica que consume en su dieta una mayor proporción de proteínas animales. Aunque este consumo podría ser de proteína animal terrestre, también podría implicar un consumo de proteínas de origen lacustre-fluvial debido a que también existe una deriva negativa de su valor de carbono. Desafortunadamente, al no contar con muestras de fauna de agua dulce, esto no puede confirmarse. Los otros dos individuos (S-EVA 7400 y 7401), aún a pesar de tener valores de nitrógeno más bajos que el anterior y que sugieren un mayor consumo de proteína vegetal, siguen presentando un consumo importante de proteína animal. A su vez, los valores algo más positivos de ä¹³C de estos dos individuos, descartado el incremento en ä¹⁵N que definiría un ligero consumo de recursos marinos, se explica por la introducción en la dieta humana o animal de algunas plantas C₄.

Los valores isotópicos de los animales, además de ayudarnos a discernir la alimentación general de los humanos, nos pueden dar también otro tipo de información interesante sobre la población de La Vital. Por ejemplo, que dos especies de animales consideradas omnívoras (el perro y el cerdo) muestren valores de nitrógeno tan dispares nos dice que mientras que los perros mantenían una dieta carnívora similar a la de los humanos, a los cerdos se los alimentaba sólo con vegetales. Esto nos hace pensar que tal vez los perros mantuvieron una cercana relación con el hombre, pudiendo comer lo mismo que los humanos, pero que los cerdos no la tuvieron y además no fueron utilizados como biorecicladores de residuos orgánicos. Por otro lado, la diferencia tan clara ya comentada de las medias de ä¹⁵N entre los animales salvajes y domésticos apunta a la existencia de una diferencia en la dieta de unos y otros animales. El aumento de los valores de nitrógeno en los animales domésticos se explicaría si estos fuesen alimentados con plantas cuyos cultivos han sido abonados, pues el abono hace que las plantas cultivadas se enriquezcan en ¹⁵N y transmite este enriquecimiento a todos los animales que las consumen (Bogaard *et al.*, 2007). Ello implicaría que ya durante fases tardías del neolítico se abonaban las tierras de cultivo, y podría por tanto suponer la existencia de una relación complementaria entre la ganadería y la agricultura.

También hay aquí que destacar otro tipo de diferencia que existe entre la dieta de los animales domésticos y salvajes. El valor ä¹³C de los herbívoros domésticos tiene un intervalo mucho mayor que el de los salvajes y muestra una tendencia horizontal más positiva. En este caso dicho patrón, presente de forma más marcada entre vacas y cabras, implicaría que se está introduciendo una cantidad variable de plantas C₄ en la dieta de estos animales. Aunque no se puede asegurar que dichas plantas sean introducidas en el ecosistema por el hombre, es curioso que si esto no es así se den estos valores cuando apenas existen plantas C₄ autóctonas en Europa (Mateu, 1993) y cuando se aprecia que son varias especies de animales domésticos las que presentan estos valores. Es por ello por lo que aquí se considera que ya en cronología neolítica tardía se habrían introducido plantas C₄ domésticas (¿mijo?) en la península ibérica. De hecho, este patrón de valores de carbono entre los animales es similar al visto en yacimientos posteriores de la Edad del Hierro en el País Valenciano (Salazar-García *et al.*, 2010), momento en el que sin lugar a dudas ya se habían introducido este tipo de plantas domésticas.

En general, los resultados que aquí se presentan del yacimiento neolítico de La Vital contribuyen al panorama mediterráneo peninsular que los análisis de isótopos estables del carbono y del nitrógeno están todavía construyendo para la reconstrucción de la dieta de las poblaciones mesolíticas y neolíticas. Se confirma con ellos la pauta general que indica que en la región mediterránea durante el Neolítico la dieta se basa en

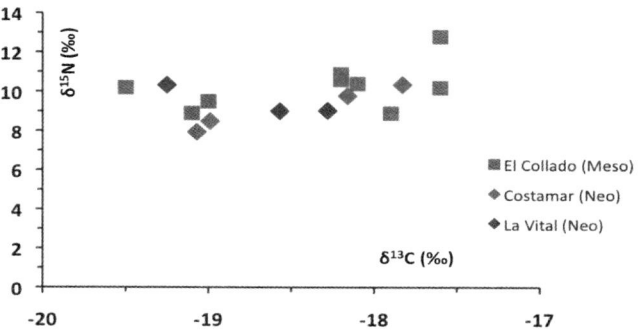

Figura 9.3.- ä¹³C y ä¹⁵N de humanos mesolíticos de El Collado y neolíticos de Costamar (datos tomados de García-Guixé *et al.*, 2006 y de Salazar-García, 2009).

recursos terrestres, abandonándose a grandes rasgos el consumo de alimentos del mar tras el Mesolítico. Si colocamos los valores de humanos de La Vital en una gráfica junto a los valores de humanos de los otros dos yacimientos de estas cronologías del País Valenciano ya publicados (Costamar y El Collado), se pueden apreciar varias cosas (Fig. 9.3). Se puede ver cómo los humanos de La Vital están, o más cerca de la agrupación situada entorno a los valores más negativos de ä¹³C, o entre ésta y la agrupación con valores ä¹³C mayores a -18‰. Todos ellos, a diferencia de algunos de Costamar y de El Collado, poseen una signatura isotópica compatible con una dieta completamente terrestre. Esto quiere decir que con los datos isotópicos de que se disponen hasta día de hoy, se puede decir que en momentos neolíticos tardíos en la fachada mediterránea peninsular ya se ha abandonado el consumo de recursos proteicos de origen marino, a diferencia de lo que ocurría en momentos neolíticos anteriores. Este panorama es similar al que se está viendo en Italia, ya comentado con anterioridad, que pasa a incidir en que el mayor cambio en el tipo de dieta en el mediterráneo occidental no se da entre el Mesolítico y el Neolítico, sino dentro del propio periodo Neolítico.

Para ampliar el conocimiento que se tiene de este periodo en el Mediterráneo occidental se está llevando a cabo otros estudios de análisis de isótopos estables del carbono, nitrógeno y azufre en yacimientos mesolíticos y neolíticos del País Valenciano como Santa Maira, Penya del Comptador, Cingle del Mas Nou, Cova Fosca, La Corona, Cova de la Sarsa, Cova de l'Or, Costamar, Tossal de les Basses, Camí Real d'Alacant, Les Llometes y Cova d'en Pardo.

AGRADECIMIENTOS

El autor desea expresar su profundo agradecimiento a todo el Archaeological Sciences Group del MPI-EVA por la constante ayuda prestada en materia de biogeoquímica. Desea también agradecer de forma especial al Prof. Richards y al Prof. Hublin por haber dejado a su disposición las instalaciones del MPI-EVA para los análisis y el apoyo económico que ello implica. Remarcar también que el soporte económico del Ministerio de Educación a través de una Beca FPU ha permitido llevar a cabo esta línea de investigación.

Capítulo 10

CONTRIBUCIÓN AL CONOCIMIENTO DE LA ALIMENTACIÓN DE LOS INDIVIDUOS DE LA VITAL DESDE EL ANÁLISIS DE ELEMENTOS TRAZA

N. Marín Moratalla, M. Fontanals y M.E. Subirà

La alimentación no consiste tan solo en la ingestión de alimentos y su aprovechamiento por parte de unos individuos sino que también incluye los procesos de obtención y preparación de los mismos. Es por ello que es uno de los aspectos más estudiados en poblaciones antiguas. Se trata de un acto voluntario, cuyo estudio contribuye al conocimiento del propio grupo ya sea desde las actividades diarias que giran alrededor de la obtención y preparación de la comida, o del conocimiento de su aprovechamiento aportando, por consiguiente, datos sobre su estado de salud y las condiciones en que vivían.

Es evidente que la reconstrucción de una población pasa por el estudio de su alimentación y este se construye a partir de las diversas disciplinas de la arqueología y también de la antropología. El análisis directo de los restos humanos permite valorar la ingesta concreta de alimentos consumidos. Tan solo existen dos metodologías en la actualidad que permiten valorar directamente, aunque a grandes rasgos, el consumo de uno u otro tipo de alimento: el análisis de isótopos estables (IE) y el análisis de elementos traza (ET).

Ambas técnicas comparten aspectos metodológicos comunes, como la eliminación superficial del hueso previa al tratamiento con ácido. En un caso se cuantifica parte de la materia orgánica conservada (IE) mientras que en el otro se valoran algunos componentes de la matriz inorgánica del hueso (ET).

El presente estudio se ha realizado sobre la materia inorgánica del hueso y por tanto valora los niveles de algunos elementos traza, pero, ¿qué se conoce como elementos traza?

Los elementos traza son elementos químicos que se encuentran en proporciones muy bajas en los organismos vivos, aunque denominados traza en estudios de paleodieta, en realidad se trata de los oligoelementos. Estos oligoelementos, aunque se encuentren presentes en pequeñas cantidades, son nutrientes esenciales por qué participan en funciones indispensables para el mantenimiento de las funciones vitales del organismo. Otros oligoelementos, por el contrario, pueden interferir en dichas funciones produciendo alteraciones en los mismos. Actualmente estos elementos pueden cuantificarse en cualquier tejido o fluido del organismo con gran exactitud y precisión.

El estudio de paleodieta hace referencia al análisis de todos los elementos, sean o no traza, que se utilicen para establecer la base alimentaria de las poblaciones en consideración. Por ejemplo, el calcio y el fósforo son elementos mayoritarios en el hueso cuya relación se usa para establecer el grado de mineralización del mismo y, por consiguiente, alteraciones en sus niveles contribuyen a establecer posibles contaminaciones del hueso. Acompañando estos elementos se analizan elementos como el cobre y el zinc, discriminadores de una dieta cárnica, o como el estroncio, el magnesio y el bario, discriminadores de una dieta herbívora. Se aconseja un análisis multielemental para pormenorizar los posibles efectos contaminantes de alguno de ellos y ahondar de una forma más precisa en la dieta de los individuos analizados.

Para una correcta interpretación de los datos, estos estudios requieren del análisis en paralelo de muestras procedentes de diversos grupos de fauna. Por un lado la correcta construcción de la cadena trófica valida los resultados de elementos traza despreciando así posibles efectos diagenéticos (alteraciones en las concentraciones debidas a las condiciones post-deposicionales) sobre los huesos. Por el otro lado, esta misma cadena trófica es la que permite establecer el grado de omnivoricidad o herbivoricidad de los humanos al compararlos con los resultados obtenidos a partir de la fauna.

MATERIAL Y MÉTODOS

Para el análisis de elementos traza han sido tomadas muestras humanas y de fauna (Cuadro 10.1) procedentes de los silos neolíticos reutilizados como contenedores sepulcrales en el yacimiento de La Vital (Gandia, Valencia) (Bernabeu *et al.*, 2006).

El procesamiento químico de las muestras ha consistido en un tratamiento gravimétrico, protocolo habitual en el laboratorio

Referencia	Grupo	Características	Ca/P
UE 2214	humano	-	0,83
UE 3056	humano	-	1,42
UE 3109-3110	humano	-	1,49
UE 2202	humano	-	1,33
UE 2148	humano	-	1,12
UE 3009	bóvido	Fémur	1,35
UE 3044	bóvido	Tibia	1,16
UE 3043	ovicaprino	MC	1,03
UE 3067	suido	Tibia	1,03
UE 3056	suido	Mandíbula	0,98
UE 3086	bóvido	Radio	1,03
UE 3054	suido	Pelvis	1,06
UE 3052	bóvido	Falange	0,96
UE 3147	ovicaprino	Húmero	1,04
UE 3049	ovicaprino	Mandíbula	1,14
UE 3016	bóvido	Mandíbula	0,97
UE 3137	ovicaprino	Escápula	1

Cuadro 10.1.- Descripción de los individuos utilizados en el análisis de elementos traza (datos facilitados por Consuelo Roca de Togores). Relación Ca/P para las muestras humanas y de fauna.

de la *Unitat d'Antropologia Biològica* de la *Universitat Autònoma de Barcelona* (Subirà, 1993). Para ello se requiere de medio gramo de hueso pulverizado, procedente de cada individuo. Previamente se ha procedido a la eliminación de la superficie externa del hueso mediante acción mecánica para evitar posibles contaminaciones (Ezzo, 1994; Gallego y Subirà, 2000; Lambert *et al.*, 1989; Price *et al.*, 1992). Los elementos cuantificados han sido el calcio (Ca), el fósforo (P), ambos expresados por unidades de porcentaje sobre un gramo de hueso; el bario (Ba), estroncio (Sr), cobre (Cu) y zinc (Zn), todos ellos expresados en partes por millón. Todas las muestras han sido cuantificadas mediante espectrofotometría de emisión atómica por inducción de plasma (ICP/AES) exceptuando el fósforo (P) al que se le aplicó una electroforesis capilar. Ambas técnicas se aplicaron en el *Institut Químic de Sarrià* (Universitat Ramon Llull).

El tratamiento estadístico de los datos se ha procesado mediante el paquete estadístico SPSS 15.0 para Windows. Debido al pequeño tamaño muestral, se han utilizado test no paramétricos.

RESULTADOS

Para evaluar el estado de mineralización del hueso se ha estimado la relación Ca/P (Cuadro 10.1). En huesos frescos la relación entre ambos elementos oscila entre 2:1 y 1:1, mientras que las muestras arqueológicas presentan niveles similares –1,87 (Bisel, 1988)– o incluso superiores –entre 2,3 y 2,5 (Zapata *et al.*, 2006), entre 2,50 y 3,72 (Safont *et al.*, 1998) y de 2,81 (Kyle, 1986)–, considerándolos en todos los casos igualmente aptos para los estudios de paleodieta. Los valores calculados para La Vital oscilan entre 0,83 y 1,49. Sin embargo tres

muestras (UE 2214, UE 3052 y UE 3056) se hallan por debajo de la relación 1:1 aunque muy cercanas al valor 1. Por ello puede considerarse que todas las muestras están dentro de la normalidad y que el hueso conserva una buena mineralización sin signos de alteración diagenética.

Este tipo de análisis a menudo se encamina únicamente a conocer la dieta del grupo humano. La alimentación humana es heterógenea debido a su propia composición (edad, sexo…). Esto conlleva a menudo una estratificación social que se manifiesta con una diversa alimentación por parte de los distintos grupos intrapoblacionales. Sin embargo a menudo no se es consciente que al agrupar diversas especies animales dentro de las categorías de herbívoros u omnívoros la heterogeneidad de la dieta puede ser aún más elevada que la presente entre los humanos. Es bien conocida la problemática que existe en la identificación de las ovejas respecto a las cabras dependiendo de los restos recuperados según provienen de una u otra región anatómica. Este hecho ha llevado a generar un grupo sin validez taxonómica, el de los ovicápridos. Sin embargo la alimentación de uno y otro es bien distinta, unos pacen los otros ramonean (Subirà *et al.*, 1992). Es por ello que previo al estudio del grupo humano se ha planteado el análisis de la fauna para así poder tener en cuenta la variabilidad intragrupal. Sin embargo entre los restos no se podrá considerar la variabilidad entre los ovicápridos, ya que se desconoce la pertinencia de los restos al género Ovis o al género Capra. Se inicia, pues, comparando el grupo de los bóvidos y el de los ovicápridos a partir de un test de Mann-Whitney. En ningún caso las diferencias alcanzan significación estadística. Sin embargo, los valores superiores obtenidos de estroncio, e inferiores de cobre y zinc, por parte de los ovicápridos respecto de los bóvidos, reflejan un mayor consumo de vegetales "verdes" por parte de los primeros y un mayor consumo de diversos "frutos" por parte de los segundos, ambos dentro de un marco de dieta herbívora (Cuadro 10.2).

Debe considerarse que, a pesar de que el cobre y el zinc sean considerados discriminadores de una dieta rica en carne, sus niveles son incluso, en algunos casos, superiores en frutos y cereales, que como simientes que son requieren de un alto contenido en todo tipo de elementos minerales esenciales para su germinación.

Para comparar los grupos de herbívoros con el de los omnívoros se ha utilizado de nuevo el test de Mann-Whitney (Cuadros 10.2 y 10.3). Los resultados indican que no existen diferencias significativas para ninguno de los elementos analizados. Sin embargo, la ausencia de significación no indica una homogeneización en la dieta entre ambos ya que la desviación estándar es amplia en algunos elementos considerando que la muestra es muy reducida, poniéndose de manifiesto la variabilidad intragrupal. El estudio detallado de las concentraciones elementales definidos por niveles tróficos, evidencia el consumo superior de alimentos vegetales por parte de los herbívoros, con los niveles superiores de bario y estroncio, y bajos de cobre y zinc, respecto a los omnívoros. La ausencia de diferencias también podría poner de relieve la alimentación de los suidos, que aun clasificándose como omnívoros por su dentición, se alimentarían de los vegetales del entorno paciendo junto a las otras especies ganaderas en mayor o menor grado. La dieta más amplia

Grupo		Cu (ppm)	Zn (ppm)	Ba (ppm)	Sr (ppm)
Ovicáprido	X	34,99	114,99	243,71	737,33
n = 4	d.s.	6,12	35,24	35,88	54,59
	máx	39,99	175,11	285,17	799,84
	mín	24,99	89,93	194,84	649,61
Bóvido	X	41,97	162,87	243,82	679,48
n = 5	d.s.	11,22	38,76	14,98	59,95
	máx	49,97	219,78	269,84	749,55
	mín	19,98	114,91	224,82	599,76
Herbívoros	X	38,87	141,59	243,77	705,19
n = 9	d.s.	9,93	44,19	26,4	64,4
	máx	49,97	219,78	285,17	799,84
	mín	19,98	89,93	194,84	599,76
Omnívoros	X	44,97	163,2	238,14	699,41
n = 3	d.s.	4,1	40,87	20,89	40,33
	máx	49,98	214,91	259,9	748,65
	mín	39,93	114,98	209,96	649,87
humanos	X	45,3	148,77	221,85	736,19
n = 5	d.s.	12,91	31,3	63,54	244,56
	máx	64,91	189,73	294,6	1000,6
	mín	34,87	110,13	119,57	448,39
X^2		1,194	0,692	0,366	0,038
gl		2	2	2	2
p		0,55	0,708	0,833	0,981

Cuadro 10.2.- Estadísticos para cada grupo de fauna y humanos. Estadísticos de la prueba K de Kruskal Wallis entre los grupos de la cadena trófica (herbívoros, omnívoros y humanos). X – media; d.s. – desviación estándar; máx – valor máximo; mín – valor mínimo; gl – grados de libertad; p – probabilidad.

podría proceder, en este caso, del aprovechamiento de los restos de alimentos humanos.

Al incluir las concentraciones de los elementos químicos correspondientes al grupo humano, la comparación mediante la prueba de Kruskal-Wallis muestra, de nuevo, ausencia de significación estadística entre los grupos (Cuadro 10.2). Al valorar los grupos dos a dos mediante el test de Mann-Whitney (Cuadros 10.3, 10.4 y 10.5), de nuevo se pone de relieve la ausencia de diferencias estadísticas significativas. Queda claro que la propia variabilidad intragrupal no permite evidenciar diferencias en la alimentación de los grupos.

Es bien conocida la interacción entre las especies domesticadas y el propio hombre. Los recursos que abastecen unos y otros son los que ofrece el ambiente, común para todos ellos. Sin embargo es obvio suponer que existirían diferencias entre unos y otros. Para ello se ha realizado un análisis discriminante que permite valorar hasta que punto los grupos están bien definidos (por la propia variabilidad interna) y pone de manifiesto espacialmente la relación entre ellos.

La función 1 del análisis discriminante presenta un porcentaje de la varianza de 94,2% con una λ de Wilks de 0,186 que representa un alto poder discriminante (Cuadro 10.6). El porcentaje de la varianza de la función 2 es muy bajo, 5,8% que junto al valor elevado de la λ de Wilks, 0,825, reflejan su escaso poder discriminante tal y como se puede observar en la figura

	Cu	Zn	Ba	Sr
U de Mann-Whitney	8	9	11	12
W de Wilcoxon	53	54	17	18
Z	-1,017	-0,832	-0,462	-0,278
Sig. asintót. (bilateral)	0,309	0,405	0,644	0,781
Sig. exac. [2*Sig. unilat]	0,373	0,482	0,727	0,864

Cuadro 10.3.- Prueba U de Mann Whitney entre herbívoros y omnívoros.

	Cu	Zn	Ba	Sr
U de Mann-Whitney	17	20	19	22
W de Wilcoxon	62	65	34	37
Z	-0,733	-0,333	-0,467	-0,067
Sig. asintót. (bilateral)	0,463	0,739	0,641	0,947
Sig. exac. [2*Sig. unilat]	0,518	0,797	0,699	1

Cuadro 10.4.- Prueba U de Mann Whitney entre herbívoros y humanos.

10.1, donde los grupos centroides no pueden diferenciarse por esta función y muy claramente por la función 1.

	Cu	Zn	Ba	Sr
U de Mann-Whitney	7	6	6	7
W de Wilcoxon	22	21	21	22
Z	-0,149	-0,447	-0,447	-0,149
Sig. asintót. (bilateral)	0,881	0,655	0,655	0,881
Sig. exac. [2*Sig. unilat]	1	0,786	0,786	1

Cuadro 10.5.- Prueba U de Mann Whitney entre omnívoros y humanos.

Contraste funciones	λ de Wilks	Chi-cuadrado	gl	Sig.
1 a la 2	0,186	19,36	12	0,1
2	0,825	2,208	5	0,8

Cuadro 10.6.- Valores descriptivos del análisis discriminante entre los diversos niveles tróficos.

Omnívoros y herbívoros se encontrarían muy cercanos, presentando una alimentación muy semejante. El grupo humano queda totalmente aislado de la fauna. En este, los valores más bajos de bario reflejarían un menor consumo de vegetales, mientras que los niveles superiores de zinc, pero no de cobre, reflejarían además de un consumo importante de frutos y cereales, también un aporte cárnico. El yacimiento de La Vital en período neolítico se localizaba, aproximadamente a un kilómetro de la línea de costa, por lo que para conocer el posible consumo de alimentos de origen marino se ha planteado el estudio de la función logarítmica Ba/Sr. Según Burton y Price (1990) esta función valora la cantidad de ingesta de recursos marinos por parte de una población antigua, tomando unos valores de referencia: entre -0,4 y 0 predominantemente terrestre mientras que

en torno a -1,5 una dieta marina (Burton y Price 1990, Arnay-de-la-Rosa,M *et al.*, 2009).

Los valores de la ecuación logarítmica Ba/Sr se muestran en el Cuadro 10.7, definidos para cada individuo. Los valores indican la ausencia de recursos marinos en la dieta común, a pesar de la citada proximidad al mar.

Referencia	Grupo	Características	Ca/P
UE 2214	humano	♂	0,83
UE 3056	humano	♀	1,42
UE 3109-3110	humano	♂	1,49
UE 2202	humano	♂	1,33
UE 2148	humano	♂	1,12
UE 3009	bóvido	Fémur	1,35
UE 3044	bóvido	Tibia	1,16
UE 3043	ovicaprino	MC	1,03
UE 3067	suido	Tibia	1,03
UE 3056	suido	Mandíbula	0,98
UE 3086	bóvido	Radio	1,03
UE 3054	suido	Pelvis	1,06
UE 3052	bóvido	Falange	0,96
UE 3147	ovicaprino	Húmero	1,04
UE 3049	ovicaprino	Mandíbula	1,14
UE 3016	bóvido	Mandíbula	0,97
UE 3137	ovicaprino	Escápula	1

Cuadro 10.7.- Valores de la relación logarítmica Ba/Sr.

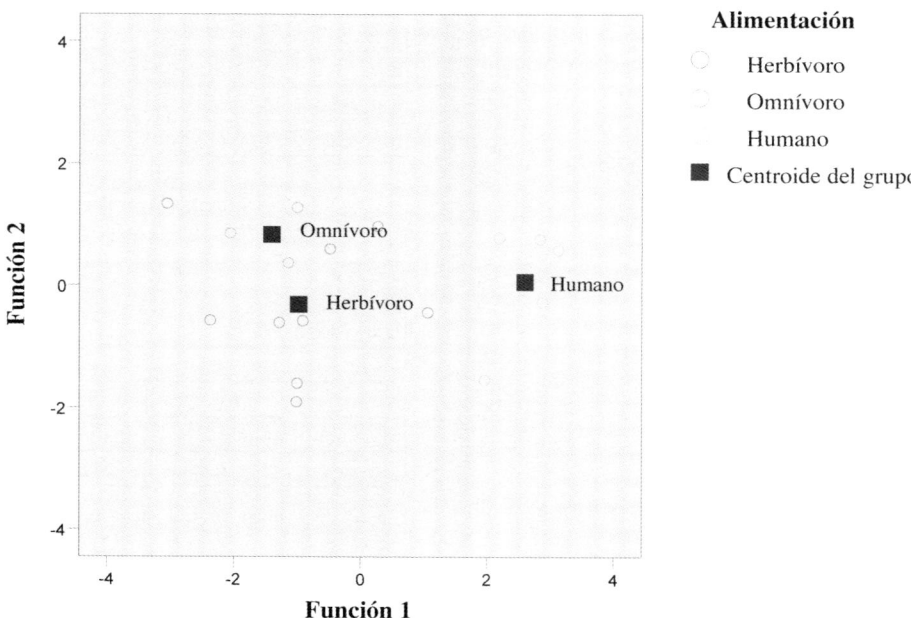

Figura 10.1.- Análisis discriminante de todos los elementos traza respecto a la cadena trófica.

CONSIDERACIONES FINALES

La importancia de la reconstrucción de la alimentación a partir de los elementos traza no radica en establecer la dieta diaria de cada uno de los individuos que componen una población. Estos estudios nos dan a conocer las pautas generales de alimentación de un grupo. Decir que se trata de un grupo con una dieta mixta no es aportar mucho al conocimiento que desde los datos arqueológicos ya se tenían. Sin embargo la falta de diferencias respecto los grupos de fauna apuntan hacia una fuerte interrelación entre la dieta de esta pequeña sociedad y la propia dieta de la cabaña ganadera.

En diversas ocasiones se ha tenido la oportunidad de estudiar grupos neolíticos, para valorar la base alimentaria y el patrón de alimentación. Si bien esta metodología no permite la comparación directa entre yacimientos correspondientes a áreas geográficas distintas, en la comarca del Baix Llobregat (Barcelona) rica en yacimientos neolíticos, se han podido realizar comparaciones entre yacimientos procedentes de cuevas situadas en colinas (Can Sadurní, Can Figueres y de Marge del Moro) respecto a yacimientos del llano de la zona (Minas, 8, 9 y 28 del Complejo Minero de Can Tintorer), así como analizar una posible evolución temporal ya que el marco cronológico de los mismos oscila en aproximadamente 2.000 años (Subirà, 1989). En esta ocasión se observaron diferencias entre los diversos grupos de fauna y los humanos para algunos elementos. Los resultados mostraban una mayor dependencia a una alimentación procedente de la cinegética en los grupos procedentes de las cuevas y una dieta fuertemente basada en el consumo de cereales en el llano (Minas). La alimentación estaba más acorde respecto a la explotación de los recursos del ambiente circundante que a una evolución temporal de la misma.

Otro estudio en el que se han podido valorar diversos aspectos ha sido el yacimiento de la Bòbila Madurell, con una cronología que oscila desde el Neolítico a la edad del Bronce. El tamaño muestral de dicha población ha permitido realizar estudios sincrónicos, analizando las diferencias entre grupos de edad o de sexo de sus individuos, así como diacrónicos, al estudiar los cambios cronológicos en la dieta (Subirà, Malgosa, 1996). En cada uno de los aspectos se observaron diferencias significativas y no plenamente coincidentes con los análisis del Baix Llobregat.

Los grupos humanos a lo largo del Neolítico tienen un comportamiento distinto según su tamaño, entorno y actividad. En el caso del grupo humano de La Vital y respecto a su alimentación, si bien presenta un aporte cárnico, se aprecia una fuerte dependencia hacia los recursos de origen vegetal, no difiriendo en demasía respecto a la alimentación de su ganado. Todos ellos tendrían como alimentos básicos los procedentes de su entorno, ya sea desde la contribución agrícola, como de la explotación de la vasta gama de recursos vegetales de la zona. Los hombres residentes en La Vital presentarían, además, una pequeña aportación cárnica procedente de su propio ganado. Es importante comentar que, a pesar de su proximidad a la costa, no se han encontrado evidencias del consumo de ningún tipo de recursos alimenticios de origen marino en esta población, posiblemente debido a su correcto aprovechamiento del resto de los recursos disponibles de la zona.

De este modo se podría considerar que los individuos de La Vital presentaban un patrón de subsistencia basado en la agricultura y la ganadería, con pequeñas inclusiones procedentes de los recursos vegetales circundantes que habrían incrementado su variabilidad dietética, factor que podría haber contribuido a la no explotación de los recursos de origen marino.

Finalmente citar que se trata de un estudio con un tamaño muestral muy reducido, hecho que evidentemente puede sesgar los resultados de la población global. No obstante es importante afirmar que los hechos mostrados en este estudio y aunque las pocas muestras no han permitido evitar el posible sesgo de los resultados, confieren un acercamiento al patrón de subsistencia de la población de La Vital, de extraordinaria importancia para el estudio de las sociedades prehistóricas.

Capítulo 11

ESTUDIO ANTROPOLÓGICO Y PALEOPATOLÓGICO DE LOS ENTERRAMIENTOS CALCOLÍTICOS

C. Roca de Togores Muñoz

INTRODUCCIÓN

El material antropológico objeto de este estudio procede de los trabajos arqueológicos realizados en el yacimiento de La Vital (Gandia, Valencia) donde se documentaron unas estructuras de habitación, una serie de estructuras (silos, fosos) y unos depósitos especiales que se utilizaron con fines funerarios, en los que se localizaron varios enterramientos asociados con ajuares. Asimismo se documentaron huesos humanos dispersos en el área de excavación, en contextos no funerarios. Tanto por las estructuras como por el material hallado, con característicos ajuares Campaniformes, se atribuyen al Calcolítico, corroborado por las fechas de C14 obtenidas.

Se aborda la estructura paleodemográfica, con la determinación del NMI (número mínimo de individuos, sexo y edad de fallecimiento), y para ello se procedió en primer lugar a la reconstrucción de las piezas óseas. Igualmente se han llevado a cabo las mediciones antropométricas para calcular los índices morfométricos y la estatura, y con ello aproximarnos a la tipología morfológica de este grupo. Asimismo se ha estudiado la paleopatología para conocer las posibles dolencias o enfermedades que hayan dejado huella en el esqueleto.

MATERIAL Y MÉTODOS

La conservación de los restos humanos es bastante deficiente, no estando presentes en ningún caso las epífisis de los huesos largos, lo que ha supuesto una pérdida de información, tanto en la recogida de datos métricos y morfológicos así como en el cálculo de la estatura. Podemos decir que el material estudiado corresponde a los restos óseos humanos que se encontraron en las distintas estructuras funerarias mencionadas anteriormente y que se expresan en el Cuadro 11.1. La metodología empleada para el estudio antropométrico ha sido la de Martin y Saller (1957) y Olivier (1960). La edad se ha determinado a partir del desgaste dentario según la escala de Brabant (en Campillo, 1994) y mediante el grado de unión de las suturas craneales (Vallois, 1937 cit. Olivier, 1960). La valoración del sexo se ha basado en las características morfológicas macroscópicas sobre las que se han aplicado las fórmulas de discriminación sexual propuestas por diversos autores (Ferembach *et al.*, 1979; Krogman e Iscan, 1986).

ESTUDIO ANTROPOLÓGICO Y PALEOPATOLÓGICO

Los restos óseos llegaron al laboratorio con una primera limpieza que se había realizado durante la excavación, pero en ciertos casos se tuvo que proceder a realizar una segunda limpieza con la finalidad de observar detalles significativos para el cálculo de la edad y el sexo, así como para corroborar o rechazar posibles patologías. En esa limpieza se utilizó el sistema mecánico en seco con cepillos suaves, pinceles, espátulas de madera para eliminar los depósitos terrosos. En otros casos se emplearon hisopos de algodón empapados en una mezcla de agua destilada y alcohol al 50%, que se aplicaron puntualmente sobre la zona a limpiar, frotando suavemente y pasando seguidamente un algodón seco, para eliminar los restos de tierra y suciedad. Sólo hubo un caso, el cráneo del individuo UE 3056, en el que se utilizó consolidante durante la excavación para poder extraerlo ya que se encontraba totalmente deformado y fragmentado, y en el laboratorio se terminó de consolidar ciertas partes del mismo que presentaban riesgo de desintegración.

Individuo Conjunto 3 (UE 2214)

Sus restos se hallaron en el interior de un silo reacondicionado con cámara lateral 95 (UE 2162, enterramiento 143). El esqueleto parcial y fragmentado se encontró removido, conservando únicamente cráneo, mandíbula y parte de las piernas, que se describen a continuación. El cráneo se halla totalmente

Referencia enterramiento	Tipo enterramiento	Nº individuos	Referencia individuos	Posición esqueleto
143	Silo reacondicionado con cámara lateral	1	UE 2214	-
147	Silo reacondicionado	1	UE 3056	Flexionada DLD
148	Silo reacondicionado	1	UE 3109 UE 3110	Flexionada DLD
141	Estructura de habitación	1	UE 2202	-
115	Foso	1	UE 2148	-

Cuadro 11.1.- Relación de las referencias funerarias y de individuos, tipo de enterramiento, número mínimo de individuos y posición de los mismos en las estructuras. DLD: Decúbito Lateral Derecho.

Mandíbula	mm
Longitud aproximada	96?
Altura rama	54
Ángulo aproximado	120°
Anchura rama	30
Altura cuerpo	31
Anchura cuerpo	12
Índice de la rama	55'55
Índice del cuerpo	38'71

Cuadro 11.2.- Antropometría e índices de la mandíbula del individuo UE. 2214.

Derecha   Izquierda
Maxilar superior   Maxilar superior

~~18~~ ~~17~~ ~~16~~ ~~15~~ ~~14~~ ~~13~~ ~~12~~ ~~11~~ | ~~21~~ ~~22~~ ~~23~~ ~~24~~ ~~25~~ ~~26~~ ~~27~~ ~~28~~

48 47 46 45 44 43 42 41 | **31** 32 33 34 35 **36 37 38**

Maxilar inferior   Maxilar inferior

Cuadro 11.3.- Fórmula dentaria del individuo UE 2214.
Leyenda: **46** dientes in situ. 33 pérdida post mortem.
~~27~~ no conserva pieza ni soporte óseo.

y apiñamiento en parte de los dientes anteriores del maxilar inferior.

Individuo Conjunto 10 (UE 3056)

Sus restos se encontraron en el interior del silo reacondicionado 31 (UE 3090, enterramiento 147). La posición del mismo dentro del silo se documenta flexionada en decúbito lateral derecho, conservando prácticamente todos los huesos del esqueleto, que se describen a continuación (Fig. 11.1 a 11.4).

El cráneo se halla muy fragmentado pero conserva su morfología, algo deformada, gracias al consolidante que se le aplicó *in situ* durante el proceso de excavación, lo que ha permitido su estudio. Muestra pérdidas óseas a nivel del malar derecho, nariz, parte anterior del maxilar superior, parte del área basal, interior de la órbita izquierda y paladar. Se encuentra algo deformado lateralmente y la mayoría de las medidas que se han podido recuperar son dudosas o tomadas por simetría (Cuadro 11.4).

Las piezas dentarias conservadas se muestran en sus alvéolos, excepto 21, 28 y 38 que han sido pérdidas *post mortem*. Presenta un desgaste acusado en los dientes anteriores, incisivos superiores e inferiores, mientras que los molares muestran un grado de desgaste ligero (Cuadro 11.5).

Al ser éste el individuo que conserva mejor el cráneo, aunque algo deformado, se ha podido documentar una morfología craneal que presenta en norma frontal un cráneo largo y muy estrecho (hiperdolicocráneo), aunque hay que tomarlo con precaución debido a la deformación presentada, una frente estrecha y recta (ortometope) con unas protuberancias frontales poco marcadas, una glabela y arcos supraorbitarios poco prominentes, borde orbitario fino y cortante, órbitas pequeñas y subcuadrangulares dispuestas en línea horizontal, pómulos pequeños y maxilar superior medianamente ancho. En norma lateral muestra un perfil curvilíneo hasta opistion, frente recta y occipucio no prominente, protuberancias parietales poco marcadas, líneas

fragmentado y aplastado lo que hace imposible su reconstrucción. Las apófisis mastoideas son de tamaño medio y muestra una cresta supramastoidea medianamente marcada. Se distinguen unos arcos supraorbitarios gruesos, unas protuberancias frontales y parietales redondeadas y unas líneas nucales medianamente marcadas. Las suturas craneales conservadas permanecen abiertas tanto exo como endocranealmente. Del maxilar superior quedan algunos restos imposibles de reconstruir y no se conservan piezas dentales.

La mandíbula presenta pérdida total de la rama derecha y erosión en el cóndilo y la apófisis goníaca izquierda. El cuerpo mandibular es medianamente robusto con un mentón algo pronunciado y unas apófisis geni marcadas. Sus medidas antropométricas se muestran en el Cuadro 11.2.

Muestra *in situ* todos las piezas dentarias excepto 32, 33, 34 y 35 debido a pérdidas *post mortem*. Presenta apiñamiento desde 31 a 43 y un desgaste acusado en caninos e incisivos así como en el primer premolar. En los primeros molares se observa un grado de desgaste medio (Cuadro 11.3).

Del esqueleto postcraneal conserva fragmentos mesiales de peroné derecho totalmente erosionado, diáfisis de peroné izquierdo erosionado, ambos con morfología robusta. También conserva fragmentos diafisarios de tibia derecha muy erosionada y con pérdidas óseas, lo que hace imposible obtener medidas.

Los restos humanos estudiados pertenecen a un individuo adulto cuya edad puede situarse entre los 20 y 40 años, es decir, un individuo adulto joven, de sexo masculino y que presenta patologías orales como desgaste acusado en incisivos y caninos

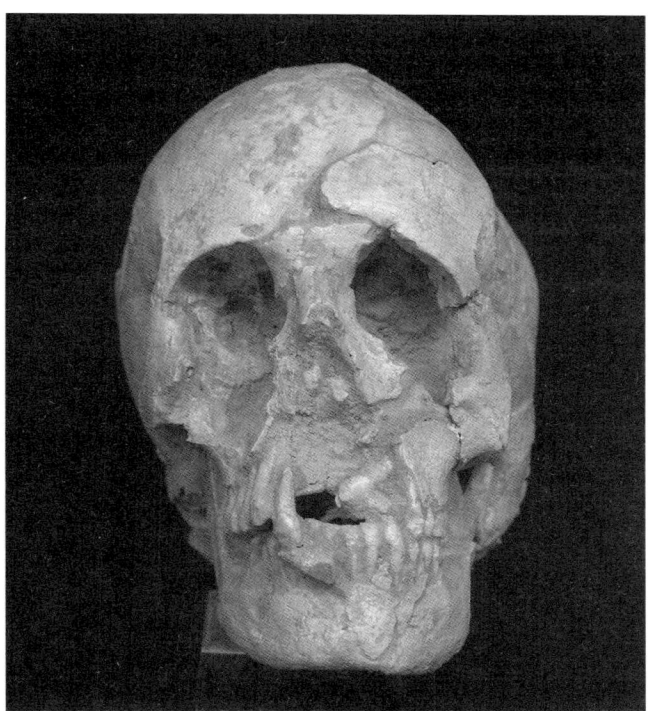

Figura 11.1.- Norma anterior del cráneo UE 3056.

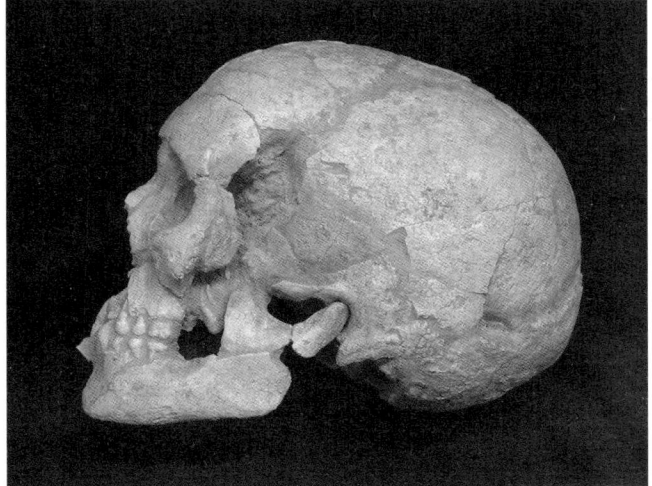

Figura 11.2.- Norma lateral izquierda del cráneo UE 3056.

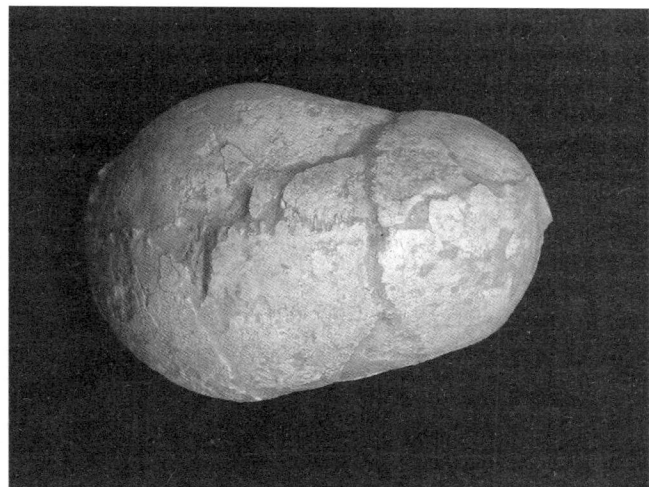

Figura 11.3.- Norma superior del cráneo UE 3056.

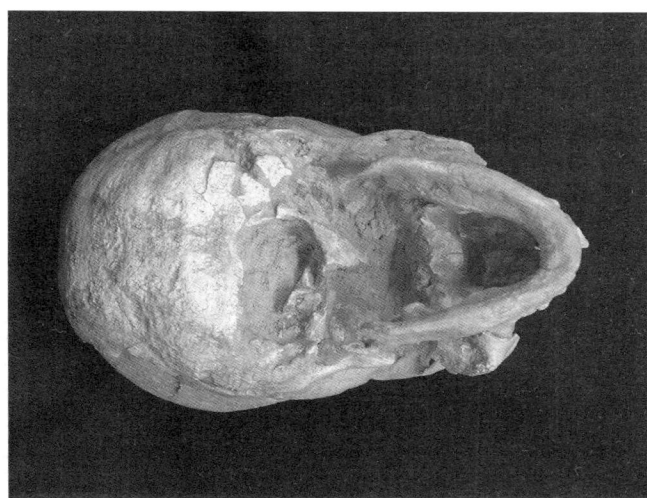

Figura 11.4.- Norma inferior del cráneo UE 3056.

crotáfites medianamente marcadas, apófisis mastoides muy pequeña y grácil. Visto en su norma superior se observa un perfil ovoide corto, protuberancias parietales medianamente marcadas y redondeadas, las frontales poco marcadas y todas las suturas permanecen abiertas. La norma posterior muestra un perfil domiforme con tendencia a bombiforme y la inferior indica unas líneas nucales e inion muy poco marcados.

La mandíbula se presenta grácil, estrecha y larga (dolicognato), con mentón triangular ligeramente saliente, apófisis geni poco marcadas, cóndilos pequeños, cuerpo bajo y poco robusto, rama corta e inclinada de ángulo abierto.

Respecto al esqueleto postcraneal conserva de la cintura escapular las diáfisis de ambas clavículas, muy gráciles, que presentan grandes pérdidas del periostio, fragmentos de escápula derecha que conserva parte del borde exterior y apófisis coracoides y fragmentos de escápula izquierda que conserva carilla articular con el húmero y parte del borde exterior (Cuadro 11.6). De los miembros superiores se conserva las diáfisis de ambos húmeros, de morfología grácil con inserción muscular poco marcada, radio derecho totalmente fragmentado, al igual que el cúbito del mismo lado, diáfisis de radio izquierdo y de cúbito del mismo lado, ambos de morfología grácil, con inserciones musculares medianamente marcadas. De los huesos de las manos se conservan siete fragmentos de metacarpos, un ganchoso, cinco primeras falanges y cuatro segundas falanges.

En cuanto a la cintura pélvica se registra un fragmento de coxal izquierdo y otro fragmento del derecho que conservan parte del íleon y del acetábulo. De los miembros inferiores se conserva el tercio proximal del fémur derecho con pérdidas óseas a nivel del trocánter mayor y cabeza femoral. El fémur

Neurocráneo	mm
Longitud máxima	180?
Anchura máxima	120?*
Anchura frontal mínima	82?*
Anchura frontal máxima	100?*
Cuerda frontal	111?*
Arco frontal	131?*
Cuerda parietal	120?
Arco parietal	182?
Cuerda occipital	98?
Arco occipital	111?
Cuerda escama	44
Arco escama	45
Índice cefálico	66'67?
Índ. transversal frontal	82?
Índ. transversal fronto-parietal	68'33?
Índ. sagital frontal	84'73?
Índ. sagital parietal	65'93?
Índ. sagital occipital	88'29?
Índ. sagital escama	97'78
Esplacnocráneo	**mm**
Anchura orbitaria	32
Altura orbitaria	-
Anchura maxilar superior	57
Mandíbula	**mm**
Anchura bicondílea	94?*
Anchura bigoníaca	74?*
Longitud mandibular	98?
Altura cuerpo mandibular	27
Anch. cuerpo mandibular	13
Anchura rama mandibular	34
Altura rama mandibular	55
Índ. mandibular	104'25?
Índ. gonio-condíleo	80'43?
Índ. robustez mandibular	48'15
Índ. rama mandibular	61'82

Cuadro 11.4.- Antropometría e índices craneales del individuo UE 3056. Leyenda: Medidas dudosas (?), medidas tomadas por simetría (*).

Hueso / medidas	D	I
Húmero		
Perímetro en "v" deltoidea	51	49
Radio		
Perímetro mínimo	30	31
Cúbito		
Perímetro mínimo	-	26
Fémur		
Diámetro subtrocantereo antero-posterior	-	20
Diámetro subtrocantereo transversal	-	29
Tibia		
Perímetro mínimo	61	60
Diámetro transversal	18	-
Diámetro antero-posterior	27	-

Cuadro 11.6.- Antropometría e índices postcraneales del individuo UE 3056.

izquierdo presenta pérdida de gran parte de la extremidad distal y parte de la proximal. Ambos son en su morfología medianamente gráciles y presentan unas inserciones musculares poco marcadas. De las tibias conservan sólo la diáfisis con pérdidas abundantes del periostio y con agrietamientos en sentido vertical. De ambos peronés únicamente se conservan fragmentos diafisarios y de los huesos de los pies, las diáfisis de siete metacarpos y fragmentos de tres primeras falanges.

Del tronco conserva algunas vértebras y costillas como el arco del atlas, fragmento de axis con apófisis y carilla articular izquierda, fragmentos de arcos vertebrales cervicales, dorsales y lumbares y fragmentos de costillas de ambos lados.

Los restos humanos estudiados pertenecen a un individuo adulto joven de entre 20-25 años de edad, de sexo femenino, con una tipología morfológica que se encuadra dentro de los mediterráneos gráciles y que presenta un gran desgaste dentario en los dientes anteriores.

Individuo Conjunto 11 (UE 3109 y 3110)

Sus restos se encontraron en el interior de un silo reacondicionado (UE 3075, enterramiento 148), donde el cadáver fue depositado en decúbito lateral derecho, flexionado. La conservación del esqueleto es desigual, mientras que del cráneo únicamente se conservan pequeños fragmentos, del esqueleto postcraneal conserva prácticamente todos los huesos aunque en mal estado (Cuadro 11.7).

Así, del cráneo se documentan pequeños fragmentos de la base y un fragmento de malar derecho. Seis piezas dentarias aisladas tanto del maxilar superior como del inferior: 12, 14, 21, 32, 43, 44, 47 y 48, muy deteriorados la corona y raíz. El desgaste es poco acusado, en 47 es ligero, mientras que en 12, 32 y 43 es acusado llegando a verse la dentina.

De los miembros superiores y cintura escapular del esqueleto postcraneal se conservan fragmentos distales de ambas clavículas, de morfología robusta. Fragmentos diafisarios de húmero

Derecha   Izquierda

Maxilar superior   Maxilar superior

18 17 16 15 14 13 12 11 | 21 **22 23 24 25 26 27** 28
48 47 46 45 44 43 42 41 | **31 32 33 34 35 36 37** 38

Maxilar inferior   Maxilar inferior

Cuadro 11.5.- Fórmula dentaria del individuo UE 3056.
Leyenda: **47** pieza conservada in situ. 21 pérdida post mortem

Hueso / medidas	D	I
Húmero		
Perímetro en "v" deltoidea	68	65
Radio		
Perímetro mínimo	42	-
Cúbito		
Perímetro mínimo	-	36

Cuadro 11.7.- Antropometría e índices postcraneales del individuo UE 3109 y 3110.

derecho robusto con fuerte inserción deltoidea, tercio distal de húmero izquierdo, diáfisis fragmentadas de ambos cúbitos, radio derecho sin extremidad distal y fragmentado por su epífisis proximal y fragmento mesial de radio izquierdo. Todos los huesos muestran una morfología robusta con unas inserciones musculares medianamente marcadas. De los huesos de las manos conserva seis fragmentos de metacarpianos, cuatro fragmentos de primeras falanges y siete segundas falanges.

De los miembros inferiores y cintura pélvica se conservan pequeños fragmentos de coxal, fragmentos mesiales de diáfisis de ambos fémures que muestran marcada cresta poplítea, fragmentos diafisarios de peroné izquierdo, diáfisis de tibia izquierda, que muestra agrietamientos verticales del periostio y se halla deformado por la presión de las tierras, fragmentos diafisarios mesiales de tibia y peroné derechos, todos ellos robustos. De los huesos de los pies conserva un fragmento mesial de un metacarpiano y una primera y segunda falange indeterminada. El tronco está representado por fragmentos de arcos vertebrales y fragmentos de costillas.

En resumen, se trata de un sujeto adulto joven de edad comprendida entre los 20 y 40 años, de sexo masculino y con presencia de patologías orales representadas por un desgaste acusado en los dientes anteriores.

Individuo UE 2202

Sus escasos restos aparecieron en el relleno de una estructura (141) posiblemente de habitación. Se conserva un fragmento de cuerpo mandibular que presenta un mentón de tendencia cuadrangular, protuberancias mentonianas y apófisis geni medianamente marcadas y cuerpo mandibular alto y robusto (Fig. 11.5). Presenta perdida *ante mortem* del segundo premolar inferior derecho, el canino inferior del mismo lado muestra giroversión e inclusión, es decir, una mala implantación de la pieza que presenta erupción incompleta aflorando parte de su corona y quedando semirretenida en el interior del alvéolo. Aunque cualquier diente puede verse afectado, es más común que la retención total afecte a los caninos y la incompleta ocurra con más frecuencia en los terceros molares (Cuadro 11.8).

Se trata de un individuo varón adulto joven, con una edad comprendida entre 20-40 años y con patologías orales que se determinan en pérdida *ante mortem* y giroversión e inclusión parcial.

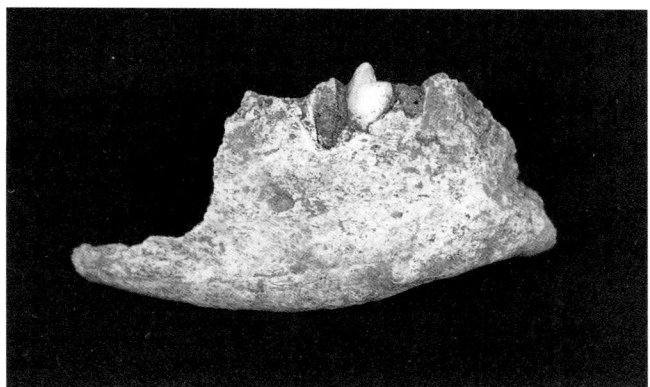

Figura 11.5.- Fragmento mandibular del individuo UE 2202 con canino que muestra giroversión e inclusión.

	Derecha								Izquierda							
	Maxilar superior								Maxilar superior							
18	17	16	15	14	13	12	11	21	22	23	24	25	26	27	28
48	47	46	**45**	44	*43*	42	41	31	32	33	34	35	36	37	38
	Maxilar inferior								Maxilar inferior							

Cuadro 11.8.- Fórmula dentaria del individuo UE 2202.
Leyenda: **45** pérdida ante mortem. *43* inclusión.
47 no conserva diente ni soporte óseo.

Individuo UE 2148

Sus restos se encontraron en la base del foso excavado en el yacimiento (estructura 115). Únicamente se conservan los restos de un fémur, concretamente se trata de la diáfisis de fémur izquierdo que presenta pérdida del tercio distal y el periostio muy deteriorado, en algunas zonas con grandes pérdidas. Es de morfología robusta con una cresta femoral muy desarrollada. No se pueden tomar medidas antropométricas. Se corresponde con los restos de un sujeto adulto joven (20-40 años) de sexo masculino y podría tratarse de parte del esqueleto del individuo UE 2214 que se encuentra en el enterramiento 143.

CONCLUSIONES

Los restos óseos humanos estudiados corresponden a un número mínimo de 4 individuos (estableciéndose por repetición de la misma pieza dentaria), siendo todos ellos de edad adulta, tres de sexo masculino y uno femenino. La escasa muestra de población analizada así como el mal estado de conservación de los huesos ha hecho que no haya sido posible un estudio en profundidad de todos los rasgos morfológicos de estos individuos y no haya sido suficiente para realizar un análisis de conjunto de esta población. No obstante con el estudio realizado se pueden obtener algunas conclusiones que se exponen a continuación (Cuadro 11.9).

Se trata de individuos relativamente jóvenes, que no sobrepasan los 40 años de edad que muestran una morfología del esqueleto postcraneal robusto para los varones, con un desarrollo muscular medianamente marcado tanto en miembros superiores como inferiores, mientras que el individuo femenino se caracteriza por poseer un esqueleto grácil con escaso desarrollo de

Referencia individuos	N° individ.	NMI	Sexo	Edad	Estatura	Patologías
UE 2214	1		Varón	20-40	-	Orales
UE 3056	1		Mujer	20-25	-	Orales
UE 3109	1	4	Varón	20-40	-	Orales
UE 3110						
UE 2202	1		Varón	20-40	-	Orales
UE 2148	1		Varón	20-40	-	-

Cuadro 11.9.- Resultados generales del estudio antropológico de los individuos calcolíticos de La Vital.

los relieves musculares. La estatura no se ha podido obtener en ninguno de los individuos estudiados. El único individuo que se ha podido clasificar tipológicamente se encuadraría dentro de los mediterráneos gráciles.

Debido a la mala conservación del material el análisis patológico fue dificultoso, a pesar de ello fue posible observar, en los tres individuos que conservaban piezas dentarias, casos de patología oral (desgaste, apiñamiento, giroversión, pérdidas *ante mortem*).

No se ha detectado presencia de líneas hipoplásicas o estrías horizontales perpendiculares al eje del diente, lo que indica que no han padecido procesos de desarrollo deficiente en la formación del esqueleto producido, entre otras causas, por anemias, aunque también pueden aparecer estas estrías por factores congénitos o procesos infecciosos. Tampoco se han documentado procesos cariosos, que son más comunes a partir del Neolítico con la nueva dieta alimenticia en la que se incluyen los hidratos de carbono. Haciendo referencia al estudio de microestriación dental en superficies vestibulares de los molares (vid. Subirà *et al.* en esta misma publicación) se observa que los individuos de esta población consumieron un tipo de dieta más abrasiva que en muchos otros períodos, que se relaciona con un consumo mayor de productos de origen agrícola o técnicas de preparación y procesamiento del grano menos eficientes tal como ocurre en otras poblaciones calcolíticas de las comarcas de la Marina Alta (Cloquell, 2001).

Sería aventurado hacer estudios comparativos con otras poblaciones calcolíticas, debido a la escasez de representación de la muestra así como por el deficiente estado de conservación, pero exponemos aquí los resultados de otras series ya conocidas que nos indican el tipo de población que existía en este periodo en el levante peninsular y en otras áreas próximas, y que permiten vislumbrar ciertas similitudes con los individuos de La Vital. Entre los yacimientos en los que se determinaron necrópolis en fosas-silos dentro de los poblados destacan el de Arenal de la Costa (Ontinyent, Valencia) y Les Jovades (Cocentaina). En Ontinyent se documentaron tres individuos en un estado de conservación muy deficiente. Se trata de dos varones adultos, uno de 30-40 años (individuo 1) y otro de 17-20 años (individuo 2) y de un infantil (neonato o de escasos meses de edad). La estatura sólo se pudo determinar en el individuo 1, que estaría comprendida entre 1,64 y 1,69 cm y éste presenta en las extremidades inferiores una osteoartritis degenerativa así como un gran desarrollo de las inserciones musculares, que podría estar asociado, entre otras causas, a esfuerzos o intenso ejercicio por

caminar mucho o caminar por terrenos accidentados o con pendientes. En cuanto a las patologías orales destaca periodontitis severa en el individuo 1 mientras que en el individuo 2 muestra líneas hipoplásicas en dientes anteriores (Calvo, 1993). En Les Jovades (Cocentaina) se evidenciaron restos óseos aislados en dos estructuras subterráneas, dos fragmentos de cráneo y dos fragmentos de hueso largo (Calvo, 1993), del que no se puede afirmar se traten del mismo individuo.

En Costamar (Castellón) también se documentaron seis estructuras funerarias (silos) que datan de dos momentos, finales del VI inicios del V milenio cal. a.C. el primero, y del IV milenio cal. a.C. el segundo, cuyos restos humanos han proporcionado un mínimo de 7 individuos, cuatro adultos varones de entre 30-45 años, dos infantiles y un juvenil (Flors, 2010). La patología observada ha sido escasa, un caso de *cribra orbitalia* y otro de artrosis asociado a un origen ocupacional. Respecto a las patologías orales además de enfermedad periodontal, hipoplasia y un abceso apical, destaca la ausencia de caries y una escasa incidencia de cálculo dental, como ocurre en La Vital. El desgaste es acusado en individuos adultos, ya observado en los individuos subadultos, que indica una dieta extremadamente abrasiva, además de un procesamiento poco elaborado del alimento basado esencialmente en una dieta cerealista (Polo y García-Prósper, 2009).

Otros yacimientos con restos de estructuras de silos y fosas donde se han documentado enterramientos cuyos estudios antropológicos todavía no han concluido son el de Camí de Missena (Ontinyent, Valencia) con un enterramiento que podría fecharse entre finales del VI y principios de V milenio cal. a.C. (Pascual *et al.*, 2005), el de Tossal de les Basses (La Albufereta, Alicante) en el que se hallaron siete sepulturas con dataciones del IV y III milenio cal. a.C. (Rosser y Fuentes, 2008), o el Barranc de Beniteixir (Piles, Valencia) del Neolítico Final, previo al fenómeno Campaniforme con cinco enterramientos (Pascual, 2010).

En el ámbito funerario de las cuevas de inhumación múltiple valencianas, que conviven durante largo tiempo con el modo de enterramiento en fosas-silos dentro de los poblados, destacan los estudios antropológicos de las poblaciones neo-eneolíticas estudiadas por M. Fusté (1957), entre las que se encuentran la Cova de la Pastora,[1] en Alcoy, Alicante también estudiada por R. Riquet (1953), M.I. Fregeiro (2006). Otros estudios destacados en tierras valencianas son los de la Cova del Montgó en Xàbia, Alicante (De Miguel, 2007)[2] y la Cova d'en Pardo en Planes, Alicante (Soler y Roca de Togores, 1999; Soler *et al.*, 2008),[3] cuyos resultados atestiguan unas poblaciones bastante homogéneas, con unos rasgos morfológicos que en su mayoría coinciden con el tipo de dolicocráneos o mesocráneos, de tallas

---

[1] En estos momentos se está realizando un estudio antropológico revisando los restos de la Cueva de la Pastora que se complementa con el nuevo material óseo procedente de las recientes excavaciones llevadas a cabo por S. McClure y O. García.

[2] Los resultados han de tomarse con precaución al tener la cavidad una amplia secuencia cronológica.

[3] En breve se darán a conocer los resultados antropológicos de las excavaciones que desde 1993 hasta 2007 se han llevado a cabo por parte de J.A. Soler Díaz y la que suscribe.

medias y con un esqueleto postcraneal medianamente robusto que se encuadran dentro de la tipología de los mediterráneos gráciles. En tierras catalanas destacan los estudios antropológicos de Costa de Can Martorell en Dosrius, y la cueva de Les Agulles en Corbera de Llobregat, ambas en la provincia de Barcelona. En la Costa de Can Martorell, inhumación colectiva de finales del IV milenio cal. a.C. (Mercadal, 2003), se documentaron unos 200 individuos, con una representación paleodemográfica de cerca del 50% de población adulta (adultos jóvenes de entre 20 y 40 años), seguida del grupo juvenil muy numeroso y del infantil, siendo muy pocos los individuos mayores de 40 años. La representación por sexos está bastante igualada, superando ligeramente la de los varones, y sus rasgos morfológicos indican una población mayoritariamente mediterránea grácil. Tenían una dieta mixta y completa basada en cereales y aportaciones de carne y vegetales. Las paleopatologías mayormente representadas son los traumatismos, que pudieran ponerse en relación con episodios bélicos, y unas marcadas inserciones musculares así como exostosis en huesos de las extremidades inferiores, que podrían indicar determinadas actividades laborales o vitales. En lo que atañe a la patología oral destacar la ausencia de hipoplasias y una muy baja proporción de caries indicador del buen estado de salud de la población que está directamente relacionado con una buena alimentación, como se podría corresponder con los individuos de La Vital. La cueva de Les Agulles es una inhumación colectiva de finales del IV milenio cal. a.C., con una larga utilización del sitio sepulcral (Gómez *et al.*, 2008). Se estudiaron diez individuos, de los cuales tres corresponden a adultos (uno de ellos maduro), cuyos resultados patológicos destacaron un leve desgaste en molares, si bien las piezas dentarias anteriores presentaban un desgaste algo más acusado, tal como ocurre en La Vital.

Fuera del levante peninsular destaca el estudio poblacional del enterramiento colectivo de San Juan Ante Portam Latinam (Laguardia, Álava) de finales del Neolítico (hacia el 3200 cal. a.C.) donde se documentaron más de 300 individuos, de los que una gran parte de ellos fueron inhumados simultáneamente o en un corto espacio de tiempo, atribuyéndose a un enfrentamiento violento entre grupos humanos. De ellos sólo el 40% alcanza la edad adulta, determinándose una baja esperanza de vida (20,3 años) que refleja un importante volumen de población juvenil e infantil. Los individuos varones muestran una moderada robustez de los huesos largos, sobretodo de los miembros inferiores (Etxeberria y Herrasti, 2007), como hemos descrito en La Vital. La presencia de patologías es abundante, muchas de ellas relacionadas con el combate como traumatismos y heridas por puntas de flecha. Entre las que afectan a la salud bucal destaca la baja proporción de caries, menos del 1% de los dientes, pérdidas *ante mortem*, desgastes acusados, hipoplasia y malposiciones o apiñamiento de dientes (29 casos), normalmente en incisivos y caninos, tal como ocurre con los individuos UE 2202 y UE 2214 de La Vital.

Otros yacimientos importantes como el reciente hallazgo de unos 1300 individuos en la cavidad de Camino del Molino (Caravaca, Murcia), donde algunos de los individuos se acompañan de ajuares característicos del horizonte campaniforme (Lomba *et al.*, 2009), están siendo objeto de estudio y en un futuro sus resultados antropológicos y paleopatológicos servirán para conocer mejor y de una manera más fiable la paleodemografía real de este tipo de poblaciones, así como sus rasgos morfológicos y sus enfermedades, al tratarse de la representación completa (amplia representación de ambos sexos y de todas las edades) de una población calcolítica de la segunda mitad del III milenio cal. a.C. depositada durante un periodo continuado de unos 350-400 años.

En definitiva, la población de La Vital, escasamente representada por cuatro individuos, no parece desviarse del contexto poblacional del resto de poblaciones de ese periodo. La estructura paleodemográfica, con las precauciones que la reducida muestra de población tenemos, se identifica con una población joven. Los escasos datos morfológicos coinciden con la mayoría de las poblaciones estudiadas, individuos dolicocráneos con una robustez moderada de los huesos, en especial los de las extremidades inferiores, que se ponen en relación con determinadas actividades laborales o vitales, como en Costa de Can Martorell, Costamar o en Arenal de la Costa y que muy posiblemente este directamente relacionado con el pastoreo. Los datos patológicos bucales coinciden con algunas de las poblaciones que hemos referido como la baja proporción de caries de la Costa de Can Martorell, Costamar y de San Juan Ante Portam Latinam. En La Vital no hemos encontrado ese desgaste tan acusado en molares, como ocurre en Costamar, pero sí un desgaste mayor en los dientes anteriores, posiblemente debido a la utilización de los mismos como herramientas para la realización de actividades, como también se atestigua en la cueva de Les Agulles. Esas patologías orales, junto con los estudios de microestriación dentaria nos hablan de un tipo de dieta muy abrasiva, que se relaciona con un consumo mayor de productos de origen agrícola (cereal) así como del procesamiento poco elaborado del grano tal como ocurre en otras poblaciones calcolíticas.

Capítulo 12

ANÁLISIS DIAGNÓSTICO DE LA PRODUCCIÓN DE PIEDRA TALLADA

O. García Puchol y J.F. Gibaja Bao

LA VITAL: UN CONTEXTO DE PRODUCCIÓN Y CONSUMO DE PIEDRA TALLADA

Los objetos de piedra tallada constituyen una parte básica del instrumental de trabajo implicado en las actividades cotidianas de las comunidades prehistóricas. De los trabajos de excavación en La Vital procede un conjunto moderado de artefactos hallados en el interior de las estructuras de cronología Neolítico final/Campaniforme (1685), así como un pequeño lote cuya asignación prehistórica, neolítica, parece anterior (53); habría que sumar los restos hallados en estructuras posteriores (ya históricas) pero que presumiblemente corresponderían en su mayor parte a este mismo horizonte temporal (174). El análisis que presentamos a continuación comprende el estudio de la totalidad de objetos líticos del Calcolítico recuperados en el transcurso de la intervención efectuada en los sectores 1, 2, 3 y 4. Su repartición responde a ambientes de habitación (casas), así como a fosas, silos, cubetas y un foso, estructuras donde se acumulan distintos materiales entre los rellenos de colmatación; incluso contamos con ejemplos de deposiciones líticas intencionadas, formando parte del entramado ritual de alguna de las tumbas descritas. Los materiales del denominado sector 5 (englobados principalmente en los grupos 6 y parte del 7), han sido ya publicados de forma preliminar (Pascual Beneyto *et al.*, 2008).

El conjunto analizado con detalle asciende a un total de 1685 restos entre productos de talla, fragmentos informes (Cuadro 12.1 y 12.2), y utillaje propiamente dicho. Para su elaboración se ha recurrido de forma casi exclusiva a rocas silíceas, material que no resulta extraño en las inmediaciones del yacimiento entre los materiales pétreos que incorpora el cauce del río Serpis.

LOS EFECTIVOS LÍTICOS: ASPECTOS TECNOLÓGICOS Y TIPOLÓGICOS

La piedra tallada recuperada responde a un conjunto bastante homogéneo que incorpora básicamente restos resultado de la talla (lascas, microlascas, algunas láminas, núcleos entre otros), útiles al uso, además de algún fragmento informe y de nódulos sin signos de modificación intencional. Se trata pues de una panoplia de objetos que obedece a diferentes momentos de las cadenas operativas que conformarían el sistema técnico de producción lítica.

El análisis que presentamos nos va a permitir explorar las diferentes variables explicativas que permiten trazar el esquema básico para tratar de entender estas producciones. De este modo nos detendremos en la caracterización de los materiales, los métodos de talla, la descripción de los soportes resultado, la determinación tipológica e interpretación funcional, y por último en las condiciones relacionadas con su deposición final (indicios de áreas de actividad, deposiciones particulares, acumulaciones de residuos, entre otras).

Sobre las materias primas

La clasificación preliminar efectuada en base a criterios descriptivos macroscópicos refiere el predominio de materias primas identificadas en otros conjuntos prehistóricos de la región y que podrían tener una proveniencia local o limitada a un radio de corto o medio alcance. El recurso principal es el sílex. Alrededor del 80% de los objetos obedecen a variantes silíceas semejantes a los sílex cretácicos y del oligoceno reconocidos en la cabecera y curso medio del río Alcoi (Cacho *et al.*, 1995; García Puchol, 2005 y 2009; Molina Hernández *et al.*, 2009). Esta área ha sido objeto en los últimos tiempos de enfoques sistemáticos encaminados a evaluar y definir el potencial de estos recursos. Se describen así una serie de depósitos pertenecientes a diferentes formaciones como el denominado sílex oligocénico tipo Serreta, señalado como el más abundante y accesible en la cabecera del Serpis. Ésta y otras variedades han sido identificadas también en prospecciones efectuadas en las comarcas del Comtat y la Marina Alta (Vall d'Alcalà; Serra d'Almudaina entre otros) –Cacho *et al.*, 1995; Villaverde *et al.*, 1999–. El propio cauce del río Alcoi, desde su cabecera hasta la

Grupo	Conjunto	Hecho/Fase	UE	PD. TALLA				NÚC			PAN			IND				TOT
				L	FL	LM	FLM	NL	NLM	FN	TAB	CR	AV	FI	ME	CP	ND	
1			52	1				1						1	1		1	5
			54														1	1
			55		4									6	8			18
			99											1		1		2
			2098	1										1				2
			2106	2	1					1				1				5
			2107	4	5									1	13	2	1	26
			2113	1														1
2			2132		1					1								2
			2084	19	16		4	4						30	1		2	76
			2133	1	4					1	1			7	15			29
			2146	3	5			1						8	16	1	2	36
			2149	1	1		1							2	14			19
			2086	7	3					1				7			2	20
		102		1				1						3				5
		50								1				1		1		3
		57														1		1
		58		13	7		2	1		1				10	33	3		70
		64			2			1						1				4
		65		24	9		1	8		6				26	17		3	92
		16		24	31	1	2	4		3				27	128		2	222
		62					1											1
		63															1	1
		67			1										5			6
	4	b		4	1		1	2		1	1			2	1			13
		a		6	9		1	10		1				11	21		3	62
3	8	b			1									2	7		1	11
		a3		4	7	1		1		1				4	41			59
		a2		7	5			2						14	17	1	2	48
		a1		3	1			1						3	12	1	1	22
		109		3			1							4				8
		117		3	3									1				7
		119		8	8		1	5						7	16			45
4	3	95												2				2
5			69	1											5			6
			98		1									1			1	3
			97		1										3			4
			2191	21	8		1	1						16	27			74
			2202	20	12			6		7				4	24		2	75
	5	b		6	5			4						7	19	1	1	43
		a			3		1							1	9	1		15

Cuadro 12.1.- Restos de talla. PD. Talla: Productos de talla: L, lascas; FL, fragmentos lascas; LM, láminas/laminitas; FLM, fragmentos láminas/laminitas. NÚC: Núcleos: NL, núcleos lascas; NLM, núcleos láminas; FN, fragmentos núcleos. PAN: Productos acondicionamiento del núcleo: TAB, tableta; CR, cresta; AV, avivado. IND: indeterminados/esquirlas: FI, fragmento indeterminado; ME, microlascas, esquirlas; CP, cúpulas térmicas; ND, nódulos.

Grupo	Conjunto	Hecho	Fase	PD. TALLA				NÚC			PAN			IND				TOT
				L	FL	LM	FLM	NL	NLM	FN	TAB	CR	AV	FI	ME	CP	ND	
7	7		c2	1	2		1	2						5	16		1	28
			c1		1			1						2			4	8
			b	7	5		1	2						5	1	1	2	24
			a	5	8		1	2		2				8	3		1	30
		30		1	1													2
		34			1									2				3
	10	147		1	1									1				3
8	15	108			1													1
		89		8	5			1						7			2	22
		20		1	1									3			1	6
		21		2	3									4		1		10
		23		3	3										7		1	14
		90			2		1							2	1			6
		92		1	1										3			5
		111			1					1				1				3
		110		2	2									4				8
		112		4	3		1			1				7			1	17
	11	148		7	4		1							2	30			44
9	casa1	153	a3	7	7			4	1	1				2				22
			a2	15	12		1	3		2				15	14			62
			a1	19	8			3						13	19			60
		157												1		1		2
		158					1							1	2		1	5
		162															1	1
		154			1			1										2
		155		2	2												1	5
		156		1														1
		160						1										1
		93			1													1
		61		4	6			2		4				8			1	25
		94		1	1					1				1				4
		72			2													2
10	3	47		1				2										3
--		115		5	4			2						1				12

Cuadro 12.2.- Restos de talla (continuación).

desembocadura, incorpora materiales en posición secundaria tal y como muestra la cantidad de pequeños nódulos y fragmentos rodados recuperados en nuestro yacimiento. La gran abundancia de córtex rodado en el conjunto analizado confirmaría el recurso a estos materiales para la talla, si bien también encontramos evidencias de restos corticales no rodados que apuntarían a un abastecimiento en otros ambientes. Los materiales generalmente obedecen a varias tonalidades (melados, beiges/marrones, y grises), de grano fino y opacidad variable.

Han sido discriminados algunos grupos sobre los que no disponemos de información a propósito de su procedencia. En este caso correponden principalmente a soportes conformados (caso de algunas láminas de tamaño medio/grande) o útiles. La ausencia de matrices de extracción entre los materiales analizados hasta la fecha abogarían por su procedencia foránea sin que podamos precisar su área fuente. Desconocemos asimismo la proveniencia del sílex tabular, representado por dos piezas retocadas, y cuya área de mayor dispersión en yacimientos sincrónicos podría apuntar a un foco de distribución meridional donde se reconocen áreas fuentes de estos materiales –Región de Murcia– (Lomba et al., 2009).

La talla de lascas y láminas

El conjunto de matrices de extracción recuperados asciende a 111 objetos, en gran medida informes (68) (Cuadro 12.3). El grado de fragmentación es elevado (44 objetos), lo cual dificulta en ocasiones su lectura formal. Una cifra destacada responde a una conformación centrípeta (33) (Fig. 12.1, nº 1, 2, 3, 4 y 6). En cambio, únicamente dos ejemplares muestran restos claros de

	M2	M3	M4	M5	M6	C0	C1	C2	C3	1D	B	M
Lascas												
Centrípetas	2	20	10		1	3	5	12	13			33
Prismáticas	1		1			0			1		2	
Informes	6	13	8	3	3	3	8	12	9		1	32
Fragmentos	*12*	*17*	*5*	*2*		*7*	*16*	*6*	*5*	*2*	*3*	*11*
Láminas												
Prismáticas	1	1					1	1		1		1

Cuadro 12.3.- Características morfométricas de los núcleos. Módulos expresados en mm: M2 (20-30 mm); M3 (30-40 mm); M4 (40-50 mm); M5 (50-60 mm); M6 (60-70 mm). C0: córtex 0; C1: córtex 25 %; C2: córtex 50%; C3: córtex 75 %. 1D: unidireccional; B: bipolar; M: multidireccional. Los números en cursiva señalan una estimación dado que se establecen sobre fragmentos.

extracciones laminares y una morfología prismática (Fig. 12.1, nº 5). Los núcleos de lascas son predominantes, repitiendo en muchos casos el esquema de extracciones centrípetas partiendo de un esquema simple, aprovechando la forma del volumen de partida y sin una preparación precisa del plano de percusión. Unos pocos ejemplos presentan extracciones perpendiculares a la plataforma principal de extracción. Los módulos son pequeños y no suelen superar los 5 cm de dimensión máxima. En este sentido, por lo que respecta al utillaje retocado, las lascas resultado se concentran sobre módulos entre 2 y 4 cm. Los soportes brutos tienen una repartición mayor, en cualquier caso bajo los mismos parámetros descritos (Cuadro 12.4). La presencia de córtex es variable y los tipos de talón mejor representados son los lisos y corticales.

Las dos matrices donde se observan trazas de extracciones laminares se encuentran muy agotadas. Una de ellas ofrece un plano de explotación curvo parcial (Fig. 12.1, nº 5). Este escaso número de núcleos laminares casa bien con el bajo porcentaje de soportes alargados brutos y retocados. De este modo, entre los soportes brutos predominan abrumadoramente las lascas (95%) sobre las láminas (5%), relación ligeramente inferior entre los soportes de útiles (62 sobre 11%). En el Cuadro 12.5 y la Figura 12.2 quedan reflejadas las características morfológicas y métricas de las láminas/laminitas recuperadas. Observamos a este respecto una desigual distribución métrica entre los escasos efectivos, si bien es claro el predominio de módulos de anchura mayores de 12 mm, con una concentración importante de anchuras superiores a 13 mm en los soportes retocados. En cuanto a la longitud conviene advertir de un grado de fragmentación elevado, aunque podemos señalar un ejemplar fracturado que alcanza los 80 mm de longitud (17 de anchura y 6 de espesor – Fig. 12.3, nº 11–). Entre las piezas completas ninguna supera los 35 mm. La variabilidad es pues importante, aspecto que redunda en la consecución de distintas cadenas operativas para su obtención. Los dos núcleos están realizados sobre los sílex mayoritarios considerados locales, así como gran parte de los soportes analizados. Sin embargo, una cifra no desdeñable de soportes obedece a materias primas no reconocidas en el área, además de sumar ciertas características morfométricas que invitan a pensar en su llegada al yacimiento a través de los canales de circulación de materiales establecidos. No contamos en estos casos con los restos de las matrices resultantes, tratándose de materias primas de escasa representatividad en el conjunto. Subrayaremos ade-

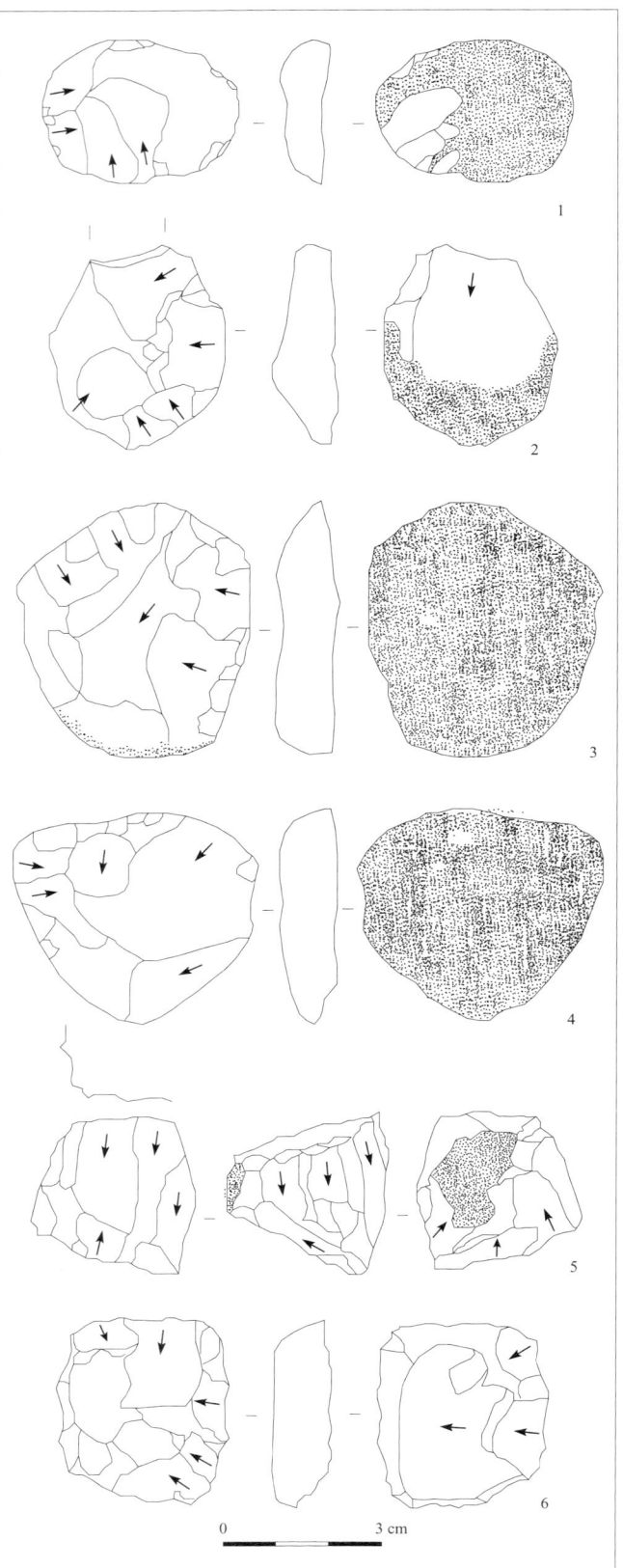

Figura 12.1.- Núcleos: 1, conjunto 4 (UE 2144); 2, conjunto 5 (UE 2202); 3, conjunto 5 (UE 2202); 4, silo 65 (UE 2188); 5, casa 1 (UE 1026); 6, casa 1 (UE 1026).

Lascas	C0	C1	C2	C3	C4	T1	T2	T3	T4	T5	T6	T7
M1	20	17	5	7	6	23		17	1	4	8	2
M2	16	42	8	4	10	28		42		1	5	4
M3	9	26	17	15	4	30		39		1	2	3
M4	3	5	3	6	1	5		10	2		1	
Lascas R												
M1	1					1						
M2	2	3		1	1	0		3	1	1	2	
M3	0	5	3	3	3	4		8				2
M4	1	1									2	
M6	1					1						

Cuadro 12.4.- Descripción morfométrica de las lascas retocadas y no retocadas por módulos (M1: 10-20 mm; M2: 20-30 mm; M3: 30-40 mm; M4: 40-50 mm). C0: córtex 0; C1: córtex 25 %; C2: córtex 50%; C3: córtex 75 %; C4: córtex 100 %. T1: talón liso; T2: talón puntiforme; T3: talón cortical; T4: talón diedro; T5: talón facetado: T6: indeterminado. T7: sin talón.

más como algunos parámetros descriptivos apuntan a la utilización de técnicas tales como la percusión indirecta y la presión (Fig. 12.3, nº 7 y 11). Cabe plantear igualmente el empleo de estos procedimientos de reducción laminar sobre materias primas de carácter local (en base a las características de marcada regularidad de determinados soportes), si bien es cierto que las únicas matrices reconocidas no permiten confirmar esta suposición. Los productos de acondicionamiento considerados son dos tabletas, una sobre sílex local y otra sobre sílex blanquecino de procedencia no determinada.

La elaboración de utensilios

La cifra de útiles retocados estudiados suma 99 objetos: 61 confeccionados sobre lascas, 25 fragmentos indeterminados, 11 soportes laminares y 2 plaquetas de sílex tabular. Para su clasificación hemos considerado una serie de grandes grupos tipológicos generales (García Puchol, 2005) que coinciden grosso modo con los reconocidos en las listas tipo más utilizadas en la clasificación de series líticas del Holoceno en el ámbito peninsular (Fortea, 1973; Juan Cabanilles, 1984). La reciente versión publicada por este último autor (2008) incorpora un mayor detalle, de cualquier modo fácilmente comparable con los datos aquí expuestos (Cuadro 12.7 y 12.8; Fig. 12.4).

Las *puntas de flecha bifaciales* constituyen el grupo destacado. Hemos considerado aquí tanto las puntas de flecha como los esbozos en proceso de fabricación. En total han sido consignadas 28 piezas bifaciales en diferentes estadios de elaboración. Los útiles acabados constituyen 15 objetos de las cuales 3 se encuentran fracturados. Entre los ejemplares reconocibles destaca la variabilidad de formas (7 con pedúnculo y aletas, 1 con pedúnculo y aletas desarrolladas, 2 de base cóncava, 1 foliacea y 1 romboidal) (Fig. 12.5). Sólo un ejemplar observa trazas de pátina brillante que podría indicar la utilización de tratamiento térmico, aspecto que no podemos contrastar con los datos expuestos.

Le sigue en orden de representación el grupo de *lascas con retoque marginal/invasor* (LR). El retoque conformador es generalmente simple marginal, en uno o varios bordes y en ocasiones de carácter irregular (Fig. 12.6, nº 1, 5 y 7).

En el grupo denominado *diversos* (D) tienen cabida distintas piezas sobre soportes indiferenciados con algún tipo de retoque, o bien atendiendo a determinadas características comunes como serían las piezas astilladas. Estas últimas constituyen por sí mismas un grupo significativo, habiéndose clasificado 8 objetos que responden a esta atribución. Como característica común, la presencia de extracciones irregulares y profundas de carácter bifacial que pueden ser resultado de un uso a modo de cincel (Fig. 12.6, nº 2, 6 y 8).

Se han clasificado un total de 10 perforadores y 1 taladro (PT) (Fig. 12.6, nº 9 a 15). Los perforadores se realizan sobre

LAM	TRI	TRA	IRR	12	21	212	123	321	OT	T1	T2	T3	T4	T5	T6	T7	PRO	ME	D	E
<9		3				1	1							1		3	1	1	2	
9-10	1	1	1	1	1			1								3			3	
10-11		3	1			1		1						1	1	2	2	1	1	
11-12		2				1		1								2		2		
12-13	1	2			1		1	1					1			1	2	1		
13-14		2				2		1								1		1		1
>14		4	2						1				4		1	3	2	2	1	1
LAM R																				
<9		2				1	1									2		2		
9-10			1				1	1									1			
10-11																				
11-12		1												1						1
12-13			1					1								1		1		
13-14		2	1			2		1						3		3				
>14		3					1	1						1		2		1	2	

Cuadro 12.5.- Descripción morfométrica de los soportes laminares retocados y no retocados por módulos de anchura (mm). TRI: triangular; TRA: trapezoidal y IRR: irregular. T1: talón liso; T2: talón puntiforme; T3: talón cortical; T4: talón diedro; T5: talón facetado: T6: indeterminado. T7: sin talón. PRO: fragmento proximal. ME: fragmento medial. D: fragmento distal. E: soporte entero.

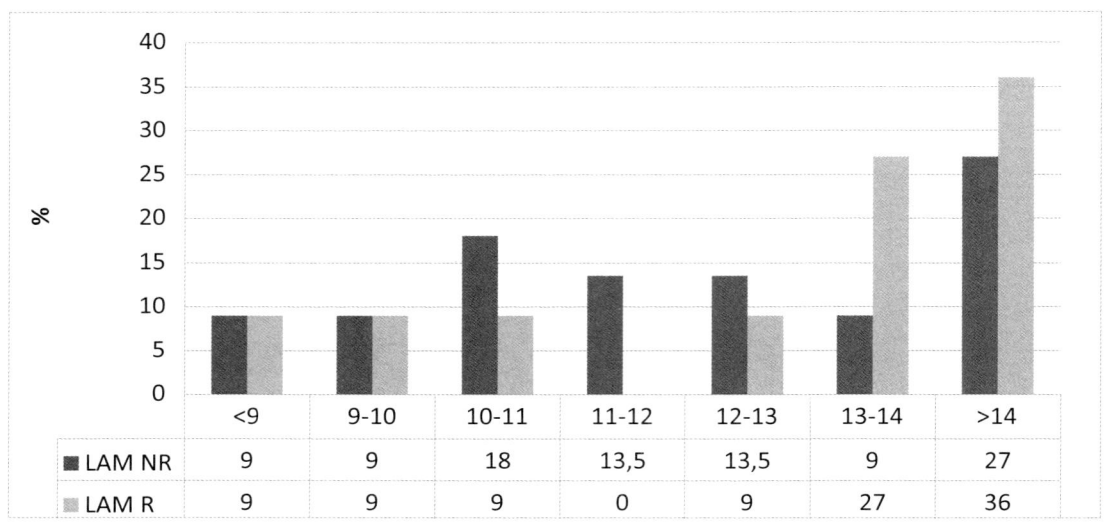

Figura 12.2.- Repartición de los módulos de anchura de los soportes laminares.

	<9	9-10	10-11	11-12	12-13	13-14	>14
■ LAM NR	9	9	18	13,5	13,5	9	27
▩ LAM R	9	9	9	0	9	27	36

lascas y tienen como carácter distintivo una punta espesa y bien marcada. Reconocemos una concentración particular en el Grupo 2 de donde proceden un total de 8 ejemplares repartidos entre la estructura 65 (5) y un nivel de relleno sedimentario (UE 2084), obedeciendo todas ellas a una morfología muy similar (sobre lasca de módulo reducido y con una parte activa espesa y larga) (Fig. 12.6, nº 10 a 15).

Las lascas con retoque abrupto (LRA) están bien representadas. Su morfología es dispar y como característica común comportan uno o más filos romos (Fig. 12.6, nº 3 y 4). Las láminas/laminitas con retoque simple marginal/invasor no son abundantes (LMMI). Un total de 8 objetos quedan asignados en este grupo, repartidos entre fragmentos de láminas con retoque simple muy marginal (Fig. 12.7, nº 8), marginal (Fig. 12.7, nº 1, 3, 4 y 5) e invasor (Fig. 12.7, nº 6 y 7). El retoque puede ser unilateral y en ocasiones bilateral. Una representatividad similar alcanza el grupo de muescas y denticulados (MD). En todos los casos obedecen a soportes en forma de lasca, 4 con bordes denticulados y 3 con muesca (Fig. 12.7, nº 9 a 12). En el grupo de *puñales y cuchillos* englobamos diversas piezas de morfología particular. En nuestro análisis hemos distinguido 3 ejemplares: 2 sobre placas de sílex tabular así como una gran pieza bifacial apuntada. Los dos primeros objetos están fragmentados. Una de las piezas está realizada sobre una plaqueta de sílex tabular espesa –en torno a los 10 mm– (Fig. 12.8, nº 2), presentado una serie de retoques planos/invasores sobre uno de los laterales, aspecto que le confiere un borde afilado y ligeramente dentado. Presenta una fractura neta de disposición proximal así como una segunda rotura parcial en su lateral izquierdo. La presencia de lustre en la superficie inmediata a esta fractura invita a pensar en una acomodación parcial del útil tras este accidente. Resulta igualmente indicativa de su utilización en actividades relacionadas con la siega. El segundo ejemplar es un fragmento de placa de sílex tabular de espesor ligeramente inferior y que presenta en el único borde conservado un retoque plano invasor bifacial (Fig 12.8, nº 3). Una mención aparte merece una pieza bifacial de grandes proporciones (76,3x35x12 mm) y que cabría encuadrar como un puñal o alabarda. Realizada en sílex que ca-

lificamos de local, responde a un objeto de forma lanceolada conformado mediante retoque plano cubriente (Fig. 12.8, nº 1). Conservada entera, apareció en el relleno inferior de una de las estructuras de habitación (Grupo 3, Casa 8).

Para finalizar habría que hacer mención de las dos únicas piezas de morfología geométrica clasificadas. Se trata de un trapecio conformado mediante retoque abrupto con la base pequeña retocada (Fig. 12.8, nº 5) y un rectángulo de doble bisel (Fig. 12.8, nº 4).

ANÁLISIS FUNCIONAL

El estudio traceológico realizado ha tenido como objetivo discernir el uso de los instrumentos líticos como medio de aproximación a las actividades realizadas por las comunidades neolíticas. Nos hemos centrado para ello en el análisis de parte del utillaje documentado en las distintas estructuras arqueológicas. A este respecto, no se ha efectuado únicamente sobre los instrumentos retocados, práctica en ocasiones muy habitual en traceología, sino también sobre buena parte del utillaje sin retocar.

La observación de las piezas se ha realizado conjugando una lupa binocular Olympus que abarca entre 10-90 aumentos y un microscopio metalográfico Olympus BH2 cuyos aumentos van desde 50X a 400X. La caracterización de los rastros ha sido continuamente contrastada y complementada con nuestra colección experimental.

Uno de los grandes problemas con los que nos hemos encontrado en el análisis ha sido el mal estado de conservación de las superficies líticas. En efecto, una parte importante del material estudiado ha sufrido intensas alteraciones que han afectado a la superficie de los instrumentos, y por ende, a las posibles huellas de uso que pudieron formarse como resultado de su utilización.

Así, aunque algunas piezas presentan zonas patinadas o superficies alteradas por el fuego, un número importante muestran lustres de suelo muy intensos que ocupan no sólo las partes altas de la microtopografía, sino también las más deprimidas.

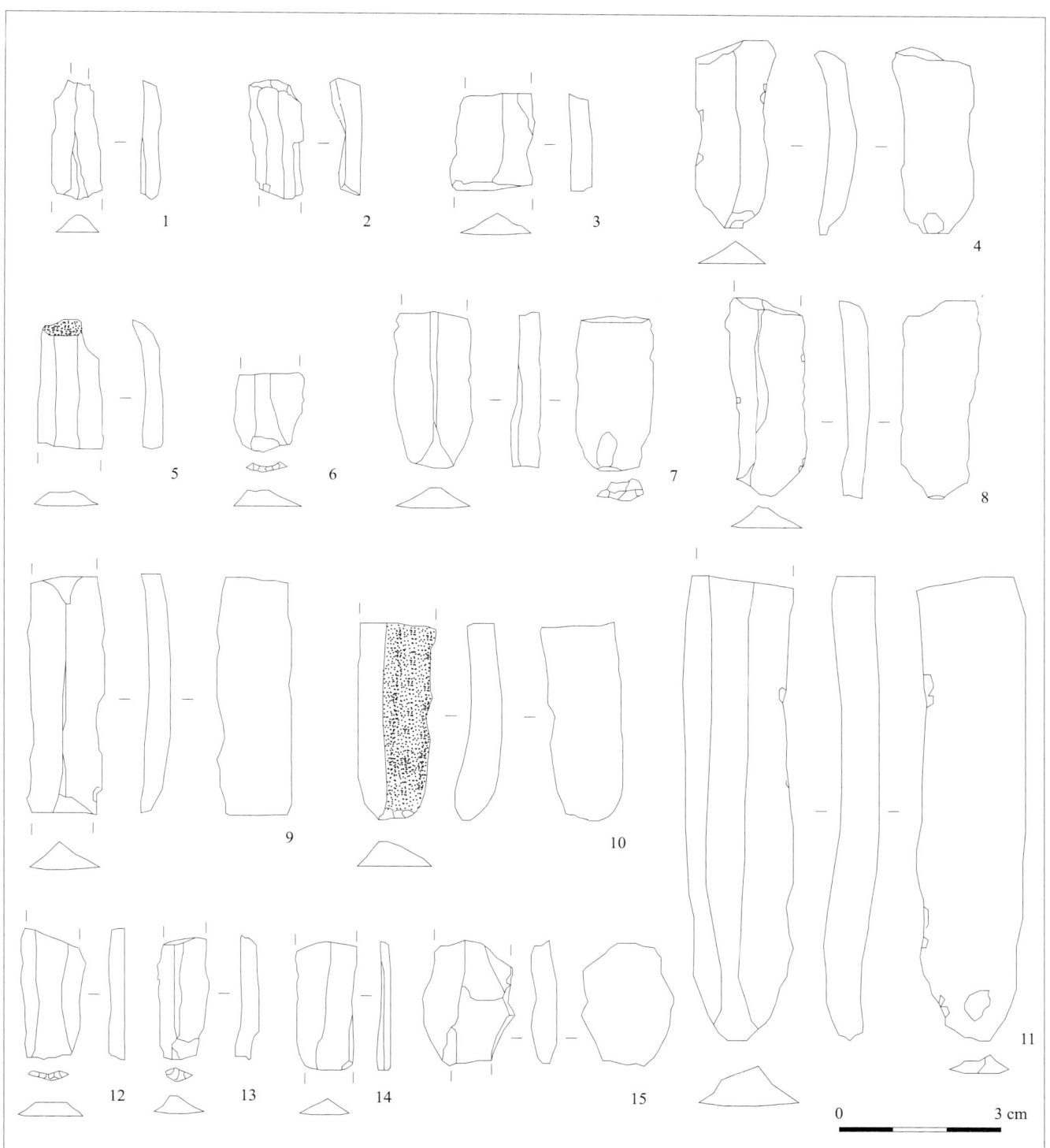

Figura 12.3.- Soportes laminares: 1, conjunto 4 (UE 2158); 2, cubeta 62 (UE 2175); 3, silo 81 (UE 2228); 4, fosa 16 (UE 2070); 5, fosa 16 (UE 2070), 6, fosa 86 (UE 2234); 7, silo 65 (UE 2181); 8, silo 65 (UE 2188); 9, 10 y 11 (UE 2084); 12, cubeta 90 (UE 3098); 13, silo 148 (UE 3109); 14, conjunto 8 (UE 3141); 15, conjunto 7 (UE 3046).

Tales alteraciones han provocado que fuese prácticamente imposible determinar modificaciones microscópicas de uso generadas por el trabajo de materias de dureza blanda o media, caso de la carne, la piel fresca, etc. Ello explicaría por qué una parte significativa del registro lítico estudiado ha sido catalogado como no analizable y por qué no hemos reconocido, por ejemplo, piezas destinadas al tratamiento de la piel o al descarnado de animales.

165

Grupo	Conjunto	Hecho/Fase	UE	1 R	2 PT	3 B	4 LR	5 LRA	6 LMMI	8 MD	9 G	10 T	11 PTA	12 UC	13 PC	15 D	TOT
1		54									1						1
		55			1												1
			2113		1												1
2			2084		3		3	3	2	2			1				14
			2133										3				3
			2146				1	1									2
			2086				1	1					1				3
		58					1		1								2
		65			5		2	1	2	2			5			1	18
		16							1				3			1	5
	4	b															0
		a					1			1			2				4
3	8	b								1			1				2
		a3															0
		a2															0
		a1											1	1			2
		109						1									1
		117					1										1
		119					1						1			1	3
5		97											1				1
			2191	1				2					4			1	8
			2202									1	2				3
	5	b															0
		a											1				1

Cuadro 12.6.- Clasificación del utillaje retocado por estructuras y UUEE. R, raspador; PT, perforador/taladro; B, buril; LR, lasca retoque marginal/invasor; LRA, lasca retoque abrupto; MD, muescas y denticulados; G, geométrico; T, truncadura; PTA, punta de flecha; UC, utillaje compuesto; PC, puñales/cuchillos; D, diversos.

Grupo	Conjunto	Hecho	Fase	1 R	2 PT	3 B	4 LR	5 LRA	6 LMMI	8 MD	9 G	10 T	11 PTA	12 UC	13 PC	15 D	TOT
7	7		c2													1	1
			c1										1				1
			b				1										1
			a				3										3
	10	147					1										1
8	15	89											1				1
		21								1							1
		112					1							1	1		3
	11	45					1										1
		148											1				1
9	casa1	153	a3				1									1	2
			a2													1	1
			a1													4	4
	14	61												1			1
--		115							1								1

Cuadro 12.7.- Clasificación del utillaje retocado por estructuras y UUEE (continuación).

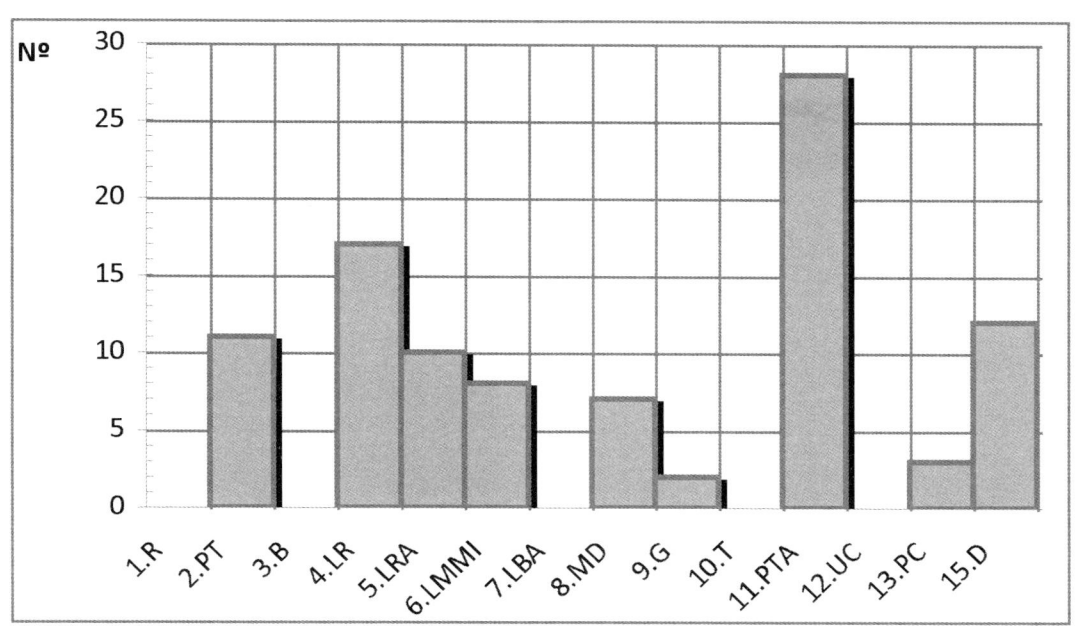

Figura 12.4.- Distribución por grupos del utillaje retocado.

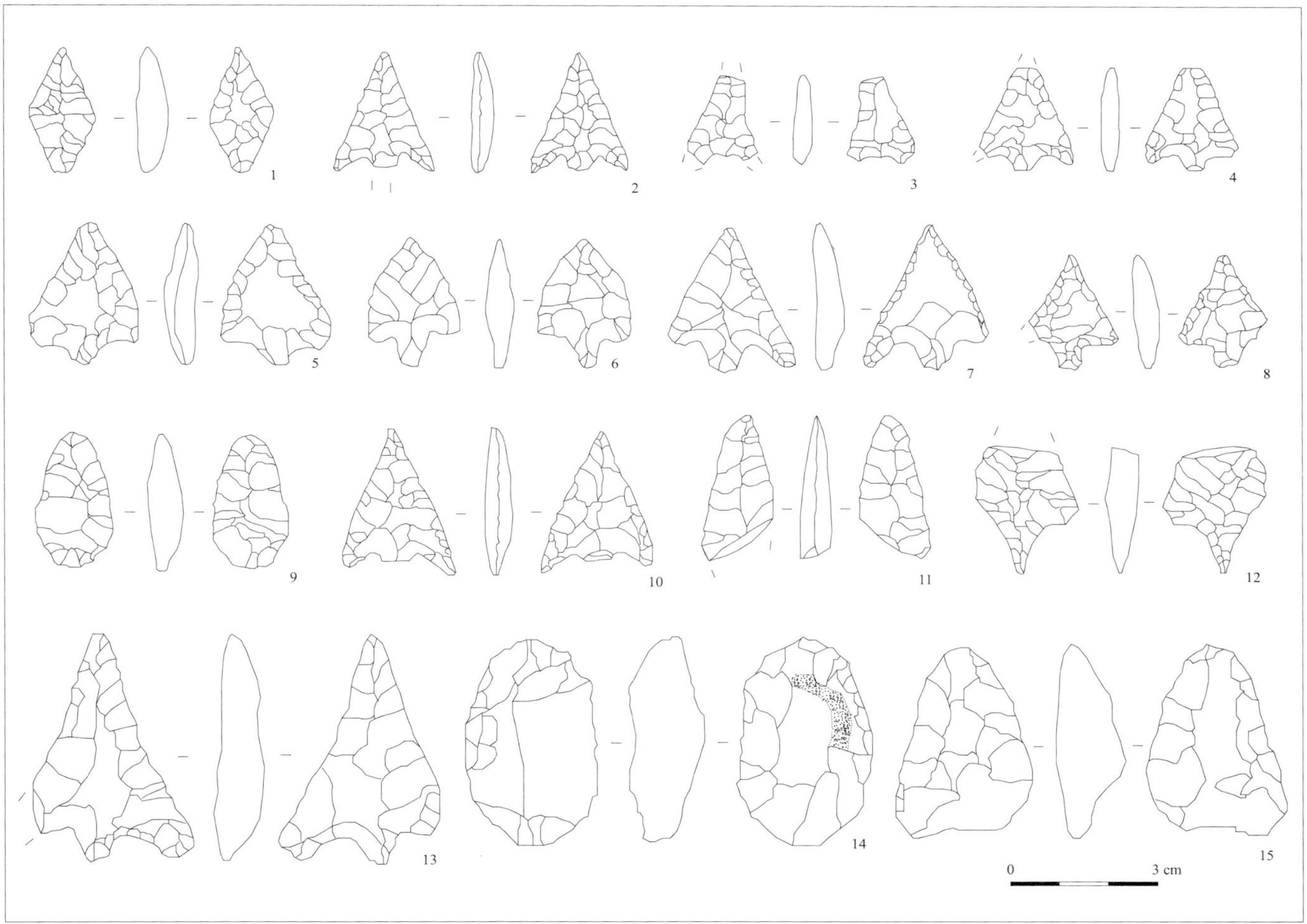

Figura 12.5.- Puntas de flecha y esbozos: 1, conjunto 4 (UE 2144); 2, silo 81 (UE 2228); 3 (UE 2086); 4 (UE 2084); 5, silo 65 (UE 2181); 6 y 7 (UE 2191); 8, estructura de combustión 97 (UE 2203); 9 (UE 2133); 10, conjunto 11 (UE 3109); 11, conjunto 7 (UE 3067); 12, fosa 89 (UE 3097); 13, fosa 16 (UE 2070); 14, conjunto 4 (UE 2154); 15, fosa 16 (UE 2070).

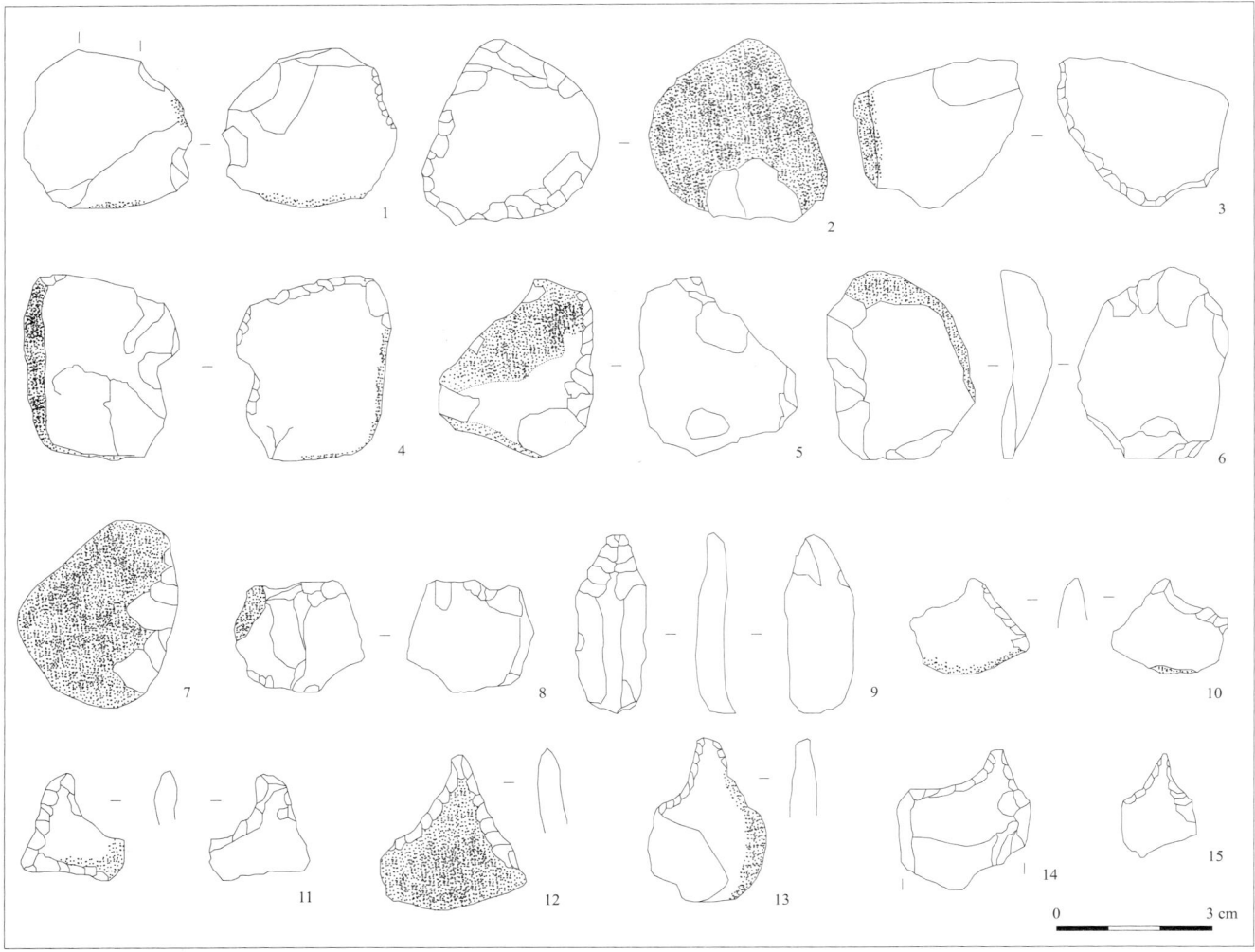

Figura 12.6.- Lascas retocadas: 1, conjunto 4 (UE 2066); 2, casa 1 (UE 1020); 3 (UE 2086); 4 (UE 2084); 5, casa 1 (UE 1024); 7, silo 112 (UE 3116). Diversos (Piezas astilladas): 6, casa 1 (UE 1016); 8, silo 112 (UE 3116). Taladros: 9 (UE 2113). Perforadores: 11 a 13, silo 65 (UE 2181); 14 (UE 2084); 15, cubeta 55 (UE 2121).

En el caso concreto de la pátina, y si su grado de desarrollo es muy importante, la superficie queda tan alterada y modificada que es casi imposible que se hayan conservado los micropulidos producidos por el trabajo de cualquier materia.

Otro aspecto que repercute en la formación y desarrollo de los rastros de uso es el tipo de materia prima empleada en la confección de los instrumentos. Así entre el utillaje estudiado existen piezas de sílex de distinta calidad, entre las que sobresalen especialmente los soportes tallados en sílex de tonos marrones o grises, de grano fino y medio. Sólo, puntualmente, se constata alguna pieza de sílex de grano grueso.

A este respecto, el tamaño del grano del sílex influye en la formación de los rastros de uso. Así, mientras en los sílex de grano fino los rastros se forman con relativa facilidad y son diagnósticos a los pocos minutos de ser utilizados (siempre dependiendo de la materia trabajada), en los sílex de grano medio-grueso no sólo se produce un menor desarrollo y extensión de los rastros de uso, sino también una formación más lenta de los mismos. Ello implica que habitualmente en muchos de los útiles confeccionados sobre sílex de grano grueso, los rastros de uso (especialmente el micropulido) no hayan pasado de lo que se denomina como "estadio de desarrollo indiferenciado".

Han sido analizadas un total de 45 piezas, de las cuales 19 (42,2%), con 27 zonas activas, presentan huellas de uso, 8 (17,8%) no fueron usadas y 18 (40%) las hemos considerado como no analizables (Fig. 12.9).

Con respecto a las piezas usadas cabe decir que la mayoría de ellas (12 efectivos) muestran huellas en uno de sus filos. Seis muestran dos zonas activas y una hasta tres áreas usadas. Normalmente los instrumentos con más de una zona activa se han empleado sobre la misma materia trabajada.

Aunque el escaso número de efectivos utilizados no permite hacer valoraciones de peso sobre las actividades realizadas, a partir del utillaje estudiado se intuye que el trabajo más representado corresponde al procesado de las plantas no leñosas, al tratamiento de la piel y al trabajo de materias muy duras como el hueso o el asta. El resto de instrumentos son dos puntas con posibles huellas de impacto por proyectil, una lámina empleada

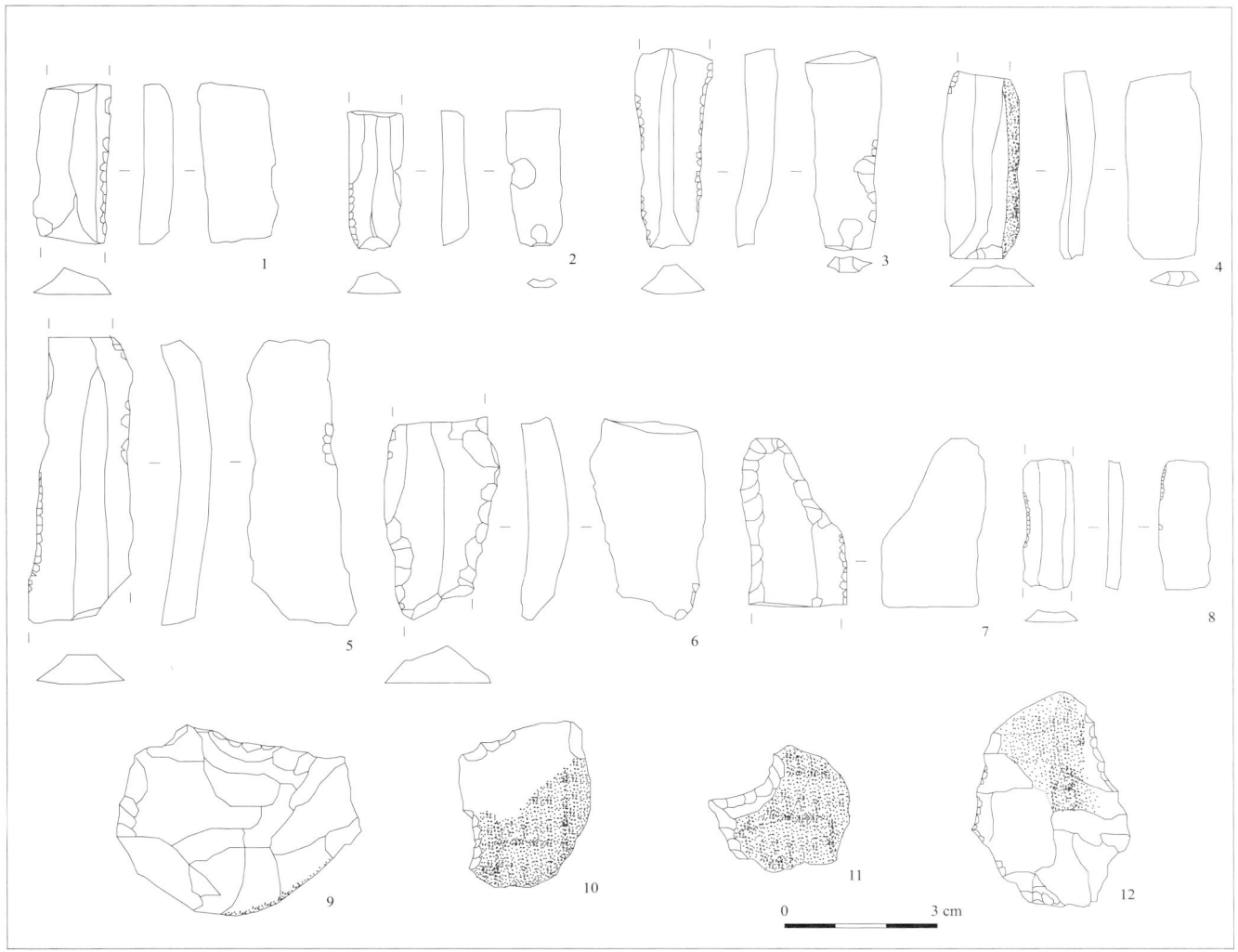

Figura 12.7.- Láminas/laminitas con retoque marginal/invasor: 1 (UE 2084); 2, fosa 16 (UE 2070); 3, silo 65 (UE 2181); 4 (UE 2146); 5, (UE 2084); 6, silo 58 (UE 2165); 7, conjunto 8 (UE 3128); 8, cubeta 21 (UE 3012); 9, conjunto 4 (UE 2144); 10, foso 115 (UE 2171); 11, silo 65 (UE 2181); 12, conjunto 8 (UE 3147).

por uno de sus laterales para raspar cerámica y dos piezas cuyas huellas no nos permiten decantarnos sobre el trabajo de hueso o de una madera muy dura.

Por su parte, hay varios efectivos que muestran zonas activas con huellas de uso indeterminado.

El trabajo de las materias vegetales

Cuatro láminas fragmentadas muestran huellas vinculadas con el corte de materias vegetales no leñosas (Fig. 12.10). Dos de las mismas presentan un conjunto de rastros que nosotros hemos vinculado con el corte de los tallos cerca o sobre el suelo (RV2). Nuestros experimentos nos han demostrado que la presencia de micropulidos de trama semicerrada, asociados a intensos redondeamientos y abrasiones en forma de estrías y picoteos, suelen ser el resultado del corte de plantas en contacto con una materia muy abrasiva como es la tierra. En este caso, entendemos que las únicas tareas que pueden responder a esta vinculación cereales-tierra son la siega a ras de suelo o el corte

de los tallos sobre el suelo con el fin de separar la espiga del tallo o cortar estos en unas medidas determinadas (Gibaja, 2003).

Etnográficamente sabemos que estas actividades están relacionadas con el aprovechamiento de los tallos, seguramente para múltiples fines: techado de las casas, cestería, vestimenta, alimento para el ganado, etc.

Se trata de dos láminas fragmentadas por la parte proximal cuyas zonas usadas debieron ser enormemente efectivas ya que muestran unos filos agudos (30º- 40º). Una de ellas ha sido retocada por los laterales, lo que nos lleva a pensar que quizás se pretendía reavivar el filo y, por consiguiente, alargar la vida del útil. Asimismo, esta lámina presenta en la parte proximal, en la zona por donde se ha fracturado, una serie de huellas que pensamos que son el resultado del raspado de una materia mineral blanda (Fig. 12.10, nº 3). La similitud de estas huellas con las publicadas por B. Gassin (1996) en relación a ciertos útiles neolíticos de la Grotte de l'Église empleados para raspar cerámica, nos han llevado a pensar que quizás esta lámina también se empleó para el raspado de la pared o boca de algún recipiente.

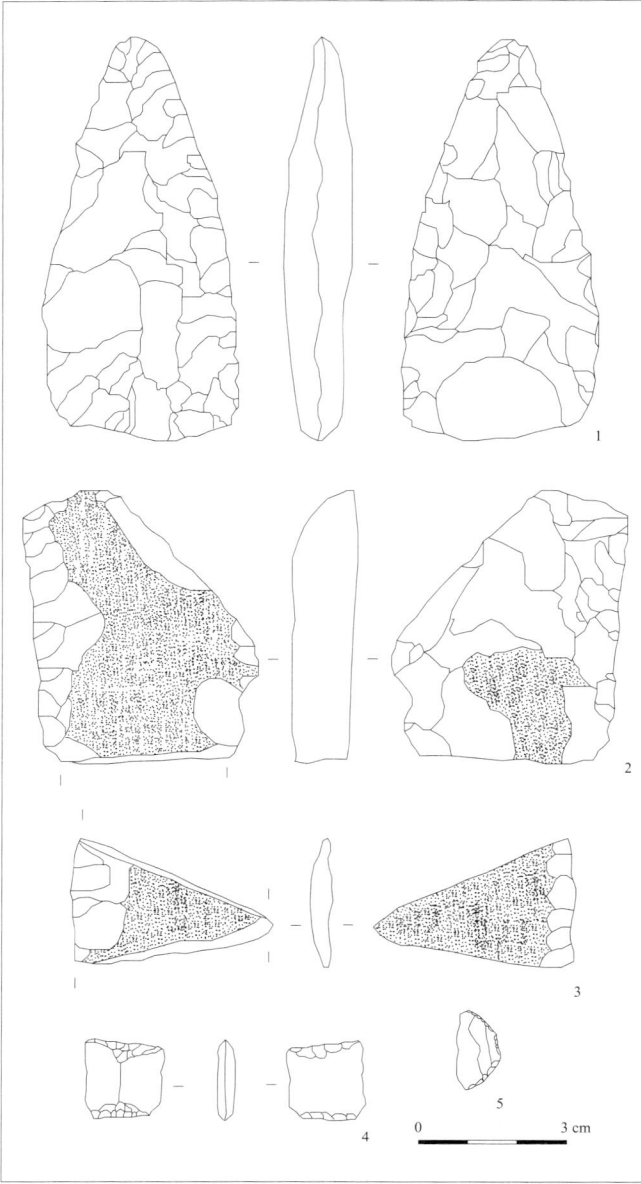

Figura 12.8.- Alabarda: 1, conjunto 8 (3144); Placas sílex tabular retocadas: 2, silo 61 (UE 2102); 3, silo 112 (UE 3116). Geométricos: 4, conjunto 5 (UE 2202); 5, silo 54 (UE 2119).

Desafortunadamente, la fractura de la pieza nos impide saber la longitud de la zona usada.

Por otra parte, en las dos láminas restantes las huellas son muy difíciles de definir porque la superficie está muy alterada. Aunque se observan pequeñas zonas de micropulido compacto y brillante, que en ocasiones recuerdan a los generados durante el proceso de siega, las alteraciones sufridas y el escaso grado de desarrollo de los rastros no nos permiten definir si las huellas registradas son producto del corte de cereales o de otro tipo de plantas silvestres. En todo caso, es significativo resaltar, nuevamente, que se trata de soportes laminares cuyos filos son agudos (40°). En una de estas láminas los filos utilizados vuelven a presentar modificaciones por retoque. Esta circunstancia nos

vuelve a hacer sospechar sobre la relación entre los filos usados para cortar plantas y el reavivado de los mismos con el fin de seguir utilizándolos. Asimismo, la otra lámina muestra huellas vinculadas con el corte de una materia de dureza blanda o media[1] en el filo opuesto al usado para cortar plantas.

En los útiles empleados para segar resulta relativamente sencillo conocer la forma en la que estaban enmangadas las hoces líticas gracias a la distribución sobre la superficie de las piezas del micropulido o "lustre de cereal". Este no es el caso de los útiles usados para cortar cereales cerca o sobre el suelo, ni los catalogados como usados sobre plantas indeterminadas. Sin embargo, en los primeros ha sido muy difícil diferenciar los límites entre zona usada y no usada, y en los segundos, la determinación funcional se ha realizado a partir de huellas poco desarrolladas observadas sobre las superficies de unos instrumentos muy alterados.

Por otra parte, uno de los perforadores documentados en La Vital muestra una serie de huellas que nos aproximan al trabajo de una materia de dureza medio o dura. Aunque las características de los rastros no permiten hacer una aproximación precisa del origen de tales huellas, nos parece que quizás se empleó para raspar madera o hueso. Para este trabajo se ha seleccionado por tanto una pieza con filos muy abruptos (80° y 90°) y resistentes confeccionados por retoque. La escasa longitud de zona usada y el poco desarrollo de los rastros nos llevan a considerar que quizás se destinara a la finalización o reparación de algún objeto que no requiriera de mucho tiempo de trabajo.

El trabajo de las materias animales

Varios han sido los instrumentos que han intervenido en el aprovisionamiento o transformación de una materia animal: puntas quizás empleadas como proyectiles, y lascas y láminas destinadas al tratamiento de la piel y al trabajo de materias óseas animales como el hueso o el asta.

En cuanto a las puntas, la presencia de fracturas posiblemente de impacto en las zonas apicales, en las aletas o en los pedúnculos, reflejarían su uso como elementos de proyectil empleados en actividades cinegéticas o de defensa. Esta determinación, sin embargo, debe tomarse con cautela porque algunas de las pequeñas fracturas que se aprecian podrían haberse producido, tal vez, por alteraciones mecánicas no vinculadas con el uso (Fig. 12.11).

Por su parte, el análisis de estas puntas a altos aumentos no ha revelado tampoco huellas relacionadas con su uso como proyectiles. Habitualmente la presencia de estrías producidas por impacto es otro de los criterios que nos permiten definir el uso de ciertos instrumentos como elementos de proyectil. En

---

[1] De manera más específica decimos que: las materias de dureza Blanda (BL) hacen referencia a la carne, la piel fresca, ciertas especies de plantas no leñosas, el pescado, etc.; las de dureza Media (ME) a ciertos tipos de madera, algunas especies de plantas no leñosas, la piel seca, etc.; las de dureza Dura (DU) a ciertas maderas, el hueso, el asta, las valvas, el cuerno, la piedra, la cerámica, etc.; Indeterminadas (IN) a las que nos es imposible hacer ni una simple aproximación a la dureza de la materia trabajada. Asimismo, se dan casos intermedios en los que no tenemos criterios suficientes para decidirnos sobre una dureza en concreto (BL/ ME, ME/DU).

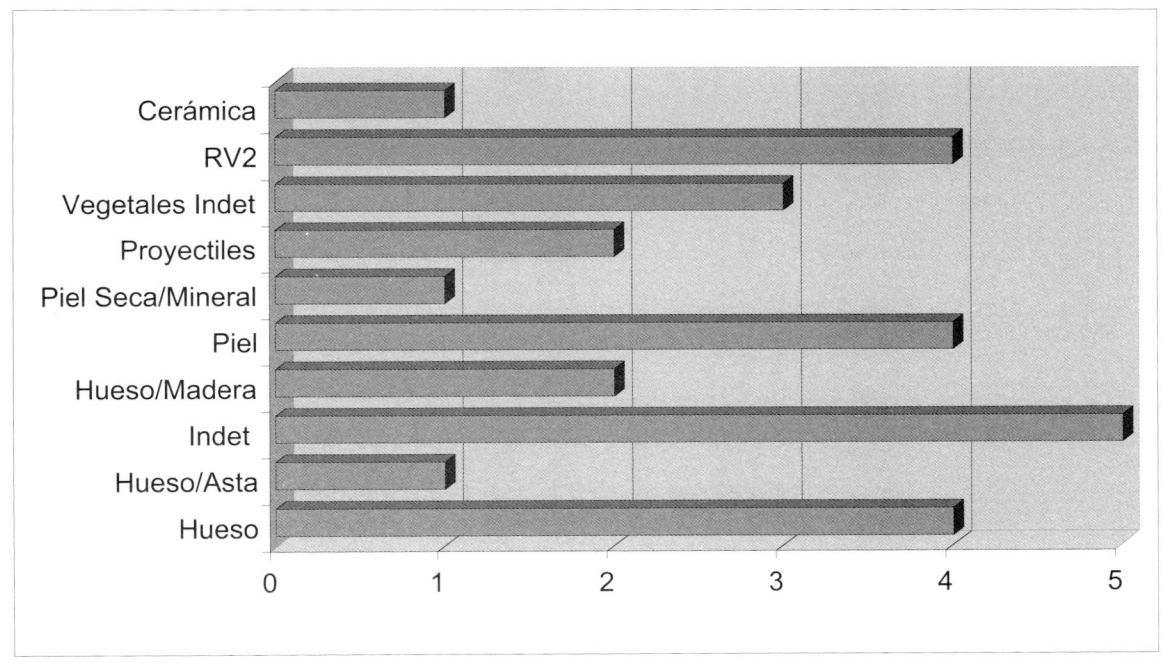

Figura 12.9.- Resultados del análisis traceológico. Se valoran el total de zonas usadas.

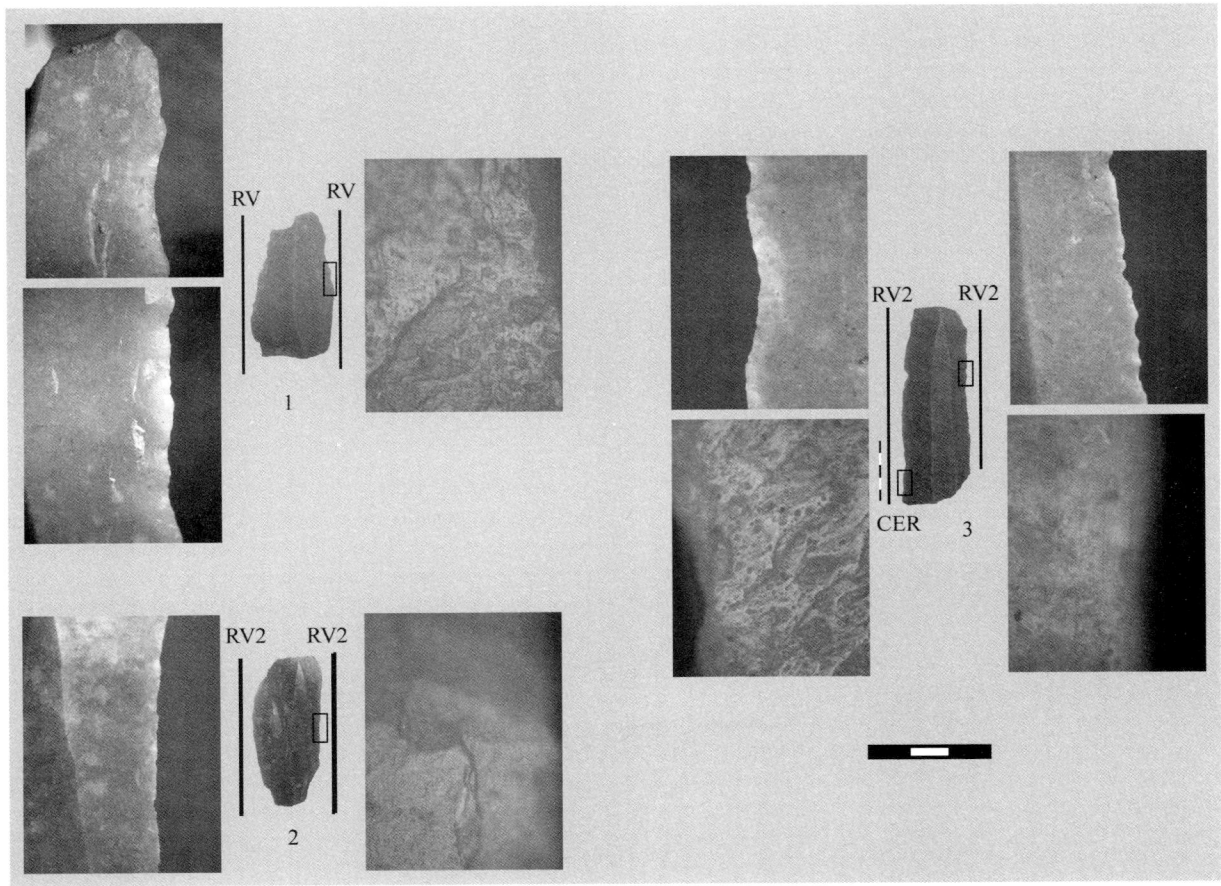

Figura 12.10.- Láminas usadas para cortar plantas no leñosas: RV= Plantas Indeterminadas, RV2= Corte de cereales cerca/sobre el suelo. Fotos macro a 40X y micro a 100X. En la tercera lámina se aprecia una zona empleada para raspar probablemente cerámica.

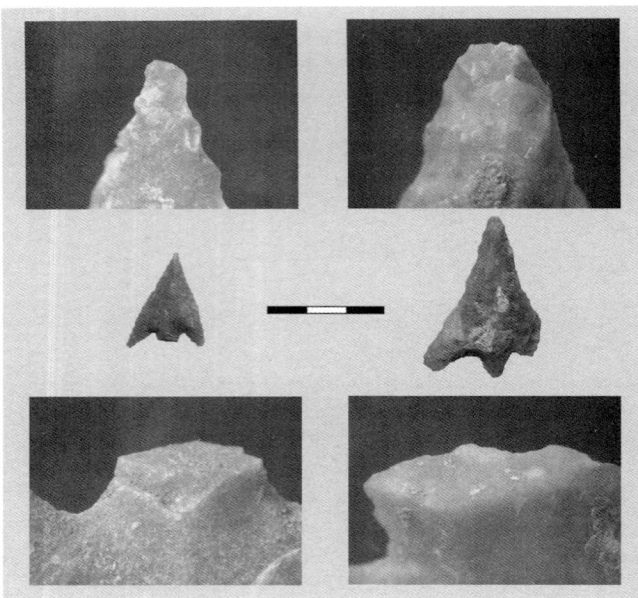

Figura 12.11.- Puntas con pequeñas fracturas apicales y claras fracturas de los pedúnculos. Fotos macro a 40X.

este caso, nuevamente, la alteración de las piezas imposibilita observar y discriminar las estrías por uso de las generadas por alteraciones mecánicas indeterminadas.

En cuanto a las piezas destinadas al trabajo de piel (Fig. 12.12), hemos documentado cuatro láminas fragmentadas, dos de las cuales se han empleado para raspar piel seca, una se ha usado para cortar piel (su estado es indeterminado) y la cuarta de las piezas presenta un filo muy redondeado y abrasionado que quizás es el resultado del raspado de piel seca o una materia mineral blanda (Fig. 12.12, nº 3).

Sea como fuere, estamos ante unos instrumentos en los que los filos suelen presentar un ángulo de entre 20º-50º. En una de estas láminas, el filo original debió ser más agudo, ya que ha sido retocada. Muy probablemente el retoque practicado estuvo dirigido a hacer más resistente el filo y, por consiguiente, más efectivo el instrumento.

Asimismo, cabe apuntar que dos de estas láminas tienen facetas corticales en los laterales opuestos al filo activo. Desde nuestra experimentación sabemos que la presencia de córtex permite no sólo asir mejor el instrumento, sino también evitar heridas en las manos si este se agarraba sin ningún tipo de protector. Por ello, consideramos que la selección de láminas con restos corticales no se hizo al azar, tenía un objetivo funcional muy claro.

Aunque hemos registrado útiles destinados al tratamiento de pieles secas, no desechamos que otros instrumentos se hubieran usado para trabajar pieles frescas. El problema, nuevamente, es que las alteraciones que han afectado al utillaje de La Vital hacen que sea casi imposible determinar las ligeras huellas producidas por el trabajo de materias de dureza blanda como, por ejemplo, la carne o la piel fresca. En todo caso, desde la etnografía sabemos que los trabajos realizados sobre piel seca están vinculados con las actividades de afinado, ablandado y finalización de los objetos.

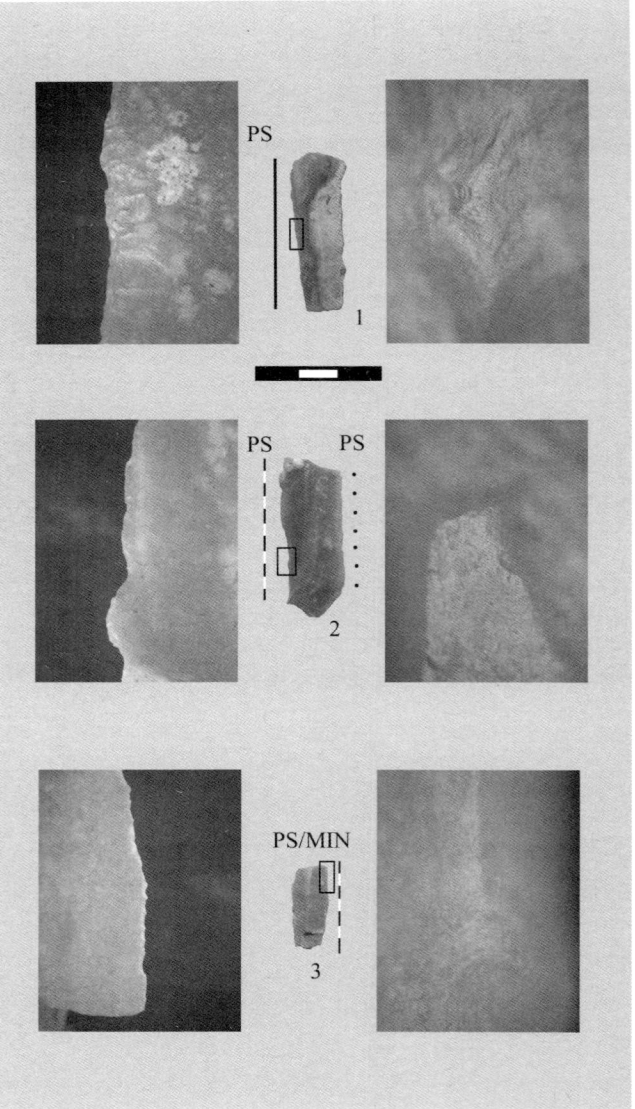

Figura 12.12.- Láminas empleadas para cortar piel seca (PS) o una materia mineral indeterminada (MIN). Fotos macro a 40X y micro a 200X.

Por último, hasta cinco piezas presentan huellas relacionadas con el raspado de materias duras animales (seguramente hueso y quizás en algún caso asta). Se trata de dos lascas sin retocar, dos lascas retocadas (un perforador y una pieza con una gran muesca) y una lasca con melladuras importantes en los extremos proximal y distal que podríamos catalogar como un astillado (Fig. 12.13).

Es significativo el hecho de que para el trabajo del hueso o el asta se hayan seleccionado lascas, que muestran unos filos de ángulos muy abruptos (50º-90º). Estos filos abruptos son ideales para este tipo de tareas, pues de lo contrario se romperían con facilidad y perderían su efectividad en pocos minutos.

La reducida longitud de la zona activa, unido al poco desarrollo de los rastros, indicarían que se trata de útiles destinados a actividades muy precisas, sobre pequeñas superficies que requirieron poco tiempo de trabajo. Por ello, consideramos que estos

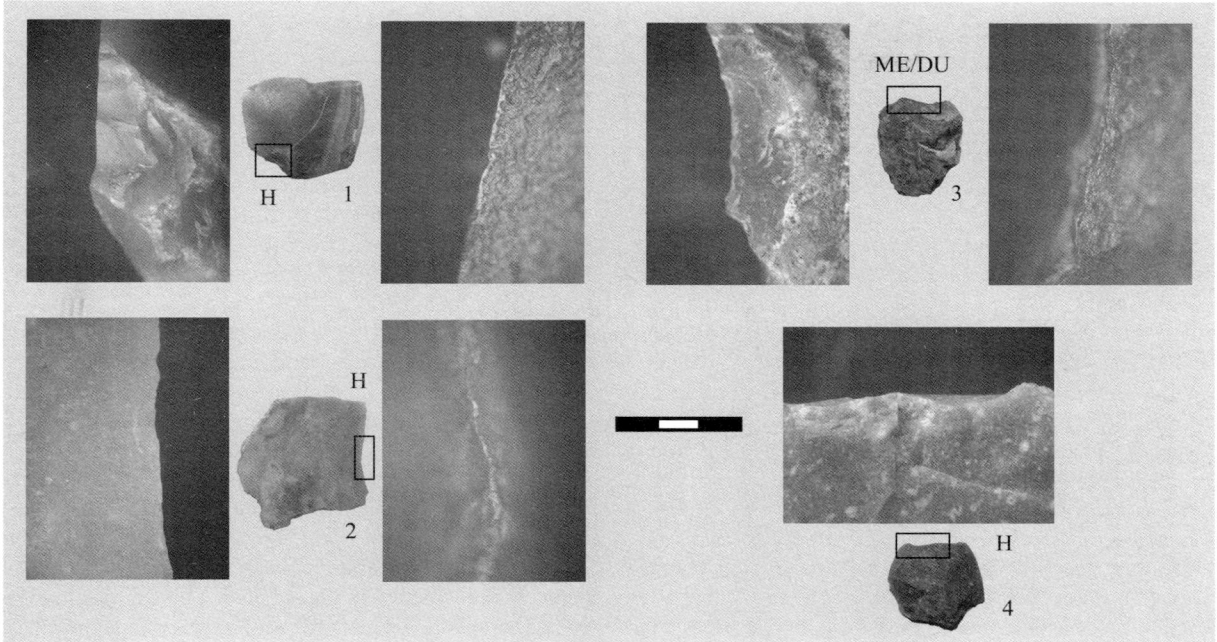

Figura 12.13.- Lascas usadas para trabajar hueso (H) o una materia de dureza medio/dura indeterminada (ME/DU). Fotos macro a 40X y micro a 200X.

útiles tal vez se emplearan para acabar o reparar una punta, un mango, ciertos útiles, etc.

En cuanto al astillado, pensamos que las importantes melladuras apreciables en ambos extremos y la existencia de puntos de pulido compacto que recuerdan a los generados por el contacto con el hueso, posiblemente corresponda a un útil empleado como cuña para partir o extraer varillas de hueso (Fig. 12.13, nº 4). Conocemos numeroso contextos prehistóricos, tanto paleolíticos como neolíticos, en los que estos útiles se han destinado a este tipo de actividades. Es el caso de los asentamientos paleolíticos de Vale Boi (Portugal), Cassegros (Francia) y Champréveyres (Suiza), del yacimiento mesolítico del Roc del Migdia (España) o de los contextos neolíticos de Darion, Saint-Lambert y Blicquy (Bélgica) (Vaughan, 1985; Cahen *et al.*, 1986; Caspar, 1988; Rodríguez, 1993; Plisson y Vaughan, 2003; Gibaja *et al.*, 2007).

El trabajo de las materias indeterminadas

Como hemos apuntado anteriormente, hay cuatro piezas, una de ellas con dos filos utilizados, que muestran zonas usadas sobre las que no hemos podido concretar la materia trabajada. En todo caso, cabe decir que mientras una lámina y una lasca muestran huellas relacionadas con el corte o el raspado de una materia de dureza blanda o media, una lasca presenta un filo con rastros atribuibles al raspado de una materia de dureza medio/dura y en una tercera lasca, en este caso retocada, aparecen ciertas modificaciones que recuerdan a las producidas por una materia dura. Al igual que en el resto de útiles usados ya descritos, los filos empleados para cortar son ligeramente agudos y los destinados a raspar, especialmente materias duras, son muy abruptos (80º-90º).

LA PRODUCCIÓN DE PIEDRA TALLADA EN CONTEXTO

El conjunto lítico clasificado supone una cifra moderada de objetos entre los que predominan los restos de talla y fragmentos informes. Las actividades de talla para el grueso del utillaje se realizan en el propio yacimiento. De la descripción realizada se desprende como se trata de una industria básicamente de lascas, en las que este tipo de soportes ocupa un lugar destacado entre los útiles retocados (lascas retocadas, perforadores, puntas de flecha) o bien utilizados en bruto. Gran parte de los núcleos descritos se encuentran en un avanzado estado de agotamiento y en ocasiones responden a reducciones expeditivas, pero también encontramos evidencias de cadenas operativas de lascas que mantienen un carácter recurrente, respondiendo a matrices de extracciones centrípetas y morfología discoide. Los soportes resultado son de pequeño/mediano tamaño, aspecto también condicionado por el tamaño en general reducido de los nódulos de materia prima.

Para la elaboración de los escasos soportes alargados deducimos la implicación de diferentes cadenas operativas y planteamos la posibilidad de procedencia foránea de una parte de estas producciones. Los núcleos laminares clasificados apenas suponen 2 ejemplares, si bien es cierto que una proporción elevada de láminas y laminitas están realizadas sobre materias primas de presumible procedencia local. En estos casos observamos un carácter en general bastante regular y unos módulos de anchura variables pero que no sobrepasan los 14 mm. Sin embargo encontramos igualmente ejemplos de materiales de los cuales desconocemos su fuente de origen. Las características mostradas por algunos de estos objetos (módulos de mediano/

gran tamaño, escasa representatividad) redundarían en su llegada al yacimiento como productos ya elaborados. El empleo de la percusión indirecta y la presión coincidirían con la regularidad y características morfotécnicas de algunos de estos soportes.

En el propio yacimiento se procede a la fabricación de alguna artesanía lítica como serían las puntas de flecha. Reconocemos preformas y objetos acabados de distinta factura. El número de ejemplares recuperados hasta la fecha no permite ir más allá de la consideración de producciones para el consumo local.

Desde un punto de vista espacial conocemos algunas concentraciones significativas de materiales líticos. La propia composición de estos conjuntos sugiere en algunos casos la probable presencia de áreas de actividad en las inmediaciones. Si atendemos a su distribución por grupos y estructuras debemos remarcar en primer lugar el ejemplo del Grupo 2. Se han identificado en el mismo los restos de una estructura de habitación (Casa 4) de cuyo relleno procede una cifra significativa de restos de talla (75) y una relativa frecuencia de núcleos en el nivel inferior. En las inmediaciones se suceden una serie de estructuras que también aportan una cifra de restos de talla remarcable (estructuras 16 y 65). En el caso de esta última conviene subrayar la clasificación de 5 perforadores de similares características a los que habría que sumar 4 objetos similares procedentes de un nivel de relleno cercano (UE 2084). De los 11 objetos clasificados como tales, 9 se hallan en esta área, hecho que podría redundar en la recurrencia de algún tipo de actividad particular relacionada con los mismos. Del mismo modo, las puntas de flecha y preformas están muy bien representadas. Prácticamente la mitad de las piezas clasificadas se recuperaron en esta área, ahondando en la existencia de espacios relacionados con su fabricación o bien con actividades relacionadas con su manipulación y/o reparación.

De forma generalizada observamos acumulaciones significativas de actividades de talla (importante presencia de núcleos y restos de talla) en buena parte de las áreas de habitación y los rellenos inmediatos (Casa 1, 5 y 7).

Una acumulación especial de piedra tallada se asocia al enterramiento 11 (Grupo 8). Junto al cadáver se identificaron entre otros objetos depositados *ex professo* una serie de restos líticos entre los que sobresalen una punta de flecha de pedúnculo y aletas y un fragmento laminar.

Por otra parte, el estudio traceológico efectuado confirma el papel de la piedra tallada en las distintas tareas cotidianas llevadas a cabo en el lugar en relación con la manipulación de alimentos y en el tratamiento y procesado de diferentes materiales con distintos fines. Atendiendo a los condicionantes de la muestra analizada añadiremos como entre los usos determinados sobresalen los destinados al corte de las plantas no leñosas, al tratamiento de la piel y al trabajo de materias duras animales como el hueso, además de un conjunto de útiles destinados a otras tareas.

VALORACIÓN

En el yacimiento de La Vital identificamos una serie de espacios de producción y consumo de piedra tallada con una cronología de arranque que podemos situar ya entrado el III milenio cal. a.C. y que llegaría hasta un momento avanzado de su segunda mitad. Las producciones descritas participan de los parámetros técnicos y tipológicos descritos en otros yacimientos coetáneos de la región (Juan Cabanilles y Martínez Valle, 1988; Pascual Benito, 1993; García Puchol, 1994, 2004, 2005; Juan Cabanilles, 2008; Jover, 2010). En este sentido, las producciones líticas del Neolítico final, a partir de los primeros siglos del IV milenio cal. a.C. y hasta el horizonte campaniforme, confluyen en una serie de rasgos comunes que a su vez marcan diferencias con las series líticas neolíticas precedentes. A grandes rasgos identificamos un incremento significativo en la fabricación de soportes en forma de lascas, proliferando de este modo diversos útiles sobre estas piezas. Las producciones laminares, aun cuando alcanzan porcentajes variables, muestran unas características morfotécnicas distintivas (mayor regularidad, módulos más centrados), resultado de unos métodos de explotación específicos que responden a matrices prismáticas donde prevalecería la explotación frontal –como sugieren los materiales recuperados en Alt del Punxó (García Puchol y Molina, 1999)–. Junto a estas producciones consideradas en gran medida locales aparecen evidencias parciales, referidas exclusivamente a soportes sobre materias primas líticas no identificadas en la región, con unas características morfométricas particulares. Este es el caso de las láminas de mediano y gran formato que forman parte de los contextos funerarios rupestres, y que también identificamos en menor medida en lugares de hábitat (Fernández *et al.*, 2006; García Puchol y Juan Cabanilles, 2010). Y sobre todo, a partir de estos momentos confluye una elevada incidencia del retoque plano sobre diferentes tipos de piezas, entre las que sobresalen por su representatividad las puntas de flecha de retoque bifacial.

El conjunto lítico de La Vital aporta nuevos datos de interés para desglosar las variables descriptivas relativas a estas producciones destinadas al consumo local, dado que no reconocemos aquí evidencias de matrices, soportes o artesanías que canalicen excedentes para su distribución más allá del ámbito doméstico. Tampoco hemos determinado áreas de talla especializadas, fuera de entrever esta actividad en los distintos espacios de habitación detectados. Se trataría pues de ambientes de fabricación de utensilios pero también de manipulación y consumo de los mismos. Identificamos igualmente determinados objetos de procedencia exterior indeterminada, que en cualquier caso participarían de los circuitos de intercambio de productos, y también de información, establecidos. El sílex tabular, así como algunos soportes laminares, constituirían pruebas directas de esta afirmación.

Capítulo 13

MATERIALES LÍTICOS NO TALLADOS

T. Orozco Köhler

Las excavaciones en el yacimiento La Vital han permitido recuperar un conjunto de materiales líticos no tallados que corresponden a instrumental de molienda, útiles pulimentados, y elementos abrasivos, piezas características del registro arqueológico de las comunidades agrícolas y ganaderas entre el Neolítico y la Edad del Bronce.

LOS ÚTILES PULIMENTADOS

El análisis de este conjunto pasa, en primer lugar, por la ordenación tipológica de las piezas a partir de sus valores morfométricos, manteniendo la denominación tradicional (hachas, azuelas, ...) para estos útiles de filo cortante (Orozco, 2000). Se viene considerando que la forma del bisel del filo, y su orientación respecto al enmangue, pueden indicar funciones diferentes: así, en las hachas el filo presenta un perfil simétrico, y se dispone paralelamente al mango (como en las hachas actuales). Por otra parte, en las azuelas el perfil o bisel del filo es asimétrico, y su disposición perpendicular al eje longitudinal del mango. Ahora bien, diversos trabajos han mostrado que la diferencia en la cinemática de la pieza se define antes por el enmangue de la hoja de piedra, independientemente de la morfología del filo (Hampton, 1999; Pétrequin y Pétrequin, 1993). Con todo, las denominaciones tradicionales siguen teniendo validez para ordenar el conjunto en estudio, atendiendo en la descripción a diversas señales que evidencien su enmangue (Orozco, 1999) y su utilización, como pueden ser el desgaste, o reavivados, en la zona activa, entre otras.

Junto a los materiales recuperados en diversos sectores de La Vital, incluimos las piezas procedentes del sector 5 (Alquería de Sant Andreu), contiguo a las excavaciones.

Podemos apreciar una elevada fragmentación del utillaje recuperado en la Vital (58% del conjunto), si bien resulta difícil valorar esta característica. En otros yacimientos estudiados, emplazados en comarcas vecinas, la integridad de los materiales presenta una variación importante: así, en el yacimiento de Les Jovades (Cocentaina) las piezas fragmentadas suponen un 36,3% del conjunto, en Niuet (Alquería d'Asnar) un 20%, mientras que en Arenal de la Costa (Ontinyent) los fragmentos representan el 92'9% del material recuperado. La conservación es mucho mejor tanto en las cuevas de hábitat como en aquellos contextos de carácter funerario, respondiendo a la deposición intencional de las piezas (Orozco, 2000; Orozco y Rojo, 2006), sin que ello signifique una fragmentación deliberada de los instrumentos en los poblados al aire libre. En La Vital, las herramientas o fragmentos recuperados se han localizado principalmente en el relleno de diversas estructuras (cubetas o silos), sin apreciar ninguna concentración reseñable, y ninguna de estas piezas líticas está asociada a las estructuras funerarias que en este yacimiento se han documentado.

Pese a la gran fragmentación del conjunto, la mayor parte de las piezas pulimentadas de la Vital presentan filo cortante –o formaron parte de útiles de estas características– a excepción de un percutor (recuperado en el relleno del silo 65) elaborado sobre un hacha fragmentada, cuya zona activa presenta superficie convexa y un piqueteado muy fino. Las reutilizaciones de útiles pulimentados, tras la fractura de la zona activa (filo cortante), son bastante frecuentes; en este sentido, destaca su amortización como percutores en numerosos contextos peninsulares a lo largo de las fases neolíticas (Orozco, 2000, 2004, 2009). Ello viene determinado –en buena medida– por la alta resistencia de las litologías empleadas, seleccionándose con esta finalidad aquellas piezas fragmentadas cuyo soporte corresponde a rocas de textura granuda, siendo inviable (o al menos no tan eficaz) la percusión con materiales de texturas orientadas.

En la relación de las piezas presentada se ha hecho constar la presencia de ciertas marcas o huellas apreciables a nivel macroscópico, que –presumiblemente– pueden aportar información sobre el trabajo desarrollado por estas piezas, así como sobre el sistema de enmangue. En la zona activa (filo o extremo distal) se observan en algunos casos levantamientos o melladuras, embotamientos y reavivados, lo que refleja claramente un uso prolongado de los útiles. Ahora bien, no podemos valorar si

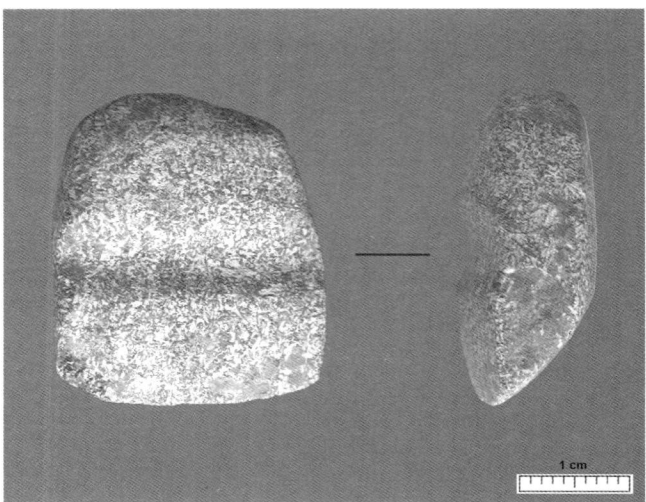

Figura 13.1.- Azuela sobre diabasa, con surco destinado, posiblemente a acomodar el enmangue. UE 2191

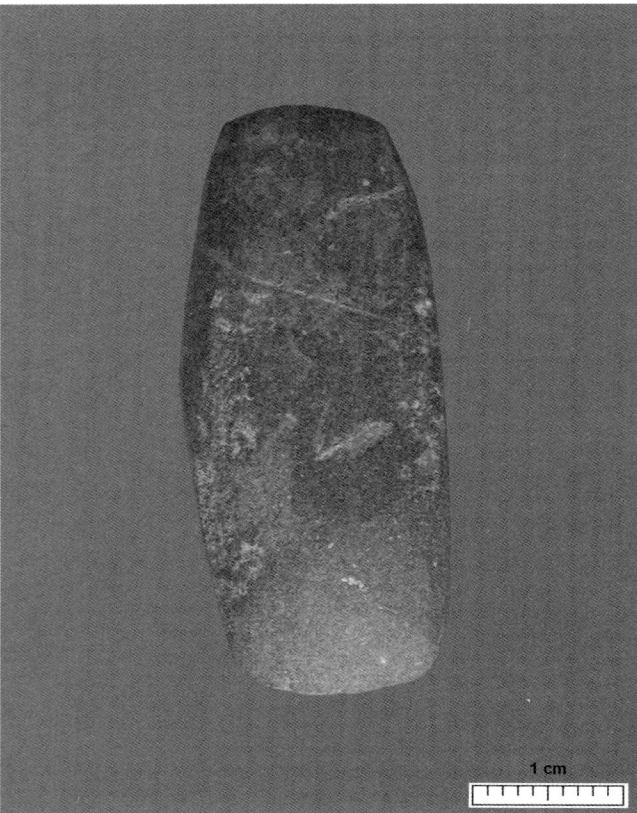

Figura 13.3.- Escoplo sobre anfibolita. UE 3116 (Silo 112).

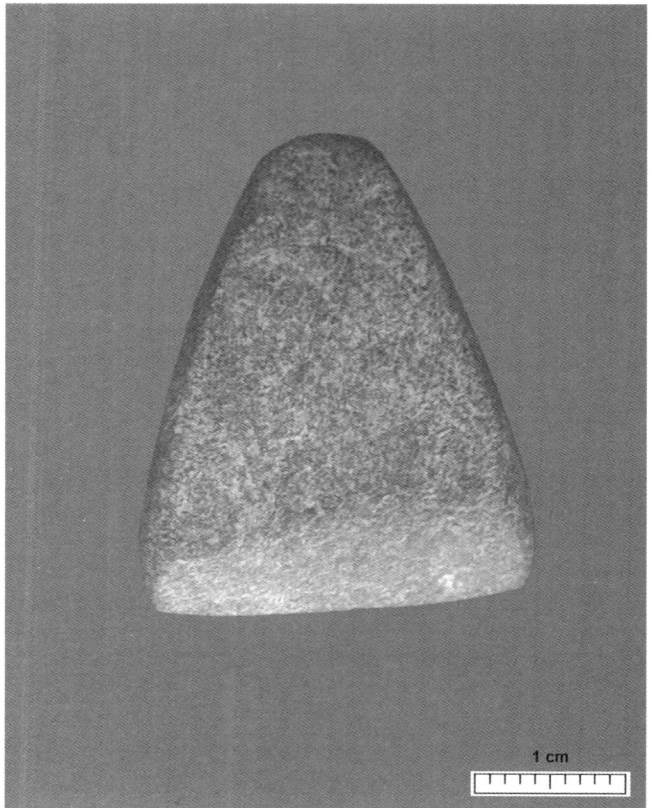

Figura 13.2.- Azuela sobre anfibolita. UE 2070 (Fosa 16).

debe relacionarse con la fijación de esta pequeña hoja al mango. Este sistema, aunque no es muy frecuente, también se ha documentado en otros conjuntos líticos de la Prehistoria reciente peninsular (Orozco, 2000).

Casi el 53 % de los artefactos recuperados corresponde a fragmentos (tanto distales como proximales) de estos objetos y a esquirlas. Únicamente dos categorías tipológicas aparecen en el conjunto analizado: azuelas y escoplos.

Las azuelas son el tipo de mayor representación en La Vital (Fig. 13.2), y esta denominación corresponde a útiles que, en la mayoría de casos, presentan reducidas dimensiones y cuyas siluetas pueden ser muy variables (formas trapezoidales, triangulares, de tendencia rectangular, o incluso irregulares), relacionándose habitualmente con el trabajo de la madera (tareas de carpintería), sin que pueda descartarse su uso en el procesado de otros materiales (p. ej.: tareas de carnicería).

En la categoría escoplos se agrupan piezas de silueta alargada, bastante más estilizadas o estrechas que las azuelas (Fig. 13.3), para las que se presupone también un uso en tareas de carpintería. La característica que comparten ambos tipos líticos es la forma del bisel del filo (asimétrico), siendo los que alcanzan mayor representación en yacimientos cercanos, atribuidos a las diferentes fases neolíticas, especialmente en las cuevas de enterramiento múltiple estudiadas en comarcas limítrofes (Orozco, 2000).

Además de la clasificación a partir de los valores morfométricos, se ha realizado una aproximación a la naturaleza de la litología empleada como soporte. La naturaleza de la mate-

el trabajo realizado provocó su fragmentación. En los útiles pulimentados el extremo proximal, opuesto a la zona activa, puede presentar algunas huellas relacionables con el enmangue de las piezas. En este sentido, la presencia de piqueteado o muescas en el talón, puede corresponder a un intento de mejorar la adherencia de la hoja al mango. En el conjunto de La Vital destaca la pequeña azuela recuperada en la UE 2191 (Fig. 13.1), que presenta en la zona medial, en una cara, un surco pulido que

Grupo	Hecho	UE	Pieza	LM	AM	EM	Materia prima	Observaciones
9	61		Azuela	56,7	31,4	11,8	Esquisto	Levantamientos en filo. Señales enmangue.
2		2084	Esquirla	22,7	18	5,4	Diabasa	Presenta una arista.
		2133	Frag. distal	43	27	37,2	Diabasa	Filo mellado. Bisel Simétrico.
	16		Azuela	33,6	27,5	7	Anfibolita	Forma triangular. Piqueteado en talón.
	16		Frag. distal	47,7	40,4	10,7	Anfibolita	Superficie con intenso pulido
	50		Azuela	38,3	35	15	Diabasa	Fractura en zona proximal. Sección plano-convexa.
	65		Percutor	69,4	46,7	31,6	Diabasa	Pieza reutilizada. Superficie piqueteada y pulida. Sección ovalada.
5	69		Esquirla	26	26,5	6	Diabasa	Presenta una arista.
		2191	Azuela	29,7	25,9	12	Diabasa	Forma trapezoidal. Superficie pulida. Desgaste filo. Presenta un surco para enmangue.
		2202	Frag. distal	19,5	43,4	16,6	Diabasa	Filo muy avivado.
	Sondeo	2052	Escoplo	70	33,3	22,6	Corneana	Superficie piqueteada. Filo embotado.
1		2106	Frag. distal	35,6	41,3	15,7	Anfibolita	Melladuras en el filo. Bisel asimétrico.
8	20		Frag. proximal	55,2	45	38	Metabasita	Superficie pulida.
	112		Escoplo	40,7	17,9	11,3	Anfibolita	Forma rectangular. Superficie pulida. Desgaste filo.

Cuadro 13.1.- Materiales pulimentados recuperados en los diversos sectores de La Vital. Las dimensiones (LM, AM, EM) se expresan en mm.

Grupo	Hecho	Pieza	LM	AM	EM	Materia prima	Observaciones
6	211	Frag. distal	39	48	33,6	Metabasita	Bisel filo simétrico.
	212	Azuela	39	20	12,4	Anfibolita	Fragmentada en ambos extremos. Bisel filo asimétrico. Superficie pulida.
	212	Frag. proximal	35,5	34	36	Diabasa	El talón es una superficie plana.
	217	Frag. distal	26	16	8,6	Sillimanita	Bisel filo asimétrico. Desgaste filo borde derecho.
	217	Esquirla	34	36	6	Anfibolita	Superficie pulida.

Cuadro 13.2.- Materiales pulimentados recuperados en el sector Alqueria de Sant Andreu, anexo a La Vital.
Las dimensiones (LM, AM, EM) se expresan en mm.

ria prima determina las técnicas de fabricación empleadas: en efecto, suele constatarse una cuidada selección de los soportes líticos para la confección de estas herramientas (Orozco, 2000); puede tener relación con la variabilidad tipológica y también puede influir en el trabajo que se desarrolla con dicha herramienta. No obstante, el interés de la caracterización petrológica del soporte lítico viene dado por la información que aporta sobre las áreas de procedencia de estos materiales, permitiendo establecer la circulación de materiales (Orozco, 1998a; Ricq-de Bouard, 1996).

En el conjunto de La Vital encontramos representadas rocas ígneas básicas (diabasas, en el 42,1% de las piezas), así como soportes de naturaleza metamórfica (anfibolitas y otros litoti-

pos). La valoración sobre los sistemas de explotación para su obtención llevados a cabo por los grupos que habitan la desembocadura del Serpis a fines del neolítico, se desarrolla en páginas posteriores.

ELEMENTOS ABRASIVOS

Además de las piezas pulimentadas referidas en el apartado anterior, a lo largo de la excavación han aparecido otros materiales líticos que, si bien no son tipologizables a partir de sus rasgos morfométricos, si merece destacarse su presencia en el yacimiento, pues pueden formar parte de procesos productivos

Grupo	Hecho	UE	Dimensiones	Materia prima	Observaciones
2	65		119x105x40	Arenisca	Superficie plana.
	63		28x31x17,2	Arenisca. Grano muy fino y homogéneo. Tonos rojizos.	Presenta una superficie plana.
		2133	175x142x41	Arenisca. Grano de fino a muy fino. Tonos grises.	Presenta dos amplios surcos, muy poco profundos.
		2084	72x75x26	Arenisca. Grano muy fino. Homogéneo.	Únicamente se aprecian los bordes recortados de la pieza.
8	20		31,5x35x18	Arenisca. Grano muy fino. Tonos amarronados.	Presenta una superficie plana.
	20		99x72x35	Arenisca	Presenta un superficie ligeramente cóncava, pulida.

Cuadro 13.3.- Elementos abrasivos recuperados en los diversos sectores de La Vital. Las dimensiones se expresan en mm.

muy variados: se trata de los elementos englobados bajo la etiqueta de Materiales Abrasivos, y se definen, en buena medida, por el litotipo empleado como soporte que presenta, necesariamente, esas propiedades erosivas. Nos encontramos ante fragmentos informes, con un tratamiento desigual de la superficie y que, en ocasiones, pueden presentar alguna huella o marca clara de su empleo, como pueden ser surcos o ranuras. No obstante, el hecho de que aparezcan formando parte del registro material recuperado en una excavación arqueológica, fuera de su ámbito litogénico, evidencia una selección y transporte antrópico.

Rebajar, pulir, afilar, son –entre otras– algunas de las labores en las que pueden participar estos elementos y que forman parte de una variada gama de procesos de producción; sin embargo no es posible precisar, a partir de las marcas evidenciadas (superficies desgastadas, concavidades, ...) sobre qué tipo de materiales se efectúa el trabajo. Asimismo, debemos recordar que ese trabajo erosivo se realiza con un movimiento de fricción, y puede realizarse en seco o también aplicando agua. La litología representada corresponde a areniscas, de coloración diversa, y granulometría variable. El tamaño de grano –y su homogeneidad– influye en la calidad del resultado, obteniéndose superficies menos rugosas con un grano más fino.

INSTRUMENTAL DE MOLIENDA

Bajo este epígrafe se presentan una serie de elementos líticos que, presumiblemente han participado en tareas de molturación. Los molinos de mano se componen de una piedra inferior, llamada muela o molino propiamente, que corresponde a una superficie de trabajo pasiva, más o menos plana, que suele ir ahondándose con el uso, de tal manera que la superficie de trabajo acaba siendo ligeramente cóncava; y una piedra superior, o elemento activo que suele denominarse mano o moleta, y que desarrolla una acción de golpeteo o fricción.

De estos dos elementos, los molinos suelen reconocerse sin dificultades, principalmente por la presencia de ciertos rasgos tecnológicos y de uso: el tratamiento de la superficie activa, con presencia de restos de piqueteado (cúpulas) y pulido, así como –en ocasiones– los rebajes o recortes en los bordes. Como se ha referido anteriormente, el trabajo que se efectúa sobre estos ele-

mentos pasivos corresponde, en buena parte de ocasiones, a un movimiento de fricción. Los dimensiones de estas herramientas suelen ser variables y, al menos en los elementos recuperados en yacimientos neolíticos de estos territorios, no podemos fijar una estandarización del tamaño. En algunos contextos se han recuperado piezas empleadas en el tratamiento y elaboración de sustancias colorantes (Orozco, 2000), pues presentan restos de ocre en la superficie de trabajo, lo que no se aprecia en los materiales de La Vital.

En cuanto a las manos de molino o elementos activos, con las que se efectúa el movimiento de vaivén que pulveriza el material tratado, suelen ser elementos de difícil identificación, por cuanto que no necesitan una alta transformación del soporte (un canto rodado puede ser utilizado con esta finalidad). Suelen clasificarse bajo este apartado elementos líticos que presentan un zona activa de tendencia aplanada, y pulida, como resultado de la fricción desarrollada. Asimismo, debe tenerse en cuenta que estas piezas se emplean sujetadas con una o ambas manos, sin que podamos precisar criterios métricos para su definición. A lo largo de la excavación de La Vital, ninguno de los cantos aparecidos en las unidades estratigráficas o estructuras excavadas ha presentado huellas claras que permitan su clasificación en este apartado.

Así pues, únicamente contamos con la muela o molino en La Vital para visualizar las actividades de molienda. Existe en este conjunto de piezas una clara homogeneidad en cuanto al litotipo elegido como soporte, que corresponde en la mayor parte de casos a la roca que denominamos Microconglomerado. Este término designa un material de origen sedimentario, detrítico, bien cementado, con clastos de tamaños que en muy contadas ocasiones superan los 2 mm. La utilización de este término petrológico antes que Arenisca conglomerática ya fue justificada en anteriores trabajos (Orozco, 2000), con el fin de señalar de manera más clara la diferencia con los materiales denominados Areniscas, que componen mayoritariamente el conjunto de Elementos Abrasivos.

En un par de casos encontramos la utilización de caliza (tanto micrítica como esparítica). Creemos, no obstante, que los microconglomerados son un litotipo mucho más versátil para estas herramientas, en cuanto que su acondicionamiento buscando una superficie de tendencia plana no resulta excesivamente cos-

Grupo	Conjunto	Hecho/nivel	UE	Pieza	Dimensiones	Materia prima	Observaciones
9	1	153 (A3)		Frag. molino	47,4x73x38	Microconglomerado	Superficie activa plana.
	1	153 (A1)		Frag. molino	119,7x162x64	Microconglomerado	Sección plano-convexa. Superficie activa plana.
		61		Molino	265x142x78	Microconglomerado	Superficie activa cóncava. Bordes recortados.
8		112		Frag. molino	67x88x58	Caliza esparítica	Cúpulas de piqueteado de tamaño medio.
2		16		Frag. molino	106x147x55	Microconglomerado	Sección plano-convexa. Superficie activa plana.
			2133	Frag. molino	119x195x55	Microconglomerado	Superficie de trabajo plana. Sección plano-convexa.
			2133	Molino	205x157x49	Microconglomerado	Superficie activa plana. Pulido sobre el piqueteado.
		58		Frag. molino	155x124x52	Microconglomerado	Superficie de trabajo plana. Piqueteado.
1		52		Molino	244x190x54	Microconglomerado	Superficie activa cóncava. Bordes recortados.
		52		Molino	250x180x90	Microconglomerado	Superficie activa cóncava, pulido sobre piqueteado.
		52		Molino	355x240x58	Caliza micrítica	Concavidad marcada (24 mm) en superficie de trabajo. Pulido bastante intenso.
		52		Molino	145x166x68	Microconglomerado	Piqueteado muy fino en la zona activa.
-		115		Frag. molino	97x66x39	Microconglomerado	Superficie activa plana.

Cuadro 13.4.- Instrumentos de molienda recuperados en los diversos sectores y estructuras de La Vital. Las dimensiones se expresan en mm.

toso, y si se utilizan en seco reducen en gran medida su poder abrasivo.

VALORACIÓN

La determinación petrológica de los soportes líticos aporta información sobre cuestiones de interés, como es la relación entre la morfología y/o función de la pieza y el tipo de roca empleado, el conocimiento de las propiedades de las diferentes litologías, pero también nos permite conocer –en buena medida– el sistema empleado para la obtención de los recursos líticos. Para cubrir la demanda lítica en las tierras valencianas se evidencian, desde las etapas iniciales del neolítico, dos sistemas, que pueden actuar de manera conjunta: la explotación directa del medio por parte de las comunidades demandantes –o suministro directo– y un sistema de suministro indirecto o extraterritorial, que pone de manifiesto contactos con otras zonas/comunidades (Orozco, 1998a). La lectura del repertorio litológico de La Vital evidencia, de forma indudable, ambos mecanismos, y nos permite profundizar en ciertos aspectos apuntados en anteriores trabajos (Orozco, 2000).

En el caso de las rocas sedimentarias (areniscas, calizas, microconglomerados) representadas en buena parte de los materiales líticos recuperados en La Vital, se hace patente que son las propiedades intrínsecas de estas litologías las que motivan su elección, tal como se ha detallado en los apartados dedicados a los abrasivos y al instrumental de molienda.

Si tomamos la naturaleza del relieve como punto de partida, un vistazo rápido a los territorios valencianos nos muestra que las estructuras que lo componen están formadas, mayoritariamente, por litologías de origen sedimentario. Los sistemas montañosos más cercanos al yacimiento (p. ej., el Mondúver) están compuestos por calizas del mesozoico, destacando asimismo en este entorno las superficies cubiertas por depósitos cuaternarios. Es factible suponer que la obtención de estos soportes líticos

pudo realizarse en el área cercana al yacimiento, siendo los propios grupos los que ponen en práctica un sistema de aprovisionamiento directo. Para ello pueden desarrollar diferentes mecanismos: el laboreo o recolección superficial, o también técnicas extractivas (trabajos de cantería).

En cuanto a los soportes empleados en la fabricación de las piezas pulimentadas, debemos reseñar no sólo la mayor variedad litogénica sino también la gran diferencia en cuanto a sus propiedades intrínsecas (tenacidad, resistencia) que presentan estos materiales frente a las rocas de origen sedimentario. Dos grandes grupos pueden diferenciarse: de un lado las rocas ígneas básicas (representadas en La Vital por las diabasas) para las que sí encontramos potenciales áreas fuente en el marco valenciano, y una variada serie de rocas de naturaleza metamórfica, de características diferentes que tienen su ámbito litogénico en otros dominios geológicos.

Las diabasas son uno de los soportes más empleados en la confección del utillaje pulimentado a lo largo del Neolítico valenciano. Su representación en la industria pulimentada puede variar en los contextos arqueológicos, tal como se ha puesto de manifiesto en trabajos anteriores, apareciendo tanto en el registro recuperado en poblados (Orozco, 1993, 1994, 2004b), como en los ajuares funerarios. Se trata de un material que se explota con esta finalidad desde la implantación de la economía de producción en este marco geográfico, poniendo de manifiesto la idoneidad de este tipo de roca. La valoración de este litotipo queda patente al observar las reutilizaciones de piezas fragmentadas.

Aunque este tipo de roca no se puede considerar exclusivo en ninguna de las fases de la secuencia regional, sí se ha podido apreciar que su proporción es más alta en los conjuntos atribuidos al Neolítico inicial de los yacimientos emplazados en las comarcas centromeridionales valencianas, y cuya obtención pudo realizarse de forma directa por parte de las comunidades campesinas a tenor de la cercanía relativa de diversos afloramientos de diabasas (Orozco, 2000, 2009). Sin embargo, pocas precisiones pueden hacerse sobre las técnicas extractivas desarrolladas para obtener los soportes, pues la explotación continuada de los afloramientos rocosos, especialmente en épocas recientes, ha conllevado –en ciertos casos– importantes modificaciones del afloramiento y su entorno, enmascarando o borrando los indicios de su explotación prehistórica (Orozco, 1998a); en el caso de los útiles sobre diabasa recuperados en Cova de les Cendres (Moraira-Teulada) planteábamos una recogida puntual de cantos en zonas de playa o a lo largo de un curso fluvial, o bien una explotación de alguno de los numerosos pequeños asomos rocosos de diabasas cercanos (Orozco, 2009). Para el conjunto de estas piezas documentado en La Vital, el análisis preliminar no permite establecer una relación directa con un afloramiento determinado de este marco geográfico.

Pero la elección de un determinado tipo de roca para fabricar los útiles también puede depender de criterios culturales. En este sentido, la presencia en los conjuntos arqueológicos de altos porcentajes de materiales elaborados con rocas procedentes de otros dominios geológicos incita a la reflexión.

En el caso de La Vital, encontramos una buena representación de materiales metamórficos (anfibolita, metabasita, corneana y esquisto). Si bien el dato cuantitativo (50% de las piezas pulimentadas) no difiere de los resultados que ofrecen otros yacimientos de cronología similar (Orozco, 2000), resulta interesante valorar la presencia de estas litologías, para las que suponemos un aprovisionamiento o suministro indirecto (obtención a través de intercambios con otras poblaciones), habida cuenta de la localización del ámbito litogénico de estos materiales.

Las anfibolitas son uno de los materiales metamórficos más comúnmente utilizado en la confección de estas herramientas en la prehistoria reciente peninsular. Su presencia en los conjuntos valencianos resulta clave para afirmar las relaciones entre esta zona y el área del SE peninsular. Estas litologías aparecen masivamente en los dominios internos de las Cordilleras Béticas, concretamente en la zona cercana a Sierra Nevada, donde constituyen niveles continuos en varias formaciones (Barrera *et al.*, 1987; Carrión y Gómez, 1983), si bien puntualmente podemos encontrar algunos asomos de anfibolitas en algunos dominios béticos más externos, como es el Complejo Alpujárride. La metabasita y el material esquistoso utilizados como soporte en las piezas de la Vital también pueden considerarse procedentes del SE peninsular.

La sillimanita se genera en los procesos metamórficos de alta temperatura. Las rocas metamórficas con sillimanita no existen en el País Valenciano, y se ha señalado como ámbito litogénico los terrenos gneísicos de la zona de Somosierra, en el Sistema Central, donde se destaca la facilidad relativa para encontrar nódulos en el campo, debido a la erosión de la roca (Barrera y Martínez, 1980), así como el complejo Alpujárride en las zonas internas Béticas (Aguayo *et al.*, 2006). También aparecen en otras zonas bastante más alejadas, como son Galicia, norte de Portugal, Salamanca y Zamora. En el área pirenaica, la sillimanita no llega nunca a formar masas extensas y, para el utillaje pulimentado recuperado en yacimientos catalanes se señala como procedencia más probable la serranía de Ronda, o las áreas del Macizo Central o Alpes en Francia (Álvarez, 1993).

Las corneanas son rocas metamórficas, ligadas a las facies de baja presión y temperatura. Es una roca relativamente abundante en el noreste de la península ibérica, que se encuentra repartida de forma irregular en el zócalo de la zona axial de los Pirineos, así como en puntos determinados del cordón litoral y prelitoral del sistema costero catalán. También se encuentra en forma de cantos rodados en las formaciones detríticas originadas por el transporte y sedimentación de materiales en muchos cursos fluviales que tienen su origen en el ámbito pirenaico. Las determinaciones petrográficas revelan la preponderancia de este soporte sobre otros tipos de roca en las colecciones de útiles pulimentados en Cataluña (Álvarez, 1993; Álvarez y Clop, 1998; Clop, 2004; entre otros).

En el ámbito valenciano, los útiles de corneana aparecen de forma puntual en contextos del IV-III milenio cal. a.C. (Orozco, 2000), si bien estudios recientes de colecciones recuperadas en yacimientos septentrionales –tal es el caso de Costamar, en la provincia de Castellón– están modificando la visión sobre la explotación y distribución de estos soportes, estableciendo su uso ya en momentos antiguos de la secuencia neolítica (Orozco, 2010), hecho que probablemente deba relacionarse con una mayor cercanía al área fuente de estas litologías.

Los contactos entre grupos asentados en la zona central valenciana y áreas meridionales peninsulares se reflejan en la cultura material desde la aparición de las primeras comunidades campesinas, documentándose variaciones notables en cuanto a los objetos y/o ideas que circulan entre los grupos humanos de este marco geográfico. Así, a lo largo del neolítico inicial (momento en el que ciertos valores o elementos simbólicos del registro arqueológico son compartidos en esta vasta extensión geográfica, como es la cerámica con decoración cardial) se ha constatado la circulación de diversos materiales líticos desde el SE hacia los territorios valencianos, en su mayoría elementos de adorno (brazaletes), apareciendo también –aunque con baja representación– útiles pulimentados confeccionados con materiales cuya área fuente corresponde a los dominios internos de las Cordilleras Béticas (Orozco, 2000, 2009).

No obstante, será a partir del IV-III milenio cal. a.C. (Neolítico II en la secuencia regional) cuando el flujo de materiales tenga una notable representación en los conjuntos, poniendo de relieve la consolidación de esta vía de circulación y contactos. Ello se refleja no sólo en la cantidad de útiles líticos y la variedad de materias primas, sino también en otra serie de elementos de naturaleza bien diferente, considerados bienes de prestigio, tales como el marfil, ámbar o también el metal (Orozco *et al.*, 2001). No debe sorprender la constatación de relaciones de intercambio entre comunidades prehistóricas, incluso deberíamos pensar que fueron mucho más frecuentes de lo que conocemos a partir de los datos del registro arqueológico. Se ha señalado que la obligación para los individuos y los grupos de "intercambiar" para existir socialmente, es una característica de las sociedades segmentarias –aunque no es exclusiva de este tipo de sociedades– (Godelier, 1996).

El valor de los útiles pulimentados que circulan en este territorio no reside en la rareza o exclusividad del soporte lítico. Evidentemente, la elección de la materia prima, así como el trabajo invertido en su producción pudo haber influido, pero sobre todo es el hecho de que se trate de herramientas de uso cotidiano (azuelas y escoplos en La Vital) lo que nos indica la importancia o el valor social que tiene el objeto, utilizado por grupos y/o individuos para tratar los unos con los otros, sea para establecer nuevas relaciones sociales o para reproducir antiguas (Orozco *et al.*, 2001). Los útiles pulimentados intercambiados no debieron tener un uso restringido, a tenor de los evidentes desgastes y fracturas que suelen presentar. Tampoco su posesión parece estar restringida, pues aparecen –en cantidad variable– en contextos funerarios y habitacionales, lo que permite afirmar que buena parte de la comunidad tenía acceso a estos bienes.

Su importancia social viene bien señalada además por otro litotipo metamórfico documentado en este yacimiento: las corneanas. En los yacimientos neolíticos emplazados en las comarcas centromeridionales valencianas ya se había documentado una tímida presencia de esta litología en los conjuntos de útiles pulimentados, si bien su baja frecuencia nos hacía clasificarlas como testimoniales (Orozco, 2000). Los datos aportados por La Vital permiten incidir en la existencia de una red de relaciones y/o intercambios con comunidades que habitan en zonas septentrionales del mediterráneo peninsular. No obstante, por el momento podemos apreciar ciertas diferencias en cuanto a ambas vías o circuitos. En el caso de las corneanas –o las relaciones con áreas septentrionales–, tal como hemos referido, podría valorarse como relaciones puntuales entre las comunidades de ambas zonas, de poca intensidad o poca entidad, a tenor de esa baja proporción de piezas de dicha procedencia. Será necesario profundizar en la distribución de estos materiales en el territorio valenciano, especialmente en las comarcas septentrionales, con el fin de valorar estas conexiones.

Queda, por último, reflexionar sobre la direccionalidad de estos circuitos o rutas de intercambio, a través de las que circulan personas y objetos diversos. Los datos nos están permitiendo conocer que materiales alóctonos reciben las comunidades neolíticas que habitan a lo largo de la cuenca del Serpis, desde áreas geográficas distantes. Muy posiblemente, otros objetos se desplacen en las direcciones contrarias, si bien actualmente no somos capaces de precisar la naturaleza de dichos bienes. Debemos tener en consideración que no siempre un determinado objeto o bien se intercambia por otro de la misma categoría o naturaleza. Además, el intercambio no siempre se centra en objetos materiales, con significado cultural, puede ser una danza, un ritual mágico, … lo que pone en movimiento al elemento/objeto intercambiado es la voluntad de los individuos de establecer entre ellos lazos de solidaridad y/o dependencia. Esta voluntad está animada por fuerzas subyacentes, por necesidades involuntarias, porque a través de las acciones de los individuos y los grupos las relaciones sociales se reproducen y se re-encadenan; es la sociedad entera la que se reproduce y lo hace sea cual sea la forma y el grado de conciencia que los actores tienen, individual y/o colectivamente, de estas necesidades (Godelier, 1996). De este modo, es posible entender como los grupos neolíticos que ocupan el área de La Vital pueden realizar útiles pulimentados con determinadas rocas recogidas en un entorno cercano (diabasas), pero al mismo tiempo poseen ciertas herramientas, de las mismas características, cuya procedencia se explica por el desarrollo y la consolidación de los sistemas de intercambio con comunidades alejadas geográficamente. La circulación de útiles pulimentados en la cuenca mediterránea muestra que estas piezas poseen un valor simbólico, superando su función práctica obvia, que se concreta en el establecimiento de lazos entre comunidades vecinas, reforzando la conectividad social (Harrison y Orozco, 2001).

Capítulo 14

LA CERÁMICA

Ll. Molina Balaguer y X. Clop García

Las actuaciones llevadas a cabo en el yacimiento de La Vital han reportado la recuperación de un total de 12953 restos cerámicos a mano, aparecidos a lo largo de todas las fases de ocupación del yacimiento, si bien el grueso de los materiales corresponde a los niveles y estructuras adscritos a los momentos calcolíticos/campaniformes (Fase VII), con 11997 restos para el conjunto de los sectores 1 á 4. Respecto al Sector 5, sus materiales ya han sido publicados con anterioridad (Pascual *et al*., 2008), por lo que aquí únicamente se considerarán a nivel comparativo.

En general el estado de conservación de los materiales cerámicos es bastante deficiente. En la práctica totalidad de los casos las superficies han aparecido erosionadas, con lo que nada podemos saber respecto al acabado que realmente tuvieron los vasos cerámicos. Así, determinados tratamientos, caso del peinado, o decoraciones que comporten incisiones/impresiones poco profundas o uso de colorantes y almagras pueden haber quedado infrarrepresentadas o completamente desaparecidas en caso de que las hubiera habido.

Sin embargo, el problema principal al que ha habido que enfrentarse a la hora de procesar la colección ha sido su extremada fragilidad. Ha sido necesario su lavado casi en seco para evitar la destrucción de los fragmentos al contacto con el agua y, en gran parte de la colección, se han aplicado posteriormente tratamientos de consolidación a base de *paraloid* diluido en acetona. Pese al cuidado desplegado, debemos reconocer que, desde el momento de su extracción en el campo hasta su tratamiento final en las instalaciones del Laboratorio de Arqueología de la Universitat de València, los procesos de fragmentación del material han hecho mella de manera importante en algunos conjuntos.

Asumidas estas limitaciones, debemos señalar, con todo, que la colección cerámica del yacimiento de La Vital, sobre todo para los momentos correspondientes a esta fase, aporta un nada desdeñable volumen de información. Su estudio, al mismo tiempo, invita a plantearse una serie de reflexiones sobre el papel de la cerámica, su valoración y uso, cuestiones todas

que tendremos ocasión de desarrollar a lo largo de las siguientes páginas.

Para el estudio morfotipológico de los materiales hemos aplicado la metodología que, desde hace ya varias décadas, viene desarrollándose desde el equipo de trabajo de la Universitat de València, y que está definido especialmente para colecciones neolíticas (Bernabeu, 1989; Bernabeu y Guitart, 1993; Bernabeu *et al*., 2009; Bernabeu y Orozco, 1994; García Borja, 2004; Molina, 2006). Por tanto, remitimos a las diferentes publicaciones para una explicación detallada del método.

En paralelo a esta aproximación, se ha procedido a una caracterización petrográfica de los productos cerámicos con el objetivo de intentar dar respuesta a algunas de las cuestiones que la producción cerámica del yacimiento nos suscitaban. La cerámica, como objeto acabado, es el resultado de un proceso de trabajo en el que quedan reflejados múltiples aspectos, que van desde la naturaleza y disponibilidad de los diversos recursos naturales necesarios, hasta el nivel de desarrollo de las fuerzas productivas o las necesidades y condicionantes sociales sobre las características del producto acabado.

Las características del yacimiento de La Vital, invitaban a plantearse diversas cuestiones donde quedaban reflejados estos aspectos:

1.- La posible procedencia de las tierras utilizadas en la elaboración de estos productos cerámicos, con una particular atención a los vasos campaniformes.

2.- La posibilidad de que algunos de los productos cerámicos documentados fueran realizados como productos específicos para su uso funerario.

3.- El grado de homogeneidad o heterogeneidad en la producción cerámica entre las distintas unidades domésticas documentadas.

4.- La existencia o no de determinadas particularidades en el proceso de producción cerámica, como por ejemplo la presencia o no de desgrasantes añadidos por los artesanos.

Para cubrir estos objetivos, se ha procedido al estudio de láminas delgadas mediante microscopio de luz polarizada, siguiendo las propuestas de Courtois (1976), Echallier (1984, 1987) y Convertini (1996), si bien matizadas y complementadas en base a nuestra propia experiencia (Clop, 2000, 2007). El estudio petrográfico de muestras cerámicas permite identificar la o las diferentes composiciones mineralógicas utilizadas en la fabricación de los productos cerámicos localizados en un determinado sitio arqueológico. Cada una de estas composiciones corresponde a un grupo petrográfico o, dicho de otra manera, permite agrupar las cerámicas que han sido realizadas con tierras que corresponden a contextos petrográficos coherentes.

La determinación del posible lugar de procedencia de las tierras utilizadas en la manufacturación de los productos cerámicos estudiados se basa en la comparación de las características petrológicas de las mismas con las características geológicas del entorno inmediato del yacimiento arqueológico. La determinación de estas características se hace, básicamente, a través de los datos aportados a partir de dos vías de estudio diferentes. En primer lugar hay que determinar las características geológicas generales de la zona donde se encuentra el yacimiento arqueológico que se estudia, en base a los mapas geológicos o estudios específicos que puedan existir. Con ello podemos hacernos una idea general sobre el entorno geológico del yacimiento. Esta información se tiene que completar con la recogida y análisis de muestras de diferentes tipos y ambientes, para poder precisar los

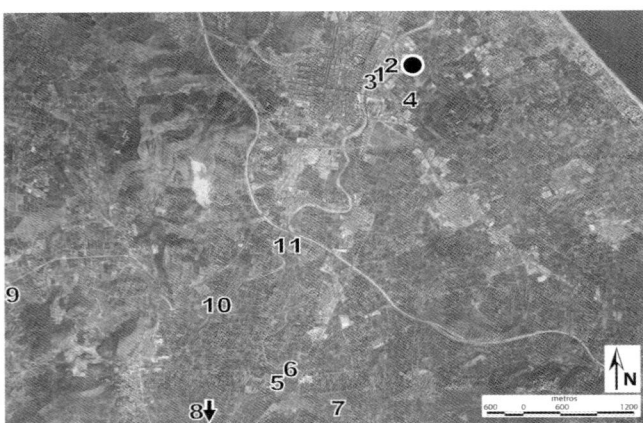

Figura 14.1.- Localización de las muestras de tierra tomadas para el estudio.

elementos de origen mineral que efectivamente se encuentran en los alrededores del yacimiento.

En total se han preparado 38 láminas extraídas de otros tantos vasos individualizados tras el estudio morfotipológico, y 11 láminas de muestras de tierras de diversas localizaciones más o menos cercanas a La Vital (Fig. 14.1 y Cuadro 14.1). Las muestras cerámicas proceden de los enterramientos 10 y 11 (aquellas

Muestra	Recogida	Descripción
MTVT 101	Lecho del Serpis	Abundantes fragmentos calizos (tamaño pequeño y medio). Restos de fósiles. Cuarzos de tamaño pequeño, muy abundantes y forma redondeada-subrectangular con extinción ondulante en algunos casos
MTVT 102	Corte a 2 m de la superficie actual sobre el cauce del Serpis	Similares características que MTVT 101. Elementos minerales de tamaño pequeño muy abundantes. Presencia de algún cuarzo de tamaño medio
MTVT 103	Corte a 4,5-5 m de la superficie actual, sobre el cauce del Serpis	Características en todo similares a la muestra MTVT 102
MTVT 104	Recogida en una cata a 1 m por debajo de la superficie actual (cota del yacimiento neolítico). Zona del Regalar	Arcilla oscura con características y composición similares a las anteriores muestras, pero con una mayor abundancia de cuarzos de tamaño pequeño-medio
MTVT 106	Debajo del nivel de terraza del Serpis a su paso por Potries	Dominio abrumador de los cuarzos de tamaño medio y pequeño, con extinción ondulante en algunos casos. Presencia de algunos fragmentos de roca caliza
MTVT 107	Arcillas rojas de explotación industrial sobre la población de Potries	Arcillas rojas con fragmentos de rocas silíceas y calizas de tamaño medio no muy abundantes. Escasos cuarzos de tamaño medio y pequeño
MTVT 108	Sedimentos trasportados por el Serpis a su paso por Vilallonga	Cuarzos de tamaño pequeño y medio de formas redondeadas o angulosas y extinción ondulante. Presencia de rocas calizas con fósiles no identificables
MTVT 109	Margas a la entrada de la población de Ròtova	Fragmentos de calizas, muy abundantes, de tamaño medio y grande, y formas redondeadas. A menudo presentan fósiles (globigerinas…). Minerales arcillosos con trazas de cuarzo y residuos carbonosos. Cuarzos muy pequeños
MTVT 110	Sedimentos aportados por el río Vernissa al sur de Ròtova	Abundancia de cuarzos pequeños, medios y grandes, formas redondeadas y angulosas de extinción ondulante. Presencia de algunas rocas calizas
MTVT 111	Sedimentos aportados por el río Vernissa cerca de la confluencia con el Serips	Predominio de las calizas de tamaño muy grande, muy abundantes. Presencia importante de cuarzos de tamaño medio y grande, con extinción ondulante en casi todos

Cuadro 14.1.- Características de las muestras de tierras analizadas.

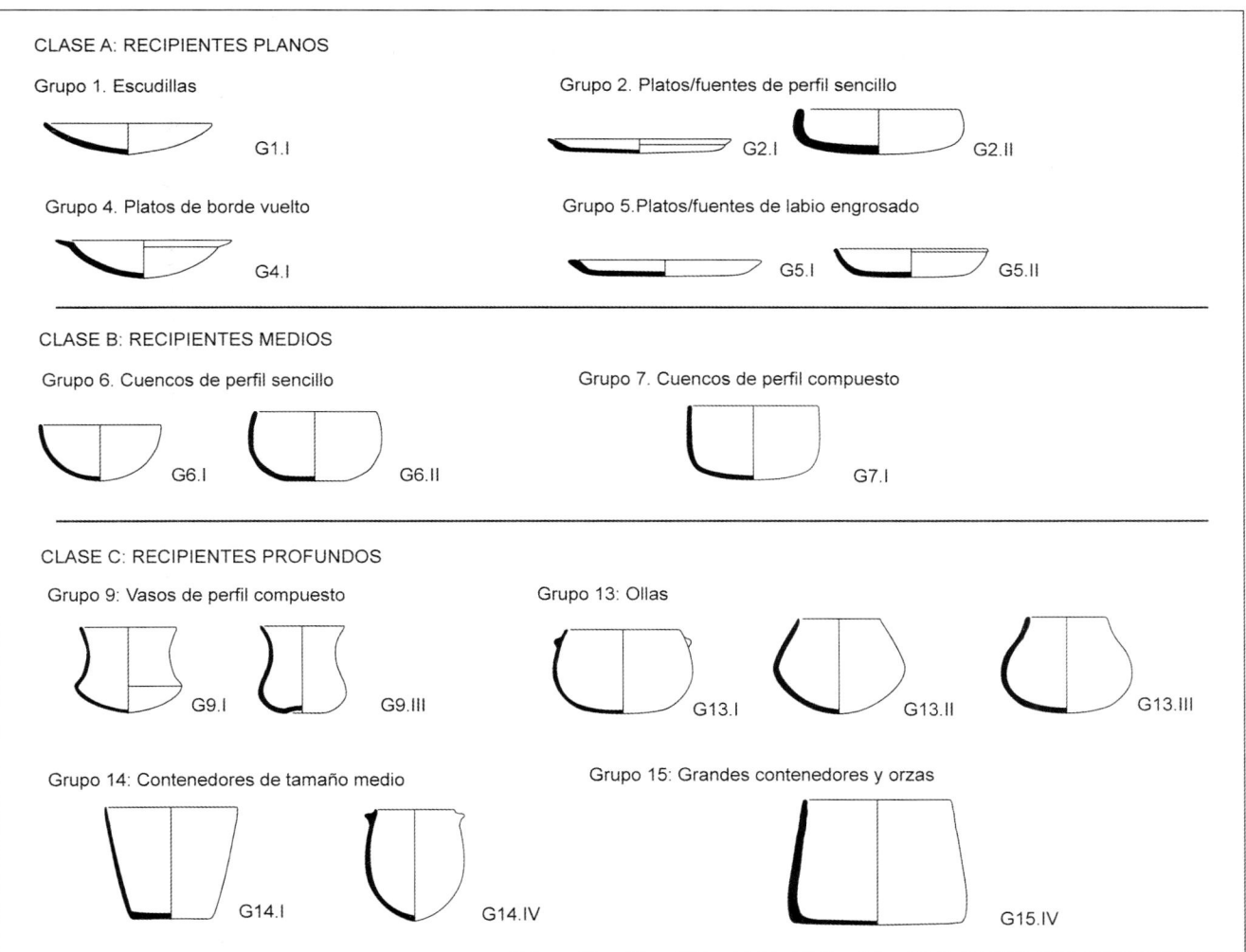

CLASE A: RECIPIENTES PLANOS

Grupo 1. Escudillas

G1.I

Grupo 2. Platos/fuentes de perfil sencillo

G2.I

G2.II

Grupo 4. Platos de borde vuelto

G4.I

Grupo 5.Platos/fuentes de labio engrosado

G5.I

G5.II

CLASE B: RECIPIENTES MEDIOS

Grupo 6. Cuencos de perfil sencillo

G6.I

G6.II

Grupo 7. Cuencos de perfil compuesto

G7.I

CLASE C: RECIPIENTES PROFUNDOS

Grupo 9: Vasos de perfil compuesto

G9.I

G9.III

Grupo 13: Ollas

G13.I

G13.II

G13.III

Grupo 14: Contenedores de tamaño medio

G14.I

G14.IV

Grupo 15: Grandes contenedores y orzas

G15.IV

Figura 14.2.- Variables tipológicas reconocidas en la colección de La Vital (a partir de Bernabeu *et al.*, 2009).

que tienen materiales campaniformes) y de las casas 4 y 5 (Sector 2), 7 y 8 (Sector 3), así como un vaso con decoración inciso/impresa de la cubeta 52 (Sector 4).

DESCRIPCIÓN DE LA INDUSTRIA CERÁMICA

Aspectos morfotipológicos

Tomada en su conjunto, y tal como evidencian los Cuadros-resumen (Cuadro 14.2-14.6), la colección cerámica recuperada en las estructuras y niveles calcolíticos se caracteriza por la homogeneidad y la monotonía en las variables morfológicas consideradas. Así, atendiendo al conjunto de fragmentos:

- El 80% de los labios identificados son de la variante redondeada, quedando limitado el papel de los labios engrosados al 10% de los casos. Entre ellos, son los tipos engrosados externos los más abundantes, quedando en valores testimoniales aquellos internos (tipo almendrado) y los dobles. En la práctica totalidad de los casos donde ha sido posible valorarlo, estas variantes engrosadas se asocian a recipientes con formas planas.

- El 95% de los casos observados corresponden a bordes no diferenciados. Esta situación se mantiene tanto si atendemos a los diferentes sectores excavados como si ceñimos nuestra mirada a las estructuras concretas (teniendo siempre presente un mínimo representativo para la muestra). De esta abrumadora simplicidad formal sólo se escapan las dos fosas donde se han documentado sendos vasos campaniformes (enterramientos 10 y 11), cuyo carácter singular los sitúa al margen del resto de la colección. Así, en general, los escasos bordes salientes documentados responden a formas muy suaves, un ligero exvasamiento que, en algunos casos podría considerarse incluso accidental, resultado del combamiento de las paredes durante el modelado.

- Entre las Bases, son las de tipo plano las que monopolizan la representación de la variable. Dentro de éstas, las de pie macizo sólo cuentan con seis casos, frente al resto, que corresponden a la variante aplanada. Si bien es cierto que es más fácil reconocer las variantes "diferenciadas" respecto a las bases convexas –sobre todo en colecciones con un alto grado de fragmentación–, la gran cantidad de evidencias documentadas (312 fragmentos) nos remite, como en el caso de los bordes, hacia un

Grupo	Conjunto	Hecho/fase	Labios						Bordes				Bases			Carena	Informes	Total
			1	2	3	4	5	6	0	1	2	3	1	3	4			
1		52	31	1	1		2		35						9		346	390
		53	1				2		3								39	42
		54	17						17						3		156	176
		55	4						4								67	71
		99					2		1								18	20
		8	6		1				6						1		52	60
	rellenos sups.		3				1		4								95	99
2		16	27	3	2	1	10		42						15		466	524
		62															2	2
		63															3	3
		49	3				4		7						1		49	57
		50	2						2								19	21
		57															52	52
		58	28	4	2		7		37						14		464	519
		64															9	9
		65	90	6	6		4		101		3		4		32		1132	1274
		102	2						2								49	51
	4	fase A	37	3	3		3		33		2	1			15		881	942
		fase B	15	1	1				17						1		258	276
		sondeos	35		3		4		34		1				2		1153	1197
3		109															1	1
		117	2						2						3		73	78
		119	3						2	1							51	54
	8	fase A1	2						2						2		67	71
		fase A2	3	4					7						11		146	162
		fase A3	17		2	2	2		22	1					2	1	191	217
		122	1						1								9	10
		fase B	10						10					1	7		121	139
4	3																5	5
		59															1	1
5		69	1				1		2						1		18	21
		18															30	30
		98															21	21
		97	12				1		13						41		69	125
	rellenos sups.		34	1	6	1	5		43		2				18		693	757
	5	81	2						2								18	20
		fase B	16		1				17						3		185	205
		86															14	14
		82															4	4
		87					1		1						2		5	8
7		26															1	1
		34	10	1			2		12						9		57	77
		36	1						1								3	4
		35															11	11
		30					1		1								26	27
		33	1						1						2		48	50
	7	fase A	6				1		6						4		145	156
		fase B	12	1	2				15						3		236	254
		fase C	10	1	2		1		13								221	235
	10		28	5					24		8				4		202	239

Cuadro 14.2.- Aspectos morfológicos de la colección. Variables: Labios: 1: redondeado; 2: plano; 3: biselado; 4: engrosado interior; 5: engrosado exterior; 6: engrosado doble. Bordes: 0: no diferenciado; 1: recto/reentrante; 2: saliente; 3: plano. Bases: 1: convexa; 3: cóncava; 4: plana. A partir de Bernabeu *et al.*, 2009.

Grupo	Conjunto	Hecho/fase	Labios						Bordes				Bases			Carena	Informes	Total
			1	2	3	4	5	6	0	1	2	3	1	3	4			
8		21	6						6						1		98	105
		23	2			1			3								71	74
		92	1		1				2								9	11
		108															2	2
		89			1				1								43	44
		111													2		45	47
		20	13	1	1			1	10	1	2				11		210	237
		88	1						1								13	14
		110	1						1								42	43
		112	42				8		49		1				21		331	402
	11		1	11					1		11		2	1		3	82	100
9	1	rellenos sups.	1						1								24	25
		162															10	10
		164															1	1
		163															3	3
		153 / A1	3								3				2		219	224
		153 / A2	16	1	1				17						14		258	290
		153 / A3	10						10						19		241	269
		154			2				2								50	52
		155	5						5						2		62	69
		156	4	1			1		6						3		24	33
		157	2						2								38	40
		158	7						7								51	58
		159	1						1								7	8
		160															3	3
		161															4	4
		70	1						1						1		26	28
		72															4	4
		61	5						5						2		111	118
		93	2						2						1		17	20
		94	21	1			1		23					2	13		379	417
10		47															7	7
		115	14						12						14		198	226
sondeos sector 2			11	2					13					1			201	215
Total			642	48	36	6	65	1	722	4	33	1	8	2	312	4	10866	11985

Cuadro 14.2. (Continuación)

tipo de vajilla cerámica muy concreto, definido por unas formas simples, que se repiten de manera casi sistemática. De hecho, esta situación es aún más abrumadora si tenemos en cuenta que en alguno de los otros tipos (caso de la base cóncava), todos los fragmentos reconocidos pertenecen a un mismo recipiente.

- La reducida variabilidad interna que estamos observando en los diversos indicadores se repite igualmente con los Elementos de Prensión reconocidos (Cuadro 14.3). De los cuatro tipos inventariados, dos se documentan sólo en una ocasión: cordones y asa anular. Así, el conjunto queda definido por la monótona presencia de mamelones y lengüetas como formas básicas de sujeción de los recipientes. En ninguno de los casos documentados estos elementos cuentan con perforaciones. Por tanto, como viene ocurriendo con todas las variables vistas hasta el momento, vuelven a ser los tipos más simples aquellos que definen la producción cerámica a este nivel, relegando otras opciones técnicas, caso de las asas, a una mera presencia anecdótica.

Todas estas variables vienen a definir un tipo de producción de recipientes caracterizados por su simplicidad formal. El **Estudio Tipológico** incide con claridad en este sentido, pese a las limitaciones que la alta fragmentación nos ha impuesto (Cuadro 14.4). Del total de 727 vasos individualizados, en 574 casos (78,9%) no ha sido posible definir tipológicamente el vaso, ni tan sólo a nivel de Clase. Por tanto, el conjunto de recipientes clasificados ha quedado limitado a 153 (Cuadro 14.5 y Fig. 14.2). Pese a todo, atendiendo a las variables morfológicas y formales identificadas a nivel de fragmentos, no parece que esta muestra deje fuera tipos distintos a los identificados (Fig. 14.3-14.7).

Dentro de la colección analizable, el grueso de los recipientes pertenecen a la Clase A (formas planas). Escudillas, platos y fuentes componen el 63,39% del registro identificado. Esta representación es muy superior (el doble en algún caso) a la documentada en cualquiera de los yacimientos excavados en la región. Dentro de este componente, es el Grupo 2 (platos y

Grupo	Conjunto	Hecho/fase	Elementos de prensión			
			0	3	5	15
1		52		5	2	
		55		1		
		8		2		
2		16	3	1		
		58	2		2	
		65	1	1	7	
		102			1	
	4	fase A	4		3	
		fase B		1	2	
		sondeos	4	8	10	
3	8	119		1		
		fase A2			1	
5		69		1		
		98	1		2	
		rellenos sups.		4	2	
	5	81			1	
		86			1	
7	7	30			1	
		fase A	1			
		fase B	3	3	1	
	10				1	
8		23		1		
		92			2	
		20		1		
9	1	153 / A2		1	1	
		153 / A3		1	1	1
		154				
		155		1		
		156		1		
		159			1	
		94			1	
		61			1	
	sondeos sector 2		1	1		
	Total		20	35	44	1

Cuadro 14.3.- Elementos de prensión: 0: arranque indeterminado; 3: mamelón; 5: lengüeta; 15: asa anular. A partir de Bernabeu et al., 2009.

fuentes de perfil sencillo) los que cuentan con una mayor representación, cercana a la mitad de los individuos de la clase. El segundo grupo mejor representado (Grupo 5) sólo se diferencia tipológicamente por contar con un labio diferenciado (engrosados externos en su mayoría). Se trata pues, en general, de formas abiertas, de base aplanada, documentándose hasta en once ocasiones la presencia de formas ovaladas. La existencia entre los vasos no clasificados de paredes absolutamente rectas (sin diámetro posible) podría remitir a una mayor profusión de este tipo de formas. Sólo en un caso (vaso 525), podemos asociar un elemento de prensión, concretamente una lengüeta (Fig. 14.6).

La Clase B (cuencos), viene también dominada por los tipos caracterizados por perfiles simples, hemisféricos (tipo I del Grupo 6) y, en menor medida, globulares (G.6.II) y cilíndricos (G.7.I). La única excepción que matiza este comentario procede del Sector 5, de donde procede un cuenco carenado recuperado en contexto funerario. En consonancia con este caso, un pequeño fragmento carenado procedente de la casa 8 (vaso 262), bien podría responder a este mismo tipo, dadas las similitudes entre ambos recipientes (vid. infra).

El peso que disfrutan los recipientes planos dentro de la estructura tipológica del conjunto estudiado se produce en detrimento, sobre todo, de la Clase C (recipientes profundos), que se queda en un pobre 13,07%. Dentro del conjunto, es el grupo de las ollas (Grupo 13) el que cuenta con una mayor representatividad, quedando los otros grupos muy por detrás del mismo. Como viene ocurriendo en todos los indicadores, es la variante más simple (tipo I: ollas globulares) la mejor representada, documentándose un único caso de olla con borde diferenciado (G.13.III.b: con borde recto/reentrante).

Adelantando un aspecto sobre el que se tratará en otro momento, debemos destacar que los únicos casos de vasos con cuello (Grupo 9) proceden de contextos funerarios: sendos vasos campaniformes que se describen con mayor detalle más abajo y un tercer vaso, liso en este caso, representado por un fragmento de borde, de paredes finas y buen acabado superficial, pese a la erosión sufrida.

Aunque escasos, la existencia de contenedores y recipientes de almacenaje queda atestiguada por unos cuantos ejemplos (Fig. 14.7). Responden, en esencia, a formas ovoides o troncocónicas (en algún caso invertida) con bases planas. Los elementos de prensión asociados a estos grupos quedan limitados a los dos ejemplares de vasos del Grupo 14 de forma ovoide (tipo IV). En ningún caso los recipientes de perfil troncocónico muestran estos elementos morfológicos. Dentro de este grupo debemos incluir un recipiente (vaso 1) excepcional por su tamaño, pero que, a falta de más información, ha sido preciso incluir entre los no identificados (Clase F). Aparecido junto a la estructura de combustión 97, se trata de un vaso de grandes proporciones –diámetro interior en la base: 48 cm; y un alzado de la pared conservado de 20 cm– del cual ha sido imposible reconstruir su alzado. El tramo de pared conservado es recto, no mostrando ninguna indicación de orientación a cerrarse. Su capacidad mínima (aquella que conserva) es de 43 litros, si bien, en arreglo al diámetro que posee, esta capacidad va incrementándose en 1,8 litros por cada centímetro de más que se desarrollara verticalmente.

Para finalizar este recorrido, trataremos el **Componente Decorativo** reconocido en la colección (Cuadro 14.6 y Fig. 14.8). Su presencia es muy limitada dentro del conjunto de fragmentos: escasamente alcanza el 1% de la muestra. Esta situación aún es más exagerada si tenemos presente que de los 112 restos decorados de los Sectores 1 á 4, 90 corresponden a sendos vasos campaniformes recuperados. Este porcentaje se incrementa testimonialmente hasta el 2% si atendemos al conjunto de vasos.

Con todo, este carácter marginal aún podría verse agravado si consideramos que algunos de los materiales decorados que identificamos en estos contextos podrían corresponder a materiales epicardiales desplazados. Este es el caso de un pequeño fragmento inciso del silo 65, cuyo estado de conservación se encuentra claramente por debajo del conjunto de la estructura (erosionado y muy rodado). También las características del fragmento procedente de la UE 2098 (Sector 4) invitan a verlo como una intrusión (Fig. 14.8, v. 543).

Obviamente, no todos los materiales decorados de este horizonte responden a intrusiones antiguas. Interesantes resultan los dos fragmentos adscritos a la UE 2115 (vaso 529: cubeta 52 del Sector 4). La estructura que parecen componer las incisiones, asociadas con impresiones de punzón, recuerdan claramente otros materiales calcolíticos reconocidos en tierras valencianas (Guitart, 1989; Jover et al., 2001) Igualmente merece atención el posible cuenco carenado citado más arriba, reconocido en la fase A3 de la casa 8 (Fig. 14.8, v. 262). Se trata de parte de

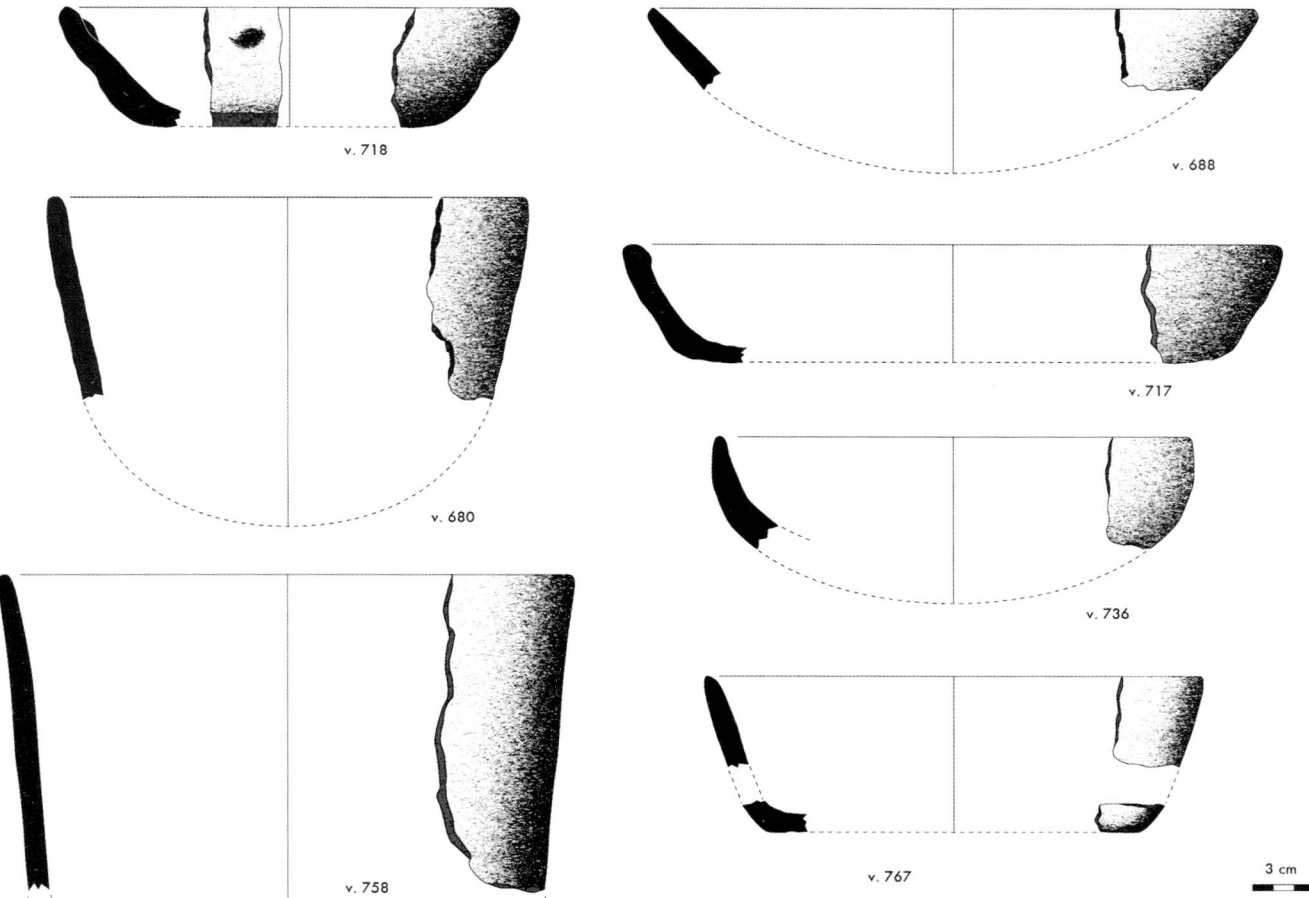

Figura 14.3.- Materiales más destacados del Sector 1 (Grupo 9). Procedencia: v. 718 y v. 736: casa 1, fase A3 (pavimento); v. 688: fosa 156; v. 680: silo 157;v. 717: fosa 154; v. 758: casa 1, fase A2; v. 767: UE 1005 (superficial).

un recipiente carenado de paredes finas y decorado con finas incisiones (acanaladuras) oblicuas sobre la línea de la carena. Su similitud con el vaso decorado procedente de la estructura funeraria del Sector 5 es evidente a todas luces. No sólo comparte con él la técnica decorativa, también podemos apreciar un cierto paralelismo en el motivo representado (series de trazos verticales/oblicuos que parten de la línea de la carena).

La singularidad de estos dos recipientes queda reforzada por el hecho de tratarse de los únicos casos (junto a uno de los vasos campaniformes) que muestran el recurso a la carena para configurar su perfil. Sin embargo, su estructura decorativa no puede asimilarse a las tradiciones campaniformes, quedando como casos excepcionales dentro de una producción cerámica que, como hemos visto, se guía por otros parámetros bien distintos.

La presencia de algunas especies peinadas no es, en absoluto, anómalo dentro de los contextos calcolíticos valencianos. No deja por ello de ser admirable que este tratamiento superficial sea la tradición "decorativa" con más larga perduración en nuestras tierras. Desde los primeros momentos del Neolítico (Cova de l'Or: Bernabeu, 1989) hasta el horizonte Campaniforme avanzado (Arenal de la Costa: Bernabeu y Guitart, 1993), en mayor o menor proporción según momentos, la presencia de superficies peinadas se muestra como una constante en las

industrias cerámicas de las comarcas centrales valencianas. Esta larga duración, nos sitúa al margen de cualquier moda estética o tradición decorativa. Se hace pues preciso preguntarse por el tipo de ventaja o necesidad tecnológica que anima a aplicar o justifica este tipo de tratamiento, más allá de que, en determinados momentos, haya podido jugar un papel decorativo.

En la misma línea, la identificación de superficies tratadas con colorante (¿almagras?) entre los restos procedentes del Sector 5, se suma a los casos ya conocidos en otros contextos regionales, caso del poblado de Niuet (Bernabeu y Orozco, 1994).

Los vasos campaniformes

Sin duda, uno de los aspectos más llamativos que han ofrecido las actuaciones arqueológicas de La Vital ha sido la excavación de diversos contextos funerarios. Concretamente en los enterramientos 10 y 11 se recuperaron sendos vasos campaniformes prácticamente enteros. En ambos casos la intencionalidad del depósito está fuera de toda duda y si los vasos no han podido ser reconstruidos en su totalidad se debe a que las condiciones post-deposicionales del yacimiento han hecho mella en la conservación de los mismos. Como ocurre con el resto de la colección, la humedad del terreno y las características edáficas

Grupo	Conjunto	Hecho	Frags (1)	Nº Vasos	Frags (2)	Frags/Vaso	% Repres.	Vasos clase F Nº	% de vasos
1		52	390	14	204	14,57	52	4	28,5
		53	42	2	42	21	100	2	100
		54	176	7	129	18,42	73	4	57,1
		55	71	4	55	13,75	77	2	50
		99	20	2	20	10	100	2	100
		8	60	9	18	2	30	7	77,7
2		16	524	26	143	5,5	27	20	76,8
		49	57	7	30	4,28	52	5	71,4
		50	21	5	21	4,2	100	5	100
		57	52	0					
		58	519	24	118	4,9	22	14	58,3
		65	1274	35	314	8,9	24	23	65,7
		102	51	3	24	8	47	3	100
	4		1218	53	103	1,94	8,45	47	88,67
3		117	78	12	40	3,33	51	11	91,6
		119	54	9	20	2,22	37	8	88,9
	8		599	33	182	5,51	30,38	24	72,72
5		69	21	5	11	2,2	52	4	80
		18	30	5	30	6	100	5	100
		98	21	6	15	2,5	71	6	100
		97	125	4	122	30,5	97	3	75
	5		247	23	102	4,43	41,29	19	82,6
7		34	77	4	74	18,5	96	1	25
		35	11	1	11	11	100	1	100
		30	27	8	11	1,37	40	8	100
		33	50	12	25	2,08	50	11	91,6
	7		645	58	154	2,65	23,87	50	86,2
	10		239	17	172	10,11	71,96	9	52,94
8		21	105	8	97	12,12	92	8	100
		23	74	11	26	2,36	35	9	81,8
		92	11	5	11	2,2	100	4	80
		89	44	10	20	2	45	9	90
		111	47	9	27	3	57	9	100
		20	237	22	82	3,72	34	16	72,7
		88	14	5	11	2,2	78	4	80
		110	43	7	20	2,85	46	7	100
		112	402	25	131	5,24	32	16	64
	11		100	8	87	10,87	87	6	75
9		70	28	6	19	3,16	67	6	100
		61	118	10	57	5,7	48	10	100
		93	20	8	16	2	80	7	87,5
		94	417	16	116	7,06	27	9	56,2
		162	10	2	3	1,5	30	2	100
	1		783	44	184	4,18	23,49	34	77,27
		154	52	4	26	6,5	50	3	75
		155	69	7	36	5,14	52	7	100
		156	33	9	33	3,66	100	7	77,7
		157	40	6	30	5	75	5	83,3
		158	58	5	47	9,4	81	5	100

Cuadro 14.4.- Estructuras con presencia de cerámica: número de fragmentos (1) y vasos, número de fragmentos valorados a nivel de vasos (2), media de fragmentos por cada vaso y su porcentaje dentro del conjunto de fragmentos de la estructura, y número y porcentaje de vasos no reconocidos a nivel tipológico. Se han omitido todas aquellas estructuras con menos de diez fragmentos en su muestra.

han debido jugar un papel destacado a la hora de entender el estado en el que han sido recuperados. Así, en ambos casos las superficies se hallan fuertemente alteradas, habiendo desaparecido totalmente la decoración en algunas zonas, y haciéndola irreconocible en otras. Pese a todo, el alto porcentaje de vaso conservado nos ha permitido la reconstrucción de los perfiles y obtener así una buena imagen de los mismos. Pasamos, a continuación, a describirlos.

Vaso 2 (Fig. 14.9). Recuperado en el enterramiento 11, se trata de un vaso grande (3 litros de capacidad aprox.) de formas angulosas: labio plano y borde saliente largo que finaliza en una carena muy baja, que marca el diámetro máximo del recipiente (18 cm). La altura es de 17 cm y, pese a este tamaño, se trata de un vaso de paredes finas (5-6 mm). La base del recipiente se presenta ligeramente cóncava.

Su estado de conservación nos impide una buena aproximación a la forma de producción. Se trata de una pasta con abundantes inclusiones pequeñas (calcitas), así como otras de mayor tamaño, más escasas, no identificadas. La cocción ha sido básicamente oxidante, dejando una tonalidad marrón rojiza en toda la superficie externa. Sin embargo esta cocción no ha sido completa, conservando el núcleo de la pasta un color negro. El interior del vaso, más deteriorado, es de un color gris pardo. Como aspecto original, debemos destacar la presencia de unas pequeñas perforaciones (dos seguras, posiblemente tres) que en sentido vertical, recorren la parte inferior de la panza. Podría tratarse de perforaciones de lañado tendentes a preservar el recipiente. Sin embargo, ninguna fractura se sitúa entre ellas, con lo que su funcionalidad se mantiene como incógnita.

El componente decorativo del vaso se inserta dentro del estilo CZM (*Corded Zoned Maritime*) descrito por Harrison (1977). Presenta una decoración a bandas horizontales, alternando con franjas en reserva. En total se contabilizan ocho bandas horizontales de 1-1,5 cm de anchura. Se trata de bandas delimitadas por una doble línea impresa a base de una cuerdecilla simple que encierran un motivo de líneas paralelas oblicuas, alternándose la dirección en cada banda. Estas series de impresiones han sido, igualmente impresas, utilizando una matriz ligeramente curva, lo que sugiere, no sin dudas, algún tipo de concha marina dentada muy fina. Junto a estas ocho bandas, que se desarrollan a lo largo de toda la altura del recipiente, encontramos otra más en la parte interior del mismo, justo por debajo de la línea del labio con el mismo esquema decorativo ya descrito. Únicamente la primera banda exterior rompe esta tónica, al no haberse aplicado las impresiones de cuerda delimitando la parte superior de la banda. Podemos suponer que este papel delimitador lo realiza el propio labio cuya inflexión marca el comienzo de las decoraciones.

Vaso 311 (Fig. 14.10). Aparecido en el enterramiento 10, este pequeño vaso alcanza escasamente el medio litro de capacidad. Se trata de un vaso de suave perfil en S, labio redondeado, borde saliente, largo, y base aplanada. El diámetro máximo volvemos a encontrárnoslo en el punto de inflexión del cuerpo (10,2 cm), frente a los 8,8 cm de diámetro de boca y los 9,6 cm de altura. Las paredes del recipiente son finas (4-6-mm), mostrando una pasta de profundo color negro. Contrariamente a lo que suele ser la regla general dentro de los de su especie, las tonalidades oscuras se mantienen tanto en la pared interior como en la exterior. En todo caso, la superficie exterior está muy erosionada, habiéndose desmantelado en buena medida el posible tratamiento que sustentara.

La decoración ha sido realizada a base de impresiones de un instrumento dentado que deja una matriz cuadrada (gradina o peine). Los motivos representados son los clásicos del estilo marítimo internacional (vasos estilo MHV: *Maritime Herringbone Variety*). En nuestro caso se trata de 9 bandas horizontales decoradas, de entre 5 y 7 mm de anchura, intercaladas por zonas en reserva que se desarrollan a lo largo de toda la altura del

recipiente. En todos los casos se trata de bandas delimitadas por una única línea horizontal que enmarca una serie de líneas paralelas oblicuas, alternando en la dirección en cada banda. Como ocurría con el anterior vaso, la banda superior se orienta hacia la izquierda. Por debajo de la última banda se aprecia una línea simple, aislada, que delimita todo el espacio de la base.

Resultado del análisis de láminas delgadas

El estudio de las 38 láminas delgadas redunda en la visión de escasa variabilidad que ha ofrecido el análisis morfotipológico. Así, todas las muestras cuentan con una composición muy similar por lo que respecta a los elementos minerales que aparecen de forma natural en las tierras seleccionadas para la elaboración de los productos cerámicos. Con todo, en base al detalle de las características petrológicas, ha sido posible definir tres grupos cerámicos diferenciados (Cuadro 14.7 y Fig.14.11). Su definición se basa en la caracterización de la textura de la pasta, en la composición de la fracción detrítica y las características morfológicas de los diferentes fragmentos de rocas y minerales identificados, en el reconocimiento de elementos minerales añadidos durante el proceso de manufacturación de las cerámicas y en la identificación de las posibles modificaciones y alteraciones que se produjeron, fundamentalmente, durante el proceso de cocción:

- Grupo 1: reúne 30 muestras, lo que corresponde al 79% de las muestras de cerámica estudiadas. El desgrasante mineral es abundante (y en algunas muestras muy abundante), heterogranular y no seriado, habiéndolo de tamaño muy pequeño, medio-grande y grande. La matriz de las muestras que forman este Grupo es micrítica. Se observan en un cierto número de muestras vacuolas alargadas, finas y paralelas a las paredes del fragmento. El aspecto con el polarizador puede ser tanto homogéneo como heterogéneo. El aspecto con polarizador más analizador es generalmente isótropo, aunque en algún caso es anisótropo. La estructura de la pasta es, en general, nebulosa. El desgrasante está formado por cuarzo y por elementos carbonatados. El desgrasante de tamaño muy pequeño está formado fundamentalmente por cuarzo, relativamente abundante (y en algún caso muy abundante) y de formas redondeadas. El desgrasante de tamaño medio-grande y grande está formado, en cambio, por fragmentos de rocas calizas. Así encontramos una cierta cantidad de micritas y alguna caliza coralina. Además, hay una gran cantidad de fragmentos de rocas carbonatadas trituradas y añadidas durante el proceso de manufacturación de las cerámicas. Se trata de fragmentos de dolomita, en alguna de las cuales se observa la presencia de "dientes de lobo", y de cristales de calcita espática en forma de romboedros de exfoliación. En el desgrasante de tamaño pequeño también se aprecia una cierta cantidad de cristales de calcita espática.

- Grupo 2: reúne 6 muestras, lo que corresponde al 16% del conjunto considerado. El desgrasante mineral es abundante, heterogranular y no seriado, de tamaño pequeño y medio-grande. La matriz de las muestras de este Grupo es micrítica. Se aprecian vacuolas alargadas, finas y paralelas a las paredes del fragmento. El aspecto con el polarizador puede ser tanto homogéneo como heterogéneo. El aspecto con polarizador más analizador es isótropo. La estructura de la pasta es nebulosa. El

| | Grupo 7 | | casa 7 | | | | Grupo 8 | | | | | | | | Foso |
	cubeta 34	enterr. 10	fase A	fase B	fase C	Total	enterr. 11	cubeta 23	cubeta 92	fosa 89	silo 20	silo 88	silo 112	Total	115
Clase A total	2	2		2		6		2	1	1	3		9	16	1
Grupo 1	2	2		2		6			1	1			1	3	
I	*2*	*2*		*2*		*6*			*1*	*1*			*1*	*3*	
Grupo 2											3		6	9	1
I											*3*		*6*	*9*	*1*
Grupo 5								2					2	4	
II								*2*					*2*	*4*	
Clase B total	1	3	1	2	1	8	1				2	1		4	
Grupo 6		3		2	1	6	1				2	1		4	
I		*1*		*2*	*1*	*4*	*1*				*2*	*1*		*4*	
II		*2*				*2*									
Grupo 7	1		1			2									
I	*1*		*1*			*2*									
Clase C total		3		1	1	5	1				1			2	
Grupo 9		2				2	1							1	
I							*1*							*1*	
III		*1*				*1*									
Grupo 13		1		1	1	3					1			1	
I		*1*		*1*	*1*	*3*									
III											*1*			*1*	
Total	3	8	1	5	2	19	2	2	1	1	6	1	9	22	1

| | Grupo 1 | | | | | Grupo 3 | | casa 8 | | | Grupo 5 | | casa 5 | | |
	silo 88	cubeta 52	cubeta 54	cubeta 55	Total	silo 117	silo 119	fase A	fase B	Total	fosa 69	silo 81	fase A	fase B	Total
Clase A total	1	4	2	1	8			6	1	7	1	1	4	3	9
Grupo 1	1	1	1		3			5		5		1	1	1	3
I	*1*	*1*	*1*		*3*			*5*		*5*		*1*	*1*	*1*	*3*
Grupo 2		3	1	1	5								3	2	5
I		*3*	*1*	*1*	*5*								*3*	*2*	*5*
Grupo 5								1		1	1				1
I								*1*		*1*					
II											*1*				*1*
Clase B total		2	1		3	1	1	1	1	4					
Grupo 6		2	1		3	1	1	1	1	4					
I		*1*	*1*		*2*	*1*	*1*	*1*		*3*					
II		*1*			*1*				*1*	*1*					
Clase C total	1	4		1	6										
Grupo 13		2			2										
II		*2*			*2*										
Grupo 14		1		1	2										
IV		*1*		*1*	*2*										
Grupo 15	1	1			2										
IV	*1*				*1*										
Total	1	10	3	2	17	1	1	7	2	11	1	1	4	3	9

Cuadro 14.5.- Caracterización a nivel tipológico de la colección de vasos recuperados en estructuras calcolíticas (para los tipos, ver Fig. 14.2).

desgrasante está formado por cuarzo y por elementos carbonatados. Los elementos minerales que forman el desgrasante son muy similares a los del grupo anterior. El rasgo que permite definir este grupo es que las tierras con las que se han elaborado las cerámicas del mismo son margas, es decir, se trata de una mezcla de caliza y minerales arcillosos, con trazas de cuarzo y residuos carbonosos. Se aprecian así mismo algunos restos fósiles, como globigerinas, aunque otros son de difícil identificación. Como sucedía en el grupo anterior, los elementos minerales que forman el desgrasante de mayor tamaño corresponden a fragmentos de dolomita, donde se observa a menudo la presencia de "dientes de lobo", y de cristales de calcita espática en forma de romboedros de exfoliación.

- Grupo 3: incorpora las dos muestras restantes, lo que reduce a este grupo al 5% del conjunto estudiado. El desgrasante mineral es abundante, heterogranular y no seriado, habiendo desgrasante de tamaño muy pequeño, medio-grande y grande. La matriz de las muestras de este Grupo es micrítica. Hay vacuolas alargadas, finas y paralelas a las paredes del fragmento. El aspecto con el polarizador puede ser tanto homogéneo como heterogéneo. El aspecto con polarizador más analizador es generalmente isótropo. La estructura de la pasta es nebulosa. El desgrasante está formado por cuarzo y por elementos carbonatados. Los granos de cuarzo, abundantes, son de tamaño pequeño y pequeño-medio y tienen formas redondeadas o angulosas. Las rocas carbonatadas (micritas, biomicritas, calcarenitas…) son de tamaño medio y grande, aunque también una parte de la fracción más pequeña formada por fragmentos de este tipo de rocas. La composición de este Grupo es también, por tanto, muy similar a la del Grupo 1. La mayor diferencia radica en la

| | Grupo 2 | | | | | | | Grupo 9 | | | | | | | |
	fosa 16	silo 49	silo 58	silo 65	casa 4 fase A	casa 4 fase B	Total	casa 1 fase A2	casa 1 fase A3	cubeta 93	silo 94	fosa 154	fosa 156	silo 157	Total
Clase A total	5		7	8	3	3	26	2	5	1	4	1	1		14
Grupo 1			2	3	1	1	7	1	1	1	3		1		7
I			*2*	*3*	*1*	*1*	*7*	*1*	*1*	*1*	*3*		*1*		*7*
Grupo 2	3		1	5	2		11		4		1				5
I	*3*		*1*	*5*	*1*		*10*		*4*		*1*				*5*
II					*1*		*1*								
Grupo 4						1	1								
I						*1*	*1*								
Grupo 5	2		2				4					1			1
I	*1*						*1*					*1*			*1*
II	*1*		*2*				*3*								
Clase B total	1	1	2	3			7	1	1		2		1	1	6
Grupo 6	1	1	2	3			7	1	1		2		1	1	6
I	*1*	*1*	*2*	*3*			*7*	*1*	*1*		*2*		*1*	*1*	*6*
Clase C total		1	1	1			3	1			1				2
Grupo 13		1	1				2				1				1
I		*1*	*1*				*2*								
II											*1*				*1*
Grupo 14				1			1	1							1
I				*1*			*1*	*1*							*1*
Total	6	2	10	12	3	3	36	4	6	1	7	1	2	1	22

Cuadro 14.5. (Continuación)

ausencia de elementos minerales añadidos, lo que constituye el rasgo singular que permite definirlo.

El análisis de 11 muestras de tierras y de la documentación geológica disponible nos permite hacernos una idea muy aproximada de la composición de los posibles depósitos de tierra que puede haber tanto en torno a las inmediaciones del yacimiento de La Vital como en una zona más extensa (Cuadro 14.1). La comparación de los resultados obtenidos en el estudio petrográfico de las cerámicas como en el de las muestras de tierras (más la información complementaria de la documentación geológica disponible), nos permite apreciar que existe un alto grado de similitud entre las muestras cerámicas y las muestras recogidas en el río Serpis y en los alrededores de La Vital. En este sentido, y aunque desde el punto de vista de los elementos minerales presentes se puede considerar que las muestras de tierras estudiadas del río Vernissa son similares a las del río Serpis y a las muestras recogidas en los alrededores de La Vital, de hecho presentan características distintas en cuanto a su tamaño, frecuencia de los distintos tipos de elementos minerales, etc. lo que nos permite proponer como hipótesis más probable que las tierras utilizadas en la elaboración de los grupos 1 y 3 provendrían de depósitos formados por el río Serpis. En el caso de las cerámicas reunidas en el Grupo 2, realizadas con tierras margosas, su similitud con las muestra de margas recogidas a la entrada de la población de Ròtova nos permiten proponer la hipótesis de que dichas cerámicas fueron realizadas con tierras procedentes de alguna de las formaciones terciarias que presentan margas, bien sea en la propia zona de Ròtova, bien a unos 4,8 km al oeste-sudoeste de La Vital, donde existen algunos afloramientos de materiales muy similares a los de Ròtova.

Queda descartada como posible área-fuente las tierras representadas por la muestra MTVT 107, que corresponde a unas arcillas rojas que hay en la localidad de Potries y que son objeto de explotación industrial en la actualidad. Ninguna de las muestras cerámicas estudiadas presenta elementos minerales silicios similares a los determinados en la muestra MTVT 107.

En definitiva, el estudio de caracterización realizado nos permite proponer como la hipótesis más probable que las cerámicas de los Grupos Petrográficos 1 y 3 fueron elaboradas con tierras que se puede encontrar sin ningún tipo de dificultad en las cercanías de La Vital, por lo que se pueden considerar como producciones locales. En el caso de las cerámicas del Grupo Petrográfico 2, aunque las tierras elaboradas en su elaboración proceden de no menos de 4,8 km de distancia creemos que por el momento, y a falta de la posible localización de lugares de ocupación de cronologías similares en zonas situadas en las formaciones terciarias, o cerca de las mismas, que puedan ser lugares de producción donde se utilice este tipo de materia prima, se puede plantear que se trata así mismo de producciones locales de La Vital, asumiendo que el coste en trabajo del aprovisionamiento de este tipo de materia prima o de la realización y transporte de estos vasos sería perfectamente asequible para la comunidad.

El estudio petrográfico ha permitido poner de manifiesto que en la práctica totalidad de las muestras estudiadas se procedió al añadido intencionado de carbonatos, bien de dolomitas bien de calcita espática. En efecto, en 36 de las 38 muestras analizadas, es decir en el 95% de las muestras, se ha identificado la abundante utilización de este tipo de desgrasante añadido. Únicamente en dos casos no se utilizó este tipo de desgrasante añadido.

Los carbonatos son un grupo particular de minerales, entre los cuales podemos encontrar la calcita y la dolomita, muy abundantes en la naturaleza. A menudo forman parte de los componentes de las tierras que se usan para fabricar cerámica, bien en forma de microcristales, bien en forma microcristalina en la matriz. Cuando los carbonatos están presentes de forma natural en las tierras, estas suelen ser margas. Los carbonatos

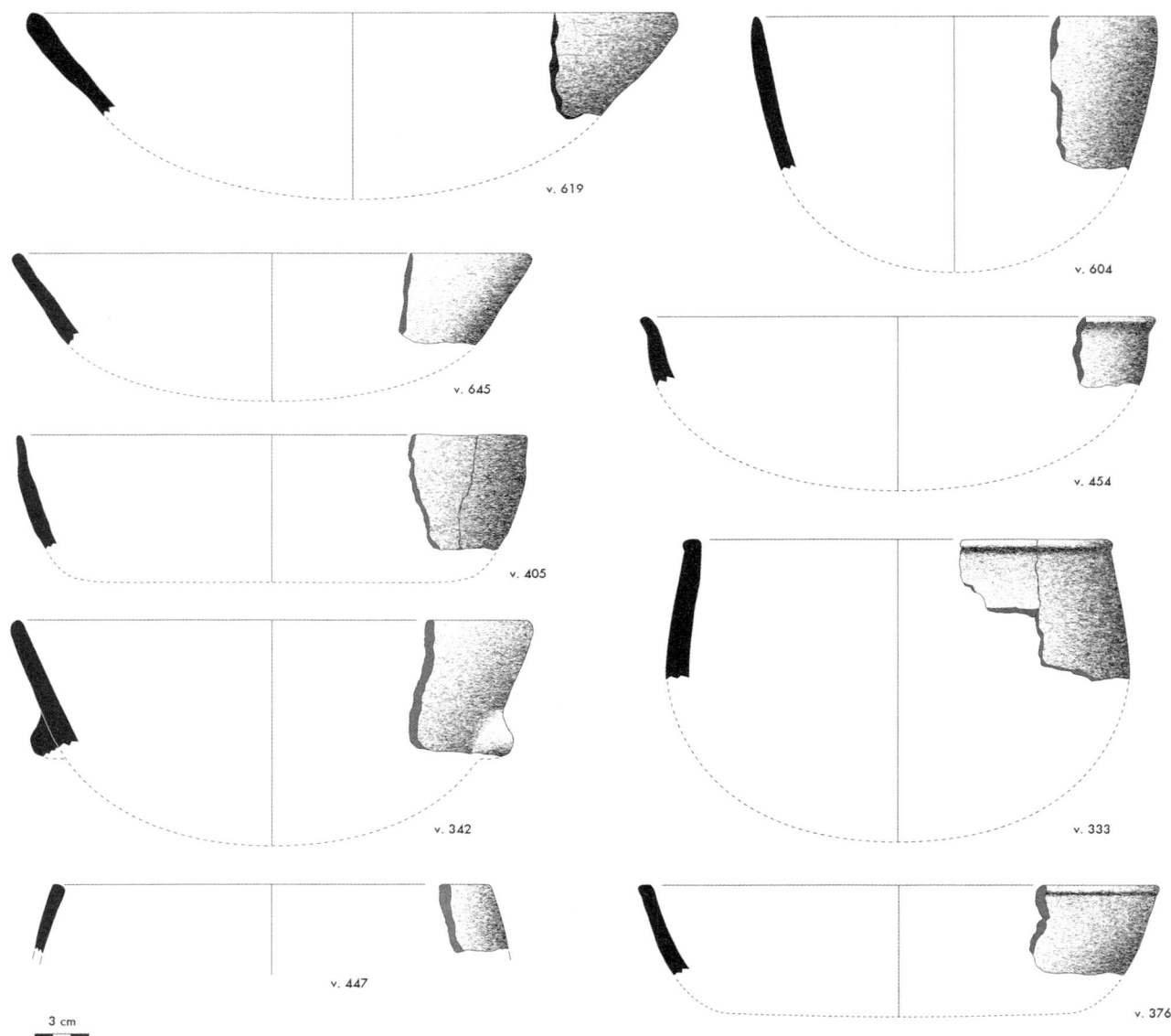

Figura 14.4.- Materiales del Sector 2. Procedencia: Grupo 2: v. 604 (casa 4, fase A); v. 454 y v. 447 (silo 58); v. 405 (fosa 16); v. 342 (silo 65); v. 333 (silo 49). Grupo 5: v. 619 (UE 2202); v. 645 (casa 5, fase B); v. 376 (fosa 69).

3 cm

presentan un comportamiento particular al someterse a determinadas temperaturas. Así, por ejemplo, la calcita se disocia bajo los efectos del calor a 894 ºC, aunque bajo ciertas condiciones, como las que se suelen dar durante la cocción de la cerámica, lo pueden hacer a partir de los 700 ºC (Perinet y Courtois, 1983). La calcita, entonces, se transforma en $CaO+CO_2$. El CO_2 desaparece y el CaO recristaliza en forma microcristalina. En el transcurso de esta cristalización se produce la destrucción de todas las microestructuras características de la calcita y un importante aumento del volumen por la pérdida del CO_2. Si los granos de calcita son demasiado grandes, hay un riesgo muy elevado de que el vaso se rompa. La presencia de calcita, por tanto, puede ser un buen indicador de la temperatura de cocción alcanzada. Su abundante presencia en las muestras de La Vital nos permite proponer la hipótesis de que la temperatura de cocción de estas cerámicas fueron relativamente bajas, muy probablemente inferiores a los 750 ºC.

La calcita es un elemento mineral que en distintas zonas y períodos históricos fue utilizada como desgrasante añadido. Generalmente se trata de calcita espática triturada. La certeza de que se trata de un elemento añadido viene dada porque se identifica en forma de cristales romboédricos como los identificados en un gran parte de las cerámicas analizadas de La Vital que muy difícilmente se pueden encontrar de forma natural pero que corresponden perfectamente a las formas de exfoliación de los cristales de calcita al ser triturados mecánicamente. Paradójicamente, se considera que la calcita es un mal desgrasante ya que fragiliza las tierras (Echallier, 1984). A pesar de esto, su uso está ampliamente documentado en un importante número de producciones cerámicas de distinta época en la Península Ibérica (p.e. Barrios *et al.*, 1991; Clop y Álvarez, 1998; De Andrés *et al.*, 1987; Gallart, 1980; Navarrete *et al.*, 1991; Olaetxea, 2000;…) y en Europa (p.e. Convertini, 1996; Nungesser y Magetti, 1981; Pallecchi, 1997;…). De manera específica, su uso se ha docu-

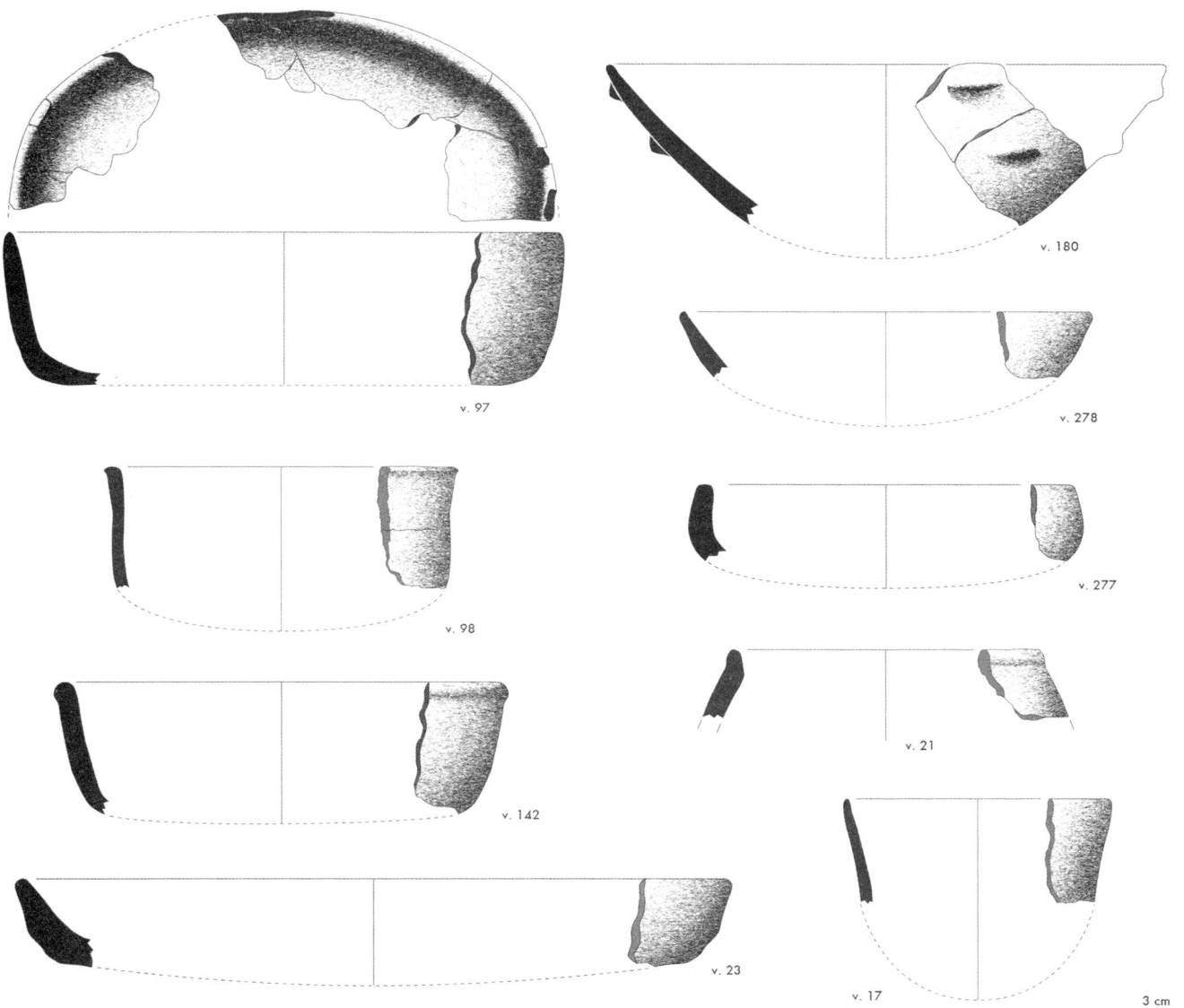

Figura 14.5.- Materiales del Sector 3. Procedencia: Grupo 7: v. 97 y 98 (cubeta 34). Grupo 3: v. 277 y 278 (casa 8, fases B y A3). Grupo 8: v. 180 (cubeta 92); v. 142 (silo 112); v. 17, 21 y 23 (silo 20).

mentado en yacimientos del III milenio cal. a.C. en distintas zonas de la Península Ibérica. Así se ha documentado su uso en sitios calcolíticos con materiales campaniformes (tanto con decoración internacional como de tipo regional) o sin materiales campaniformes, como la Cova del Calvari y Cova Cervereta en la zona de la desembocadura del río Ebro (Clop, 2000, 2007), Peña Corva (Guadalajara) (De Andrés *et al.*, 1987), Cueva Lóbrega y Collado Palomero (La Rioja) (Gallart y Mata, 1999) o Moncín (Zaragoza) (Gerrard, 1994). En las Islas Baleares, el uso de la calcita triturada se inicia justamente en el período campaniforme (2000-1750 ANE) (Waldren, 1982).

Hay que recordar que en la Península Ibérica se ha documentado el uso de calcita triturada en etapas anteriores, en producciones cerámicas del Neolítico Antiguo, como Cova de l'Or (Beniarrés, Alicante) (Gallart, 1980) así como en distintas fases

en yacimientos neolíticos tanto del noreste (Clop *et al.*, 1996; Gallart y López, 1988) como del sur (Navarrete *et al.*, 1991).

En todo caso, y aunque se trata de una cuestión abordada por un cierto número de investigadores que han propuesto distintas hipótesis, por ahora no disponemos de una explicación global satisfactoria sobre el porqué del uso de la calcita triturada como desgrasante añadido en muchas zonas del Mediterráneo y de Europa en distintos momentos de la Prehistoria Reciente, e incluso posteriormente.

LA CERÁMICA EN CONTEXTO

La inmensa mayoría de los materiales cerámicos recuperados deben interpretarse como residuos de las actividades domésticas llevadas a cabo por el grupo humano responsable del

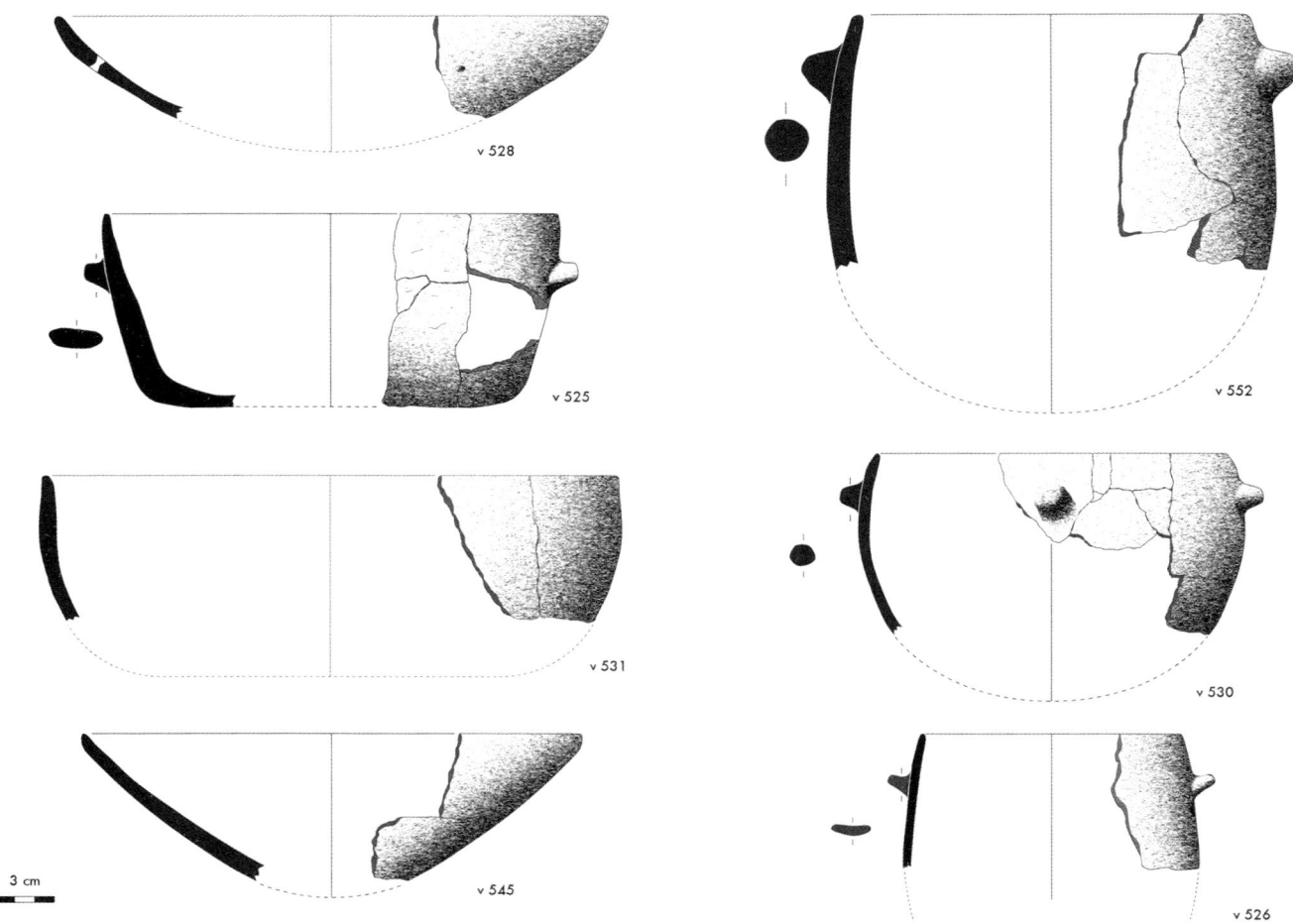

Figura 14.6.- Materiales del Grupo 1 (Sector 4). Procedencia: v. 525, 526, 528, 530 y 531: cubeta 52; v. 552: cubeta 55; v. 545: cubeta 54.

3 cm

Grupo	Conjunto	Hecho / fase	UE	apliques	impre-siones	incisiones	total inc/imp	labios dec.	Total decs. N°	Total decs. %	Peinadas N°	Peinadas %	Total Lisas N°	Total Lisas %	Total
1			2098			1	1	1	1	2,32			42	97,67	43
		52	2115		2	2	2		2	0,51			388	99,48	390
		99	2134			1	1		1	5			19	95	20
2		65	2188			1	1		1	0,07			1273	99,92	1274
			2133	1					1	0,86			114	99,13	115
			2086			1	1		1	0,19			503	99,8	504
3	8	fase A	3141	1					1	1,47			67	98,52	68
			3142			2	2		2	1,34			147	98,65	149
5			2191	3					3	0,88			336	99,11	339
			2202	4					4	0,95			414	99,04	418
7	33		3047								1	2	49	98	50
	10		3079		35		35		35	43,2			46	56,79	81
	7	fase B	3054								1	0,66	150	99,33	151
8	21		3012			1	1		1	0,95			104	99,04	105
	11	45	3109		55		55		55	88,7			7	11,29	62
9	94		2207								1	0,23	416	99,72	417
	Total			9	92	9	99	1	108		3				

Cuadro 14.6.- Decoraciones esenciales reconocidas en el conjunto de la colección.

asentamiento. Sólo unos pocos materiales puede considerarse que se han recuperado en posición primaria o su función responde al contexto en el que se han hallado. En este último caso encontramos en exclusiva algunos de los vasos procedentes de los enterramientos 10 y 11. En ambos casos, los vasos campaniformes representan sólo una parte del componente cerámico ligado a la inhumación. Aunque recuperados en algunos casos de manera parcial, la mejor conservación que ofrecen los restos

196

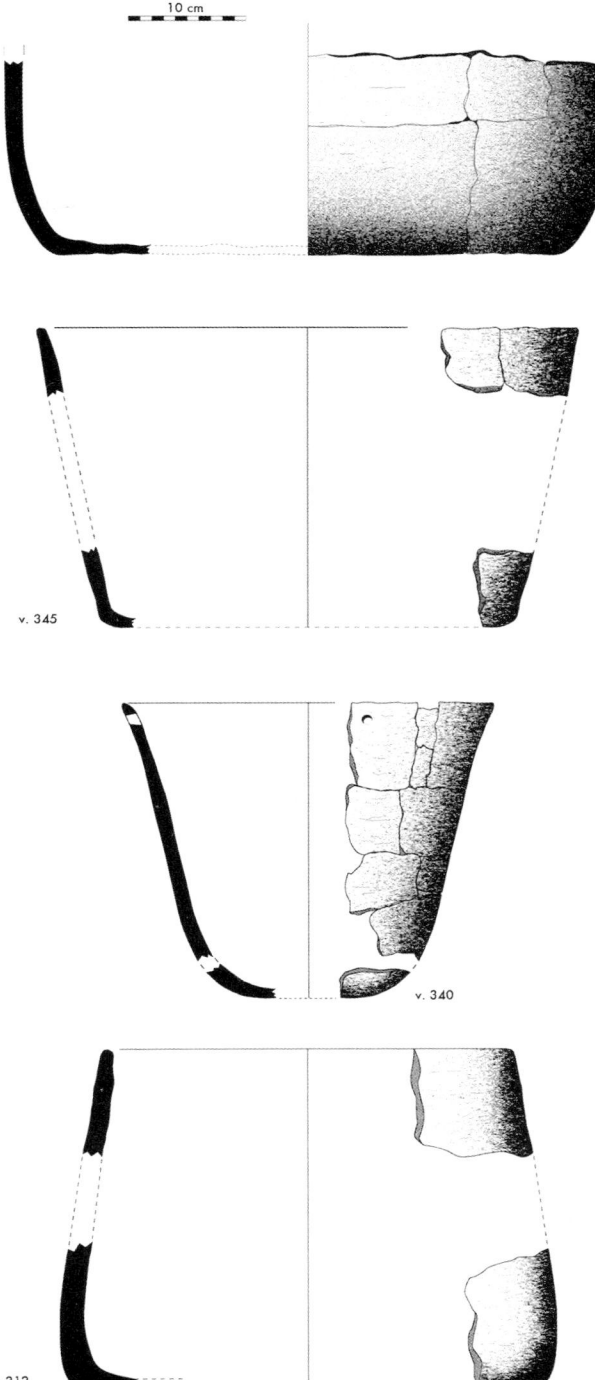

Figura 14.7.- Grandes contenedores. Procedencia: vaso 1: Estructura de combustión 97 (Grupo 5); vaso 345 y 340: silo 65 (Grupo 2); vaso 312: silo 8 (Grupo 1).

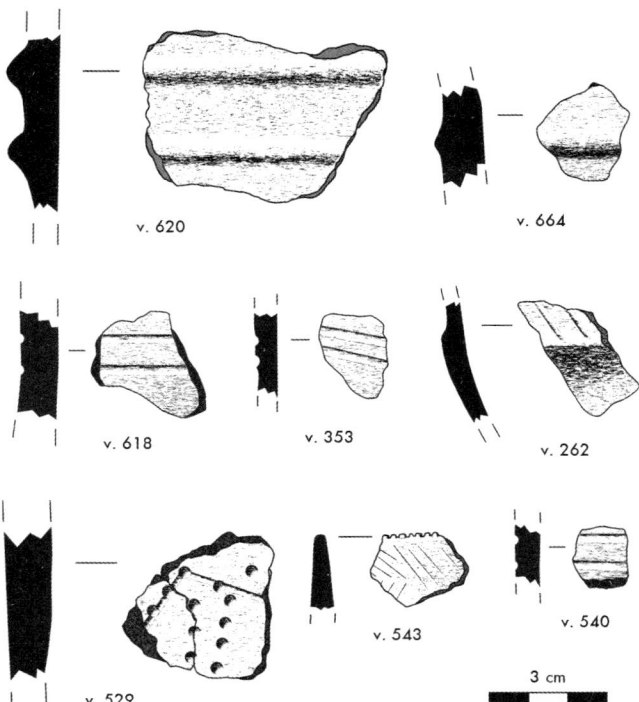

Figura 14.8.- Materiales decorados. Procedencia: Grupo 5: v. 620 (UE 2202); v. 664 (UE 2191). Grupo 2: v. 618 (UE 2086); v. 353 (silo 65). Grupo 3: v. 262 (casa 8, fase A3). Grupo 1: v. 529 (cubeta 52); v. 543 (UE 2098); v. 540 (cubeta 99).

de diferentes vasos sugiere su incorporación al registro sin haber pasado por una etapa de residuo posterior a su amortización. En el caso del enterramiento 11, encontramos incorporado al relleno diversos fragmentos de un cuenco hemisférico con una capacidad cercana a los 2L (Fig. 5.9 y 5.10). El grado de erosión

de los fragmentos es bastante limitado, permitiendo identificar el tratamiento alisado de las superficies.

Más claro es el caso del enterramiento 10 (Fig. 5.4 y 5.7). Junto al vaso campaniforme de estilo marítimo, un segundo recipiente entero –una pequeña ollita globular con 1,25L de capacidad aproximada– apareció en relación con la inhumación. Por debajo del nivel del enterramiento, en la base de la estructura, dos pequeños cuencos de base aplanada (vasos 301 y 302) aparecieron boca a bajo y conteniendo restos de fauna en su interior. La sincronía de este depósito con la inhumación viene avalada por otros tres vasos (nº 295, 296 y 297) cuyos restos se distribuyen tanto entre el relleno inferior a la inhumación, como entre el paquete que colmataba la estructura. En los tres casos se trata, como ocurría en el Enterramiento 11, de cuencos conservados en una buena parte, aunque no enteros. El grado de erosión es limitado, permitiendo apreciar los alisados superficiales y, en el caso del vaso 297, el bruñido de su pared interior. Sus volúmenes van desde los 0,47L del vaso 295, 0,84L del vaso 297, a los 1,54L del vaso 296. Tanto en estos casos, como en el cuenco del enterramiento 11, se trata de recipientes de paredes de grosor fino o medio. El hecho de que no aparezcan enteros, pero con un importante porcentaje de representación, sugiere que debieron romperse en las inmediaciones, incorporándose casi de manera inmediata al registro. En el caso del Enterramiento 10 parece claro que su amortización debe interpretarse en el contexto de las actividades que enmarcaron el depósito allí realizado.

El vaso campaniforme marítimo, junto al vaso 297, representan los únicos casos de recipientes en los que no se documentó la presencia de desgrasante añadido. Aunque, es evidente que

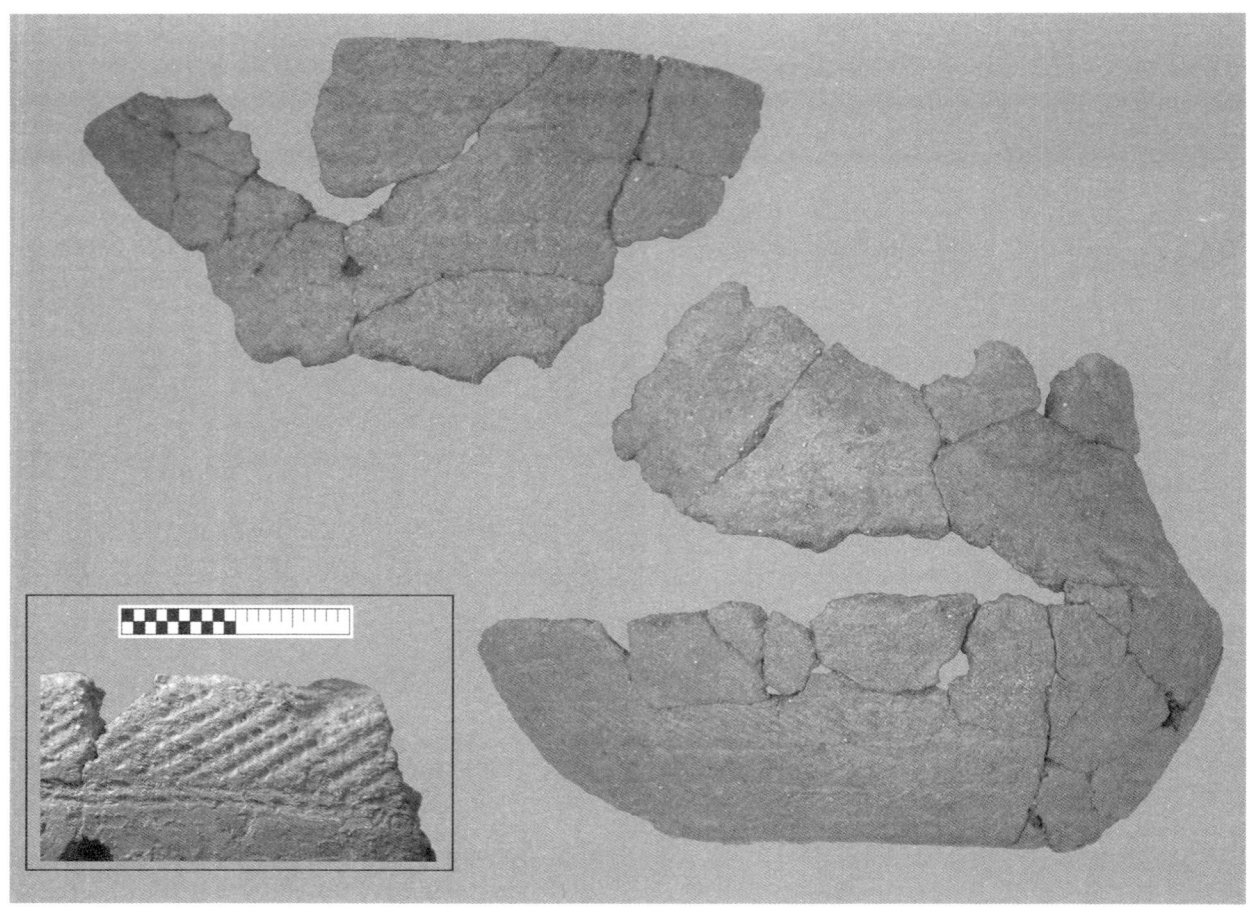

Figura 14.9.- Vaso nº 2. Enterramiento 11.

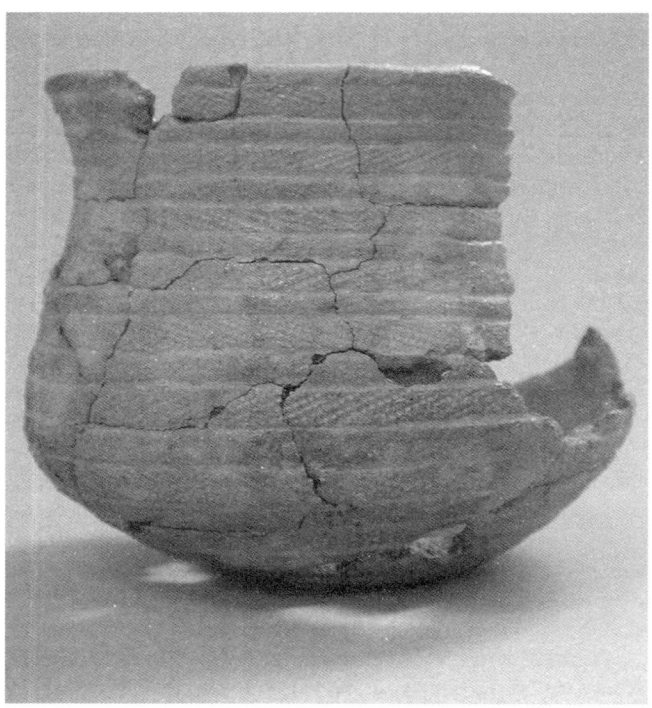

Figura 14.10.- Vaso nº 311. Enteramiento 10.

no podemos hablar de una producción especializada, es difícil no abstraernos de la posibilidad de ver en ellos unas condiciones particulares de producción para estos dos vasos.

Fuera de estos contextos sólo disponemos de dos evidencias de recipientes *in situ*. En la casa 8 se identificó un recipiente de grandes dimensiones hincado en el suelo, en el nivel inferior de la estructura, cercano a un conjunto de piedras interpretado como posible soporte. Lamentablemente su mal estado (algunos fragmentos de pared no eran ya más que improntas en el sedimento) impidió su recuperación en condiciones. Debió tratarse, en todo caso, de un gran recipiente abierto, posiblemente de la clase B, en consonancia con el recuperado en la estructura de combustión 97 (vaso 1) y que ya ha sido descrito. Su papel, como recipientes de almacén vinculados con las actividades llevadas a cabo en cada una de las estructuras (posible estructura doméstica casa 8, estructura de combustión E.C. 97), parece bastante probable.

A parte de los casos descritos, el resto de materiales se recuperaron integrados en los paquetes sedimentarios que rellenaban las diferentes estructuras excavadas. Materiales amortizados que nos remiten a las actividades humanas que, en su diversidad e intensidad, se llevaron a cabo. Así, encontramos una amplia variedad de situaciones, desde recipientes recuperados en un porcentaje de representación muy elevado (depositados enteros, o casi) u otros muchos que aparecen fruto de una vida como

Muestra	Vaso	Descripción	Procedencia	G. Petrog.
LV-1	2	campaniforme CZM	enterram. 11	1
LV-2	311	campaniforme MHV	enterram. 10	3
LV-3	3000	C.13.I	enterram. 10	1
LV-4	302	A.2.I	enterram. 10	1
LV-5	301	A.2.I	enterram. 10	1
LV-6	297	B.6.II	enterram. 10	3
LV-7	296	B.6.II	enterram. 10	1
LV-8	295	B.6.I	enterram. 10	1
LV-9	1	F, gran contenedor	hogar 97	1
LV-10	586	A.1.I	casa 4	1
LV-11	570	A.2.I	casa 4	1
LV-12	568	A.2.II	casa 4	1
LV-13	569	A.1.I	casa 4	1
LV-14	558	A	casa 4	1
LV-15	556	A.4.I	casa 4	1
LV-16	607	F	casa 4	2
LV-17	562	F	casa 4	1
LV-18	594	F	casa 4	1
LV-19	204	B.7.I	casa 7	1
LV-20	212	B.6.I	casa 7	1
LV-21	257	C.13.Ia	casa 7	1
LV-22	213	C13.Ia	casa 7	2
LV-23	238	B.6.I	casa 7	2
LV-24	230	B.6.I	casa 7	1
LV-25	227	A.2.I	casa 7	1
LV-26	217	A.2.I	casa 7	2
LV-27	267	A.1.I	casa 8	1
LV-28	268	A.1.I	casa 8	1
LV-29	273	A.1.I	casa 8	1
LV-30	277	A.2.II	casa 8	2
LV-31	278	A.1.I	casa 8	1
LV-32	279	A.1.I	casa 8	1
LV-33	280	A.5.I	casa 8	1
LV-34	282	B.6.II	casa 8	1
LV-35	292	B.6.I	casa 8	1
LV-36	294	F	casa 8	2
LV-37	529	F inciso/imp.	cubeta 52	1
LV-38	262	carena, inciso	casa 8	1

Cuadro 14.7.- Muestras extraídas de la colección cerámica para su análisis de láminas delgadas. La descripción hace referencia a los grupos tipológicos (ver Figura 14.2). F= fragmento.

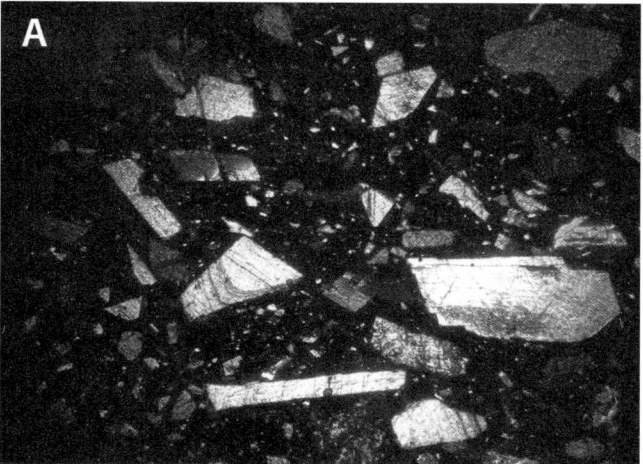

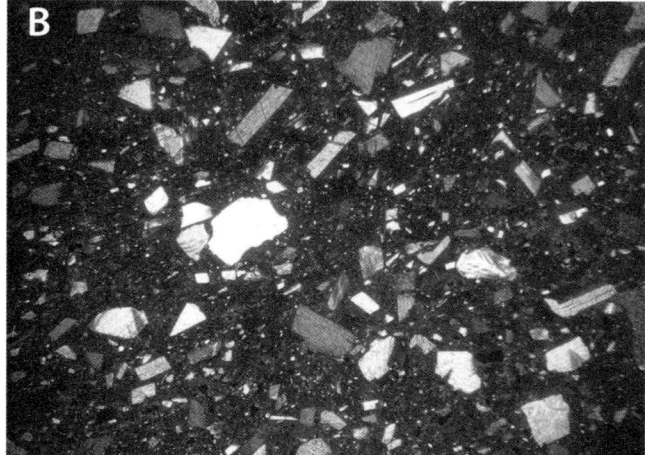

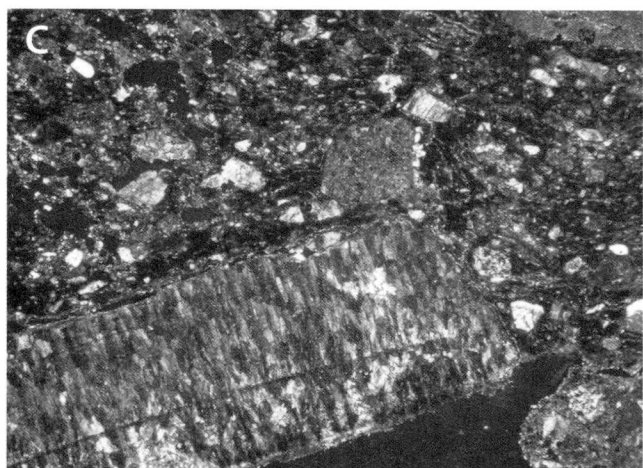

Figura 14.11.- Ejemplos de láminas delgadas de cada uno de los grupos identificados. A: Grupo 1; muestra LV 9: 20X. Nícoles cruzados. Calcita espática añadida. B: Grupo 2: muestra LV 22: 40X. Nícoles cruzados. Calcita espática. C: Grupo 3: muestra LV 2: 40X. Nícoles cruzados.

residuo bastante dilatada y cuya presencia en una determinada estructura casi se puede interpretar como accidental. Igualmente, encontramos estructuras con gran densidad de restos junto a otras sin apenas materiales. A este respecto, cabe destacar la notable caída de las densidades en aquellas estructuras situadas más allá del foso 115 (Grupos de Estructuras 4 y 10). Sin embargo, la posible lectura que este dato ofrece en relación a la organización interna del asentamiento queda condicionada por la ubicación de estos Grupos, en el límite de la excavación.

La cerámica es el artefacto más abundante, en número de restos, de los aportados por la excavación. Ello habla claramente de la importancia de este producto dentro de las actividades cotidianas. El interés de la producción cerámica se orienta mayoritariamente hacia la consecución de recipientes de paredes gruesas (el 71,25% de los vasos superan los 9 mm de grosor, frente al 3,53% que quedan por debajo de los 6,5 mm) con pastas poco cuidadas: la presencia de inclusiones orgánicas, así como de cantos calizos y de otra naturaleza, de tamaño muy diverso, sugiere un nivel de depurado limitado. Estas producciones se abastecen de fuentes situadas en las inmediaciones del yacimiento en su inmensa mayoría. Incluso respecto a aquellos restos cerámicos fabricados con materias primas algo más alejadas (grupo petrográfico 2), es asumible un aprovisionamiento directo. No obstante, la información actualmente disponible confirma la existencia de diversos emplazamientos al aire libre en la llanura litoral de La Safor (Barranc de Beniteixir: Pascual Beneyto, 2010; Camí del Pla: Aparicio *et al.*, 1994; Camp de Sant Antoni: Aparicio *et al.*, 1983). Entre ellos destaca por su relevancia, la estructura funeraria "de carácter tumular" localizada en la Casa Fosca, Potries (Peiró, 1949), a escasos 250 m del Serpis y donde se recuperaron algunos fragmentos de cerámica campaniforme incisa junto a restos de, al menos, dos individuos. Así pues, tampoco podemos descartar su presencia como resultado de la existencia de redes de intercambio locales.

El tratamiento de las pastas se completa con la introducción intencional de desgrasante de naturaleza calcítica de manera casi generalizada. La excavación ha permitido la identificación de bloques de calcita depositados en algunas estructuras (nivel inferior de la casa 4, silo 65 y fosa 16), todas ellas dentro del mismo Grupo de estructuras. En ese mismo entorno (nivel superior de la casa 4) se documentó un vaso (n° 591) que mostraba grandes desconchados en la pared exterior, fruto, posiblemente, de problemas de cocción debidos a un deficiente secado de la pasta. Aunque documentamos en el área la Estructura de Combustión 102, ni las evidencias directas, ni las propias características de la estructura, sugieren que su funcionalidad estuviera orientada a la producción cerámica.

Todos los datos tecnológicos (a los que hemos de añadir unas temperaturas de cocción relativamente bajas, por debajo de los 750 °C), caminan en la misma dirección que nos marcaba la información morfotipológica. Nos encontramos con una producción cerámica en la que se prima una economía de esfuerzos en casi todos los pasos de la cadena operativa, para dar lugar a unos recipientes donde la calidad de los acabados no es, ni de lejos, una cualidad buscada. Por el contrario, podemos suponer que un fácil reemplazo de los productos podría responder en parte a esa limitada inversión de trabajo que documentamos. Parece, pues, probable que debamos movernos dentro de un contexto de producción estrictamente doméstico. Lamentablemente, el registro exhumado no aporta datos directos que nos permitan aproximarnos con garantías al contexto social de estas producciones.

Desde la óptica planteada, es de suponer que la funcionalidad de estos productos debe quedar ligada a las necesidades de estas unidades domésticas. El volumen de algunos recipientes, con capacidades entre 10L y 30L, sugiere un papel como contenedores y recipientes de almacenaje. Junto a estos aspectos, la tradicional vinculación de los vasos cerámicos con actividades relacionadas con el preparado y consumo de alimentos, abre una serie de cuestiones que se derivan de los datos tecnológicos y formales.

Hemos de entender que la gran abundancia de formas abiertas responde a su mayor importancia dentro del uso cotidiano, lo que deriva en una mayor tasa de ruptura y reposición. Así, platos y fuentes se constituyen en el grueso de la vajilla cerámica empleada por estos grupos domésticos. Es posible considerar que su uso remite tanto a formas de consumo individuales como, para el caso de aquellos recipientes con mayores diámetros, comunitarias. En todo caso, esta abundancia sólo puede explicarse como respuesta a unas pautas de preparado y consumo de los alimentos que difieren de momentos cronológicos anteriores, donde estas formas abiertas o son muy escasas o no existen. Desde esta perspectiva, el grosor y características de las pastas inciden directamente en la capacidad de conservar y distribuir el calor, en el caso que los alimentos hubieran sido procesados directamente sobre esta clase de recipientes.

Desde una perspectiva cronocultural, en su conjunto, las características de la colección cerámica recuperada en La Vital se avienen con aquellas que encontramos en los diferentes poblados calcolíticos excavados en el conjunto de las comarcas centrales valencianas. El gusto por las formas planas, en detrimento de los recipientes más profundos, la simpleza de los perfiles… son características de las industrias cerámicas del Neolítico IIB de estas comarcas (Bernabeu y Guitart, 1993; Bernabeu y Orozco, 1994; García Borja, 2004). Esta situación redunda en la dificultad de reconocer marcadores válidos para poder seguir una evolución de la industria cerámica a lo largo de un período que se extiende prácticamente un milenio. La incidencia de labios engrosados, una de las pocas variables que se han podido tomar en consideración, muestra una total sintonía, en el yacimiento de La Vital, con aquellos datos correspondientes con los momentos finales de la secuencia cerámica del NIIB –Niuet I/II: 9,3% (Bernabeu y Orozco, 1994), sector oriental de Colata: 10% (García Borja, 2004).

Estos porcentajes, que muestran un enriquecimiento de la variable respecto a momentos anteriores, vuelven a caer posteriormente, tal y como muestra la colección de Arenal de la Costa (≈5%: Bernabeu y Guitart, 1993), ya inmerso dentro del horizonte Campaniforme. En este sentido, el Sector 1 de La Vital (Grupo 9) es el único que muestra un índice menor de labios engrosados, sobre el 5%. Este hecho, junto a algunos elementos extraños al resto de la colección, caso del único ejemplar de asa documentado, podrían apuntar a una cronología relativa reciente dentro del conjunto del yacimiento, lo que vendría a apoyar, en parte, su posible relación estratigráfica respecto al segmento de foso excavado (Estructura 115).

Así, en este contexto cronocultural, la presencia de especies campaniformes debe ser interpretada como una aparición novedosa, en nada relacionada con las tradiciones locales que vienen definidas por el conjunto de la cerámica. No deja de ser sintomático que los dos vasos documentados sean los únicos ejemplos de estos tipos dentro de la colección. Tanto los aspectos tipológicos –vasos con cuello largo, perfiles sinuosos o directamente carenados– como los decorativos, carecen de referentes locales. En el caso del recipiente cordado, la similitud formal que ofrece respecto a recipientes de su misma especie en ámbitos bastante alejados –Pagobakoitza, Araba (Alday, 1995), sepulcro de corredor de Gutina, Girona (Cura, 1987), Cessenon, Hérault (Ambert, 2003)–, remite a la posible circulación de ideas y/o personas, asumido el carácter local de su producción.

Con todo, no podemos dejar de lado el recipiente reconocido en el Sector 5, también ajeno a las formas habituales, pero con una sintaxis decorativa que en nada se puede vincular con la campaniforme. ¿Fenómenos de imitación o adaptación? La identificación de un segundo vaso con características muy similares, pero esta vez en contexto doméstico (*vid. supra*), sugiere algún tipo de mecanismo en este sentido. La Vital confirma, para el ámbito valenciano, la precedencia de las especies impresas internacionales dentro del ámbito campaniforme, tal y como sugería la secuencia de la Cova de les Cendres (Bernabeu y Molina, 2009; Vento, 1996). Sin embargo, las dataciones obtenidas aconsejan desestimar aquellas ofrecidas por el yacimiento alicantino, excesivamente elevadas. De esta manera, el inicio del fenómeno campaniforme en estas comarcas se sitúa en paralelo con el grueso de las dataciones de la mayoría de ámbitos peninsulares (Garrido *et al*., 2005; Lazarich, 2005).

Capítulo 15

LA INDUSTRIA ÓSEA Y LOS ADORNOS

J.Ll. Pascual Benito

EL UTILLAJE ÓSEO

Los utensilios de materia dura de origen animal documentados en las intervenciones arqueológicas efectuadas en La Vital durante 2005 y 2006 suman un total de cincuenta ejemplares (Cuadro 15.1). Por sectores y estructuras, cuatro de ellos proceden de dos fosas del sector 1, quince de seis estructuras del sector 2, seis de tres estructuras y del conjunto 8 del sector 3 y veinticinco de seis estructuras del sector 5. En su distribución espacial, se observa cierta concentración espacial, toda vez que en los sectores 1, 2 y 3, casi la mitad de útiles óseos proceden de dos estructuras ubicadas a escasa distancia en la zona sur del sector 2, con seis piezas de la fosa 16 y otras seis del silo 65. En el sector 5 tres estructuras tienen cuatro, cinco y seis piezas cada una. Todos los ejemplares se documentaron en estructuras de la fase VII, asignada al Neolítico final/Campaniforme.

Los materiales

A continuación se describen los útiles óseos recuperados ordenados por grupos tipológicos y tipos, indicando entre paréntesis la estructura o la UE en la que fueron documentados.

Dado el grado de facetado y de fragmentación de algunas piezas, tan solo se ha podido determinar la especie y el hueso a que corresponde la materia prima en diecisiete casos. La mayor especie representada entre los reconocibles es *Cervus elaphus* con nueve piezas, de la que se constata el uso de las astas, metapodios y ulnas, a la que sigue *Ovis/Capra* con cuatro ejemplares seguros, de la que se utiliza cúbito-radio, metapodios y ulna, y *Sus scropha* con dos, peroné y tibia. Una ulna de *Canis familiaris* y una escápula de *Bos taurus* completan los soportes reconocibles de hueso. Para el resto de piezas se utilizaron fragmentos longitudinales de diáfisis de huesos largos de mesomamíferos, buena parte de los cuales podrían pertenecer a ovicaprinos.

Se han recuperado además siete piezas que utilizan como materia prima restos de animales de origen marino. En dos casos se trata de discos vertebrales de cetáceo de gran tamaño y en cinco de conchas de moluscos (tres de *Glycymeris* y dos de *Cymatium parthenopaeum*).

Apuntados

Como suele ser habitual en los conjuntos de industria ósea pertenecientes a contextos de hábitat la familia más numerosa es la de los apuntados y, dentro de la misma, los punzones, entre los que existe cierta variedad. Dos son punzones de economía que solo tienen modificado por el uso su extremo distal, uno sobre un fragmento longitudinal de diáfisis de tibia o metapodio de *Ovis/Capra* (silo 210) (Fig. 15.1, nº 10) y el otro, más robusto, sobre un fragmento de escápula de *Bos taurus* (casa 212).

Otros seis punzones se fabricaron aprovechando diversos huesos largos enteros: diáfisis completa de metacarpo de *Ovis/Capra* (silo 204) (Fig. 15.1, nº 1), tibia izquierda de *Sus scrofa* que conserva la epífisis distal (casa 212) (Fig. 15.1, nº 2), ulna de *Canis familiaris* (casa 1) (Fig. 15.1, nº 4), ulna de cérvido (silo 112) (Fig. 15.1, nº 3), ulna izquierda de *Ovis/Capra* (casa 212) y peroné izquierdo de *Sus scropha* (silo 211) (Fig. 15.1, nº 5).

El grupo más numeroso lo conforman los punzones sobre huesos largos hendidos o alisados con once ejemplares, de los que dos son metapodios alisados, uno de *Cervus elaphus* (silo 210) (Fig. 15.1, nº 6) y otro de *Ovis/Capra* (silo 204) (Fig. 15.1, nº 7). El resto se encuentran hendidos, tres sobre metapodios, uno de ellos de *Ovis/Capra* (silo 204) y dos en los que no se reconoce la especie (silo 65; fosa 16) (Fig. 15.1, nº 14 y 15), uno sobre cúbito-radio de *Ovis/Capra* (silo 65) (Fig. 15.1, nº 9) y cinco sobre diáfisis indeterminadas (fosa 16; silo 58; silo 211; silo 65; silo 112), los dos últimos con suaves acanaladuras cerca del extremo distal, en uno y en los dos bordes respectivamente (Fig. 15.1, nº 8 y 11).

Otros ocho punzones se encuentran totalmente facetados, de los que sólo en uno se reconoce el soporte, un fragmento diafisario longitudinal proximal de metatarso de *Cervus elaphus* (Fig. 15.2, nº 1), cuya base recta es la superficie anatómica de

Tipo	Subtipo	Especie	Grupo 1		Grupo 2			Grupo 3	Grupo 6			
			silo 8	relle- nos	silo 65	fosa 16	silo 58	casa 8 f. A3	silo 211	silo 218	casa 212	silo 210
Punzón	de economía	Mesomamífero									1	1
Punzón	Hueso entero	Mesomamífero							1		2	
Punzón	H. hendido/alis.	Mesomamífero			3	2	1		1			1
Punzón	Facetado total	Mesomamífero			1				1	1	1	4
Punta	Diáfisis alisada	Mesomamífero									2	
Aguja	Diáfisis alisada	Mesomamífero				1						
Alfiler	Diáfisis alisada	Mesomamífero				1						
Alisador	Varilla de cuerna	*Cervus elaphus*				1						
Alisador	Diáfisis alisada	Mesomamífero										
Alisador	Concha	*Glycymeris v.*						1				
Cincel	Diáfisis hendida	Mesomamífero	1			1						
Mango	Candil	Candil										
Contenedor	Concha	*Glycymeris v.*		1				1				
Yunque	Disco vertebral	Cetáceo								1		
P. estrang.	Diáfisis hendida	Mesomamífero			1							
Mat. prima	Frag. de asta	*Cervus elaphus*			1							
Bocina	Concha	*Cymatium p.*		1								
Total			**1**	**2**	**6**	**6**	**1**	**2**	**3**	**2**	**6**	**6**

Tipo	Subtipo	Especie	Grupo 7	Grupo 8			Grupo 9		Sondeos	Total
			silo 204	silo 112	silo 20	cubeta 23	casa 1 f. A2	silo 157	UE 2052	
Punzón	de economía	Mesomamífero								2
Punzón	Hueso entero	Mesomamífero	1	1				1		6
Punzón	H. hendido/alis.	Mesomamífero	2	1						11
Punzón	Facetado total	Mesomamífero								8
Punta	Diáfisis alisada	Mesomamífero								2
Aguja	Diáfisis alisada	Mesomamífero								1
Alfiler	Diáfisis alisada	Mesomamífero								1
Alisador	Varilla de cuerna	*Cervus elaphus*	1			1	2			6
Alisador	Diáfisis alisada	Mesomamífero							1	1
Alisador	Concha	*Glycymeris v.*								1
Cincel	Diáfisis hendida	Mesomamífero								2
Mango	Candil	Candil	1							1
Contenedor	Concha	*Glycymeris v.*								2
Yunque	Disco vertebral	Cetáceo			1					2
P. estrang.	Diáfisis hendida	Mesomamífero								1
Mat. prima	Frag. de asta	*Cervus elaphus*								1
Bocina	Concha	*Cymatium p.*						1		2
Total			**5**	**2**	**1**	**1**	**2**	**2**	**1**	**50**

Cuadro 15.1.- Hueso trabajado.

una porción de la epífisis proximal (silo 65). Los otros siete corresponde a fragmentos, tres de ellos proximales con bordes convergentes y base recta (dos en silo 210 y el tercero en silo 218) (Fig. 15.2, nº 2, 3 y 4), dos mediales con bordes paralelos (silo 210 y silo 211) y otros dos son fragmentos longitudinales (silo 210 y silo 211) (Fig. 15.2, nº 5-9).

El resto de apuntados es más escaso y muestran un alto grado de facetado. Se trata de dos puntas cortas y finas, con toda la superficie alisada mediante abrasión transversal, una de sección rectangular y base recta fragmentada y posteriormente alisada (casa 212) (Fig. 15.2, nº 10) y la otra de sección poligonal irregular y base apuntada roma (casa 212) (Fig. 15.2, nº 11), una aguja con cabeza ancha y base recta (fosa 16) (Fig. 15.2, nº 12) y un alfiler de cabeza diferenciada subcircular conseguida mediante dos escotaduras laterales y el fuste de bordes convergentes (fosa 16) (Fig. 15.2, nº 13).

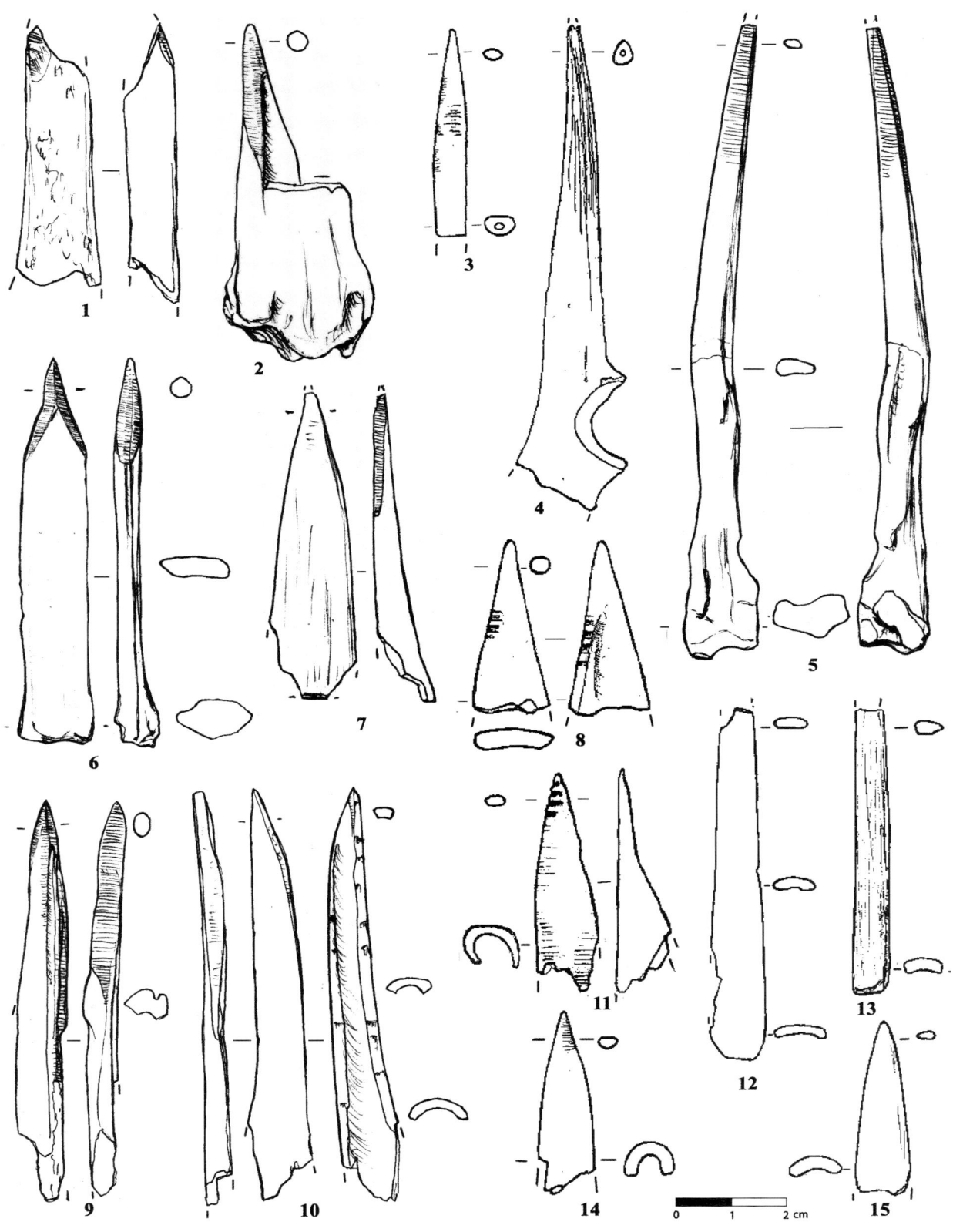

Figura 15.1.- Punzones.

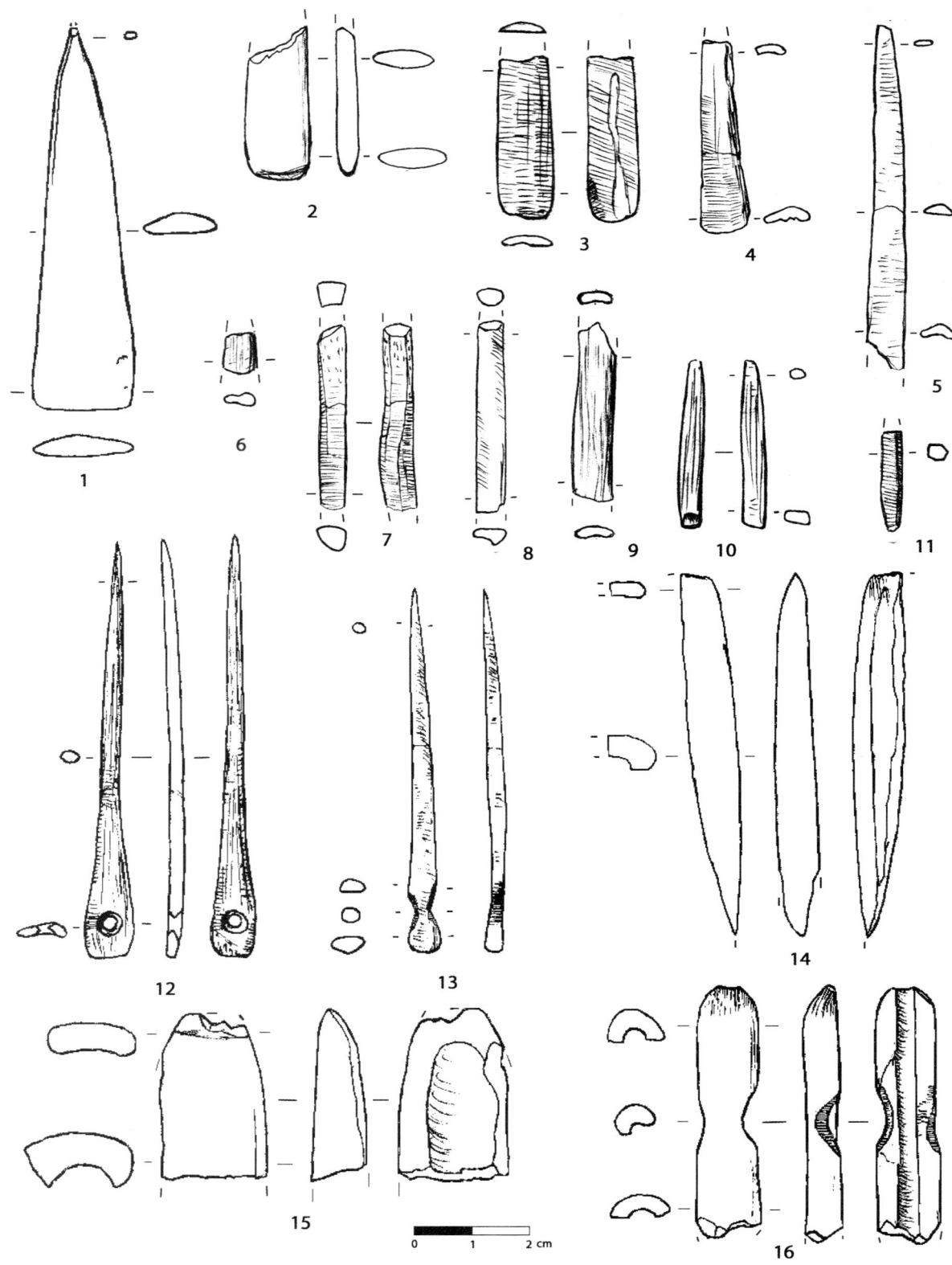

Figura 15.2.- Punzones totalmente facetados, puntas, aguja, alfiler, cinceles y pieza con muesca.

Romos

Los objetos romos conforman la segunda familia en cuanto a representación numérica con ocho alisadores, seis de los cuales estan confeccionados sobre varillas corticales de cuerna de *Cervus elaphus* –silo 204 (2), casa 1 (2); fosa 16; cubeta 23– (Fig. 15.3, nº 1-5) y uno sobre un fragmento longitudinal de diáfisis alisada (UE 2052) (Fig. 15.3, nº 6). Se incluye en esta familia una valva de *Glycymeris violacescens* (Fig. 15.4, nº 1) con el natis perforado por erosión marina, cuyo borde presenta en la parte central una faceta plana con señales de abrasión transversales al mismo y con varias muescas en ambos laterales. En la zona central de la cara exterior de la valva se observan en visión macroscópica un micropulido y una serie de estrías de abrasión longitudinal, finas y cortas, con dirección oblicua respecto al eje de la misma, dando la impresión de hallarse posteriormente pulida (casa 8).

Biselados

La tercera familia representada es la de Biselados, con dos cinceles sobre diáfisis hendida de mesomamífero, ambos fragmentados, lo que imposibilita conocer la morfología de la base (silo 8; fosa 16) (Fig. 15.2, nº 14 y 15).

Receptores

Como receptores hemos clasificado tres piezas, un mango de candil de cuerna de ciervo, con la superficie externa alisada y el tejido esponjoso interno vaciado parcialmente (silo 204) (Fig. 15.3, nº 7) y dos posibles contenedores sobre valva de *Glycymeris violacescens* sin modificar que conservan restos de colorante rojizo, una del sector 4, en una muesca, y otra con el natis perforado por erosión marina en la superficie interior y en la exterior (casa 8) (Fig. 15.4, nº 2).

Diversos

En esta familia se incluyen seis piezas de naturaleza y materia prima muy diversa, en la que destacan dos discos de vértebra de cetáceo que fueron utilizados como yunque a juzgar por las señales antrópicas que presentan. Uno de los discos vertebrales procede del silo 218 del sector 5 y se encuentra casi completo, con 31 cm de diámetro (Fig. 15.4, nº 4) y pertenece a un individuo joven ya que no se encuentra fusionado con el resto del cuerpo vertebral que, en opinión de M.ªD. López, podría pertenecer a la especie *Eubalna glacialis* (Pascual Beneyto *et al.*, 2008: 65); presenta profundas señales de sección en V de una longitud comprendida entre 12,6 y 20 mm por una anchura en su parte central de 2 a 2,5 mm, que sugieren ser consecuencia de la utilización de una herramienta robusta lanzada por percusión. Del otro disco, procedente del silo 20, se conservan dos fragmentos (Fig. 15.4, nº 3), el de mayor tamaño, de 158x136x64,5 mm, con abundantes señales longitudinales de dos tipos. Las primeras en el centro parecen estar hechas con un instrumento de filo lítico –con una longitud entre 14 y 37 mm por una anchura entre 0,8 y 1,5 mm– y son similares a otras localizadas junto al borde en sentido perpendicular a las anteriores. Las segundas

son incisiones mucho más finas, más abundantes, con disposición paralela y espesor inferior a 0,5 mm, producto de abrasión.

Otra pieza es una diáfisis hendida con estrangulamiento medial producido por dos muescas enfrentadas hechas por abrasión y con el borde no fragmentado romo (silo 65) (Fig. 15.2, nº 16).

Se ha incluido en la familia de Diversos un elemento empleado como materia prima. Se trata de un fragmento de frontal derecho, pedículo, roseta perlada y arranque de la rama principal del asta de un *Cervus elaphus* adulto. El frontal se encuentra fracturado por las suturas interfrontal y coronal. Presenta un profundo corte en el frontal y señales de un intento de corte transversal por percusión lanzada en tres zonas contrapuestas del pedículo, por debajo de la roseta. El arranque de rama principal del asta muestra una profunda hendidura producto del tallado longitudinal de la misma (silo 65).

También se han incluido en esta familia dos conchas de *Cymatium parthenopaeum* con el ápice eliminado por percusión que pudieron ser utilizadas como instrumento sonoro, una rodada de 121,1 mm de longitud del sector 4 y la otra, de 88,1 mm de longitud, de la casa 1, con una amplia perforación en un lateral de la segunda vuelta realizada mediante percusión y posterior presión para su regularización (Fig. 15.4, nº 3).

Valoración de la industria ósea

Buena parte de los útiles óseos de La Vital son frecuentes en contextos del Neolítico final/Calcolítico y del Campaniforme de yacimientos de las comarcas centrales valencianas, como puede observarse en las amplias colecciones de Jovades, Niuet y Ereta (Pascual Benito, 1998), por lo que nos centraremos en comentar algunos aspectos de las piezas más singulares.

Entre los punzones, resulta peculiar el ejemplar confeccionado a partir de una ulna de perro, toda vez que se trata de un soporte poco frecuente, tanto por el tipo de hueso como por el animal del que procede. En contextos del Neolítico antiguo se han documentado en la zona punzones sobre radio de *Canis* sp. en la Cova de l'Or o sobre ulna o radio de otro carnicero, aunque salvaje (*Felis lynx*), en las cuevas de Sarsa y de Cendres (Pascual Benito, 1998: 46).

Las agujas de coser, cuyo uso se constata en la Safor desde el Solutrense de Parpalló, son frecuentes aunque no muy numerosas en yacimientos de hábitat de toda la secuencia neolítica. Los ejemplares con la parte proximal diferenciada del resto del fuste al ser ligeramente más ancha que el mismo no son muy abundantes en nuestra zona, habiéndose documentado una aguja similar a la de La Vital en la Cova de l´Or, yacimiento donde también se documentan con estrangulamiento bilateral en la zona medio-proximal para resaltar la cabeza destacada (Pascual Benito, 1998: Fig. III.33: 4 y 7).

Para los alisadores sobre varilla cortical de cuerna el paralelo más próximo lo encontramos en la Cova Negra de Marxuquera, documentado en los sondeos efectuados por el SIP en 1949 bajo la dirección de F. Jordá, un "fragmento de espátula de asta" asociado a cerámica campaniforme con decoración pseudoexcisa y a conchas de glycyméridos (Aparicio *et al.*, 1983: Fig. 55: 4). En las comarcas centrales valencianas este tipo de alisadores resulta frecuente y, en ocasiones abundante, en contextos de hábitat del Neolítico final y del Campaniforme, desta-

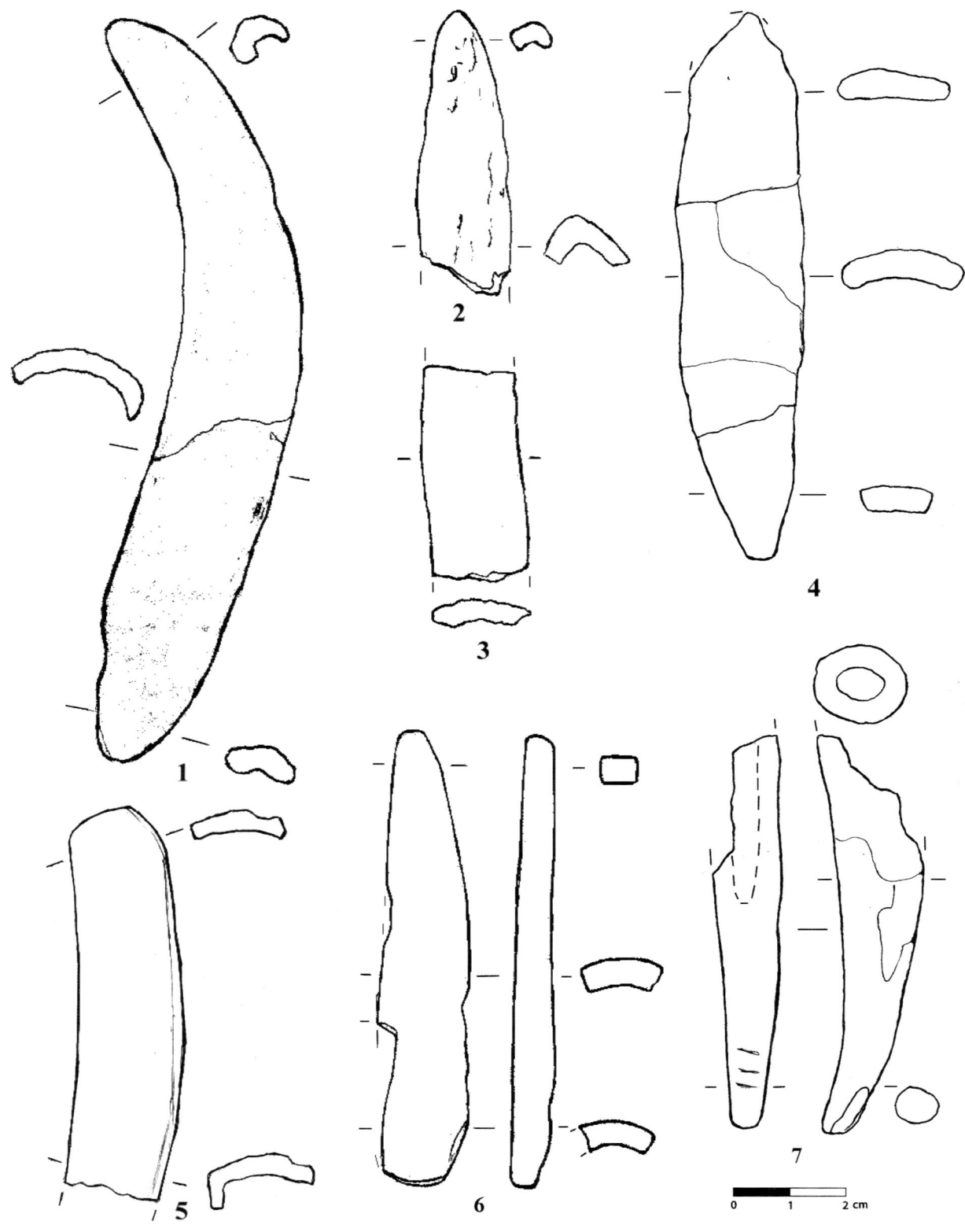

Figura 15.3.- Alisadores de varilla de cuerna de *Cervus elaphus*, alisador de diáfisis de mesomamífero hendida y mango de candil de cuerna de *C. elaphus*.

cando el conjunto de Ereta del Pedregal donde se documentaron más de doscientos ejemplares que se reparten en todas las fases individualizadas en el yacimiento, con mucha mayor presencia en los momentos más antiguos (Pascual Benito, 1996: 63-69). El fragmento de cuerna de *Cervus elaphus*, por las señales de corte longitudinal del tallo, puede considerarse como el resto de una cuerna empleada como materia prima para la obtención de las varillas corticales, con las que se fabrican este tipo de alisadores.

Como ya comentamos en un trabajo reciente dedicado a los útiles sobre conchas (Pascual Benito, 2008) en otros yacimientos se constata un buen número de valvas no transformadas, sobre todo de *Glycymeris,* que presentan señales de uso en el dorso y/o en el borde. Algunas se encuentran perforadas, si bien en ningún caso se observan señales de desgaste o de fricción en los bordes de las perforaciones que indiquen que hayan estado suspendidas. La localización de las señales de uso en la valva de La Vital evidencian que fue utilizada de dos maneras. Por una parte, friccionando la superficie dorsal, acción que produciría los trazos en el centro de la superficie dorsal y, por otra, actuando como parte activa el borde de la misma, acción que causaría la abrasión y las muescas. Este tipo de señales parecen ser el resultado del desgaste de la valva al ser friccionada contra una superficie blanda al utilizarla como elemento activo para alisar, pulir o raer. A falta de un estudio traceológico más pormenorizado, pueden proponerse diversos usos relacionados con el trabajo de materiales blandos: cerámica y piel.

La presencia de colorante en un buen número de ejemplares de otros yacimientos no resulta discordante con esa interpretación, toda vez que entre sus múltiples aplicaciones parece haberse empleado como adobador y conservador de pieles, sin embargo las dos valvas de *Glycymeris* que conservan resto de colorante no muestran señales como las descritas, por lo pudieron ser utilizadas como contenedores de colorante rojizo.

Sin duda, las piezas en materia dura animal más novedosas de las halladas en La Vital son los dos discos de vértebra de ballena que fueron utilizados como instrumentos pasivos o yunques, según se infiere de las abundantes señales de corte en su superficie plana y en el borde. Estas señales difieren en la longitud, espesor y profundidad de la incisión, por lo que son producto de diversas acciones que, a falta de un análisis microscópico detallado, muestra trazas de, al menos, tres instrumentos diferentes. Además de estas dos piezas existen diversos fragmentos de otro disco vertebral en el silo 209 del sector 5 (Pascual Beneyto *et al.*, 2008: 65) cuya presencia en el yacimiento hay que explicarla por el varado de un cetáceo en la playa. Aunque no resultan habituales, se han documentado en el litoral valenciano cetáceos muertos en época histórica, como por ejemplo el localizado en la playa de Borriana en 1861, cuyo esqueleto se conservaba en el Museo de Historia Natural de la Universidad de Valencia hasta que fue destruido por el fuego en un incendio en 1932 (Navarro y Catalá, 2000: 176). La utilización de este tipo de piezas planas y de gran tamaño no son habituales en la industria ósea prehistórica. En el ámbito peninsular tan solo conocemos dos yacimientos calcolíticos del estuario del Tajo en los que se ha constatado en sendos fragmentos de costilla de cetáceo numerosas señales

producidas por instrumento cortante, uno procedente de Leceia y el otro de Alpena (Cardoso, 1995).

Así mismo, tampoco resulta frecuente en contextos prehistóricos la presencia de grandes caracolas de *Cymatium parteopaneum* como instrumento sonoro. En las minas neolíticas de Gavà se conocen varios ejemplares de *Charonia nodifera* con el ápice eliminado por lo que han sido considerados instrumentos aerófonos (Bosch *et al.*, 1999: 80), al igual que las caracolas de otros yacimientos de Cádiz del Bronce final tartésico (López *et al.*, 1995).

Se trata en todos los casos de materias primas que resultarían de fácil obtención para los habitantes de La Vital. Una buena parte procedía de la caza, caso del ciervo, otra se conseguía de la matanza de animales domésticos y, en el caso de las vértebras de ballena, seria recogida en la playa consecuencia del varado en la misma de este mamífero marino, una fuente de abastecimiento que también proveía de conchas de molusco.

En definitiva, el utillaje óseo de La Vital se compone por un conjunto de apuntados, romos y biselados característicos de las industrias óseas del Neolítico final/Calcolítico, destacando en el mismo la presencia de algunos elementos peculiares como los yunques de disco vertebral de cetáceo que, junto a algunos moluscos marinos, muestran el buen aprovechamiento de una serie de recursos cercanos al yacimiento.

LOS ADORNOS

En las excavaciones de La Vital se han documentado 45 elementos de adorno confeccionados sobre diversas materias (Cuadros 15.2-15.6), con predominio de las conchas marinas (57,8 %) sobre las materias duras minerales (40 %) y con presencia testimonial de huesos de vertebrados, con un solo ejemplar sobre pieza dentaria (2,2 %).

Por sectores y estructuras los adornos se distribuyen entre cinco elementos procedentes de tres estructuras del sector 1, doce de seis estructuras del sector 2, siete de cinco estructuras del sector 3 y 21 de cinco estructuras del sector 5.

En la distribución espacial de los adornos no se observa ninguna concentración espacial significativa, siendo el silo 65 el que mayor número contenía con cuatro elementos. En dos casos los adornos se documentaron en contexto funerario. Diez cuentas discoidales de collar proceden del enterramiento del silo 201 del sector 5 y un colgante arciforme del enterramiento 11, que contenía un individuo datado en 3830±40 BP con un ajuar compuesto por un vaso campaniforme de estilo marítimo mixto y un puñal de cobre.

El conjunto se encuentra dominado por los adornos facetados, treinta y cuatro ejemplares que representan el 75,5 % del total, de los que treinta y tres son adornos cuya morfología es el resultado de la transformación total de la materia prima y en uno se respeta parcialmente parte de la anatomía natural al reservar una faceta con dentina de un canino de suido. En los once adornos restantes –el 24,5 %– se aprovecha la morfología natural de conchas marinas, estén o no erosionadas, y de un canto rodado, limitándose la acción antrópica a la perforación en aquellos casos que no la poseían por la erosión natural.

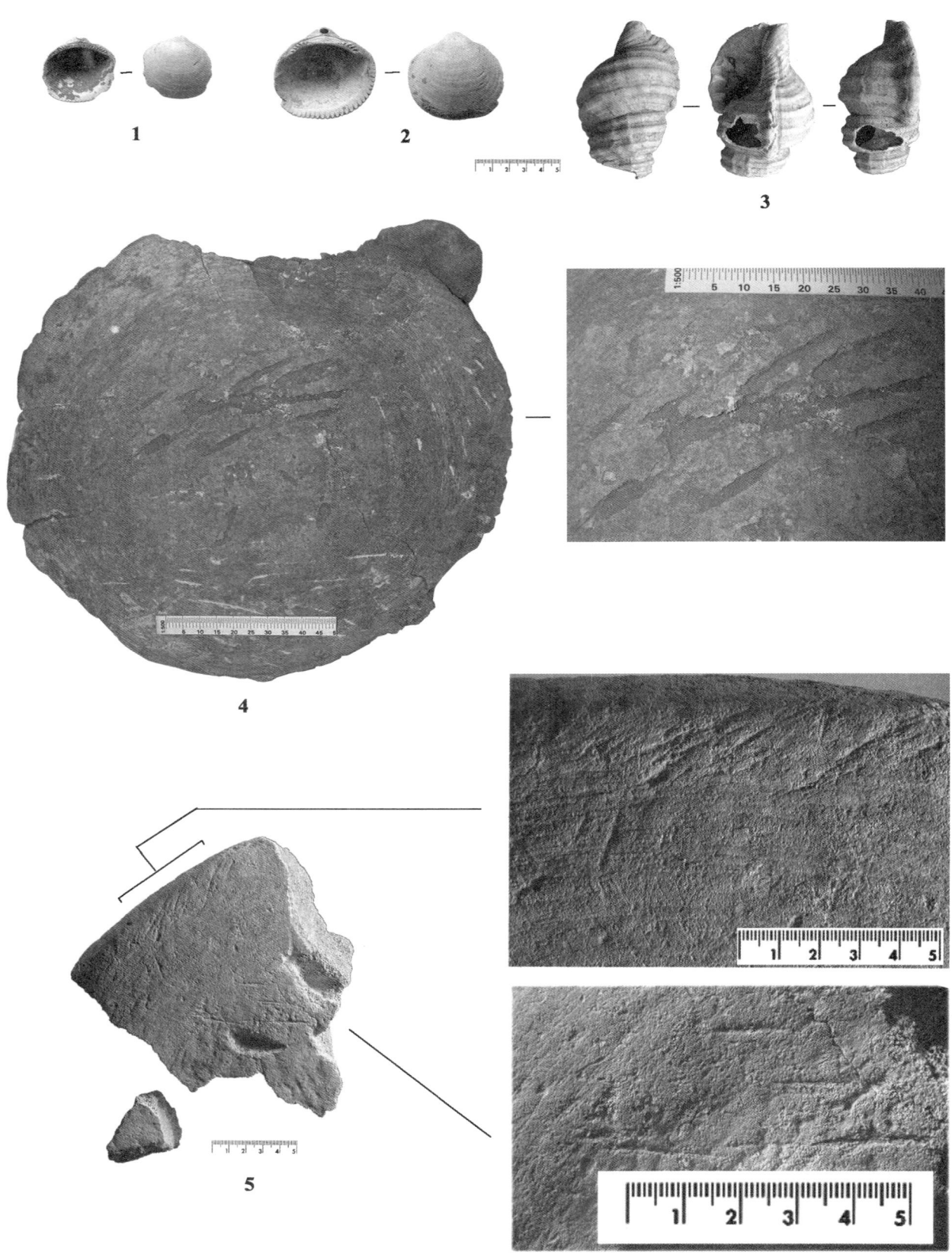

Figura 15.4.- *Glycymeris violacences* con abrasión dorsal y con resto de colorante; *Cymatium parteopaneum* con el ápice truncado y vértebras de cetáceo con señales de percusión, corte y abrasión.

Grupo	Hecho	Materia	Diámetro	Espesor	Sección	Diámetro perforación	Sección perforación
7	201	Piedra verde	7x5,6	4	Trapezoidal	2,1	Bitroncocónica
	201	Piedra verde	5,8x5,5	3,4	Rectangular	1,9	Bitroncocónica
	201	Piedra verde	5,4x5,2	2,3	Rectangular	1,3	Bitroncocónica
	201	Piedra verde	6x5,2	2,1	Rectangular	1,5	Bitroncocónica
	201	Piedra verde	6	2	Rectangular	2,2	Troncocónica
	201	Piedra verde	6,4x5,8	1,3	Rectangular	1,6	Bitroncocónica
	201	Piedra verde	5,9x5,3	2,1	Rectangular	1,6	Cilíndrica
	201	Piedra verde	5,1x4,8	1	Rectangular	1,2	Cilíndrica
	201	Piedra verde	6,2	3,6	Trapezoidal	1,9	Troncocónica
	201	Piedra caliza gris	2,6	2,6	Rectangular	1,2	Cilíndrica
	204	*Dentalium*	2,2	9,2	Cilíndrica	0,9	Natural
6	210	Lignito	6,1	3	Trapezoidal	0,9	Cilíndrica
	218	Lignito	8,2	2,6	Rectangular	1,7	Cilíndrica
2	65	Piedra caliza blanca	4,3	1,2	Rectangular	1,2	Bitroncocónica
	65	Piedra caliza blanca	6	1,1	Rectangular	1,2	Bitroncocónica

Cuadro 15.2.- Cuentas de collar sobre materias diversas.

Los materiales

Las cuentas

Se han documentado quince cuentas, de las que catorce son de morfología discoidal y una cilíndrica, cuyas características se detallan en el Cuadro 15.2. De las cuentas discoidales, las diez procedentes del enterramiento 201 del Grupo 7 formarían parte de un mismo adorno, con nueve de piedra verde claro de tacto talcoso (Fig. 15.5, nº 1-9) y una de piedra gris claro porosa (Fig. 15.5, nº 10). Del resto, dos cuentas son de lignito (Fig. 15.5, nº 11-13) y las otras dos de caliza (Fig. 15.5, nº 14-15). En todas estas cuentas, la perforación se realizó con taladro lítico, generalmente desde una cara en los ejemplares más finos y desde las dos caras en los más espesos. La única cuenta cilíndrica aprovecha la morfología natural de la concha de un pequeño *Dentalium* (Fig. 15.5, nº 16).

De varios rellenos y estructuras asignados a diversas fases proceden nueve discos de *Cardium* (Cuadro 15.3) (Fig. 15.5, nº 18-26). La materia prima de los mismos son conchas marinas fósiles de cardíidos, abundantes en el yacimiento y con un alto índice de fragmentación, consecuencia de la fabricación de estas piezas mediante percusión directa para eliminar las partes desechables (ápice, charnela) y obtener el fragmento utilizable. El contorno de todos los discos fue regularizado mediante pequeñas percusiones desde la cara dorsal con un percutor de piedra para darle una forma circular o poligonal, más o menos regular de similares proporciones. En cinco casos se observa una faceta plana de abrasión que afecta a la zona central o a parte de la superficie exterior acostillada. Dos de los discos presentan también abrasión en la cara ventral que sólo afecta a su perímetro, produciendo una faceta plana anular que bordea la superficie cóncava natural. Un disco se encuentra perforado con la ayuda de un taladro de sílex por las dos caras, y otros dos también muestran evidencias de perforación, iniciada en un caso y

acabada pero fragmentada en el otro. En ambos discos la perforación se realizó desde el centro de la cara ventral, aprovechando la concavidad natural de la superficie interna de la concha, la zona que menor espesor presenta tras haber sido adelgazada la superficie exterior.

Los colgantes sobre formas naturales: las conchas perforadas

En el Cuadro 15.4 se detallan las conchas marinas que hemos clasificado como colgantes. En ellas se aprovecha su forma anatómica original. La única acción antrópica es la perforación, en el caso que no la tuviera por causas naturales. Dos corresponden a conchas de bivalvos en los que la perforación se localiza en el natis, una mediante percusión y una por abrasión. La técnica empleada en la perforación fue la percusión en la *Acanthocardia tuberculada* (Fig. 15.6, nº 1) y la abrasión en la *Glycymeris violacescens*. Como se indica en el apartado que estudia la malacofauna de La Vital, las conchas que aparecen perforadas en mayor número son las valvas de *Glycymeris violacescens*, con 375 valvas con perforación en el natis producida por la erosión marina. De esta especie tan solo hemos considerado como posible elemento destinado al adorno personal una valva de tamaño notablemente inferior al resto y cuya perforación es de origen antrópico (Fig. 15.6, nº 2).

Por su parte, todos los gasterópodos se encuentran muy rodados, por lo que su morfología natural se encuentra desfigurada, y sus perforaciones, excepto en el *Cerithium vulgatum* y probablemente la *Columbella rustica*, obedecen al efecto de la erosión marina. En las conchas de *Thais haemastoma* la erosión sufrida fue muy intensa y tuvo como resultado la eliminación de la zona apical y de parte significativa de las vueltas hasta dejar visible la columna e, incluso, produjo una perforación en la última vuelta en cuatro casos, tres de las cuales fueron posteriormente regularizadas o ampliadas antrópicamente mediante presión.

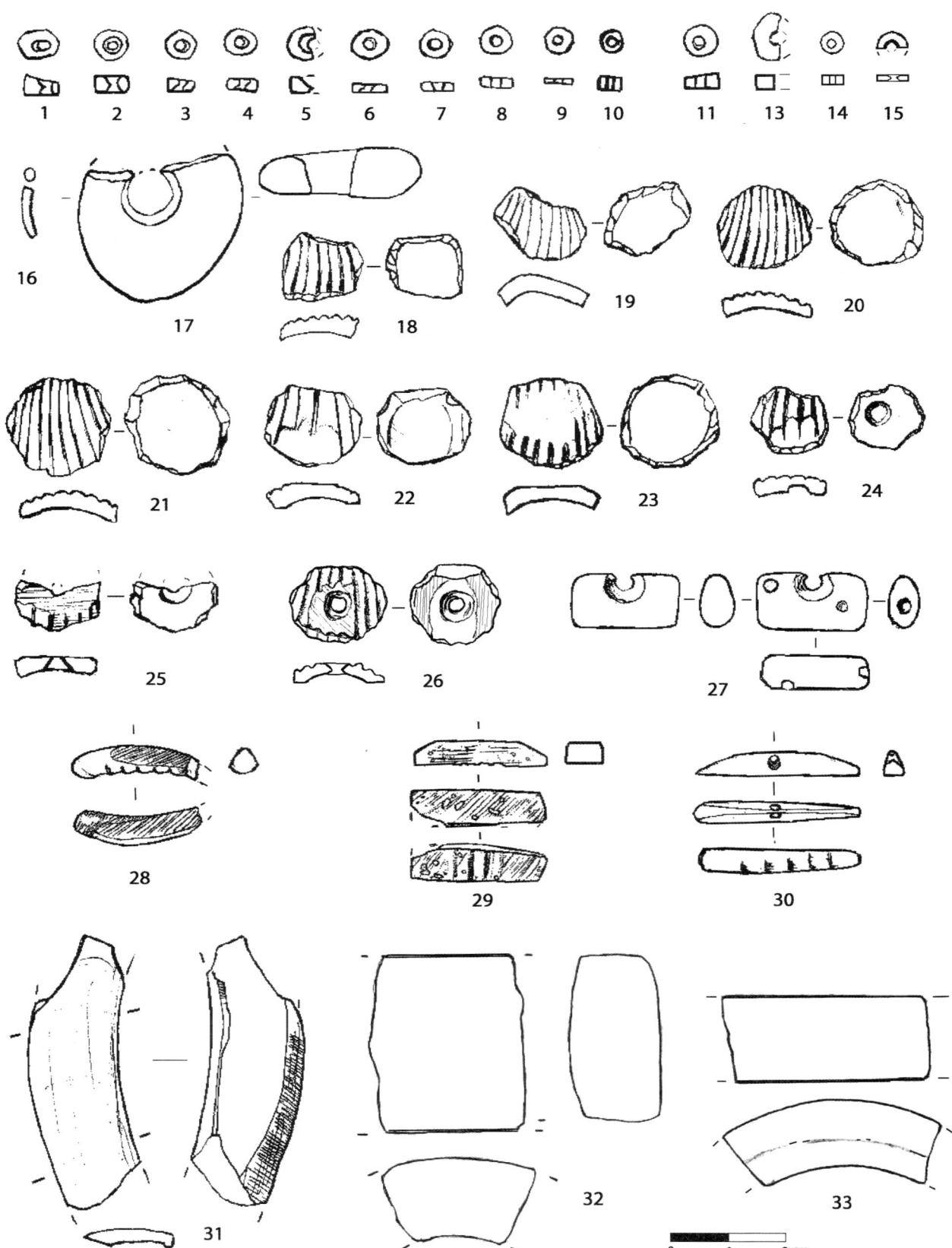

Figura 15.5.- Adornos. Piedra verde (1-9 y 27), lignito (11 y 13), caliza (14, 15, 17, 32 y 33), *Dentalium* (16), canto rodado (17), concha (18-30), canino de *Sus scropha* (31).

Fase Cronológica VII

Grupo	Conjunto	Hecho	UE	Forma	Nº canales	Alto	Ancho	Espesor	Perforación	Facetas de abrasión
2		65		Discoidal	11	16	16,3	4,2	No	No
			2146	Cuadrangular	8	13	14	3,8	No	No
3	8			Discoidal	8	17,1	17,6	4,5	No	Dorsal
7		204		Discoidal	8	14,2	16,2	3,9	Bitronc. 3 mm	Ventral y dorsal
	7			Discoidal	5	12,1	13	3,2	Iniciada (4 mm)	Dorsal

Fase Cronológica

Grupo	Conjunto	Hecho	UE	Forma	Nº canales	Alto	Ancho	Espesor	Perforación	Facetas de abrasión
II		120		Discoidal	5	15	16,8	4,5	No	Dorsal
IV			2049	Trapezoidal	10	15	16	3,1	No	No
VIII		12		Discoidal	5	8,9	15	4,2	Diám.: 5,3 mm	Ventral y dorsal
VIII		40		Discoidal	10	18,5	18,5	3,9	No	No

Cuadro 15.3.- Cuentas de collar sobre discos de *Cardium*.

Grupo	Conj.	Hecho	UE	Especie	Estado	Alto	Ancho	Perf.	Localización	Técnica
1			2098	*Cerithium vulgatum*	rodada	35	12,2	4,4x10,3	bajo abertura	presión
2		50		*Aporrhais pespelecani*	muy rodada	28,9	9	10,2x8,5	intercolumna	erosión natural
		50		*Acanthocardia tuberculata*	no rodada	41,4	40	4x4,1	natis	percusión
6		209		*Thais haemastoma*	muy rodada	32,4	25		última vuelta	erosión natural
		209		*Columbella rustica*	rodada	12,5	8,3	frag.	última vuelta	frag.
		210		*Thais haemastoma*	muy rodada	28,8	23,4		última vuelta	erosión natural
		210		Gasterópodo indeterminado	muy rodada	6	4,3		última vuelta	erosión+abrasión
7		204		Gasterópodo indeterminado	muy rodada	13	11,2		última vuelta	erosión natural
	7			*Thais haemastoma*	muy rodada	29,6	21,1	5,9x5,8	última vuelta	erosión natural
9	1	153		*Glycymeris violacescens*	no rodada	22,4	24,5	2,4x2,2	natis	abrasión
	1	153		*Thais haemastoma*	muy rodada	23,7	18,8	4,8x8,6	última vuelta	natural+presión
	1	153		*Thais haemastoma*	muy rodada	28,2	25	9,8x11,4	última vuelta	presión
	1	153		*Thais haemastoma*	muy rodada	35,6	32,9	5,2x12,3	intercolumna	presión

Cuadro 15.4.- Colgantes sobre conchas marinas.

Además de las citadas, existen otras conchas de gasterópodo no perforadas que podrían haberse recogido para la fabricación de adornos, tal como se constata en otros yacimientos, si bien no se han contabilizado en los cuadros. Es el caso de una de *Conus mediterraneus*, una de *Luria lurida* y otra de *Buccinulum corneum*. Lo mismo sucede con algunos fragmentos muy rodados de diversas conchas, entre ellos cinco de glycyméridos de morfología oval o arqueada, otros dos ovales de *Spondylus* y de concha indeterminada y uno arqueado de Cymatidae que también pudieron constituir materia prima para la fabricación de colgantes.

Los colgantes facetados

En el Cuadro 15.5 se describen los colgantes, uno de ellos totalmente natural, un pequeño canto rodado con perforación natural (Fig. 15.5, nº 17), y el resto facetados. Un colgante curvo sobre faceta dentaria, es el único adorno confeccionado en materia ósea de vertebrados. Se trata de un fragmento medial de faceta de canino mandibular de *Sus scropha* que conserva

la dentina en una cara, y presenta abrasión en los bordes de la cara opuesta con el fin de regularizar el arranque de las otras dos facetas del diente que fueron eliminadas (Fig. 15.5, nº 31).

Los otros colgantes facetados coinciden en su desarrollo horizontal y en la posición centrada de la perforación. Uno es un peculiar colgante rectangular de calaíta con todos los vértices redondeados, de sección oval y perforación rota en el centro de uno de los lados mayores, con tres perforaciones iniciadas, dos en una cara y otra en un lateral (Fig. 15.5, nº 27 y Fig. 15.8). El otro es un colgante o botón arciforme procedente del enterramiento campaniforme (enterramiento 11) (Fig. 15.5, nº 30 y Fig. 15.7). Presenta los extremos apuntados y una sección trapezoidal, con perforación transversal efectuada en las facetas que convergen y situada en el centro de la pieza. La materia prima empleada para su fabricación fue un labio de *Semicassis undulata* según se infiere, por una parte, de los restos de las ondulaciones que conserva en una de sus caras, características del labio de ese gasterópodo marino y, por otra, de las dos piezas en proceso de elaboración documentadas en sendos silos de La Vital, una de sección trapezoidal con facetas de abrasión en las

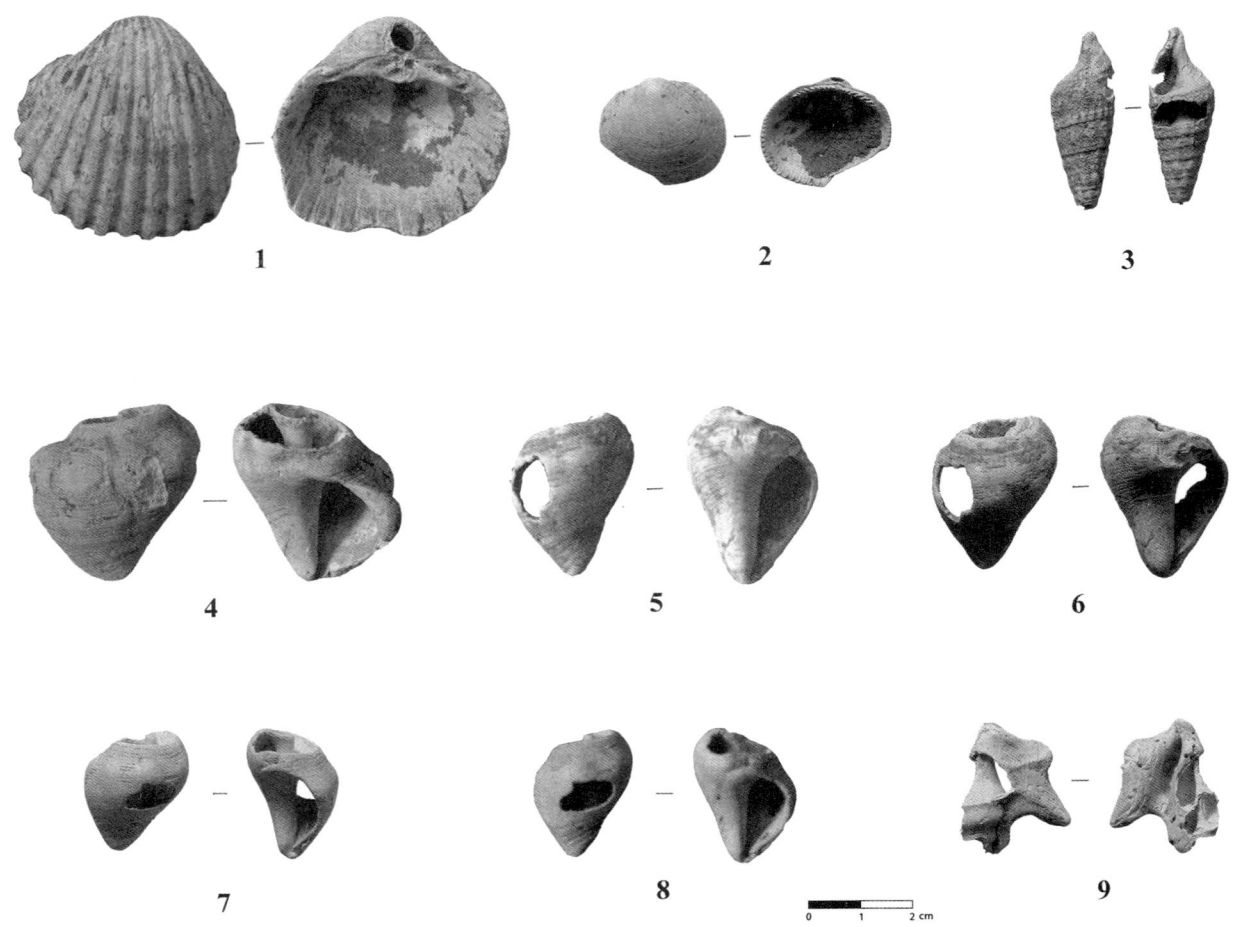

1 2 3

4 5 6

7 8 9

Figura 15.6.- Adornos. Moluscos marinos perforados.

Grupo	Conj.	Hecho	UE	Materia	Morfología	Sección	Alto	Anchura	Espesor	Perforación
8	11			Labio *Semicassis undulata*	Segmento	Trapez.	5	38,7	4,3	2; bitronc.
9		61		Labio *Semicassis undulata*	Curva	Trapez.	5,5	-22,2	4,9	no
2			2084	Piedra verde	Rectangular	Oval	10,7	19,5	6,7	2,3; bitronc.
-		115		Canto rodado	Oval	Oval	-28	28,2	8,8	8,6; tronc.
6		210		Labio *Semicassis undulata*	Trapezoidal	Rectang.	4	23,5	6,8	no
		210		Faceta canino mandibular *Sus scropha*	Curva	Plana	-49,1	16,2	3,5	?

Cuadro 15.5.- Colgantes facetados.

dos caras convergentes, que conserva en la cara cóncava prácticamente intactas las ondulaciones del labio (Fig. 15.5, nº 28), y otra, más elaborada, de sección rectangular con abrasión en las cuatro caras, pero que también conserva restos de las ondulaciones en una de ellas (Fig. 15.5, nº 29).

Los brazaletes

De un silo y de un nivel de ocupación del sector 2 proceden dos fragmentos de brazalete de piedra caliza blanca (Cuadro 15.6). Ambos poseen un diámetro similar, aunque difieren en la morfología, toda vez que en uno, de sección rectangular con los lados mayores ligeramente convexos, el espesor casi duplica la anchura (Fig. 15.5, nº 32), mientras que el otro, de sección poligonal, presenta similar espesor y anchura (Fig. 15.5, nº 33).

Valoración del conjunto ornamental

Las cuentas discoidales realizadas sobre piedras diversas, concha y hueso presentan una amplia cronología y una distri-

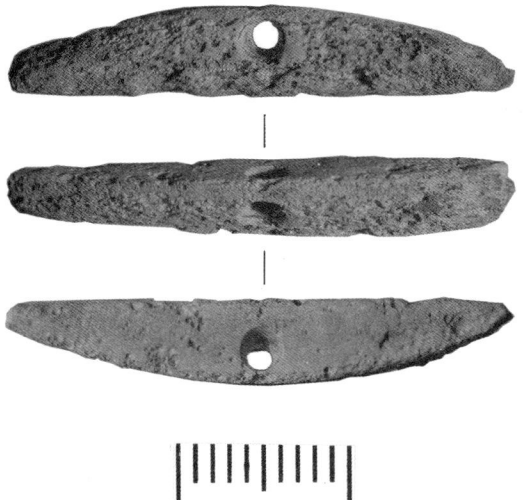

Figura 15.7.- Colgante arciforme realizado sobre labio de *Semicassis undulada*.

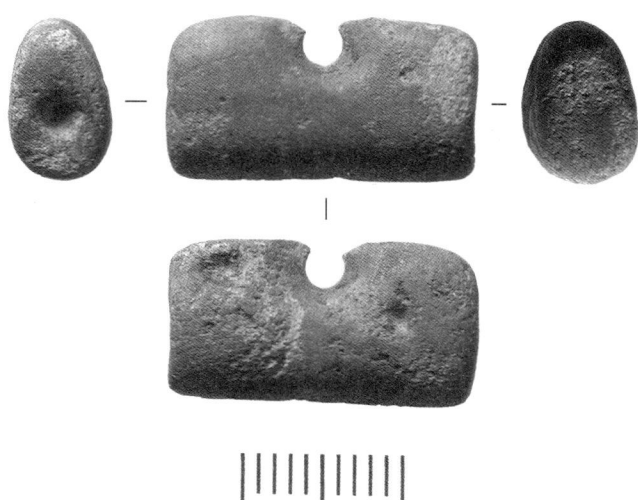

Figura 15.8.- Colgante rectangular de piedra verde.

bución geográfica universal. Sin embargo, en el conjunto analizado pueden hacerse algunas observaciones en base a las materias primas utilizadas. Así, las cuentas de calaíta se encuentran distribuidas por todo el territorio valenciano, documentándose exclusivamente en contextos eneolíticos y campaniformes tanto de hábitat como funerarios, mientras que las de lignito, aunque también se documentan en esos momentos, sobre todo en contextos funerarios, muestran en su distribución y frecuencia una importante concentración en el curso alto y medio del Serpis, donde se encuentran además numerosas formaciones naturales de lignito, siendo la Cova de la Recambra, con tres cuentas discoidales, el yacimiento más próximo a La Vital con este tipo de materia (Pascual Benito, 1996).

La utilización de conchas de *Dentalium* como adorno es temprano dentro del Paleolítico Superior y perdura durante toda la secuencia prehistórica. En la comarca de La Safor su uso se encuentra bien representado ya desde el Paleolítico, como se observa en la Cova de Parpalló, donde la gran cantidad de conchas de escafópodos halladas (236) se interpretó como un posible taller de collares (Vidal, 1943: 220).

Los discos de *Cardium* destinados a la fabricación de cuentas, proceden de conchas fósiles de *Cerastoderma*, una materia prima bien documentada en el yacimiento, siendo además la que presenta un mayor porcentaje de fragmentación a pesar de tratarse de las conchas más compactas del conjunto malacológico. Estas cuentas en proceso de fabricación, poseen abundantes paralelos en la vertiente mediterránea peninsular, siendo el más cercano a La Vital el conjunto de la Cova Bernarda (Palma de Gandia, València), de donde proceden 23 discos de Cardium,

seis de ellos con perforación iniciada por la cara ventral (Pascual Benito, 2005: Fig. 1).

Los discos de otros yacimientos peninsulares que poseen un contexto fiable se han documentado en una fase reciente del Neolítico Antiguo o en momentos epicardiales o postcardiales, acordes con los ejemplares localizados en dos cubetas de la fase VIII de La Vital. Del resto de discos hallados en el yacimiento, cinco se encontraron en la fase VII calcolítica, donde también existe abundante materia prima, lo que amplia la documentación de esta tecnología hasta el Calcolítico, mientras que otros dos se hallaron en rellenos de estructuras de las fases IV y II, probablemente consecuencia de intrusiones postdeposicionales, producto de una contaminación debida al trasiego de sedimentos en un yacimiento que cuenta con abundantes estructuras subterráneas y posee una dilatada cronología.

Las evidencias documentadas en la península Ibérica parecen corresponder a talleres de pequeño tamaño ubicados en la zona de hábitat, donde se realizan también otros adornos y utensilios, como se constata en las cuevas de Cendres, Nerja y Tollos.

La abundancia de materia prima en La Vital invita a preguntarnos sobre el carácter de la producción de esas cuentas, si era puramente doméstica y artesanal para autoabastecimiento, o si se trataba de manufacturas destinadas al intercambio. La presencia de un buen número de yacimientos donde se producen estos bienes parece apuntar hacia el primer supuesto, si bien llama la atención la escasez de piezas acabadas en el área central valenciana donde se localizan talleres, mientras por el contrario los collares de cuentas de concha son abundantes en otras

Grupo	Hecho	UE	Materia	Sección	Diám. ext.	Diám. int.	Anchura	Espesor	Long. conserv.
2	65		Caliza blanca	Rectangular	84,8	50	17,4	32,1	29
		2133	Caliza blanca	Poligonal	80,6	56	12,3	15,7	37,8

Cuadro 15.6.- Brazaletes en piedra recuperados en La Vital.

zonas en las que hasta el momento no se ha documentado su producción, como sucede por ejemplo en las comarcas de Castellón. En todo caso, la notable inversión de trabajo dedicado a la confección de un tipo de adorno que requiere en ocasiones centenares o miles de cuentas, le conferiría un valor añadido y no resulta descabellado pensar que al menos una parte de la producción fuera destinada al intercambio.

Los colgantes sobre conchas enteras, son los mejor representados en el yacimiento y los que menor grado de elaboración presentan, toda vez que fueron empleados tal como se recogieron o las únicas acciones que muestran algunos ejemplares son la ampliación/regularización de una perforación natural o la realización de una perforación mediante abrasión.

Los bivalvos presentes en La Vital, glycyméridos y cardíidos, están presentes en los conjuntos ornamentales eneolíticos de poblados del Neolítico final y Campaniforme de las comarcas centrales valencianas como ocurre en Ereta del Pedregal, Jovades, Niuet y Puntal sobre Rambla Castellarda, donde existen otras especies marinas no documentadas en La Vital como *Trivia europea* o gasterópodos de agua dulce como *Theodoxus fluviatilis*. También se encuentran representados en contextos funerarios, donde son numerosas las *Giberula miliaria* que, junto a *Trivia europea*, constituyen la base de los colgantes de concha de esos contextos

Las conchas de la especie mejor representada en La Vital, *Thais haemastoma*, aparecen de forma esporádica en otros yacimientos, encontrando algunas valvas completas en el Neolítico antiguo (un ejemplar en Sarsa) y posteriormente tres en Ereta, dos en Beniteixir (Piles), una en la Cova Santa (Vallada) y otra en niveles campaniformes de Cendres. En su versión rodada que solo conservan la columna y la última vuelta de la concha se documentan sobre todo en contextos litorales, como sucede en la Cova de les Cendres donde existen cinco gasterópodos rodados, dos de ellos pertenecientes a *Thais haemastoma*, uno de niveles del NIIB y cuatro del NIC (Pascual Benito 1996: 132), o en Beniteixir (Piles) con otros cuatro ejemplares, dos de ellos de *Thais haemastoma* (Pascual Benito, 2010: Fig. 3, nº 5 y 6); si bien no faltan en yacimientos del interior como el ejemplar de Colata en el que la perforación, producto de la erosión, también fue ampliada antrópicamente (Pascual Benito, 2004: Fig. 20, nº 2).

Entre los colgantes facetados resulta de interés el colgante arciforme con perforación central documentado en el enterramiento 11 (Fig. 15.7), que también pudo haber cumplido la función de botón e ir cosido a la ropa. Se trata de una pieza que se fabrica en el propio yacimiento a partir del labio externo de *Semicassis undulata*, toda vez que también se encontraron otras dos piezas en proceso de fabricación, además de conchas enteras o fragmentadas y fragmentos rodados de labio empleadas como materia prima.

Este tipo de colgantes de sección trapezoidal con perforación transversal efectuada en las facetas que convergen y situada en el centro de la pieza es escaso. Por el tipo y posición de la perforación, pueden ponerse en relación con los colgantes prismáticos con perforación central, de los que en territorio valenciano se conocen tan solo otros tres ejemplares de pequeño tamaño confeccionados con otros tipos de materia prima, en piedra en la Cova de la Recambra o en hueso en Ereta del Pedregal

y en la Cova de l'Oret. Los extremos se encuentran apuntados en el ejemplar de Recambra, que es el que más se asemeja al de La Vital, y truncados en los otros dos (Ereta y Oret). El único ejemplar recuperado en contexto estratigráfico es el procedente de la fase campaniforme Ereta III, mientras el de Oret fue hallado en superficie junto con otros elementos entre los que hay dos hachas de cobre. Tampoco poseemos referencias estratigráficas del colgante de Recambra, cueva con materiales que abarcan desde el Neolítico antiguo al Campaniforme. Por tanto, todo apunta a que este tipo de colgantes, documentados sólo en las comarcas centrales y centroseptentrionales valencianas, parecen relacionarse siempre con el horizonte Campaniforme.

En el resto de la Península Ibérica los colgantes de esta morfología tampoco resultan frecuentes. Una pieza similar a las tratadas fue recuperada en los estratos campaniformes de Vila Nova de Sao Pedro y clasificada como un botón de forma oblonga con perforación central (do Paço, 1960: 110 y Fig. 5, nº 2), y otro procedente de Almizaraque, como un botón cilíndrico con perforación simple central (Maicas, 2005: Fig. III, nº 180). Este tipo de colgante-botón puede relacionarse también con otros de desarrollo horizontal y perforación simple central, como el colgante curvo de hueso en forma de creciente o el particular colgante cilíndrico con perforación elevada en su parte medial de Filomena (Pascual Benito, 1996, Fig. III, nº 156), semejante a los procedentes de la Encantada y del Cerro de las Canteras, yacimiento almeriense donde existe uno en proceso de fabricación (Maicas, 2005: 179). Salvando el tipo de perforación, también se asemejan a algunos botones en V losángicos u oblicuos, algunos de marfil, que asimismo son poco frecuentes en la península Ibérica (Uscatescu, 1992: 125).

Tipológicamente resulta semejante al colgante del tipo B (anchura superior a la altura) subtipo 2.1 (con un borde convexo y otro rectilíneo) de Taborin (1974: 132) bien representado en contextos campaniformes al norte de los Pirineos, donde colgantes elípticos, triangulares y cilíndricos con perforación central realizados sobre concha, hueso y defensa de suido abundan en el Sur de Francia durante el Neolítico final-Calcolítico y se han citado en el Calcolítico del Norte de Italia y en Cataluña (Barge-Mahieu, 1991: IV.3.6).

Otra pieza de desarrollo horizontal es el colgante rectangular de calaíta con perforación central (Fig. 15.8). Resulta una pieza singular para la que no hemos encontrado paralelos formales, si bien en Ereta existen algunos colgantes de calaíta de tamaño más reducido y sección más plana, uno de ellos de morfología trapezoidal con perforación en el centro de la pieza (Pascual Benito, 1996: Fig. III.142, nº 4) y otros dos rectangulares pero con desarrollo vertical y la perforación localizada en su lado pequeño, uno de ellos documentado en la fase campaniforme (Pascual Benito, 1996: 140).

El otro colgante realizado sobre canino de suido presenta gran amplitud cronológica. Los adornos sobre este tipo de soporte se documentan en el Neolítico antiguo y perduran durante el Neolítico final, momento en el que están bien representados en las fases precampaniformes de Ereta I y II.

Igual sucede con los brazaletes realizados con diversas piedras blancas en cuanto a su amplia distribución y cronología. Se documentan desde finales del Neolítico antiguo y se encuentran bien representados en hallazgos superficiales en otros yacimientos al aire libre del valle medio del Serpis, son frecuentes en asentamientos del Neolítico final y del Campaniforme, y perduran hasta la Edad del Bronce en las comarcas próximas (Pascual Benito, 1996: 161). El yacimiento con brazaletes de caliza más cercano a La Vital vuelve a ser la Cova de la Recambra, de donde proceden dos ejemplares, uno de ellos ancho y decorado con nueve incisiones paralelas.

Respecto a las fuentes de abastecimiento de las materias primas empleadas en La Vital para confeccionar los adornos, la mayor parte tienen un origen local o próximo al yacimiento. Es el caso de los adornos fabricados con caliza, piedra que caracteriza la litología de la zona, o los de conchas marinas, cuya fuente de abastecimiento es más restringida pero muy cercana al yacimiento, por lo que se recogerían de la playa contigua o de otros ambientes litorales no muy lejanos.

Algo más alejado, pero en un ámbito cercano, serian las fuentes de abastecimiento de lignito. Se ha señalado que la presencia de abundantes depósitos de lignito en zonas próximas a los yacimientos con adornos de esta materia, apunta hacia un origen local de las fuentes de abastecimiento. Ese parece ser el caso del curso medio y alto del Serpis donde se observa una importante concentración tanto de adornos como de depósitos naturales de lignito, algunos de ellos explotados en época histórica. Los formaciones de lignito más cercanos a La Vital de las que se tiene referencia se encuentran en el curso medio del Serpis a una distancia entre 24 y 37 km, donde los encontramos en Beniarrés, Planes, Muro, Cocentaina y Alcoi, en una zona donde se concentran la mayor parte de los adornos prehistóricos de lignito documentados en tierras valencianas (Pascual Benito, 1998), y a una distancia similar –unos 29 km– en Alzira, por lo que algunas de estas zonas es el origen más probable de la materia prima de las cuentas de lignito de la comarca de La Safor.

Otra materia prima de la que no se conocen fuentes de abastecimiento en el ámbito local son las conchas fósiles de *Cardium*, de las que existe un buen número de valvas o fragmentos en bruto en el yacimiento (ver capítulo de malacofauna) y algunos ejemplares en los que se observan diferentes fases del proceso de fabricación para convertirlas en cuentas discoidales. Los lugares donde pueden conseguirse estas conchas se ubican en la zona litoral pero a varios metros de altitud sobre el actual nivel de mar. Las fuentes de abastecimiento son los sedimentos de playas fósiles pleistocenas donde se encontraban integrados.

Estos bivalvos fósiles pueden proceder de depósitos marinos litorales de fauna cálida de la costa Tirreniense, formados en una trasgresión marina datada en el interglaciar Riss-Würm, con un nivel del mar situado entre 2 y 8 m por encima del actual, y que ha dejado abundantes depósitos de playas fósiles en las costas mediterráneas, denominados como niveles de "Strombus" o de "Cardium". En la actualidad se conocen numerosos testimonios de niveles marinos pleistocénicos en la costa valenciana,

sobre todo en las comarcas meridionales, donde se documentan una amplia gama de conchas fósiles (Rosselló, 1985). Los restos de playas fósiles conocidas que contienen cardíidos más cercanas a La Vital se localizan hacia el sur, a una distancia de unos 27 km, en diversos puntos del litoral comprendido entre Dénia y el Peñón de Ifach, habiendo sido mencionada la presencia de *Cardium tuberculatum* en la ladera del Castillo de Dénia y de *Cardium* sp. en la desembocadura del río Gorgos y en Les Aduanes de Xàbia (Gaibar-Puertas, 1969: 40).

Más lejano sería el origen de la calaíta, toda vez que la ausencia de filones conocidos de minerales verdes en las comarcas valencianas apunta hacia un origen extrarregional de esta materia prima cuyas fuentes geológicas son muy limitadas. En territorio valenciano los adornos sobre este tipo de materia de alto valor simbólico se encuentran ampliamente distribuidos, estando presentes en más de treinta yacimientos en los que se documentan cuentas en oliva, discoidales, bitroncocónicas, cilíndricas y globulares, además de escasos colgantes triangulares trapezoidales y rectangulares (Pascual 1998: 218). Recientemente se ha relacionado con las minas de variscita de Gavà un collar de 36 cuentas de calaíta de diferentes tonalidades verdes y acabado mate de cuerpo cilíndrico, discoidal y ovoide o en "tonelete", procedentes de un enterramiento secundario efectuado en una estructura subterránea de Costamar (Torre la Sal, Cabanes), asociadas a dos pequeñas azuelas y un escoplo de piedra pulimentada y a escasos restos de talla, de fauna y de malacología (Sanfeliu y Flors, 2010). No parece que ese sea el caso de la calaíta documentada en La Vital dado que las minas de Gava se explotan entre mediados del V y mediados del IV milenio en cronología calibrada (Edo *et al.*, 1997), con anterioridad al contexto en que aparecen en el yacimiento gandiense. El origen de la calaíta en el sector central del mediterráneo, es un asunto aún no resuelto, pero dada la amplia distribución de estos adornos al sur del río Millars y al hecho de que en muchos casos se documenten en cronologías en las que ya no se encuentra en explotación las minas de Gavà, hace pensar en una fuente de abastecimiento diferente que, con la documentación actual, resulta desconocida.

En definitiva, el conjunto de adornos documentado en La Vital, aunque escaso, resulta variado en cuanto a las materias primas sobre las que se elabora, cuya fuente de abastecimiento es mayoritariamente local o de entornos relativamente cercanos situados a una distancia inferior a 30 km, ofreciendo piezas de gran interés en proceso de fabricación, especialmente el colgante o botón arciforme que, en un caso, aparece acabado y amortizado en una sepultura campaniforme, y las evidencias de una intensa producción de cuentas discoidales a partir de conchas de cardíido fósil entre las que no aparece ninguna acabada pero si gran parte del proceso de producción, desde valvas completas hasta discos perforados.

Capítulo 16

ASPECTOS METALÚRGICOS

S. Rovira e I. Montero-Ruiz

INTRODUCCIÓN

Las excavaciones arqueológicas efectuadas en las áreas conocidas como La Vital y Alqueria de Sant Andreu, ambas formando parte de un mismo complejo arqueológico, han proporcionado un conjunto de materiales relacionados con actividades metalúrgicas particularmente importante para su fase de ocupación más antigua, la correspondiente al Calcolítico; de las fases más recientes, ibérica y medieval hay también unos pocos objetos de metal.

Los estudios analíticos han sido realizados en el Laboratorio del Departamento de Conservación del Museo Arqueológico Nacional y en el Servicio Interdepartamental de Investigación (SIDI) de la Universidad Autónoma de Madrid, empleando las técnicas instrumentales de espectrometría por fluorescencia de rayos X (espectrómetro Metorex XMET920) y microscopía electrónica de barrido (microscopio Philips XL 30 y microsonda EDAX DX4i). Los análisis de isótopos de plomo se realizaron en el Servicio de Geocronología y Geoquímica Isotópica de la Universidad del País Vasco mediante la técnica de Espectrometría de Masas por Ionización Térmica (TIMS).

OBJETOS DE METAL CALCOLÍTICOS

El conjunto es bien representativo de los contextos de habitación del III milenio cal. a.C., predominando los punzones y sin faltar un hacha plana, en este caso azuela dado su filo asimétrico, un cincel y un puñalito, además de fragmentos laminares sin una adscripción funcional clara. El Cuadro 16.1 presenta las composiciones metálicas, expresadas en % en peso de los elementos.

Como vemos (y era de esperar), son objetos de cobre al que se asocia arsénico en cantidades variables en algunos casos. Las tasas de arsénico más elevadas apenas superan el 2% en un fragmento de lámina (PA12482), manteniéndose cerca de esa cifra en un punzón (PA12487) y el fragmento de puñal (PA12473).

En el resto de materiales los porcentajes de arsénico son más bajos o se mantienen por debajo del límite de detección del espectrómetro.

Otras impurezas valorables son las de plata (Ag), antimonio (Sb) y plomo (Pb). Sobresalen las primeras por tomar valores generalmente altos, cuestión que se debatirá luego con mayor detalle. Algunos objetos contienen algo de plomo. Finalmente, las impurezas de antimonio son en general muy bajas.

METAL BRUTO Y OTROS RESTOS DE ACTIVIDADES METALÚRGICAS CALCOLÍTICOS

Mencionaremos en primer lugar un grupo bolitas de metal de diversos tamaños, desde aproximadamente dos milímetros de diámetro hasta algo más de cinco. Hemos considerado que se trata de metal bruto, es decir, el metal que se obtiene al reducir el mineral de cobre y que queda atrapado en la escoria (Fig. 16.1). Tras machacar dicha escoria se recuperaba el metal, como se ha podido demostrar experimentalmente (Rovira y Gutiérrez, 2005). La Figura 16.2 muestra el metal obtenido de la escoria resultante de la reducción experimental de mineral de cobre en un crisol y, como puede observarse, son bolitas de distintos diámetros.

El Cuadro 16.2 recoge los resultados de los análisis de una selección de las bolitas de cobre de La Vital, las de mayor tamaño. Son de cobre, algunas con impurezas importantes de arsénico y plomo, y todas, en general con plata y antimonio como menores constituyentes de la liga.

Dos de los restos de fundición encontrados tienen la forma de gotitas de metal solidificado. Estas formas suelen producirse cuando caen algunas porciones de metal durante la operación de vertido de una colada líquida desde el crisol al molde para fabricar un objeto. Solidifican rápidamente, congelando la forma piriforme de una gota o, si llegan al suelo todavía líquidas, se aplanan como una lenteja más o menos irregular. El metal presenta unas composiciones similares a las de las bolitas.

Análisis	Objeto	Grupo	Conjunto	Hecho	UE	Cu	As	Sn	Pb	Fe	Ni	Zn	Ag	Sb	Bi
PA12024*	Cuchillo de lengüeta	7		201	1003	99,6	0,32	nd	nd	tr	nd	nd	0,09	0,002	nd
PA12341	Lámina (frag.)	5	5		2191	99,5	0,34	nd	nd	nd	nd	nd	0,123	nd	nd
PA12342	Frag. informe (rebaba?)	2		57		99,6	0,25	nd	nd	nd	nd	nd	0,124	nd	nd
PA12343	Punzón (frag.)	2		65		98,9	0,97	nd	nd	nd	nd	nd	0,095	nd	nd
PA12464	Plaquita	2	4		2158	99,8	tr	nd	nd	nd	nd	nd	0,152	0,026	nd
PA12465	Lámina (frag.)	2		65		99,8	nd	nd	nd	nd	nd	nd	0,217	nd	nd
PA12472	Laminilla (frag.)	5	5		2191	99,8	nd	nd	nd	nd	nd	nd	0,149	0,005	nd
PA12473	Puñal (frag.)	8	11		3109	97,9	1,78	nd	nd	nd	nd	nd	0,272	0,02	nd
PA12476	Punzón (frag.)	2		65		99,8	nd	nd	nd	nd	nd	nd	0,181	0,049	nd
PA12477	Fragmento informe	5	5		2220	99,2	0,18	nd	0,43	nd	nd	nd	0,176	0,018	nd
PA12482	Lámina (frag.)	8	21			97,4	2,33	nd	0,05	--	nd	nd	0,084	0,086	nd
PA12487	Punzón sec. cuad.	2		16		97,7	1,8	nd	0,23	nd	nd	nd	0,239	0,023	nd
PA12488	Punzón sec. cuad. (frag.)	2		16		99,2	0,45	nd	0,18	nd	nd	nd	0,151	0,045	nd
PA12489	Cincel	2		16		99,1	nd	nd	0,73	nd	nd	nd	0,124	0,007	nd
PA12491	Hacha plana (azuela)	4	3		2214	99,3	0,38	nd	0,11	nd	nd	nd	0,147	0,034	nd
PA12492	Punzón biapuntado	4	3		2214	99,7	0,14	nd	nd	nd	nd	nd	0,129	0,004	nd

Cuadro 16.1.- Composición elemental de los objetos calcolíticos (análisis por fluorescencia de rayos X, energía dispersiva). Abreviaturas: --, elemento no analizado; tr, trazas; nd, no detectado. El análisis marcado con * corresponde a una pieza de la Alquería de Sant Andreu.

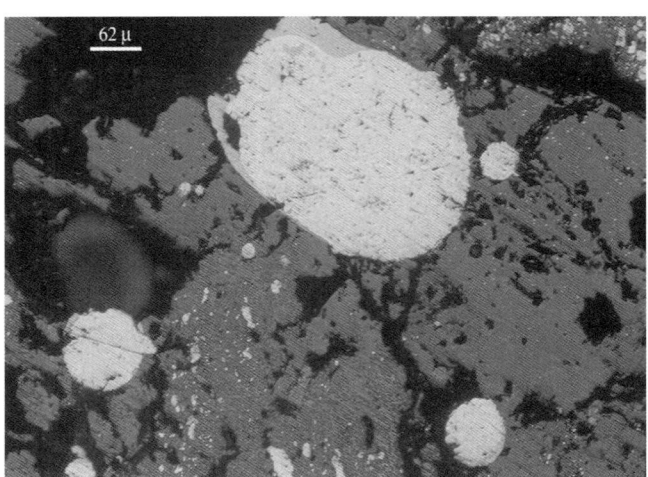

Figura 16.1.- Sección de una escoria de cobre del yacimiento de Gorny (Rusia), de la Edad del Bronce, mostrando las características inclusiones de bolitas de metal (color blanco). Imagen obtenida con el microscopio óptico.

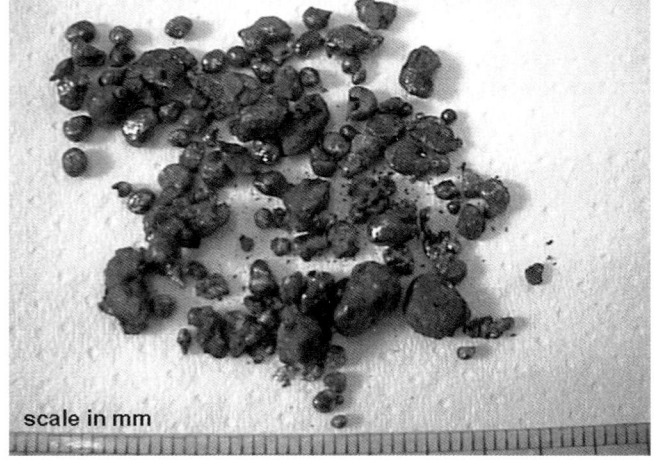

Figura 16.2.- Bolitas de cobre obtenidas tras triturar la escoria de un experimento de reducción de malaquita en un crisol (Rovira y Gutiérrez, 2005).

Tenemos un tercer resto de fundición en forma de derrame o chorretón de metal (PA12490). Se forma también en operaciones de trasvase de crisoladas, como las gotas, pero la masa es algo mayor. En este caso la analítica indica que es un metal distinto, un bronce con un 11% de estaño y algo de plomo, una aleación que merece ciertas reflexiones adicionales.

La presencia de bronces al estaño en contextos calcolíticos tardíos, generalmente asociados a cerámica campaniforme, es algo infrecuente en los yacimientos del mediodía peninsular, lo cual hace que este modesto chorretón de metal de La Vital cobre mayor interés. La aleación intencionada es detectada en los niveles calcolíticos de la Bauma del Serrat del Pont, en Tortellà,

Girona, con bronces al estaño desde fechas que se remontan al 2560-1975 cal. ANE (Alcalde et al., 1998: 95). Sigue abierta la discusión en torno a si aquellos primeros bronces pobres en estaño de la Bauma fueron de producción intencionada o resultados de la reducción de minerales de cobre de composición compleja en la que entraba el mineral de estaño como un componente natural. Las prospecciones de minas del entorno, en las que se encuentran mineralizaciones con la asociación natural cobre-estaño, hacen plausible la segunda hipótesis y convendría ampliar aquellos primeros resultados analíticos con nuevas pruebas. A ello se suma el profundo desconocimiento que todavía tenemos de la tecnología de producción de los primeros bronces, cuyo

Análisis	Objeto	Grupo	Conjunto	Hecho	UE	Cu	As	Sn	Pb	Fe	Ni	Zn	Ag	Sb	Bi
PA12340	Tobera (frag.)	2			2086	2,48	1,12	nd	nd	1,07	nd	nd	0,018	0,006	nd
PA12345	Resto fundición (gota)	5	5		2220	99,9	nd	nd	nd	nd	nd	nd	0,118	nd	nd
PA12466	Metal bruto (bolita)	4		59		99,7	nd	nd	nd	nd	nd	nd	0,204	0,041	nd
PA12467	Metal bruto (bolita)	2		65		99,6	nd	nd	nd	nd	nd	nd	0,311	0,039	nd
PA12468	Metal bruto (bolita)	2		58		99,6	0,17	nd	nd	nd	nd	nd	0,221	0,017	nd
PA12469	Metal bruto (bolita)	2		65		99,8	nd	nd	nd	nd	nd	nd	0,191	0,03	nd
PA12471	Metal bruto (bolita)	5	5		2202	99,8	nd	nd	nd	nd	nd	nd	0,168	0,021	nd
PA12474	Metal bruto (bolita)			115		99,8	nd	nd	nd	nd	nd	nd	0,134	0,04	nd
PA12475	Metal bruto (bola)	5	5		2202	97,8	0,93	nd	1,01	nd	nd	nd	0,187	0,026	nd
PA12480	Resto fundición (gotita)	5	5		2220	98,8	0,22	nd	0,65	nd	nd	nd	0,262	0,055	nd
PA12481	Metal bruto (bola)	5	5		2202	97,7	0,78	nd	1,4	nd	nd	nd	0,127	0,029	nd
PA12483	Metal bruto (bolita)	5	5		2220	98,9	nd	nd	0,91	nd	nd	nd	0,131	0,01	nd
PA12484	Metal bruto (bolita)	5	5		2220	98,4	nd	nd	1,34	nd	nd	nd	0,201	0,013	nd
PA12486	Metal bruto (bolita)	2		16		98,8	nd	nd	0,92	nd	nd	nd	0,193	0,074	nd
PA12490	Resto fund. (derrame)	9	1	153	1026	86,4	0,75	11	1,54	0,04	nd	nd	0,123	0,176	nd

Cuadro 16.2.- Composición elemental de los restos calcolíticos de actividades metalúrgicas (análisis por fluorescencia de rayos X, energía dispersiva). Abreviaturas: nd, elemento no detectado.

Análisis	Estructura	UE	Cu	As	Sn	Pb	Fe	Ni	Zn	Ag	Sb	Bi
PA12015	207	7001	6,38	2,86	nd	nd	1,56	nd	nd	0,012	0,019	nd
PA12020	207	7001	0	0,14	nd	nd	1,07	nd	nd	nd	nd	nd
PA12021	210	10005	3,91	2,79	nd	nd	1,47	nd	nd	0,002	0,018	nd
PA12022	217	17002	2,04	0,27	nd	0,13	1,29	nd	nd	0,011	nd	nd
PA12023	211	11001	0	0,89	nd	0,25	2,55	nd	nd	0,002	0,031	nd

Cuadro 16.3.- Composición elemental de fragmentos de crisol de la Alquería de Sant Andreu (Análisis por fluorescencia de rayos X, energía dispersiva). Abreviaturas: nd, elemento no detectado.

estudio serio apenas ha sido iniciado, planteando más preguntas que respuestas (Rovira, 2007). La respuesta experimental y el estudio comparativo de escorias experimentales y arqueológicas apunta con bastante seguridad hacia la producción de bronce por co-reducción en un crisol de minerales de cobre y estaño (Rovira *et al.*, 2009). En el caso que nos ocupa, un bronce con un 11% de estaño, no parece probable que se trate de una aleación accidental. El hecho, además, de que no sea un objeto funcional sino un derrame indica que se estuvo manipulando una crisolada de este nuevo metal y, aunque presumiblemente no fue una actividad frecuente a tenor de las analíticas del resto de materiales del sitio, cabe admitir que en algún momento de la ocupación del yacimiento se trabajaron bronces. Sin embargo, la existencia en el yacimiento de actividades metalúrgicas en época romana con otro derrame (PA12344) de características similares en forma y composición (algo más plomado) nos previene de la posibilidad de que pueda tratarse de una intrusión, ya que no hay bronces documentados para esta etapa ni en la Comunidad Valenciana (Simón, 1998) ni en Andalucía.

Como evidencia innegable de prácticas metalúrgicas, tenemos un fragmento de tobera de cerámica (PA12340) cuya analítica de elementos pesados da claros indicios de haberse utilizado para calentar hasta fundir crisoladas de cobre arsenical.

Completando el panorama metalúrgico de este extenso yacimiento tenemos varios fragmentos de crisol procedente de la zona denominada Alquería de Sant Andreu que, o bien presentan algunas ligeras escorificaciones adheridas a la cara interna del vaso o el análisis espectrométrico muestra la presencia de elementos como cobre, plomo, arsénico, antimonio y plata, ajenos a la composición de una arcilla, que los pone en relación con tareas metalúrgicas. El Cuadro 16.3 presenta dichos análisis. La serie que nos ocupa se encuentra, en general, muy lavada por efecto del agua actuando como disolvente a lo largo de varios milenios sobre materiales enterrados a relativamente poca profundidad. Pero el hecho de ser la cerámica un material poroso permitió en su momento la adsorción de vapores de arsénico, antimonio y plomo (elementos volátiles) durante su vida útil, permaneciendo más fácilmente fijados que las sales de cobre, más hidrosolubles. El hierro detectado se debe principalmente a los componentes de la cerámica.

A uno de ellos, el PA12015, se le ha extraído una pequeña muestra de una zona escorificada para su estudio en el microscopio electrónico de barrido. La pasta es una arcilla con un alto porcentaje de óxido de calcio, muy típica de las terrazas aluvionares de una región en la que los afloramientos rocosos calizos y yesosos constituyen los elementos de relieve predominantes

Análisis	Fase	MgO	Al$_2$O$_3$	SiO$_2$	K$_2$O	TiO$_2$	CaO	FeO	CuO	As$_2$O$_3$
PA12015/2	Cristal Cu-As	nd	nd	nd	nd	nd	nd	nd	57,7	42,3
PA12015/3	Bastones en escoria (augita?)	13,1	11,1	48	nd	1,1	21,2	5,53	nd	nd
PA12015/4	Costra rica en As	nd	nd	nd	nd	nd	33	0,94	2,65	63,4
PA12015/5	Cristal Cu-As	nd	nd	nd	nd	nd	nd	0,7	64,1	35,2
PA12015/6	Pasta cerámica	3	22,3	53,2	1,19	0,58	14,2	5,5	nd	nd

Cuadro 16.4.- Análisis de fases minerales en la escorificación del crisol PA12015 (microsonda MEB, % en peso, como óxidos). Abreviaturas: nd, elemento no detectado.

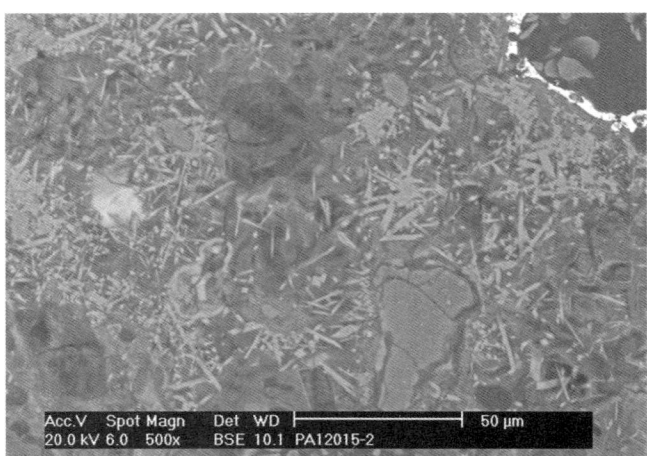

Figura 16.3.- Zona escorificada de la pared del crisol PA12015. Obsérvese la abundancia de agujas y bastones blanquecinos de piroxeno. Imagen obtenida con el MEB, electrones retrodispersados.

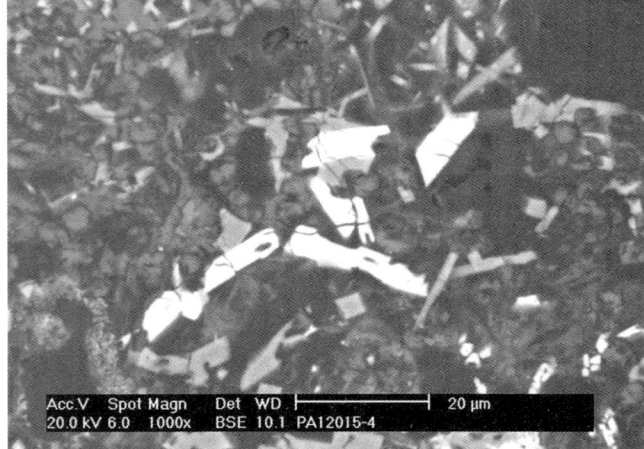

Figura 16.5.- Zona escorificada en la pared del crisol PA12015. Cristales secundarios blancos de arseniato de cobre en la escoria. Imagen obtenida con el MEB, electrones retrodispersados.

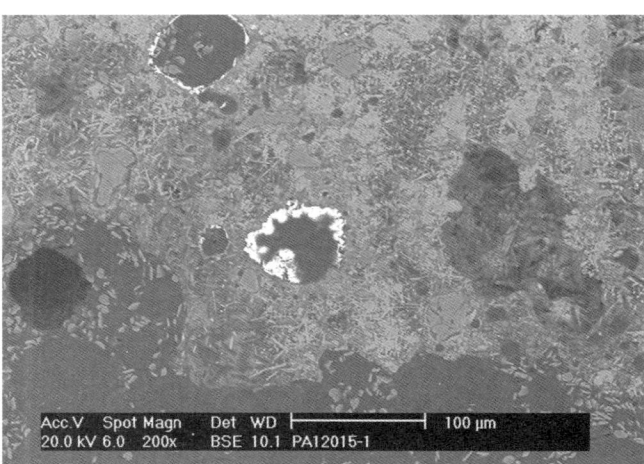

Figura 16.4.- Zona escorificada en la pared del crisol PA12015. Formación secundaria de arseniato de cobre blanco como microgeodas en las paredes de vacuolas de la escorificación. Imagen obtenida con el MEB, electrones retrodispersados.

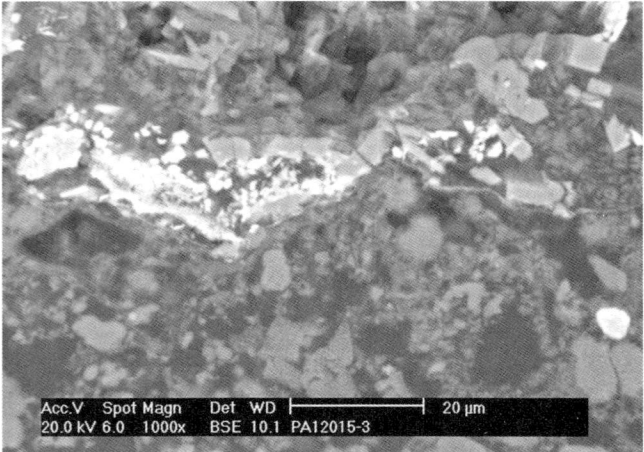

Figura 16.6.- Zona escorificada en la pared del crisol PA12015. Formación secundaria de una costra de conicalcita en la escorificación. En el ángulo inferior derecho se observa una bolita blanca de cobre. Imagen obtenida con el MEB, electrones retrodispersados.

(análisis PA12015/6: Cuadro 16.4). La tasa de óxidos de hierro es también alta, como corresponde a las arcillas rojas del entorno.

En la zona escorificada, situada en la cara interna de la vasija, se han formado numerosas agujas y bastones de piroxeno cuya composición se aproxima a la de augita (análisis PA12015/3: Cuadro 16.4), por reacción a alta temperatura de los silicatos y óxidos de la pasta cerámica con los aportes de las cenizas ricas en calcio y magnesio del carbón usado como combustible. La Figura 16.3 muestra el aspecto de estas formaciones.

En la escoria se encuentran atrapadas cristalizaciones de cobre-arsénico (análisis PA12015/2, /4 y /5: Cuadro 16.4 y Figs. 16.4, 16.5 y 16.6). Los altos porcentajes de arsénico en los cristales hacen pensar en la formación de arseniatos secundarios (olivenita) tras la oxidación de relictos de cobre arsenical adheridos a la pared del crisol. En cambio la costra arsenical sugiere una reacción oxidativa con calcio para formar conicalcita, un arseniato de cobre y calcio.

También se ha detectado la presencia de una bolita de cobre (Fig. 16.6). El hecho de tratarse de cobre sin arsénico pero con elevadas impurezas de hierro (1,29% Fe) invita a pensar que en el crisol se estaba procediendo a la refundición de nódulos y bolitas de cobre bruto de diferentes composiciones, unos sin y otros con arsénico, de ahí que se encuentren en una misma región de la escorificación cobre sin arsénico y compuestos cuproarsenicados.

HACIA UN MODELO DE LA ACTIVIDAD METALÚRGICA CALCOLÍTICA EN LA VITAL

La composición de los objetos de metal y los materiales arqueometalúrgicos del yacimiento permiten configurar un modelo de procesos y actividades llevadas a cabo por los metalarios de este extenso hábitat situado en la terraza superior del actual cauce del río Serpis.

No se han encontrado ni mineral de cobre ni escorias, lo cual permite descartar, en el estado de nuestros conocimientos, actividades de reducción para obtener metal *in situ*. Sin embargo no falta metal bruto en forma de pequeñas bolitas (las que pueden perdérsele con más facilidad al metalúrgico durante su manipulación). También disponemos de fragmentos de crisol que evidencian la fundición de ese metal bruto para obtener, por moldeo, las piezas metálicas.

A menudo nos hemos preguntado por qué no se han encontrado hasta el momento verdaderos lingotes de cobre en el Calcolítico del occidente europeo, a pesar de que, siguiendo la terminología francesa, conocemos ciertas cubetas de cerámica, generalmente pequeñas, a las que llamamos "lingoteras". Probablemente porque no fueron tales lingoteras sino preformas para obtener una pieza de cierta superficie a la que posteriormente se le acabaría de dar la forma de una chapa o lámina mediante laminado a martillo. Lo que el yacimiento de La Vital

está indicando es que el cobre bruto era objeto de comercio tal como se obtenía en el lugar de producción: en forma de nódulos y bolitas.

El metal bruto era aquí transformado en objetos. Aunque no se ha practicado ninguna metalografía a las piezas de La Vital, contamos con suficiente información acerca de las cadenas operativas básicas usadas por los metalúrgicos de este momento para elaborar los objetos (Rovira y Gómez, 2003). Tenemos, además, crisoles, toberas y algunas gotas de metal. La falta de hallazgos de moldes no es argumento en contrario. Como sucede con los lingotes, también los moldes son artilugios siempre ausentes en los contextos metalúrgicos calcolíticos, a pesar de que las metalografías indican sin ningún género de dudas que la producción de objetos partía siempre de preformas moldeadas. Mientras no consigamos otras evidencias, seguirá en pie la hipótesis lanzada hace ya algunos años por Barbara Ottaway y su equipo proponiendo el empleo de moldes de arena (Ottaway y Seibel, 1998), de los cuales no queda rastro tras su uso.

La metalurgia experimental de nuevo es una ayuda al haberse podido comprobar que no son necesarias estructuras de fuego complejas para preparar una crisolada de cobre de 200 o 300 gramos de metal: basta una pequeña cubeta (o ni siquiera eso), carbón, un crisol, una tobera y un fuelle (Fig. 16.7). Incluso se puede prescindir del fuelle si se canaliza una corriente natural de aire a más de 30 km/h en un día ventoso (Fig. 16.8). Las estructuras residuales se pueden confundir fácilmente con restos de simples hogueras e incluso desaparecer completamente con el paso del tiempo.

Teniendo en cuenta estas posibles situaciones, el modelo metalúrgico de La Vital se configura como una práctica doméstica, probablemente esporádica, que nos ha dejado escasos restos. El cobre parece que llegaba como metal bruto adquirido en otro lugar y en el sitio se producían los objetos. ¿Tenemos argumentos para apoyar esta última afirmación?

Ya hemos visto que tanto las bolitas de metal bruto como los objetos acabados tienen en su composición impurezas sistemá-

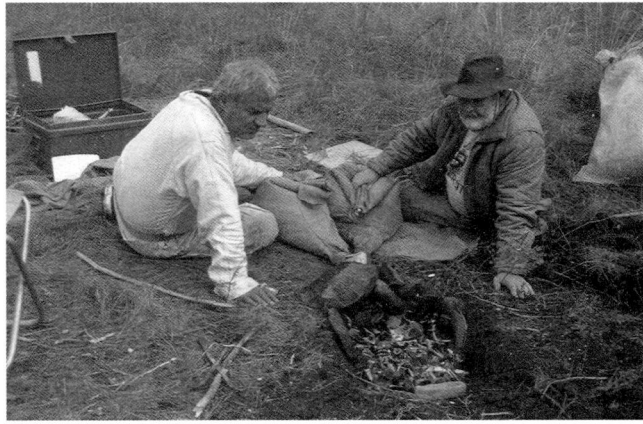

Figura 16.7.- Obtención experimental de una crisolada de cobre en una estructura de fuego sencilla, utilizando carbón vegetal, con fuelles y toberas. Experimento efectuado en Gorny (Kargaly, Rusia) en agosto de 1998 por J. Happ y S. Rovira.

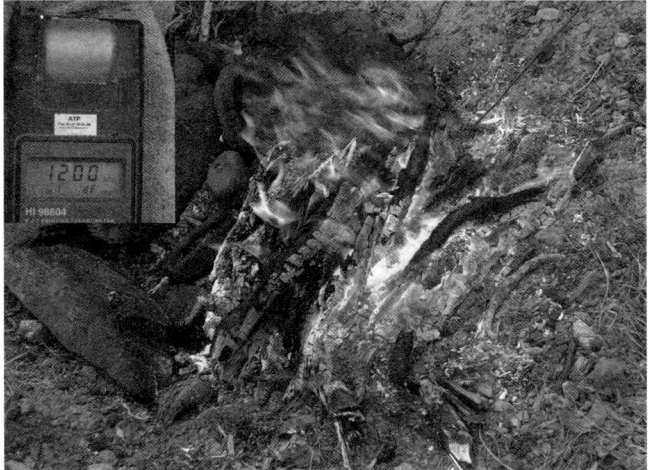

Figura 16.8.- Obtención experimental de una crisolada de cobre en una estructura de fuego sencilla, utilizando leña seca, con ventilación natural. En el ángulo superior izquierdo, temperatura en el interior del crisol leída con un pirómetro digital. Experimento efectuado en La Capitelle du Broum (Péret, Francia) en septiembre de 2005 por J. Happ.

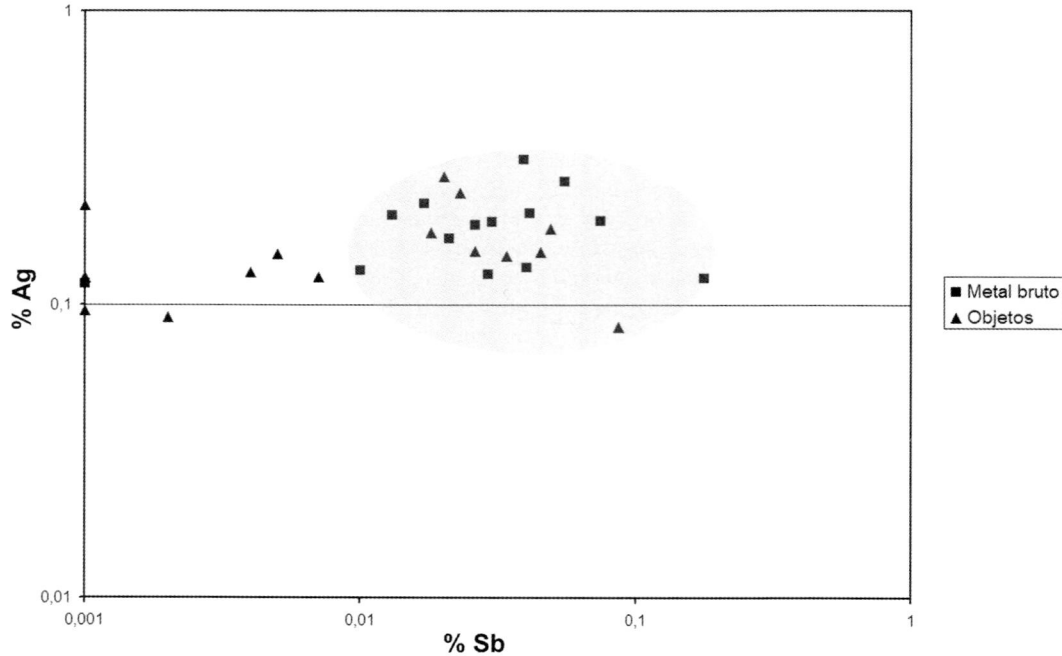

Figura 16.9.- Gráfico representando en escala logarítmica las impurezas de antimonio y plata de los metales de La Vital.

ticas de plata y antimonio. Si las representamos en un gráfico obtenemos la Figura 16.9 en la que se observa un buen agrupamiento de las dos categorías en la parte central del gráfico. La situación está indicando que tanto la materia prima como los objetos responden a unos mismos tipos de cobre (con o sin arsénico y plomo). Si aceptamos que las evidencias de actividad metalúrgica en el sitio son suficientemente probatorias de dicha actividad, nada se opone a la hipótesis de que los objetos sean de producción local (incluso si la materia prima es foránea).

Del gráfico se deducen otras conclusiones que conviene mencionar. La primera es que, a lo largo del tiempo, las fuentes de aprovisionamiento de cobre parecen mantenerse razonablemente constante. Esta afirmación debería confirmarse con una prueba mucho más potente como es la determinación de las signaturas radioisotópicas del plomo que, además, podría dar información acerca de los metalotectos de los que procedería el cobre, como veremos más adelante.

La segunda tiene que ver con el reciclado de metal en el sitio. Volviendo a la Figura 16.9, observamos que ciertos objetos acabados se desplazan hacia la izquierda, hacia valores muy bajos de antimonio. Mientras los valores de la plata se mantienen en la banda cercana a 0,1% Ag, los de antimonio muestran una mayor dispersión. Como es sabido, la plata es un elemento químico de gran estabilidad frente a sucesivas refundiciones del metal. El antimonio, en cambio, es un elemento volátil a alta temperatura cuyo porcentaje se ve perceptiblemente menguado tras cada refundición e incluso tras tratamientos térmicos prolongados en estado sólido (recocido del metal). Ese desplazamiento hacia la izquierda del antimonio manteniéndose la banda de confianza de la plata probablemente nos está indicando la práctica de reciclado del metal de objetos amortizados del propio sitio para fabricar objetos nuevos. En este caso, además, las piezas con poco antimonio suelen contener también poco

arsénico (Cuadro 16.1), otro elemento químico de la misma familia que también experimenta pérdidas por efecto térmico, lo que vendría a reforzar la hipótesis propuesta. Es, por otra parte, una actividad consecuente con la práctica de una metalurgia doméstica que reaprovecha continuamente el metal circulante, con escaso ingreso de metal nuevo en el circuito local.

OTROS OBJETOS METÁLICOS

Completan la serie de metales de La Vital unos pocos objetos hallados en contextos arqueológicos más recientes que van desde la Edad del Hierro hasta época medieval. Las composiciones metálicas pueden verse en el Cuadro 16.5. Hay que señalar que estos materiales se encuentran completamente corroídos, por lo que la composición determinada puede desviarse respecto a la del metal original.

El más antiguo, de los primeros momentos de la Edad del Hierro, es un fragmento de alambre enrollado que podría ser parte del muelle de una fíbula de doble resorte o una cuenta helicoidal. Es de bronce pobre ligeramente plomado (PA12495).

De la fase ibérica, durante la cual la terraza de La Vital fue utilizada por la población indígena gandiense como necrópolis, se han encontrado algunos objetos de adorno personal fragmentados. El más completo es una fíbula anular de bronce (PA12493). Los análisis indican que las tres partes principales del prendedor, el puente, el anillo y la aguja, fueron fabricados con el mismo tipo de metal, un bronce binario de buena calidad. También son de bronce otra fíbula (PA12496), una pulsera de alambre de varias vueltas (PA12478) y un fragmento de pulsera o brazalete (PA12497).

De época romana son un fragmento de lámina de latón (PA12470) y un chorretón o derrame de fundición de bronce

Análisis	Objeto	Fase	Hecho	Cu	Sn	Pb	Fe	Ni	Zn	As	Ag	Sb
PA12344	Resto fundición (derrame)	IV	71	81,3	14,4	4,12	nd	nd	nd	nd	0,094	0,09
PA12470	Lámina	IV	68	86,7	2,63	5,08	0,18	nd	4,86	nd	0,356	0,129
PA12478	Pulsera (fragmentada)	V	76	85,7	13,1	1,09	--	nd	nd	nd	0,083	0,039
PA12493	Fíbula anular (puente)	V	51	88	11,7	0,16	tr	nd	nd	nd	0,068	0,081
PA12493A	Fíbula anular (aguja)	V	51	86,9	12,8	0,13	nd	nd	nd	nd	0,064	0,077
PA12493B	Fíbula anular (anillo)	V	51	88,6	11,1	0,19	--	nd	nd	nd	0,059	0,074
PA12494	Brazalete (roto)	V	76	85,8	13,5	0,58	--	nd	nd	nd	0,039	0,039
PA12495	Fíbula? (resorte?)	VI	123	93,2	5,09	1,02	nd	nd	nd	0,51	0,041	0,153
PA12496	Fíbula anular (puente)	V	76	93,1	6,48	0,32	--	nd	nd	nd	0,032	0,032
PA12497	Brazalete? (frag.)	V	69	87,4	12,1	0,4	nd	nd	nd	nd	0,08	0,04
PA12498	Brazalete? (frag.)	II	38	82,9	12,3	4,62	--	nd	nd	nd	0,062	0,062

Cuadro 16.5.- Composición elemental de los objetos de fases más recientes de La Vital (análisis por fluorescencia de rayos X, % en peso). Fases: II: Bajo Medieval. IV: Romana. V: Ibérica. VI: Hierro Antiguo. En los resultados: --, elemento no investigado (generalmente por problemas de contaminación); nd, elemento no detectado; tr, elemento presente como trazas.

Id. Gráfico	Muestra	Objeto	$^{206}Pb/^{204}Pb$	2SE %	$^{207}Pb/^{204}Pb$	2SE %	$^{208}Pb/^{204}Pb$	2SE %	$^{207}Pb/^{206}Pb$	2SE %	$^{208}Pb/^{206}Pb$	2SE %
1	PA12475	Metal bruto (bola)	18,7663	0,017	15,7115	0,019	38,8537	0,032	0,837196	0,006	2,070335	0,176
2	PA12487	Punzón sec. cuad.	18,7292	0,013	15,7171	0,015	38,9172	0,031	0,839168	0,006	2,07783	0,175
3	PA12342	Fragmento informe (rebaba?)	18,6556	0,01	15,6906	0,013	38,9253	0,029	0,841055	0,005	2,086458	0,175
4	PA12483	Metal bruto (bolita)	18,5999	0,017	15,6883	0,021	38,743	0,035	0,843443	0,008	2,082913	0,176
5	PA12489	Cincel	18,6591	0,01	15,7179	0,012	38,9696	0,028	0,842359	0,005	2,088438	0,175
6	PA12491	Hacha plana (azuela)	18,4937	0,011	15,6679	0,013	38,5571	0,029	0,847191	0,005	2,084819	0,175
7	PA12471	Metal bruto (bolita)	18,4858	0,01	15,6879	0,012	38,6676	0,028	0,848642	0,005	2,091691	0,175
8	PA12474	Metal bruto (bolita)	18,3996	0,01	15,6542	0,012	38,5837	0,028	0,850777	0,005	2,096931	0,175
9	PA12492	Punzón biapuntado	18,4078	0,013	15,6991	0,015	38,6808	0,029	0,852857	0,005	2,101263	0,175

Cuadro 16.6.- Ratios de isótopos de plomo obtenidas en los análisis de los materiales de La Vital mediante TIMS. El número de Id. corresponde a la representación gráfica de las figuras 10 y 11.

ternario (PA12344). Este último tiene el interés de sugerir la práctica de actividades metalúrgicas en la zona.

Finalmente, mencionaremos un fragmento de brazalete medieval, de bronce ternario (PA12498).

Análisis de Isótopos de plomo

Del conjunto de materiales analizados por XRF se realizó una selección atendiendo a las características de su composición elemental y de su tipología. Se eligieron 5 objetos y 5 restos de fundición (incluida una posible rebaba) con distintas combinaciones sobre la presencia de arsénico y plomo, las dos impurezas que permiten establecer diferentes grupos. Se obtuvieron resultados en 9 de las muestras, mientras que en el fragmento de puñal PA12473 la cantidad de muestra extraída fue insuficiente por su bajo contenido en plomo.

La representación gráfica de las ratios isotópicas obtenidas (Cuadro 16.6; Fig. 16.10) nos muestra un panorama disperso, que inicialmente sugiere diferentes orígenes. Sin embargo se aprecian unas alineaciones claras en la disposición de algunos materiales, especialmente los restos de fundición que podrían ser señal de metal reciclado. Como bien explica Stos-Gale

(2001) cuando el metal de dos procedencias distintas se mezcla la signatura isotópica resultante se encuentra siempre en una posición alineada con sus fuentes originales. Al comparar la posición de cada elemento entre el gráfico 10A y 10B esas alineaciones entre los mismos materiales desaparecen. Por ejemplo la alineación entre los puntos 1 y 9 que podrían estar marcando los orígenes del metal en los puntos intermedios, o la proximidad entre el punto 3 y 5 que pudieran tener un mismo origen. Solo mantienen un cierto grado de alineamiento los puntos 1,4 y 8, por lo que el punto 4 podría ser mezcla del 1 y del 8. No podemos vincular restos de fundición con objetos acabados, ya que cada uno de ellos tiene un origen o es producto de una mezcla de metal diferente. También se observa como la posición relativa entre los materiales no es siempre la misma, por lo que debemos pensar en que se trata de productos mezclados, pero de los que no disponemos referencia para trazar el metal originario. Esta circunstancia indicaría una mayor diversidad de orígenes en el metal de La Vital.

De la comparación entre las muestras arqueológicas y geológicas solo encontramos una cierta relación de procedencia entre el resto del resto de fundición 1 (Fig. 16.11, nº 1) con la mina de Alcolea 6 en Almería. La caracterización isotópica de

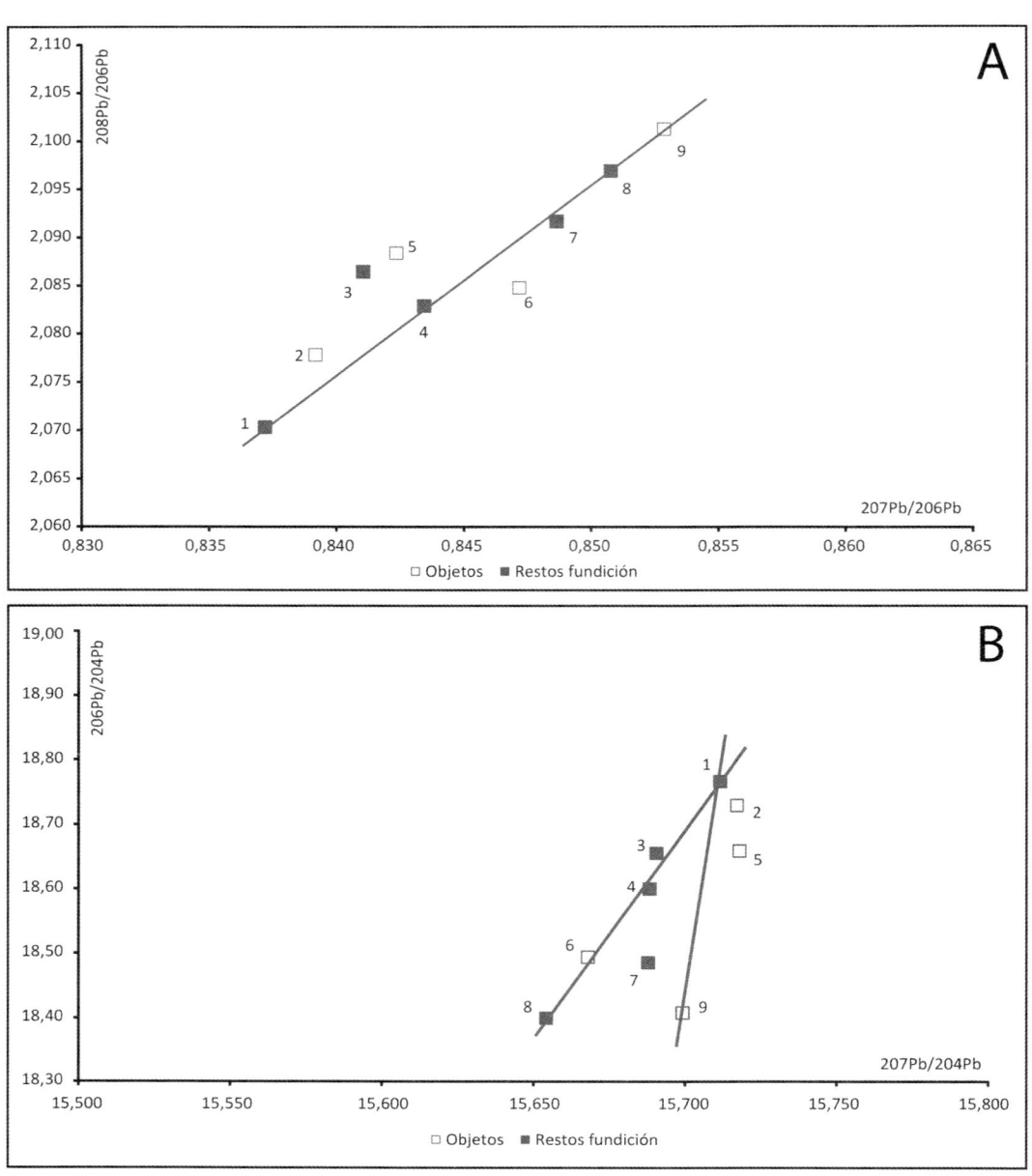

Figura 16.10.- A y B: Representación gráfica de ratios isotópicas de los materiales de La Vital mostrando la diversidad de procedencias.

esta mina es actualmente reducida, pues se basa únicamente en 2 minerales de cobre, sin embargo en las distintas representaciones gráficas el resto de fundición queda incluido en el área determinada por ellos o muy próximo. Desde el punto de vista de la composición el resto de fundición presenta impurezas de arsénico y plomo al igual que los minerales de Alcolea, aunque en estos también hay una presencia de antimonio significativa. Teniendo en cuenta la volatilidad tanto del arsénico como del antimonio y la estabilidad de la plata, podemos establecer una compatibilidad entre la composición del resto de fundición y los minerales. En consecuencia, desde el punto de vista isotópico y de composición elemental la procedencia del metal de las minas almerienses de Alcolea podría ser una opción viable.

Si comparamos los análisis de La Vital con el resto de materiales del Calcolítico y Edad del Bronce del Sureste en-

contramos dos situaciones de interés. Por un lado, el resto de fundición nº 4 coincide con el área definida por los materiales de Almizaraque, y especialmente se mantiene próximo al mineral de cobre PA0320. Llama la atención la composición de este resto de fundición (cobre sin arsénico) frente a la habitual presencia de arsénico en los materiales de Almizaraque. Además contrasta también el contenido de plata, cuya media en el metal de Almizaraque es de apenas 0,008 %. Esta discrepancia entre composición y probable procedencia podría entenderse si en realidad el metal fuera una mezcla entre el fragmento 1 y el 8. Si ello fuera así, la composición encajaría, ya que la bolita 8 al igual que la 4 no presenta arsénico y contiene proporciones de plata similares (> 0,1 %). Al tratarse de una bolita de metal obtenida de la reducción directa de mineral, el planteamiento sería que se co-redujeron juntos minerales de dos procedencias

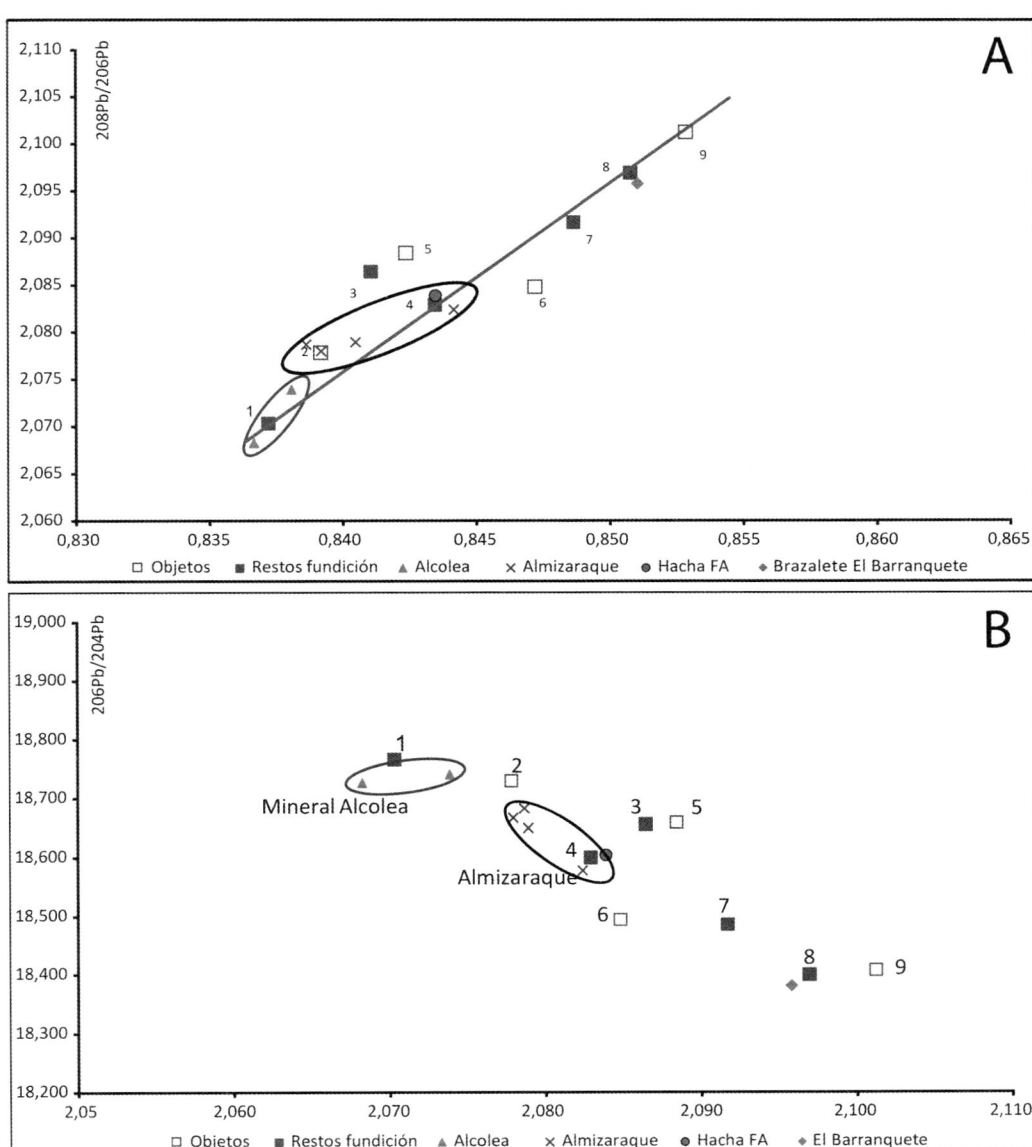

Figura 16.11.- A y B: gráficos con las ratios isotópicas de los materiales de La Vital en relación con las minas y materiales de mayor similitud.

distintas. Por otra parte, con ratios isotópicas similares a la bolita metálica de La Vital se encuentra también un hacha plana de Fuente Álamo (Cuevas de Almanzora, Almería), sobre la que se ha planteado su procedencia concordante con el mineral de Almizaraque (Montero-Ruiz y Murillo-Barroso, 2010). En este caso la composición del hacha si incluye una presencia significativa de arsénico (1,2%) y apoyaría la idea de metal reciclado en el caso de La Vital.

La procedencia de la bolita 8, la otra probable fuente de origen, solo podemos conjeturarla a partir de un objeto con el que presenta gran proximidad, ya que no hay concordancia con ningún dato geológico de los hoy día disponibles. Este objeto es un brazalete de El Barranquete, que mantiene una posición relativa constante con el metal de La Vital (Fig. 16.11). Ambos metales no responden al comportamiento de un metal reciclado y podrían tener un origen común aún por determinar.

Este estudio de procedencia del metal, aunque limitado por la información geológica de referencia nos muestras varios aspectos a tener en cuenta:

1.- Utilización de materias primas de diversas procedencias.

2.- El origen del metal utilizado en La Vital se identifica principalmente en el Sureste (Murcia y Almería), siendo una posible fuente las minas de cobre de Alcolea (Almería).

3.- Pueden descartarse con los datos hoy disponibles procedencias de mineralizaciones más lejanas como las de Huelva, Linares, Sierra Morena o el Sistema Ibérico.

3.- Existencia de mezcla de procedencias, ya sea de minerales en la reducción o por mezcla de metal en bruto en la colada o de refundición de objetos de metal.

4.- Es probable que una parte del metal utilizado sea similar al utilizado en yacimientos de Almería.

Capítulo 17

EL BARRO COCIDO

M. Gómez Puche

INTRODUCCIÓN

Los fragmentos de barro hallados en poblados neolíticos valencianos no han sido objeto de un análisis sistemático hasta tiempos recientes (Gómez Puche, 2004, 2006, 2008; Jover, 2010). No obstante, existían con anterioridad algunos estudios pioneros centrados en materiales de construcción empleados durante la Edad del Bronce o Época Ibérica y que iniciaron una línea de investigación demostrando la importancia de estos restos de cultura material y su contribución al conocimiento de la arquitectura en el pasado (Sánchez García, 1995 y 1997).

Si bien el incremento en el número de yacimiento neolíticos al aire libre conocidos desde hace aproximadamente dos décadas ha permitido invertir esta tendencia, proporcionando un registro cada vez más rico en colecciones de fragmentos de barro, no cabe duda que las características intrínsecas a su naturaleza perecedera han dificultado tanto su conservación en los contextos arqueológicos prehistóricos como su posterior recuperación e interpretación funcional.

En efecto, el carácter endeble de la tierra y el escaso grado de modificación necesario para manipular esta materia prima de manera satisfactoria, constituyen los principales factores que han influido en una baja representatividad de estos restos de cultura material.

En este sentido la colección analizada en el poblado de la Vital constituye una aportación muy significativa, tanto por la importancia que atesora el yacimiento en un momento de transición hacia el Campaniforme, como por algunas de las piezas identificadas que han ayudado a desterrar la invisibilidad de las viviendas, proporcionando nuevos datos acerca de técnicas constructivas neolíticas, y al tiempo han permitido documentar componentes del equipamiento de los ajuares domésticos y otros elementos empleados en actividades artesanales.

MÉTODO

En el estudio de la colección de fragmentos de barro cocido de La Vital hemos seguido la propuesta metodológica expuesta en otros trabajos (Gómez Puche, 2004 y 2008: 201-202). Esta metodología tiene como objetivo cuantificar, analizar e interpretar, un tipo de restos materiales que no suelen ser objeto de estudio sistemático por parte de los investigadores. De manera sintética recordaremos que se trata de una método analítico basado en la observación macroscópica de una serie de atributos métricos y morfológicos, así como en la identificación de determinados rasgos como la presencia de improntas y otras características singulares. Esta metodología recoge el testigo de las líneas de investigación que desde finales de los años 90 han desarrollado diversos investigadores catalanes (García y Lara, 1999), siguiendo la estela del ámbito francés (De Chazelles y Poupet, 1985; De Chazelles, 1997).

Los atributos métricos, tamaño y peso, registrados de manera individual por cada fragmento, proporcionan una primera aproximación al estado de conservación de los restos. Al margen de considerar la intervención de procesos postdeposicionales, esta información puede interpretarse en términos de mayor o menor intensidad en las actividades cotidianas desarrolladas tanto en el interior de las viviendas como en su entorno inmediato, lo que en algunos casos puede reforzar la interpretación funcional de los distintos espacios del poblado.

El color de los fragmentos es otra característica que puede aportar información interesante. El principal rasgo que diferencia el barro que analizamos y la cerámica es el proceso de cocción y por ende los umbrales de temperatura que se alcanzan, modificando las propiedades físico-químicas de la arcilla en el caso de la cerámica. Por su parte, los fragmentos de barro endurecido han sido, bien únicamente secados al sol, bien sometidos a algún proceso de rubefacción dirigido a conferirle mayor consistencia, o bien debido a un hecho fortuito, pero generalmente sin alcanzar las temperaturas de cocción de las pastas cerámicas. Sin embargo estos extremos resultan muy difíciles de precisar simplemente con un análisis macroscópico, no pudiendo esclarecer en muchos casos si se trata de una pieza de barro cocido o una cerámica de mala factura. No obstante, consideramos que se trata de un dato relevante que combinado con otras características de las piezas contribuye a dilucidar su funcionalidad.

Otro de los rasgos morfológicos observados ha sido la presencia de caras alisadas que formen aristas y otras modificaciones o modelados en las superficies de los fragmentos. En este sentido se distinguen los fragmentos informes de las piezas alisadas por una o por ambas caras. De nuevo, la consideración de este rasgo resulta fundamental para interpretar de qué objetos forman parte los fragmentos o cuál era su funcionalidad.

Finalmente, uno de los atributos más reveladores que individualiza los fragmentos de barro es la presencia de improntas. Su aparición puede atribuirse a diversas razones. Cuando las huellas aparecen como impresiones, negativas o positivas, localizadas en el interior del barro, son el resultado de su inclusión, tanto accidental como voluntaria, como partículas de la masa.

Estas inclusiones pueden tener carácter orgánico e inorgánico. Entre las primeras, las más habituales son los elementos vegetales de pequeña talla, como herbáceas, gramíneas y residuos del procesado del cereal (cariópsides, lemas, glumas, espiguillas). En el caso de las inclusiones inorgánicas, las más frecuentes son granos de arena o grava y de forma muy puntual, pueden aparecer fragmentos de conchas.

La adición voluntaria de un desgrasante que proporcione mayor consistencia a la mezcla de tierra y agua, se ha documentado tanto en la fabricación de vasos contenedores (Cubero, 1998: 218), como en su utilización como material de construcción (Willcox y Fornite, 1999: 24). En estos casos, las improntas serán más pequeñas, abundantes y aparecerán mayoritariamente en el interior de las piezas formando parte de su matriz.

De forma accidental distintas partes de plantas, macrorrestos o carporrestos pueden quedar adheridas o incrustadas en la matriz arcillosa de las pellas durante su proceso de manipulación –amasado, batido y cocción– (Buxó, 1997: 23). Este hecho es particularmente probable cuando las improntas son escasas.

Por otra parte, cuando éstas se encuentran en las superficies externas de las piezas y tienen una entidad mayor, bajo la forma de tallos de gramíneas, especies leñosas de pequeño y mediano calibre, incluso segmentos de troncos, generalmente, son el resultado de la aplicación de una capa de barro sobre un entramado vegetal que ha desaparecido.

La mayoría de autores coinciden en señalar que los fragmentos que presentan este tipo de improntas se relacionan con la techumbre o con segmentos de las paredes que delimitan estructuras, y algunos han añadido ciertos rasgos tecnológicos, aunque no contrastados, como por ejemplo, que la capa de barro se endurecía con fuego (Miret, 1992: 69).

Así pues, la determinación de la naturaleza, localización, orientación y cantidad de las improntas, proporciona valiosa información a la hora de caracterizar los fragmentos de barro.

En definitiva, la observación conjunta de los atributos métricos y morfológicos citados anteriormente ha permitido diferenciar dos usos principales en la utilización del barro.

Por un lado, se han identificado evidencias directas de su utilización como material de construcción empleado en la arquitectura doméstica, formando parte de techumbres, enlucidos, alzados y pavimentos, así como en la construcción de estructuras de combustión fijas relacionadas con las viviendas como hornos y placas refractarias.

Por otra parte, el barro se empleó en la fabricación de diversos objetos mobiliares, como recipientes contenedores, crisoles, soportes, braseros móviles, pesas de telar, etc.

Partiendo de la propuesta funcional que ya presentamos en detalle en otros trabajos (Gómez Puche, 2004 y 2008), hemos reagrupado algunas categorías funcionales ya definidas y hemos introducido una nueva categoría, los crisoles, en base a las necesidades suscitadas al analizar los fragmentos de barro de la Vital, de manera que la nueva clasificación funcional se ajusta de manera más razonable a la realidad del registro material.

RESULTADOS

Cuantificación y tamaño

La colección analizada consta de un total de 632 fragmentos que alcanzan un peso ligeramente superior a los 10 kilos (10338 g) (Cuadro 17.1). Si consideramos la distribución de los efectivos según los grupos diferenciados en el análisis espacial (ver Capítulo 4), la mayor concentración, con diferencia, se registra en el Grupo 2, seguido de los Grupos 5, 9 y 7. Todos ellos corresponden a espacios domésticos relacionados con silos. En el caso del Grupo 6, los fragmentos de barro no han podido ser analizados de manera individual, mientras que en la estructura que conforma el Grupo 10 no se recuperó ningún resto.

Respecto al tamaño de los fragmentos, hay que señalar como más de un 60% de la colección es inferior a 2 cm. Además, la mayoría de los efectivos presentaba un grado de rodamiento alto o muy alto. Estos hechos incidirán posteriormente en el gran número de fragmentos informes que no han podido ser adscritos a ninguna categoría funcional (Cuadro 17.2).

Aunque la naturaleza perecedera del barro influye de manera decisiva en su estado de conservación y los depósitos arqueo-

Grupo	Nº Frags	Peso (gr)
1	4	20
2	444	7858
3	24	610
4	3	60
5	76	1025
6	-	-
7	21	230
8	9	140
9	51	395
10	-	-
Total	632	10338

Cuadro 17.1.- Distribución del número de fragmentos de barro cocido.

Tamaño	Grupo 1	Grupo 2	Grupo 3	Grupo 4	Grupo 5	Grupo 7	Grupo 8	Grupo 9	Total	%
<2cm	3	259	14	1	45	11	5	45	383	60,60
2-5 cm	1	129	5	1	22	6	2	3	169	26,74
>5cm	0	56	5	1	9	4	2	3	80	12,66
Total	4	444	24	3	76	21	9	51	632	100

Cuadro 17.2.- Distribución del tamaño de fragmentos de barro cocido.

	Grupo 1	Grupo 2	Grupo 3	Grupo 4	Grupo 5	Grupo 7	Grupo 8	Grupo 9	Total	%
A1	0	93	0	0	17	4	0	2	116	18,35
A2	0	33	16	1	8	9	2	0	69	10,92
No alisados	4	318	8	2	51	8	7	49	447	70,73
Total	4	444	24	3	76	21	9	51	632	100

Cuadro 17.3.- Distribución de fragmentos de barro cocido con caras alisadas.

lógicos donde han sido hallados son de carácter secundario, consideramos que este alto porcentaje de fragmentos pequeños también se relaciona con las intensas tasas de actividad y los procesos de refacción, llevadas a cabo en los contextos domésticos donde aparecieron las piezas.

Color

El color que adquieren las piezas de barro varía en función de las transformaciones que diversos agentes provocan en la composición mineralógica y micromorfológica de la arcilla. Las reacciones que se producen entre los minerales de hierro, calcio y sílice, principales componentes de la arcilla, son los responsables de la mayoría de las secuencias de coloración. Los procesos empleados en las distintas técnicas de fabricación (secado al sol, aplicación de alguna fuente de calor artificial, o combinación de ambas), influyen principalmente en el color final que adquieran las piezas, aunque también algunos agentes atmosféricos como la lluvia, o procesos postdeposicionales, pueden modificar la coloración de los fragmentos.

El fuego es por tanto el principal causantes de las variaciones de color. Sin embargo, como ya hemos señalado, el estado de conservación y el tamaño de los fragmentos hallados en los contextos arqueológicos impide en la mayoría de las ocasiones, determinar si la pieza ha sido sometida únicamente a una cocción intencional y reiterada destinada a conferirle las propiedades adecuadas para su uso, o si por el contrario, su estado es el resultado de una exposición accidental a una fuente de calor. Sin embargo hemos insistido en la observación macroscópica del color tanto en las superficies externas como en el interior de los fragmentos, con objeto de completar la caracterización de algunas piezas cuando se les ha atribuido alguna categoría funcional concreta, por ejemplo, como recipiente contenedor o como crisol.

La determinación del color fue realizada bajo condiciones de luz natural empleando el catálogo estándar de la tabla Munsell. En las superficies exteriores predomina la gama de los ocres (10YR 8/4 - 10YR 7/8), mayoritariamente ocres claros, seguida de la gama de rojos (10R 5/8 -10R 7/6) y grises (7,5YR 8/1 - 7,5YR 4/1). Mientras que en el caso de las matrices in-

teriores predomina la gama de grises, especialmente los grises claros (7,5YR 8/1).

En la actualidad, se conoce la temperatura en la que los componentes minerales de la arcilla se descomponen y sobre esta base se han desarrollado estudios experimentales que han correlacionado las secuencias de coloración con diferentes temperaturas y atmósferas (Stevanovic, 1997). Partiendo de estas referencias, las gamas de ocres y rojos corresponderían a una temperatura de rubefacción entre 500 y 800 °C, y los grises claros indicarían temperaturas en torno a los 1000 °C. Con ello podemos plantear, aunque con cautela, que los fragmentos de la colección analizada sufrieron intensos procesos de combustión, aunque no podamos discernir las causas originales de los mismos. La contrastación definitiva de esta hipótesis requeriría de otros procedimientos analíticos más complejos (láminas delgadas, fluorescencia de rayos X, difracción de rayos X, análisis térmicos, etc.) pendientes para futuros estudios.

Superficies alisadas y presencia de improntas

A pesar del tamaño pequeño y mediano de la mayoría de los fragmentos de la colección, ha sido posible diferenciar algunas características como la presencia de superficies alisadas e improntas.

Respecto a las caras alisadas, si bien en el cómputo global de la colección son mayoritarios los fragmentos no alisados, llama la atención el predominio de fragmentos alisados, bien por una cara (A1) en el caso de los Grupos 2 y 5, bien por ambas caras (A2), hecho especialmente significativo en los Grupos 3 y 7 (Cuadro 17.3).

De nuevo se trata de piezas aparecidas en agrupaciones de contextos domésticos asociados a espacios de almacenaje. En general, la mayoría de los fragmentos con una cara alisada corresponde a restos de elementos constructivos como alzados, mientras que un porcentaje destacado de fragmentos con ambas caras alisadas pertenece a recipientes contenedores y, en menor medida, a crisoles.

Por otra parte, la presencia de improntas ha sido localizada en casi la mitad de los efectivos analizados, especialmente lla-

Fragmentos	Grupo 1	Grupo 2	Grupo 3	Grupo 4	Grupo 5	Grupo 7	Grupo 8	Grupo 9	Total	%
Con impronta	0	264	6	2	36	5	0	4	317	50,16
Sin impronta	4	180	18	1	40	16	9	47	315	49,84
Total	4	444	24	3	76	21	9	51	632	100

Cuadro 17.4.- Distribución de la presencia/ausencia de improntas en los fragmentos de barro cocido.

Tipo	Grupo 1	Grupo 2	Grupo 3	Grupo 4	Grupo 5	Grupo 7	Grupo 8	Grupo 9	TOTAL	
Orgánicas										76,66
CA	0	22	2	0	4	0	0	0	28	8,83
CA_PA	0	31	0	0	0	1	0	0	32	10,09
CA_RA	0	3	0	0	0	0	0	0	3	0,95
CE	0	2	0	0	0	0	0	0	2	0,63
PA	0	122	2	2	17	0	0	4	147	46,37
PA_CE	0	12	0	0	0	0	0	0	12	3,79
PA_CA_CE	0	13	0	0	0	0	0	0	13	4,10
PA_RA	0	6	0	0	0	0	0	0	6	1,89
Inorgánicas										10,41
GRA	0	17	2	0	10	4	0	0	33	10,41
Orgánicas / Inorgánicas										12,30
CA_GRA	0	2	0	0	0	0	0	0	2	0,63
CA_GRA_PA	0	4	0	0	0	0	0	0	4	1,26
GRA_CE	0	9	0	0	0	0	0	0	9	2,84
PA_GRA	0	19	0	0	5	0	0	0	24	7,57
Indeterminadas										0,63
I	0	2	0	0	0	0	0	0	2	0,63
Total		264	6	2	36	5	0	4	317	

Cuadro 17.5.- Cuantificación de los tipos de improntas identificadas en los fragmentos de barro cocido.

mativa es en el caso del Grupo 2 donde la estructura principal es una vivienda cercana a un silero (Cuadro 17.4).

En cuanto al tipo de improntas son mayoritarias aquellas de naturaleza orgánica que alcanzan algo más del 75%, frente a las inorgánicas (Cuadro 17.5). La variedad de las improntas orgánicas se manifiesta de forma más clara de nuevo en el Grupo 2. Las improntas de gramíneas o residuos de cereal de pequeño calibre como la paja, constituyen la variedad más abundante, apareciendo solas o combinadas con otros elementos vegetales o inorgánicos. Por su frecuencia numérica, el segundo tipo en importancia está formado por las cañas, que igualmente aparecen solas o en combinación con fragmentos de cereal –glumas, cariópsides, etc, con la propia paja, o con algunas ramas de pequeño diámetro.

Especialmente interesante resultan estos fragmentos con improntas de cañas y otros elementos leñosos como ramas, ya que generalmente representan fragmentos de componentes arquitectónicos –alzados o muretes y techumbres, realizados a partir de un entramado de carrizo y/o varas–. En algunos casos ha sido posible cuantificar el número de cañas, registrar su diámetro e identificar alguna de sus características anatómicas, como el carácter liso o estriado de su superficie. En cuanto al número de cañas, se han documentado fragmentos que han conservado 1, 2 y hasta 3 impresiones negativas correspondientes a otras tantos elementos vegetales. El diámetro de estas improntas orgánicas oscila entre los 8 y los 12 mm. También se han reconocido frag-

mentos con improntas de cañas y ramas, en piezas que además contaban con una cara alisada.

Función

Como ya hemos advertido con anterioridad, el pequeño tamaño de alrededor del 60% de los fragmentos analizados y su acentuado grado de erosión, repercuten en el gran número de efectivos con una funcionalidad indeterminada. Sin embargo, la identificación de características morfológicas singulares ha contribuido a la interpretación funcional de más de un 25% de la colección analizada. En este sentido, los fragmentos se han atribuido a dos grandes grupos funcionales. Un primer grupo formado por elementos constructivos, bien partes de restos arquitectónicos (paredes de casas, techumbres, muretes, etc.), bien partes de estructuras de combustión fijas, como hornos o superficies refractarias. Otro gran grupo englobaría elementos mobiliares que formaron parte del equipamiento doméstico (recipientes contenedores diversos, soportes, braseros, etc.). A su vez, dentro de cada uno se diferencian algunos subtipos, tal y como se detalla en el cuadro adjunto (Cuadro 17.6).

Entre los resultados más llamativos destacan tres categorías: los alzados, los recipientes contenedores y los crisoles.

La categoría de alzados representa la más numerosa. La interpretación funcional de los fragmentos de este grupo se basa principalmente en la presencia, localización y tipo de las im-

		Grupo 1	Grupo 2	Grupo 3	Grupo 4	Grupo 5	Grupo 7	Grupo 8	Grupo 9	Total	%
C	Elementos de construcción	0	87	6	0	2	1	0	3	99	15,71
C1	Elementos de cubierta	0	0	0	0	0	0	0	0	0	0,00
C2	Revestimientos:	0	13	0	0	0	0	0	0	13	2,06
C21	Enlucidos de casas	0	13	0	0	0	0	0	0	13	2,06
C22	Enlucidos de silos	0	0	0	0	0	0	0	0	0	0,00
C3	Alzados	0	66	6	0	2	1	0	3	78	12,38
C4	Pavimentos	0	10	0	0	0	0	0	0	10	1,59
C5	Estructura de combustión fija:	0	1	0	0	0	0	0	0	1	0,16
C51	Cubierta, lateral o anillo	0	0	0	0	0	0	0	0	0	0,00
C52	Superficies refractarias	0	1	0	0	0	0	0	0	1	0,16
M	Elementos mobiliares	0	38	12	1	14	12	2	1	80	12,70
M1	Vasos contenedores	0	26	12	1	7	8	0	0	54	8,57
M2	Crisoles	0	6	0	0	7	4	1	0	18	2,86
M3	Soportes:	0	0	0	0	0	0	0	1	1	0,16
M31	Macizo (morillo, etc.)	0	0	0	0	0	0	0	1	1	0,16
M32	Anular	0	0	0	0	0	0	0	0	0	0,00
M4	Braseros	0	0	0	0	0	0	1	0	1	0,16
M5	Apéndices (pies, mangos, asas)	0	0	0	0	0	0	0	0	0	0,00
M6	Pondera	0	0	0	0	0	0	0	0	0	0,00
M7	Tapas	0	0	0	0	0	0	0	0	0	0,00
M8	Otros (fragmentos de objetos, figuras	0	4	0	0	0	0	0	0	4	0,63
I	Indeterminados	4	318	6	2	61	8	7	47	453	71,90
	Total	4	441	24	3	77	21	9	51	630	

Cuadro 17.6.- Funcionalidad de los fragmentos de barro cocido analizados en la colección de La Vital.

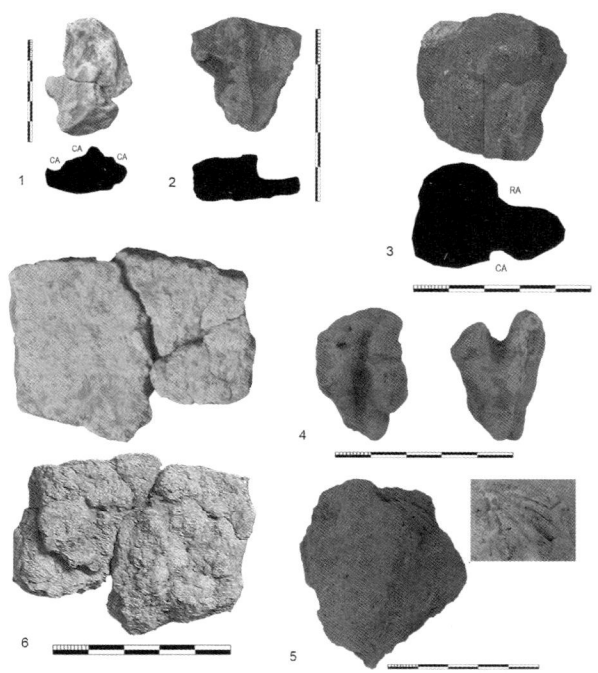

Figura 17.1.- Fragmentos de barro cocido interpretados como restos de elementos constructivos.

prontas identificadas, además de la existencia de una superficie alisada opuesta a las improntas, en el caso de algunos efectivos (Fig. 17.1). La identificación de restos constructivos relacionados espacialmente con la planta de estructuras de habitación supone una importante novedad en la caracterización del hábitat neolítico en poblados, plasmando de forma más visible la materialidad de las viviendas, incluso aún cuando no se han localizado rebajes u otros elementos de cimentación como en el caso del Conjunto 13, en el Grupo 2, donde por la abundancia de fragmentos constructivos hallados en los rellenos de fosas y cubetas es más que probable existiera alguna estructura de habitación en sus proximidades.

Aún así debemos admitir algunas limitaciones interpretativas, como las dificultades para precisar cómo serían las techumbres de las mismas, o para diferenciar si alguno de los fragmentos de alzados pudo formar parte del techo.

En La Vital los datos son escasos para apreciar características constructivas concretas como el grosor de las paredes, la distancia a la que se colocan los entramados, etc., pero en base a otros ejemplos, podemos sugerir un posible patrón en la construcción de las casas. La técnica arquitectónica empleada se define como "técnica mixta" (García y Lara, 1999: 196), que consiste en la aplicación de una argamasa de barro y paja sobre un entramado de cañas y pequeñas ramas. Hemos de señalar que en el caso de La Vital no hemos identificado restos de adobes ni hemos documentado otras técnicas como manteados de

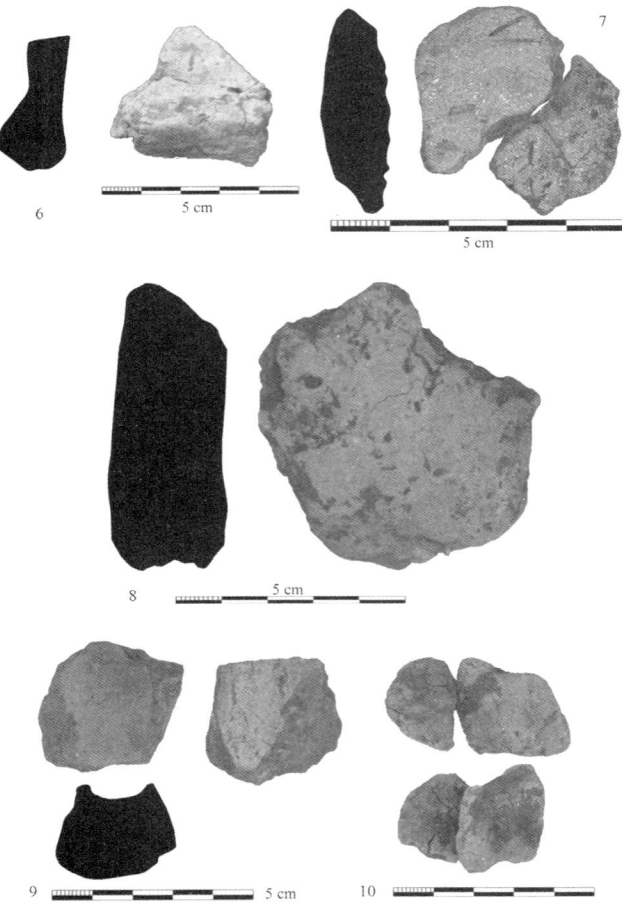

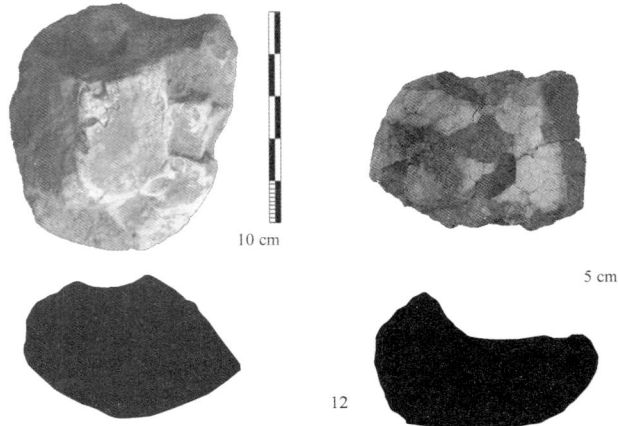

Figura 17.3.- Fragmentos de barro cocido interpretados como crisoles y que han conservado restos de escoria de metal.

Figura 17.2.- Fragmentos de barro cocido interpretados como recipientes contenedores (6, 7 y 8), y fragmentos crisoles (9 y 10).

barro (García y Lara, 1999: 198), o morteros de cal (Martínez y Vilaplana, 2010).

Las otras dos categorías funcionales con una representación significativa corresponden a elementos muebles. Por un lado se han identificado fragmentos de recipientes contenedores, piezas alisadas por ambas caras con un grosor que oscila entre los 8 y los 26 mm, y con una presencia media-baja de improntas vegetales, que interpretamos como desgrasante. Se trata de fragmentos pequeños que no han permitido reconstruir ninguna forma, pero que probablemente correspondan a ollas o cuencos de barro con un volumen reducido donde guardar alimentos de consumo inmediato (Fig. 17.2). En cualquier caso, no se han documentado ejemplares de recipientes de almacenaje a medio plazo, con una capacidad en torno a los 100 L, como los vasos contenedores hallados en la Illeta dels Banyets en el interior de la cabaña 3 y cuyo grosor de las paredes oscilaba entre los 46 y los 70 mm (Gómez Puche, 2006).

Por otra parte, hay que destacar la presencia de crisoles en varios contextos del registro de La Vital. Se trata de fragmentos

de recipientes, alisados por ambas caras, con un grosor medio conservado de 15 mm que muestran un alto grado de rubefacción y, en los que en ocasiones se han hallado residuos de escoria de cobre (Fig. 17.3). La documentación de estas piezas fabricadas con barro cocido se une a la identificación de otras componentes como fragmentos de toberas (ver Capítulo 16) que indican la existencia de una actividad metalúrgica de carácter doméstico.

Finalmente, y aunque cuantitativamente han sido identificados en muy pocas piezas existen fragmentos de soportes macizos y de pequeños apéndices o asideras.

En suma, la recogida sistemática de los fragmentos de barro cocido en el yacimiento de La Vital y la posterior aplicación de una metodología analítica específica han puesto de manifiesto el potencial informativo que guardan estos restos de la cultura material.

Con anterioridad, tan sólo se recogían de manera esporádica aquellas piezas más llamativas, de mayor tamaño o mejor conservadas, generalmente, pesas de telar, los llamados "ídolos" en forma de media luna, algún fragmento con improntas de ramas, etc., sin embargo, la recuperación del máximo número de restos y el registro exhaustivo de su localización espacial, han constatado que el barro era una materia prima frecuentemente empleada para diversos usos. A falta de análisis más específicos podemos plantear un aprovisionamiento local de la tierra empleada como materia prima en la construcción de las viviendas y en la fabricación de los objetos de barro cocido.

Una de las principales aportaciones es sin duda la identificación de elementos constructivos, que demuestran la existencia de viviendas y otras construcciones, hecho que abre las puertas a futuras líneas de investigación que profundicen en las tareas involucradas en la construcción de los espacios domésticos, en la propia cadena operativa de la gestión del barro, en el coste humano y material envuelto en la construcción de casas y, en definitiva, en la inversión en los lugares de hábitat.

Capítulo 18

EL MARCO CRONOLÓGICO A PARTIR DE LA EVIDENCIA RADIOCARBÓNICA DEL YACIMIENTO DE LA VITAL

A. Diez Castillo

La excavación del yacimiento de La Vital proporciona una oportunidad única para revisar tanto el marco cronológico del llamado Horizonte Campaniforme de Transición (Bernabeu, 1984), como el inicio de la metalurgia en las comarcas centrales del País Valenciano, en concreto, y en el Sureste peninsular, en general. Antes que nada, sorprende que toda la atención prestada a la cronología radiocarbónica ligada a la introducción de la economía agropecuaria en el Mediterráneo Occidental (Zilhão, 1999; Bernabeu *et al.*, 2003) se vaya diluyendo, sin aparente motivo, a lo largo del desarrollo del Neolítico. Así, las pertinentes discusiones sobre el efecto de la "madera vieja" (Schiffer, 1986) y la, consiguiente, selección de las muestras, descartando aquellas que no fueron realizadas sobre materiales de vida corta se dejan en un segundo plano para plantear discusiones genéricas sobre la pertinencia, o no, de la secuencia regional propuesta (López, 2006). Se da, así, la paradoja de que una de las herramientas fundamentales para conocer el devenir de los procesos históricos, cual es el factor temporal, parece dejar paso al estudio de la cultura material en un sentido amplio; por ello, aun cuando se tengan en cuenta aspectos como el tamaño, la forma o la ubicación de los yacimientos, la secuencia se ha establecido dando por supuesto que las bases cronológicas con que contamos son más que sólidas.

Para la calibración de las fechas que se presentan se han utilizado los programas OxCal 4.1.7[1] (Bronk Ramsey, 2010) y Calib 6.0 (Stuiver *et al.*, 2005). En ambos casos la curva empleada es la intcal09.14c (Reimer *et al.*, 2009). La utilización de los programas es indistinta porque sus divergencias son mínimas, si bien se ha priorizado el uso de OxCal por la capacidad de exportación de los gráficos en formato svg cuya edición con

Inkscape[2] es sencilla. Calib, por su parte, se ha utilizado para la realización de pruebas estadísticas por su extremada sencillez. En general, el intervalo de calibración discutido en el texto obedece al obtenido con 1 sigma, salvo que se especifique lo contrario; no obstante, en los cuadros asociados se presentan el resto de intervalos.

LA VITAL

En La Vital, contamos con 12 muestras de vida corta para el periodo que nos ocupa (todas ellas realizadas sobre restos óseos –ver Capítulo 2–) que nos permiten, en conjunción con los datos de la excavación, establecer con bastantes garantías el período en el que se ocupó el poblado. Estas fechas constituyen la mejor referencia, hasta el momento, para establecer el momento en el que la metalurgia se comienza a utilizar en el País Valenciano (ver Capítulo 21).

A partir de la evidencia radiocarbónica (Cuadro 18.1), y a efectos puramente analíticos, podemos distinguir tres períodos que pueden ayudar a comprender la historia de una comunidad agrícola que hacia el 2775 cal. a.C. se asienta sobre la terraza inferior del río Serpis, muy cerca de su desembocadura. Para conseguir esos tres períodos se ha procedido de acuerdo con los grupos arqueológicos establecidos (ver Capítulo 4); así las muestras provenientes de un mismo grupo se han analizado para establecer si eran estadísticamente similares y, una vez establecida su homogeneidad, se ha obtenido el valor medio para cada grupo. Las medias obtenidas se han comparado con las de los otros grupos hasta obtener conjuntos de fechas estadísticamente similares que son los que después se han utilizado para definir las fases de ocupación del yacimiento. Conviene aclarar que las muestras corresponden a momentos concretos del desarrollo del

---

[1] La mayor parte de los gráficos que se presentan están realizados con Ox-Cal, por lo que, aunque se les haya editado, se conserva la referencia "OxCal v4.1.7 Bronk Ramsey (2010); r:5 Atmospheric data from Reimer et al (2009)"; información completa se puede encontrar en http://c14.arch.ox.ac.uk/

[2] Inkscape es un programa gratuito y de código abierto que ofrece excelentes resultados (http://www.inkscape.org).

IDENTIFICACIÓN		FECHA		μ cal aC	CALIBRACIÓN AC								
Laboratorio	Vital	Años BP	±		Desde	a	Prob	Desde	a	Prob	Desde	a	Prob
Beta-229794	Grupo 1	4180	50	2694	2881	2679	68,2	2896	2621	95,4	2913	2503	99,7
Beta-229793	Grupo 2	4150	50	2690	2872	2638	68,2	2881	2581	95,4	2902	2495	99,7
Beta-229792	Grupo 2	4100	50	2684	2855	2577	68,2	2873	2496	95,4	2881	2476	99,7
Beta-229795	Grupo 3	4070	50	2666	2840	2494	68,2	2864	2474	95,4	2877	2467	99,7
Fundacional	**Periodo 1**	**4131**	**25**	**2687**	**2859**	**2632**	**68,1**	**2871**	**2586**	**95,4**	**2875**	**2579**	**99,7**
AA-72170	Grupo 9	4045	52	2526	2831	2481	68,2	2860	2467	95,4	2878	2348	99,7
Beta-222445	Grupo 5	4040	40	2525	2620	2488	68,2	2840	2469	95,4	2866	2459	99,7
Beta-222444	Grupo 4	4000	50	2526	2574	2471	68,2	2836	2346	95,4	2862	2291	99,7
OxAV-236015	Grupo 4	3946	28	2527	2550	2350	68,1	2566	2344	95,4	2572	2297	99,7
Conjunto 3 *	*Enterramiento 3 **	3959	24	2530	2561	2462	68,2	2570	2349	95,4	2576	2341	99,7
Consolidación	**Periodo 2**	**3990**	**19**	**2524**	**2562**	**2476**	**68,2**	**2570**	**2469**	**95,4**	**2576**	**2465**	**99,7**
Beta-229791	Grupo 7	3920	50	2407	2475	2310	68,2	2569	2213	95,4	2582	2198	99,7
Beta-222446	Grupo 7 Casa a	3920	40	2408	2472	2346	68,2	2562	2290	95,4	2574	2206	99,7
Beta-222447	Grupo 7 Casa b	3870	50	2406	2458	2291	68,2	2472	2202	95,4	2568	2136	99,7
Casa **	*Casa ***	3900	31	2407	2464	2346	68,2	2471	2294	95,4	2558	2207	99,7
Beta-222443	Grupo 8	3830	40	2403	2391	2202	68,2	2460	2147	95,4	2471	2061	99,7
Campaniforme	**Periodo 3**	**3882**	**22**	**2406**	**2456**	**2310**	**68,2**	**2462**	**2297**	**95,4**	**2471**	**2209**	**99,7**

Cuadro 18.1.- Resultados de la calibración de las fechas radio-carbónicas de La Vital agrupadas por fases. * Media de los resultados obtenidos en las dataciones del mismo individuo (Beta-22244 y OxAV-236015). ** Valor medio de las dataciones de la casa (Beta-22246 y Beta-22247).

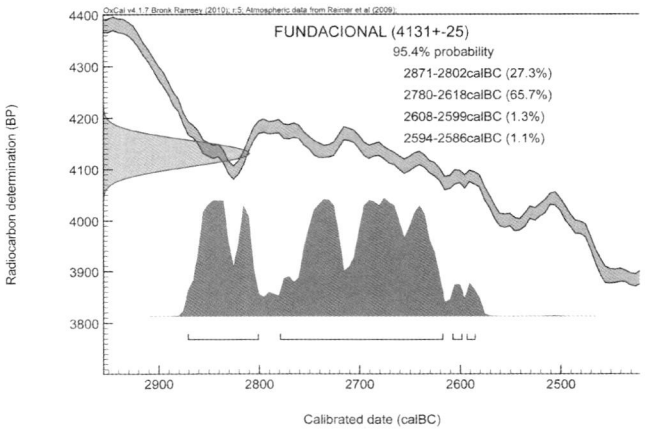

Figura 18.1.- Resultados de la calibración del valor medio de la fase fundacional del yacimiento de La Vital.

poblado de La Vital, pero la evidencia arqueológica muestra gran dinamismo, como patentiza la constante refacción de las casas (ver Capítulo 4).

Periodo fundacional

El periodo fundacional se puede situar cronológicamente entre el 2775 y el 2600 cal. a.C., gracias a un grupo de fechas radiocarbónicas (Beta-229794, Beta-229795, Beta-229793, Beta-229792) estadísticamente significativas (T=3.516712, Xi2=7.82) a un nivel de confianza del 95%. El valor medio de esas muestras es 4131+/-25 BP, cuya calibración nos proporciona unos límites de entre 2779 y 2619 cal. a.C. con una pro-

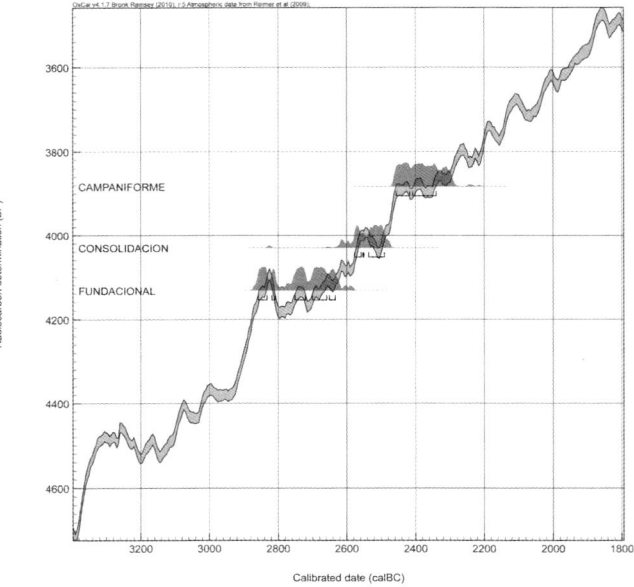

Figura 18.2.- Resultados de la calibración de las diferentes fases de La Vital representados sobre la curva de calibración.

babilidad del 66% a un nivel de dos sigmas (Fig. 18.1). Puede sorprender la elección de un límite de probabilidades de sólo el 66% pero, como se observa en la Figura 18.2, el restante 34% está originado en una brusca inflexión de la curva de calibración a partir del 2950 cal. a.C. que no vuelve a recuperar su gradiente hasta el 2800 cal. a.C., en realidad pensamos que aumentar el margen de probabilidades introduce un factor de envejecimiento no deseado (Fig. 18.2).

Periodo de consolidación

La comunidad original se expande hacia el sur del meandro en el periodo comprendido entre el 2600 y el 2450 cal. a.C. llegando a construir un foso en V. Este grupo se corresponde arqueológicamente con los Grupos 4 y 5 (ver Capítulo 2) y proporciona un grupo estadísticamente similar (T=5.190495, Xi2=7.81) de fechas radiocarbónicas (muestras OxA-V-2360-15, AA-72170, Beta-222445, Beta-222444) con un valor medio de 3990+/-19 BP. Cuya calibración nos proporciona unos límites de entre 2570 y 2469 cal. a.C. con una probabilidad absoluta a un nivel de dos sigmas (Fig. 18.3).

Dos de las fechas (Beta-222444 y OxA-V-2360-15) de este grupo provienen de un único enterramiento humano (UE 2214) y proporcionan una datación agregada de 3959+/-24 BP (T=0.8879415, Xi2=3.84). El enterramiento contiene ajuar metálico pero la cerámica campaniforme todavía no está presente y se adscribe al Grupo 4 (ver Capítulo 2). La calibración de esta fecha proporciona un margen relativamente amplio (≈2561-2462 cal. a.C.) para un solo individuo que nuevamente tiene que ver con fluctuaciones bruscas en la curva de referencia (Fig. 18.4).

La fecha Beta-222445 (4040+/-40 BP) proviene de un hueso de oveja recuperado en la UE 2202 que se adscribe al Grupo 5, una estructura doméstica bien identificada (ver Capítulo 2). La última de las dataciones (AA-72170) de este grupo proviene de la colmatación de un foso (E115) y fue obtenida sobre un hueso de *Bos taurus*. Es probable, por tanto, que el foso se construyera al final del período inicial de ocupación, si bien es reformado a lo largo del período de consolidación.

La llegada del Vaso Campaniforme

Entre el 2450 y 2300 cal. a.C., la actividad del poblado se vuelve a desplazar hacia el norte del meandro ocupando el área original donde la ubicación de las antiguas casas todavía parece respetarse. El grupo más reciente de dataciones radiocarbónicas (Beta-229791, Beta-222446, Beta-222447 y Beta-222443) estadísticamente significativo al 95% (T=3.226372, Xi2=7.81) proporciona una datación media de 3883+/-22 BP. La calibración de este valor medio ofrece unos límites de entre 2462 y 2297 cal. a.C. con una probabilidad del 95.4% (Fig. 18.5). Es en este momento cuando se documentan los primeros vasos campaniformes.

Dos de las dataciones campaniformes (Beta-222446, Beta-222447) provienen de dos unidades estratigráficas superpuestas en el relleno de una de las estructuras de habitación del Grupo 7 (ver Capítulo 2). Aunque la primera es un poco más antigua (3920+/-40 BP) y la desviación de la segunda un poco mayor (3870+/-50 BP), la combinación de ambas nos pueden definir el momento central de uso de la estructura de habitación mencionada con bastante exactitud en una fecha radiocarbónica de 3900+/-31 BP (T=0.6097561, Xi2(.05)=3.84). La calibración de esta fecha abre una ventana de ocupación para la casa de entre el 2464 y el 2346 cal. a.C. Todo ello demostraría que la estructura fue usada durante un período de entre dos y cuatro generaciones.

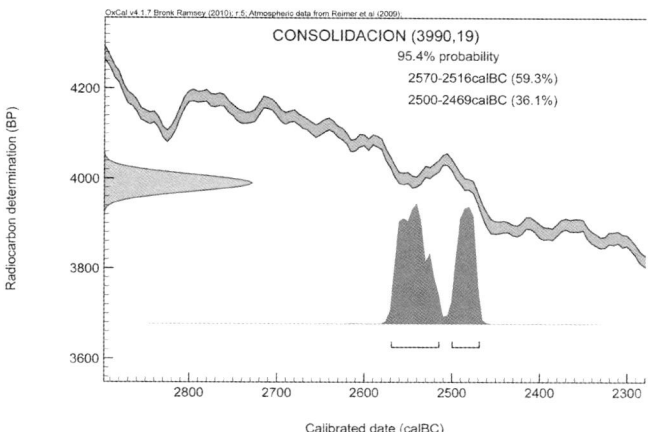

Figura 18.3.- Resultados de la calibración del valor medio de la fase de consolidación del yacimiento de La Vital.

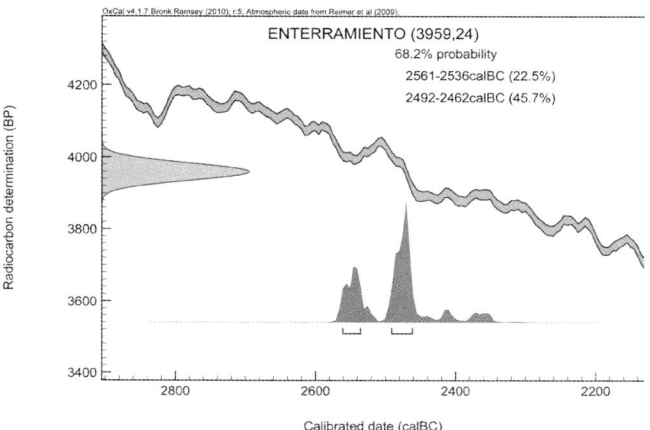

Figura 18.4.- Resultados de la calibración del valor medio de las dos dataciones obtenidas sobre el individuo inhumado en el enterramiento 3.

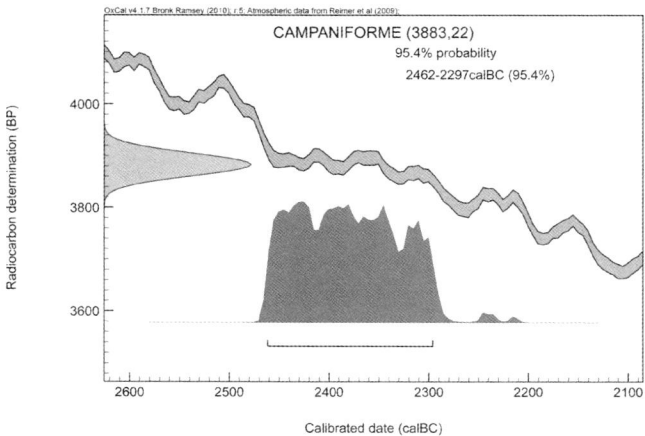

Figura 18.5.- Resultados de la calibración del valor medio de la fase campaniforme del yacimiento de La Vital.

La datación (Beta-229791: 3920+/-50 BP) del Grupo 7 proviene de un enterramiento con campaniforme marítimo. De otro enterramiento campaniforme (UE 3110), proviene la más reciente de las dataciones de esta fase (Beta-2222443) y su calibración nos la sitúa entre 2345 y 2202 cal. a.C. con una probabilidad cercana al 99% a un sigma.

La distribución de las fechas radiocarbónicas nos hace pensar que el poblado de La Vital estaba ya bien desarrollado alrededor del 2750 cal. a.C. y que, aunque siguió ocupándose y expandiéndose, volvió a tener un momento de auge con la llegada del vaso campaniforme, a partir ya del 2500 cal. a.C. (Fig. 18.2).

A pesar de problemas puntuales derivados de la falta de resolución de la curva de calibración en determinados momentos cronológicos de La Vital, creemos que la secuencia propuesta se acerca a lo que pudo ocurrir en la parte baja del valle del Serpis en el momento en que las comunidades agrícolas adoptaron la metalurgia sobre un modelo agrícola bien desarrollado en el que todos los elementos característicos del Neolítico IIB prevalecen. Es en estas comunidades neolíticas evolucionadas, en las que no faltan elementos materiales que demuestran un intercambio con el Sureste de la Península, en las que a partir del 2450 cal. a.C. se desarrolla el Horizonte Campaniforme de Transición (Bernabeu, 1989) que conducirá a un punto de tensión socio-económica que dará al traste con uno de los ciclos más estables de la Prehistoria Reciente en tierras valencianas (Bernabeu et al., 2006).

Creemos, por todo lo expuesto, que las fechas radiocarbónicas de La Vital contribuyen, de este modo, a aportar algo de luz al marco cronológico en el que se produce la adopción de la metalurgia en el País Valenciano y la difusión del vaso campaniforme.

EL MARCO REGIONAL: LOS VALLES DEL SERPIS Y EL ALBAIDA

Los valles del Serpis y el Albaida son los que cuentan con mayor número de dataciones sobre materiales de vida corta para el período objeto de estudio (Cuadro 18.2). En fechas recientes, con ocasión de la excavación del cercano poblado de La Colata en la vecina cuenca del Albaida (Gómez Puche y Diez, 2005), hicimos una somera revisión del contexto radiocarbónico de lo que se viene denominando como "III milenio". En aquella ocasión, poníamos de relieve la problemática que el uso de una nomenclatura aparentemente cronológica podría ocasionar, al lector no avisado, al utilizarlo como equivalente a un período cultural (el Neolítico IIB) que se desarrolla durante algo más de un milenio al calibrar las fechas que dieron origen al mis-

Laboratorio	Yacimiento	Años BP	±	Media cal aC	CALIBRACIÓN AC						Contexto arqueol.	Referencia
					desde	a	Prob	desde	a	Prob		
Beta-231884	Pastora	4860	40	3653	3696	3635	68.2	3712	3529	95.4	Enterram.	Roca y Soler, 2010
AA-57439	Alt Punxó	4604	58	3373	3511	3134	68.2	3622	3104	95.5	Neol. Final	García Puchol et al., 2008
UCIAMS-66305	Pastora	4480	20	3237	3327	3099	68.2	3338	3039	95.4	Enterram.	McClure et al., 2010
UCIAMS-66307	Pastora	4480	25	3230	3328	3098	68.3	3339	3031	95.4	Enterram.	McClure et al., 2010
UCIAMS-66312	Pastora	4500	25	3218	3335	3106	68.2	3346	3098	95.4	Enterram.	McClure et al., 2010
Beta-231875	En Pardo	4550	40	3216	3366	3118	68.3	3486	3100	95.4	Enterram.	Soler, 2010
UCIAMS-66314	Pastora	4505	25	3214	3338	3106	68.1	3347	3100	95.4	Enterram.	McClure et al., 2010
Beta-203493	En Pardo	4490	40	3213	3335	3099	68.2	3351	3029	95.4	Enterram.	Soler, 2010
UCIAMS-66309	Pastora	4510	20	3207	3340	3114	68.3	3347	3103	95.4	Enterram.	McClure et al., 2010
Beta-231886	En Pardo	4430	40	3078	3310	2936	68.2	3331	2922	95.3	Enterram.	Roca y Soler, 2010
AA-72171	Niuet	4375	54	3003	3087	2912	68.2	3323	2892	95.4	Neol. Final	Inédita
UCIAMS-66313	Pastora	4275	20	2897	2905	2889	68.2	2913	2882	95.4	Enterram.	McClure et al., 2010
Beta-231885	Pastora	4270	40	2895	2920	2875	68.2	3011	2704	95.4	Enterram.	Roca y Soler, 2010
Beta-95394	En Pardo	4270	50	2894	3001	2762	68.2	3024	2680	95.3	Enterram.	Soler, 2010
UCIAMS-66310	Pastora	4150	20	2745	2866	2673	68.3	2874	2635	95.3	Enterram.	McClure et al., 2010
AA-59518	Falguera	4140	120	2712	2878	2581	68.2	3022	2349	95.4	Neol. Final	García Puchol y Aura, 2006
Bntx2	Beniteixir	4100	40	2671	2851	2578	68.2	2871	2498	95.4	Neol. Final	Pascual Beneyto, 2010
Bntx1	Beniteixir	4060	40	2599	2833	2494	68.2	2852	2476	95.4	Neol. Final	Pascual Beneyto, 2010
UCIAMS-66311	Pastora	3875	20	2375	2454	2299	68.3	2461	2292	95.4	Enterram.	McClure et al., 2010
Beta-228894	Arenal Costa	3700	40	2089	2188	2031	68.2	2203	1973	95.4	Campanifor.	Inédita

Cuadro 18.2.- Cuadro de fechas radiocarbónicas sobre materiales de vida corta en los valles de los ríos Serpis y Albaida, no se incluyen las de La Vital (ver Cuadro 18.1).

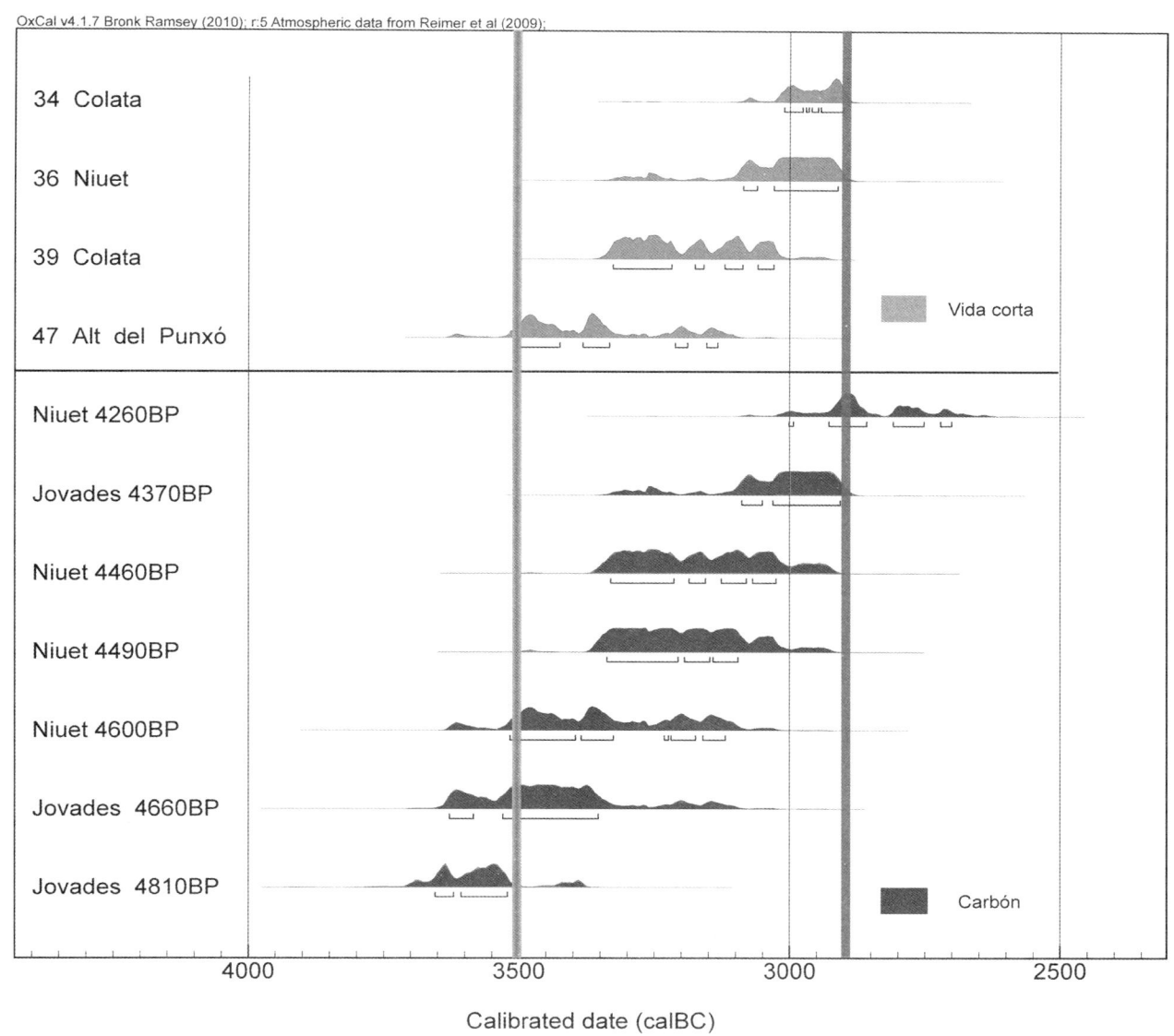

OxCal v4.1.7 Bronk Ramsey (2010); r:5 Atmospheric data from Reimer et al (2009);

34 Colata

36 Niuet

39 Colata

47 Alt del Punxó

Vida corta

Niuet 4260BP

Jovades 4370BP

Niuet 4460BP

Niuet 4490BP

Niuet 4600BP

Jovades 4660BP

Jovades 4810BP

Carbón

4000   3500   3000   2500

Calibrated date (calBC)

Figura 18.6.- Representación de las curvas de probabilidades de las fechas de los poblados de los valles del Serpis y Albaida. En la parte superior se encuentran las muestras analizadas sobre materiales de vida corta y en la inferior las realizadas sobre carbón.

mo (≈3700-2500 cal. a.C.); en cualquier caso, estamos ante un período cultural bien conocido que se caracteriza por la intensificación de las técnicas agrícolas entre las que se incluye la introducción del arado, la presencia de inhumaciones múltiples sobre todo en cueva y en el que son comunes los "poblados de silos" de los que La Vital sería un buen ejemplo.

El final del Neolítico (3700-2800 a.C.)

Incluyendo la fecha más antigua de Pastora (Alcoi) que, a pesar de estar descontextualizada, nos permite plantear que a partir del 3700 cal. a.C. ya se practica en la cabecera del valle del Serpis la inhumación colectiva, fenómeno que se generalizaría en los siglos sucesivos en yacimientos como Les Llometes (Alcoy), En Pardo (Planes) y, sobre todo, en la propia serie de la Cova de la Pastora (McClure *et al.*, 2010: 422). Conviene no olvidar que en la Cova de Sant Martí d'Agost (Torregrossa

et al., 2004) ya se documenta la inhumación múltiple en fecha bastante más temprana (*ca.* 4600 cal. a.C.).

En la fase final de este momento se sitúa el poblado clásico de Niuet (≈3087-2912 cal. a.C. con un 68.2% de probabilidad y un valor medio de 3003 cal. a.C.) y, a lo largo de él, los poblados de La Colata (≈3327-2902 cal. a.C.) y Alt del Punxó (≈3511-3134 cal. a.C. con un 68.2% de probabilidad y un valor medio de 3446 cal. a.C.) en ninguno de los cuales se ha recuperado metal. Quizás conviene añadir aquí alguna referencia a las fechas conocidas de Niuet y Jovades pero dejando claro que al estar realizadas sobre carbón sus resultados pueden estar notablemente envejecidos; ese sería el caso de Niuet cuya fecha de inicio si considimento a las dataciones sobre carbón se envejecería en casi 500 años (≈3517-2880 cal. a.C.) (Fig. 18.6). El único poblado con silos que se remontaría a la primera mitad del cuarto milenio a.C. podría ser el Alt del Punxò, como indica la datación más antigua (≈3932-3700 cal. a.C. con un 68.2% de

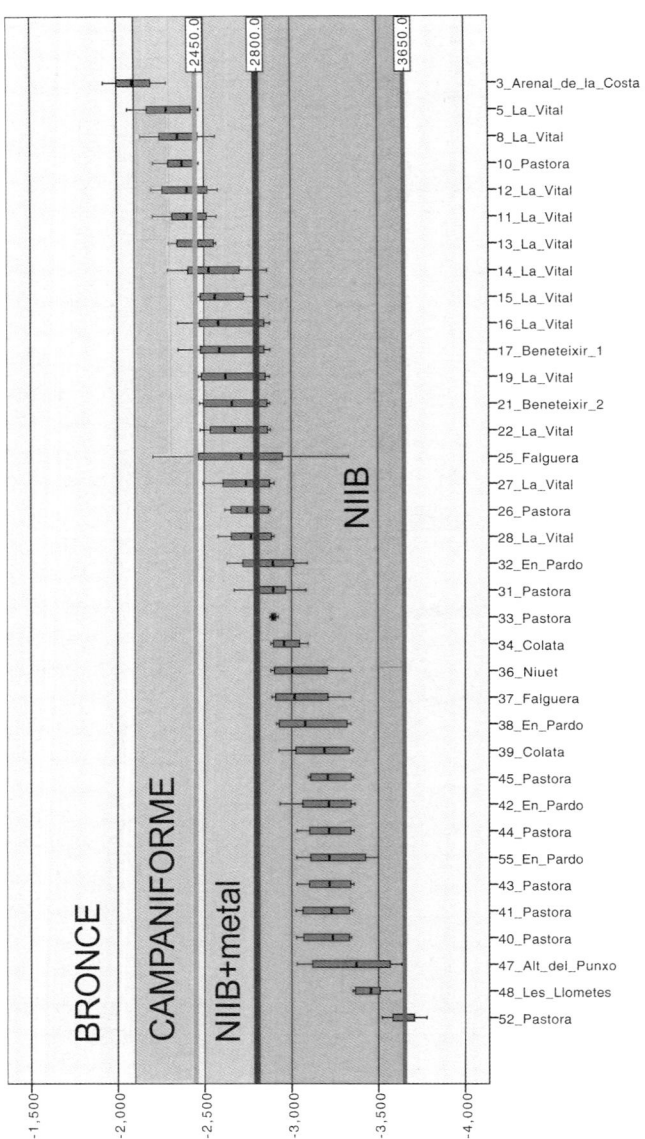

Figura 18.7.- Diagrama de bigotes en el que se representa la expansión temporal, en términos de probabilidades, de las dataciones calibradas sobre materiales de vida corta en los valles de los ríos Serpis y Albaida.

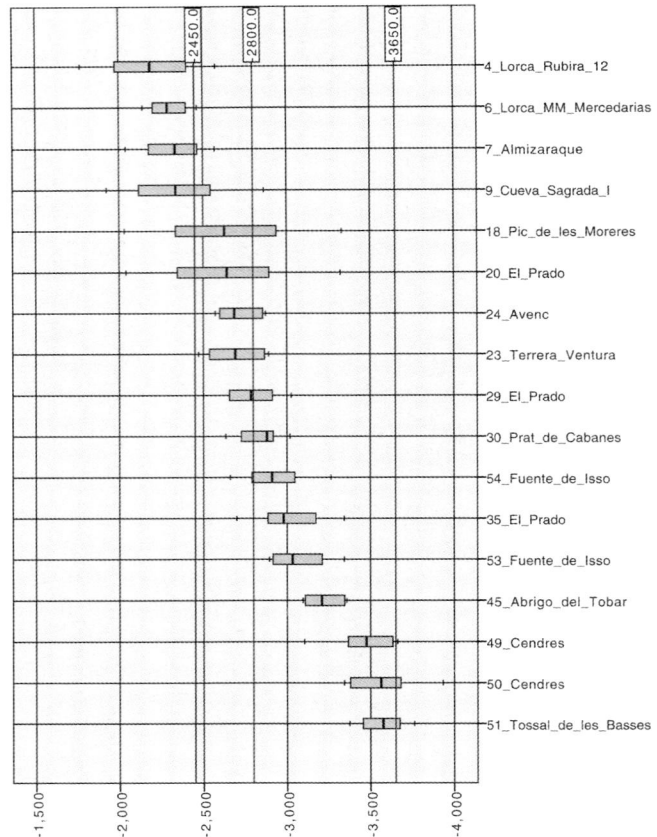

Figura 18.8.- Diagrama de bigotes en el que se representa la expansión temporal, en términos probabilidades, de las dataciones calibradas sobre materiales de vida corta en el ámbito territorial objeto de estudio, salvo las de los valles de los ríos Serpis y Albaida (ver Fig. 18.7).

probabilidad y un valor medio de 3786 cal. a.C.) de las provenientes de su foso (García Puchol *et al.*, 2008). Fuera del objetivo del presente trabajo queda el hiato de fechas radiocarbónicas que se evidencia en las comarcas centrales del País Valenciano entre el 4200 y el 3900 cal. a.C. (Bernabeu *et al.*, 2006).

En el caso de Jovades no contamos con ninguna datación sobre materiales de vida corta y las fechas sobre carbón vuelven a proponer un inicio relativamente temprano (≈3637 cal. a.C. si atendemos a la media de las dos fechas más antiguas que resultan ser estadísticamente semejantes), mientras que la más reciente se situaría en fechas similares a las que proporcionan las muestras sobre materiales de vida corta en Niuet, Colata o Punxó (≈2907 cal. a.C.). No obstante, Jovades se siguió utilizando a partir de ese momento como apuntaría la aparición de un punzón de cobre en una zona del yacimiento excavada

con posterioridad (Pascual, 2003) y, sobre todo, la presencia de campaniforme marítimo en las cuevas de Alberri más que probable necrópolis de Jovades (Pascual, 1987-1988).

Como vemos no son demasiados los elementos que permiten acercarse a la seriación cronológica. No obstante podemos proponer que la metalurgia en el País Valenciano se encuentra bien documentada poco después del 3000 cal. a.C. y su introducción puede estar ligada a una consolidación de las élites locales como parece reflejar una clara tendencia a la nucleización de la población (Bernabeu *et al.*, 2006) que si bien no está acompañada de cambios visibles en las estructuras domésticas, sí parece estar vinculada a la introducción de elementos de prestigio dentro de redes de intercambios de bienes bien establecidas durante el milenio anterior. En cualquier caso, creemos que los datos actuales permiten defender que, como se ha propuesto para el Sureste peninsular (Ruiz Taboada y Montero, 2000), la introducción de la metalurgia es anterior a la del vaso campaniforme y parece estar ligada a redes de intercambio ya establecidas con el sureste de la Península desde época neolítica (Orozco, 2000) sin, por ello, suponer ningún drástico cambio en el modo de vida de las sociedades neolíticas valencianas.

Laboratorio	Yacimiento	Años BP	±	Media cal aC	CALIBRACIÓN AC						Contexto arqueol.	Referencia
					Desde	a	Prob	desde	a	Prob		
Beta-225217	Tossal de les Basses	4810	50	3575	3697	3651	3526	3697	3383	95,4	Neol. Final	Soler y Roca de T., 2008
GifA-101350	Cendres	4790	80	3563	3653	3384	68.1	3709	3371	95.4	Neol. Final	Bernabeu y Molina, 2009
GifA-101352	Cendres	4690	70	3475	3627	3372	68.1	3638	3356	95.4	Neol. Final	Bernabeu y Molina, 2009
Beta-221996b	Abrigo del Tobar	4510	50	3211	3345	3106	68.1	3364	3029	95.4	Neol. Final	García Atiénzar, 2007
Beta-221996	Fuente de Isso	4400	50	3032	3091	2926	68.2	3328	2906	95,3	Neol. Final	García Atiénzar, 2007
AA-4237	El Prado	4340	60	2979	3023	2897	68.2	3321	2874	95.3	Neol. Final	Eiroa y Lomba, 1997
Beta-221995	Fuente de Isso	4290	50	2911	3010	2877	68.2	3085	2705	95.4	Neol. Final	García Atiénzar, 2007
Beta-244973	Camino del Molino	4260	40	2889	2918	2780	68,1	3010	2697	95,4	Calcolítico	Lomba et al., 2009
PdC-1	Prat de Cabanes	4250	40	2881	2911	2778	68.2	2926	2679	95.4	Neol. Final	Guillem et al., 2004
AA-4238	El Prado	4220	60	2787	2905	2696	68.3	2924	2620	95.4	Calcolítico	Eiroa y Lomba, 1997
GifA-101348	Cendres	4180	90	2748	2889	2634	68,3	3006	2488	95,4	Campanifor.	Bernabeu y Molina, 2009
UCIAMS-66318	L'Avenc	4115	25	2688	2852	2621	68.1	2864	2577	95,3	Neol. Final	García Puchol et al., 2010
CSIC-267	Terrera Ventura	4110	60	2693	2859	2579	68.2	2878	2496	95,4	Metal	Gusi y Olaria, 1995
HAR-146	El Prado	4080	130	2644	2866	2484	68.2	2924	2210	95.5	Calcolítico	Eiroa y Lomba, 1997
Gak-9775	Pic de les Moreres	4070	140	2629	2871	2472	68.2	3007	2202	95.4	Bronce	Gusi y Olaria, 1995
Beta-244975	Camino del Molino	3990	40	2523	2568	2471	68,2	2621	2350	95,4	Metal	Lomba et al., 2009
Beta-2449754	Camino del Molino	3950	40	2462	2564	2350	68,2	2572	2307	95,4	Metal	Lomba et al., 2009
GrN-5593	Cerro de la Virgen	3890	40	2377	2462	2340	68.2	2474	2210	95.4	Campanifor.	Delibes, 1978
I-15319	Cueva Sagrada I	3870	100	2338	2472	2202	68.2	2618	2033	95,3	Metal	Eiroa y Lomba, 1997
CSIC-269	Almizaraque	3860	60	2334	2458	2215	68.2	2476	2141	95,4	Campanifor.	Molina et al., 2003
IRPA-1210	Lorca: M. Mercedarias	3835	30	2289	2342	2206	68.2	2458	2200	95.4	Campanifor.?	Eiroa y Lomba, 1997
GrN-5764	Cerro de la Virgen	3800	35	2239	2290	2151	68.2	2431	2065	95,4	Campanifor.	Delibes, 1978

Cuadro 18.3.- Cuadro de fechas radiocarbónicas sobre materiales de vida corta en el ámbito objeto de estudio, excepto las de los valles del Serpis y Albaida (ver Cuadro 18.2).

Metal y Campaniforme (2800-2100 a.C.)

En el caso de los valles del Serpis y Albaida, parece que la introducción de la metalurgia está ligada a una posible expansión desde la línea de costa hacia las zonas interiores como reflejarían los yacimientos de La Vital y Beniteixir, si bien conviene tener en cuenta que la localización de ambos yacimientos está ligada a la desmesurada expansión urbanística de la zona costera en años recientes.

Si atendemos a las fechas de La Vital, podemos proponer que en poblados característicos del NIIB, alrededor del 2750 cal. a.C., se realizan las primeras producciones metalúrgicas. La llegada del metal siempre se ha vinculado en tierras valencianas a la expansión de la Cultura de Millares hacia el Norte. En revisiones recientes (López Padilla, 2006; Jover, 2010) parece que la expansión del sistema mundo Millares hacia el Norte se manifiesta en la construcción de poblados defensivos en altura que no avanzarían más allá del río Guadalentín. Desde hace algún tiempo parece que las redes de circulación de objetos entre el Sureste y los valles del Serpis y el Albaida están claramente establecidas; tal circulación de objetos de prestigio siempre se ha pensado que se realizaba por los corredores de comunicación naturales de tierras interiores: "… hacia el 3000 BC tendríamos ocupadas ya varias zonas llanas en el fondo del valle de Yecla,

como asentamientos similares a los ya comentados del Vinalopó, o Serpis" (López Padilla 2006). Sin embargo, el emplazamiento de poblados como La Vital, Beneteixir, Prat de Cabanes (también conocido como Costamar) puede dar un impulso a la consideración de la vía marítima. Esta vía ayudaría a explicar la rápida expansión de elementos culturales como la metalurgia resaltando el emplazamiento de lugares como Almizaraque.

Si intentar establecer la llegada de la metalurgia a las comarcas centrales del País Valenciano resulta difícil desde el punto de vista cronológico, la situación se torna más complicada cuando nos acercamos al Horizonte Campaniforme de Transición.

Efectivamente, una de las revisiones más recientes de éste reconoce que "esta cronología relativa [aceptada] la complementan tan sólo tres dataciones de C14, las únicas existentes para todo el campaniforme valenciano" (Juan-Cabanilles, 2004: 396), todas ellas sobre carbón, habría que precisar.

En la actualidad contamos con la magra cifra de ocho dataciones radiocarbónicas para datar el Horizonte Campaniforme de Transición, tres sobre carbón (dos de Cendres y una de Arenal de la Costa) ya conocidas y cinco sobre restos óseos, cuatro de La Vital y una de Arenal de la Costa (Cuadro 18.2). La fecha agrupada de La Vital (3833±22) definiría lo que podemos proponer como momento inicial del HCT (ca. 2450 cal. a.C.) quedando la fecha sobre hueso de Arenal de la Costa (Beta-228894,

Yacimiento	Laboratorio	Años BP	±	Media cal aC	CALIBRACIÓN AC						Contexto arqueol.	Referencia
					desde	a	Prob	desde	a	Prob		
Jovades	Beta-43236	4810	60	3576	3655	3522	68,2	3706	3379	95,4	Neol. Final	Bernabeu et al., 1990
Cueva del Moro	SUA-2070	4780	80	3545	3647	3384	68,2	3703	3371	95,4	Neol. Final	Walker, 1986
Cendres	Ly-4304	4700	120	3453	3634	3366	68,2	3710	3095	95,4	Neol. Final	Bernabeu et al., 2001
Jovades	Beta-43235	4660	90	3429	3629	3354	68,2	3641	3105	95,3	Neol. Final	Bernabeu et al., 1990
Terrera Ventura	I-7420	4655	115	3399	3634	3140	68,2	3655	3030	95,4	Neol. Final	Gusi, 1991 y 1986-89
Lorca: Floridablanca	UtC-7938	4620	35	3432	3498	3358	68,2	3518	3341	95,4	Neolítico	Eiroa y Lomba, 1997
Niuet	UBAR-175	4600	80	3337	3517	3119	68,3	3631	3036	95,4	Neol. Final	Bernabeu et al., 1994
Terrera Ventura	KN-1795	4590	75	3319	3508	3113	68,2	3627	3034	95,4	Neol. Final	Gusi, 1991 y 1986-89
Platja del Carabassí	Beta-202433	4520	70	3215	3353	3104	68,2	3497	2941	95,4	Neol. Final	Soler et al., 2008; Jover, 2010: 69
Niuet	Beta-75222	4490	60	3190	3338	3096	68,1	3365	2942	95,4	Neol. Final	Bernabeu et al., 1994
Terrera Ventura	KN-1794	4490	60	3190	3338	3096	68,1	3365	2942	95,4	Metal	Gusi, 1991 y 1986-89
Los Castillejos	Beta-135665	4480	40	3198	3332	3096	68,3	3349	3026	95,4	Calcolítico	Molina et al., 2003: 148
Niuet	Beta-75223	4460	60	3159	3331	3026	68,2	3350	2930	95,4	Neol. Final	Bernabeu et al., 1994
Terrera Ventura	I-7443	4430	340	3096	3627	2669	68,2	3953	2208	95,4	Calcolítico	Gusi, 1991 y 1986-89
Millares	Beta-124524	4420	70	3109	3315	2922	68,2	3339	2909	95,4	Calcolítico	Molina et al., 2003:149
Terrera Ventura	I-7442	4415	95	3113	3322	2918	68,2	3354	2895	95,4	Calcolítico	Gusi, 1991 y 1986-89
Illeta dels Banyets	Beta-152191	4410	40	3059	3095	2930	68,2	3325	2914	95,4	Neol. Final	Jover, 2010: 69
Millares	Beta-124532	4410	60	3088	3265	2919	68,2	3335	2906	95,4	Calcolítico	Molina et al., 2003: 149
Falguera	AA-60626	4388	53	3044	3090	2919	68,2	3327	2898	95,4	Neol. Final	García Puchol et al., 2007
Millares	KN-72	4380	120	3073	3325	2894	68,3	3486	2678	95,4	Calcolítico	Almagro Gorbea, 1971: 18
Fuencaliente	Beta-135699	4370	40	2996	3022	2919	68,2	3096	2901	95,4	Neol. Final	Juan Cabanilles, 2005
Jovades	Beta-57293	4370	60	3031	3089	2907	68,2	3327	2888	95,5	Neol. Final	Bernabeu et al., 1990
El Prado	Beta-7072	4350	50	2991	3020	2907	68,2	3263	2886	95,4	Calcolítico	Walker, 1983
Parazuelos/Ramonete	HAR-521	4350	80	3028	3091	2893	68,2	3339	2777	95,3	Calcolítico	Eiroa y Lomba, 1997
Rambla de Lorqui	SUA-1186	4330	90	2999	3263	2876	68,2	3339	2680	95,4	Neol. Final	Eiroa y Lomba, 1997
Rambla de Librilla	Ly-7151	4305	55	2944	3011	2883	68,2	3093	2760	95,4	Neol. Final	Eiroa y Lomba, 1997
Terrera Ventura	I-7419	4305	95	2952	3093	2760	68,2	3332	2631	95,4	Calcolítico	Gusi, 1991 y 1986-89
Terrera Ventura	I-7414	4295	95	2932	3090	2704	68,2	3330	2622	95,4	Calcolítico	Gusi, 1991 y 1986-89
Cendres	UBAR-174	4280	160	2918	3263	2624	68,2	3361	2487	95,4	Campanifor.	Bernabeu et al., 2001
Torreta/El Monastil	Beta-139360	4270	110	2887	3081	2674	68,2	3330	2573	95,3	Neol. Final	Jover, 2010: 69
Terrera Ventura	I-6935	4265	90	2868	3019	2696	68,3	3309	2576	95,3	Calcolítico	Gusi, 1991 y 1986-89
Terrera Ventura	I-7417	4265	95	2870	3020	2679	68,2	3316	2574	95,5	Calcolítico	Gusi, 1991 y 1986-89
Terrera Ventura	I-7444	4265	110	2878	3079	2671	68,2	3328	2504	95,4	Calcolítico	Gusi, 1991 y 1986-89
Niuet	Beta-75221	4260	60	2852	3002	2701	68,2	3077	2638	95,4	Neol. Final	Bernabeu et al., 1994
La Salud	I-15610	4250	110	2851	3012	2640	68,2	3322	2496	95,4	Calcolítico	Eiroa y Lomba, 1997
Rambla de Lorqui	SUA-1187	4250	100	2845	3011	2668	68,2	3311	2498	95,5	?	Eiroa y Lomba, 1997
Terrera Ventura	I-7423	4250	95	2842	3010	2669	68,2	3264	2501	95,4	Metal	Gusi, 1991 y 1986-89
Terrera Ventura	CSIC-264	4240	60	2815	2916	2699	68,2	3011	2628	95,4	Metal	Gusi, 1991 y 1986-89
Terrera Ventura	I-7421	4230	95	2808	2921	2635	68,2	3091	2500	95,4	Metal	Gusi, 1991 y 1986-89
Millares	Beta-124523	4220	70	2787	2906	2679	68,2	3009	2579	95,4	Metal	Molina et al., 2003: 149
Millares	Beta-124526	4220	70	2787	2906	2679	68,2	3009	2579	95,4	Metal	Molina et al., 2003: 149
Millares	Beta-124527	4220	70	2787	2906	2679	68,2	3009	2579	95,4	Metal	Molina et al., 2003: 149
Cendres	Ly-4305	4210	120	2794	2917	2588	68,2	3309	2469	95,3	Campanifor.	Bernabeu et al., 2001
Almizaraque	UGRA-93	4200	110	2775	2906	2624	68,2	3089	2475	95,4	Metal	Delibes et al., 1986
Bajil	I-18048	4200	110	2775	2906	2624	68,2	3089	2475	95,4	Campanifor.?	Eiroa y Lomba, 1997
Millares	Beta-124531	4200	60	2770	2893	2679	68,2	2910	2601	95,4	Metal	Molina et al., 2003: 149
Terrera Ventura	CSIC-265	4200	60	2770	2893	2679	68,2	2910	2601	95,4	Metal	Gusi, 1991 y 1986-89
Terrera Ventura	I-8702	4185	95	2753	2893	2633	68,2	3011	2489	95,4	Metal	Gusi, 1991 y 1986-89
Terrera Ventura	KN-1796	4180	60	2755	2882	2677	68,2	2900	2582	95,4	Metal	Gusi, 1991 y 1986-89
El Prado	Beta-7070	4170	50	2753	2878	2678	68,2	2891	2601	95,4	Calcolítico	Cuenca y Walker, 1986
Millares	BM-2343	4150	40	2744	2870	2666	68,3	2880	2620	95,4	Metal	Ambers et al., 1987: 192

Cuadro 18.4.- Resultados de la calibración de fechas radiocarbónicas sobre materiales de vida larga en el ámbito objeto de estudio.

Yacimiento	Laboratorio	Años BP	±	Media cal aC	CALIBRACIÓN AC						Contexto arqueol.	Referencia
					desde	a	Prob	desde	a	Prob		
Jovades	Beta-43236	4810	60	3576	3655	3522	68,2	3706	3379	95,4	Neol. Final	Bernabeu et al., 1990
El Capitán	Beta-26611	4140	140	2710	2891	2499	68,2	3091	2297	95,4	Metal	Eiroa y Lomba, 1997
Ciavieja	I-15009	4130	100	2702	2872	2582	68,1	2916	2466	95,4	?	Carrilero, 1991: 996
Terrera Ventura	I-7415	4130	95	2704	2872	2583	68,2	2901	2475	95,4	Metal	Gusi, 1991 y 1986-89
Terrera Ventura	I-7418	4115	95	2690	2868	2577	68,2	2899	2470	95,4	Metal	Gusi, 1991 y 1986-89
Millares	BM-2344	4110	110	2680	2872	2505	68,2	2919	2348	95,4	Metal	Ambers et al., 1987: 192
Ciavieja	I-15005	4100	100	2674	2866	2500	68,2	2908	2351	95,3	Calcolítico	Carrilero, 1991: 996
Fuente Flores	Beta-125439	4090	40	2675	2849	2573	68,2	2866	2493	95,4	Campanifor.	Juan Cabanilles, 2005
La Ceñuela	CSIC-140	4090	70	2675	2859	2500	68,2	2874	2488	95,4	Bronce	Eiroa y Lomba, 1997
Ciavieja	I-15010	4080	100	2653	2861	2491	68,2	2897	2349	95,5	Metal	Carrilero, 1991: 996
Almizaraque	UGRA-95	4075	115	2640	2862	2482	68,2	2903	2301	95,4	Metal	Delibes et al., 1986
Terrera Ventura	I-6934	4075	90	2652	2858	2491	68,2	2892	2351	95,3	Metal	Gusi, 1991 y 1986-89
Almizaraque	UtC-2630	4040	100	2602	2857	2467	68,2	2881	2307	95,4	Metal	Delibes et al., 1986
Ciavieja	I-15007	4040	100	2602	2857	2467	68,2	2881	2307	95,4	Calcolítico	Eiroa y Lomba, 1997
Millares	Beta-124525	4040	60	2604	2832	2475	68,2	2867	2460	95,4	Metal	Molina et al., 2003: 149
Almizaraque	CSIC-643	4039	41	2579	2620	2488	68,2	2840	2468	95,4	Metal	Delibes et al., 1986
Millares	Beta-124528	4030	130	2575	2864	2351	68,3	2895	2206	95,4	Metal	Molina et al., 2003: 149
Terrera Ventura	HAR-298	4030	80	2593	2840	2466	68,2	2873	2346	95,4	Metal	Gusi, 1991 y 1986-89
Terrera Ventura	I-7251	4025	90	2583	2852	2462	68,3	2874	2308	95,4	Metal	Gusi, 1991 y 1986-89
Millares	Beta-124529	4020	60	2571	2622	2470	68,2	2860	2348	95,4	Metal	Molina et al., 2003: 149
Terrera Ventura	I-7422	4010	95	2557	2839	2349	68,3	2873	2291	95,4	Metal	Gusi, 1991 y 1986-89
Millares	Beta-125862	4000	70	2539	2832	2356	68,2	2858	2297	95,3	Metal	Molina et al., 2003: 149
Nacimiento	GIF-5421	3990	110	2522	2835	2307	68,3	2873	2206	95,4	Calcolítico	Asquerino y López, 1981
Millares	Beta-124522	3990	60	2517	2620	2368	68,3	2837	2298	95,4	Metal	Molina et al., 2003: 149
Millares	Beta-125861	3980	40	2506	2569	2467	68,2	2618	2347	95,4	Campanifor.	Molina et al., 2003: 149
Bajil	I-18047	3970	110	2490	2830	2291	68,2	2872	2151	95,4	Campanifor.	Eiroa y Lomba, 1997
Los Castillejos	Beta-145303	3960	50	2464	2569	2350	68,3	2580	2295	95,4	Campanifor.	Molina et al., 2003: 148
El Prado	Beta-7069	3950	160	2458	2835	2202	68,2	2887	2034	95,4	Calcolítico	Eiroa y Lomba, 1997
Millares	Beta-125860	3950	40	2451	2564	2350	68,2	2572	2307	95,4	Campanifor.	Molina et al., 2003: 149
Rambla de Lorqui	SUA-1188	3940	100	2439	2577	2287	68,2	2857	2141	95,4	?	Eiroa y Lomba, 1997
Almizaraque	UGRA-164	3921	74	2402	2550	2292	68,2	2619	2151	95,4	Campanifor.	Delibes et al., 1986
Cerro de la Virgen	GrN-5596	3920	35	2403	2471	2347	68,2	2549	2293	95,4	Campanifor.	Delibes, 1978: 85
Cerro de la Virgen	Beta-124539	3920	40	2402	2472	2346	68,2	2562	2290	95,4	Campanifor.	Molina et al., 2003: 150
Cerro de la Virgen	GrN-5597	3920	60	2400	2477	2299	68,2	2571	2208	95,4	Campanifor.	Delibes, 1978: 85
Millares	BM-2536	3920	50	2401	2475	2310	68,2	2569	2213	95,4	Campanifor.	Ambers et al., 1991: 64
Almizaraque	CSIC-646	3910	50	2389	2471	2309	68,2	2565	2209	95,4	Campanifor.	Delibes et al., 1986
Los Castillejos	Beta-135667	3910	70	2386	2483	2289	68,2	2576	2154	95,4	Campanifor.?	Molina et al., 2003: 148
Almizaraque	CSIC-647	3900	50	2378	2467	2309	68,2	2560	2206	95,4	Campanifor.	Delibes et al., 1986
Millares	Beta-124530	3900	60	2375	2468	2299	68,2	2566	2203	95,4	Campanifor.	Molina et al., 2003: 149
Arenal de la Costa	Beta-43237	3890	80	2361	2473	2212	68,2	2575	2139	95,4	Campanifor.	Bernabeu et al., 1990
Cerro de la Virgen	Beta-124542	3890	40	2372	2462	2340	68,2	2474	2210	95,4	Campanifor.	Molina et al., 2003: 150

Cuadro 18.4. (Continuación)

3700±40) para marcar el límite más reciente del período (*ca.* 2100 cal. a.C.). A día de hoy, estas fechas proporcionan un marco adecuado, tanto para los valles del Serpis y Albaida, como para el conjunto del País Valenciano (Fig. 18.7).

Una vez más, la ubicación del yacimiento de La Vital invita a pensar en la llegada del influjo campaniforme desde el Sureste peninsular por vía marítima y cabotando en la desembocadura de los grandes ríos, como se ha propuesto para el Sureste de Francia (Lemmercier, 2004).

EL SISTEMA MUNDO DEL SURESTE Y SU CRONOLOGÍA

Si miramos los datos radiocarbónicos desde una perspectiva macro, a las fechas de los valles del Serpis y el Albaida podemos unir algunas otras sobre materiales de vida corta, algunas bien contextualizadas y otras menos (Cuadro 18.3; Fig. 18.8). Entre las primeras podemos citar dos fechas de la Cova de les Cendres (GifA-101350 y GifA-101352, ≈-3653-3384 y ≈-3627-3372 cal. a.C., respectivamente) que, igualmente, se podrían considerar dentro del conjunto de los valles del Serpis y el Albaida y que datan niveles adscritos al Neolítico IIB de la cueva (Bernabeu y Molina, 2009); un momento similar parece indicar la muestra del enterramiento más reciente del Tossal de les Basses (Beta-225217; *ca.* 3557 cal. a.C.) (figura 18.9). Algo más recientes en el tiempo son las del Abrigo del Tobar (*ca.* 3207 cal. a.C.) y las de la cercana Fuente de Isso (*ca.* 3032 y *ca.* 2911 cal. a.C.). El poblado castellonense de Prat de Cabanes parece estar en uso poco antes de la llegada del metal a sus costas (*ca.* 2881 cal. a.C.). A la serie de contextos sin metal habría que sumar la reciente datación de un muerto de la cova de l'Avenc cuya datación es relativamente reciente (*ca.* 2688 cal. a.C.).

Las dataciones de vida corta en contextos arqueológicos en los que aparece metal provienen todas de yacimientos situados al sur de la cuenca del Serpis (Cuadro 18.3) y sólo uno, el Pic de les Moreres (≈2871-2472 con un 68.2% de probabilidad) se encuentra en la zona inmediata. Muy interesantes son las dataciones del yacimiento de El Prado en el altiplano de Jumilla (≈2864.5-2482.5 cal. a.C., ≈2903.5-2694.5 cal. a.C., ≈3021.5-2895.5 cal. a.C.), pero desgraciadamente se carece de contexto exacto. De un contexto en el que claramente se constata la presencia de metal es la única datación sobre hueso de Terrera Ventura (≈2857-2577 cal. a.C. 68.2% de probabilidad). De contextos similares poseemos dos dataciones algo más recientes de las excavaciones en el casco urbano de Lorca (Rubira, 12 ≈2337.5-2027 cal. a.C.; MM Mercedarias ≈2340-2204 cal. a.C.). En el solar de las MM Mercedarias aparecieron elementos campaniformes pero se desconoce si están o no relacionados con la fecha (Eiroa y Loma, 1997).

Desgraciadamente, en los conjuntos clásicos del Sureste que podemos considerar como el foco original de la metalurgia, las dataciones radiocarbónicas, aunque abundantes, lo son en su práctica totalidad sobre muestras de carbón, con lo que siempre nos estaremos enfrentando a la duda sobre su posible envejecimiento. En este sentido, quizás el caso más problemático es el de la fase II.1 –Campaniforme marítimo– de Cerro de la Virgen (Molina *et al.*, 2003: 153), de la que proviene una fecha reali-

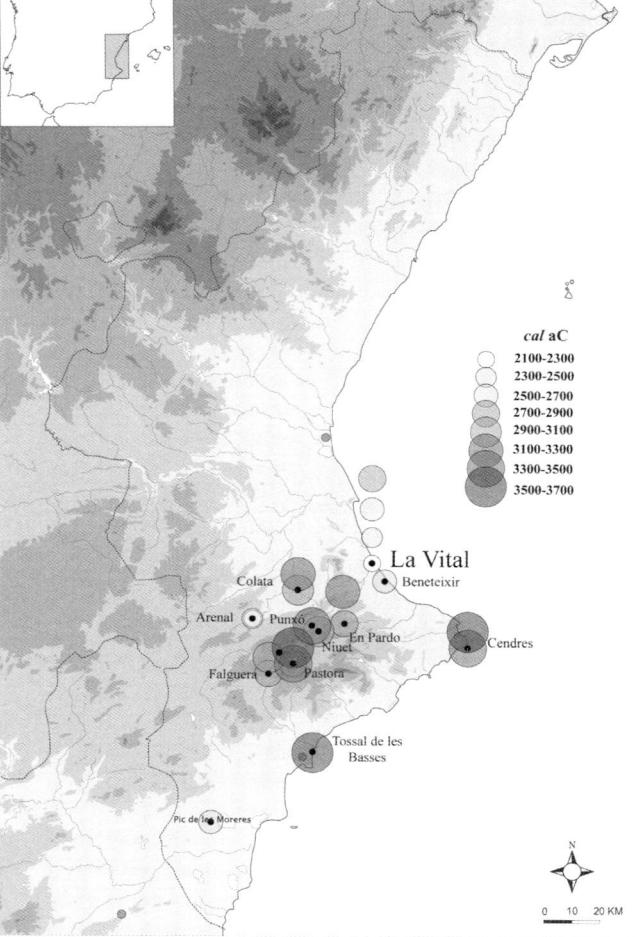

Figura 18.9.- Mapa de localización de los yacimientos citados en el texto. Los círculos representan por tamaño (de menor a mayor) y escala de grises (de más claro a más oscuro) los años calibrados (cal. a.C.) en períodos de 200 años. Sólo se representa un punto por intervalo, para facilitar la lectura. El punto negro señala la ubicación de los yacimientos.

zada sobre semillas cuya calibración la sitúa en un momento realmente reciente (≈1900-1696 cal. a.C. 68.2% de probabilidad). Este resultado no es fácil de explicar porque a pesar de tratarse de una datación convencional sobre un grupo de semillas, la desviación estándar de la muestra no es demasiado elevada (Beta-124540: 3490±70 BP). Sin embargo, en la serie antigua del Cerro de la Virgen se mencionan dos dataciones de "Charred plant remains" –GrN-5593 y GrN-5764– (Vogel y Waterlog, 1972: 74) que no sabemos exactamente a qué tipo de material hace referencia aunque, quizás, se puedan asimilar a muestras sobre materiales de vida corta; si así fuera la serie campaniforme del Cerro de la Virgen podría mantenerse como un buen referente para la secuencia del Campaniforme en el Sureste. La más antigua de esas fechas proviene del nivel campaniforme antiguo (≈2462-2340 cal. a.C. con un 68.2% de probabilidad y un valor medio de 2377 cal. a.C.), la otra proviene de un nivel con campaniforme inciso (≈2290-2151 cal. a.C. con un 68.2% de probabilidad y un valor medio de 2239 cal. a.C.).

Además de la muestra del Cerro de la Virgen, otra muestra de material de vida corta proviene de Almizaraque (CSIC-269)

(2458-2215 cal. a.C. con un 68.2 % de probabilidad y un valor medio de 2334 cal. a.C.) que se ajusta más a lo esperado en un contexto campaniforme. No obstante, esta fecha se ha cuestionado precisamente por ser demasiado reciente (Molina *et al.*, 2003: 154), cuando puede ser un buen ejemplo del efecto que la madera vieja[3] puede tener a la hora de establecer un marco cronológico adecuado. Si la consideramos en toda su amplitud, con un sigma de desviación, la podemos llevar hasta el 2450 cal. a.C. que, desde luego, es acorde con las fechas de La Vital

que hemos presentado más arriba y con las dos muestras sobre plantas carbonizadas del Cerro de la Virgen.

Las fechas sobre carbón y, por ello, susceptibles de estar afectadas por el efecto de la madera vieja son 116 (Cuadro 18.4); de ellas sólo unas pocas están asociadas a materiales campaniformes y si se comparan con las de vida corta parece que esas muestras sí hubieran podido producir un cierto envejecimiento de la secuencia.

Se abre ante nosotros el reto de poner un marco cronológico a procesos sociales (creciente complejidad social), a avances técnicos (metalurgia), a la adopción de diferentes simbolismos (cerámica campaniforme), a cambios en los rituales funerarios que en el momento presente carecen del adecuado marco cronológico, a pesar de que son muchas las propuestas para definir el mismo. Afortunadamente, los contextos arqueológicos son abundantes y abundan en ellos elementos de datación directa (enterramientos, particularmente) que hacen que el panorama pueda cambiar, en poco tiempo, si se abordara un programa de dataciones sistemáticas de los citados materiales. Mientras tanto, habrá fenómenos como la introducción de la metalurgia o la aparición del vaso campaniforme que no podrán ser contextualizados adecuadamente desde el punto de vista de la cronología.

---

3 Otro ejemplo del efecto de envejecimiento que pueden producir las dataciones sobre carbón se revela de forma, quizás más contundente, en el yacimiento de la Ceñuela (Murcia), donde su casa B ha proporcionado

dos fechas (ver Cuadro 18.4) con una diferencia de 500 años entre sí. La más antigua (CSIC-140) procede de una viga asociada al derrumbe del techo, según sus excavadores, y la más reciente del nivel de abandono (Alonso *et al.*, 1978: 171); forzando la interpretación podemos pensar que para sustentar la techumbre se escogió una viga bien sólida puesto que debía cumplir una función primordial. Por ello, se manufacturó a partir de un árbol de gran porte (lo que equivale a una vida centenaria), lo cual unido a la vida útil de la cabaña nos puede aclarar el motivo de que una cabaña de la Edad del Bronce haya proporcionado una fecha que podemos considerar eneolítica.

Capítulo 19

PRODUCCIÓN, DEMOGRAFÍA, COMPETENCIA

G. Pérez Jordà, J. Bernabeu Aubán y M. Gómez Puche

La excavación de la Vital nos aporta un nuevo ejemplo de poblado caracterizado por la existencia de estructuras excavadas, fundamentalmente silos y cubetas, y otras estructuras negativas interpretadas como áreas de viviendas (ver Capítulo 4). Una clase de asentamiento muy frecuente en el IV y III milenio cal. a.C., pero que hunde sus raíces desde los inicios del Neolítico. La excavación de la Vital ha permitido documentar 7 estructuras interpretadas como viviendas. Aún reconociendo el carácter parcial de la información que manejamos, la observación detenida de las características formales y su relación espacial con otro tipo de estructuras, principalmente silos y hogares ha permitido establecer diversas pautas.

Los resultados del análisis espacial han permitido identificar un patrón de distribución agrupado en diversas zonas del poblado. Al mismo tiempo, la caracterización detallada de las estructuras que forman cada grupo muestra la existencia de varias viviendas en torno a las cuales se organizaron las actividades cotidianas. Esta tendencia a la concentración de las estructuras de hábitat es coherente con las pautas observadas en la organización espacial interna en otros asentamientos contemporáneos, como Les Jovades, Niuet, Colata o La Torreta-El Monastil, por citar algunos ejemplos.

En la tabla adjunta se recoge la información de cada estructura interpretada como vivienda (Cuadro 19.1). Desde el punto de vista formal, las características arquitectónicas y las técnicas y materiales constructivos empleados resultan similares en la mayoría de los casos. Se trata de rebajes o depresiones excavadas en el substrato geológico, con una profundidad variable que llega a alcanzar un máximo entre 50 y 70 cm, y en cuyo interior se han individualizado varios rellenos. El espacio doméstico interno no se encuentra físicamente compartimentado, más allá de algunos dispositivos como plataformas de trabajo o pequeños muretes. El tamaño y la escala de las estructuras residenciales sugiere que la familia nuclear constituía la unidad mínima de organización social.

En el entorno de estas áreas de habitación se documentan un conjunto de silos que son el reflejo más evidente de una de las actividades centrales de los habitantes de este poblado, la producción de grano. El estudio de los mismos pensamos que puede ayudar a entender algunas pautas del funcionamiento económico de estos grupos, así como la demografía y la existencia de desigualdades y de competencias internas.

LAS ESTRUCTURAS DE ALMACENAMIENTO: LOS SILOS

En el mundo mediterráneo, la base de la alimentación desde el inicio de la neolitización son los cereales y en menor medida las leguminosas. Recursos con un ciclo de desarrollo anual y con un periodo de cosecha concentrado en los inicios del verano. En esta área igualmente, una de las características es la irregularidad de las cosechas. Esta estacionalidad e irregularidad obligan a desarrollar una serie de estrategias de conservación y almacenamiento que permitan asegurar del disfrute de una buena cosecha incluso dos o tres años más tarde, previendo posibles malas cosechas futuras (Louis, 1979: 208). Por esta razón puede considerarse que si disponemos de información sobre la capacidad de las almacenamiento y su gestión puede accederse tanto a la demografía del grupo como a su organización.

Hemos de suponer que los sistemas utilizados para almacenar los productos agrarios por parte de los habitantes de este asentamiento además de los silos fueron diversos, incluyendo sacos o cestos construidos con materiales vegetales, vasos cerámicos, contenedores construidos con barro, etc. De todo este grupo sólo hemos documentado junto a los silos, los vasos cerámicos y posibles contenedores construidos de barro.

Los vasos cerámicos son de capacidad mas bien limitada, no superando los 30 l, lo que constituye un característica común al conjunto de asentamientos del IV y III milenios cal. a.C. Aunque en La Vital no se ha podido reconstruir ninguno, la información de otros yacimientos permite suponer que los recipientes de barro tendrían unas capacidades entre 115 y 130 l, como sucede en la Illeta dels Banyets (Soler y Belmonte, 2006:

Grupo	Casa	Área excavada (m²)	Morfología	Elementos arquitectónicos			Niveles de ocupación	Estructuras en el interior			Estructuras en el exterior				Observaciones	Datación	Capacidad almacén l
				Piedra	Postes	Barro		Silos	Hogares	Bancos	Silos	Hogares	Cubetas de trabajo	Enterram.	metal		
1	?	35?	Irregular	Sí	Sí	Sí	2	No	No	Sí	Sí	Sí	No	No	Hallazgos metalúrgicos	Sí	25095
2	4	40	Tendencia rectangular	Sí	Sí	Sí	2	Sí	No	No	Sí	Sí	No	No	Hallazgos metalúrgicos	Sí	6208
3	8	16	Tendencia ovalada	Sí	Sí	Sí	2	No	No	No	Sí	No	No	Sí		Sí	22209
5	5	48	Irregular	Sí	No	No	1	Sí	No	No	Sí	Sí	Sí	Sí	Hallazgos metalúrgicos	No	13954
6	20	15	Tendencia rectangular	Sí	No	Sí	2	Sí	No	No	Sí	No	Sí	No		No	4056
7	7	9	Tendencia rectangular	Sí	No	Sí	1	No	No	No	Sí	No	Sí	No	Hallazgos metalúrgicos	No	15845
8	15		?	Irregular		Sí	Sí	Sí	No	No	No	Sí	No	Sí	Sí	Sí	
9	1		Tendencia rectangular	Sí	No	Sí	Sí	Sí	No	No	Sí	No	Sí	No	Sí	No	

Cuadro 19.1.- Características de las áreas de hábitat.

52). Estos sistemas "domésticos" permiten la conservación del grano destinado principalmente al consumo inmediato, en periodos que pueden llegar hasta 4 o 6 meses. Pero al mismo tiempo existe documentación etnográfica que muestra el uso de contenedores de barro para el grano de siembra, en periodos que pueden llegar hasta los 5 o 6 años (Vignet-Zunz, 1979: 217), proporcionando un grano de mejor calidad que el conservado en silos. Este último no debe estar en el silo más de un año si se va a dedicar a siembra, aunque hemos de considerar, por otra parte, que en general la práctica más habitual sería la de utilizar para la siembra de otoño los cereales que se han recogido ese mismo verano.

Las estructuras de almacenamiento subterráneo, los silos, se encuentran ampliamente documentados en estas sociedades y, en el caso de La Vital, poseen capacidades que varían entre 266 y más de 12000 l (Cuadro 19.2).

La diferenciación entre fosas y silos se ha establecido a partir de la sección, excluyendo todas aquellas fosas con poca profundidad y con bocas muy anchas ya que no son estructuras aptas para el almacenamiento de cereales y leguminosas; en algunos casos se trata de estructuras de trabajo, que pueden estar destinadas a la molienda o a otros tratamientos de productos agrarios o animales, aunque también existe documentación etnográfica de su uso para el almacenamiento de cereales o de residuos de la cosecha o de alimento para el ganado (Louis, 1979: 205; Lefébure, 1985: 216; Ayoub, 1985: 159; Alonso, 1999: 201).

Los silos son un sistema de almacenamiento en atmósfera confinada a medio y largo plazo, con periodos que varían entre uno y varios años, por lo que su contenido puede estar destinado a diferentes usos, tanto a grano de consumo, como a siembra, previsión de malas cosechas y al intercambio. En este sentido valoraremos la capacidad de los mismos como un indicativo de estas posibles funciones.

Las fosas también pueden funcionar en atmósfera confinada si se cubren con una capa de tierra que evite la entrada de oxígeno como sucede en Jordania con las Matmûra (Ayoub, 1985: 159) o funcionar como un sistema sin control atmosférico en el que la cubierta, si existe, puede ser una simple tabla de madera.

Esta variabilidad dificulta establecer un criterio claro para separar estructuras que funcionaron como silos de las demás. Hemos preferido, en este caso, ser restrictivos a fin de no sobrevalorar en exceso la capacidad de almacenamiento.

La construcción y el funcionamiento de los silos es sencillo y conocido. Consiste en excavar en el suelo una fosa que se caracteriza básicamente por tener un diámetro de boca más reducido que el interior, que se rellena de grano y del que se sella la boca con piedras, barro o tierra, con la finalidad de evitar la entrada de aire y de agua. A partir de este momento el grano que hay en el interior continúa su ciclo vital hasta que acaba de consumir el oxígeno que contiene, manteniéndose a partir de este momento en estado latente. La parte más frágil del silo es la boca y de hecho es la causa que, al degradarse, acaba generando su abandono. Esta fragilidad debe explicar el que en las excavaciones suelan documentarse los silos con una apertura de boca generalmente muy superior a la que debía tener originariamente. Datos etnográficos sitúan esta anchura entre 50 y 70 cm (Vignet-Zunz, 1979: 215; Lefébure, 1985: 216), bien es cierto que conocemos casos de silos islámicos (s X-XIII n.e.) excavados en roca y que se han preservado enteros, que presentan anchuras de boca que no superan los 40 cm (Josep Castelló comunicación personal), al igual que alguno de los silos que hemos podido excavar en asentamientos como Colata (Gómez Puche *et al.*, 2004: 63). Hemos de pensar por tanto que todo lo que sea ampliar la anchura de la misma aumenta su fragilidad y puede provocar un mal funcionamiento del silo.

El grano que se almacena en silos, está ya trillado y aventado y este hecho ha sido relacionado con la realización de las tareas de limpieza del grano inmediatamente tras la cosecha (Alonso, 1999: 207). Esta práctica es habitual en el mundo mediterráneo y en esta línea hemos de interpretar los escasos conjuntos de cereal documentados en los yacimientos neolíticos del país Valenciano. En todos los casos se trata de cereal ya limpio, incluso aunque se trate de cereales vestidos, y los desechos de limpieza están ausentes en los yacimientos. Aunque no hemos de olvidar que el registro actual es muy pobre y que los desechos de trilla son más frágiles, lo que reduce sus posibilidades de conservación (Boardman y Jones, 1990).

Missena	Colata	Jovades	Vital	Arenal
110	178	165	266	115
204	183	173	344	125
212	191	283	345	144
226	193	284	355	154
229	211	312	469	157
240	213	314	485	177
262	214	317	624	188
288	222	348	650	201
339	235	398	682	230
402	258	402	716	259
415	284	419	759	361
475	362	445	820	457
496	367	448	826	480
528	368	464	843	500
545	394	477	1024	600
548	546	501	1063	601
577	618	554	1199	651
578	627	613	1259	688
623	657	625	1349	785
660	664	647	1441	791
697	695	667	1453	791
738	706	669	1562	911
780	722	686	1608	918
859	735	705	1701	1000
891	761	761	1770	1104
892	962	780	1772	1202
962	965	780	1780	1254
1005	1023	799	1799	1717
1019	1037	812	1946	
1075	1517	815	2074	
1104	1907	818	2156	
1915	2237	836	2169	
7401	2387	858	2260	
	2575	881	2672	
	2686	883	2803	
	2810	891	2913	
	3639	989	3057	
	4073	997	3230	
		1071	3666	
		1094	4059	
		1160	5964	
		1184	7618	
		1340	8185	
		1451	9354	
		1548	12235	
		1564		
		1602		
		1703		
		2000		
		2057		
		3242		
		3384		
		4236		
		4245		
		4355		
		4615		
		4635		
		5436		
		13963		
		14141		

Cuadro 19.2.- Capacidades de los silos de los diferentes yacimientos.

En principio podemos suponer que la práctica habitual con el contenido de los silos es que, al abrirlos, se vacían completamente y su contenido se traslada a las viviendas o al consumo inmediato (Miret, 2005: 326). Existe documentación etnográfica que muestra la práctica de abrirlos para extraer sólo lo que se necesita y volverlos a tapar posteriormente (Vignet-Zunz, 1979: 217), aunque como constatan las experimentaciones actuales, este hecho aumenta el porcentaje de pérdida (Reynolds, 1979: 73). Esta posibilidad, junto a la práctica de completar el llenado de los grandes silos con paja u otros materiales vegetales (Ayoub: 1985: 157-159) puede alterar la consideración de los silos en función de su capacidad, pero creemos que este tipo de prácticas tampoco deben ser tan generales. No parece muy normal excavar un silo de 12000 l. para rellenar sólo una parte, aunque durante la vida del mismo podemos pensar en que tras una mala cosecha no se pueda proceder a su llenado completo. Por otra parte, cabe considerar, como señala Ayoub (1985: 158), que los silos se excavan en años de buenas cosechas, resultando innecesario tal recurso ante una cosecha normal.

La gran mayoría de los silos son del tipo troncocónico y de hecho algunos de los que no corresponden a este tipo pueden ser estructuras que están incompletas o que están alteradas y que en realidad podrían corresponder al tipo mayoritario. Los diámetros de las bocas en todos los casos superan los 0,6 m y pensamos que estas dimensiones en la mayor parte de los casos se explican por las alteraciones postdeposicionales tras su abandono. Los silos no se excavan directamente sobre la terraza pleistocena sino sobre el sedimento procedente del abanico que tiene una coloración muy oscura, lo que ha provocado que en ciertos casos no hayamos podido diferenciar estas estructuras hasta llegar a la capa de arenas o de gravas de la terraza. Este hecho ha dificultado la documentación completa de estas estructuras y afecta esencialmente a la profundidad y a la parte superior de las mismas.

LOS SILOS DE LA VITAL

A la hora de valorar la distribución de estas estructuras hemos de tener en cuenta que se ha excavado exclusivamente el área que iba a ser afectada por los trabajos de construcción, lo que nos da una visión parcial de las mismas. En primer lugar hemos agrupado los silos según los grupos definidos en el capítulo 4, a excepción del Grupo 10.

Sus resultados sugieren (Fig. 19.1) la existencia de grupos domésticos con una desigual capacidad de almacenamiento. La mayor capacidad se documenta en los Grupos 2 y 7 (22000 a 25000 l), seguidas en menor medida por los Grupos 6, 8 y 9 (12000 a 16000 l); por detrás los Grupos 4 y 5 (entre 6000 y 7000 l) y finalmente, los Grupos 1 y 3 con menos de 3000 l. En consecuencia, los grupos domésticos con mayor capacidad de almacenamiento se ubican al principio (Grupo 2) y al final (Grupo 7) de la vida del poblado. De los otros 3, sólo el Grupo 8 puede ubicarse con seguridad en la fase final, mientras que el 9 puede abarcar tanto la intermedia como la final. Los Grupos 4 y 5, pertenecen a la fase media, mientras que los Grupos 1 y 3 corresponden a la más antigua.

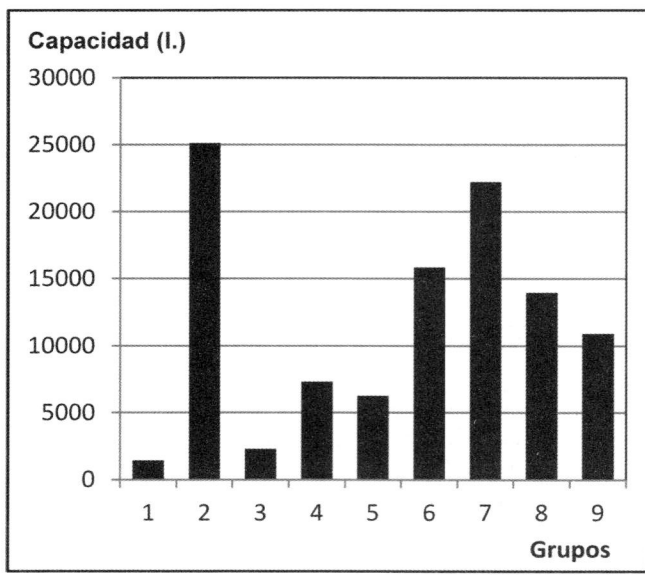

Figura 19.1.- Capacidad de los silos de los distintos grupos.

La mayor parte de las estructuras tienen una capacidad inferior a 2000 l, aunque los grandes silos también tienen una presencia destacada. Por otra parte la distribución de las diferentes categorías en el interior de cada grupo es muy heterogénea. Los silos de menores dimensiones, hasta 1500 l están presentes prácticamente en todos los Grupos. Se observa una fuerte concentración de estructuras entre 1500 y 2000 en el Grupo 7. Los silos grandes, de hasta 4500 l, están presentes en la totalidad de los grupos con excepción del 1 y del 3, los que tienen la menor capacidad. Y finalmente los muy grandes sólo están presentes en los que cuentan con una mayor capacidad. En este sentido resulta interesante observar que en la totalidad de los grupos el grueso de la capacidad de almacenamiento se concentra en un número reducido de estructuras. Así en todos los casos hay alguna estructura que representa entre el 40 y el 50%. En el resto de silos de cada conjunto se observan diferencias. Así el caso más extremo es el del Grupo 2, donde un 80% de esta capacidad se cubre sólo con dos de los seis silos que se han documentado.

Los poblados con silos son una manifestación persistente en el paisaje arqueológico de los valles del Serpis desde, al menos, el IV milenio cal. a.C. y quizás antes. De algunos de ellos disponemos de la información relativa a las capacidades de los silos (Cuadro 19.2). Su comparación con el caso de La Vital puede resultar interesante. Para ello hemos utilizados los datos ya publicados de Jovades, Colata, Missena y Arenal de la Costa (Pascual Benito, 2003; Bernabeu *et al.*, 2006). La cronología de estos sitios es sólo parcialmente equiparable a La Vital de modo que: Missena es un gran conjunto que sólo posee una datación del V milenio a.C., pero que probablemente alcance también el IV; Colata es un sitio cercano al anterior, con dos fechas que lo ubican en el segunda mitad del IV milenio cal. a.C.; Jovades es un gran asentamiento con tres fechas, sobre carbón, que lo ubican en la segunda mitad del IV, pero, excavaciones más recientes (López Padilla, 2006), han aportado algún hallazgo metálico que podrían prolongar su cronología hasta fechas similares a La

Vital. Y, finalmente, Arenal, es un asentamiento justo posterior al abandono de La Vital, un momento en que el campaniforme inciso se generaliza como cerámica doméstica.

La comparación (Fig. 19.2) destaca la igualdad entre las curvas para los volúmenes más bajos, hasta c. 1500 l. A partir de aquí, las curvas siguen un tendencia exponencial, pero con recorridos muy distintos.

- Arenal, prácticamente finaliza aquí su recorrido, de manera que puede interpretarse su curva como una ausencia significativa de acumulación.

- Algo similar ocurre en Colata donde, sin embargo, es notoria ya la presencia de algunos silos grandes (4000 l).

- En el resto, las curvas dibujan un crecimiento exponencial, variando la capacidad total de almacenamiento en cada uno de ellos, mucho mas notoria en Jovades y La Vital. En todos estos casos, la curva resultante presenta indicios de acumulaciones desiguales.

En todos los casos el grupo de los silos hasta 1500 l tiene una representación destacada, lo que resulta fácilmente comprensible si consideramos estos silos como aquellos que son susceptibles de contener los recursos generados por una unidad familiar. En el caso de la Vital, al poder correlacionar el volumen almacenado con las estructuras domésticas, podemos intentar una aproximación a la acumulación desigual de excedentes. Al mismo tiempo se puede plantear una aproximación a la población del yacimiento en base tanto a la capacidad de almacenamiento como al número de casas.

PRODUCCIÓN, ALMACENAMIENTO Y POBLACIÓN

La estimación de la población del poblado de La Vital se ha realizado utilizando dos aproximaciones, que siguen parámetro diferentes, lo que nos permitirá contrastar los resultados.

Modelo A

Esta aproximación (Cuadro 19.3) utiliza la metodología propuesta en un trabajo anterior aplicado al caso de Jovades (Bernabeu *et al.*, 2006). En primer lugar, partiendo del volumen conocido de los silos documentados en el área excavada, se calcula la capacidad total disponible en las 7 Ha. que se considera que ocupó el poblado. A continuación, considerando la duración del poblado (475 años) y la vida útil de un silo (10 años) se calcula la capacidad por década.

Para calcular la capacidad de producción (P), partimos de la fórmula $P = A+B+C$, donde:

- A = consumo interanual de una familia de 4 miembros = 812,5 l.

- B = reserva de semillas para la siguiente siembra, que será una proporción de P definida por la productividad. En este caso se estimo una productividad de 5:1, es decir que $B = (0,2*P)$.

- C = Excedente. Reserva contra el riesgo, acumulación, etc. Supondremos un mínimo equivalente a A (es decir el consumo interanual de una familia).

Con estos parámetros la producción anual estimada de una familia era de 2031 l. De esta cantidad en ningún caso se almacenará en los silos el grano destinado al consumo familiar anual

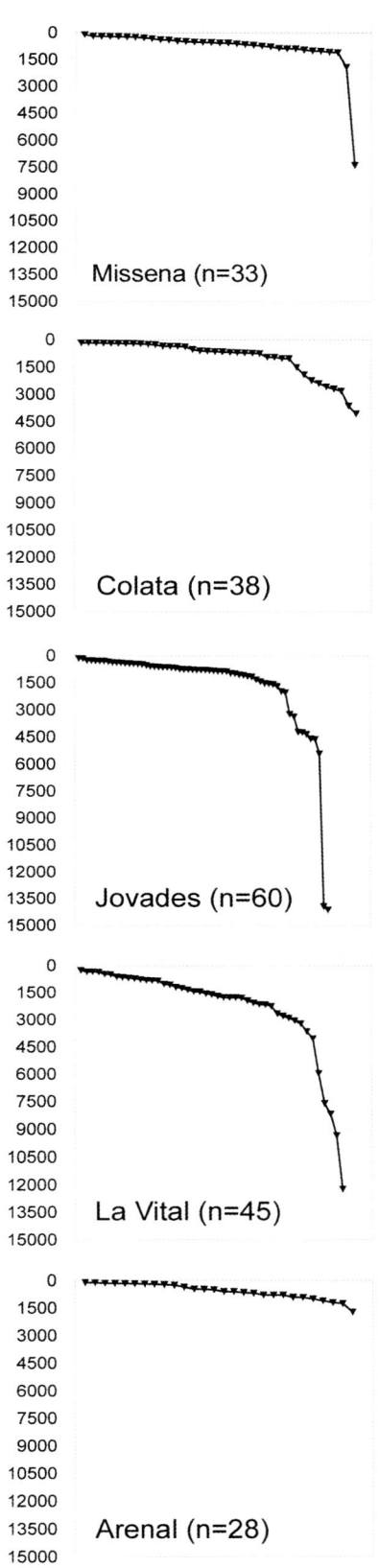

Figura 19.2.- Distribución de los silos de los diferentes yacimientos a partir de su capacidad.

Capacidad conocida	107399
Area excavada en m2	6157
Densidad x Ha	174434
Superficie estimada en Ha.	7
Capacidad total estimada	1221038
Duración estimada en años	475
Vida media del silo	10
Capacidad estimada por década	25706,1
Producción familia/año en Litros	2031,25
Reserva almacenada en casa por familia	812,5
Reserva almacenada en silos (A1)	1218,75
Familias = 25706,1/1218,75	21,1
Producción total A1	42843,43
Reserva en silos (A2)	812,5
Familias = 25706,1/812,5	31,6
Producción total A2	64265,15

Cuadro 19.3.- Datos del Modelo A.

(812,5 l). Aunque la parte almacenada en los silos puede incluir o no la proporción destinada a simiente para la siguiente cosecha. En función de ello se ha distinguido dos variantes:

- A1) Se almacena el excedente y la reserva de siembra, es decir un total de 1218,75 l. Si dividimos la densidad media por esta cantidad obtendremos la media de familias necesaria para rellenar el volumen disponible: 21,09 unidades domésticas.

- A2) Se almacena en los silos tan solo el excedente, es decir 812,25 l. En este caso, las unidades domésticas necesarias se elevan a 31,6.

Debe considerarse que se trata de una media sostenida, y que por tanto no tiene en cuenta fluctuaciones. En la publicación original (Bernabeu *et al.*, 2006), se consideró una reducción en el volumen en función de la renovación del grano almacenado. En este caso hemos considerado que esta reducción no resultaba pertinente.

Por otra parte hemos considerado interesante estimar la superficie de cultivo que están señalando estos cálculos, ya que consideramos que es un factor importante para entender la organización de un sistema de cultivo. Para ello hemos seguido aproximadamente las estimaciones realizadas en su momento para el yacimiento de la Edad del Hierro de Els Vilars (Alonso, 1999). En este caso si valoramos una siembra de 203 l/Ha, con el rendimiento antes considerado (5:1), obtendríamos una producción de 1015 l/Ha. Ello nos indica que la superficie teórica de cultivo que corresponde a los números utilizados en este Modelo, es de 2 Ha por unidad doméstica.

Modelo B

En este caso se considerará un conjunto distinto de variables. Se trata de las casas detectadas, identificadas con los grupos definidos en el capítulo 4. En las 0,6 Ha excavadas se han documentado 10 grupos. De éstos, 8 incluyen una estructura interpretable como vivienda. Uno más, el Grupo 1, presenta evi-

Total Casas	Duración		
	50 años	75 años	100 años
140	14,6	22,1	29,3
128	13,4	20,1	26,8
117	12	18	24

Cuadro 19.4.- Datos del Modelo B.

dencias más esquivas, pero creemos que suficientes para identificarla como tal; y, finalmente, el Grupo 10 sólo está compuesto por un silo. Por contra, podría considerarse que en algún caso, como en el Grupo 7, la dispersión de sus estructuras, unida a la ausencia de información derivada de las zonas no excavadas o ya rebajadas en exceso con anterioridad a la intervención, sea en realidad reflejo de más de una unidad doméstica. Por está razón supondremos un rango de entre 10 y 12 unidades domésticas presentes en las 0,6 Ha excavadas, de manera que puede estimarse un total de entre 117-140 viviendas en el conjunto de las 7 Ha del poblado.

Sabemos que todas las viviendas detectadas contienen refacciones, indicativas de cierta duración en su uso. Sólo contamos con la datación de dos de las fases de ocupación de una de las casas, a partir de lo que se ha estimado una duración que debería situarse en un mínimo de 2 generaciones, pudiendo alcanzar hasta un máximo de 4 generaciones (ver Capítulo 18). Considerando la duración del poblado, estos datos nos permiten calcular que podrían estar funcionando entre 12 y 29 casas por generación (Cuadro 19.4).

Las estimaciones realizadas deben tomarse con precaución, ya que, en primer lugar, en todos los casos utilizados se trata de medias que, por tanto, no tienen en cuenta las más que posibles oscilaciones que debieron ocurrir a lo largo de los casi 5 siglos de vida del poblado. Y, por otra parte, los resultados dependen de valores desconocidos (consumo interanual, productividad, etc), sobre los cuales ha habido que decidir basándonos en valores aproximados. En consecuencia, conviene utilizarlas tan sólo como estimadores relativos del tamaño de una comunidad que pueden ser útiles cuando se comparan con los de otras para los que el tamaño se ha calculado utilizando las mismas variables.

Para el caso concreto que nos ocupa, el cruce de los modelos A y B, sugiere que la media de unidades domésticas que pudieron convivir en el poblado debió situarse entre 20-22 como valor más probable en el que coinciden la variante A1 con una suposición de 128-140 casas utilizadas para un período de 75 años o de sólo 117 casas utilizadas durante 4 generaciones. Es decir, un rango entre 80-88 habitantes. La propuesta más elevada (31 unidades domésticas, variante A2) sólo resultaría viable suponiendo 140 casas en total utilizadas durante 4 generaciones, y parece más improbable.

En consecuencia, suponiendo una utilización de las casas equivalente a 3 generaciones y un modelo de producción y almacenamiento como el descrito en la variante A1, coexistirían en el poblado entre 20-22 unidades domésticas, que representarían entre 80-88 habitantes. Como quiera que estos valores representan medias, es más que probable que estos valores fluctuasen a lo largo de la vida del poblado. Considerando las

dataciones obtenidas y la estratigrafía relativa, estos valores debieron ser más elevados hacia el final.

ALMACENAMIENTO Y COMPETENCIA

Como hemos comentado al principio, es posible utilizar la capacidad de almacenamiento para acercarnos a la gestión de la producción agrícola y a la existencia de competencias y/o desigualdades dentro del poblado.

Una de ellas es el trabajo que representa rellenar los silos de mayor capacidad. Para ello hemos seleccionado los 5 de mayor capacidad y hemos seguido las estimaciones realizadas anteriormente como más viables, una población que oscilaría entre 80-88 habitantes, que cada unidad doméstica almacenase en los silos una media anual de 1218 l. Siguiendo estos parámetros, nos encontramos ante estructuras que exigen concentrar el trabajo de una parte destacada de la población estimada. En el menor de los casos se trata del trabajo de unas 20 personas, lo que representa un 22% de la población estimada, mientras que en para el silo mayor se requeriría la producción generada por unos 40 habitantes, lo que representa cerca del 50% de la estimación poblacional.

Otra variable a considerar es el número de grandes estructuras que pueden estar funcionando de forma coetánea. En este caso consideramos todas las estructuras que superan los 2500 l, es decir aquellas que concentran, al menos, el trabajo de más de 2 unidades domésticas. De esta forma si en las 0,6 Ha excavadas se han localizado 12 de estos silos, podríamos estimar que en la totalidad de la superficie (7 Ha) habría hasta 140 de estas estructuras. Con los criterios utilizados anteriormente habría que dividir este número por las décadas que dura el poblado (47,5), lo que nos daría un resultado cercano a 3. Habría que considerar por tanto que es factible pensar en una convivencia de más de una de estas estructuras al mismo tiempo. Lo que nos permitiría plantear la existencia de competencia entre diferentes líderes o unidades domésticas a la hora de centralizar volúmenes de producción.

Ahora bien el 60% de estos grandes silos, con una capacidad entre 2500 y 4000 l, son capaces de acumular el excedente generado por un número que oscila entre 2 y 3 unidades domésticas. Mientras que el otro 40% puede concentrar el trabajo de entre 5 y 10 unidades domésticas. En base a estos datos quizás resulte razonable pensar que no sería frecuente la convivencia de más de uno de los silos del segundo grupo, lo que exigiría un control sobre la mayor parte de la población estimada para la totalidad del poblado.

En este sentido el Grupo 2, que corresponde a la ocupación más antigua, es el ejemplo de mayor concentración de la producción, ya que como hemos señalado antes, sólo dos de sus estructuras concentran el 80% de su capacidad de almacenamiento, por otra parte la más alta de todos los Grupos. Estos dos grandes silos presumiblemente corresponden a un grupo familiar que ocupa una vivienda durante al menos dos generaciones (ver Capítulo 18). Podríamos pensar que este grupo, durante una o dos décadas, dependiendo de que esas dos grandes estructuras estuvieran funcionando de forma coetánea o no, ha logrado concentrar los excedentes de un numeroso grupo de familias.

Mientras que en otros momentos no tendrían la capacidad de acumular excedentes externos.

En los otros casos la lectura parece diferir. En el Grupo 7, que corresponde a la ocupación más reciente, sólo se detecta una gran estructura, por lo que podríamos pensar que su capacidad de acumular excedentes que vayan más allá del ámbito doméstico se produjo durante un periodo más corto. Mientras que lo habitual durante el periodo de ocupación de esta unidad consistiera en el uso de silos capaces de almacenar un volumen que entra dentro de la capacidad de producción de una unidad doméstica o que lo superan de forma moderada. Situaciones similares se pueden observar en la fase reciente en el Grupo 8, mientras que los Grupos 6 y 9 tendrían una situación intermedia, en la que no hay silos muy grandes, pero en los que se da más de una caso de estructura que está concentrando un volumen de trabajo que supera el ámbito familiar.

CONCLUSIONES

Todas estas estimaciones parten de una serie de datos arqueológicos, pero a ellos después hemos de aportar otra serie de variables para las que carecemos de contrastación. Hemos de ser conscientes de ello, ya que las mismas condicionan de forma destacada los resultados obtenidos. A pesar de esto consideramos que se trata de un ejercicio útil a la hora de comparar unos poblados con otros y para entrar a valorar cuestiones fundamentales como son la producción agraria, el número de habitantes o la organización interna de estas comunidades.

Desde los diferentes sistemas de aproximación realizados, hemos intentado estimar en primer lugar una media de los grupos familiares que pudieron convivir en este poblado.

Ya hemos señalado antes que existe una cierta coincidencia que marcan como opción más probable contar con un grupo que oscilaría entre las 20-22 unidades domésticas. Siguiendo estos parámetros habría que valorar una superficie cultivada anual de entre 40-44 Ha, cantidad que habría que doblar si valoramos que el sistema de cultivo más habitual sería el extensivo en secano con una rotación bienal.

Esta valoración de unidades domésticas que pueden estar cultivando unas 2 Ha, está por debajo de lo que P. Halstead (1995: 16) valorara (4-5 Ha mínimo) en un modelo extensivo como el que proponemos y entra dentro de lo que se suele considerar como característico de un modelo de agricultura intensivo sin uso del arado (Halstead, 1995: 16). Aunque entra dentro de las estimaciones realizadas para yacimientos de la Edad del Hierro en Vilars (Lleida) (Alonso, 1999: 279), el Lacio (Ampolo, 1980: 25) o el Ática (Gallo, 1984: 67).

Podemos por tanto definir que siguiendo los modelos propuestos, con toda la prudencia necesaria, llegamos a unos resultados que son coherentes con algunas de las estimaciones realizadas para el sistema agrario que proponemos en este momento. Es cierto que se trata de parcelas pequeñas para lo que se suele valorar como adecuado para el uso de los bovinos como animales de tiro del arado. Y que los excedentes que se consiguen no son excesivos y dependen de que las condiciones de desarrollo de los cultivos sean las adecuadas. Por todo ello puede tratarse de una media que consideramos válida, aunque la realidad debía ser bastante más variada, conviviendo parcelas mayores y menores de tierra. Y al mismo tiempo que la posesión o no de animales de tiro debió ser un factor que condicionara la capacidad de poner en explotación una mayor superficie de cultivo, el factor fundamental en este sistema.

Esta desigualdad podemos verla reflejada en la distribución de los silos en los distintos Grupos. Ya hemos señalado como en la fase más antigua coinciden por un lado el Grupo 2 con la mayor capacidad de acumulación, con otros dos (1 y 3) que por contra almacenan unos volúmenes muy reducidos. Por contra a partir de este momento parece observarse un mayor equilibrio entre los diferentes grupos, aunque vuelven a producirse grandes concentraciones de producción en algún momento. Al mismo tiempo la distribución de los diferentes silos en el interior de cada uno de los grupos nos permite pensar en que la realidad económica de los mismos debe evolucionar, incluyendo fases en las que la capacidad de almacenamiento no supera el ámbito doméstico, con otras en las que esta se supera con creces, en algunos casos.

NOTA

Este trabajo se ha realizado en el marco del proyecto *Origins and Spread of Agriculture in the western Mediterranean region* (ERC-2008-AdG 230561).

Capítulo 20

PRODUCCIÓN, CONSUMO E INTERCAMBIO EN EL REGISTRO MATERIAL DE LA VITAL

Ll. Molina Balaguer y T. Orozco Köhler

Hablar del registro material de un yacimiento es hablar de los diferentes contextos de producción y consumo que se desarrollan en el seno del grupo social responsable de dicho registro (Dietler y Herbich, 1994).

Así, los grupos humanos que, durante aproximadamente 500 años se establecen cerca de la desembocadura del Serpis, desarrollan una serie de actividades –producción de objetos–, destinadas tanto a cubrir necesidades dentro del ámbito doméstico, como otras cargadas de un valor simbólico especial (prácticas funerarias). Al mismo tiempo, el registro nos aporta evidencias que responden a la existencia de redes de intercambio a través de objetos de procedencia diversa. Su confluencia en La Vital, como en otros yacimientos de este ámbito geográfico, plantea consideraciones no sólo sobre la dinámica social que reflejan las comunidades del III milenio cal. a.C., sino también sobre aspectos concretos de la producción y circulación de bienes sobre los que se estructuran las relaciones sociales.

Es evidente que cualquier valoración de estos contextos productivos se enfrenta al irresoluble problema de vernos circunscritos a trabajar con los datos procedentes de una parte muy limitada del poblado. Con todo, los estudios desarrollados ofrecen una variedad de situaciones y ambientes que permiten hipotetizar sobre estos aspectos en el seno de la comunidad humana de La Vital.

PRODUCCIÓN Y CONSUMO DE BIENES LOCALES

Buena parte de los restos materiales recuperados responden a las necesidades que establecen las actividades cotidianas de la unidad doméstica: recipientes cerámicos para almacenar y procesar productos, cocinar y consumir alimentos…; útiles líticos destinados a cortar, raspar, perforar…; útiles sobre hueso para perforar, coser… Las inferencias que se han extraído referentes a las cadenas operativas correspondientes a la fabricación de la mayoría de los recipientes cerámicos, así como de los productos líticos tallados, remiten a procesos que implican una escasa

inversión de trabajo. La procedencia local de las materias primas empleadas (nódulos de sílex y depósitos de arcillas situados en el propio cauce del río) y la tosquedad de los procesos de transformación desarrollados, sugieren un fácil acceso y una escasa preparación previa a dichas producciones. Así, podemos suponer que nos encontramos ante objetos, útiles, cuyo valor se mide en base exclusivamente a su funcionalidad y, por tanto, se valora de manera positiva la facilidad de su reemplazo en caso de verse dañados.

Estas características nos hacen pensar que el nivel tecnológico requerido para la elaboración de estos productos debía estar al alcance del conjunto de la comunidad. La ausencia en el registro exhumado de estructuras que puedan vincularse de manera inequívoca con la producción cerámica no hace más que incidir en la escasa y difícil identificación que tienen este tipo de estructuras en los registros prehistóricos (Vaquer, 1994). Debemos, pues pensar que este tipo de estructuras debió tener un carácter bastante efímero y de escasa complejidad.

Dentro de este contexto de abastecimiento inmediato y producción local debemos incorporar parte de los ornamentos documentados. Los datos nos permiten reconocer la fabricación en el yacimiento tanto de cuentas de collar sobre cardíidos, como otro tipo de ornamentos realizados igualmente sobre soportes malacológicos (ver Capítulo 15). Además de la proximidad de la costa, es presumible suponer la presencia en las cercanías de algún depósito sedimentario que permitiera un fácil abastecimiento de conchas fósiles, tan abundantes en el registro del yacimiento.

Con todo, los datos no nos aportan ninguna prueba clara que autorice a suponer que en alguna de las artesanías citadas nos encontremos ante una producción excedentaria. No quiere esto decir que toda la producción artesanal considerada quedara destinada a un consumo únicamente local. Estas actividades, desarrolladas en el seno de los procesos productivos llevados a cabo por las diferentes unidades domésticas, podían igualmente funcionar, caso de los colgantes sobre soportes malacológicos marinos, como elementos de intercambio dentro de los circuitos de relaciones en los que participan estas mismas unidades.

EL CONSUMO DE BIENES EXÓTICOS

Junto a los materiales que nos remiten al tipo de contexto propuesto, dentro de las producciones consideradas hasta el momento (cerámica, lítica, ornamentos), encontramos toda una serie de elementos que responden a la existencia de diversas redes de intercambio, que se plasman a diferente escala y nivel.

Sin duda, el caso más claro lo encontramos entre los útiles de piedra pulimentada. El registro de La Vital, igual que ocurre con el resto de yacimientos conocidos en estas comarcas para el IV y III milenio cal. a.C., cuenta con una representación de útiles sobre litologías alóctonas –generalmente venidas desde áreas del oriente andaluz– que iguala o, incluso, sobrepasa el volumen de materiales confeccionados sobre soportes líticos cuyo ámbito litogénico se considera local (Fig. 20.1). Hachas, azuelas, cinceles, realizados sobre diabasas procedentes de afloramientos cercanos, aparecen en el registro junto a un volumen notable de piezas realizadas sobre anfibolitas, metabasitas y sillimanitas, cuyo origen debemos situar en los dominios internos de las formaciones béticas andaluzas. Estos productos muestran un comportamiento semejante al de los productos locales, tanto a nivel morfológico como en relación a su uso. Desgaste de los filos, refacciones, fracturas y reutilizaciones, los sitúan en el mismo plano de funcionalidad, con independencia de su origen. Su presencia no responde, pues, ni a la ausencia de fuentes de materia prima locales, ni a un papel diferente (mayor valor social) debido a su origen remoto. Tampoco su posesión está restringida a una parte del grupo o élite. Si bien en La Vital los útiles pulimentados no aparecen asociados a los ámbitos funerarios, el estudio de numerosos yacimientos valencianos de este horizonte cronológico nos habla de una presencia ambivalente, tanto en asentamientos como en contextos funerarios (Orozco, 2000), lo que permite afirmar que la mayor parte de la comunidad tiene acceso a estos materiales.

La fluidez de estas redes se deriva no sólo de un volumen de materiales importante, sino también de la variedad de objetos que circulan por ellas. Junto a los materiales sobre rocas tenaces referidos, también podemos considerar la existencia de piezas líticas talladas sobre soportes especiales: sílex tabulares, jaspes,… (Juan Cabanilles *et al.*, 2006; Lomba *et al.*, 2009) cuya presencia documentamos tanto en La Vital, como en otros yacimientos de la región (García Puchol, 2005). Pese a las grandes diferencias de los registros entre ambas zonas geográficas, algunos elementos de la cultura material permiten mostrar puntos en común. De forma singular destacan las representaciones asociadas al mundo simbólico: motivos oculados sobre hueso, ídolos planos, son un buen ejemplo de ello (Ayala, 1986; Pascual Benito, 1998). Estos contactos, además, vienen reproduciéndose a lo largo de toda la secuencia neolítica, desde sus comienzos, lo que sugiere una larga historia de valores o ideologías compartidas (Harrison y Orozco, 2001). Los materiales líticos nos muestran un circuito bien establecido, que alcanza todo el ámbito regional que dibujan los yacimientos de las comarcas centrales valencianas. Pero la importancia social de las relaciones y contactos con

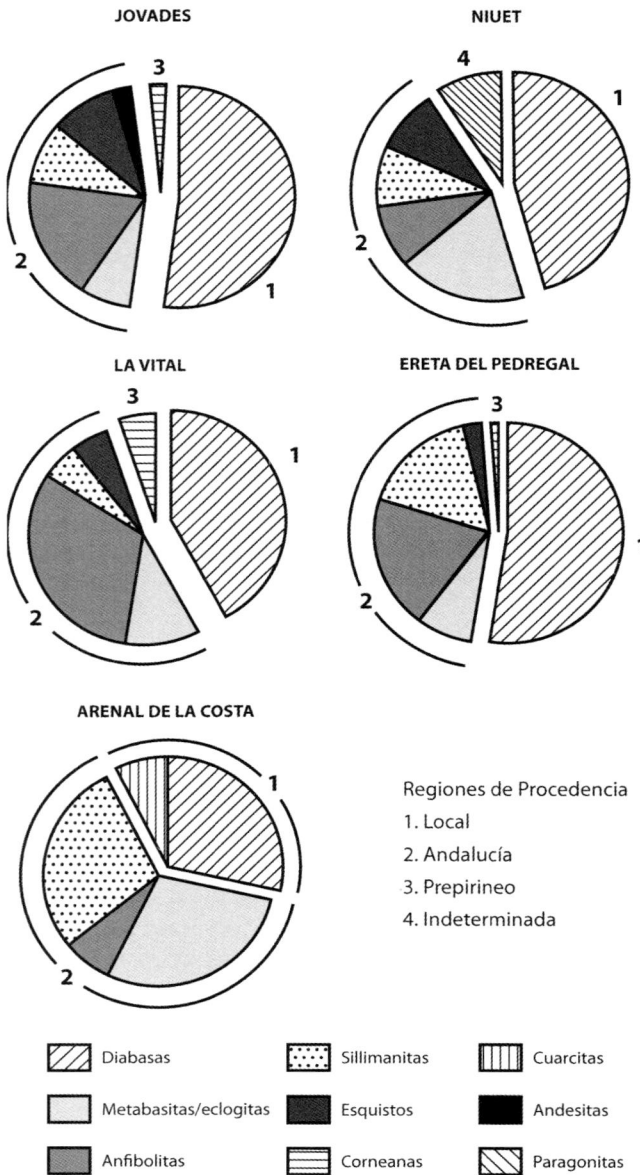

Figura 20.1.- Comparativa de las diferentes litologías empleadas en la fabricación de útiles de piedra pulida en yacimientos valencianos. Cronología: Jovades y Niuet: NIIB; Vital y Éreta del Pedregal: NIIB y HCT; Arenal de la Costa: HCT.

comunidades lejanas viene además señalada por la presencia de instrumentos líticos procedentes de otros dominios geológicos alejados, como es el caso de las corneanas de origen prepirenaico, que de forma puntual se documentan en estos mismos yacimientos (Orozco, 2000), como así ocurre en La Vital.

Observando el territorio valenciano como marco general, se constata que estas redes de intercambio alcanzan su máxima representatividad en la fase Campaniforme, momento en el que destaca no sólo la circulación y llegada a estos territorios de nuevas materias primas (como el marfil), sino también la explotación de nuevos recursos, como son determinados asomos rocosos de diabasas emplazados en el área meridional valenciana (Orozco, 1998b).

Dada la diferencia en el volumen de registro conocido (Lazarich, 2005), es posible considerar el sudeste como el lugar de origen de aquellos influjos culturales vinculados con el campaniforme de tipo marítimo. No en vano, son las comarcas situadas al sur del Júcar las que concentran la gran mayoría de evidencias campaniformes conocidas en tierras valencianas (Juan Cabanilles, 2005). Sin embargo, el registro cerámico de La Vital introduce un factor diferente a la hora de entender la génesis del horizonte campaniforme en estas tierras, como es la presencia simultánea en este primer momento de aparición de la cerámica campaniforme de la especie cordada junto a la impresa marítima.

La presencia de especies cordadas en el ámbito valenciano queda limitada a éste y otros dos yacimientos: Vil·la Filomena (Vila-real), donde junto a la especie mixta, también encontramos recipientes de la variante AOC, así como recipientes del tipo marítimo y escasos fragmentos incisos (Bernabeu, 1984), y la cueva Marinel (Bugarra) donde se conoce la presencia de un vaso AOC (Aparicio, 1991).

La existencia de campaniformes cordados en la Península Ibérica siempre ha suscitado una gran atención, por cuanto su posible relación con producciones centroeuropeas los ha situado siempre en el centro del debate sobre el origen del fenómeno campaniforme. La desigual distribución que presentan estos materiales en relación a la especie marítima internacional (Guilaine, 2004) concuerda mal con un núcleo único de origen para todo el fenómeno. A la escasa presencia de cordados en Portugal (Kunst, 2005), debemos unir la ausencia de datos de estas especies en la zona andaluza, frente a la importante cantidad de recipientes de la variante internacional en ambas regiones. El caso contrario lo encontramos en el área vasca (Alday, 1995; Ontañón, 2005), donde la notable presencia de especies cordadas se contrapone a una casi total ausencia de vasos de estilo marítimo. Esta distribución parece sugerir diferentes vías de difusión para cada uno de los tipos considerados, lo que podría incidir en un distinto origen (Kunst, 2005, Suárez Otero y Lestón, 2005).

Atendiendo a la distribución que tienen los vasos cordados dentro de la península Ibérica (Fig. 20.2), el ejemplar de La Vital se sitúa como uno de los casos más meridionales de este tipo de recipientes, junto a los de La Pijotilla, en Badajoz (Hurtado, 2005) y Alcalar 7, en el Algarve portugués (Morán y Parreira, 2004). Parece, pues, lógico que debamos considerar un origen septentrional a los influjos que justifican su presencia. En el ámbito mediterráneo, es la costa septentrional y el área del prepirineo catalán donde mayor número de recipientes se concentran (Harrison, 1977; Cura, 1987). Así, deberíamos situar la presencia de este vaso en relación con otras evidencias que remiten a aquellos ámbitos geográficos, como es el caso de útiles sobre corneanas (Orozco, 2000), ciertos adornos (Pascual Benito, 1998: 207-209) o incluso útiles líticos tallados (Juan Cabanilles, 1990). Sin embargo, la escasez de estos elementos (ver Capítulo 13) sugiere un carácter bastante esporádico para estos contactos.

Los elementos campaniformes de La Vital nos muestran, de forma decidida, la participación en una tradición compartida a nivel macro-regional, a través de producciones locales. Ciertamente, en este caso, el carácter de difusión parece bastante evidente. La similitud formal que ofrece el vaso cordado respecto a otros ejemplares de su especie, reproduciendo unos estándares muy definidos para este tipo de producciones (bases cóncavas, carenas bajas, cuellos marcados), es difícil de justificar sin apelar a una referencia explícita para el artesano. Dado que el análisis de láminas delgadas ha dictaminado su carácter local (ver Capítulo 14), debemos suponer que su morfología, tan precisa, debe responder al resultado de contactos con individuos portadores de este bagaje cultural. En efecto, el hecho de encontrar un diseño cerámico compartido y aceptado en un ámbito geográfico tan amplio pone de manifiesto la existencia de vínculos y la comunicación –sean cual sean los canales– entre comunidades distantes. El carácter de producción local no implica necesariamente que el artesano sea igualmente local o que no haya realizado la obra siguiendo unas indicaciones concretas. La movilidad de individuos y grupos, en el seno de las poblaciones prehistóricas europeas hace tiempo que ha quedado bastante atestiguada (Bentley et al., 2003; Grupe et al., 1997). Más allá de la práctica de la exogamia, cabe considerar la movilidad de los individuos como un mecanismo por medio del cual los emprendedores pueden conseguir prestigio y estatus; los viajeros pueden retornar con bienes o conocimientos exóticos (Renfrew, 1993).

La escasa presencia de estos elementos cerámicos incide en su singularidad. La consideración de determinados objetos como elemento de prestigio (Salanova, 1998) debe relacionarse con la accesibilidad que la comunidad tiene a estos bienes, y sólo servirán para marcar, enfatizar o reforzar el estatus cuando unos pocos individuos tengan acceso a la posesión de los mismos. Posiblemente, y al menos en el ámbito valenciano, estos primeros campaniformes pudieron haber jugado un papel de este tipo, a tenor de su concentración casi exclusiva en contextos funerarios (Juan Cabanilles, 2005). El propósito de consumir artefactos de prestigio suele ser mostrar o exhibir riqueza, éxito y poder. Su finalidad es claramente social, atrayendo socios productivos, aliados, trabajo, o vinculando miembros al grupo, a través de la exhibición del éxito; tienen un papel central en las estrategias de los acumuladores para crear deudas, lazos sociales, riqueza (Hayden, 1998). Muchos bienes de prestigio tienen un uso restringido, y se exhiben en importantes eventos periódicos; sin embargo, algunos de estos bienes se producen exclusivamente para un evento singular, que engloba su destrucción o desaparición; en definitiva, su inevitable pérdida tras la primera y única vez que son empleados. En el caso de las cerámicas campaniformes de La Vital no podemos valorar si nos encontramos ante producciones singulares o bien si estos elementos formaron parte de escenarios diversos (domésticos, rituales), aunque su amortización en los contextos funerarios del yacimiento refuerza de forma clara su carácter exclusivo, al eliminar estos objetos de la circulación.

¿MÁS ALLÁ DEL CONSUMO DOMÉSTICO? LA PRODUCCIÓN DE BIENES METÁLICOS

No todas las actividades productivas identificadas en el registro del yacimiento tienen el mismo carácter "generalizado" que ofrecen la cerámica o la piedra tallada. Los datos referentes a actividades metalúrgicas (ver Capítulo 16), confirman la

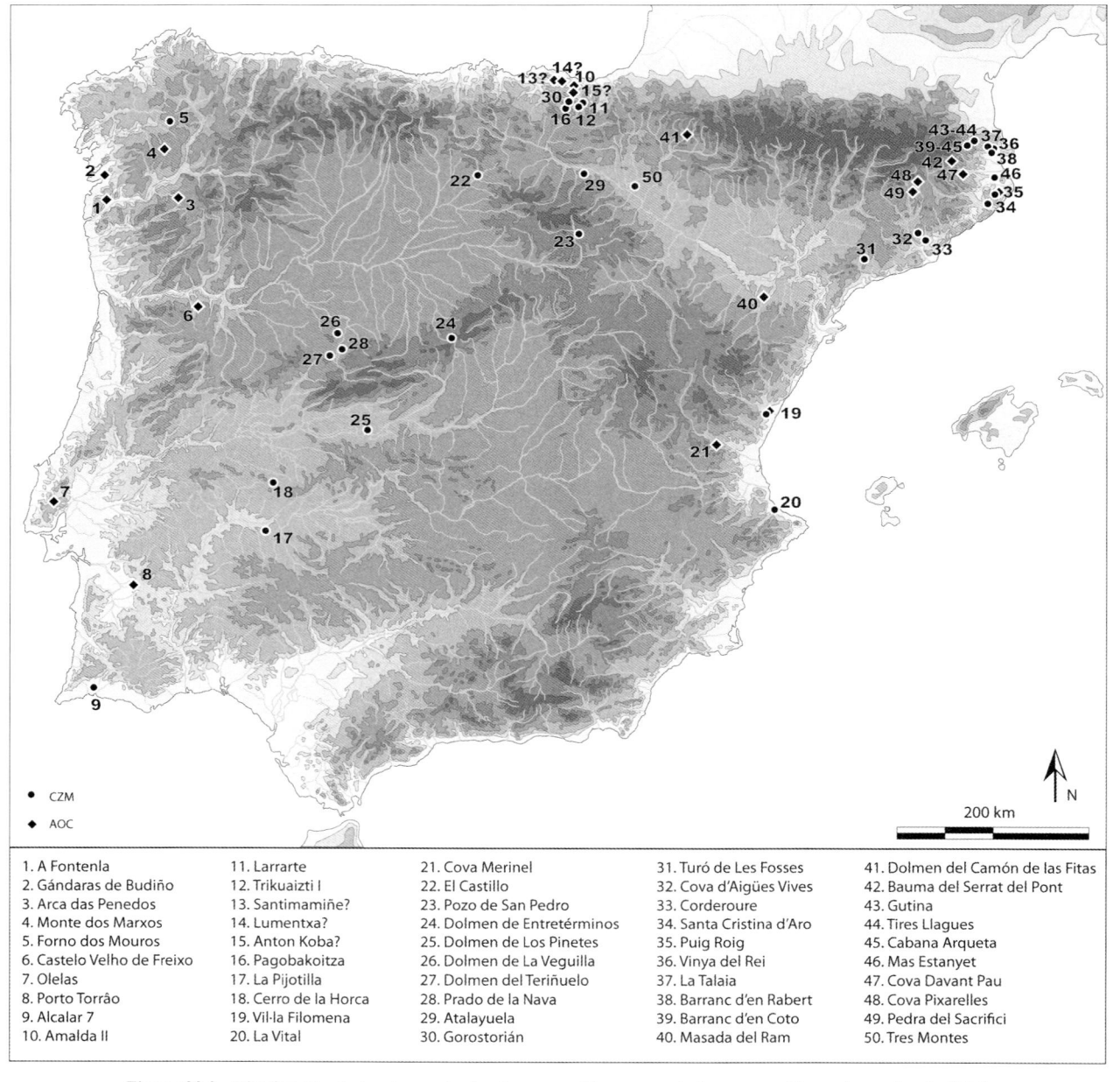

1. A Fontenla	11. Larrarte	21. Cova Merinel	31. Turó de Les Fosses	41. Dolmen del Camón de las Fitas
2. Gándaras de Budiño	12. Trikuaizti I	22. El Castillo	32. Cova d'Aigües Vives	42. Bauma del Serrat del Pont
3. Arca das Penedos	13. Santimamiñe?	23. Pozo de San Pedro	33. Corderoure	43. Gutina
4. Monte dos Marxos	14. Lumentxa?	24. Dolmen de Entretérminos	34. Santa Cristina d'Aro	44. Tires Llagues
5. Forno dos Mouros	15. Anton Koba?	25. Dolmen de Los Pinetes	35. Puig Roig	45. Cabana Arqueta
6. Castelo Velho de Freixo	16. Pagobakoitza	26. Dolmen de La Veguilla	36. Vinya del Rei	46. Mas Estanyet
7. Olelas	17. La Pijotilla	27. Dolmen del Teriñuelo	37. La Talaia	47. Cova Davant Pau
8. Porto Torrâo	18. Cerro de la Horca	28. Prado de la Nava	38. Barranc d'en Rabert	48. Cova Pixarelles
9. Alcalar 7	19. Vil·la Filomena	29. Atalayuela	39. Barranc d'en Coto	49. Pedra del Sacrifici
10. Amalda II	20. La Vital	30. Gorostorián	40. Masada del Ram	50. Tres Montes

Figura 20.2.- Distribución de las dos variantes de campaniformes cordados reconocidas en la península Ibérica.

existencia de este tipo de prácticas. Hasta la fecha, sólo algunos fragmentos de escoria recuperados en unos pocos yacimientos –Ereta del Pedregal (Navarrés), El Rebolcat (Alcoi), Cueva de San Antón (Orihuela)– sugerían su existencia con anterioridad a la Edad del Bronce. Y de los tres yacimientos mencionados, únicamente el primero ofrecía un contexto fiable (Simón, 1998).

El conjunto documentado es, hasta la fecha, uno de los más notables dentro del registro valenciano. Las diferentes piezas acabadas, conforman un compendio que aglutina la práctica totalidad de los tipos que, tradicionalmente, vienen adscribiéndose a momentos calcolíticos-campaniformes (Simón, 1998). Junto a ellas, disponemos de restos de bolitas de metal en crudo, crisoles de barro, gotas de metal fundido… que se relacionan inequívocamente con la existencia de procesos productivos que

comportan la transformación del metal (Fig. 20.3 y 20.4). De acuerdo con los estudios llevados a cabo (ver Capítulo 16), la procedencia de este metal debe buscarse, en zonas de extracción del Sudeste (Almería y Murcia).

La distribución de las evidencias de producción dentro del poblado dista mucho de ser homogénea (Cuadro 20.1 y 20.2). Dos Grupos de estructuras concentran la gran mayoría de evidencias. En el caso del Grupo 5, casi todos los restos se hallan en relación con el espacio físico ocupado por la casa 5, bien en los rellenos que la colmatan, bien en aquellos paquetes que se desarrollan por encima de ella y que están en relación con una estructura de combustión situada sobre dicho espacio de habitación.

Frente a esta distribución, en el Grupo 2, el grueso de los materiales aparecen dispersos entre diferentes estructuras nega-

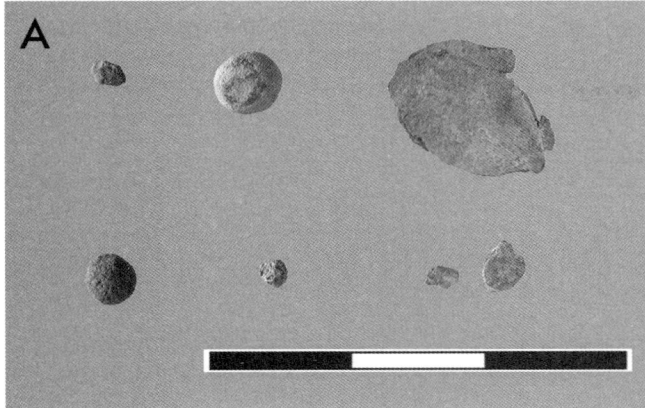

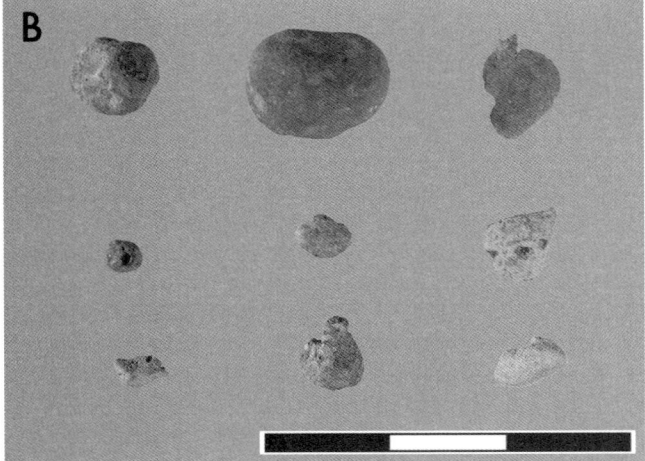

Figura 20.3.- Fragmentos de laminitas y bolitas de metal en bruto recuperadas en: A) Grupo 2; B) Grupo 5.

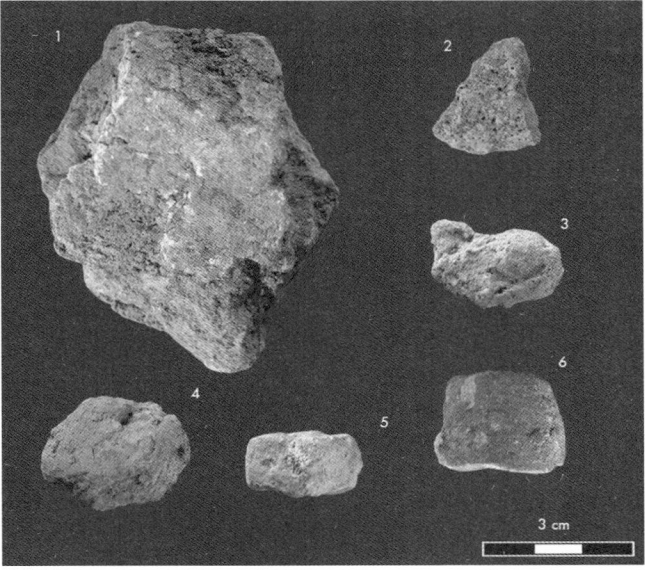

Figura 20.4.- Restos de crisoles y tobera (n° 2) recuperados en los Grupos 2 y 5 de La Vital.

tivas, situadas en las proximidades, nuevamente, de una estructura de combustión. Junto a las bolitas de metal en bruto y los restos asimilables a crisoles, encontramos aquí una variedad de objetos acabados y amortizados. Si exceptuamos el cincel (fosa 16), el resto corresponden aparentemente a puntas y restos de punzones fragmentados (Fig. 20.5) cuyo reaprovechamiento, en principio, parece que quedó descartado. El caso del cincel es diferente, por cuanto se trata de un objeto completo y sin muestras de desgaste por uso, aunque no podría descartarse que tuviera un carácter de barra-lingote, más que de objeto en sí mismo (Bayona *et al.*, 2004: 302). Se trata, en todo caso, de un volumen de metal amortizado importante, dada la escasez general que caracteriza a los registros valencianos. Esta presencia es aún más llamativa si tenemos en cuenta que se trata de los únicos objetos utilitarios metálicos recuperados en la excavación, fuera de los contextos funerarios.

Pese a la coincidencia espacial, no hay evidencias que nos permitan establecer una relación directa entre las estructuras de combustión referidas y las actividades metalúrgicas que constatan el registro. Ningún resto metálico apareció en los rellenos correspondientes a dichas estructuras, ni tampoco en relación con el gran contenedor cerámico asociado al Hogar 97. Únicamente los fragmentos de crisol asociados a la estructura 103

(Grupo 5), sugieren algún vínculo de esta estructura con actividades metalúrgicas (ver Capítulo 4).

Los procesos técnicos documentados (transformación del metal en bruto, refundición de objetos), así como la distribución tanto de las evidencias de producción como de los propios útiles metálicos, remiten a un contexto de uso y gestión de estos recursos bastante complejo. La constatación de refundiciones, a través del análisis de elementos traza, sugieren una vida prolongada para estos bienes, pudiendo llegar a adoptar variadas formas y funciones hasta su amortización definitiva. En este sentido, cuesta encontrar una respuesta satisfactoria a la concentración de objetos en las estructuras negativas del Grupo 2, máxime cuando fuera de este Grupo, en ninguna de las estructuras que se han asimilado a áreas de habitación, así como tampoco en ninguna otra estructura negativa rellena de residuos domésticos, hemos documentado objeto metálico alguno (Cuadro 20.1): el registro sólo ofrece algún fragmento de crisol, alguna laminita y bolita de metal en crudo y un sorprendente chorretón de metal fundido sobre el pavimento de la casa 1 (Grupo 9) que, una vez analizado, ha resultado ser bronce. De acuerdo con lo expuesto en el apartado correspondiente (ver Capítulo 16), parece improbable que se trate de una aleación accidental (11% de estaño). Pese a que el resto del registro arqueológico documentado en este sector no muestra la presencia de intrusiones de materiales de cronología más reciente, la existencia de este tipo de producciones cuenta con escasos paralelos en contextos peninsulares (Alcalde *et al.*, 1998). Así, se impone la prudencia a la hora de valorar el desarrollo de este tipo de tecnologías dentro de nuestro ámbito geográfico y para este segmento cronológico. Hasta la fecha, en tierras valencianas la documentación de auténticos bronces se sitúa cerca de un milenio después del marco ofrecido por La Vital (Simón, 1998).

La calidad del registro tampoco permite ir, pues, más allá de la individualización de estos grupos de estructuras. La distribución observada hace suponer que pudieron haber actividades

Grupo	Conjunto	Hecho/fase	UE	Descripción	Medidas (mm)	Peso (g)
-		115		Bolita	5,4 x 4,9 x 3,7	0,34
2	4	fase A	2158	Fragmento de laminita	12,1 x 9,7 x 0,2	0,21
		16		Punta de punzón de sección cuadrada	18,7 x 4,1 x 2,9	1,11
		16		Punta/aguja de sección cuadrada	20,4 x 2,1 x 2,1	0,39
		16		Bolita	0,36 x 0,32	0,14
		16		Bolita	0,26 x 0,30	0,05
		16		Cincel de sección cuadrangular	81,9 x 4,8 x 2,5	23,78
			2146	Bolita	2,2 x 1,6 x 1,2	0,01
		57		Fragmento informe	8,3 x 3,6 x 2,2	0,16
		58		Bolita	4,7 x 4,3 x 3,2	0,34
		65		Dos fragmentos de laminita	3,8 x 2,7 x 0,4	0,01
		65		Bolita	1,8 x 1,8	0,02
		65		Punta de punzón flexionado, secc. rectangular	28,3 x 3,6 x 3,8	2,17
		65		Punta de punzón de sección cuadrangular	8,6 x 2,2 x 2,8	0,2
		65		Bolita	3,5 x 3,8	0,18
4	3		2214	Punzón biapuntado de sección cuadrangular	52,6 x 2,7 x 2,2	1,61
			2214	Hacha plana	165,4 x 45,5/32,1 x 7,6	304,07
		59		Bolita	2,8 x 2,0	0,04
5			2191	Fragmento de laminita	7,2 x 5,6x0,3	0,06
			2191	Fragmento de laminita	8,7 x 6,3 x 0,2	0,14
			2191	Fragmento informe	4,4 x 2,4 x 2,1	0,06
			2202	Bolita	2,5 x 2,4	0,07
			2202	Bolita	11,5 x 9,3 x 8,7	3,67
			2202	Bolita	1,1 x 1,0	0,01
			2202	Bolita	6,7 x 6,3 x 6,8	0,96
			2202	Bolita	3,2 x 2,3 x 1,6	0,02
			2202	Fragmento informe	2,6 x 2,3 x 0,9	0,01
	5		2220	Gota de metal fundido	4,6 x 3,4 x 2,2	0,05
			2220	Gota de metal fundido	6,4 x 5,1 x 4,6	0,4
			2220	Fragmento informe	6,1 x 3,3 x 2,5	0,17
			2220	Bolita	3,2 x 2,8	0,07
			2220	Bolita	3,0 x 3,4 x 3,5	0,14
		81		Bolita	2,8 x 1,9 x 1,2	0,01
8		21		Diversos fragmentos de una laminita	-	0,8
	11			Hoja de puñal de lengüeta	72,1 x 24,5 x 1,8	16,85
9	1	153		Chorretón (derrame) de bronce	33,6 x 12,7 x 0,13	3,86

Cuadro 20.1.- Distribución del conjunto de evidencias metálicas en los sectores 1 a 4 de La Vital. Para el sector 5, ver Capítulo 16.

relacionadas con la transformación del metal en otros espacios del yacimiento, si bien no parece que con la misma incidencia que apreciamos en los dos grupos de estructuras analizados. A tenor de lo visto, y aunque el registro disponible de la excavación es muy limitado, no parece descabellado inferir que no todas las unidades productivas tienen el mismo papel en relación a la transformación del metal, si bien, no parece que este tipo de actividades pudieran trascender de un ámbito de producción doméstica puntual (ver Capítulo 16).

Aparentemente, podemos suponer que una buena parte de la producción de bienes metálicos tiene su destino final en contextos funerarios. El registro regional actual (Simón, 1998; Soler, 2003) indica la presencia de útiles metálicos (especialmente punzones y algún cincel) sobre todo en cuevas con inhumaciones colectivas (Fig. 20.6). Dejando a un lado todas aquellas evidencias con contextos dudosos o desconocidos, únicamente un punzón recuperado en las últimas actuaciones realizadas en el yacimiento de Les Jovades, en Cocentaina (López Padilla, 2006),

Grupo	Conjunto	Hecho/fase	UE	Descripción
2	4	fase A	2086	Fragmento de tobera con restos pegados de metal
			2145	Fragmento de crisol con restos pegados de metal
			2158	2 frags. de barro muy termoalterados; posibles crisoles
5		58		Fragmento de crisol
		65		Fragmento de crisol con restos pegados de metal
		103		2 fragmentos de crisol
		2202		Fragmento de crisol con restos pegados de metal
		2202		Fragmento de crisol con restos pegados de metal
		2202		3 fragmentos de crisol
7		33		4 fragmentos de la base de un crisol
8		112		Fragmento de crisol

Cuadro 20.2.- Restos de crisoles en los sectores 1 a 4 de La Vital. Para el sector 5, ver Capítulo 16.

podría relacionarse con un ambiente no funerario. En pocos de los contextos considerados coincide esta presencia de útiles metálicos con la presencia paralela de cerámicas campaniformes. Cierto es que estas especies cerámicas no son omnipresentes en el registro funerario correspondiente a este horizonte, como bien atestiguan los datos del cercano yacimiento de Arenal de la Costa, en Ontinyent (Bernabeu, 1993). Sin embargo, en base a la información librada por La Vital, debemos suponer que parte del registro considerado debe situarse en momentos anteriores a la llegada de estas especies cerámicas. Las dataciones que disponemos tanto para la casa 4 como para la casa 5 sugieren que este tipo de prácticas de transformación metalúrgica se encuentran presentes en el poblado prácticamente desde sus momentos iniciales. De esta manera, debemos asumir que se trata de un fenómeno desligado de la llegada de los materiales cerámicos campaniformes.

Desde esta óptica, se muestra sugerente la idea de poder relacionar esta producción que constatamos en La Vital, con un circuito de contactos e intercambios de ámbito regional que justificaría la presencia de elementos metálicos en diversos yacimientos tanto de las montañas que rodean la llanura litoral donde desemboca el Serpis, como de los que se encuentran en su cuenca media y alta (depresión de Alcoi). La situación de La Vital, cercana a la costa y junto al Serpis, vía de comunicación hacia las tierras interiores, es inmejorable como posible punto de llegada y lugar para la redistribución de los productos venidos del sudeste entre las comunidades humanas situadas alrededor de la cuenca del río.

Sin descartar un abastecimiento directo, es posible insertar dentro de estas redes de intercambios y relaciones que funcionan a nivel regional, la presencia de determinados objetos incorporados al registro de La Vital. En el caso de soportes líticos para piezas pulimentadas, pueden localizarse afloramientos de diabasas en las comarcas cercanas al área del Serpis (Orozco, 1994: Fig. 6.5), cuya explotación en época prehistórica está claramente atestiguada. Igualmente, el lignito, sobre el que están hechos algunos de los colgantes documentados, cuenta con afloramientos conocidos tanto a lo largo de la cuenca del Serpis como del Júcar (Pascual Benito, 1998: 220-222 y Fig. IV.4). En efecto, la presencia de materiales idénticos en varios yaci-

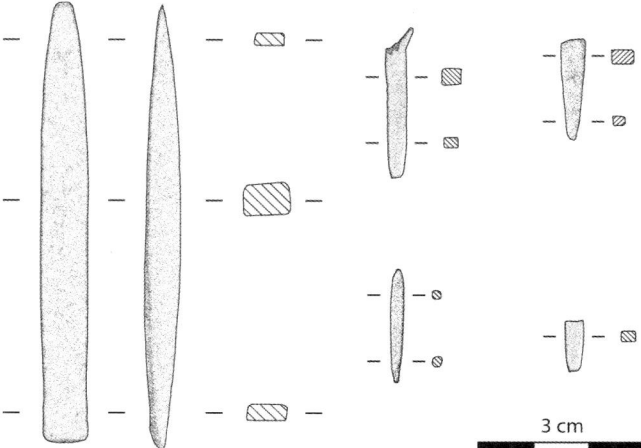

Figura 20.5.- Objetos metálicos procedentes de las estructuras negativas del Grupo 2.

mientos de este ámbito geográfico sugiere que los habitantes participan en una tradición regional compartida, que se expresa en algunos objetos materiales. De esta manera, se daría sentido a unas relaciones entre comunidades vecinas, cuya intensidad debemos suponer importante.

EL NUDO EN LA RED

La información aportada por los diferentes ámbitos del registro exhumado, pone sobre la mesa distintos contextos de producción y consumo. Junto a los útiles de fabricación local destinados a cubrir las necesidades cotidianas, encontramos evidencias de una serie de relaciones –expresadas en objetos, técnicas, ideas– que ponen en contacto al grupo humano de La Vital con regiones alejadas. La creación de relaciones o vínculos interpersonales, el establecimiento y definición de identidades, la construcción de alianzas, el establecimiento y mantenimiento de desigualdades son, entre otras, algunas de las razones que pueden proponerse para explicar la larga duración de esta/s red/

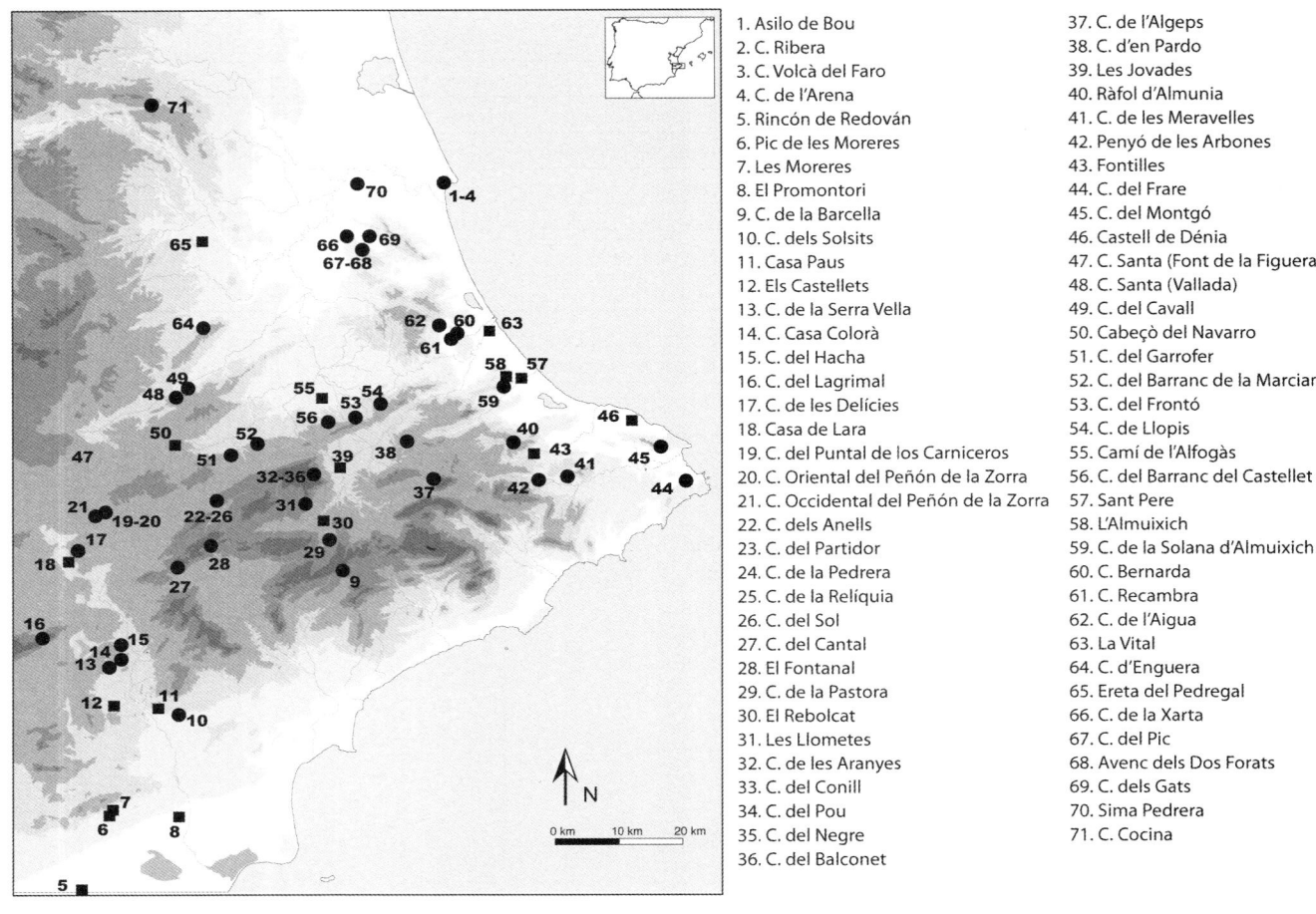

1. Asilo de Bou	37. C. de l'Algeps
2. C. Ribera	38. C. d'en Pardo
3. C. Volcà del Faro	39. Les Jovades
4. C. de l'Arena	40. Ràfol d'Almunia
5. Rincón de Redován	41. C. de les Meravelles
6. Pic de les Moreres	42. Penyó de les Arbones
7. Les Moreres	43. Fontilles
8. El Promontori	44. C. del Frare
9. C. de la Barcella	45. C. del Montgó
10. C. dels Solsits	46. Castell de Dénia
11. Casa Paus	47. C. Santa (Font de la Figuera)
12. Els Castellets	48. C. Santa (Vallada)
13. C. de la Serra Vella	49. C. del Cavall
14. C. Casa Colorà	50. Cabeçò del Navarro
15. C. del Hacha	51. C. del Garrofer
16. C. del Lagrimal	52. C. del Barranc de la Marciana
17. C. de les Delícies	53. C. del Frontó
18. Casa de Lara	54. C. de Llopis
19. C. del Puntal de los Carniceros	55. Camí de l'Alfogàs
20. C. Oriental del Peñón de la Zorra	56. C. del Barranc del Castellet
21. C. Occidental del Peñón de la Zorra	57. Sant Pere
22. C. dels Anells	58. L'Almuixich
23. C. del Partidor	59. C. de la Solana d'Almuixich
24. C. de la Pedrera	60. C. Bernarda
25. C. de la Relíquia	61. C. Recambra
26. C. del Sol	62. C. de l'Aigua
27. C. del Cantal	63. La Vital
28. El Fontanal	64. C. d'Enguera
29. C. de la Pastora	65. Ereta del Pedregal
30. El Rebolcat	66. C. de la Xarta
31. Les Llometes	67. C. del Pic
32. C. de les Aranyes	68. Avenc dels Dos Forats
33. C. del Conill	69. C. dels Gats
34. C. del Pou	70. Sima Pedrera
35. C. del Negre	71. C. Cocina
36. C. del Balconet	

Figura 20.6-. Presencia de metal en contextos probables del Calcolítico/Horizonte Campaniforme entre los ríos Júcar y Vinalopó. Los cuadros corresponden a emplazamientos al aire libre, los puntos a cavidades.

es de intercambios, cuya profundidad temporal remonta a las etapas iniciales del Neolítico.

La presencia de metal en bruto, para ser transformado en el mismo yacimiento, sugiere además algún otro tipo de relaciones más allá de la tradicional visión donde los objetos se desplazan a través de las redes por intercambios sucesivos entre comunidades vecinas (modelos *down-the-line*: Renfrew, 1975). Estas evidencias, junto a la presencia misma de vasos campaniformes, sugieren la llegada al yacimiento de individuos portadores de esos conocimientos técnicos, bien para llevar a cabo ellos mismos la transformación/fabricación de los bienes concretos, bien para transmitir esos conocimientos a artesanos locales.

Todas estas evidencias señalan la participación de los habitantes de La Vital en una amplia esfera social. Es una demostración de cohesión social, que se beneficia de la existencia de redes de intercambio, cuyo mantenimiento –que puede en origen estar basado en relaciones o lazos de parentesco– puede haber sido esencial en eventos ocasionales de escasez para los que las soluciones habituales (como el almacenaje) puedan resultar inadecuadas o insuficientes (Smith, 1999).

Sin embargo, dentro de estos circuitos, el registro no nos aporta información alguna sobre qué tipo de productos, útiles o materias primas pudieron entrar en circulación desde esta zona, hacia aquellos lugares. El mecanismo por el que diferentes tipos

de bienes se incorporan al sistema de intercambio se explica como una secuencia evolutiva, paralela al desarrollo de la complejidad social; de este modo, se considera que a medida que las relaciones y rutas de intercambio llegan a estar más firmemente establecidas, los bienes cotidianos se añaden al repertorio de mercancías, y a través de estos mecanismos se abastece no sólo de ítems de prestigio a las élites, sino también de recursos alimentarios y objetos de carácter ordinario a la comunidad (Smith, 1999). Esta idea sugiere que, en sociedades pre-estatales, las demandas de un pequeño grupo dan lugar a las relaciones de intercambio y, una vez establecidos los mecanismos por la élite, se expanden para acomodarse a las demandas de un mayor sector de población.

A partir del IV milenio a.C., en fechas calibradas, el registro de buena parte de la península ibérica denota no sólo una densificación del poblamiento humano sino también un notable incremento en la capacidad de producción, que se refleja en las numerosas estructuras de almacenaje –silos– que encontramos en los yacimientos arqueológicos. Conforme el número y tamaño de los asentamientos va incrementándose, también la densidad de las redes que ponen en relación estas comunidades se intensifica, lo que aumenta el volumen de artículos que circulan por ellas y, en un momento dado, la capacidad, o la posibilidad, de derivar dichas redes en beneficio de determinados núcleos o individuos, reforzando su papel preponderante dentro del entramado social (Bentley, 2003). Al mismo tiempo, conforme crece la conectividad entre regiones, se va produciendo un escalamiento de estas redes, desde un nivel intra-regional, hasta alcanzar vastas áreas geográficas (Horden y Purcell, 2000).

En esta geografía de la conectividad, determinados nodos se configuran como puertos de entrada (*gateway settlements*), relacionando las distintas esferas. Resulta evocador considerar La Vital como un establecimiento de este tipo, un puerto de entrada hacia las tierras del interior; un enclave que forma parte de una amplia red, conectado a diversos niveles tanto por vías marítimas como terrestres, a través de la cual se favorece la circulación de objetos y personas, ideas y creencias. No sólo su localización geográfica, en la desembocadura del río Serpis, sino el novedoso registro material que presenta este yacimiento, atendiendo a objetos y actividades, entre los que destacamos el vaso campaniforme y la metalurgia, encuentra un marco explicativo a partir de su consideración como lugar o puerto de entrada, como un nodo más en una amplia red de asentamientos que se extiende tanto hacia el sur como hacia el norte del mediterráneo peninsular, en la cual no es indispensable que todos los productos circulen entre todos los componentes de la red, sino que, en determinados casos, pudieran darse conexiones o relaciones preferentes, por medio de las que se reciben nuevos objetos, nuevas tecnologías, conocimientos y percepciones, y por qué no, nuevas gentes.

Este posible carácter de puerto de entrada, así como de lugar de producción y redistribución del metal, no debe ser entendido desde la misma perspectiva en que se ha utilizado este concepto para explicar determinados modelos de desarrollo de las sociedades clasistas en el sudoeste peninsular (Nocete, 2001). Ni el volumen ni la calidad del registro sugieren diferencias suficientes como para considerar La Vital como un centro capacitado para monopolizar estas redes de producción e intercambio a nivel regional. Todavía no disponemos de suficiente información como para poder adentrarnos en esta cuestión. El registro de La Vital muestra que en el contexto del calcolítico valenciano existe todavía un alto nivel de incertidumbre y mucho margen para la aparición de novedades, que pueden ampliar y modificar nuestra visión del desarrollo de estas sociedades.

Capítulo 21

SIMBOLISMO Y RITUALIDAD

O. García Puchol y O. Gómez Pérez

Un punto de partida idóneo para abordar la esfera ideológico/simbólica de las sociedades prehistóricas del III milenio cal. a.C. recaba en el análisis del comportamiento funerario. Precisamente, el mundo funerario campaniforme refiere una serie de pautas aplicables a un amplio territorio de alcance paneuropeo y norte-africano, de las que transcienden formas y rituales más o menos complejos. Las interpretaciones migracionistas sustentadas aún hoy por algunos investigadores para abordar el fenómeno campaniforme (Brodie, 1997), así como las recientes propuestas manifiestamente a favor de una difusión de creencias ligadas a simbolismos específicos de ostentación de las élites (Clark, 1976; Sherratt, 1987; Salanova, 1998; Garrido, 2005), reproducen un trasfondo ritual común, pero a la vez salpicado de múltiples matices. Esta variabilidad además no siempre resulta explicable desde una perspectiva temporal y/o regional.

Es así como la bibliografía advierte de la convivencia de diferentes arquitecturas mortuorias de nueva construcción, pero también de la prolongación en el uso de monumentos anteriores. Ciñéndonos a la península Ibérica, y desde una óptica general, resultan numerosos los ejemplos conocidos que muestran la conversión/acomodación de contenedores funerarios previos –cuevas naturales y artificiales, monumentos megalíticos, tholos–, subrayando de este modo los vínculos con la tradición y reforzando la idea de veneración a los ancestros (Bueno *et al.*, 2005; García Sanjuán, 2006).

Este mismo hecho implica diferencias en cuanto a la ubicación de los enterramientos, en el interior de los poblados, o en lugares más o menos cercanos a las zonas de hábitat. Su visibilidad también es diversa, desde el aprovechamiento de construcciones que mantienen o no su carácter de hito/marcador de territorios sociales –monumentos megalíticos–, hasta estructuras cuya monumentalidad resulta menos evidente –fosas en el interior de poblados.

De forma reiterada se ha convenido en el papel que ostentan las sepulturas individuales provistas de un ajuar singular, consecuencia directa del desarrollo creciente de desigualdades sociales. Sin embargo también encontramos casos que refieren la práctica de enterramientos colectivos de carácter extensivo (Camino del Molino –Caravaca de la Cruz, Murcia–; Lomba *et al.*, 2009), aunque quizá este hecho pueda relatar en otros ejemplos la existencia de un vínculo particular entre los inhumados: su pertenencia a un linaje común. Un aspecto que había servido para marcar distancias con la tradición calcolítica anterior, donde el rito de inhumación colectivo parece dominante, podría no ser tan acusado a tenor de algunos ejemplos conocidos (Bueno *et al.*, 2005). Cierto es que el desigual conocimiento derivado de un buen número de intervenciones antiguas ha contribuido a difuminar las interpretaciones sobre la relación sincrónica de conjuntos en los que se advierte un uso prolongado en el tiempo. Algunos de estos ejemplos nos permitirían hablar de necrópolis, al igual que aquellos casos en los que coincidan varios monumentos/contenedores en el espacio, otorgándole de este modo un carácter sacro al área elegida.

Y como acontece en la Vital, no resultan infrecuentes los contextos funerarios campaniformes ubicados en el interior de poblados. Este hecho se subraya como característico del área meseteña (Martín Valls y Delibes, 1989), de carácter esporádico en Andalucía oriental (Lázarich, 2005) y también en el noreste peninsular (Alday, 2005; Clop, 2005), por citar algunos ejemplos. En estos casos, y haciendo uso de un tipo de manifestación funeraria también reconocida en contextos neolíticos previos, cabe señalar la variabilidad de situaciones descritas.

La coexistencia de inhumaciones primarias y secundarias constituye un hecho reiterado y por tanto no excluyente. Se constatan enterramientos *secundarios*, referidos a aquellos paquetes óseos, o incluso restos individuales, que manifiestan un traslado intencional, fruto de motivaciones que pueden ser diversas: reacomodación del espacio del depósito sepulcral (generalmente en inhumaciones múltiples), tratamientos diferenciales de carácter ritual, entre otros. Una vez desmembrado el cuerpo se seleccionan los huesos, los cuáles son transportados a la tumba donde finalmente quedan ubicados. Los depósitos *primarios*, en cambio, comportan un desplazamiento menor, en todo caso explicable por movimientos de los restos relacionados con el proceso de putrefacción, o bien de carácter post-deposicional –pisoteos…–. Estos últimos ejemplos son igualmente numerosos.

PAUTAS FUNERARIAS DURANTE EL III MILENIO CAL. A.C. EN EL REGISTRO VALENCIANO

La variabilidad descrita resulta perfectamente aplicable al registro valenciano. Sin embargo debemos señalar aquí algún elemento discordante. Desconocemos en este ámbito la construcción de estructuras megalíticas y otro tipo de edificaciones (túmulos, cuevas artificiales) de tan amplia repercusión en gran parte del territorio de la península Ibérica. En contraposición, desde el neolítico final/calcolítico se reconoce la vigencia del ritual de inhumación múltiple haciendo uso de cavidades rupestres (Soler, 2002). La selección/sacralización de estos espacios naturales adquiere a partir de estos momentos la naturaleza de fenómeno extendido, y en cierta medida obedece también a un patrón de amplia estandarización desde el punto de vista de la concepción del espacio, de las características de los enterramientos, y de los ajuares asociados. Pero también, como hemos tenido ocasión de comprobar en la reciente bibliografía, reconocemos inhumaciones en el interior de lugares de habitación al aire libre haciendo uso de estructuras excavadas que se remontan al V milenio cal. a.C. –Costamar (Flors, 2010 a y b), Tossal de les Basses (Rosser y Fuentes, 2008; Roser, 2010), Camí de Missena (Pascual Beneyto et al., 2004)–, y alcanzan también el IV (Tossal de les Basses) y la primera mitad del III milenio cal. a.C. (Costamar/Prat de Cabanes).

Las tumbas campaniformes en poblados en el territorio valenciano

Desde el primer cuarto del siglo XX se constata el hallazgo de restos humanos prehistóricos en el interior de estructuras excavadas localizadas en los yacimientos valencianos de La Lloma de l'Atarcó (Jornet, 1929) y Vil·la Filomena (Sos y Baynat, 1922, 1923 y 1924; Esteve, 1956) (Fig. 21.1). Dichos descubrimientos planteaban la posibilidad de la existencia de otro rito de enterramiento, alternativo al conocido de la inhumación múltiple en cuevas relacionado con el horizonte campaniforme. Sin embargo, tales noticias no tendrán la repercusión esperada, dado que provenían de antiguos trabajos de campo carentes de descripciones pormenorizadas.

Con el tiempo se van a ir sumando otras estaciones arqueológicas de características similares, pero no será hasta el hallazgo del poblado campaniforme de Arenal de La Costa (Bernabeu et al., 1993; Pascual y Ribera, 1994 y 1997) cuando se confirme el uso como lugar de enterramiento de, al menos, tres estructuras excavadas.

En este panorama se insertan los hallazgos funerarios de La Vital, cuyo análisis puede contribuir a una mayor comprensión de este tipo de sepulturas así como a la revisión y reinterpretación de viejas noticias y excavaciones. Con todo, el carácter funerario y/o ritual de ciertas evidencias requiere ser precisado en su contexto y para ello descenderemos a continuación al detalle de las mismas. Trataremos así de esbozar alguna respuesta

sobre la existencia o no de un comportamiento homogéneo de este rito mortuorio.

El primer hallazgo identificado corresponde a la estación arqueológica de Vil·la Filomena (Vila-real, Castelló), donde se recogieron seis cráneos y otras partes esqueléticas humanas, revueltas, sin orden alguno y formando parte del relleno de unos supuestos silos (Sos Baynat, 1924). La información proporcionada no permite afirmar si los cadáveres estaban anatómicamente conectados, ya que no se explicita que huesos aparecieron ni la posición en la que fueron encontrados, tratándose de enterramientos individuales a excepción de uno doble. En casi todos ellos se documentaron unas losas de tamaño regular situadas en el fondo de los silos, en los niveles superiores o entremezcladas en el relleno (Sos Baynat, 1924: 50), que en algún caso pudieron servir para albergar a los inhumados, constituyendo pues un modo de acondicionar el espacio. No sabemos con certeza si se depositaron elementos materiales, aunque se cita el hallazgo en un mismo hoyo de "un cadáver humano y fragmentos de cerámica" (Sos Baynat, 1922: 396). Los objetos arqueológicos de esta estación remiten a momentos campaniformes (Sos Baynat, 1922, 1923, 1924; Bernabeu, 1984).

En la Lloma de l'Atarcó (Bèlgida, Alacant), fue hallado un cráneo en pésimas condiciones de conservación, además de varios huesos largos. Estos restos aparecieron rodeados por dos hiladas de siete piedras grandes en semicírculo dispuestas en el interior de una estructura sin ajuar (Jornet, 1929: 94). El hoyo era diferente a los demás localizados en el lugar, de forma ventruda y colmatado de tierra blanca "como la de la loma en que fue abierto" (Jornet, 1929: 94); las restantes estructuras mostraban un relleno de coloración gris oscuro. La distinta coloración puede estar indicando que fue excavado ex profeso para acoger el enterramiento, sellándolo inmediatamente con la misma tierra extraída en su excavación. Las cerámicas decoradas de estilo campaniforme inciso localizadas en otros silos del yacimiento sugieren la cronología de la inhumación.

Otra de las noticias que remiten a la existencia de diversas sepulturas neolíticas arrasadas quedó referida por Peiró (1949) en Casa Fosca, municipio de Potries (València). Una de estas sepulturas fue recogida, aunque no se describe. De los datos conocidos se deduce que estaba excavada en el subsuelo, quizá un silo o fosa, localizado no muy lejos de un posible lugar de habitación donde se recogieron elementos materiales prehistóricos de "uso doméstico" (Peiró, 1949: 152). El enterramiento lo conformarían "dos esqueletos muy fragmentados, pero que claramente se observa la distinta edad de los individuos de procedencia, al menos en su complexión" (Peiró, 1949: 151). La sepultura de Potries contenía tres hachas neolíticas y fragmentos de cerámica campaniforme.

Ya en la década de los noventa, la excavación sistemática de Arenal de la Costa (Ontinyent, València), reafirma la existencia de inhumaciones individuales en silo de cronología campaniforme (Bernabeu et al., 1993; Pascual y Ribera, 1994: 52). Se constatan inhumaciones tanto en posición primaria como secundaria, de individuos de diferentes edades, conservándose los huesos, en general, en condiciones muy deficientes y fragmentarias. Ha sido destacada la ausencia de ajuares (Pascual y Ribera, 1994: 52) anotándose la presencia de algunos restos de cerámica en las estructura B48 y la B59 que formarían parte del relleno (Ibí-

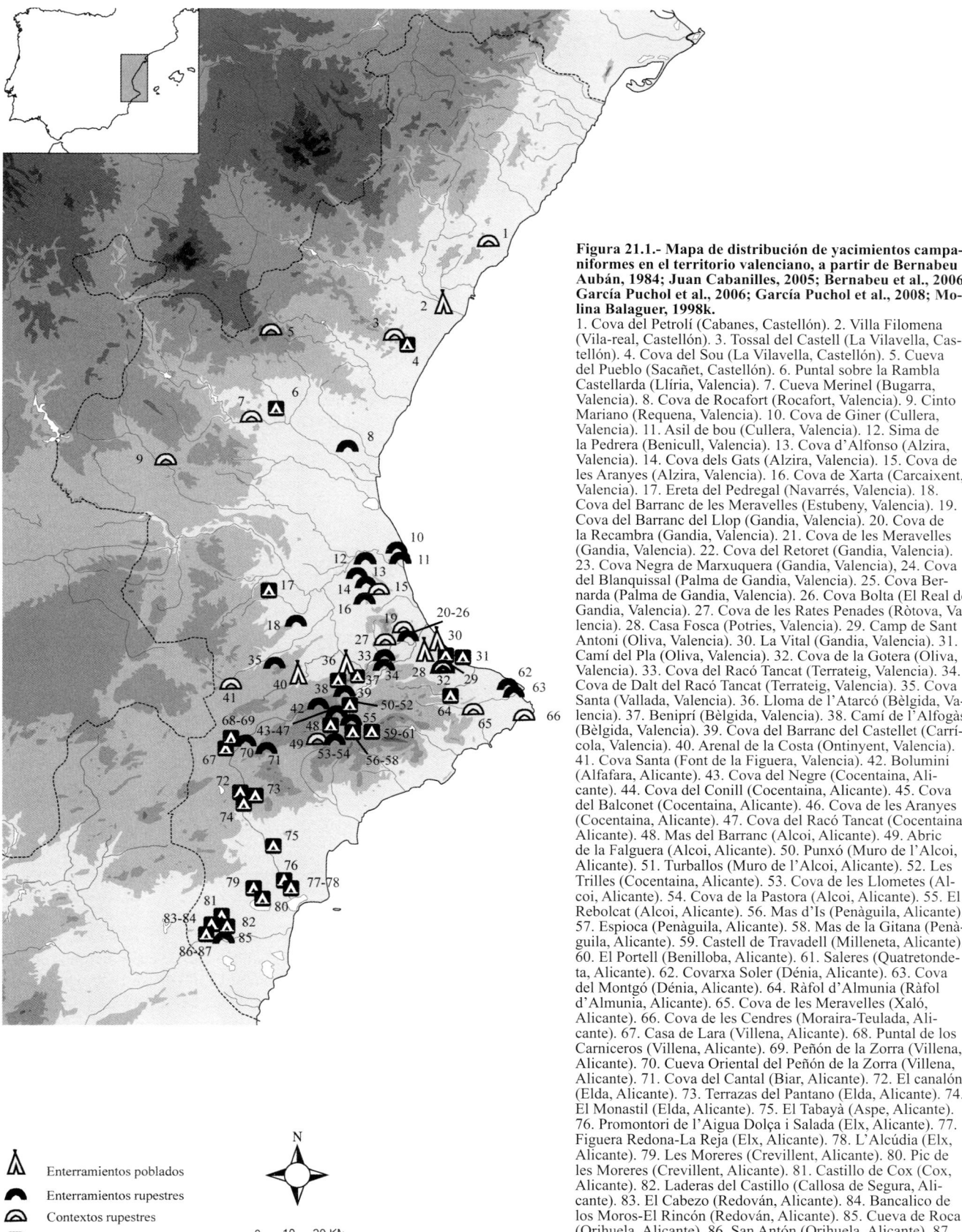

Figura 21.1.- Mapa de distribución de yacimientos campaniformes en el territorio valenciano, a partir de Bernabeu Aubán, 1984; Juan Cabanilles, 2005; Bernabeu et al., 2006; García Puchol et al., 2006; García Puchol et al., 2008; Molina Balaguer, 1998k.

1. Cova del Petrolí (Cabanes, Castellón). 2. Villa Filomena (Vila-real, Castellón). 3. Tossal del Castell (La Vilavella, Castellón). 4. Cova del Sou (La Vilavella, Castellón). 5. Cueva del Pueblo (Sacañet, Castellón). 6. Puntal sobre la Rambla Castellarda (Llíria, Valencia). 7. Cueva Merinel (Bugarra, Valencia). 8. Cova de Rocafort (Rocafort, Valencia). 9. Cinto Mariano (Requena, Valencia). 10. Cova de Giner (Cullera, Valencia). 11. Asil de bou (Cullera, Valencia). 12. Sima de la Pedrera (Benicull, Valencia). 13. Cova d'Alfonso (Alzira, Valencia). 14. Cova dels Gats (Alzira, Valencia). 15. Cova de les Aranyes (Alzira, Valencia). 16. Cova de Xarta (Carcaixent, Valencia). 17. Ereta del Pedregal (Navarrés, Valencia). 18. Cova del Barranc de les Meravelles (Estubeny, Valencia). 19. Cova del Barranc del Llop (Gandia, Valencia). 20. Cova de la Recambra (Gandia, Valencia). 21. Cova de les Meravelles (Gandia, Valencia). 22. Cova del Retoret (Gandia, Valencia). 23. Cova Negra de Marxuquera (Gandia, Valencia), 24. Cova del Blanquissal (Palma de Gandia, Valencia). 25. Cova Bernarda (Palma de Gandia, Valencia). 26. Cova Bolta (El Real de Gandia, Valencia). 27. Cova de les Rates Penades (Ròtova, Valencia). 28. Casa Fosca (Potries, Valencia). 29. Camp de Sant Antoni (Oliva, Valencia). 30. La Vital (Gandia, Valencia). 31. Camí del Pla (Oliva, Valencia). 32. Cova de la Gotera (Oliva, Valencia). 33. Cova del Racó Tancat (Terrateig, Valencia). 34. Cova de Dalt del Racó Tancat (Terrateig, Valencia). 35. Cova Santa (Vallada, Valencia). 36. Lloma de l'Atarcó (Bèlgida, Valencia). 37. Beniprí (Bèlgida, Valencia). 38. Camí de l'Alfogàs (Bèlgida, Valencia). 39. Cova del Barranc del Castellet (Carrícola, Valencia). 40. Arenal de la Costa (Ontinyent, Valencia). 41. Cova Santa (Font de la Figuera, Valencia). 42. Bolumini (Alfafara, Alicante). 43. Cova del Negre (Cocentaina, Alicante). 44. Cova del Conill (Cocentaina, Alicante). 45. Cova del Balconet (Cocentaina, Alicante). 46. Cova de les Aranyes (Cocentaina, Alicante). 47. Cova del Racó Tancat (Cocentaina, Alicante). 48. Mas del Barranc (Alcoi, Alicante). 49. Abric de la Falguera (Alcoi, Alicante). 50. Punxó (Muro de l'Alcoi, Alicante). 51. Turballos (Muro de l'Alcoi, Alicante). 52. Les Trilles (Cocentaina, Alicante). 53. Cova de les Llometes (Alcoi, Alicante). 54. Cova de la Pastora (Alcoi, Alicante). 55. El Rebolcat (Alcoi, Alicante). 56. Mas d'Is (Penàguila, Alicante). 57. Espioca (Penàguila, Alicante). 58. Mas de la Gitana (Penàguila, Alicante). 59. Castell de Travadell (Milleneta, Alicante). 60. El Portell (Benilloba, Alicante). 61. Saleres (Quatretondeta, Alicante). 62. Covarxa Soler (Dénia, Alicante). 63. Cova del Montgó (Dénia, Alicante). 64. Ràfol d'Almunia (Ràfol d'Almunia, Alicante). 65. Cova de les Meravelles (Xaló, Alicante). 66. Cova de les Cendres (Moraira-Teulada, Alicante). 67. Casa de Lara (Villena, Alicante). 68. Puntal de los Carniceros (Villena, Alicante). 69. Peñón de la Zorra (Villena, Alicante). 70. Cueva Oriental del Peñón de la Zorra (Villena, Alicante). 71. Cova del Cantal (Biar, Alicante). 72. El canalón (Elda, Alicante). 73. Terrazas del Pantano (Elda, Alicante). 74. El Monastil (Elda, Alicante). 75. El Tabayà (Aspe, Alicante). 76. Promontori de l'Aigua Dolça i Salada (Elx, Alicante). 77. Figuera Redona-La Reja (Elx, Alicante). 78. L'Alcúdia (Elx, Alicante). 79. Les Moreres (Crevillent, Alicante). 80. Pic de les Moreres (Crevillent, Alicante). 81. Castillo de Cox (Cox, Alicante). 82. Laderas del Castillo (Callosa de Segura, Alicante). 83. El Cabezo (Redován, Alicante). 84. Bancalico de los Moros-El Rincón (Redován, Alicante). 85. Cueva de Roca (Orihuela, Alicante). 86. San Antón (Orihuela, Alicante). 87. Las Espeñetas (Orihuela, Alicante).

Enterramientos poblados
Enterramientos rupestres
Contextos rupestres
Contextos poblados

N

0   10   20 KM

Sepultura	Yacimiento	Estructura	Dimensiones Ø máx. x prof.	Base	Sellado / Relleno
Conjunto 10	La Vital	Silo	2,91 m ↔ 2,24 m	Plana	Banquetas de arena y relleno homogéneo
Conjunto 11	La Vital	Silo	1,74 m ↔ 1,10 m	Plana	Piedras de tamaño mediano y grande con tierra oscura
Conjunto 3	La Vital	Silo cámara lat.	1,96 m ↔ 1,58 m*	Plana	Tapiado más sedimento arcilloso marrón rojizo con presencia de gravas y cantos
E-1	St. Andreu	Silo	1,02m ↔ 1,38 m	Plana	Tierra con grandes cantos y bloques de piedra
B-XX	Arenal Costa	Silo	1 m ↔	Ovalada	Homogéneo (tierra y material arqueológico)
B-XXI	Arenal Costa	Silo	1 m ↔ 0,16 m	Plana	Homogéneo (tierra y material arqueológico)
B-XXVII	Arenal Costa	Silo	1 m ↔	Ovalada	Homogéneo (tierra y material arqueológico)
E-B48	Arenal Costa	Silo	1 m ↔ 0,16 m	Plana	–
E-B59	Arenal Costa	Silo	1,80 m ↔ 0,40 m	Ovalada	Marrón oscuro, con cerámica, fauna, piedras y fragmentos de barro cocido
Hoyo D	Atarcó	Silo	1,25 m ↔ 1,15 m	–	Sedimento de igual textura y composición que el silo
E-30	Camí Missena	Fosa	1 m ↔ 0,30 m	Ovalada	Homogéneo (tierra y material arqueológico)
E-13	Bnc. Beniteixir	Silo	–	–	–
E-16	Bnc. Beniteixir	Silo	–	–	–
?	Vil·la Filomena	Silo	±1,50 ↔ -3,00 m	–	Materiales y tierra revuelta. ¿Losas?
?	Vil·la Filomena	Silo	±1,50 ↔ -3,00 m	–	Materiales y tierra revuelta. ¿Losas?
?	Vil·la Filomena	Silo	±1,50 ↔ -3,00 m	–	Materiales y tierra revuelta. ¿Losas?
?	Vil·la Filomena	Silo	±1,50 ↔ -3,00 m	–	Materiales y tierra revuelta. ¿Losas?
?	Vil·la Filomena	Silo	±1,50 ↔ -3,00 m	–	Materiales y tierra revuelta. ¿Losas?
?	Potríes	Silo	–	–	Tierra y material arqueológico. ¿Túmulo?

Cuadro 21.1.- Algunas características de los contenedores utilizados con fines funerarios. El guión (–) indica que no tenemos información al respecto. * La cámara lateral tiene unas dimensiones de 1,5 de longitud x 0,65 de profundidad.

Sepultura	Yacimiento	Enterramiento	Posición anatómica	Posición espacial	Presencia de ajuar
Conjunto10	La Vital	individual	Decúbito lat. der.	Lateral	Sí
Conjunto11	La Vital	individual	Decúbito lat. der.	Central	Sí
B-XXVII	Arenal Costa	individual	Decúbito lat. der.	Central	No
E-B48	Arenal Costa	individual	Decúbito lat. der.	Lateral	No
E-B59	Arenal Costa	individual	Decúbito lat. der.	Lateral	No
E-30	C.Missena	individual	–	Lateral	Sí
E-13	Bnc. Beniteixir	individual	–	Lateral-central	Sí
E-16	Bnc. Beniteixir	individual	–	Lateral	Sí
?	Vil·la Filomena	individual	Decúbito lat.	–	Sí ?
?	Vil·la Filomena	doble	–	–	?

Cuadro 21.2.- Aspectos del contenido funerario en sepulturas en fosa con inhumaciones primarias.

dem: 44 y 46). Sin embargo, en la estructura B48 la profundidad conservada (0,16 cm) invita a pensar en la probabilidad de que formasen parte del ajuar funerario. Por otra parte, en la estructura B59 se recuperaron fragmentos atípicos de cerámica, formas de tres vasos cerámicos, fauna, alguna piedra y algún fragmento de barro cocido, al parecer todos ellos formando parte del relleno. Una mandíbula de ovicáprido fue hallada detrás del cráneo humano (Ibídem: 46).

Prácticamente inédito, el Barranc de Beniteixir (Piles, Valencia) es un poblado de características similares a La Vital (Pascual Beneyto, 2010). Cinco de las 48 estructuras pertene-

cientes al Neolítico Final fueron utilizadas como contenedores de inhumaciones individuales con ajuares asociados. Desconocemos la presencia de cerámica campaniforme pero la datación disponible de una de las sepulturas, centrada en la primera mitad del III milenio cal. a.C. sería coincidente con alguna de las conocidas en nuestro yacimiento para las ocupaciones calcolíticas iniciales.

Analizando en conjunto las evidencias aquí expuestas se deducen una serie de similitudes comunes a este ritual mortuorio. En la mayoría de los enterramientos se efectuó algún tipo de reacondicionamiento del espacio para destinarlo a un uso funerario. Los ejemplos más evidentes son los constatados en el enterramiento 143 y el enterramiento 147 de La Vital. De esta forma, las estructuras pudieron ser sometidas a una limpieza previa antes de su uso funerario, por lo que no encontraríamos ningún rastro que aludiese a una función anterior, o podría haberse excavado parte de la base de la estructura para colocar al difunto. La propia limpieza sería una forma de preparar el lecho sepulcral, y se correspondería con la mayor parte de los enterramientos, realizados sobre la misma base de los silos, ya fuese de base plana, cóncava o irregular.

Respecto a las dimensiones de las tumbas, se sugiere la preferencia por silos o fosas de medianas dimensiones, con un diámetro máximo de base entre 1 y 1,5 m, aunque otros tantos tienen un tamaño grande con más de 1,5 m de diámetro máximo de base y una profundidad variable (Cuadro 21.1). No hay que olvidar que la mayoría de estas estructuras no conservan su potencia original.

Una vez enterrados los cadáveres, con o sin ajuar funerario, se procedió a la clausura de su tumba, o al menos se cubrieron los esqueletos. Pero las dificultades que implica saber cuando éstas quedaron selladas son casi inabordables, pudiendo presuponer ciertos comportamientos que estarían relacionados directamente con el rito fúnebre. A este respecto, las sepulturas bien conocidas parecen haber estado cubiertas totalmente una vez son destinadas a fines funerarios. Suele aceptarse que estos contenedores se rellenarían hasta la superficie, puesto que la mayor parte de los rellenos son homogéneos.

Clausuradas las tumbas, sobre ellas pudieron depositarse algunas ofrendas o indicadores, mediante algún signo material, aspecto del cual no tenemos constancia clara. En este sentido, en los yacimientos de Vil·la Filomena y en Potries se anota la presencia de túmulos que cubrirían las estructuras, pero en ambos casos fueron destruidos previamente a los trabajos arqueológicos, no pudiendo "ver su forma ni disposición" in situ (Peiró, 1949: 151). Su referencia se hace a partir de descripciones orales, siendo ambas noticias muy ambiguas.

El rito documentado es el de inhumación individual y en un caso doble, de carácter primario o secundario. En el primer caso, el difunto se entierra directamente en su sepultura, flexionado, y en posición de decúbito lateral derecho o izquierdo (Cuadro 21.2). Según el tamaño de la tumba, los cuerpos ocupan una o dos cuartas partes de la superficie basal, aunque en el pequeño silo B-XXVII de Arenal de la Costa ocupa tres cuartas partes, y se colocan tanto en un lateral como en el centro.

Algunos inhumados aparecen prácticamente enteros, a falta de ciertos huesos desaparecidos por causas naturales, como la putrefacción de algunos huesos de menor tamaño o más afectados por los procesos corrosivos, o su destrucción por parte del crecimiento de raíces.

En otros casos las evidencias esqueléticas que reciben sepultura corresponden a restos parciales: los enterramientos en posición secundaria (Cuadro 21.3). Aparte de la excavación reciente de La Vital, donde contamos con un ejemplo, y de Arenal de la Costa, desde antiguo se conocen los hallazgos de La Lloma de l'Atarcó y Vil·la Filomena, añadiéndose vagas noticias acerca de otros yacimientos arqueológicos que pudieran contener evidencias semejantes.

Los enterramientos secundarios analizados comparten varios rasgos (Cuadro 21.3), entre ellos, la coincidencia de su ubicación sobre la misma base de las estructuras (a excepción, tal vez, de Vil·la Filomena), adivinándose que fueron depositados con cuidado y de manera deliberada. En todos ellos aparece el cráneo, completo o parcial, aspecto que refuerza la consideración alcanzada por esta particular parte esquelética.

Cavidades de uso sepulcral

La práctica de enterramientos de cronología campaniforme en el interior de poblados se suma a la de enterramientos en cavidades naturales (Bernabeu, 1984; Soler, 2002) (Fig. 21.1). Ambos ritos comparten similitudes y muestran diferencias, respondiendo a factores socio-económicos y/o ideológicos particulares.

Los contextos funerarios en cueva estrictamente campaniformes en el registro valenciano son puntuales: Cova Santa (Vallada, València), Sima de la Pedrera (Polinyà de la Ribera, València) y la Cueva Oriental del Peñón de la Zorra (Villena, Alacant). En algunas cavidades se han diferenciado niveles funerarios campaniformes, como en Cova de la Recambra y Cova Negra de Marxuquera de Gandia, y en la Cueva del Puntal de

Sepultura	Yacimiento	Partes anatómicas	Enterramiento	Posición espacial	Ajuar
Conjunto 3	La Vital	Cráneo, parte de la mandíbula, las tibias y fragmento de peroné	individual	Base cámara lateral	Sí
E-1	St. Andreu	Dos fragmentos craneales	individual	Sobre la base	Sí
B-XX	Arenal Costa	Mandíbula y restos de cráneo	individual	Sobre la base	No
B-XXI	Arenal Costa	No se especifican	individual	Sobre la base	No
Hoyo D	Atarcó	Cráneo y escasos huesos	individual	Sobre la base	No
?	Vil·la Filomena	Cráneo; ¿otros?	individual	¿En la base?	No (?)
?	Vil·la Filomena	Cráneo; ¿otros?	individual	¿En la base?	No (?)
?	Vil·la Filomena	Cráneo; ¿otros?	individual	¿En la base?	No (?)
?	Potríes	No se especifican	doble	–	Sí

Cuadro 21.3.- Relación de contenidos funerarios en los enterramientos secundarios.

los Carniceros en Villena. La mayor parte de los trabajos realizados en las mismas han consistido en la recogida de materiales a nivel superficial, o a excavaciones y vaciados sin metodología arqueológica alguna, carentes de referencias estratigráficas que puedan aseverar la deposición de ajuares campaniformes junto a su difunto correspondiente.

En la comarca de La Safor han sido localizadas una serie de cavidades que albergaban conjuntos funerarios, concentradas principalmente en la Serra de la Falconera (Fig. 21.2). Durante el Neolítico final/Calcolítico, las cavidades naturales de inhumación en esta sierra superan la docena, entre cuevas, abrigos y simas, reduciéndose numéricamente en relación con el período campaniforme.

Entre las cuevas localizadas en dicha sierra, La Cova del Retoret funcionó como espacio sepulcral para albergar dos difuntos jóvenes y uno adulto junto a materiales campaniformes, aunque no hay que descartar un uso previo. En la Cova de la Recambra, Cova Bolta y Cova Bernarda, encontramos materiales campaniformes entre ajuares funerarios de diversos momentos. En otros casos, como Cova de les Rates Penades, Cova de les Meravelles y Cova Negra de Marxuquera se localizaron unos escasos fragmentos campaniformes desprovistos de contexto. Las investigaciones efectuadas no han permitido conocer el ritmo de uso funerario en el tiempo, ni los grupos humanos que las utilizaron, aunque la distancia que separa a La Vital de esta sierra hace más verosímil que hubiesen sido utilizadas por los grupos asentados en los valles colindantes.

A este respecto resulta llamativa la ausencia de enterramientos integrados en el poblado del Camí del Pla de Oliva (Martínez García *et al.*, 1994), que pudieron llevarse a cabo en la Solana del Almuixic. También en el poblado de Jovades (Cocentaina, Alacant), que ofrece una dilatada secuencia desde el Neolítico final/Calcolítico y quizá alcance el HCT, se subraya la utilización funeraria de las cavidades de la Serra de l'Alberri situada a tan solo un kilómetro de distancia en línea recta (Pascual Benito, 1987-88: 165).

En las cavidades naturales, alejadas de los poblados, se practicó la inhumación múltiple, en deposición secundaria, en forma de paquetes y osarios revueltos, y en escasas ocasiones, y relacionado con momentos finales cercanos al campaniforme, en deposición primaria (como se observa en Cova Santa de Vallada y en la sala 2 de la Cueva del Cantal de Biar). La continuidad de las prácticas funerarias a través del tiempo es una tendencia que suele provocar el revuelto de los niveles estratigráficos y su difícil interpretación (Martí Oliver, 1981; Soler, 2002; García y McClure, 2010; McClure *et al.*, 2011). La deposición de los cuerpos directamente sobre el suelo constituye la práctica habitual, y en el caso de algunas simas, su vertido desde su entrada cenital, sin importar el orden ni la deposición de los huesos. Las cavidades se conciben como espacios funerarios abiertos que se reutilizan en el tiempo.

El número de individuos que incluyen las cuevas es dispar, pero su concepto como tumba colectiva permanece. Parecen albergar sólo una parte de la población, siendo un fenómeno selectivo de representación de determinados individuos o linajes (Soler *et al.*, 2010), donde, en cambio, ambos sexos y distintos grupos de edad están presentes en mayor o menor medida (Fusté, 1957; Campillo, 1976; Cloquell y Aguilar, 1989). No se percibe un patrón de edad o sexo formalizado y generalizado, si bien los análisis realizados sobre muestras antropológicas son una minoría.

La ausencia de una clara estratigrafía es el detonante que dificulta la adscripción crono-cultural de algunos conjuntos materiales, la asociación de los elementos de ajuar a su respectivo individuo y el establecimiento de las prácticas asociadas a cada tramo cronológico.

Restos humanos en contextos no funerarios

La aparición de restos óseos humanos aislados dentro de estructuras excavadas desprovistas de una interpretación sepulcral, resulta una constante en los poblados de esta cronología. A las evidencias descritas en Vital podemos añadir otros ejemplos. En Arenal de la Costa se encontraron algunas piezas dentarias y pequeños fragmentos de mandíbula en el interior de un silo, algunos afectados por el fuego (Pascual y Ribera, 1994 y 1997); dos fragmentos craneales y dos post-craneales junto a macrofauna, todo revuelto, fueron recogidos en varios silos de Jovades (Cocentaina, Alacant) (Bernabeu *et al.*, 1993); en el foso de Marges Alts (Muro, Alacant) fue recuperado un fragmento de parietal humano (Pascual Benito, 1989); y un fragmento de cráneo en el nivel III de La Ereta del Pedregal (Navarrés, Valencia) (Fletcher, 1961: 12).

En Jovades apareció un fragmento de parietal izquierdo de un individuo adulto, y sexo indeterminado en la estructura 129; un fragmento post-craneal de individuo adulto de sexo femenino que presentaba marcas ocasionadas presumiblemente por mordeduras de perros en un relleno diferente; y un fragmento craneal y otro post-craneal en la estructura 163, tal vez de un mismo individuo adulto (Calvo Gálvez, 1993: 158). El fragmento de parietal humano del foso de Margues Alts pertenece a un individuo joven (Pascual Benito, 1989: 228). En la estructura de habitación 141 de Vital el fragmento de cuerpo mandibular, que muestra una pérdida *ante mortem* de un diente y patologías orales (inclusión o retención dentaria), corresponde a un individuo adulto, entre 20 y 30 años.

Estos huesos humanos aparecen revueltos, formando parte de rellenos que presentan otras evidencias arqueológicas, sin una ubicación espacial específica u ordenada dentro de la estructura. Lógicamente, no están asociados a ningún elemento de ajuar, por lo que su cronología es la propia de la estructura donde fueron descubiertos. De ahí que en Arenal de la Costa sean considerados campaniformes, y los de Jovades del Neolítico final/Calcolítico (Bernabeu *et al.*, 1993: 40). El foso de Margues Alts tiene una cronología más laxa, apuntando sus exiguos materiales arqueológicos a un período entre el final del Neolítico y el Horizonte Campaniforme de Transición (Pascual Benito *et al.*, 1989: 229).

Todas estas circunstancias reflejan que no son enterramientos intencionales, y su presencia requiere una explicación. De este modo, podrían ser el producto de enterramientos desmantelados, cuya dispersión implicara que algún hueso acabase en alguna estructura doméstica de manera accidental. Otra posibilidad sería que fueran el producto de manipulaciones de cadáveres efectuadas dentro de los poblados, y/o en zonas colindantes. Pueden así estar relacionados con el rito de inhumación en po-

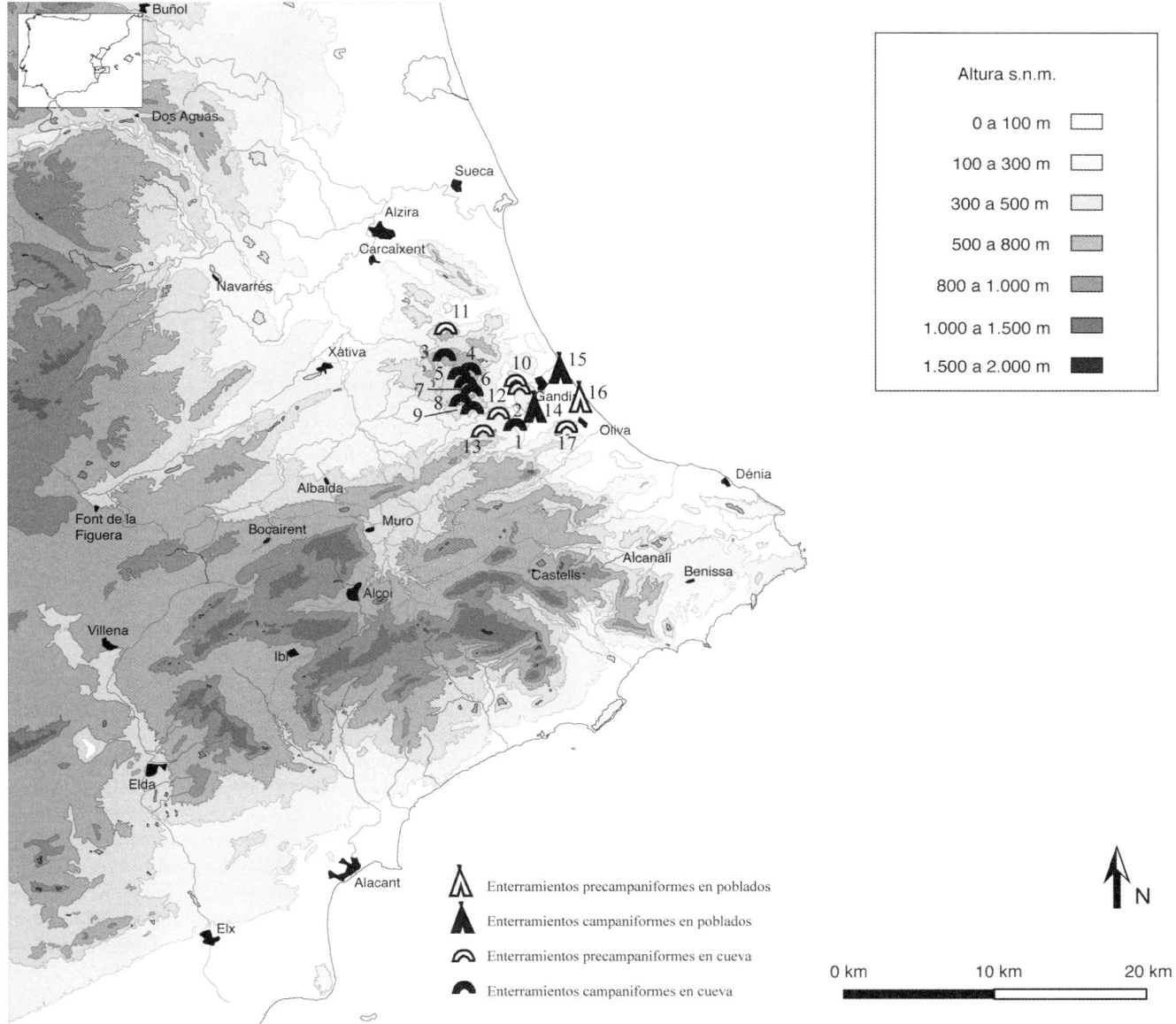

Figura 21.2.- Enterramientos del Neolítico final/Calcolítico en la comarca de La Safor, a partir de Soler, 2002 y Juan Cabanilles, 2005. La leyenda especifica el tipo de yacimiento (rupestre o al aire libre) así como una estimación de la cronología que únicamente indica la presencia o ausencia de materiales campaniformes en un contexto del Neolítico final/Calcolítico. Obvia decir que en la mayoría de los casos no es posible realizar una aproximación ajustada a la secuencia.
1. Cova Bolta (El Real de Gandia, Valencia). 2. Cova del Barranc del Nano (El Real de Gandia, Valencia). 3. Cova del Barranc del Llop (Gandia, Valencia). 4. Cova de la Recambra (Gandia, Valencia). 5. Cova de les Meravelles (Gandia, Valencia). 6. Cova del Retoret (Gandia, Valencia). 7. Cova Negra de Marxuquera (Gandia, Valencia). 8. Cova del Blanquissal (Palma de Gandia, Valencia). 9. Cova Bernarda (Palma de Gandia, Valencia). 10. Coveta Zacarés (Gandia, Valencia). 11. Cova de l'Aigua (Gandia, Valencia). 12. Cova del Colom (Gandia, Valencia). 13. Cova del Barranc del Figueral (Ador, Valencia). 14. Casa Fosca (Potries, Valencia). 15. La Vital (Gandia, Valencia). 16. Beniteixir (Oliva, Valencia). 17. Cova de la Solana de l'Almuixic (Oliva, Valencia).

blado que constatamos en algunos de los yacimientos presentados, o por el contrario, ser el producto de rituales funerarios y manipulaciones *post mortem*, que implicaran la realización de prácticas específicas. En este sentido, no deja de llamar la atención la constante localización de partes craneales, que pueden estar señalando un comportamiento ritual asociado a esta parte anatómica concreta. Cabría plantear la posibilidad de "circulación" de los cráneos o fragmentos craneales como una forma de

venerar a los antepasados. Como apunta algún autor (Delibes *et al.*, 1999), el hallazgo de ciertas partes craneales en ámbitos domésticos puede deberse a su exposición, coincidiendo el derrumbe de la habitación con la descontextualización de estos "objetos de culto". Convenimos pues que advertir de su deposición accidental no siempre es acertado, dado que hay suficientes ejemplos que invalidan la opción de que se trate de acciones casuales.

SIMBOLISMO Y CEREMONIAL EN LA VITAL

El panorama descrito en páginas precedentes ilustra a grandes rasgos la riqueza y complejidad del mundo simbólico de estas sociedades del III milenio cal. a.C. Sin embargo no siempre disponemos de una información susceptible de ser seccionada en sus múltiples facetas, que vaya más allá de la mera descripción de los depósitos, para poder perfilar así una lectura de la esfera ideológica de sus actores. Como hemos podido comprobar, el registro valenciano no puede sustraerse a estas premisas, acrecentándose si cabe algunos de aquellos factores más perversos relacionados con el elevado número de actuaciones antiguas, o bien de carácter clandestino, entre los registros funerarios conocidos.

El desigual alcance de las intervenciones en lugares de ocupación al aire libre impide valorar su papel en esta coyuntura. En el registro centro-meridional valenciano los siglos centrales y la segunda mitad del IV milenio cal. a.C. asisten a la proliferación de habitáculos funerarios en cueva de carácter colectivo, si bien la dualidad inhumaciones individuales en poblados/cavidades sepulcrales múltiples parece persistir (conocemos el ejemplo de inhumaciones en fosas de la primera mitad IV milenio cal. a.C. en el Tossal de les Basses –Roser, 2010–). Las dataciones directas sitúan una mayor repercusión de la práctica de enterramientos en poblados desde los momentos iniciales del III milenio cal. a.C. Beniteixir y la Vital, ambos en la comarca de La Safor (Valencia), son un ejemplo de la documentación de este fenómeno en momentos inmediatamente pre-campaniformes y ya campaniformes, anteriores en cualquier caso a los enterramientos campaniformes constatados en Arenal de la Costa (Pascual Beneyto *et al.*, 2008; Bernabeu, 2010; Bernabeu *et al.*, 2010; Pascual Beneyto, 2010).

No obstante, las cavidades con uso funerario persisten. Una explicación directa plausible estaría relacionada con la distancia de estas habitáculos naturales a los lugares de hábitat. Han sido reconocidas de este modo algunas asociaciones como la mencionada entre el yacimiento de Jovades y las cuevas del Alberri (Cocentaina). Sin embargo, generalmente desconocemos esta relación espacial, dado el grado de enmascaramiento de los sitios de habitación al aire libre, así como la ausencia de prospecciones sistemáticas de carácter generalizado.

Pero también es cierto que el empleo de estructuras construidas *versus* cavidades naturales refleja una mayor inversión de trabajo, tanto en su elaboración, en su sellado, y en ciertos casos, en su acondicionamiento. Además, estas estructuras presentan una morfología y tamaño más próximos, rompiendo con la tónica de las cavidades de rasgos espeleográficos y espeleométricos diferentes y muy específicos, que hacen de las cuevas un contenedor funerario de carácter muy heterogéneo.

De cualquier modo, los datos actuales en el registro campaniforme valenciano confluyen en un punto: *la extensión del rito de inhumación individual, en algunos casos doble.* Los enterramientos en espacios domésticos obedecen a estructuras excavadas en el suelo que pudieron tener un uso doméstico previo o bien estrictamente funerario. En los poblados descritos se constata un uso de un número muy restringido de este tipo de estructuras como lugar de enterramiento, caracterizándose por los rasgos formales comentados anteriormente.

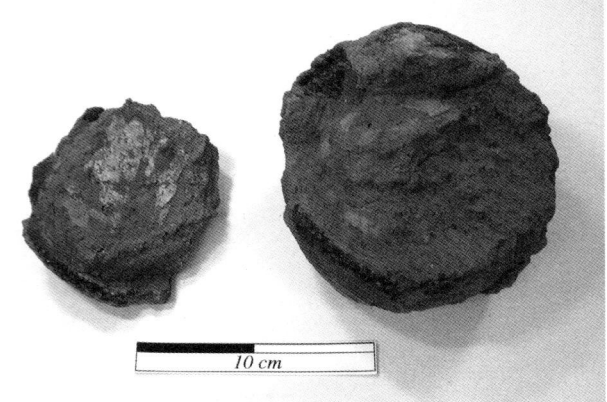

Figura 21.3.- Detalle de los cuencos depositados en el episodio inicial de relleno de la tumba 10 en cuyo interior se aprecian algunos restos óseos de conejo.

Los silos y/o fosas son sellados una vez cumplen su papel funerario, siendo está función puntual y concreta, destinada a un solo difunto, a lo sumo dos. Al sellarse el contenedor funerario se evita su reutilización para albergar a otro difunto, privilegiando la individualidad, aspecto que actúa en contraposición al fenómeno de inhumación múltiple en cavidades abiertas.

El enterramiento de carácter individual advertiría de como los procesos de desigualdad social gestados en momentos anteriores pueden estar reafirmándose mediante el ritual funerario. En cierto modo asistiríamos a un proceso de "naturalización" del orden social establecido, donde algunas familias o sectores de la población se habrían visto favorecidos mediante procesos económicos y alianzas sociales. Este suceso no se da de forma repentina, pues en las cuevas de inhumación múltiple tampoco se entierra a toda la población, y algunos autores sugieren que el estatus es heredado y no adquirido en vida (Soler, 2002; Bernabeu *et al.*, 2003; Fairén, 2006) tal como se apunta en otras áreas peninsulares en contextos de cronología similar o inmediatamente posteriores (Delibes, 1995; Lull, 1997-98; Lull *et al.*, 2009).

La Vital se ubica en una zona idónea para desarrollar actividades agrícolas y ganaderas; asentado en la margen derecha del río Serpis y a escasos kilómetros de la línea de costa. La propia ubicación favorable del lugar (al sur de la extensa vía natural conformada por la llanura litoral valenciana) pudo haber acrecentado su papel en la circulación de excedentes y materiales exógenos (como por ejemplo el metal), aspectos que podrían haber generado unas condiciones apropiadas para la aparición de disimetrías sociales. La gestión del excedente y la posibilidad de acumulación en forma de bienes de prestigio y alianzas exógenas por parte de algunos individuos o familias, propiciarían la necesidad de declarar o reclamar ciertos derechos de propiedad sobre el propio poblado. "La existencia misma del almacenamiento rompe la regla del reparto, ligando la existencia del sobreproducto agrícola [...] con el desarrollo de la desigualdad social" (Bernabeu, 2003: 157-158) y reforzando la relación dependiente entre el ciclo agrícola y el grupo humano. Una de las posibles vías de reclamo pudo plasmarse en los enterramientos, reutilizando algunas de las propias estructuras del asentamiento, de forma que la fuerza simbólica de la tumba quedara aumen-

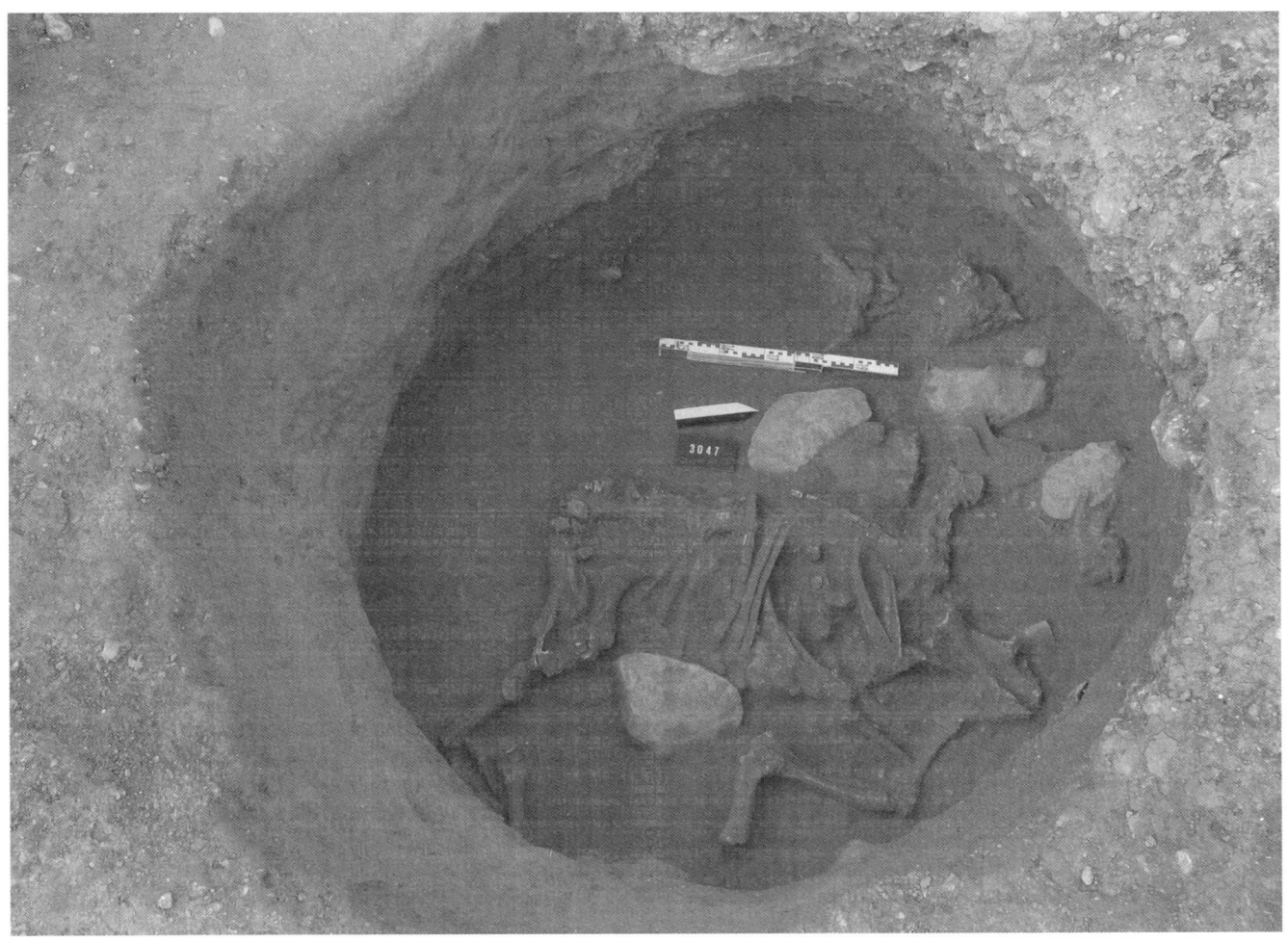

Figura 21.4.- Detalle del bóvido depositado en el silo 33.

tada por su continente (Contreras y Cámara, 2002; Chapman, 2008) a través de un mensaje muy explícito.

Las acumulaciones de ciertos bienes de prestigio quedarían reflejadas en estos enterramientos, utilizándose para destacar el estatus del propio individuo y del grupo al que representa. Las tumbas de la Vital acogen ajuares particulares, desde vajilla cerámica preciada (vasos campaniformes), piezas metálicas, elementos de adorno, además de otros recipientes cerámicos o piedra tallada (Bernabeu *et al.*, 2010).

A propósito de la vajilla campaniforme, se advierte de su aparición exclusiva en los contextos funerarios, reforzando la idea de su particular consideración. A este respecto, los análisis de pastas realizados (Clop, en este mismo volumen) indican también una característica única: elaboradas en arcillas locales, son los únicos ejemplos en los que se hace uso de pastas depuradas. Ningún otro fragmento con decoración campaniforme ha sido clasificado en las restantes estructuras excavadas en el poblado, evidencia de su elaboración *ex professo*. La imitación de formas y recorridos decorativos de amplia repercusión regional da cuenta del entramado de redes existentes, que canaliza la circulación de bienes y de ideas; más allá de los objetos en sí trascendería el simbolismo asociado a los mismos.

En otras tumbas, la presencia de objetos metálicos constituye el elemento de ajuar relevante. Las piezas metálicas sugieren igualmente la especial consideración del difunto, y no parece casual su relación con individuos masculinos.

Pero además, esta apropiación de bienes referida a unos pocos individuos va ligada a la constatación de prácticas rituales relacionadas con el ceremonial funerario. El ejemplo del Conjunto 10 resulta ilustrativo. Se ha propuesto la hipótesis de la interpretación de determinados componentes del relleno con la evidencia de algún tipo de banquete/ceremonia funeraria asociado al enterramiento individual de una mujer joven cuyo cuerpo se veía jalonado por dos recipientes completos (uno de ellos con decoración campaniforme). Ya hemos explicado como el episodio inicial contempla la colocación de dos pequeños cuencos dispuestos boca abajo y con restos de conejo en su interior (Fig. 21.3). De los rellenos posteriores, por encima y debajo de la preparación del lecho mortuorio proceden diversos fragmentos pertenecientes a 3 vasos casi completos con diferentes capacidades (entre 0,5 y 1,5 l). La lógica de su contextualización apunta a una ruptura previa a su incorporación al relleno que conformó y colmató la estructura.

La asociación vaso campaniforme/ rituales de bebida ya fue descrita por Childe (1947) y posteriormente dotada de una mayor consistencia teórica por Sherrat (1987). Para este autor, la vajilla campaniforme, junto con las armas, constituye un elemento de ostentación del poder ligada a ceremonias particulares de élite en donde los recipientes se relacionarían con el consumo de bebidas alcohólicas. No disponemos de los resultados de análisis de contenidos sobre los recipientes cerámicos descritos, pero el tamaño y morfología de los mismos, junto a la constatación de una deposición episódica estructurada e inmediata, podría indicar quizá su relación con el consumo de algún tipo de bebida. En el contexto del campaniforme peninsular se refieren informaciones que apuntarían a la identificación de sustancias como la cerveza (Garrido, 2005; Rojo *et al.*, 2008). Los restos faunísticos (bóvido en conexión anatómica entre otros vestigios) hallados en las inmediaciones de esta estructura (silo 33) también cabría relacionarlos con algún tipo de ofrenda votiva (Fig. 21.4).

Las concentraciones y aparente deposición intencional de determinadas partes esqueléticas de animales en otras estructuras excavadas o sobre el pavimento de una de las viviendas descritas aluden a la posibilidad de prácticas ceremoniales relativas a la esfera ritual de estas sociedades (ver Capítulo 5). Una connotación particular derivaría del conjunto faunístico recuperado en el Conjunto 1, donde los restos craneales de cerdos junto a otras evidencias esqueléticas de bóvidos aparecieron cubriendo silos y fosas anteriores. No podemos discernir si se trata de un hecho casual o si bien tendría alguna intencionalidad especial, en cuyo caso cabría plantearse que tipo de interpretación tendría cabida dada su relación con un espacio aparentemente doméstico. El propio tratamiento dado a los cadáveres da cuenta de prácticas complejas como se desprende de algunos ejemplos de enterramientos parciales en los que se procede a la selección de determinados componentes esqueléticos. La aparición de restos óseos humanos en los espacios de habitación supondrían pruebas añadidas sobre la manipulación intencionada de algunos cuerpos.

A modo de recapitulación, insistiremos en el papel destacado alcanzado por el enterramiento individual disociado durante el campaniforme, si bien es cierto que no de forma generalizada ni obedeciendo a pautas homogéneas. En el ámbito valenciano destacan algunos ejemplos por su carácter distintivo, incorporando ajuares selectivos y de desigual distribución (cerámicas campaniformes, objetos metálicos) y con evidencias de rituales específicos. Parecen convertirse en suma en una vía de transmisión de las disimetrías sociales existentes. La herencia adquirida, el culto a los ancestros a través de prácticas rituales ampliamente extendidas, la ostentación de poder mediante la posesión de bienes preciados, reforzarían la naturaleza desigual de estas sociedades del III milenio cal. a.C. Siguiendo a Vicent (1995), convendremos que los depósitos funerarios serían acumulaciones deliberadas que contribuyen a crear un orden social. El aumento de los excedentes de producción y su distribución desigual propiciaría la aparición de líderes o grupos familiares que responderían de su apropiación. En nuestro caso no observamos diferencias de género relativas a la valoración individual, pero si en la composición de elementos que integrarían la panoplia de ostentación particular (las armas y el metal son específicamente masculinas; no así la vajilla campaniforme, asociada a ambos géneros). Estas sociedades, y sin entrar en las implicaciones que sugieren las diferencias de apreciación existentes desde una óptica territorial local y regional (Bernabeu *et al.*, 2006), podrían encuadrarse en la denominación de "transigualitarias" establecida por Hayden (1995; cit. Garrido Pena, 2005), a medio camino entre las sociedades igualitarias y las sociedades jerarquizadas.

Epílogo

EL HORIZONTE CAMPANIFORME 30 AÑOS DESPUÉS

J. Bernabeu Aubán y Ll. Molina Balaguer

En 1984, al hilo de la revisión de los hallazgos campaniformes que por aquel entonces se conocían en el ámbito del País Valenciano, se propuso una terminología para calificar este momento que hizo fortuna: el Horizonte Campaniforme de Transición –HCT– (Bernabeu, 1984).

Por esas fechas, la secuencia de la Ereta del Pedregal (Pla *et al.*, 1983), junto a los primeros datos de los poblados de silos en la depresión de Alcoi (Pascual Benito, 1986), marcaban un panorama donde se podía cuestionar la existencia de una fase "eneolítica" anterior a la presencia de evidencias campaniformes (Bernabeu, 1984, 1986). La aparente continuidad del registro entre el Neolítico Final y el Eneolítico ponían en entredicho su diferenciación. La culminación de este proceso se alcanza cuando en la propuesta de secuencia del Neolítico, desarrollada por uno de nosotros (Bernabeu, 1989), la fase final del Neolítico (Neolítico IIB) se hace llegar hasta la aparición de las cerámicas campaniformes. De esta manera, el concepto de Eneolítico quedaba restringido en exclusiva a aquellos momentos caracterizados por la presencia de dicha especie cerámica, frente a toda la fase anterior, epílogo del ciclo neolítico (Guitart, 1989).

Pese al avance de los conocimientos en las siguientes décadas, con la publicación de nuevos yacimientos, la imagen de continuidad en el registro desde mediados del IV milenio cal. a.C. hasta ese Horizonte Campaniforme ha quedado más que asentada. Así, la exhaustiva revisión de los conjuntos campaniformes realizada en fechas recientes por Juan Cabanilles (2005) aportó algunas novedades respecto a los conjuntos disponibles en tierras valencianas, señalando al tiempo la escasez de información (por ejemplo, de fechas C14), pero manteniendo un esquema similar de la secuencia.

Esta continuidad Neolítico Final/Calcolítico, junto a la aparente ruptura que comporta la aparición del fenómeno campaniforme, ha sido objeto recientemente de diferentes lecturas (Bernabeu *et al.*, 2006; López Padilla, 2006) que tratan de dar cuenta de los procesos sociales implicados en esta dinámica, planteando propuestas alternativas desde diferentes bases teóricas. En el primer caso, el enfoque era básicamente regional, ligado a

una interpretación basada en parte en los sistemas complejos y las propuestas sociales de Mann (1986) a través de un amplio período de tiempo (desde el VI al III milenio cal. a.C.). Dentro de este amplio recorrido, se reconocían dos ciclos diferenciados de desarrollo, de los cuales lo campaniforme sería el punto final, de ruptura, respecto del segundo de ellos. Por su parte, López Padilla, desde una base materialista, desarrolla un modelo siguiendo la Teoría de Sistemas Mundiales (TSM), en la línea de las propuestas de Nocete (2001) para el valle del Guadalquivir, centrándose exclusivamente en este segundo ciclo.

En este contexto, la excavación del sitio de La Vital aporta interesantes novedades que afectan a aspectos importantes de este asunto. Los datos obtenidos, junto con los conocidos en el ámbito regional, permiten proponer que la dinámica socioeconómica en esta región parece resultado de: por una parte, un desarrollo tecnológico y económico que se viene produciendo desde la segunda mitad del IV milenio cal. a.C.; y, a la vez, de un aumento considerable en la escala de las relaciones de los circuitos de intercambio extrarregionales que, a mediados del III milenio cal. a.C., podrían abarcar el centro y sur peninsulares. En las páginas siguientes intentaremos presentar una visión de este ciclo histórico a la luz de tales datos, así como de los disponibles, tanto en el ámbito regional inmediato, como en el más amplio, que incluye hasta el área de Los Millares.

MARCO CRONOLÓGICO PARA UN PROCESO HISTÓRICO

La escasez de fechas para este momento cronológico se ha mostrado como un lastre para cualquier aproximación a las correspondientes realidades históricas en el marco del País Valenciano. Las únicas referencias sobre vida corta disponibles se limitaban a una datación inédita sobre cereal procedente del relleno de un foso del yacimiento de Arenal de la Costa (Beta-228894: 3700±40 BP), y que corresponde ya a un momento avanzado (¿final?) del ciclo campaniforme, y a la fecha obtenida en el nivel II de la Cova de les Cendres (Bernabeu y Fumanal, 2009). Sin embargo, esta última (GifA-101348: 4180±90 BP), que no corresponde en absoluto al momento inicial de la secuencia campaniforme de este yacimiento, ha sido cuestionada por los propios responsables del estudio del mismo (Bernabeu y Molina, 2009: 65) debido a su excesiva antigüedad dentro de la documentación peninsular. Así pues, el panorama no podía ser más desalentador ante cualquier intención de definir un marco cronológico.

La gran novedad aportada por La Vital, como ha quedado referido en los capítulos anteriores, radica en el hecho de que su desarrollo queda interrumpido justo en el momento de la aparición de los primeros especímenes cerámicos campaniformes. De esta manera, el punto cronológico de arranque de este fenómeno queda fijado sin aparentes dudas. Esta ruptura permite, al mismo tiempo, confirmar la primacía de los estilos más estandarizados (marítimo y cordado/mixto) en el registro regional (ver Capítulo 14) y, a la vez, rechazar con argumentos más sólidos la fecha de vida corta obtenida en la Cova de les Cendres para un campaniforme avanzado.

La nueva información cronológica aportada por La Vital, junto a las fechas inéditas de Arenal de la Costa y Niuet (ver Capítulo 18), permiten una mejor apreciación de la secuencia arqueológica entre el final del Neolítico y la Edad del Bronce.

De acuerdo con las fechas disponibles, parece que la generalización del modelo de poblado con silos sucede a partir, *grosso modo*, del 3500 cal. a.C. En paralelo, las fechas obtenidas en las cuevas de La Pastora o En Pardo (McClure *et al.*, 2010; Roca y Soler, 2010; Soler *et al.*, 2010) sugieren la misma cronología para el gran desarrollo del uso de las cuevas como lugares de enterramiento múltiple, con sus ajuares característicos (colgantes acanalados, ídolos, puntas de flecha...). Debemos pues, situar a mediados del IV milenio cal. a.C. el inicio del Neolítico IIB. El engarce con la fase anterior, definida por la presencia de cerámicas esgrafiadas (Neolítico IIA), sigue necesitando de mayor definición. Poblados como el Tossal de les Basses (Rosser, 2010; Rosser y Fuentes, 2008) o l'Alt del Punxó (Garcia Puchol *et al.*, 2008) quizás puedan aportar luz en este apartado, a medida que se publiquen sus conjuntos con mayor detalle.

Pero, al mismo tiempo, el registro de La Vital introduce una nueva lectura de la situación previa a la llegada de las evidencias campaniformes. Mas allá del episodio epicardial, La Vital es un asentamiento calcolítico desde sus inicios. Los análisis de los restos recuperados (ver Capítulo 16) muestran con claridad cómo la práctica de la metalurgia del cobre se encuentra plenamente asentada a lo largo de toda su existencia. El metal parece que se importaba en bruto, tal como se obtenía en los lugares de producción: en forma de nódulos y bolitas. Ya en el yacimiento, el mineral se fundía para elaborar las diversas clases de objetos consumidos en el propio yacimiento y, probablemente, distribuir parte de la producción entre los sitios del área inmediata. Este aspecto refuerza la atribución, mantenida en diversas ocasiones, de diversos objetos metálicos encontrados en las necrópolis colectivas, a momentos precampaniformes.

¿Fue La Vital un caso aislado? Con la información disponible, la respuesta debería ser afirmativa, pero sucede que no contamos con más poblados excavados y publicados que puedan ubicarse cronológicamente en la primera mitad del III milenio cal. a.C. La única excepción es la Ereta del Pedregal, donde se

concentra el otro gran conjunto de objetos metálicos anteriores a la Edad del Bronce del País Valenciano. Convendría, pues, revisar la información obtenida en las excavaciones recientes a fin de evaluar con mayor precisión este extremo.

Nos encontramos, por consiguiente, con la incontestable evidencia de un horizonte metalúrgico previo al campaniforme en el área valenciana, zona ciertamente considerada periférica o marginal por lo que respecta al desarrollo de este tipo de tecnologías. A partir de c. 2800 cal. a.C. el grupo social asentado en la desembocadura del Serpis se encuentra plenamente integrado en una red de distribución y producción de un nuevo recurso, "exótico". Ello aconseja modificar la secuencia mantenida hasta el presente, de manera que debe reconocerse la existencia de un Calcolítico entre c. 2800/2100 cal. a.C. En concordancia con lo expuesto, aquello que hasta el momento veníamos llamando Horizonte Campaniforme de Transición (HCT) quedaría limitado a la fase más reciente del período, momentos que discurren entre el final de La Vital y la datación de Arenal de la Costa (c. 2350-2100 cal. a.C.). Se trataría del momento de florecimiento de los estilos campaniformes regionales (impresos o incisos), que, a juzgar por las fechas disponibles, podrían solaparse en su tramo final con las fechas propias de los poblados de la Edad del Bronce (Muntanya Assolada: De Pedro, 2010).

Desde las primeras lecturas (p. ej. Siret y Siret, 1890) hasta las más recientes (López Padilla, 2006), la irrupción del metal ha sido vista como el elemento catalizador de la transformación de las sociedades neolíticas. En el caso de las comarcas centrales valencianas, la existencia de un verdadero horizonte Calcolítico previo al HCT, obliga, por tanto, a valorar los tiempos de las transformaciones socio-económicas que acaban por derivar en un nuevo ciclo socio-cultural.

ENTRE LA CONTINUIDAD Y EL CAMBIO

Desde mediados del IV milenio cal. a.C., y durante todo el Neolítico IIB asistimos a un extraordinario desarrollo demográfico respecto a los momentos anteriores. Desarrollo medido a través del número de poblados conocidos y el número de hectáreas ocupadas por los mismos (Bernabeu *et al.*, 2006). Dicho crecimiento se basa siempre en un mismo patrón de asentamiento: poblados ubicados en el fondo de los valles, junto a cursos de agua, en los que las estructuras negativas, sobre todo cubetas y silos cobran una especial relevancia. Desde esta óptica, La Vital responde plenamente al modelo descrito. Las diferentes unidades domésticas se distribuyen a lo largo del terreno, de forma que alrededor de las estructuras de habitación se abre un amplio espacio donde se disponen aquellas estructuras de almacén y áreas de trabajo propias. En algunos casos, estos poblados muestran la presencia de fosos que delimitan el espacio ocupado. Los datos disponibles, aunque aún muy débiles, parece que limitan la aparición de los recintos de fosos (Niuet: Orozco *et al.*, 2010; La Torreta: Jover, 2010) al último cuarto del IV milenio cal. a.C. No obstante, los datos son aún escasos, de manera que resulta difícil valorar determinados aspectos relativos a este punto, como es su ausencia en algunos de los sitios excavados –p. ej. Colata (Gómez Puche *et al.*, 2004), para fechas similares a Niuet (ver Capítulo 18).

Una de las características esenciales de este tipo de poblados es la mencionada asociación entre estructuras de habitación y de almacén. Cada unidad doméstica, intuimos, gestiona su producción –agrícola, ganadera– y muestra una capacidad de acumulación autónoma respecto al conjunto del poblado. Sin embargo, los cálculos de volumen de las estructuras realizados (ver Capítulo 19) nos indican la existencia de una capacidad de acumulación en algunas de ellas que claramente trasciende el potencial productivo de una unidad doméstica, en cualquiera de los modelos utilizados.

Esta característica no es en absoluto exclusiva de La Vital. En Jovades, el otro yacimiento donde el registro muestra con suficiente claridad su existencia, se advierte igualmente que su distribución dista mucho de ser normal (Bernabeu *et al.*, 2006; y Capítulo 19). Debemos, por tanto, interpretar que esas grandes capacidades de acumulación responden a situaciones distintas a las que define la dinámica habitual de subsistencia de un grupo doméstico.

Estos datos sugieren un incremento en la capacidad de producción agrícola de los grupos sociales. Sin embargo, no debemos considerar que este incremento se sustenta sólo sobre la base de una mayor demografía y, por tanto, de una mayor disponibilidad de mano de obra. A lo largo de la segunda mitad del IV milenio cal. a.C. comenzamos a constatar huesos de bóvidos con patologías óseas indicativas de haber sido utilizados como fuerza de trabajo de modo continuado. Los contextos donde se han documentado se sitúan a fines de dicho milenio (Niuet, Jovades: Pérez Ripoll, 1999); y La Vital confirma esta dinámica en el milenio siguiente. Paralelamente, los restos cultivados nos indican una tendencia durante todo el período considerado a la reducción de las variedades de cereales cultivados (trigos desnudos y cebada desnuda), sugiriendo una selección orientada hacia aquellas especies de mayor capacidad productiva. Ambas series de evidencias, conjuntamente, plantean la posibilidad de la introducción del arado y la implantación de un modelo de agricultura cerealícola de corte extensivo (ver Capítulo 6 y 19).

Teniendo presente la cronología de Jovades, podemos considerar que, desde mediados del IV milenio cal. a.C., en el seno de los grupos sociales se producen dinámicas de desigualdad que comportan la derivación de parte de la producción agrícola de las unidades domésticas en favor de algunas de ellas. Los datos de La Vital sugieren que este proceso se desarrolla de manera cíclica, por lo que debemos entender que estas unidades "primadas" acaban por no poder consolidar esa situación de primacía, haciéndola perdurar en el tiempo. Hemos de tener presente que el modelo agrícola propuesto comporta no sólo un mayor coste (mantenimiento del ganado bovino) si no también un mayor riesgo de fracaso. Una de las respuestas a dicho riesgo pudo encontrarse en el establecimiento de relaciones de dependencia, clientelismo, respecto a determinados individuos o grupos domésticos. Ello propiciaría, a su vez, mayor acumulación de producto y/o de medios de producción por parte del "patrón", reproduciendo el ciclo en forma de bucle. Esta mayor acumulación resulta visible en la distribución altamente desigual de los silos con mayor capacidad dentro de los poblados, a la vez que entre aldeas. El control de estos lugares (o su disposición por parte de algunas familias) pudo atraer otras familias buscando reducir el riesgo que conllevaba la tendencia a la especialización agrícola, que a su vez contribuirían a aumentar la riqueza disponible, atrayendo así nuevos seguidores. Al mismo tiempo, se desarrollarían situaciones de competencia y conflicto alrededor del acceso y mantenimiento de ese prestigio social, pero también económico.

Esta posibilidad, que por ahora debe ser vista como una hipótesis de trabajo, no debe hacernos olvidar que, a lo largo del período considerado asistimos no sólo a un notable incremento en la intensidad de las relaciones de intercambio intergrupales, sino también a un aumento en las diferencias de trato (formas de enterramiento, ajuares) que disfrutan los individuos en sus depósitos funerarios. La existencia, por tanto, de una capacidad de consumo diferenciado por parte de segmentos del grupo social considerado, parece incidir en la consolidación de algún tipo de élite.

Como hemos visto (cf. Capítulo 20), a lo largo del Neolítico IIB y durante el Calcolítico, el flujo de productos elaborados (y ahora sabemos que también determinadas materias primas) que conectan las tierras valencianas al sur del Júcar con el resto del sureste peninsular no hace más que incrementarse. La presencia casi constante en los yacimientos excavados de piezas fabricadas en sílex tabular, jaspes, grandes láminas y, sobre todo, el dominio de las litologías meridionales en los útiles de piedra pulida, sugieren la existencia de importantes volúmenes de producción para este tipo de bienes que se distribuyen ampliamente a lo largo de toda la red de contactos. Aunque desconocemos los contextos de producción, no debemos descartar la posibilidad de ver en ellos un creciente fenómeno de diversificación regional y especialización artesanal, si bien ésta no debió de superar nunca un marco doméstico. De la intensidad de las relaciones da cuenta el hecho de que algunas clases de productos (hachas y azuelas de piedra pulida) que se destinan a un uso cotidiano, en nada difieren al trato recibido por objetos similares sobre litologías locales.

Probablemente, la forma más razonable de explicar esta fluidez sea apelando a la presencia de "especialistas del intercambio". Individuos o grupos dedicados a hacer llegar a los distintos puntos de la red de relaciones suprarregional objetos e información. Las características de las cerámicas campaniformes recuperadas en el yacimiento sólo tienen una explicación fácil apelando a este tipo de personajes. Como se ha visto en el Capítulo 14, la similitud que muestran estos recipientes con otros de su misma especie hasta en los más mínimos detalles sólo puede responder a la presencia en el yacimiento de individuos no sólo conocedores de una tecnología cerámica ajena a la tradición local, sino también en posesión de los referentes estilísticos que definen estas producciones cerámicas.

De la misma manera, la llegada de metal en bruto al yacimiento cuenta con una más fácil explicación apelando a contactos directos (¿vía marítima?) que no a un proceso repetido de intercambios de radio corto. De este modo se explicaría más fácilmente la rápida difusión de la metalurgia en amplias regiones. En efecto, y aunque resulta difícil la comparación, la cronología de La Vital pone de manifiesto que el metal y la metalurgia aparecen aquí prácticamente al tiempo que en el Sureste (ver Capítulo 18). Así, no sólo circulan objetos, también las tecnologías se insertarían dentro de los circuitos de intercambio.

La imagen de La Vital como lugar de integración de redes que se mueven a diferente escala (regional-suprarregional) es ciertamente sugerente. Lo cierto es que el registro recuperado nos habla de la existencia de una densa red de relaciones que actúan a distinta escala y que integra de una manera clara todo el sureste peninsular. Las similitudes en el registro material que muestran las comunidades humanas desde Almería hasta la línea definida por el río Júcar han venido destacándose desde hace tiempo (Ayala, 1986; López Padilla, 2006; Pascual Benito, 1998). De hecho, estos vínculos se remontan claramente a los inicios del Neolítico, tal y como testimonian los brazaletes de esquisto procedentes de Sierra Nevada que se encuentran en las cuevas de l'Or y de la Sarsa (Bernabeu *et al.*, 2006; Orozco, 2000). En consecuencia, debemos asumir que los procesos sociales que ocurren en una parte de esa red tendrán sus implicaciones, su reflejo, en otros puntos de la misma, como acertadamente se ha puesto de relieve (López Padilla, 2006).

Aunque no siempre estamos en condiciones de proceder a la comparación entre toda esta región, lo cierto es que las dinámicas poblacionales empiezan a mostrar una serie de similitudes sugerentes. De acuerdo con la información disponible (López Padilla, 2006; Molina y Cámara, 2008), el horizonte marcado por la aparición de las primeras cerámicas campaniformes, de tipo internacional, marca el momento culminante de una dinámica socio-económica que hunde sus raíces en el IV milenio cal. a.C., entre los grupos humanos del Neolítico Final. A partir de este punto se observa una ruptura que lleva al declive y/o abandono de muchos de los yacimientos ocupados en ese momento. El ejemplo más claro nos lo ofrece el yacimiento de Los Millares, donde, tras la aparición del campaniforme marítimo (Cobre tardío) tiene lugar una crisis del sistema (Cobre Final) que redunda en una contracción del poblado a su área más interior y a los fortines que lo rodean (Molina y Cámara, 2008).

En paralelo a esta crisis, el registro disponible para el conjunto de las comarcas del Norte de Alicante y Sur de Valencia, sugiere también algún tipo de ruptura similar. Pese a que el modelo de asentamiento en llano perdura durante la fase del Horizonte Campaniforme, pocos son los casos en los que advertimos que esas ocupaciones responden a asentamientos cuyo origen se encuentra en las fases anteriores. Por el contrario, y como testimonia La Vital, la llegada de las estilos marítimos marca un punto de inflexión en la vida de los poblados activos hasta ese momento. No es, pues, de extrañar, que en el conjunto de cavidades sepulcrales de l'Alberri, vinculadas al núcleo de poblamiento de Jovades (Cocentaina), sólo se haya podido llegar a constatar algún fragmento de cerámica campaniforme de estas especies, en consonancia cronológica con la aparición de un punzón de cobre en uno de los silos excavados recientemente en dicho yacimiento (López Padilla, 2006).

También se advierten cambios en el comportamiento funerario; cambios que en algunos casos comenzaban a evidenciarse desde el momento anterior. Así, pese a que el modelo de enterramiento más extendido parece seguir siendo el empleo de cavidades naturales, el número de individuos inhumados en cada cavidad se reduce de forma notable. A ello hemos de unir el hecho de que son pocos los ejemplos que conocemos en los que se mantiene el uso de cavidades desde momentos anteriores. En la mayoría de los casos (donde el registro es suficientemente fiable) parece que se opta por cavidades que no habían sido empleadas con anterioridad (Cova Santa: Martí, 1981; Cova de Rocafort: Ballester, 1944; Sima de la Pedrera: Aparicio, 1978; Cova dels Gats: Bernabeu, 1984). Destaca en estos registros la limitada presencia de colgantes e ídolos, tan habituales en los contextos anteriores, mientras que la documentación de armas, como elementos característicos de los ajuares, se consolida y expande.

Las redes de intercambio con el Sureste, sin embargo, no parecen verse alteradas en este momento. Suponemos que el metal pudo seguir fluyendo desde el sur; además, es posible que algún elemento nuevo haga su aparición en estas fechas, como es el caso del marfil (si bien resulta posible que su aparición remonte al primer campaniforme). En concordancia con ello, los ajuares funerarios ofrecen, en toda esta área, elementos de prestigio similares (marfil y armas: puñales de lengüeta), indicativos de que la circulación entre las élites siguió como antes. No será hasta el Bronce Valenciano, tras el abandono definitivo de los poblados de silos, cuando estas redes se contraigan de manera clara. En paralelo, la emulación entre las élites de las distintas regiones resultará prácticamente inexistente, tal y como demuestra la distancia en el patrón funerario y la ausencia de los elementos más claramente asociados a las élites argáricas al norte del Vinalopó.

A pesar de lo aparente, no creemos que esta convergencia de dinámicas en todo el Sureste pueda o deba explicarse preferentemente atendiendo a modelos clásicos de centro-periferia, como los propuestos recientemente (López Padilla, 2006). De otra manera, sería difícil entender cómo un recurso considerado crítico para el desarrollo político del "centro", como es la metalurgia, aparece al mismo tiempo en la supuesta periferia. Desde nuestro punto de vista, los fenómenos descritos pueden entenderse desde la perspectiva de los sistemas complejos (Bernabeu *et al.*, e.p.), ampliando el enfoque ya utilizado en anteriores ocasiones (Bernabeu *et al.*, 2006).

En suma, el Neolítico Final/Calcolítico es un tiempo de un crecimiento poblacional rápido, pero pese a las evidencias de una mayor complejidad en las relaciones sociales y el desarrollo de desigualdades en riqueza y poder, existen escasos indicadores que sostengan la presencia de especializaciones económicas e interdependencia capaces de aglutinar múltiples grupos sociales en sistemas sociales complejos que requieran una estructura permanente y jerarquizada de toma de decisiones. No tenemos evidencias de producción en masa, y los ítems más elaborados fueron creados por especialista a tiempo parcial. Algunos de los bienes parecen circular entre escasos individuos, sugiriendo que mecanismos como el prestigio y la ideología exclusivista de las élites fueron los responsables del notable desarrollo de las redes espaciales.

Las evidencias de intercambio crecieron a todos los niveles, pero estos parecen una pequeña parte del total de bienes producidos. Si las comunidades comenzaban a operar de forma coordinada a nivel regional, parece que lo fueron de forma un tanto difusa, de manera que no necesitaron desarrollar instrumentos que facilitasen esta clase de interacciones. De hecho, habrá que esperar al Bronce argárico para ver, aún tímidamente, los primeros objetos dirigidos a este fin: los lingotes de cobre. Los productos más especializados circulan entre las élites, pero parecen ligarlas con lazos difusos a través de amplias distancias.

Este panorama cambiará a partir de la Edad Bronce. El Horizonte Campaniforme, tal como ha sido definido aquí, no parece suponer, en este aspecto, cambio alguno.

Debemos señalar, por último, que la información de los grupos humanos correspondientes al IV y III milenios cal. a.C. continúa mostrando grandes lagunas, tanto dentro como fuera del País Valenciano. En estas circunstancias, las anteriores interpretaciones deben considerarse como lo que son: hipótesis de trabajo que necesitan ser contrastadas y que deben seguir moldeándose y corrigiéndose en función de la aparición de nuevas evidencias. El estudio interdisciplinar llevado a cabo en el registro de La Vital es un buen ejemplo de la situación en la que nos encontramos, aún lejos de poder disfrutar de unas bases sólidas que permitan entender en toda su complejidad los profundos cambios que sufren las sociedades humanas de esta región a lo largo del IV y III milenios cal. a.C.

BIBLIOGRAFÍA

AA.VV., 1994. Hàbitat i habitació a la Protohistòria de la Mediterrània Nord-Occidental. *Cota Zero*, 10: 7-56.

AA.VV., 1997. La cerámica ibérica del s. V a.C. en el País Valenciano. *Recerques del Museu d'Alcoi*, 6: 9-116.

AA.VV., 2007. *Arqueología de la Tierra. Paisajes rurales de la protohistoria peninsular*. Universidad de Extremadura.

Abad, L., Sala, F., 1993. *El poblado ibérico de El Oral (San Fulgencio, Alicante)*. Trabajos Varios del S.I.P., 90. Dipt. Provincial de Valencia.

Abad, L., Sala, F. (eds.), 2001. *Poblamiento ibérico en el bajo Segura. El Oral (II) y La Escuera*. Bibliotheca Archaeologica Hispana, 12.

Acuña, J.D., Robles, F., 1980. La Malacofauna. En B. Martí et al.: *Cova de l'Or (Beniarrés, Alicante). Vol. II*. Trabajos Varios del S.I.P., 65: 257-283. Dipt. Provincial de Valencia.

Aguayo, P., Puga, E., Lozano, J.M., García, J.D., Carrión, F., 2006. Caracterización de fuentes de materias primas para la elaboración de herramientas de silimanita, de los yacimientos de la depresión de Ronda, durante la Prehistoria Reciente. En G. Martínez, A. Morgado y J.A. Afonso (eds.): *Sociedades Prehistóricas, Recursos Abióticos y Territorio*: 249-277. Fundación Ibn-Al Jatib.

Alcalá-Zamora, L., 2003. *La necrópolis ibérica de Pozo Moro*. Bibliotheca Archaeologica Hispana, 23.

Alcalde, G., Molist, M., Montero, I., Planagumà, Ll., Saña, M., Toledo, A., 1998. Producciones metalúrgicas en el Nordeste de la Península Ibérica durante el III milenio cal. AC: el taller de la Bauma del Serrat del Pont (Tortellà, Girona). *Trabajos de Prehistoria*, 55 (1): 81-100.

Alday, A., 1995. Reflexiones en torno al campaniforme. Una mirada hacia el caso vasco. *Zephyrus*, XLVIII: 143-186.

Alday, A., 2005. Estado de la cuestión del Campaniforme de la Alta y Media cuenca del Ebro. En M.A. Rojo Guerra, R. Garrido-Pena e I. García Martínez de Lagrán (coords.): *El campaniforme en la península Ibérica y su contexto europeo*: 263-296. Serie Arte y Arqueología, 21. Universidad de Valladolid.

Alonso Martínez, N., 1999. *De la llavor a la farina. Els processos agrícoles protohistòrics a la Catalunya Occidental*. Monographies d'Archéologie Méditerranéenne, 4. CNRS Éditions.

Altuna, J., 1980. Historia de la domesticación animal en el País Vasco, desde sus orígenes hasta la romanización. *Munibe*, 32: 1-164.

Álvarez, A., 1993. Tipologia petrogràfica de les destrals polides de Catalunya. *Empúries*, 48-50, vol. I: 18-25.

Álvarez, A., Clop, X., 1998. Determinación de la materia prima del utillaje minero de las minas neolítica de Gavà (Barcelona). En J. Bosch et al. (eds.): *Rubricatum, 2. Actes de la 2ª Reunió de Treball sobre Aprovisionament de Recursos Lítics a la Prehistòria*: 145-152. Museu de Gavà.

Ambert, P., 2003. Contribution à l'étude du Campaniforme du Languedoc central meridional. *Bulletin de la Société préhistorique française*, 100 (4): 715-732.

Ambrose, S.H., Norr, L., 1993. Experimental evidence for the relationship of the carbon isotope ratios of whole diet and dietary protein to those of bone collagen and carbonate. En J.B. Lambert y G. Gruppe (eds.): *Prehistoric Human Bone: Archaeology at the Molecular Level*: 1-37. Springer-Verlag.

Ampolo, C., 1980. La condizioni materiali della produzione. Agricoltura e paessagio della città nel Lazio. *Dialoghi di Archeologia*, 1: 15-46

Aparicio, J., 1991. Campaniforme cordado en la Cueva Merinel (Bugarra, Valencia). *Lauro*, 5: 131-139.

Aparicio, J., Climent, S., Martínez, J.M., 1994. *Mesolítico, Eneolítico e Ibérico en el Camí del Pla (Oliva, Valencia, España)*. Real Academia de Cultura Valenciana.

Aparicio, J., Gurrea, V., Climent, S., 1983. *Carta Arqueológica de La Safor*. Ajuntament de Gandia.

Aranegui, C., 1994. Iberica Sacra Loca. Entre el Cabo de la Nao, Cartagena y el Cerro de los Santos. *Revista de Estudios Ibéricos*, 1: 115-138.

Aranegui, C., Vives-Ferrándiz, J., 2006. Encuentros coloniales, respuestas plurales: los ibéricos antiguos de la fachada mediterránea central. *Arqueo Mediterrània*, 9: 89-107.

Arbogast, R.M., 1994. *Premiers élevages néolithiques du Nordest da la France*. Eraul, 67. Université de Liège.

Arnay-de-la-Rosa, M., González, E., Gámez, A., Galindo, L., 2009. The Ba/Sr ratio, carious lesions, and dental calculus among the population buried in the church La Concepción (Tenerife, Canary Islands). *Journal of Archaeological Science*, 36: 351-358.

Arteaga, O., 1982. Los Saladares-80. Nuevas directrices para el estudio del Horizonte Protoibérico en el Levante meridional y SE de la Península. *Huelva Arqueológica*, VI: 131-183.

Arteaga, O., Serna, M.R., 1975. Los Saladares-71. *Noticiario Arqueológico Hispánico, Arqueología*, 3: 7-140.

Asensio, D., Belarte, C., Sanmartí, J., Santacana, J., 1998. Paisatges ibèrics. Tipus d'assentaments i formes d'ocupació del territori a la costa central de Catalunya durant el període ibèric ple. En *Los Iberos, príncipes de Occidente*: 373-385. Saguntum-PLAV, extra-1. Universitat de València.

Aubet, M.E., 2005. El 'orientalizante': un fenómeno de contacto entre sociedades desiguales. En S. Celestino y J. Jiménez (eds.): *El periodo orientalizante*: 117-128. Anejos de AespA XXXV, vol. I.

Aura, J.E., Jordá, J.F., Morales, J.V., Pérez, M., Villalba, M.P., Alcover, J.A., 2009. Economic transitions in finis terra: the western Mediterranean of Iberia, 15-7 ka BP. *Before Farming 2009/2*, artículo 4.

Ayala, M.M., 1986. Contribución al estudio de los ídolos oculados del Sureste español. En *El Eneolítico en el País Valenciano*: 151-164. Instituto de Cultura Juan Gil-Albert. Dipt. Provincial d'Alacant.

Ayoub, A., 1985. Les moyens de conservation des produits agricoles dans le Nord-ouest de la Jordanie actuelle. En M. Gast, F. Sigaut y C. Beutler (eds.): *Les techniques de conservation des grains à long terme*, 3.1: 155-169. CNRS Éditions.

Azuar, R., Rouillard, P., Gailledrat, E., Moret, P., Sala, F., Badie, A., 1998. El asentamiento orientalizante e ibérico antiguo de La Rábita, Guardamar del Segura (Alicante). *Trabajos de Prehistoria*, 55 (2): 111-126.

Badal, E., 1984. *Contribución al estudio de la vegetación prehistórica del sur de Valencia y norte de Alicante á través del análisis antracológico*. Memoria de licenciatura. Universitat de València.

Badal, E., 1995. La vegetación carbonizada. Resultados antracológicos del País valenciano. En *El cuaternario en el País Valenciano*: 217-226. Universitat de València.

Badal, E., 1997. El paisatge vegetal de La Marina, a partir dels carbons prehistòrics. *Aguaits*, 13-14: 23-37.

Badal, E., 2006. Carbones y cenizas, ¿qué nos cuentan del pasado? En J.S. Carrión, S. Fernández, y N. Fuentes (coords.): *Paleoambientes y cambio climático*: 103-116. Fundación Séneca, Agencia de Ciencia y Tecnología de la Región de Murcia.

Badal, E., 2009. Estudio antracológico de la secuencia holocena de la Cova de les Cendres. En J. Bernabeu y Ll. Molina (eds.): *La Cova de les Cendres (Moraira-Teulada, Ali-*

cante): 125-134. Serie Mayor 6. MARQ. Dipt. Provincial d'Alacant.

Badal, E., Bernabeu, J., 1990. Imagen de la vegetación y utilización económica del bosque en los asentamientos neolíticos de Jovades y Niuet (Alicante). *Archivo de Prehistoria Levantina*, 20: 143-166.

Badal, E., Grau, E., 1984. El paisaje vegetal eneolítico de la comarca de La Safor, a través del análisis antracológico. En *El Eneolítico en el País Valenciano*: 35-42. Instituto de Cultura Juan Gil-Albert. Dipt. Provincial d'Alacant.

Barge-Mahieu, H., 1991. Fiche pendeloques elliptiques et subtriangulaires. En *Fiches Typologiques d'industrie osseuse Préhistorique. Cahier IV: Objets de parure*. Publication de l'Université de Provence.

Barrachina, A., Neumaier, J., 1996. Nuevo tipo metálico de los campos de urnas en la Península: la punta de vaina del Pic dels Corbs (Sagunto, Valencia). *Quaderns de Prehistòria i Arqueologia de Castelló*, 17: 197-206.

Barrera, J.L., Martínez Navarrete, M.I., 1980. Un enfoque interdisciplinar: el estudio de hachas pulimentadas del Museo de Cuenca. *Cuenca*, 17: 55-90.

Barrera, J.L., Martínez Navarrete, M.I., San Nicolás, M., Vicent, J.M., 1987. El instrumental lítico pulimentado de la comarca NW de Murcia: algunas implicaciones socio-económicas del estudio de su petrología y morfología. *Trabajos de Prehistoria*, 44: 87-146.

Barrios, J., Navas, J.J., López-Palomo, L.A., Montealegre, L., 1991. Caraterísticas estructurales y mineralógicas de cerámicas campaniformes procedentes de Monturque (Córdoba). *Boletín de la Sociedad Española de Cerámica y Vidrio*, 30: 187-193.

Bats, M., Bessac, J.C., Chabal, L., Caselles, C.A., Fiches, J.L., Poupet, P., Py, M., 1986. *Enregistrer la fouille archéologique. Le système élaboré pour la site de Lattes (Hérault)*. ARALO, série Lattes.

Bayona, M.R., Nocete, F., Rovira, S., Sáez, R., Nieto, J.M., Álex, E., 2004. La producción de objetos de metal en Cabezo Juré: estudio metalográfico, composicional y contextual de productos. En F. Nocete (coord.): *Odiel. Proyecto de Investigación Arqueológica para el Análisis del Origen de la Desigualdad Social en el Suroeste de la Península Ibérica*: 297-324. Junta de Andalucía.

Bentley, R.A., 2003. Scale-free-network Growth and Social Inequality. En R.A. Bentley y H.D.G. Maschner (eds.): *Complex Systems and Archaeology. Empirical and Theoretical Application*: 27-46. University of Utah Press.

Bentley, R.A., Krause, R., Price, T.D., Kaufmann, B., 2003. Human mobility at the early Neolithic settlement of Vaihingen, Germany: evidence from strontium isotope análisis. *Archaeometry*, 45: 481-496.

Bernabeu, J., 1984. *El vaso campaniforme en el País Valenciano*. Trabajos Varios del S.I.P., 80. Dipt. Provincial de València.

Bernabeu, J., 1989. *La tradición cultural de las cerámicas impresas en la zona oriental de la Península Ibérica*. Trabajos Varios del S.I.P., 86. Dipt. Provincial de València.

Bernabeu, J. (dir.), 1993. El IIIer Milenio a.C. en el País Valenciano. Los Poblados de Jovades (Cocentaina, Alacant) y

Arenal de la Costa (Ontinyent, Valencia). *Saguntum-PLAV*, 26: 9-179.

Bernabeu, J., 2003. Del Neolítico a la Edad del Bronce. En G. Vega, J. Bernabeu y T. Chapa: *La Prehistoria*: 113-174. Historia de España 3er milenio. Síntesis.

Bernabeu, J., 2010. El mundo funerario entre el VI y el II milenio A.C. En A. Pérez y B. Soler (coords.): *Restos de vida, restos de muerte*: 45-54. Museu de Prehistòria de València.

Bernabeu, J., Badal, E., 1992. A view of the vegetation and economic explotation of the forest in the Late Neolithic sites of Les Jovades and Niuet (Alicante, Spain). *Bull. Soc. Bot. Fr., 139, Actual. Bot. (2/3/4)*: 697-714.

Bernabeu, J., Guitart, I., 1993. La industria cerámica. En J. Bernabeu (dir.): El III milenio a.C. en el País Valenciano. Los poblados de Jovades (Cocentaina) y Arenal de la Costa (Ontinyent). *Saguntum-PLAV*, 26: 47-66.

Bernabeu, J., Molina, Ll., 2009. La cerámica en la secuencia neolítica de Cendres. En J. Bernabeu y Ll. Molina (eds.): *La Cova de les Cendres (Moraira-Teulada, Alicante)*: 55-84. Serie Mayor, 6. MARQ. Dipt. Provincial d'Alacant.

Bernabeu, J., Orozco, T., 1994. La cerámica. En J. Bernabeu et al.: Niuet (L'Alqueria d'Asnar). Poblado del III milenio a.C. *Recerques del Museu d'Alcoi*, 3: 28-41.

Bernabeu, J., Aura, J.E., Badal, E., 1995. *Al oeste del Edén. Las primeras sociedades agrícolas en la Europa Mediterránea*. Síntesis.

Bernabeu, J., Pérez Jordà, G., Molina, Ll., 2006. La Vital, Gandia (València). Un assentament del primer campaniforme a la desembocadura del Serpis. *Cota Zero*, 21: 14-16.

Bernabeu, J., Pérez Ripoll, M., Martínez Valle, R. 1999. Huesos, neolitización y contextos cronológicos aparentes. En J. Bernabeu y T. Orozco (eds.): *Actes del II Congrés del Neolític a la Península Ibèrica*: 589-596. Saguntum-PLAV, extra 2. Universitat de València.

Bernabeu, J., Orozco, T., Díez, A., Gómez, M., Molina, F.J., 2003. Mas d'Is (Penàguila, Alicante): Aldeas y recintos monumentales del Neolítico Inicial en el valle del Serpis. *Trabajos de Prehistoria*, 60 (2): 39-59

Bernabeu, J., Molina, Ll., Díez, A., Orozco, T., 2006. Inequalities and power. Three millennia of Prehistory in Mediterranean Spain (5600-2000 cal BC). En P. Díaz-del-Río y L. García Sanjuán (eds.): *Social Inequality in Iberian Late Prehistory*: 97-116. British Archaeological Reports, i.s. 1525. Oxford.

Bernabeu, J., Molina, Ll., Guitart, I., García-Borja, P., 2009. La Cerámica Prehistórica: Metodología de Análisis e Inventario de Materiales. En J. Bernabeu y Ll. Molina (eds.): *La Cova de les Cendres (Moraira-Teulada, Alicante)*. CD Adjunto: 50-178. Serie Mayor, 6. MARQ. Dipt. Provincial d'Alacant.

Bernabeu, J., Carrión, Y., García Puchol, O., Gómez, O., Molina, Ll., y Pérez, G., 2010. La Vital. En A. Pérez y B. Soler (coords.): *Restos de vida, restos de muerte*: 211-216. Museu de Prehistòria de València.

Binford, L.R., 1971. Mortuary practices: their study and potential. En J.A.M. Brown (ed): *Approaches to the Social Dimensions of Mortuary Practices*: 6-29. Memoirs of the Society for American Archaeology, 25.

Bisel, S.C., 1988. Nutrition in first Century Herculaneum. *Anthropologie*, XXVI/I: 61-66.

Blánquez, J.J., 1990. *La formación del mundo ibérico en el sureste de la Meseta (estudio de las necrópolis ibéricas de la provincia de Albacete)*. Serie I, Ensayos Históricos y Científicos, 53. Instituto de Estudios Albacetenses.

Blánquez, J.J., Antona del Val, V. (eds.), 1992. *Congreso de Arqueología Ibérica. Las necrópolis*. Serie Varia I, Madrid.

Boardman, Sh., Jones, G., 1990. Experiments on the Effects of Charring on Cereal Plant Conponents. *Journal of Archaeological Science*, 17 (1): 1-11.

Bocherens, H., Polet, C., Toussaint, M., 2007. Palaeodiet of Mesolithic and Neolithic populations of Meuse Basin (Belgium): evidence from stable isotopes. *Journal of Archaeological Science*, 34:10-27.

Boessneck, J., Driesch, A. von der, 1980. Tierknochenfunde aus vier Südspanichen Höhlen. *Studien über frühe Tierknochenfunde von der Iberischen Halbinsel*, 7: 1-83.

Bogaard, A., 2004. *Neolithic Farming in Central Europe. An archaeobotanical study of crop husbandry practices*. Routledge.

Bogaard, A., Heaton, T.H.E., Poulton, P., Merbach, I., 2007. The impact of manuring on nitrogen isotope ratios in cereals: archaeological implications for reconstruction of diet and crop management practices. *Journal of Archaeological Science*, 34: 335-343.

Bonet, H., Mata, C., 2000. Habitat et territoire au Premier Âge du Fer dans le Pays Valencien. *Monographies d'Archéologie Méditerranéenne*, 7: 61-72.

Bosch, J., Estrada, A., Juan-Muns, N., 1999. L'aprofitament de recursos faunístics aquàtics, marins i litorals, durant el Neolític a Gavà (Baix Llobregat). En J. Bernabeu y T. Orozco (eds.): *Actes del II Congrés del Neolític a la Península Ibèrica*: 77-83. Saguntum-PLAV, extra-2. Universitat de València.

Bourdieu, P., 1980. *Le sens pratique*. Minuit.

Bourquin-Mignot, C., Brochier, J.-E., Chabal, L., Crozat, S., Fabre, L., Guibal, F., Marinval, P., Richard, H., Terral, J.F., Théry-Parisot, I. 1999. *La Botanique*. Errance.

Brodie, N., 1997. New perspectives on the Bell Beaker Culture. *Oxford Journal of Archaeology*, 16 (3): 297-314.

Bronk Ramsey, C., 2009. Bayesian analysis of radiocarbon dates. *Radiocarbon*, 51 (1): 337-360.

Brown, T.A., Nelson, D.E., Vogel, J.S., Southon, J.R., 1988. Improved Collagen Extraction by Modified Longin Method. *Radiocarbon*, 30: 171-177.

Bueno, P.; Barroso, R., Balbín, R., 2005. Ritual campaniforme, ritual colectivo: la necrópolis de cuevas artificiales del Valle de las Higueras, Huescas, Toledo. *Trabajos de Prehistoria*, 62 (2): 67-90.

Burton, J.H., Price, T.D., 1990. The Ratio of Barium to Strontium as a Paleodietary Indicator of Consumption of Marine Resources. *Journal of Archaeological Science*, 17: 547-557.

Buxó, R., 1997. *Arqueología de las plantas*. Crítica.

Cahen, D., Caspar, J.P., Otte, M., 1986. *Industries lithiques danubiennes de Belgique*. Eraul, 21. Université de Liège.

Calvo, M., 1993. Antropología física. En J. Bernabeu (dir.): El III Milenio a.C. en el País Valenciano. Los Poblados de Jovades (Cocentaina) y Arenal de la Costa (Ontinyent). *Saguntum-PLAV*, 26: 153-158.

Campillo, D., 1976. *Lesiones patológicas en cráneos prehistóricos de la Región Valenciana*. Trabajos Varios del S.I.P., 50. Dipt. Provincial de Valencia.

Campillo, D., 1994. *Paleopatología. Los primeros vestigios de la enfermedad*. Colección Histórica de Ciencias de la Salud, n° 5. Fundación Uriach 1838. Barcelona.

Campillo, D., 2001. *Introducción a la Paleopatología*. Ed. Bellaterra Arqueología. Barcelona.

Cano, A., 2005. El regadío tradicional en La Safor. En J. Hermosilla (dir.): *Los riegos de La Safor y La Valldigna. Agua, territorio y tradición*: 24-42. Colección Regadíos Históricos Valencianos. Direcció General de Patrimoni Cultural. Generalitat Valenciana.

Cardoso, J.L., 1995. Ossos de cetáceo utilizados no Calcolítico da Estremadura. *Estudos Arqueológicos de Oeiras*, 5: 193-198.

Carrión, F., Gómez, M.T., 1983. Análisis petroarqueológico de los artefactos de piedra trabajada durante la Prehistoria reciente en la provincia de Granada. *Cuadernos de Prehistoria y Arqueología de la Universidad de Granada*, 8: 447-477.

Caspar, J.P., 1988. *Contribution a la tracéologie de l'industrie lithique du Néolithique Ancien dans l'Europe Nord-Occidental*. Thèse de doctorat. Université Catholique de Louvain.

Castaños, P., 2004. Estudio arqueozoológico de los macromamíferos del Neolítico de la cueva de Chaves. *Saldvie*, 4: 125-171.

Castillo, J., 1997. *Els conflictes de l'aigua a la Safor medieval*. CEIC Alfons el Vell.

Chapa, T., 2001-2002. La infancia en el mundo ibérico a través de la necrópolis de El Cigarralejo (Mula, Murcia). *Anales de Prehistoria y Arqueología*, 17-18: 159-168.

Chapa, T., 2003. La percepción de la infancia en el mundo ibérico. *Trabajos de Prehistoria*, 60 (1): 115-138.

Chapman, R., 2008. Producing inequalities: Regional Sequences in Later Prehistoric Southern Spain. *Journal of World Prehistory*, 21 (3-4): 199-260.

Childe, V.G., 1947: *The Dawn of European Civilization*. Ed. Kegan Paul, Trench, Trubner & Co.

Chisholm, B.S., Nelson, D.E., Schwarcz, H.P., 1982. Stable carbon isotope ratios as a measure of marine versus terrestrial protein in ancient diets. *Science*, 216: 1131-1132.

Cirujano, S., 1991. Los tarajales españoles. Descripción, biología y claves de identificación. *Quercus*, 70: 25-31.

Clarke, D., 1976. The Beaker network-social and economic models. En J.N. Lanting y J.D. van der Waals (eds.): *Clockenbecher Symposium, Oberried, 1974*: 549-477. Fibula-van Dishoeck.

Clop, X., 2000. *Matèria prima i producció de ceràmiques*. Tesis Doctoral. Universitat Autònoma de Barcelona.

Clop, X., 2004. La gestión de los recursos minerales durante la Prehistoria reciente en el Noreste de la Península Ibérica (I). *Cypsela*, 15: 171-186.

Clop, X., 2005. La 'cuestión campaniforme' en el noreste de la península Ibérica. En M.A. Rojo Guerra, R. Garrido-Pena e I. García Martínez de Lagrán (coords.): *El campaniforme en la península Ibérica y su contexto europeo*: 297-320. Serie Arte y Arqueología, 21. Universidad de Valladolid.

Clop, X., 2007. *Materia prima, Cerámica y Sociedad. La gestión de los recursos minerales para manufacturar cerámica del 3100 al 1500 ANE en el noreste de la Península Ibérica*. British Archaeological Reports, i.s. 1660. Oxford.

Clop, X., Álvarez, A., 1998. Materia prima y producción de cerámicas durante el V° milenio cal ANE en el noreste de la Península Ibérica. En J. Bosch, *et al.* (eds): *Actes de la 2ª Reunió de Treball sobre Aprovisionament de Recursos Lític a la Prehistòria*: 123-128. Rubricatum, 2. Museu de Gavà.

Clop, X., Álvarez, A., Marcos, J.G., 1996. Estudio petrológico de las cerámicas cepilladas del Neolítico Antiguo Evolucionado del Penedès. En *Actes del Ir Congrés del Neolític a la Península Ibérica* : 207-214. Rubricatum, 1. Museu de Gavà.

Cloquell, B., Aguilar, M., 1989. Piezas dentarias eneolíticas con modificaciones artificiales. *Alberri*, 2: 53-62.

Cloquell, B., Rodes, F., Chiarri, J., Martí, J., Soler, J., Roca de Togores, C., 2001. Paleopatología oral en el Calcolítico del norte de la provincia de Alicante. *V Congreso Nacional de Paleopatología (Alcalá la Real, Jaén, 1999)*.

Contreras, F., Cámara, J.A., 2002. *La jerarquización social en la Edad del Bronce del Alto Guadalquivir (España). El poblado de Peñalosa (Baños de la Encina, Jaén)*. British Archaeological Reports, i.s. 1025. Oxford.

Convertini, F., 1996. *Production et signification de la céramique campaniforme à la fin du 3eme millénaire av. J.-C. dans le Sud et le Centre-Ouest de la France et en Suisse Occidentale*. British Archaeological Reports, i.s. 656. Oxford.

Costa, M., Morla, C., Sainz, H. (eds.), 1997. *Los bosques ibéricos. Una interpretación geobotánica*. Planeta.

Courtois, L., 1976. *Examen au microscope pétrographique des céramiques archéologiques*. Notes et Monographies techniques, 8. CRA, CNRS Éditions.

Cuadrado, E., 1957. La fíbula anular hispánica y sus problemas. *Zephyrus*, VIII: 5- 76.

Cubero, C., 1998. Briques crues. Matériaux végétaux pour la construction. Procès de fabrication et étude paléocarpologique. *Arqueología Espacial*, 19-20: 213-222.

Cura, M., 1987. L'horitzó campaniforme antic als Països Catalans. *Fonaments*, 6: 97-129.

D'Angelo, J., Garfiullo, S., 1978. *Guida alle conchiglie mediterranee*. Fabbri.

De Andrés, A., Balcazar, J.L., Menéndez, P., 1987. Estudio de cerámicas de la Edad del Bronce en yacimientos arqueológicos de la provincia de Guadalajara. *Henares, Revista de Geología*, I: 59-64.

De Chazelles, C.A., 1997. *Les maisons en terre de la Gaule méridionale*. Montagnac.

De Chazelles, C.A., Poupet, P., 1985. La fouille des structures de terre crue. Définitions et difficultés. *Aquitania*, 3: 149-160.

De Haro Pozo, S., 1998. *Estudio antracológico del Castell d'Ambra (Pego, Alacant)*. Memoria de Licenciatura. Universitat de València.

De Niro, M., 1985. Postmortem preservation and alteration of in vivo bone collagen isotope ratios in relation to palaeodietary reconstruction. *Nature*, 317: 806-809.

De Niro, M., Epstein, S., 1978. Influence of diet on the distribution of carbon isotopes in animals. *Geochimica et Cosmochimica Acta*, 42: 495-506.

De Niro, M., Epstein, S., 1981. Influence of diet on the distribution of nitrogen isotopes in animals. *Geochimica et Cosmochimica Acta*, 49: 97-115.

Deines, P., 1980. *Handbook of Environmental Isotope Geochemistry*. Elsevier Science and Technology.

Delibes, G., 1995. Ritos funerarios, demografía y estructura social entre las comunidades neolíticas de la Submeseta Norte. R. Fábregas Valcarcel, F. Pérez Losada, y M. Fernandez Ibañez (coords.): *Arqueoloxía da morte: arqueloloxía da morte na Península Ibérica desde as Orixes ata o Medievo*: 61-94. Serie Cursos e Congresos 3. Xinzo de Limia: Exc. Concello.

Delibes, G., Alonso, O., Estremera, M.S., Pastor, J.F., 1999. ¿Sepultura o reliquia? A propósito de un cráneo hallado en ambiente habitacional en la Cueva de la Vaquera (Segovia). En J. Bernabeu y T. Orozco (eds.): *Actes del II Congrés del Neolític a la Península Ibèrica*: 429-434. Saguntum-PLAV, extra 2. Universitat de València.

Dietler, M., Herbich, I., 1994. Ceramics and Ethnic Identity. Ethnoarchaeological observations on the distribution of pottery styles and the relationship between the social contexts of production and consumption. En *Terre Cuite et Société. La Céramique, Document Technique, Économique, Culturel*: 459-472. Éditions APDCA.

Dupré, M., 1995. Cambios paleoambientales en el territorio valenciano. La palinología. *El Cuaternario en el País Valenciano*: 205-216. Universitat de València.

Duvernay, T., 2003. La construction en terre crue: potentiel des restes en position secondaire. Le cas d'un site rural du Bassin parisien. En C.-A. de Chazelles y A. Klein (dirs.): *Échanges transdisciplinaires sur les constructions en terre crue*: 55-71. Éditions de l'Espérou.

Echallier, J.-C., 1984. *Eléments de technologie céramique et d'analyse des terres cuites archéologiques*. Documents d'Archéologie Méridionale; Méthodes et Techniques, 3. Association pour la Diffusion de l'Archéologie Méridionale.

Echallier, J.-C., 1987. Étude des céramiques. A) Lames minces. En J.-C. Miskovski (ed.) : *Géologie de la Préhistoire : méthodes, techniques, applications*: 871-881. Géopré.

Edo, M., Fernández, J.L., Villalba, M.J., Blasco, A., 1997. La calaíta en el cuadrante NW de la Península Ibérica. En R. de Balbín, P. Bueno (eds.): *II Congreso de Arqueología Peninsular, tomo II*: 99-121. Fundación Rei Alfonso Henriques.

Eriksson, G., 2006. Stable isotope analysis of human and faunal remains from Zvejnieki. *Acta Archaeologica Lundensia*, 52: 183-215.

Esteve, F., 1956. Cerámica de cuerdas en la Plana de Castellón. *IV Congreso Internacional de Ciencias Prehistóricas y Protohistóricas (Madrid, 1954)*: 543-556.

Etxeberria, F., Herrasti, L., 2007. Los restos humanos del enterramiento de San Juan Ante Portam Latinam (Laguardia, Álava): caracterización de la muestra, tafonomía y paleopatología. En J.I. Vegas: *San Juan Ante Portam Latinam: Una inhumación colectiva prehistórica en el Valle Medio del Ebro*: 159-280. Memorias de yacimientos alaveses, nº 12. Diputación Foral de Álava.

Ezzo, J.A., 1994. Putting the 'Chemistry' back into archaeological bone chemistry analysis: modeling potential paleodietary indicators. *Journal of Anthropological Archaeology*, 13: 1-34.

Fabis, M., 2005. Pathological alteration of cattle skeletons. Evidence for the draught exploitation of animals. En J. Davis, M. Fabis, I. Mainland, M. Richards, R. Thomas: *Diet and health in past animals populations*: 58-62. Current Research and Future Directions. Oxbow Books.

Fairén Jiménez, S., 2006. *El paisaje de la neolitización: arte rupestre, poblamiento y mundo funerario en las comarcas centro-meridionales valencianas*. Universitat d'Alacant.

Farnié, C., Quesada, F., 2005. *Espadas de hierro, grebas de bronce. Símbolos de poder e instrumentos de guerra a comienzos de la Edad del Hierro en la Península Ibérica*. Monografías del Museo de Arte Ibérico de El Cigarralejo, 2.

Fechter, R., Falkner, G., 1993. *Moluscos europeos marinos y de interior*. Blume.

Ferembach, D., Schwidetzky, I., Stloukal, M., 1979. Recommandations pour déterminer l'âge et le sexe sur le squelette. *Bull. et Mémoires de la Société d'Anthropologie de Paris*, 6, XIII: 7-45.

Fernández López de Pablo, J., García Puchol, O., Juan Cabanilles, J., 2006. Les lames de silex du grand format du Néolithique final et de l'Éneolithique du Pays valencien (Espagne). Aspects technologiques d'une production singulière. En J. Vaquer y J. Briois (dirs.): *La fin de l'Âge de Pierre en Europe du Sud. Matériaux et productions lithiques taillées remarquables dans le Néolithique et le Chalcolithique du sud de l'Europe*: 257-271. École des Hautes Études en Sciences Sociales, Centre d'Anthropologie, Éditions des Archives d'Écologie Préhistorique.

Ferrer, C., García, J., Morer, J., Rigo, A., 2003. Fondo del Roig (Cunit). Un nucli camperol ibèric de la Cossetània. *Simposi Internacional d'Arqueologia del Baix Penedès (El Vendrell, 2001)*: 339-248. Generalitat de Catalunya.

Feugère, M., 1989. Les vases en verre sur noyau d'argile en Méditerrannée nord-occidentale. En H. Barge, P. Ambert y M. Feugère: *Le verre préromain en Europe occidentale*: 29-62. Montagnac. M. Mergoil.

Fischer, A., Olsen, J., Richards, M., Heinemeier, J., Sveinbjörnsdóttir, A.E., Bennike, P., 2007. Coast-inland mobility and diet in the Danish Mesolithic and Neolithic: evidence from stable isotope values of humans and dogs. *Journal of Archaeological Science*, 34 (12): 2125-2150.

Fletcher, D., 1961. La Ereta del Pedregal (Navarrés, Valencia). *Archivo de Prehistoria Levantina*, IX: 79-96.

Fletcher, D., 1965. *La necrópolis de La Solivella (Alcalá de Chivert)*. Trabajos Varios del S.I.P., 32. Dipt. Provincial de Valencia.

Flors, E., 2010a. Enterramientos neolíticos en Costamar (Ribera de Cabanes, Cabanes, Castellón). En A. Pérez y B. Soler (coords.): *Restos de vida, restos de muerte*: 179-182. Museu de Prehistòria de València.

Flors, E. (coord.), 2010b. *Torre la Sal (Ribera de Cabanes, Castellón). Evolución del paisaje antrópico desde la prehistoria hasta el medioevo.* Monografies de Prehistòria i Arqueologia Castellonenques, 8.

Fontavella, V., 1952. *La huerta de Gandia.* Instituto 'Juan Sebastián Elcano' del Consejo Superior de Investigaciones Científicas, Zaragoza.

Fortea, J., 1973. *Los complejos microlaminares y geométricos del epipaleolítico mediterráneo español.* Memorias del Seminario de Prehistoria y Arqueología, 4. Universidad de Salamanca.

Francalacci, P., 1988. Comparison of archaeological, trace element and stable isotope data from two Italian coastal sites. *Rivista di Antropologia,* LXVI: 239-250.

Fregeiro, M.I., 2006. Estado de la cuestión de las investigaciones antropológicas sobre el Calcolítico peninsular y estudio bioarqueológico de la Cova de la Pastora (Alcoy, Alicante). En M.E. Sanahuja Yll (coord.): *Contra la falsificación del pasado prehistórico. Buscando la realidad de las mujeres y los hombres detrás de los estereotipos*: 138-302. Instituto de la Mujer. Ministerio de Trabajo y Asuntos Sociales.

Fuller, B.T., Richards, M.P., Mays, S.A., 2003. Stable carbon and nitrogen isotope variations in tooth dentine serial sections from Wharram Percy. *Journal of Archaeological Science,* 30: 1673-1684.

Fusté, M., 1957. *Estudio antropológico de los pobladores neoeneolíticos de la Región Valenciana.* Trabajos Varios del S.I.P., 20. Dipt. Provincial de Valencia.

Gaibar-Puertas, C., 1969. Los movimientos recientes del litoral alicantino, I: El segmento septentrional hasta el Peñón de Ifach. *Revista del Instituto de Estudios Alicantinos,* 7: 21-66.

Gallart, M.D., 1980. La tecnología de la cerámica neolítica valenciana. Metodología y resultados del estudio ceramológico por medio de microscopía binocular, difractometría de rayos X y microscopía electrónica. *Saguntum-PLAV,* 15: 57-91.

Gallart, M.D., López, L.F., 1988. Análisis de las cerámicas neolíticas de la Cueva de Chaves (Casbas, Huesca). *Bolskan,* 5: 5-38

Gallart, M.D., Mata, M.P., 1999. El análisis mineralógico y textural de dos cerámicas tipológicamente características del Neolítico, procedentes de La Rioja. En J. Capel (ed.): *Arqueometría y Arqueología*: 57-68. Universidad de Granada.

Gallego, M., Subirà, M.E., 2000. Características sociales y biológicas de la población de la Quinta de San Rafael (Tarragona, Siglos II-V d.C.) a partir del análisis de elementos traza. En *Investigaciones en Biodiversidad Humana*: 223-230. Universidad de Santiago de Compostela.

Gallo, L., 1984. *Alimentazione e demografia della Grecia Antica.* Picola Biblioteca Laveglia.

García, E., 2009. Restes de fang neolítiques. Morfologia i interpretació dels elements documentats a la Mina 84 de Gavà. *Rubricatum,* 4: 99-112.

García, E., Lara, C., 1999. La construcció en terra. En P. González, A. Martín y R. Mora (eds.): *Can Roqueta. Un establiment pagés prehistòric i medival (Sabadell, Vallés Occiden-*

tal): 193-204. Excavacions Arqueològiques a Catalunya, 16. Generalitat de Catalunya.

García Alfonso, E., 1995-96. El cortijo de Nina (Teba). Un asentamiento rural de los ss. VI-V a.C. en el noroeste de la provincia de Málaga. *Mainake,* XVII-XVIII: 105-124.

García Borja, P., 2004. Los materiales cerámicos. En M. Gómez et al.: El yacimiento de Colata (Montaverner, Valencia) y los 'poblados de silos' del IV milenio en las comarcas centrales del País Valenciano. *Recerques del Museu d'Alcoi,* 13: 66-77.

García Cano, J.M., 1999. *Las necrópolis ibéricas de Coimbra del Barranco Ancho (Jumilla, Murcia). II. Análisis de los enterramientos, catálogo de materiales y apéndices antropológico, arqueozoológico y paleobotánico.* Universidad de Murcia.

García Gandía, J.R., 2004. La necrópolis orientalizante de Les Casetes (Villajoyosa, Alicante. En *El mundo funerario. Actas del III Seminario Internacional sobre Temas Fenicios*: 539-576. Instituto de Cultura Juan Gil-Albert. Dipt. Provincial d'Alacant.

García Guixé, E., Subirà, M.E., Richards, M.P. 2006. Paleodiets of humans and fauna from the Spanish Mesolithic site of El Collado. *Current Anthropology,* 47: 549-556.

García Puchol, O., 1994. La piedra tallada de Niuet. En J. Bernabeu et al.: Niuet (l'Alqueria d'Asnar, Alacant). Poblado del III milenio a.C. *Recerques del Museu d'Alcoi,* 3: 41-51.

García Puchol, O., 2004. La piedra tallada de Colata. En M. Gómez Puche et al.: El yacimiento de Colata (Montaverner, Valencia) y los poblados de silos del IV milenio en las comarcas centro-meridionales del País Valenciano. *Recerques del Museu d'Alcoi,* 13: 90-99.

García Puchol, O., 2005. *El proceso de neolitización en la fachada mediterránea de la península Ibérica. Tecnología y tipología de la piedra tallada.* British Archaeological Reports, i.s. 1430. Oxford.

García Puchol, O., Juan Cabanilles, J., 2010. Las grandes láminas de sílex en el ámbito valenciano. Estado de la cuestión. En *Europa al final de la Prehistòria: Les grans fulles de sílex.* Museu d'Arqueologia de Catalunya.

García Puchol, O., McClure, S.B., 2010. La Cova de la Pastora. En A. Pérez y B. Soler (coords.): *Restos de vida, restos de muerte*: 203-209. Museu de Prehistòria de València.

García Puchol, O., Molina, Ll., 1999. L'Alt del Punxó: Propuesta de interpretación de un registro prehistórico superficial. En J. Bernabeu y T. Orozco (eds.): *Actes del II Congrés del Neolític a la Península Ibèrica*: 291-298. Saguntum-PLAV, extra 2. Universitat de València.

García Puchol, O., Cotino, F., Miret, C., Pascual Benito, J.Ll., McClure, S.B., Molina, Ll., Alapont, Ll., Carrión, Y., Morales, J.V., Blasco, J., Culleton, B., 2010. Cavidades de uso funerario durante el Neolítico final/Calcolítico en el territorio valenciano: trabajos arqueológicos en el Avenc dels Dos Forats o Cova del Monedero (Carcaixent, Valencia). *Archivo de Prehistoria Levantina,* XXXVIII: 139-206.

García Sanjuán, L., 2006. Funerary ideology and social inequality in the Late Prehistory of the Iberian South-West (c. 3300-850 cal BC). En P. Díaz del Río y L. García Sanjuán (eds.):

Social Inequality in Iberian Late Prehistory: 220-251. British Archaeologial Reports, i.s. 1525. Oxford.

Garrido-Pena, R., 2005. El laberinto campaniforme: Breve historia de un reto intelectual. En M.A. Rojo Guerra, R. Garrido-Pena e I. García Martínez de Lagrán (coords.): *El campaniforme en la península Ibérica y su contexto europeo*: 29-60. Serie Arte y Arqueología, 21. Universidad de Valladolid.

Garrido-Pena, R., Rojo Guera, M.A., García Martínez de Lagrán, I., 2005. El Campaniforme en la Meseta central de la Península Ibérica. En M.A. Rojo Guerra, R. Garrido-Pena e I. García Martínez de Lagrán (coords.): *El Campaniforme en la Península Ibérica y su contexto europeo*: 411-456. Serie Arte y Arqueología, 21. Universidad de Valladolid.

Gascó, J., 1985. *Les installations du quotidien. Structures domestiques en Languedoc du Mésolithique à l'Âge du Bronze d'après l'étude des abris de Font-Juvenal et du Roc-de-Dourgne dans l'Aude*. Documents d'Archéologie Française.

Gassin, B., 1996. *Évolution socio-économique dans le Chasséen de la grotte de l'Église supérieure (Var): Apport de l'analyse fonctionelle des industries lithiques*. Monographie du CRA, 17, CNRS Éditions.

Gerrard, Ch.M., 1994. Análisis petrológico de la cerámica. En R.J. Harrison, G.C. Moreno y A.J. Legge: *Moncín: un poblado de la Edad del Bronce (Borja, Zaragoza)*: 254-264. Gobierno de Aragón.

Gibaja, J.F., 2003. *Comunidades Neolíticas del Noreste de la Península Ibérica. Una aproximación socio-económica a partir del estudio de la función de los útiles líticos*. British Archaeological Reports, i.s. 1140. Oxford.

Gibaja, J.F., Palomo, A., Bicho, N.F., Terradas, X., 2007. Tecnología y funcionalidad de los útiles astillados en contextos del Paleolítico superior, Mesolítico y Neolítico en la Península Ibérica: resultados del programa experimental. En M.L. Ramos, J.E. González y J. Baena (eds.): *Arqueología Experimental en la Península Ibérica: Investigación, didáctica y patrimonio*: 157-164. Asociación Española de Arqueología Experimental

Gisbert, J., 1983. L'època romana. En N. Novell y J. Muñoz Femenia (dirs.): *El llibre de La Safor*: 241-248. Palacios.

Glass, M., 1991. *Animal Production Systems in Neolithic Central Europe*. British Archaeologicla Reports, i.s. 572. Oxford.

Godelier, M., 1996. *L'énigme du don*. Fayard.

Gómez, A., Tornero, C., Borrell, F., Agustí, B., Saña, M., Molist, M., 2008. Un ejemplo de cavidad sepulcral del Neolítico final en la costa nordeste peninsular: la cueva de las Agulles (Corbera de Llobregat, Baix Llobregat). En M. Hernández, J. Soler y J.A. López (coords.): *IV Congreso del Neolítico Peninsular (Alicante, 2006). Vol. II*: 92-97.

Gómez Puche, M., 2004. *Estudio de los materiales de construcción en barro cocido en los asentamientos neolíticos de las comarcas alicantinas*. Instituto Alicantino de Cultura Juan Gil-Albert. Ayudas a la Investigación, 2004. Inédito.

Gómez Puche, M., 2006. Estudio de los fragmentos de barro cocido en el yacimiento de la Illeta dels Banyets (El Campello, Alicante). En J.A. Soler Díaz (ed.): *La ocupación pre-*

histórica de la Illeta dels Banyets (El Campello, Alicante): 271-279. MARQ. Dipt. Provincial d'Alacant.

Gómez Puche, M., 2008. Contribución al conocimiento de los asentamientos neolíticos: análisis de los elementos de barro. En M.S. Hernández, J.A. Soler y J.A. López (eds.): *Actas del IV Congreso del Neolítico Peninsular*: 200-209. MARQ, Dipt. Provincial d'Alacant.

Gómez Puche, M., 2009. *Lugares de hábitat, evolución entre el 7000-3500 BP en el arco de la fachada mediterránea*. Tesis Doctoral. Universitat de València.

Gómez Puche, M., Díez, A., 2005. El Yacimiento de Colata (Valencia, España) y los 'poblados de silos' en la fachada mediterránea de la Península Ibérica. En *Cuarto Congreso de Prehistoria Peninsular (Faro, Portugal)*: 53-60.

Gómez Puche, M., Díez, A., Verdasco, C., García-Borja, P., McClure, S.B., López, M.D., García Puchol, O., Orozco, T., Pascual Benito, J.Ll., Carrión, Y., Pérez Jordá, G., 2004. El yacimiento de Colata (Montaverner, Valencia) y 'los poblados de silos' del IV milenio en las comarcas centro-meridionales del País Valenciano. *Recerques del Museu d'Alcoi*, 13: 53-128.

González Prats, A., 1983. *Estudio arqueológico del poblamiento antiguo de la Sierra de Crevillente (Alicante)*. Anejo I de la Revista Lucentum.

González Prats, A., 1998. La Fonteta. El asentamiento fenicio de la desembocadura del río Segura (Guardamar, Alicante, España). Resultados de las excavaciones de 1996-97. *Rivista di Studi Fenici*, XXVI (2): 191-228.

González Prats, A., 2002. *La necrópolis de cremación de Les Moreres (Crevillente, Alicante, España) (s. IX-VII a.C)*. Universitat d'Alacant.

González Prats, A., 2005. El fenómeno orientalizante en el sudeste de la Península Ibérica. En S. Celestino y J. Jiménez (eds.): *El periodo orientalizante*: 799-808. Anejos de AespA, XXXV, vol. II.

González Prats, A., Ruiz, E., 2000. *El yacimiento fenicio de La Fonteta (Guardamar del Segura, Alicante. Comunidad Valenciana)*. Serie Popular, 4. Real Academia de Cultura Valenciana.

Gracia, F., 2000. El comercio arcaico en el nordeste de la Península Ibérica. Estado de la cuestión y perspectivas. En P. Cabrera y M. Santos (coords.): *Ceràmiques jònies d'època arcaica: centres de producció i comercialització al Mediterrani Occidental*: 257-276. Monografies Emporitanes, 11. Museu d'Arqueologia de Catalunya.

Grant, A., 1984. Survival or sacrifice? A critical appraisal of animal burials in Britain in the Iron Age. En C. Grigson y J. Clutton-Brock (eds.): *Animals and Archaeology*: 221-227. British Archaeological Reports, i.s. 227. Oxford.

Grau, E., 1984. *El hombre y la vegetación del Neolítico a la Edad del Bronce valenciano en La Safor (Provincia de Valencia) según el análisis antracológico de la Cova de la Recambra*. Memoria de licenciatura. Universitat de València.

Grau, E., 1990. *El uso de la madera en yacimientos valencianos de la Edad del Bronce a época visigoda. Datos etnobotánicos y reconstrucción ecológica según la antracología*. Tesis Doctoral. Universitat de València.

Greenfield, H.J., 2002. A reconsideration of the Secondary Products Revolution in south-eastern Europe: on the origins and use of domestic animals for milk, wool and traction in the central Balkans. En J. Mulville y A.K. Outram (eds.): *The Zooarchaeology of Fats, Oils, Milk and Dairying*: 14-31. Oxbow Books.

Grupe, G., Price, T.D., Schröter, P., Jonson, C.M., Beard, B.L., 1997. Mobility of Bell Beaker people revealed by strontium isotope ratios of tooth and bone: a study of southern Bavarian skeletal remains. *Applied Geochemistry*, 12: 517-525.

Guérin, P., 2003. *El Castellet de Bernabé y el horizonte ibérico pleno edetano*. Trabajos Varios del S.I.P., 101. Dipt. Provincial de Valencia.

Guérin, P., Martínez Valle, R., 1987-88. Inhumaciones infantiles en poblados ibéricos del área valenciana. *Saguntum-PLAV*, 21: 231-165.

Guilaine, J., 2004. Les Campaniformes et la Méditerranée. *Bulletin de la Société préhistorique française*, 101 (2): 239-249.

Guillem, P.M., Martínez Valle, R., Pérez Jordà, G., Pérez Millán, R., Fernández, J., 2005. El Prat de Cabanes (Cabanes, Castelló). Un jaciment prehistòric del III mil·lenni aC. En *Geomorfologia litoral i Quaternari. Homenatge al profesor M. Rosselló i Verger*: 195-202. Universitat de València.

Guitart, I., 1989. El Neolítico final en el Alto Vinalopó (Alicante): Casa de Lara y La Macolla. *Saguntum-PLAV*, 22: 67-97.

Halstead, P., 1987. Traditional and ancient rural economy in the Mediterranean Europe. *Journal of Hellenic Studies*, 107: 77-87.

Halstead, P., 1995. Plough and power: the economic and social significance of cultivation with the ox-drawn ard in the Mediterranean. *Bulletin of Sumerian Agriculture*, 8: 11-22.

Hampton, O.W., 1999. *Culture of Stone. Sacred and profane uses of stone among the Dani*. Texas A&M University Press.

Harden, D.B., 1981. *Catalogue of greek and roman glass in the British Museum, vol. I: Core- and rod-formed vessels and pendants and mycenaean cast objects*. British Museum Publications.

Harrison, R.J., 1977. *The Bell Beaker Cultures of Spain and Portugal*. Bulletin nº 15, American School of Prehistoric Research.

Harrison, R.J., Moreno, G., 1984. El policultivo ganadero o la revolución de los productos secundarios. *Trabajos de Prehistoria*, 42: 51-82.

Harrison, R.J., Orozco, T., 2001. Beyond Characterisation. Polished Stone Exchange in the Western Mediterranean, 5500-2000 BC. *Oxford Journal of Archaeology*, 20 (2): 107-127.

Hayden, B., 1995. Pathways to Power. Principles for Creating Socioeconomic Inequalities. En T.D. Price y G.M. Feinman (eds.): *Foundations of Social Inequalities*: 15-86. Plenum Press.

Hayden, B., 1998. Practical and Prestige Technologies: the Evolution of Material Systems. *Journal of Archaeological Method and Theory*, 5 (1): 1-55.

Heaton, T.H.E, Vogel, J.C., Von La Chevallerie, G., Collett, G., 1986. Climatic influence on the isotopic composition of bone nitrogen. *Nature*, 322: 822-823.

Hedges, R.E.M., Reynard, L.M., 2007. Nitrogen isotopes and the trophic level of humans in archaeology. *Journal of Archaeological Science*, 34: 1240-1251.

Hernando, A., 2002. *Arqueología de la Identidad*. Akal.

Hill, J.D., 1995. *Ritual and Rubbish in the Iron Age of Wessex*. British Archaeological Reports, 242. Oxford.

Horden, P., Purcell, N., 2000. *The Corrupting Sea. A Study of Mediterranean History*. Blackwell Publishing.

Hurtado, V., 2005. El Campaniforme en Extremadura. Valoración del proceso de cambio socioeconómico en las cuencas medias del Tajo y Guadiana. En M.A. Rojo Guerra, R. Garrido-Pena e I. García Martínez de Lagrán (coords.): *El Campaniforme en la Península Ibérica y su contexto europeo*: 321-349. Serie Arte y Arqueología, 21. Universidad de Valladolid.

Insoll, T., 2007. Introduction. Configuring Identities in Archaeology. En T. Insoll (ed.): *The Archaeology of Identities. A reader*: 1-18. Routledge.

Izquierdo, I., 2004. Exvotos ibéricos como símbolos de fecundidad: un ejemplo femenino en bronce del Instituto y Museo Valencia de Don Juan (Madrid). *Saguntum-PLAV*, 36: 111-124.

Jardón, P., Quixal, D., Mata, C., Ntinou, M., Pascual, G., 2009. La Fonteta Ràquia: une installation apicole de IIIe siècle av. J.-C. dans la péninsule ibérique. *Lunula*, XVII: 193-200.

Jim, S., Jones, V., Ambrose, S.H., Evershed, R.P., 2006. Quantifying dietary macronutrient sources of carbon for bone collagen biosynthesis using natural abundance stable carbon isotope analysis. *British Journal of Nutrition*, 95: 1055-1062.

Jiménez Jáimez, V., 2007. La premisa pompeyana y las cabañas semisubterráneas del Sureste de la Península Ibérica (IV-III milenios a.C.). *Mainake*, 29: 475-492.

Jiménez Jáimez, V., 2006. Pithouses versus pits: apuntes para la resolución de un problema arqueológico. *Portugalia*, XXVII-XXVIII: 35-48.

Jodry, M.A., Standford, D.J., 1992. Stewart's Cattle Guard site: an analysis of bison remains in a Folsom kill-butchery campsite. En D.J. Satandford y J.S. Day (eds.): *Ice Age Hunters of the Rockies*: 101-168. Denver Museum of Natural History. University Press of Colorado.

Jones, S., 1997. *The Archaeology of Ethnicity. Constructing identities in the past and present*. Routledge.

Jornet, M., 1929. Prehistoria de Bélgida (I). Hallazgos eneolíticos. *Archivo de Prehistoria Levantina*, I (1928): 91-100.

Jover, F.J., 2010. Los materiales constructivos de una pequeña comunidad agropecuaria. En F.J. Jover Maestre (coord.): *La Torreta-El Monastil (Elda, Alicante) del IV al III milenio AC en la cuenca del río Vinalopó. Dos nuevos yacimientos arqueológicos para el estudio del IV y III milenio AC en tierras valencianas: La Torreta-El Monastil y la Casa Colorá*: 111-118. MARQ. Dipt. Provincial d'Alacant.

Jover, F.J., 2010. El instrumental de piedra tallada: de la caza a la siega. En F.J. Jover Maestre (coord.): *La Torreta-El Monastil (Elda, Alicante) del IV al III milenio AC en la cuenca del río Vinalopó. Dos nuevos yacimientos arqueológicos para el estudio del IV y III milenio AC en tierras valencia-*

nas: *La Torreta-El Monastil y la Casa Colorá*: 227-249. MARQ. Dipt. Provincial d'Alacant.

Jover Maestre, F.J., López Seguí, E.J., Torregrosa Giménez, P., 2004. La Cova Sant Martí (Agost, Alicante) y las primeras comunidades neolíticas al sur de la cuenca del Serpis. *Recerques del Museu d'Alcoi*, 13: 9-34.

Jover, F.J., Soler, M.D., Esquembre, M.A., Poveda, A.M., 2001. La Torreta-El Monastil (Elda, Alicante): un nuevo asentamiento calcolítico en la cuenca del río Vinalopó. *Lucentum*, XIX-XX: 27-38.

Joyce, A.R., 2005. Archaeology of the Body. *Annual Review of Anthropology*, 34: 139-158.

Juan Cabanilles, J., 1984. El utillaje neolítico en sílex del litoral mediterráneo peninsular. Estudio tipológico-analítico a partir de materiales de la Cova de l'Or y de la Cova de la Sarsa. *Saguntum-PLAV*, 18: 49-102.

Juan Cabanilles, J., 1990. A propòsit d'un punyal de retoc en peladures i sílex polit de la cova del Barranc de l'Infern (Gandia, València). *Archivo de Prehistoria Levantina*, XX: 201-222.

Juan Cabanilles, J., 2005. Las manifestaciones del Campaniforme en el País Valenciano. Una visión sintética. En M.A. Rojo Guerra, R. Garrido-Pena e I. García-Martínez de Lagrán (coords.): *El Campaniforme en la Península Ibérica y su contexto europeo*: 389-399. Serie Arte y Arqueología, 21. Universidad de Valladolid.

Juan Cabanilles, J., 2008. *El utillaje de piedra tallada en la Prehistoria reciente valenciana. Aspectos tipológicos, estilísticos y evolutivos.* Trabajos Varios del S.I.P., 109. Dipt. Provincial de Valencia.

Juan Cabanilles, J., Martínez Valle, R., 1988. Fuente Flores (Requena, Valencia). Nuevos datos sobre el poblamiento y la economía del Neo-eneolítico valenciano. *Archivo de Prehistoria Levantina*, XVIII: 181-231.

Juan Cabanilles, J., García Puchol, O., Fernández López de Pablo, J., 2006. L'utilisation du silex en plaquettes dans la préhistoire récente du Pays valencien (Espagne Méditerranéenne). En J. Vaquer y J. Brois (dirs.): *La fin de l'Âge de Pierre en Europe du Sud. Matériaux et productions lithiques taillées remarquables dans le Néolithique et le Chalcolithique du sud de l'Europe*: 273-284. École des Hautes Études en Sciences Sociales, Centre d'Anthropologie, Éditions des Archives d'Écologie Préhistorique.

Juan i Moltó, J., 1987-1988. El conjunt de terracotes votives del santuari ibèric de la Serreta (Alcoi, Cocentaina, Penàguila). *Saguntum-PLAV*, 21: 295-329.

Katzenberg, M.A., 2008. Stable Isotope Analysis: A tool for studying past diet, demography, and life history. En M.A. Katzenberg y S.R. Saunders (eds.). *Biological Anthropology of the Human Skeleton*: 413-441. Wiley.

Kitching, J.M., 1980. On some fossil Arthropoda from the Limeworks, Makapansgat, Potgietersus. *Paleontologia Africana*, 23: 63-68.

Krogman, W.M., Iscan, M.Y., 1986. *The Human Skeleton in Forensic Medicine.* C.C. Thomas. Publ. Springfield.

Kunst, M., 2005. El Campaniforme en Portugal. Breve resumen. En M.A. Rojo Guerra, R. Garrido-Pena e I. García Martínez de Lagrán (coords.): *El Campaniforme en la Pe-*

nínsula Ibérica y su contexto europeo: 197-225. Serie Arte y Arqueología, 21. Universidad de Valladolid.

Kyle, J.H., 1986. Effect of post-burial contamination on the concentrations of major and minor elements in human bones and teeth. The implications for palaeodietary research. *Journal of Archaeological Science*, 13: 403-416.

Lambert, J.B., Xue, L., Buikstra, J.E., 1989. Physical removal of contaminative inorganic material from buried human bone. *Journal of Archaeological Science*, 16: 427-436.

Lazarich, M., 2005. El Campaniforme en Andalucía. En M.A. Rojo Guerra, R. Garrido-Pena e I. García Martínez de Lagrán (coords.): *El Campaniforme en la Península Ibérica y su contexto europeo*: 351-387. Serie Arte y Arqueología, 21. Universidad de Valladolid.

Le Bras-Goude, G., Claustre, F., 2009. Exploitation of domestic mammals in the eastern Pyrenees during the Neolithic and Human Dietary patterns at the site of Montou (Corbères-les-Cabanes, France) using bone collagen stable isotopes ($f\hat{A}^{13}C$, $f\hat{A}^{15}N$). *Life and Environment*, 59: 219-225.

Le Bras-Goude, G., Schmitt, A., Loison, G., 2009. Comportements alimentaires, aspects biologiques et sociaux au Néolithique: le cas du Crès (Hérault, France). *Comptes Rendus Palevol*, 8: 79-81.

Lefébure, C., 1985. Réserves céréalières et société: l'ensilage chez les marrocains. En M. Gast, F. Sigaut y C. Beutler (eds.): *Les techniques de conservation des grains à long terme, 3.1*: 211-235. CNRS Éditions.

Lemercier, O., 2003. Les campaniformes catalans et pyrénéens vus de Provence. Contribution à une problématique historique du Campaniforme de l'Europe Méridionale. En *Pirineus i veïns al 3r mil·lenni AC. De la fi del Neolític a l'Edat del Bronze entre l'Ebre i la Garona. Homenatge al Prof. Dr. Domènec Campillo. XII Col·loqui Internacional d'Arqueologia de Puigcerdà*: 431-445. Puigcerdà: Insitut d'Estudis Ceretans.

Liden, K., Eriksson, G., Nordqvist, B., Gotherstriom, A., Bendixen, E., 2004. The wet and the wild followed by the dry and the tame - or did they occur at the same time? Diet in Mesolithic-Neolithic southern Sweden. *Antiquity*, 78: 23-33.

Lizcano, P., 1999. *El polideportivo de Martos (Jaén): un yacimiento neolítico del IV milenio AC.* Cajasur.

Lizcano, R., Riquelme, J.A., Alfonso, J.A., Sánchez, A., Cañabate, M.L., Cámara, J.A., 1991-1992. El polideportivo de Martos: Producción económica y símbolos de cohesión en un asentamiento del Neolítico final en las Campiñas del Alto Guadalquivir. *Cuadernos de Prehistoria y Arqueología de la Universidad de Granada*, 16-17: 5-101.

Lomba Maurandi, J., Eiroa García, J.J., 1997. Dataciones absolutas para la Prehistoria de la Región de Murcia: estado de la cuestión. *Anales de Prehistoria y Arqueología*, 13-14: 81-118.

Lomba Maurandi, J., López Martínez, M., Ramos, F., Avilés, A., 2009. El enterramiento múltiple, calcolítico, de Camino del Molino (Caravaca, Murcia). Metodología y primeros resultados de un yacimiento excepcional. *Trabajos de Prehistoria*, 66 (2): 143-159.

Longin, R., 1971. New Method of Collagen Extraction for Radiocarbon Dating. *Nature*, 230: 241-242.

López, J.L., Ruiz, J.A., Bueno, P., 1995. Malacología arqueológica. Dos ejemplos del Bronce Final gaditano. *Revista de Arqueología*, 174: 6-13.

López Fernández, J., 2007. *Història de la Vital. Indústries de conserves i derivats cítrics a Gandia*. CEIC Alfons el Vell. Gandia.

López Padilla, J.A., 2006. Consideraciones en torno al 'Horizonte Campaniforme de Transición'. *Archivo de Prehistoria Levantina*, 26: 193-243.

Louis, A., 1979. La conservation à long terme des grains chez les nomades et semi-sedentaires du Sud de la Tunisie. En M. Gast y F. Sigaut (eds.): *Les techniques de conservation des grains à long terme, 1*: 205-214. CNRS Éditions.

Lubell, D., Jackes, M., Scwarcz, H., Knyf, M., Meikleejohn, C., 1994. The Mesolithic-Neolithic transition in Portugal: isotopic and dental evidence of diet. *Journal of Archaeological Science*, 21: 201-216.

Lucas, R., 1998. Algo más sobre el tesoro de Villena: reconstrucción parcial de tres empuñaduras. *Cuadernos de Prehistoria y Arqueología de la Universidad Autónoma de Madrid*, 25 (1): 157-199.

Lull, V., 1997-98. El Argar: la muerte en casa. *Anales de Prehistoria y Arqueología*, 13-14: 65-80.

Lull, V., Micó, R., Risch, R., Rihuete, C., 2009. El Argar: la formación de una sociedad de clases. En M.S. Hernández, J.A. Soler y J.A. López (coords.): *Los confines del Argar: una cultura de la edad del bronce en Alicante en el centenario de Julio Furgús*: 224-245. MARQ. Dipt. Provincial d'Alacant.

Lyman, R.L., 1994. *Vertebrate Taphonomy*. Cambridge Manuals in Archaeology. Cambridge University Press.

Maicas, R., 2007. *Industria ósea y funcionalidad: Neolítico y Calcolítico en la Cuenca de Vera (Almería)*. Bibliotheca Praehistorica Hispana. Consejo Superior de Investigaciones Científicas.

Maluquer, J., 1984. *La necrópolis paleoibérica de 'Mas de Mussols', Tortosa (Tarragona)*. Programa de Investigaciones Protohistóricas VIII. Universitat de Barcelona.

Martí, B., 1981. La Cova Santa (Vallada, Valencia). *Archivo de Prehistoria Levantina*, XVI: 159-196.

Martí, B., Juan Cabanilles, J., 2002. La decoració de les ceràmiques neolítiques i la seua relació amb les pintures rupestres dels abrics de la Sarga. En M.S. Hernández y J.M. Segura (coords.): *La Sarga. Arte rupestre y territorio*: 147-170. C.A.M., Ajuntament d'Alcoi.

Martin, R., Saller, K., 1957. *Lehrbuch der Anthropologie*. Ed. Gustav Fischer. Sttutgart.

Martín Valls, R., Delibes, G., 1989. *La cultura del vaso campaniforme en las campiñas meridionales del Duero. El enterramiento de Fuente Olmedo (Valladolid)*. Monografías del Museo Arqueológico de Valladolid.

Martín Vide, J., 1994. Precipitacions: màxims diaris, probables i irregularitat. En A. Pérez Cueva (coord.): *Atlas climàtic de la Comunitat Valenciana (1961-1990)*: 94-96. Col·lecció Territori, nº 4. Generalitat Valenciana.

Martínez, I., Vilaplana, E., 2010. Dos fragmentos constructivos, procedentes del yacimiento de la Torreta-El Monastil (Elda-Alicante): análisis mediante diferentes técnicas instrumentales (FRX, DRX, FTIR-IR, TG-ATD, SEM-EDX). En F.J. Jover (coord..): *La Torreta-El Monastil (Elda, Alicante) del IV al III milenio AC en la cuenca del río Vinalopó. Dos nuevos yacimientos arqueológicos para el estudio del IV y III milenio AC en tierras valencianas: La Torreta-El Monastil y la Casa Colorá*: 119 -138. MARQ. Dipt. Provincial d'Alacant.

Martínez García, J.A., 2005. L'hàbitat i la necròpolis ibèriques d'Altea la Vella. En L. Abad, F. Sala e I. Grau (eds.): *La Contestania Ibérica, treinta años después*: 281-296. Universitat d'Alacant.

Martínez García, J.M., Aparicio, J., Climent, S., 1994. *Mesolítico, Eneolítico e Ibérico en el Camí del Pla (Oliva. Valencia. España)*. Serie arqueológica, 14. Real Academia de Cultura Valenciana.

Martínez-Ortí, A., Robles, F., 2003. *Moluscos continentales de la Comunidad Valenciana*. Conselleria de Territori i Habitatge. Generalitat Valenciana.

Martínez Valle, R., 1993. La fauna de vertebrados. En J. Bernabeu (dir.): El IIIer milenio a.C. en el País Valenciano. Los Poblados de Jovades (Cocentaina, Alacant) y Arenal de la Costa (Ontinyent, Valencia). *Saguntum-PLAV*, 26: 123-152.

Martínez Valle, R., 1995. Fauna cuaternaria del País Valenciano. Evolución de las comunidades de macromamíferos. En *El Cuaternario del País Valenciano*: 235-244. Universitat de València.

Mata, C., 1978. La Cova del Cavall y unos enterramientos en urna, de Liria (Valencia). *Archivo de Prehistoria Levantina*, XV: 113-136.

Mata, C., 1991. *Los Villares (Caudete de las Fuentes, Valencia): origen y evolución de la Cultura Ibérica*. Trabajos Varios del S.I.P., 88. Dipt. Provincial de Valencia.

Mata, C., 1993. Aproximación al estudio de las necrópolis ibéricas valencianas. En *Homenatge a M. Tarradell*: 429- 448. Curial.

Mata, C., 2006. El ibérico antiguo de Kelin/Los Villares (Caudete de las Fuentes, València) y el inicio de su organización territorial. *Arqueo Mediterrània*, 9: 123-134.

Mata, C., Bonet, H., 1992. La cerámica ibérica: ensayo de tipología. En *Estudios de Arqueología Ibérica y romana: Homenaje a Enrique Pla Ballester*: 117-173. Trabajos Varios del S.I.P., 89. Dipt. Provincial de València.

Mata, C., Martí Bonafé, M.A., Iborra, M.P., 1994-1996. El País Valencià del Bronze Recent a l'Ibèric Antic: el procés de formació de la societat urbana ibérica. *Gala*, 3-5: 183-217.

Mata, C., Moreno, A., Pérez, G., Quixal, D., Vives-Ferrándiz, J., 2009. Casas y cosas del campo: el paisaje agrícola en los territorios de Edeta y Kelin (siglos V-III a.n.E). *Arqueo Mediterrània*, 11: 143-152.

Mata, C., Badal, E., Bonet, H., Collado, E., Fabado, F.J., Fuentes, M., Izquierdo, I., Moreno, A., Ntinou, M., Quixal, D., Ripollès, P.P., Soria, L., 2010. Comida para la eternidad. En C. Mata, G. Pérez Jordà y J. Vives-Ferrándiz (eds.): *De la Cuina a la Taula. IV Reunió d'Economia en el Primer Mil·lenari AC*: 277-286. Saguntum-PLAV, extra-9. Universitat de València.

Mateu, J.F., Martí, B., Robles, F., Acuña, J.D., 1985. Paleografía litoral del Golfo de Valencia durante el Holoceno inferior a partir de yacimientos prehistóricos. En *Pleistoceno y Geomorfología litoral. Homenaje a Juan Cuerda*: 77-102. Universitat de València.

Mateu Andrés, I., 1993. A revised list of the European C4 plants. *Photosynthetica*, 26: 323-331.

Matolcsi, J., 1970. Historiche erforschung der körpergrösse desw rindes auf grund von ungarischen knochenmaterial. *Zeitschrift für Tierzüchtung und Züchtungsbiologie*, 87 (2): 89-137.

McClure, S.B, García Puchol, O., Culleton, B., 2010. AMS Dating of Human Bone from Cova de la Pastora: New Evidence of Ritual Continuity in the Prehistory of Eastern Spain. *Radiocarbon*, 52 (1): 25-32.

McClure, S.B., García Puchol, O., Roca de Togores, C., Culleton, B., Kennett, D., 2011. Osteological and paleodietary investigation of burials from Cova de la Pastora, Alicante, Spain. *Journal of Archaeological Science*, 38 (2): 420-428.

Mercadal, O., 2003. La Costa de Can Martorell (Dosrius, el Maresme). Mort i violència en una comunitat del litoral català durant el tercer mil·lenni a.C. *Laetania*, 14.

Mesado, N., 1974. *Vinarragell (Burriana, Castellón)*. Trabajos Varios del S.I.P., 46. Dipt. Provincial de València.

Meskell, L., 2001. Archaeologies of Identity. En I. Hodder (ed.): *Archaeological Theory Today*: 187-213. Polity Press.

Mestres, J., Farré, J., Senabre, M.R., 1998. Anàlisi microespacial de les estructures enfonsades del Neolític a l'Edat del Ferro a la Plana del Penedés. *Cypsela*, 12: 11-29.

Miguel, M.P. de, 2005. Muertos y ritos. Aportes desde la osteoarqueología. En L. Abad, F. Sala e I. Grau (eds.): *La Contestania Ibérica, 30 años después*: 325-336. Universitat d'Alacant.

Miguel, M.P. de, 2007. Los restos humanos de la Cova del Montgó: una visión interpretativa desde la arqueología. En J.A. Soler (ed.): *La Cova del Montgó (Xàbia, Alicante)*. Catálogo de los fondos del MARQ, n° 7: 53-58.

Minagawa, M., Wada, E., 1984. Stepwise enrichment of ^{15}N along food chains: Further evidence and the relation between $f Â^{15}N$ and animal age. *Geochimica et Cosmochimica Acta*, 48: 1135-1140.

Miret, J., 2005. Les sitges per a emmagatzemar cereals. Algunes reflexions. *Revista d'Arqueologia de Ponent*, 15: 319-332.

Miret, J., 1992. Bòbila Madurell 1987-88. Estudi dels tovots i les argiles endurides pel foc. *Arraona*, 11: 67-72.

Molina, F., Cámara, J.A., Capel, J., Nájera, T., Sáez, L., 2004. Los Millares y la periodización de la prehistoria reciente del sureste. En *II-III Simposios de Prehistoria. Cueva de Nerja*: 142-158. Nerja: Fundación Cueva de Nerja.

Molina, Ll., 2006. La ceràmica prehistòrica de l'Abric de la Falguera. En O. García Puchol y Ll. Molina (coords.): *El Abric de la Falguera. Volumen 2. Estudios*: 175-245. Ajuntament d'Alcoi, Dipt. Provincial d'Alacant, C.A.M.

Molist, M., Ribé, G., Saña, M., 1996. La transición del V Milenio cal. BC en Cataluña. En *Actes del Ir Congrés del Neolític a la Península Ibèrica*: 781-790. Rubricatum, 1. Museu de Gavà.

Montero-Ruiz, I., Murillo-Barroso, M., 2010. La producción metalúrgica en las sociedades argáricas y sus implicaciones sociales: una propuesta de investigación. *Menga*, 1: e.p.

Morán, E., Parreira, R., 2004. Alcalar 7. Estudo e reabilitação de um monumento megalítico. *Cadernos (IPPAR)*, 6: 23-140.

Moreno, A., 2006. *Paisaje, SIG y Territorio: El análisis de La Plana d'Utiel entre los ss. VI-V a.n.e.* Trabajo de investigación de Tercer Ciclo. Universitat de València.

Moreno, R., 1994. Los Moluscos. En E. Roselló y A. Morales (eds.): *Castillo de Doña Blanca: Archaeo-emvironmental investigations in the Bay of Cádiz, Spain (750-500 BC)*: 143-182. British Archaeological Reports, i.s. 593. Oxford.

Morer, J., Rigo, A., 1999. *Ferro i ferrers en el món ibèric. El poblat de les Guàrdies (El Vendrell)*. AUCAT.

Morote, G., 1981. Una estela de guerrero con espada de antenas en la necrópolis ibérica de Altea la Vella (Altea, Alicante). *Archivo de Prehistoria Levantina*, XVI: 417-446.

Navarrete, M.S., Capel, J., Linares, J., Huertas, F., Reyes, E., 1991. *Cerámicas neolíticas de la provincia de Granada. Materias primas y técnicas de manufacturación*. Monográfica Arte y Arqueología, 9. Universidad de Granada.

Navarro, V., Catalá, J., 2000. La Universidad liberal (siglos XIX-XX). *Historia de la Universidad de Valencia, tomo III*: 149-178. Universitat de València.

Negueruela, I., 1979-80. Sobre la cerámica de engobe rojo en España. *Habis*, 10-11: 335-359.

Nilsson, L., 2003. *Embodied Rituals and Ritualized Bodies. Tracing ritual practices in Late Mesolithic Burials*. Acta Archaeologica Lundensia, 46. Lund University.

Nocete, F., 2001. *Tercer milenio antes de nuestra era. Relaciones y contradicciones centro/periferia en el Valle de Guadalquivir*. Bellaterra Arqueología.

Ntinou, M., 2002. *El paisaje en el norte de Grecia desde el Tardiglaciar al Atlantico. Formaciones vegetales, recursos y usos*. British Archaeological Reports, i.s. 1038. Oxford.

Nungesser, W., Magetti, M., 1981. Étude minéralogique et pétrographique de la poterie néolithique du Burgaschisee (Suisse). *Actes du XX Symposium International d'Archéometrie, vol. III*: 225-226. Revue d'Archéometrie.

Núñez, M., García-Guixé, E., Liden, K., Eriksson, G., 2006. Diferencias dietéticas en torno al Mar Báltico (10000-200 BP). En A. Martínez Almagro (ed.): *Diversidad Biológica y Salud Humana*: 337-344. Universidad Católica San Antonio.

Oelze, V., Siebert, A., Nicklisch, N., Meller, H., Dresley, V., Alt, K.W., 2010. Early Neolithic Diet and Animal Husbandry: Stable Isotope Evidence from three Linearbandkeramik (LBK) Sites in Central Germany. *Journal of Archaeological Science*, en prensa.

Olaetxea, C., 2000. *La tecnología cerámica de la Protohistoria vasca*. Munibe, suplemento 12. Sociedad de Ciencias Aranzadi.

Oliva, A., 2001. Insects of forensic significance in Argentina. *Forensic Science International*, 120 (1-2): 145-154.

Oliver, A., 2004. Fenicios y púnicos en Castellón y Valencia: contactos e influencias. En B. Costa y J.H. Fernández (eds.): *Colonialismo e interacción cultural: el impacto fenicio púnico en las sociedades autóctonas de Occidente, XVIII*

Jornadas de Arqueología fenicio-púnica: 103-125. Museu Arqueològic d'Eivissa i Formentera.

Olivier, G., 1960. *Pratique Anthropologie*. Vigot Freres. Paris.

Olmos, R., 2000-01. Diosas y animales que amamantan: la transmisión de la vida en la iconografía ibérica. *Zephyrus*, LIII/LIV: 353-378.

Ontañón, R., 2005. El Campaniforme en la Región Cantábrica. En M.A. Rojo Guerra, R. Garrido-Pena e I. García Martínez de Lagrán (coords.): *El Campaniforme en la Península Ibérica y su contexto europeo*: 227-261. Serie Arte y Arqueología, 21. Universidad de Valladolid.

Orozco, T., 1993. El utillaje pulimentado y el instrumental de molienda. En J. Bernabeu (dir.): *El III milenio A.C. en el País Valenciano. Los poblados de Jovades (Cocentaina) y Arenal de la Costa (Ontinyent)*. *Saguntum-PLAV*, 26: 99-107.

Orozco, T., 1994. Utillaje pulimentado e instrumental de molienda. En J. Bernabeu et al.: Niuet (L'Alqueria d'Asnar). Poblado del III milenio a.C. *Recerques del Museu d'Alcoi*, 3: 62-67.

Orozco, T., 1998a. Algunas consideraciones sobre el suministro de recursos líticos a lo largo del Neolítico en el País Valenciano. En J. Bernabeu, T. Orozco y X. Terradas (eds.): *Los recursos abióticos en la Prehistoria. Caracterización, Aprovisionamiento e Intercambio*: 127-138. Universitat de València.

Orozco, T., 1998b. El Horizonte Campaniforme de Transición (HCT) en el País Valenciano. Algunas reflexiones desde el estudio del aprovisionamiento de recursos líticos. En J. Bosch et al. (eds.): *Rubricatum, 2. Actes de la 2ª Reunió de Treball sobre Aprovisionament de Recursos Lítics a la Prehistòria*: 171-176. Museu de Gavà.

Orozco, T., 1999. Señales de enmangue en el utillaje pulimentado del Neolítico valenciano. En J. Bernabeu y T. Orozco (eds.): *Actes del II Congrés del Neolític a la Península Ibérica*: 135-142. Saguntum-PLAV, extra-2. Universitat de València.

Orozco, T., 2000. *Aprovisionamiento e Intercambio. Análisis petrológico del utillaje pulimentado en la Prehistoria reciente del País Valenciano (España)*. British Archaeological Reports, i.s. 867. Oxford.

Orozco, T., 2004a. Materiales líticos pulimentados. En D. Martín Socas et al.: *La Cueva de El Toro (Sierra de El Torcal-Antequera-Málaga). Un modelo de ocupación ganadera en el territorio andaluz entre el VI y II milenios A.N.E.*: 161-173. Monografías de Arqueología, 21. Junta de Andalucía.

Orozco, T., 2004b. El utillaje pulimentado y el instrumental de molienda. En M. Gómez Puche et al.: El yacimiento de Colata (Montaverner, Valencia) y los 'poblados de silos' del IV milenio en las comarcas centro-meridionales del País Valenciano. *Recerques del Museu d'Alcoi*, 13: 99-102.

Orozco, T., 2009. Materiales líticos no tallados. En J. Bernabeu y Ll. Molina (eds.): *La Cova de les Cendres (Moraira-Teulada, Alicante)*: 105-110. Serie Mayor, 6. MARQ. Diputació Provincial d'Alacant.

Orozco, T., 2010. La industria pulimentada de Costamar. En E. Flors (coord.): *Torre La Sal (Ribera de Cabanes, Castellón). Evolución del paisaje antrópico desde la prehistoria hasta el medioevo*: 263-267. Monografies de Prehistòria i Arqueologia Castellonenques, 8.

Orozco, T., Rojo, M.A., 2006. Útiles pulimentados en contextos funerarios. Las tumbas monumentales del valle de Ambrona. En G. Martínez, A. Morgado y J.A. Afonso (coords.): *Sociedades Prehistóricas, Recursos Abióticos y Territorio*: 279-292. Fundación Ibn-Al Jatib.

Orozco, T., Bernabeu, J., Molina, F., 2001. Exchange networks in Bell Beaker Southeast Spain. En F. Nicolis (ed.): *Bell Beakers Today. Pottery, people, culture, symbols in prehistoric Europe. Vol. 1*: 471-486. Servizio Beniculturali. Provincia di Trento.

Ottaway, B., Seibel, S., 1998. Dust in the wind. Experimental casting of bronze in sand moulds. En M.-Ch. Frère-Sautot (dir.): *Paléométallurgie des cuivres*: 59-63. Montagnac, M. Mergoil.

Pallecchi, P., 1997. Analisi dei materiali. En L. Sarti: *Querciola. Insedimento campaniforme a Sesto Florentino*: 325-331. Garlatti e Razzai.

Papathanasiou, A., Larsen, C.S., Norr, L., 2000. Bioarchaeological inferences from a Neolithic ossuary from Alepotrypa Cave, Diros, Greece. *International Journal of Osteoarchaeology*, 10: 210-228.

Parker Pearson, M., 1982. Mortuary practices, society and ideology. An ethnoarchaeological study. En I. Hodder (ed.): *Symbolic and Structural Archaeology*: 99-113. Cambridge University Press.

Pascual Beneyto, J., 2010: El Barranc de Beniteixir. En A. Pérez y B. Soler (coords.): *Restos de vida, restos de muerte*: 191-194. Museu de Prehistòria de València.

Pascual Beneyto, J., Ribera, A., 1994. Excavacions arqueològiques en l'Arenal de la Costa. Ontinyent. Avanç de resultats de l'última campanya. *Alba*, 8: 39-56.

Pascual Beneyto, J., Ribera, A., 1997. L'Arenal de la Costa. Un yacimiento del Neolítico campaniforme. *Revista de Arqueología*, 199: 26-31.

Pascual Beneyto, J., Ribera, A., Barberà, M., 2004. El camí de Missena (La Pobla del Duc). Un interesante yacimiento del III milenio en el País Valenciano. En P. Arias, R. Ontañón y C. García-Monco (eds.): *Actas del III Congreso del Neolítico en la Península Ibérica*: 803-814. Universidad de Cantabria.

Pascual Beneyto, J., Barberá, M., López, M.D., Cardona, J., Rovira, S., Pascual, J.Ll., 2008. L'Alqueria de Sant Andreu (Gandia). Avanç sobre un assentament costaner de finals del Neolític. En M.S. Hernández, J.A. Soler, J.A. López (eds.): *IV Congreso del Neolítico Peninsular, tomo 1*: 58-69. MARQ, Diputació Provincial d'Alacant.

Pascual Benito, J.Ll., 1987-1988. Les coves sepulcrals de l'Alberri (Cocentaina). El poblament de la Vall Mitjana del riu Alcoi durant el III mil·lenari BC. *Saguntum-PLAV*, 21: 109-167

Pascual Benito, J.Ll., 1989. El foso de Marges Alts (Muro, Alacant). *Crónica del XIX Congreso Arqueológico Nacional, vol. 1*: 227-238.

Pascual Benito, J.Ll., 1990. El Sílex. En J. Bernabeu (dir.): El III milenio a.C. en el País Valenciano. Los poblados de Jovades

(Cocentaina, Alacant) y Arenal de la Costa (Ontinyent, Valencia). *Saguntum-PLAV*, 26: 67-82.

Pascual Benito, J.Ll., 1998. Las fuentes de materia prima de los adornos de lignito prehistóricos de la vertiente mediterránea peninsular entre el Ebro y el Segura. En J. Bosch et al. (eds.): *Actes de la 2ª Reunió de Treball sobre Aprovisionament de Recursos Lítics a la Prehistòria*: 153-160. Rubricatum, 2. Museu de Gavà.

Pascual Benito, J.Ll., 1998. *Utillaje óseo, adornos e ídolos neolíticos valencianos*. Trabajos Varios del S.I.P., 95. Dipt. Provincial de Valencia.

Pascual Benito, J.Ll., 2003. Les Jovades. Destrucció i recuperació del patrimoni. Intervencions arqueològiques en les sitges d'una aldea neolítica. En E. Doménech (coord.): *El patrimoni històric i artístic de Cocentaina. La seua recuperació. Les intervencions arquitectòniques i arqueològiques:* 343-394. Ajuntament de Cocentaina.

Pascual Benito, J.Ll., 2004. La industria en materia dura animal de La Colata (Montaverner). En M. Gómez et al.: El yacimiento de Colata (Montaverner, Valencia) y los 'poblados de silos' del IV milenio en las comarcas centro-meridionales del País Valenciano. *Recerques del Museu d'Alcoi*, 13: 104-108.

Pascual Benito, J.Ll., 2008. Instrumentos neolíticos sobre soporte malacológico de las comarcas centrales valencianas. En M.S. Hernández, J.A. Soler y J.A. López (eds.): *Actas del IV Congrés del Neolític a la Península ibérica, tomo II*: 290-297. MARQ. Dipt. Provincial d'Alacant.

Pascual Benito, J.Ll., 2009. El utillaje en materia dura animal, los adornos y otros objetos simbólicos de la Cova de les Cendres. En J. Bernabeu y Ll. Molina (eds.): *La Cova de les Cendres (Moraira-Teulada, Alicante)*: 111-124. Serie Mayor 6. MARQ. Dipt. Provincial d'Alacant.

Pascual Benito, J.Ll., 2010. La malacofauna marina en los poblados del Neolítico final de las comarcas centrales valencianas. En *I Reunión científica de Arqueomalacología de la Península Ibérica (León)*. Férvedes, 6: 121-130.

Payne, S., 1973. Kill-Off Patterns in Sheep and Goats: The Mandibles from Asvan Kale. *Anatolian Studies*, 23: 281-303.

Peiró, S., 1949: Potríes en su aspecto arqueológico. En *IV Congreso Arqueológico del Sudeste Español (Elche, 1948)*: 151-153. Cartagena.

Peiró, S., 1951. Nuevos hallazgos en Potries. En *VI Congreso de Arqueología del Sudeste Español (Alcoy, 1950)*: 112-113.

Peña, A., 2003. *La necrópolis ibérica de El Molar (San Fulgencio, Alicante). Revisión de las excavaciones realizadas en 1928 y 1929*. Fundación José María Soler.

Pérez Cueva, A.J., 1994. *Atlas Climàtic de la Comunitat Valenciana (1961-1990)*. Territori, nº 4. Conselleria d'Obres Públiques, Urbanisme i Transports. Generalitat Valenciana.

Pérez Cueva, A.J., Sanjaume, E., Fumanal, M.P., 1985. Marco y procesos continentales en la formación de la marisma de Pego. En *Actas I Reunión de Cuaternario Ibérico. Vol. I*: 435-445. Lisboa.

Pérez Jordà, G., 2005. Nuevos datos paleocarpológicos en niveles neolíticos del país Valenciano. En P. Arias, R. Ontañón y C. García-Moncó (eds.): *III Congreso del Neolítico en la Península Ibérica*: 103-114. Universidad de Cantabria.

Pérez Jordà, G., Mata, C., Moreno, A., Quixal, D., 2007. L'assentament ibèric del Zoquete (Requena, València): resultats preliminars de la 1ª campanya d'excavació. *Saguntum-PLAV*, 39: 185-187.

Pérez Ripoll, M., 1980. La fauna de vertebrados. En B. Martí et al.: *La Cova de l'Or (Beniarres, Alicante). Vol. II*. Trabajos Varios del S.I.P., 65: 193-256. Dipt. Provincial de Valencia.

Pérez Ripoll, M., 1990: La ganadería y la caza en la Ereta del Pedregal, Navarrés, Valencia. *Archivo de Prehistoria Levantina*, XX: 223-252.

Pérez Ripoll, M., 1999. La explotación ganadera durante el III milenio a.C. en la Península Ibérica. En J. Bernabeu y T. Orozco (eds.): *Actes del II Congrés del Neolític a la Península Ibérica*: 95-103. Saguntum-PLAV, extra-2. Universitat de València.

Pérez-Sala, M., Garcia Roselló, J., 2002. El jaciment arqueològic del Mas Català. Un assentament rural d'època ibèrica situat a la vall de Cabrera de Mar. *Laietània*, 13: 5-48.

Perinet, G., Courtois, L., 1983. Evaluation des températures de cuisson de céramique et de vaisselles blanches néolithiques de Syrie. *Bulletin de la Société Préhistorique Française*, 80 (5): 157-160.

Pétrequin, P., Pétrequin, A.M., 1993. *Écologie d'un outil: la hache de pierre en Irian Jaya (Indonésie)*. Monographies du CRA, 12. CNRS Éditions.

Plana, R., Crampe, B., 2004. El poblament rural a l'entorn de l'oppidun d'Ullastret: l'hàbitat tipus polinuclear. *Cypsela*, 15: 251-264.

Plisson, H., Vaughan, P., 2003. Tracéologie. En M. Cattin (ed.): *Un campament magdalénien au bord du lac de Neuchatel: exploitation du silex (secteur 1)*: 90-105. Archéologie Neuchateloise, 26.

Pollard, J., 2001. The aesthetics of depositional practice. *World Archaeology*, 33 (2): 315-333.

Polo, M., García-Prósper, E., 2009. Bioantropología de los enterramientos neolíticos del yacimiento de Costamar (PAI Torre la Sal, Cabanes, Castellón).

Pons, E., Molist, M., Buxó, R., 1994. Les estructures de combustió I d'ús domèstic durant la protohistòria en els assentaments de la Catalunya litoral. *Cota Zero*, 10: 49-59.

Price, T.D., Blit, J., Burton, J., Ezzo, J.A., 1992. Diagenesis in prehistoric bone: problems and solutions. *Journal of Archaeological Science*, 12: 419- 442.

Priego, M.C., Quero, S., 1992. *El Ventorro, un poblado prehistórico en los albores de la metalurgia*. Estudios de Prehistoria y Arqueología Madrileñas.

Quesada, F., 1997. *El armamento ibérico. Estudio tipológico, geográfico, funcional, social y simbólico de las armas en la Cultura Ibérica (siglos VI-I a.C.)*. Monographies, Instrumentum, 3. Montagnac, M. Mergoil.

Quesada, F., 2005. El gobierno del caballo montado en la antigüedad clásica con especial referencia al caso de Iberia. Bocados, espuelas y la cuestión de la silla de montar, estribos y herraduras. *Gladius*, XXV: 97-150.

Quixal, D., Moreno, A., Mata, C., Pérez Jordà, G., 2008. L'assentament ibèric del Zoquete (Requena, València). *Saguntum-PLAV*, 40: 233-236.

Rafel, N., Vives-Ferrándiz, J., Armada, X.L., Graells, R., 2007. Las comunidades de la Edad del Bronce entre el Empordà y el Segura: espacio y tiempo de los intercambios. En S. Celestino, N. Rafel y X.-L. Armada (eds.): *Contacto cultural entre el Mediterráneo y el Atlántico (siglos XII-VIII ane). La precolonización a debate*: e.p. Anejos del Archivo Español de Arqueología.

Ramón, J., 1994-96. Las relaciones de Eivissa en época fenicia con las comunidades del Bronce Final y Hierro Antiguo de Catalunya. *Gala*, 3-5: 399-422.

Reimer, P.J., Baillie, M.G.L., Bard, E., Bayliss, A., Beck, J.W., Weyhenmeyer, C.E., 2009. Intcal09 and Marine09 radiocarbon age calibration curves, 0-50,000 years cal BP. *Radiocarbon*, 51 (4): 1111-1150.

Renfrew, C., 1975. Trade as action at a distance: questions of integration and communication. En J.A. Sabloff y C.C. Lamberg-Karlovsky (eds.): *Ancient Civilisation and Trade*: 3-60. University of New Mexico Press.

Renfrew, C., 1993. Trade beyond the Material. En Ch. Scarre y F. Healy (eds.): *Trade and Exchange in Prehistoric Europe*: 5-16. Oxbow Monograph, 33. Oxbow Books.

Reverte, J.M., 1985. La necrópolis ibérica de Pozo Moro (Albacete): estudio anatómico, antropológico y paleopatológico. *Trabajos de Prehistoria*, 42: 195-282.

Reverte, J.M., 1990. Estudio antropológico y paleopatológico de los restos óseos cremados de Los Villares (Hoya Gonzalo). 1983-1984. *Serie I, Ensayos Históricos y Científicos*, 53: 521-613.

Reynolds, P.J., 1979. A General Report of underground grain storage experiments at Butser Ancient Farm Research Project. En M. Gast y F. Sigaut (eds.): *Les techniques de conservation des grains à long terme*, 1: 70-80. CNRS Éditions.

Richards, C., Thomas, J., 1984. Ritual activity and structured deposition in later Neolithic Wessex. En R. Bradley y J. Gardiner (eds.): *Neolithic Studies*: 189-218. Bristish Archaeological Reports, 133. Oxford.

Richards, M.P., Hedges, R.E.M., 1999. A Neolithic revolution? New evidence of diet in the British Neolithic. *Antiquity*, 73: 891-897.

Richards, M.P., Hedges, R.E.M., Walton, I., Stoddart, S., Malone, C., 2001. Neolithic Diet at the Brochtorff Circle, Malta. *European Journal of Archaeology*, 4: 253-262.

Richards, M.P., Price, T.D., Koch, E. 2003. Mesolithic and Neolithic subsistence in Denmark: new stable isotope data. *Current Anthropology*, 44: 288-295.

Richards, M.P., Schulting, R.J., Hedges, R.E.M., 2003. Sharp shift in diet at onset of Neolithic. *Nature*, 425: 366.

Richards, M.P., Van Klinken, G.J., 1997. A survey of European human bone stable carbon and nitrogen isotope values. En A. Sinclair, E. Slater, E. y J. Gowlett (eds.): *Archaeological Sciences, 1995*: 363-368. Oxbow Books.

Ricq-de Bouard, M., 1996. *Pétrograhie et sociétés néolithiques en France méditerranéenne. L'outillage en pierre polie*. Monographies du C.R.A., 16. CNRS Éditions.

Riquet, R., 1953. Analyse anthropologique des cranes énéolithiques de le grotte sépulcrale de 'La Pastora' (Alcoy). *Archivo de Prehistoria Levantina*, IV: 105-122.

Rivera, D., Obón, C., Asensio, A., 1988. Arqueobotánica y paleoetnobotánica en el Sureste de España, datos preliminares. *Trabajos de Prehistoria*, 45: 317-334.

Robins, S.P., New, S.A., 1997. Markers of bone turnover in relation to bone health. *Proceedings of the Nutrition Society*, 56: 903-914.

Robles, F., 1989. Moluscos continentales. En *Guía de la naturaleza de la Comunidad Valenciana. La fauna*: 61-80. Levante.

Rodrigo García, M.J., Marlasca, R., 2009. La Ictiofauna. En J. Bernabeu y Ll. Molina (coords.): *La Cova de les Cendres (Teulada-Moraira, Alicante)*: 163-180. Serie mayor 6. MARQ. Dipt. Provincial d'Alacant.

Rodríguez, A., 1993. L'analyse fonctionnelle de l'industrie lithique du gisement épipaléolithique/mésolithique d'El Roc del Migdia (Catalogne, Espagne). Résultats préliminaires. *Préhistoire européenne*, 4: 63-84.

Rojo Guerra, M.A., Garrido Pena, R., García Martínez de Lagrán, I., 2008. No sólo cerveza: nuevos tipos de bebidas alcohólicas identificados en análisis de contenidos de cerámicas campaniformes del valle de Ambrona (Soria). *Cuadernos de Prehistoria de la Universidad de Granada*, 18: 91-105.

Román, F., 1987. *Distribución y propiedades geotécnicas de los suelos cuaternarios de las zonas marismales existentes en el litoral levantino, entre Sollana y Gandía*. Tesis Doctoral. U. Politécnica de Valencia, E.T.S. de Ingenieros de Caminos, Canales y Puertos, 3 vols.

Rosser Limiñana, P., 2010. Enterramientos neolíticos y creencias en el Tossal de les Basses: primeros datos. En A. Pérez y B. Soler (coords.): *Restos de vida, restos de muerte*: 183-190. Museu de Prehistòria de València.

Rosser Limiñana, P., Fuentes, C., 2008. *Tossal de les Basses, seis mil años de historia de Alicante*. Patronat Municipal de Cultura, Ajuntament d'Alacant.

Rouillard, P., Gailledrat, E., Sala, F., 2007. *Fouilles de la Rábita de Guardamar II. L'établissement protohistorique de La Fonteta (fin VIIIe- fin VIe av. J.-C.)*. Collection de la Casa de Velázquez, 96.

Rovira, S., 2007. La producción de bronces en la Prehistoria. En J. Molera, J. Farjas, P. Roura y T. Pradell (eds.): *VI Congreso Ibérico de Arqueometría, Gerona 2005*: 21-31. Universidad de Girona.

Rovira, S., Gómez, P., 2003. *Las primeras etapas metalúrgicas en la Península Ibérica. III. Estudios metalográficos*. Imp. Taravilla.

Rovira, S., Gutiérrez, A., 2005. Utilisation expérimentale d'un four primitif pour fondre du minerai de cuivre. En P. Ambert y J. Vaquer (dirs.): *La première métallurgie en France et dans les pays limitrophes*: 241-246. Société Préhistorique Francaise, XXXVII.

Rovira, S., Montero, I., Renzi, M., 2007. Experimental co-smelting to copper-tin alloys. En T.L. Kienlin y B.W. Roberts (eds.): *Metals and Societies. Studies in Honour of Barbara S. Ottaway*: 407-414. Verlag Dr. Rudolf Habelt GMBH.

Rovira i Buendia, N., 2007. *Agricultura y gestión de los recursos vegetales en el sureste de la Península Ibérica durante la Prehistoria Reciente*. Tesis Doctoral, Universitat Pompeu Fabra.

Ruiz, J.M., 2002. *Hidrogeomorfología del llano de inundación del Júcar*. Tesis doctoral. Universitat de València.

Ruiz, J.M., Carmona, P., 2005. La llanura deltaica de los ríos Júcar y Turia y la Albufera de Valencia. En E. Sanjaume y J. Mateu (eds.): *Geomorfologia i Quaternari litoral, Homenatge al Dr. V. Rosselló*: 399-419. Departament de Geografia. Universitat de València.

Ruiz-Gálvez, M., 2005. *Der Fliegende Mittlemeermann*. Piratas y héroes en los albores de la Edad del Hierro. En S. Celestino y J. Jiménez (eds.): *El periodo orientalizante*: 251-275. Anejos de AespA, XXXV, vol. I.

Ruiz Rodríguez, A., Molinos, M., 1993. *Los Iberos. Análisis arqueológico de un proceso histórico*. Crítica.

Ruiz Taboada, A., Montero, I., 1999. The oldest metallurgy in western Europe. *Antiquity*, 73 (282): 897-903.

Ruiz Zapatero, G., 2004. Casas y tumbas. Explorando la desigualdad social en el Bronce Final y Primera Edad del Hierro en el NE de la Península Ibérica. *Mainake*, XXVI: 293-330.

Safont, S., Malgosa, M., Subirà, M.E., Gibert, J., 1998. Can Trace Elements in Fossils Provide Information about Palaeodiet? *International Journal of Osteoarchaeology*, 8: 23-27.

Sala, F., Hernández, L., 1998. La necrópolis de El Puntal (Salinas, Alicante): aspectos funerarios ibéricos del siglo IV a.C. en el corredor del Vinalopó. *Quaderns de Prehistòria i Arqueologia de Castelló*, 19: 221-266.

Salanova, L., 1998. Le status des assemblages campaniformes en contexte funéraire: la notion de 'bien de prestige'. *Bulletin de la Société préhistorique française*, 95 (3): 315-326.

Salazar-García, D.C., 2009. Estudio de la dieta en la población neolítica de Costamar. Resultados preliminares de análisis de isótopos estables de C y N. En E. Flors (coord..): *Torre la Sal (Ribera de Cabanes, Castellón). Evolución del paisaje antrópico desde la prehistoria hasta el medioevo*: 411-420. Monografies de Prehistòria i Arqueologia Castellonenques, 8.

Salazar-García, D.C., Vives-Ferrándiz, J., Fuller, B.T., Richards, M.P., 2010. Alimentación estimada de la población del Castellet de Bernabé (ss. V-III a.C.) mediante el uso de ratios de isótopos estables de C y N. En C. Mata, G. Pérez Jordà y J. Vives-Ferrándiz (eds.): *De la Cuina a la Taula. IV Reunió d'Economia en el Primer Mil·lenari AC*: 317-326. Saguntum-PLAV, extra-9. Universitat de València.

Sánchez García, A., 1996. La problemática de las construcciones con tierra en la Prehistoria y en la Protohistoria peninsular. Estado de la cuestión. En *XXIII Congreso Nacional de Arqueología (Elche, 1995)*: 349-358.

Sánchez García, A., 1997. Aproximación a la arquitectura doméstica del País Valenciano: de la Edad del Bronce al Mundo Ibérico. En R. de Balbín y P. Bueno (eds.): *II Congreso de Arqueología Peninsular, tomo III*: 389-404. Fundación Rei Alfonso Henriques.

Sanchis Montesinos, K., 1994. Análisis polínico de la secuencia de Cova de Bolumini (Benimeli-Beniarbeig). *Cuadernos de Geografía*, 56: 175-206.

Sanfeliu, D., Flors, E., 2009. Avance sobre otros materiales recuperados. En E. Flors (coord.): *Torre la Sal (ribera de Cabanes, Castellón). Evolución del paisaje antrópico desde la prehistoria hasta el medioevo*: 353-360. Monografies de Prehistòria i Arqueología Castellonenques, 8.

Sanmartí, J., 2004. From local groups to early states: the development of complexity in protohistoric Catalonia. *Pyrenae*, 25 (1): 7-42.

Sanmartí, J., Belarte, C., Santacana, J., Asensio, D., Noguera, J., 2000. *L'assentament del bronze final i primera edat del ferro del Barranc de Gàfols (Ginestar, Ribera d'Ebre)*. Arqueo Mediterrània, 5.

Saxe, A.A., 1970. *Social Dimensions of Mortuary Practices*. PhD thesis, University of Michigan.

Schiffer, M.B., 1986. Radiocarbon dating and the 'old wood' problem: The case of the Hohokam chronology. *Journal of Archaeological Science*, 13 (1): 13-30.

Schoeller, D.A., 1999. Isotope Fractionation: Why Aren't We What We Eat? *Journal of Archaeological Science*, 26: 667-673.

Schulting, R.J., Blockley, S.M., Bocherens, H., Drucker, D., Richards, M.P., 2008. Stable carbon and nitrogen isotope analysis on human remains from the Early Mesolithic site of La Vergne (Charente-Maritime, France). *Journal of Archaeological Science*, 35: 763-772.

Schulting, R.J., Richards, M.P., 2002. The wet, wild and the domesticated: The Mesolithic-Neolithic transition on the West coast of Scotland. *European Journal of Archaeology*, 5: 147-189.

Segura, F., Carmona, P., 1999. Las inundaciones en la plana de Gandía: formas y procesos. *Cuadernos de Geografía*, 65-66: 45-60.

Shanks, M., Tilley, C., 1992. *Re-constructing Archaeology. Theory and Practice*. Routledge.

Sherratt, A.G., 1981. Plough and pastoralism: Aspects of the Secondary Products Revolution. En I. Hodder, G. Isaac y N. Hammond (eds.): *Pattern of the Past: Studies in Honour of David Clarke*: 261-305. Cambridge University Press.

Sherratt, A.G., 1987. Cups that Cheered. En W.H. Waldren y R.C. Kennard (comps.): *Bell Beakers of the Western Mediterranean. Definition, interpretation, theory and new site data. The Oxford International Conference 1986*: 81-114. British Archaeological Reports, i.s. 331. Oxford.

Simón, J.L., 1998. *La metalurgia prehistórica valenciana*. Trabajos Varios del S.I.P., 93, Dipt. Provincial de València.

Smith, M.L., 1999. The Role of Ordinary Goods in Premodern Exchange. *Journal of Archaeological Method and Theory*, 6 (2): 109-135.

Sofaer, J., 1994. Where are the children? Accesing children in the past. *Archaeological Review from Cambridge*, 13 (2): 7-20.

Sofaer, J., 1997. Engendering Children, Engendering Archaeology. En J. Moore y E. Scott (eds.): *Invisible People and Processes*: 192-202. Leicester University Press.

Soler Díaz, J.A., 2002. *Cuevas de Inhumación múltiple en la comunidad valenciana*. Real Academia de la Historia, Museo Arqueológico Provincial de Alicante.

Soler Díaz, J.A., Belmonte, D., 2006. Vestigios de una ocupación previa a la Edad del Bronce. Sobre las estructuras de habitación prehistórica en la Illeta dels Banyets, El Campello, Alicante. En J.A. Soler (ed.): *La ocupación prehistórica de la Illeta dels Banyets (El Campello, Alicante)*: 27-6. Serie Mayor 5. MARQ. Dipt. Provincial d'Alacant.

Soler Díaz, J.A., Roca de Togores, C., 1999. Estudio de los restos humanos encontrados en las intervenciones practicadas en los años 1961 y 1965 en la Cova d'en Pardo, Planes, Alicante. Análisis antropológico y aproximación a su contexto cultural. En J. Bernabeu y T. Orozco (eds.): *Actes del II Congrés del Neolític a la Península Ibèrica*: 369-377. Saguntum-PLAV, extra-2. Universitat de València.

Soler Díaz, J.A.; Roca de Togores, C., Ferrer, C., 2010: Cova d'en Pardo. Precisiones sobre la cronología del fenómeno de la inhumación múltiple. En A. Pérez y B. Soler (coords.): *Restos de vida, restos de muerte*: 195-201. Museu de Prehistòria de València.

Soler Díaz, J.A., Roca de Togores, C., Rodes Lloret, C., 2008. Lesiones en individuos neolíticos de la Cova d'en Pardo (Planes, Alicante). Mecanismos, circunstancias y cronología. En *Jornadas de Antropología Física y Forense (Alicante, 2006)*: 27-46. Instituto Alicantino de Cultura Juan Gil-Albert, Diputación de Alicante.

Soria, L., 1997. *El horizonte ibérico de El Castellón (Hellín y Albatana, Albacete)*. Serie I, Estudios, 96. Instituto de Estudios Albacetenses.

Sos Baynat, V., 1922-23-24. Una estación prehistórica en Villarreal. Informe resumido. *Boletín de la Sociedad Castellonense de Cultura*, III: 394-398; IV: 99-103; V: 49-51.

Sparkes, B.A., Talcott, L., 1970. *The Athenian Agora, vol. XII*. The American School of Classical Studies at Athens.

Stevanovic, M., 1997. The Age of Clay: The Social Dynamics of House Destruction. *Journal of Anthropological Archaeology*, 16: 334-395.

Stika, H.P., 2005. Early Neolithic agriculture in Ambrona, Provincia Soria, central Spain. *Vegetation History and Archaeobotany*, 14: 189-197.

Stos-Gale, Z., 2001. The impact of the natural sciences on studies of Hacksilber and early silver coinage. En M.S. Balmuth (ed.): *Hacksilber to coinage: new insights into the monetary history of the Near East and Greece*: 53-76. Numismatic Studies no. 24. American Numismatic Society.

Stuiver, M., Reimer, P.J., Reimer, R.W., 2005. CALIB 6.0. [WWW program] http://calib.qub.ac.uk/calib/

Suárez Otero, J., Lestón, M., 2005. Un vaso con decoración cordada en Galicia y el problema de los orígenes de la cerámica campaniforme en el occidente ibérico. *Madrider Mitteilungen*, 46: 1-21.

Subirà, M.E., 1989. *Estudi paleodietètic dels jaciments prehistòrics de la Vall de Begues, Barcelona. Anàlisi d'elements traça*. Memoria del Máster de Especialización Profesional en Biología Humana, especialidad de Paleoantropología. Inédito.

Subirà, M.E., 1993. *Elementos traza en restos humanos talayóticos. Estudio de la necrópolis de S'Illot des Porros, Santa Margarida, Mallorca*. Pórtico.

Subirà, M.E., Malgosa, A., 1996. Análisis químico y de dieta en la Bòbila Madurell (Sant Quirze del Vallès, Barcelona). Diferencias sociales. En *Actes del Ir Congrés del Neolític a la Península Ibèrica*: 581-584. Rubricatum, 1 (2). Museu de Gavà.

Subirà, M.E., Malgosa, A., Castellana, C., Carrasco, T., 1992. Importància de l'estudi de la fauna en les anàlisis d'elements traça aplicats a l'Antropologia. La Bòbila Madurell. En *Estat de la investigació sobre el Neolític a Catalunya*: 191-192. Institut d'Estudis Ceretans.

Taborin, Y., 1974. La parure en coquillage de l'Epipaléolithique au Bronze ancien en France. *Gallia Préhistoire*, 17: 101-179.

Tauber, H., 1981. ^{13}C evidence for dietary habits of prehistoric man in Denmark. *Nature*, 292: 332-333.

Tauber, H., 1983. ^{13}C dating of human beings in relation to dietary habits. *PACT*, 8: 365-375.

Théry-Parisot, I., 2001. *Économie des combustibles au Paléolitique. Expérimentation, taphonomie, anthracologie*. Dossier de Documentation Archéologique, 20. CNRS Éditions.

Ubelaker, D.H., 1991. *Human Skeletal Remains. Excavation, analysis, interpretation*. Manuals on Archeology-2. Taraxacum Eds. Washington

Uerpmann, H.-P., 1978. Informe sobre los restos óseos faunísticos del corte núm. 1 del poblado de los Castillejos en la Peñas de los Gitanos. Montefrío. En *Cuadernos de Prehistoria de la Universidad de Granada. Serie Monográfica*, 3: 153-168.

Urios, V., Donat, P., Viñals, M.J., 1993. *La Marjal de Pego-Oliva*. Institut d'Estudis Comarcals de la Marina Alta.

Uscatescu, A., 1992. *Los botones de perforación en 'V' en la Península Ibérica y las Baleares durante la Edad de los Metales*. Foro.

Van der Veen, M., O'Connor, T., 1998. The expansion of agricultural production in late Iron Age and Roman Britain. En J. Bayley (ed.): *Science in Archaeology, an agenda for the future*: 127-143. English Heritage.

Van Klinken, G.J. 1999. Bone Collagen Quality Indicators for Palaeodietary and Radiocarbon Measurements. *Journal of Archaeological Science*, 26: 687-695.

Vaquer, J., 1994. Une possible structure de cuisson de céramiques sur le site de Notre-Dame-de-Marceille à Limoux (Aude). En *Terre Cuite et Société. La Céramique, Document Technique, Économique, Culturel*: 93-98. Éditions APDCA.

Vaquerizo, D., 1989. Armas de hierro procedentes de la necrópolis ibérica de Los Collados (Almedinilla, Córdoba). *Saguntum-PLAV*, 22: 225-266.

Vaughan, P., 1985. *Use-wear analysis of flacked stone tools*. University of Arizona Press.

Vento, E., 1996. Campaniforme inciso y campaniforme impreso en la Cova de les Cendres (Teulada, Alacant). En *El Eneolítico en el País Valenciano*: 119-129. Instituto de Cultura Juan Gil-Albert. Dipt. Provincial d'Alacant.

Vernet, J.-L., Badal, E., Grau, E., 1987. L'environnement végétale de l'homme au Néolithique dans le sud-est de l'Espagne (Valencia, Alicante): première synthèse d'après l'analyse anthracologique. En J. Guilaine, J. Courtin, J.L. Roudil y

J.L. Vernet (eds.): *Premières Communautés Paysannes en Méditerranée Occidentale*: 131-136. CNRS Éditions.

Vicent García, M., 1995. Problemas teóricos de la arqueología de la muerte. Una introducción. En R. Fábregas, F. Pérez y C. Fernández (eds.): *Arqueoloxía da morte: arqueloloxía da morte na Península Ibérica desde as Orixes ata o Medievo*: 13-31. Serie Cursos e Congresos 3. Xinzo de Limia: Exc. Concello.

Vidal, M., 1943. Ensayo de sistematización de los objetos malacológicos prehistóricos. *Ampurias*, V: 211-220.

Vignet-Zunz, J., 1979. Les silos à grains enterrés dans trois populations árabes: Telk Algerien, Cyrenaique et Sud du Lac Tchad. En M. Gast y F. Sigaut (eds.): *Les techniques de conservation des grains à long terme, 1*: 215-220. CNRS Éditions.

Viñals, M.J., 1996. *El Marjal Pego-Oliva. Evolución Geomorfológica*. Conselleria d'Agricultura i Medi Ambient. Generalitat Valenciana.

Vives-Ferrándiz, J., 2005. *Negociando encuentros. Situaciones coloniales e intercambios en la costa oriental de la península Ibérica (ss. VIII-VI a.C.)*. Cuadernos de Arqueología Mediterránea, 12.

Vogel, J.C., Waterbolk, H.T., 1972. Groningen radiocarbon dates X. *Radiocarbon*, 14: 6-110.

Waldren, W.H., 1982. *Balearic Prehistoric Ecology and Culture: the Excavation and Study of certain Caves, Rock Shelters and Settlements*. British Archaeological Reports, i.s. 149. Oxford.

Willcox, G., Fornite, S., 1999. Impressions of wild cereal chaff pisé from the 10th millennium uncal B.P. at Jerf el Ahmar and Mureybet: northern Syria. *Vegetation History and Archaeobotany*, 8: 21-24.

Williams, R., 1976. *Keywords. A vocabulary of culture and society*. Fontana Press.

Zapata, J., Pérez-Sirvent, C., Martínez-Sánchez, M.J., Tovar, P., 2006. Diagenesis, not biogenesis: Two late Roman skeletal examples. *Science Total Environment*, 369: 357-368.

Zilhão, J., 2001. Radiocarbon evidence for maritime pioneer colonization at the origins of farming in west Mediterranean Europe. *Proceedings of the National Academy of Sciences of the United States of America*, 98 (24): 14180-14185.

Listado de autores

Joan Bernabeu Aubán
Departament de Prehistòria i Arqueologia.
Universitat de València.
jbauban@uv.es

María Pilar Carmona
Departament de Geografia Física.
Universitat de València.
Pilar.Carmona@uv.es

Yolanda Carrión Marco
Centro de Investigaciones sobre Desertificación (CIDE).
CSIC - Universitat de València - Generalitat Valenciana.
Yolanda.carrion@uv.es

Xavier Clop García
Departament de Prehistòria.
Universitat Autònoma de Barcelona.
Xavier.clop@uab.es

Agustín Diez Castillo
Departament de Prehistòria i Arqueologia.
Universitat de València.
agustin.diez@uv.es

Maria Fontanals
Unitat d'Antropologia Biològica. Facultat de Biociències.
Universitat Autònoma de Barcelona.
maria.fontanals.83@gmail.com

Oreto García Puchol
Departament de Prehistòria i Arqueologia.
Universitat de València.
oreto.garcia@uv.es

Juan Francisco Gibaja Bao
Departament d'Arqueologia. Institució Milà i Fontanals.
CSIC. Barcelona.
jfgibaja@gmail.com

Francisco Gómez Bellard
Laboratorio de Antropología Forense.
Escuela de Medicina Legal.
Universidad Complutense de Madrid.
palquinta@hotmail.com

Olga Gómez Pérez
Departament de Prehistòria i Arqueologia.
Universitat de València.
Olga.gomez@uv.es

Magdalena Gómez Puche
Departament de Prehistòria i Arqueologia.
Universitat de València.
Magdalena.Gomez@uv.es

María Pilar Iborra Eres
Institut Valencià de Conservació i Restauració.
Generalitat Valenciana.
miborra@ivcr.es

Maria Dolores López Gila
Departament de Prehistòria i Arqueologia.
Universitat de València.
lolalopez@gmail.com

Nekane Marín Moratalla
Institut Català de Paleontologia (ICP).
Generalitat de Catalunya - Universitat Autònoma de Barcelona.
nekane.marin@gmail.com

Consuelo Mata Parreño
Departament de Prehistòria i Arqueologia.
Universitat de Valencia.
consuelo.mata@uv.es

Lluís Molina Balaguer
Departament de Prehistòria i Arqueologia.
Universitat de València.
lluis.molina@uv.es

Ignacio Montero-Ruiz
Instituto de Historia. Centro de Ciencias Humanas y Sociales.
CSIC. Madrid.
ignacio.montero@cchs.cssic.es

Teresa Orozco Köhler
Departament de Prehistòria i Arqueologia.
Universitat de València.
Teresa.Orozco@uv.es

Josep Pascual Beneyto
Museu Arqueològic d'Ontinyent i la Vall d'Albaida.
Ontinyent (València).
arqueologiapascual@gmail.com

Josep Lluís Pascual Benito
Departament de Prehistòria i Arqueologia.
Universitat de València.
Josep.ll.pascual@uv.es

Guillermo Pascual Berlanga
Departament de Prehistòria i Arqueologia.
Universitat de València.
Guillermo.pascual@uv.es

Guillem Pérez Jordà
GI Arqueobotánica. Instituto de Historia.
Centro de Ciencias Humanas y Sociales. CSIC. Madrid.
guillem.perez@uv.es

Consuelo Roca de Togores Muñoz
MARQ-Museo Arqueológico de Alicante.
crocat@dip-alicante.es

Salvador Rovira
Museo Arqueológico Nacional / Universidad Autónoma de Madrid.
s_rovirallorens@hotmail.com

José Miguel Ruiz
Departament de Geografia Física.
Universitat de València.
Jose.M.Ruiz@uv.es

Domingo Carlos Salazar-García
Max-Planck Institute for Evolutionary Anthropology / Universitat de València.
Domingocarlos.salazar@uv.es

Maria Eulàlia Subirà
Unitat d'Antropologia Biològica. Facultat de Biociències.
Universitat Autònoma de Barcelona.
eulalia.subira@uab.es

Jaime Vives-Ferrándiz Sánchez
Museu de Prehistòria de València.
jaime.vivesferrandiz@dival.es